Susanne Nef
Ringen um Bedeutung

Soziale Probleme – Soziale Kontrolle

Herausgegeben von
Mechthild Bereswill | Peter Rieker

Susanne Nef

Ringen um Bedeutung

Die Deutung häuslicher Gewalt als sozialer Prozess

BELTZ JUVENTA

Die Autorin

Susanne Nef forscht und lehrt als Dozentin am Institut für Vielfalt und gesellschaftliche Teilhabe, Departement für Soziale Arbeit der Zürcher Hochschule für Angewandte Wissenschaften (ZHAW). Ihre Arbeitsschwerpunkte liegen in den Bereichen soziale Probleme und soziale Kontrolle, Gewalt im Geschlechterverhältnis, Geschlechterforschung, Intersektionalität, Gender und Soziale Arbeit, Fragen sozialer Teilhabe sowie qualitative Sozialforschung.

Die vorliegende Arbeit wurde von der Philosophischen Fakultät der Universität Zürich im Frühjahrssemester 2019 auf Antrag der Promotionskommission, Prof. Dr. Peter Rieker (hauptverantwortliche Betreuungsperson), Prof. Dr. Mechthild Bereswill, als Dissertation angenommen.

MIX
Papier aus verantwortungsvollen Quellen
FSC® C089473

Dieses Buch ist erhältlich als:
ISBN 978-3-7799-6213-7 Print
ISBN 978-3-7799-5516-0 E-Book (PDF)

1. Auflage 2020

Herstellung: Ulrike Poppel
Satz: text plus form, Dresden
Druck und Bindung: Beltz Grafische Betriebe, Bad Langensalza
Printed in Germany

Weitere Informationen zu unseren Autor_innen und Titeln finden Sie unter: www.beltz.de

Danksagung

Mein besonderer Dank gilt Prof. Dr. Peter Rieker, der das Promotionsvorhaben begleitet und unterstützt hat. Seine Anregungen haben sehr zum Gelingen der Dissertation beigetragen. Ebenso bedanke ich mich herzlich bei Prof. Dr. Mechthild Bereswill, die mir als Zweitbetreuerin hilfreiche Ratschläge gegeben hat. Zudem möchte ich mich bei den Teilnehmenden des Kolloquiums der Lehrstühle für Ausserschulische Bildung und Erziehung und Sozialpädagogik des Instituts für Erziehungswissenschaft der Universität Zürich für die zahlreichen Denkanstösse im Rahmen von Präsentationen bedanken. Des Weiteren gilt mein Dank Prof. Dr. Andrea Maihofer, Dr. Andrea Zimmermann und den Promovierenden des Graduiertenkollegs Gender Studies der Universität Basel. Die anregenden Workshops und der Austausch in den Kolloquien haben massgeblich zum Gelingen dieser Arbeit beigetragen. Zudem gilt mein Dank meinen Peers von QualiZüri und meiner Arbeitsgruppe zur Grounded-Theory-Methodologie. Mein Dank gilt auch Prof. Dr. Monika Götzö für ihre Unterstützung und ihr Vertrauen in meine Arbeit.

Insbesondere möchte ich mich auch bei den Fachkräften der kontaktierten Beratungsstellen, Helene Aecherli von der Zeitschrift „Annabelle“ und dem Verein Lilli.ch für die Unterstützung bedanken. Auch bei den zahlreichen Expertinnen und Experten, die mir wertvolle Einblicke in ihre Berufspraxis ermöglichten, möchte ich mich herzlich bedanken. Ohne ihr Engagement und die Bereitschaft, mich bei der Herstellung von Interviewkontakten zu unterstützen, wäre die vorliegende Arbeit nicht möglich gewesen. Mein ganz besonderer Dank gilt denn auch den Interviewteilnehmenden der Studie für ihre Bereitschaft, ihre Offenheit und ihr Vertrauen, mir Einblicke in ihr Leben zu gewähren.

Speziell bedanke ich mich darüber hinaus auch bei meinem Umfeld für das Verständnis und die Bereitschaft, über Aspekte meines Forschungsgegenstandes zu diskutieren oder mir zuzuhören. Mein besonderer Dank gilt Anna Suppa für das Durchlesen einzelner Kapitel, die konstruktiven Diskussionen und ihre Ermunterungen. Ein weiterer besonderer Dank gilt meinem Mann Danny, und zwar dafür, dass er einfach immer da war und immer ein offenes Ohr für mich hatte.

Inhalt

Tabellen- und Abbildungsverzeichnis

I Einleitung

Kapitel 1
Ringen um (Be-)Deutung – Deutung und Bedeutung häuslicher Gewalt

„Und ich finde, ich habe immer, ich habe immer gedacht, was erzählen die von häuslicher Gewalt? Ich meine, das ist doch nicht häusliche Gewalt? […] Ich finde wirklich, es ist eine sehr subtile Frage, wo ist häusliche Gewalt.“ (Frau Müller[1], Absatz 70)

Das obige Zitat steht exemplarisch dafür, wie Befragte, die häusliche Gewalt erlebt haben, über das Erlebte sprechen und das Erlebte einordnen. Auch das nachfolgende Zitat verdeutlicht, wie die Paarbeziehung von den Befragten als wirkmächtigster Erfahrungsraum entworfen wird. Weil die Beziehung und die Gewalterfahrung parallelisiert werden, werden Paarbeziehungen zu Barrieren der Deutung des Erlebten:

> „Also ich habe es auch nie als Gewalt, also häusliche Gewalt angesehen. Ich habe es irgendwie als Beziehungsproblem angesehen […] Auch wenn jemand darüber geredet hat, habe ich mich nie angesprochen gefühlt.“ (Frau Novak, Absatz 184)

Auf diese Weise werden die Paarbeziehungen durch Abgrenzung von normativen Bildern zu ‚Nicht-Räumen' für Gewalt resp. die Paarbeziehung überlagert das Erkennen und das Einordnen des Erlebten als gewaltförmig. Das Erlebte wird in Kontrastierung zu normativen Gewaltbildern ex negativo eingeordnet und wird vor dem Hintergrund dieser normativen Gewaltbilder zur Nicht-Gewalt:

> „Einfach nie […], es ist immer unter einem recht grossen Deckmantel, also es nie so das provokative, (…) die richtige Gewalt.“ (Frau Gerber, Absatz 78)

Die vorliegende Arbeit befasst sich mit der Frage, wie Betroffene von häuslicher Gewalt die erfahrene Gewalt und ihre Gewaltbetroffenheit deuten. Als Grundlage für deren Klärung wurden in einer qualitativen Studie Menschen, die in Paarbeziehungen Gewalt erfahren haben, mittels biografisch-narrativer Interviews befragt. Die Interviews wurden mit dem Ziel, zu untersuchen, wie die Be-

---

1 Sämtliche Namen wurden anonymisiert. So ist ‚Frau Müller' z. B. ein Pseudonym. Auch sämtliche weitere identifikatorischen Daten wie Namen von Partnerinnen und Partnern, Kindern, Ortschaften etc. wurden entsprechend anonymisiert.

fragten Gewalt und ihre eigenen Erfahrungen deuten, mit qualitativ-rekonstruktiven Analysemethoden in Anlehnung an die konstruktivistische Grounded Theory ausgewertet. Anhand der subjektiven Deutungen wurde rekonstruiert, wie die Gewalt von den Betroffenen interpretiert wird.

Die Rekonstruktion der (Be-)Deutungen resp. der unterschiedlichen Bedeutungsmöglichkeiten weist darauf hin, dass soziale Deutungsmuster und -angebote den Rahmen festlegen, in dem sich Gewaltbetroffene selbst sehen (können), z. B. als Betroffene von ‚nicht richtiger Gewalt'. Vor diesem Hintergrund wird das eigene Verhalten als Grundlage für Verantwortungsübernahme und Schuldzuweisung sich selbst gegenüber verhandelt. Alle Befragten positionierten sich in den Gesprächen entsprechend, indem sie festhielten, dass sie von der ‚nicht richtigen Gewalt' betroffen gewesen seien, oder indem sie sich von normativen Opfer- und Gewaltbildern in irgendeiner Form abgrenzten.

Die Ergebnisse der Analysen verdeutlichen, dass jede individuelle Gewalterfahrung immer erst sprachlich aufbereitet werden muss, um das Phänomen ‚Gewalt' überhaupt fassbar zu machen. Mit diesem Versprachlichungsprozess werden Werte tradiert, weshalb er sich immer innerhalb einer sozialen Ordnung vollzieht. Die Gesellschaft wird demnach *im* und *durch* das Sprechen über Gewalt relevant. Sie wird im Sprechen über Gewalt insofern sichtbar, wenn die Befragten in ihren Erzählungen schildern, wie sich die Gesellschaft, in der sie sich bewegen, zu Gewalt und zu ihren Gewalterfahrungen verhält und welche Beziehungskonzepte für die (Be-)Deutungen von häuslicher Gewalt herangezogen werden. Die Prozessperspektive der vorliegenden Studie gibt Aufschluss darüber, wie Unterschiede zwischen Gewaltformen durch Othering produziert werden, die wiederum im Zusammenhang mit normativen Gewalt- und Opferbildern stehen.

Am Sprechen über Gewalt verdeutlicht sich, wie sich diese Herstellung und diese Stabilisierung der eigenen normativen Ordnung auch über den ‚Rückgriff' auf die eigene Biografie als Erklärungsangebot vollziehen, was auch als Anpassungsleistung betrachtet werden kann. Da sich die Befragten an normativen Bildern abarbeiten, dient die eigene Biografie als Erklärungsfolie, um Position gegenüber den normativen Opferbildern zu beziehen, indem Aspekte dieses Bildes übernommen und re-artikuliert werden. Charakteristisch für die Erzählungen ist, dass erklärungsbedürftig wird, *warum* resp. *wie* die Befragten in eine gewaltförmige Beziehung hereingeraten konnten und weshalb *wie* (nicht) gehandelt wurde.

Ringen um (Be-)Deutung: Häusliche Gewalt als Erfahrung in Erzählungen – Sprechen über Gewalt

Drei grosse ‚Themen' waren in den Interviews wiederkehrend: (1) die erlebte Diskrepanz zwischen den eigenen Erlebnissen und den normativen Gewalt- und Opferbildern, (2) die internalisierte Dominanz und Deutungsmächtigkeit der Partnerin oder des Partners und (3) das Bedürfnis, über das Erlebte zu sprechen, um der ‚Gesellschaft' die Betroffenenperspektive aufzuzeigen.

Diese erlebte Diskrepanz zwischen den eigenen Erlebnissen und den normativen Gewalt- und Opferbildern (Thema 1) lässt sich auch mit dem Spannungsfeld ‚Gewalt als Phänomen vs. Gewalt als Erfahrung' fassen. Denn obwohl die Befragten die subjektive Deutung, ‚selbst nicht von der richtigen Gewalt betroffen (gewesen) zu sein', äusserten oder sagten, ihre Erfahrungen selbst nie als Gewalt wahrgenommen zu haben, ist festzuhalten, dass sie sich von der Ausschreibung der Studie dennoch angesprochen gefühlt und sich entschlossen hatten, daran teilzunehmen. Sie konnten sich folglich mit den Stichworten ‚von Gewalt betroffen sein' oder ‚Gewalterfahrungen in Paarbeziehungen' identifizieren, wodurch die Kontaktaufnahme zum Interview zustande kam. Obwohl die Befragten die Zugehörigkeit zum Befragtenkreis relativierten, indem sie z. B. schon bei der Erstkontaktaufnahme betonten, ‚nicht von der richtigen Gewalt' betroffen gewesen zu sein, verdeutlichten sie zugleich, dass sie sich doch irgendwie zu den Gewaltbetroffenen zählen würden. Sie merkten sogar an, dass die Gewalt, die sie erlebt hätten, in ihren Augen die ‚schlimmere' sei.

Die internalisierte Dominanz und Deutungsmächtigkeit des Partners (Thema 2) zeigt sich darin, wie die (Ex-)Partnerinnen und (Ex-)Partner in der Interviewsituation narrativ konstruiert werden. In vielen Aussagen kommen die Aushandlungsprozesse zu Gewalt- und Rollendeutungen auf der Paarebene zum Ausdruck, wobei meist die eigene Glaubwürdigkeit thematisiert wird, wie z. B. in Aussagen wie ‚wenn mein Partner Ihnen gegenübersitzen würde, Sie würden ihm glauben und nicht mehr mir'. Darin spiegelt sich auch die Konfliktdynamik wider, worin sich die Handlungs- und Deutungsmächtigkeit des Partners resp. der Partnerin fortsetzt und wodurch sich gleichsam die Internalisierung reproduziert.

Daraus erwächst der Wunsch, über das Erlebte zu sprechen, um der ‚Gesellschaft' die Betroffenenseite zu zeigen (Thema 3). Der Zusammenhang zwischen Gewalt und Sprache offenbart sich insbesondere in der Herausforderung, die Erfahrungen zu verbalisieren, oder darin, sich nicht mehr ‚richtig' erinnern zu können, und führt bis hin zu (Selbst-)Zweifeln am Erlebten, dem Anzweifeln der eigenen Wahrnehmung und den Zweifeln am ‚Recht', über die Partnerin oder den Partner aussagen zu dürfen. Dies drückt sich einerseits im Verstummen und andererseits im Ringen um (Be-)Deutung aus, da die vermeintlich ‚objektiven' Begriffe zu Gewalt den subjektiven Erfahrungen nicht gerecht zu werden scheinen.

An diesen drei Themenfeldern wird deutlich, dass es keine subjektive Frage ist, wie über Gewalt und Gewalterfahrungen gesprochen wird resp. werden kann. Vielmehr zeigt sich darin die soziale Ordnung und ihr Bruch. Damit geht ein Unrecht einher, das sich durch verschiedene Ebenen zieht und gleich dreifach erschüttert: die Beziehung der Betroffenen zu sich selbst, die Beziehung zur

Partnerin resp. zum Partner sowie die Beziehung zur Gesellschaft. Weil die Gewalterfahrung das Vertrauen in die eigene Wahrnehmung und das Selbst- und Fremdbild angreift, lässt die Gewalt noch lange nach der Beziehung nicht nach, sondern entfaltet auch nach der Beziehung und der Gewalterfahrung noch ihre gewaltförmige Produktivität.

1.1 (Be-)Deutungen häuslicher Gewalt als Problem- und Forschungsgegenstand

Der Entstehungskontext bei der ersten Kontaktaufnahme durch die Befragten und die ersten Analyseerkenntnisse der vorliegenden Studie offenbaren einerseits das reziproke Verhältnis von Sprache und Gewalt und andererseits die Bandbreite unterschiedlicher Wahrnehmungen von Gewalt und der damit einhergehenden Klassifikationen. Demnach sind die Deutungen von Gewalt empirisch nicht evident.

Zusammenfassend zeigen sich in den Interviews die Unfassbarkeit von Gewalt und die Unaussprechlichkeit der Gewalterfahrung. Immer muss zuerst die individuelle Gewalterfahrung sprachlich aufbereitet werden, um das Phänomen Gewalt überhaupt fassbar zu machen. Dieser Versprachlichungsprozess wird durch tradierte Werte geformt, weshalb er sich immer innerhalb einer sozialen Ordnung vollzieht. Die Gesellschaft wird demnach *im* und *durch* das Sprechen über Gewalt relevant. Sie wird insofern im Sprechen über Gewalt sichtbar, als die Befragten in ihren Erzählungen stets schildern, wie sich die Gesellschaft, in der sie sich bewegen, zu Gewalt und zu Gewalterfahrungen verhält. So zeichnen sich im empirischen Material Muster ab, die darauf hinweisen, wie über die Deutungen der Gewalt und der Gewalterfahrungen auch immer Bedeutung ein- und zugeschrieben wird, um die Gewalt und die Erfahrung für sich selbst deutbar zu machen.

In der vorliegenden Studie stehen die subjektiven Deutungen der Befragten im Analysefokus, da diese Perspektive den Befragten die Deutungshoheit und die Definitionsmacht über ihre Erfahrungen, die erlebte Gewalt sowie die eigene Gewaltbetroffenheit zuspricht. Anhand der Interviews werden Erkenntnisse zusammengetragen, die aufzeigen, wie diese Verletzungsverhältnisse thematisiert werden, wie (Be-)Deutungen konstruiert werden und welche Bedeutung Gewalt eingeschrieben wird (und worauf hierbei Bezug genommen wird). Die Arbeit geht von der Annahme aus, dass Gewalt als soziales Phänomen vor dem Horizont einer Ordnung zu denken ist, innerhalb derer darüber verhandelt und definiert wird, was als Gewalt wahrgenommen wird resp. als solche gilt und anerkannt wird und was nicht (Staudigl 2014, S. 12). Entsprechend wird in den nachfolgend aufgeführten forschungsleitenden Fragen festgehalten, dass das, ‚was Gewalt ist', eine „Deutungspraxis" (Staudigl 2014, S. 12) darstellt:

- Wie erlangt das Erlebte die Bedeutung der Gewalt?
- Wie werden Gewaltdeutungen sozial hergestellt?
- (Wie) stehen diese Deutungen in ihrer spezifischen Bedeutung für die soziale Ordnung?

Das Untersuchungsmaterial für diesen Ansatz bilden narrative Interviews mit Gewaltbetroffenen, weil die Konstruktionsmechanismen von häuslicher Gewalt interessieren, da Gewaltdeutungen und damit Gewalt nicht evident sind. Dadurch wird die Studie methodologisch durch das Wie gerahmt. Analysiert werden hierzu die Deutungen von Gewalt unter Einbezug der Semantik der Befragten sowie die Handlungsstrategien, die die Befragten zur Aufrechterhaltung und zur Veränderung des Phänomenbereichs beschreiben (Hohage 2013, S. 75; Knorr-Cetina 1989, S. 92). Vor dem Hintergrund dieser Deutungen zu Gewalt und der sozialen Wissens- und Deutungsstrukturen rücken auch konkret die Herstellungsmechanismen in den Fokus der Analyse, in die diese Deutungen eingebettet sind. Die Studie wird im Sinne der konstruktivistischen Grounded Theory selbst als Konstruktion verstanden, die in einem Ko-Produktionsverhältnis entsteht. Die Forschungserkenntnisse sind deshalb als Ko-Konstruktionen – von Beforschten und der Forscherin – zu betrachten (Charmaz 2006, S. 130).

Zu beachten ist dabei die soziale Ordnung, denn gerade bei Gewalt gilt es, die wechselseitige Verschlüsselung von Gewalt und Geschlecht in den Blick zu nehmen. Um zu vermeiden, dass Männer und Frauen durch tradierte Kategorisierungen auf enge Rollenzwänge reduziert werden und nicht ein differentes Anderes konstruiert wird, muss sowohl theoretisch als auch methodisch sensibel mit der komplexen Kategorie ‚Geschlecht' und dem Phänomen ‚Gewaltbetroffenheit' umgegangen werden (Bereswill 2007, S. 36). Vergleichsforschung ist deshalb in diesem Kontext unzureichend, weil dann nur aufgezeigt würde, dass auch Frauen gewalttätig oder auch Männer Opfer sein können. Für die Bearbeitung der Fragestellungen wäre es darüber hinaus wenig zielführend, wenn lediglich dargelegt würde, wie die Handlungsstrategien z. B. unterschiedlichen Formen der sozialen Kontrolle unterliegen.

In der vorliegenden Arbeit sollen daher vielmehr Geschlechts- und Rollenentwürfe und deren Funktionalität für die Handelnden sowie für die gesellschaftliche Akzeptanz ermittelt werden, wobei versucht wird, den Stellenwert bestehender Konstrukte zu erkennen und diesen zu relativieren, um gleichzeitig einen „dritten Weg" beschreiten zu können (Buskotte 1999, S. 93), der zwischen nur männlichen (‚aggressiv und gewalttätig') oder nur weiblichen (‚friedlich und fürsorglich') Variationen von Geschlechterbildern liegt (Buskotte 1999, S. 93). An dessen Ende könnten eine Dethematisierung des Geschlechts und die Dekonstruktion der Vergeschlechtlichung von Gewalt(-betroffenheit) resp. Degendering von Gewalt(-betroffenheit) stehen (Lamnek 2003, S. 122). Mit diesem dritten Weg wird das Ziel verfolgt, mit der Analyse von Deutungen und

Bedeutungen von Gewalt und Gewaltbetroffenheit solche Zu- und Einschreibungen zu hinterfragen. Die Ursachen für diese (Be-)Deutungen werden in dieser Studie nicht erforscht. Vielmehr werden zunächst die subjektiven Deutungen Gewaltbetroffener analysiert. Dies dient der Rekonstruktion von Mustern, die sich darauf beziehen, wie Gewalt, Gewaltformen und die eigene Gewaltbetroffenheit gedeutet werden. Es wird danach gefragt, welche Deutungsmuster der Interpretation und der Verarbeitung von eigenen Gewalterfahrungen zugrunde liegen. So kann die subjektive Deutungsebene Gewaltbetroffener einen Zugang dazu ermöglichen, wie Gewaltbetroffene Gewalt, spezifische Gewalterfahrungen und ihre eigene Gewaltbetroffenheit selbst deuten und auf welche Orientierungsrahmen sie dabei verweisen. In den Interviews kommt zum Ausdruck, dass Gewalt von den Interviewten oftmals nicht als solche gedeutet wird und teilweise als unvermeidbar wahrgenommen und normalisiert wird, wobei sich die Deutungsmuster der Befragten ähneln. Von Relevanz ist dabei, dass die Frage, welche Bedeutung Gewalt zu- resp. eingeschrieben wird, ein Spannungsfeld öffnet, innerhalb dessen bestimmte Konnotationszusammenhänge offenlegt werden können. In diesem neuen Untersuchungsraum wird die eigene Biografie für die subjektive Deutung hinzugezogen, um die eigene Gewaltbetroffenheit und das Wechselspiel der Biografie und der subjektiven Deutung(en) zu Gewalt erklärbar zu machen.

Da die Deutung von Gewalt immer ein Werturteil beinhaltet und damit auch sprachlich gerahmt ist, erweist sich die narrative Wende des Symbolischen Interaktionismus als zentraler theoretischer Bezugspunkt für die Studie, dessen Annahmen zufolge die sprachliche Rahmung den Wahrnehmungs- und Definitionsprozess der Beteiligten formt (Klein 2013b, S. 1). Im Verständnis des Symbolischen Interaktionismus prägt die Sprache demzufolge auch die Interaktionen in Gewaltsituationen und im weiteren Sinne auch jegliche Situationen, in denen über Gewalt gesprochen wird: in Alltagssituationen, in der Medienberichterstattung über Gewalt mit ihren jeweils verwendeten Begrifflichkeiten, in der sprachlichen Formulierung von polizeilichen Berichten und Regelungen, wie auch in der sprachlichen Erfassung im Rahmen von Untersuchungen zu Gewalt (z. B. in Fragebögen, Forschungsfragen etc.) (Klein 2013b, S. 1). Wenngleich die verwendeten Begrifflichkeit(en) aus unterschiedlichen Konzepten stammen, so lenken sie den Fokus dennoch in spezifischer Form auf das soziale Phänomen ‚häusliche Gewalt', indem sie diesen mitbestimmen (z. B. sexuelle Gewalt, Gewalt gegen Frauen, Beziehungsgewalt etc.), was wiederum unterschiedliche rechtliche und soziale Aspekte nach sich zieht (Klein 2013b, S. 1).

Relevanz und Verortung der Studie

In den einleitenden Ausführungen kamen die theoretische und die gesellschaftliche Relevanz der vorliegenden Studie bereits zum Ausdruck. Denn die subjektiven Deutungen und Bedeutungen von Gewalt stehen einerseits für unterschiedliche, in den Aushandlungsprozessen erfolgende Zuschreibungen von Eigenschaften und Positionen und andererseits (re)produzieren sie solche Zuschreibungen, welche die sozialarbeiterische resp. die sozialpädagogische und die rechtliche Praxis (Grubner 2014, S. 64) wie auch die gesellschaftliche Wahrnehmung von häuslicher Gewalt und der Betroffenen häuslicher Gewalt massgeblich beeinflussen.

Häusliche Gewalt wird in der Schweiz (und in den meisten Ländern weltweit) als soziales Problem anerkannt. Der Begriff ‚soziales Problem' impliziert, dass eine Diskrepanz zwischen dem Phänomen ‚häusliche Gewalt' und den gesellschaftlichen Wertemassstäben, beispielsweise dem Recht auf körperliche Unversehrtheit und Gleichstellung der Geschlechter, besteht (Ottermann 2003, S. 164). Konkret bedeutet dies, dass häusliche Gewalt gesellschaftlich als nicht akzeptiert gilt und einen Bruch mit sozialen Normen darstellt. Damit ein soziales Problem als solches anerkannt wird, ist es häufig erforderlich, dass Justiz und Soziale Arbeit, zumeist als erste Instanzen, an einem Sachverhalt wie z. B. häuslicher Gewalt Kritik üben, indem sie das soziale Problem und dessen Dimensionen benennen. Von diesen Definitionsprozessen hängt sodann ab, welche Formen von Gewalt thematisiert oder tabuisiert, problematisiert oder entproblematisiert sowie teils auch kriminalisiert oder entkriminalisiert werden (Ottermann 2003, S. 166).

Von diesen staatlichen Instanzen wiederum entleihen Medien das Gewaltvokabular für die öffentlichen Debatten zu Gewalt und übertragen es auf zahlreiche andere Themen. Auch die Wissenschaft beteiligt sich daran, neue Gewaltphänomene aufzudecken, wodurch sie oftmals gemeinsam mit staatlichen Kontrollinstanzen und sozialen Bewegungen zu einer primären Analytikerin und Definitionsinstanz sozialer Probleme wird. Doch Gewalt als Phänomenbegriff ist weder ein ‚objektiv-neutraler' noch ein rein deskriptiver Beobachtungsterminus. Vielmehr ist ‚Gewalt' ein Etikett für „soziale Unwerturteile", das dazu dient, den „[…] Unwert des Handelns anderer und damit den Unwert anderer […]" zu beurteilen (Peters 1995, S. 30).

Mit der Verwendung des Wortes ‚Gewalt' wird das Verhalten resp. das Handeln Dritter evaluiert. Da diese Urteile auch immer in spezifische Wert- und Relevanzsysteme, d. h. in einen Orientierungsrahmen eingebettet sind, ist Gewalt als Phänomen ein Konstrukt und kein Faktum (Lamnek 2003, S. 110). Mit der Perspektive auf Gewalt im Sinne eines sozialen Konstrukts ist keineswegs die Implikation verbunden, dass es das Phänomen, auf das sich das Konstrukt bezieht, als solches nicht gebe. Lediglich das, worauf sich der Begriff bezieht, ist ein gesellschaftliches Konstrukt, über das eine Gesellschaft immer wieder neu verhandelt. Ein Beispiel für solche Aushandlungen ist z. B. diejenige Debatte, in deren Rahmen die Vergewaltigung in der Ehe in den 1980er-Jahren in der Schweiz ihrer Fraglosigkeit enthoben, 1994 sodann als Antragsdelikt verrechtlicht (Dackweiler 2002) und im Jahr 2004 schliesslich zum Offizialdelikt gemacht wurde (EBG 2017b, S. 2). In solchen Aushandlungen werden neue Orientierungsrahmen geschaffen, die symbolisch für soziale Unwerturteile und damit für Normen, die sich hegemonial durchsetzen konnten, resp. für normative (Leit-)Bilder stehen.

Auch in der Wissenschaft sorgen bestimmte Forschungsperspektiven und hegemoniale Bilder, wie z.B. Geschlechterbilder dafür, ob, wie und in welchen Rollenkonstellationen über Gewalt gesprochen wird und werden kann. Gerade die Grenzen zwischen Gewalt und Nicht-Gewalt im Geschlechterverhältnis unterliegen einem historischen Wandel und kulturellen Festlegungen. So wurde mit der Abschaffung des Züchtigungsrechts des Ehemanns im 19. Jahrhundert, z.B. in Deutschland (Schramm 2011, S. 171) und in der Schweiz (Nolte 2003, S. 304), die Basis für die gesellschaftliche Problemwahrnehmung und -deutung von häuslicher Gewalt gelegt (Firle/Hoeltje/Nini 1996). Dennoch wurde ein massvoll ausgeübtes Züchtigungsrecht als Ausdruck eines hierarchischen Eheverständnisses im schweizerischen Kontext auch nach der Abschaffung im Sinne einer impliziten Normvorstellung offenbar weiterhin als tolerierbar erachtet (Töngi 2000, S. 96, 2002, S. 63–64). Gegenwärtig zeichnen sich in der Schweiz in Forderungen nach einer Revision des Sexualstrafrechts, im Wegweisungsrecht bei häuslicher Gewalt und in Forderungen nach einer Entschlechtlichung des Gesetzes zu Vergewaltigung Veränderungen in der Wahrnehmung von Gewalt ab (z.B. EJPD 2018; Scheidegger 2018). Anhand dieser Beispiele zeigt sich, dass sich Gewalt keineswegs mit objektiven Kriterien im Sinne eines allgemeingültigen Wertmassstabs eindeutig definieren lässt, sondern dass deren Verständnis an Wertvorstellungen und Verantwortungszuschreibungen der jeweiligen Zeit gebunden ist (Nini 1995).

Gesellschaftliche Gewaltkonzepte und Deutungen von Gewalt werfen deshalb nicht nur ein Licht auf strukturell angelegte gesellschaftliche Spannungen, sondern werfen auch Fragen auf, die sich darauf beziehen, wer die Definitions- und die Deutungsmacht über die Begriffe und damit über die Bestimmung des Phänomens hat (Ottermann 2003, S. 166). Soziale Probleme sind somit ein Ergebnis einer langfristigen, aktiven Herstellung und Institutionalisierung von akzeptierten Problemdiskursen in der Öffentlichkeit und in der Politik (Groenemeyer 2012, S. 18), weswegen es zu klären gilt, wie diese Deutungen sozial hergestellt werden.

Wie bereits angedeutet, soll diese Annahme von Gewalt als Konstrukt keineswegs als rhetorische Strategie dienen, um soziale Probleme oder häusliche Gewalt zu bagatellisieren oder zu relativieren und sie damit wegzudiskutieren. Vielmehr gilt es, die Bedingungen, Aspekte und Dimensionen zu beleuchten, auf deren Grundlage sich Konstruktionen als Normalverständnis durchsetzen und institutionalisieren lassen. Dies leistet einen Beitrag zu einer umfassenden Beschreibung von Gewalt, verstanden als soziales Konstrukt innerhalb der Gesellschaft, das lediglich anhand von subjektiven Sinnzuschreibungen erfasst werden kann. Der Mehrwert liegt aus einer theoretischen und gesellschaftlichen Perspektive darin, dass Einschreibungen von Gewalt, wie z. B. Vergeschlechtlichungen aufgebrochen werden können, damit deutlich wird, wie Individuen selbst Gewalt und ihre Gewaltbetroffenheit thematisieren.

Für die Forschung, die Fachkräfte Sozialer Arbeit und die Gesellschaft ergeben sich aus den Erkenntnissen dazu, wie Betroffene häuslicher Gewalt das Erlebte subjektiv deuten, zentrale Implikationen für den Umgang mit Gewaltbetroffenen. Denn einerseits verdeutlichen diese Erkenntnisse, wie normative Bilder und die Vergeschlechtlichung von Gewalt und Gewaltbetroffenheit Barrieren des Erkennens für die Betroffenen selbst darstellen. Andererseits sind diese Erkenntnisse aus einer sozialwissenschaftlichen Perspektive im Allgemeinen und aus einer erziehungswissenschaftlichen und sozialpädagogischen Perspektive im Speziellen relevant, weil auch die Gewaltprävention und die Gewaltintervention, ebenso wie bisweilen die entsprechenden Forschungszugänge, zweigeschlechtlich organisiert und ausdifferenziert sind (Dobash/Dobash 2002). Denn obwohl Gewalt quantitativ, z. B. in Statistiken, wie auch qualitativ, etwa in Studien zu Gewaltformen und deren Folgen, geschlechtsspezifisch erscheint, gilt es ebendies zu hinterfragen. Insbesondere für die auf männliche Jugendliche und Männer ausgerichtete Prävention ist der ausgeprägt funktionalistisch-theoretische Zugang (z. B. die Konstruktion von Männlichkeit durch Gewalt) charakteristisch. Daher ist infrage zu stellen, inwiefern und vor allem auch „wo“ (Bock 2003, S. 193) sich diese Vergeschlechtlichung der Gewalt wie auch der Verletzungsoffenheit und der Verletzungsmächtigkeit durch diese fortwährende duale Ausdifferenzierung mitunter (mit)konstruieren oder zumindest verfestigen. Hierbei gilt es auch, die Normalitätskonstruktionen von Gewalt stärker in den Blick zu nehmen und auf dieser Grundlage Herausforderungen, die sich aus diesen Normalitätskonstruktionen z. B. für Schutzkonzepte ergeben können, herauszuarbeiten.

Vor diesem Hintergrund ermöglicht das theoretische Modell zu Gewalt-Modalitäten, das im Rahmen der vorliegenden Studie aus den empirischen Daten entwickelt wurde, detaillierte empirische Einsichten in die sozialen Herstellungsprozesse von Gewalt(be)deutungen. Des Weiteren leistet es einen Beitrag zur Klärung der Frage, wie und in welchem Verhältnis diese Deutungen in ihrer spezifischen Bedeutung für die soziale Ordnung stehen. Denn die Gewalt-Modalitäten erlauben eine Rekonstruktion häuslicher Gewalt als sozialen Prozess. Aus dieser Prozessperspektive wird deutlich, dass Gewalt keineswegs empirisch distinktiv ist, sondern dass es vielmehr wichtig ist, zu analysieren, wie Gewalt von den Betroffenen erfahren wird resp. welche Bedeutungen in die jeweiligen Erfahrungen eingeschrieben werden. Dadurch werden die sinnstiftenden Prozesse offengelegt, die Betroffene der Gewalt verleihen (Thema 1), indem sie diese (Be-)Deutungen von Gewalt sozial herstellen (Thema 2). Letztendlich liefert dies Erkenntnisse darüber, wie (Be-)Deutung von Gewalt entsteht.

Aus dieser Perspektive zeigt sich, dass gewaltförmige Situationen nicht gleich zu Beginn als Gewalt resp. Gewalterfahrung aufgefasst werden. Vielmehr werden sie z. B. als ‚Unfälle' interpretiert, für die letzten Endes ‚niemand' verantwortlich bzw. an denen ‚niemand' schuld ist, wodurch sie eine Normalisierung und damit Legitimation erfahren. So greift die häusliche Gewalt durch diese Normalisierungen zusehends in den (Beziehungs-)Alltag aus.

1.2 Sprachliche Rahmung der Studie

Hegemoniale Deutungen von Gewalt, wozu auch die sozialräumliche Verortung von Gewalt und die Vergeschlechtlichung der Gewalt gehören, wirken sich nicht zuletzt auf die Sprache aus. Dies betrifft auch den Begriff ‚häusliche Gewalt' und die Attribuierung von ‚weiblich' und ‚männlich'. In der vorliegenden Studie wird der Begriff ‚häusliche Gewalt', der in der sozialwissenschaftlichen und insbesondere in der erziehungswissenschaftlichen Forschung zu Gewalt kontrovers diskutiert wird, verwendet. Diese Begriffswahl basiert auf den Erkenntnissen der Studie. So soll mit diesem Begriff betont werden, wie die interviewten Betroffenen, normative Opfer- und Gewaltbilder, auf die sie sich beziehen, oder konkreter an denen sie sich abarbeiten auf eben diesen Sozialraum – ‚das Häusliche' – beziehen. Bezogen auf den Zusammenhang von Sprache und der Vergeschlechtlichung von Gewalt: Wenn davon ausgegangen wird, dass ‚Männer' nicht per se ‚männlich' und ‚Frauen' nicht per se ‚weiblich' sind, wird fraglich, ob von ‚weiblichen Opfern' oder ‚weiblichen Betroffenen' und ‚männlichen Opfern' oder ‚männlichen Betroffenen' gesprochen werden kann. Gleichwohl ist die enge Beziehung zwischen Gewalt und Geschlecht nicht zu leugnen, denn Statistiken und die Sanktionspraxis legen feste Muster der Geschlechterdifferenz nahe. Diese auf den ersten Blick vermeintlichen „[…] unterstellte[n] eindeutige[n] Unterschiede zwischen Männern und Frauen [spiegeln sich] in ihrem unterschiedlichen Umgang mit gesellschaftlichen Normen, beispielsweise was ihr Verhältnis zu Gewalt anbetrifft […]" (Bereswill 2007, S. 35) wider. Die komplexe Dynamik und die verdeckte Struktur dieser Beziehung sind demnach zu untersuchen, denn Gewalt, wie auch Gewaltbetroffenheit haben kein Geschlecht, sondern werden durch die Gesellschaft vergeschlechtlicht. Dies impliziert keineswegs, dass Frauen und Männer das Gleiche erleben, sich in gleichrangigen Lebenslagen und -zusammenhängen befinden oder von Institutionen die gleichen Hilfestellungen und/oder Sanktionen erhalten würden. Vielmehr wird dadurch betont, dass Gewalt resp. Gewaltbetroffenheit geschlechtsbezogenen Deutungs- und Handlungsmustern unterliegt (Bereswill 2007, S. 35–36).

Vor dem Hintergrund der obigen Reflexionen zur Findung einer Sprache, die dem Forschungs- und Erkenntniszugang der Studie gerecht wird, wird in der vorliegenden Studie in Kapitel 3.2 bei der Entwicklung der Begriffe und Bezeichnungen, die in der Studie verwendet werden, der Schwerpunkt einerseits auf eine Sprache gelegt, die es ermöglicht, stereotype Zuschreibungen von Geschlechterdifferenz zu vermeiden, und andererseits ermöglicht, Deutungen und Bedeutungen von Gewalt in den Blick zu nehmen. Hierfür wird in Kapitel 3.2 das heuristische Konzept ‚(Be-)Deutung von Gewalt' entwickelt. An dieser Stelle soll jedoch bereits in die zentralen Begriffe und die sprachliche Rahmung der vorliegenden Arbeit kurz eingeführt werden: die (Be-)Deutung von Gewalt sowie eine Sprache, durch die keine geschlechtsbezogenen Zuschreibungen und Fortschreibungen, von dem, was in der vorliegenden Arbeit mitunter hinterfragt werden soll, vorgenommen wird.

Konkret wird mit dem Konzept ‚(Be-)Deutung von Gewalt' betont, dass durch die Deutung der Gewalt dieser Gewalt gleichzeitig eine *Be*deutung eingeschrieben wird. Die Sprache soll zudem der zuvor erwähnten theoretischen Prämisse der Studie – dem reflexiven Umgang mit der Konzeption von Geschlecht (Bereswill/Braukmann 2014, S. 21) – gerecht werden (s. Kapitel 3.11, 3.3 & 4.4.3). In der vorliegenden Studie wird denn auch weder eine Vergleichsforschungsperspektive eingenommen noch vorstrukturierend nach Ähnlichkeiten und Unterschieden zwischen ‚männlichen' und ‚weiblichen' Betroffenen gesucht. Wenn von ‚Männern' resp. ‚Frauen' die Rede ist, dann werden dabei Männer und Frauen nicht mit ‚weiblich' resp. ‚männlich' gleichgesetzt. In der Darstellung der Ergebnisse wird, sofern sich Unterschiede zwischen den Geschlechtergruppen in der Analyse ergaben, von ‚männlichen Befragten' resp. ‚weiblichen Befragten' gesprochen. Mit dieser Formulierung wird nicht intendiert, männliche oder weibliche Eigenschaften zu verallgemeinern, sondern diese Formulierung verweist auf Stellen, an welchen die Geschlechtlichkeit für die Narration einen Unterschied macht. Diese Darlegung dieser Unterschiede dient denn auch keiner Vergleichsperspektive, sondern z. B. der Sichtbarmachung von Geschlecht als Strukturgeber für verfestigte Formen sozialer Ungleichheit und der Sichtbarmachung der Wirkmächtigkeit gesellschaftlicher Zuschreibungen, die mit der Vergeschlechtlichung von Gewalt verbunden sind (Bereswill et al. 2014, S. 21).

1.3 Aufbau der Arbeit

Nach erfolgter Hinführung zum Thema, der Fragestellung und der Verortung der vorliegenden Studie in Kapitel 1, wird zur Einführung in die Forschung zu häuslicher Gewalt zunächst in Kapitel 2 der Entstehungskontext des Forschungsfeldes ‚häusliche Gewalt' skizziert. Danach wird entlang ausgewählter Forschungslinien der Forschungsstand zu Deutungen häuslicher Gewalt aufgearbeitet. Darauf folgt in Kapitel 3 eine theoretische Auseinandersetzung mit dem zentralen Begriff der häuslichen Gewalt und dessen Entwicklung. Aufbauend auf dem zentralen Erklärungsmodell ‚Gewalt im Geschlechterverhältnis' wird danach die gegenseitige Verschlüsselung von Gewalt und Geschlecht theoretisch beleuchtet. Im Anschluss daran wird die Heuristik der vorliegenden Untersuchung ‚(Be-)Deutung von Gewalt' dargelegt.

In Kapitel 4 wird die Studie zunächst wissenschafts- und erkenntnistheoretisch sowie methodologisch im Kontext des Forschungsgegenstands und des Forschungsstands verortet. Darauffolgend wird im selben Kapitel das methodische Vorgehen erläutert und einen Einblick in den Feldzugang, das Sample, die Datenerhebung mittels narrativ-biografischer Interviews sowie in die Datenauswertung in Anlehnung an die Auswertungsschritte der konstruktivistischen Grounded Theory und der Reflexion des Vorgehens gegeben.

In Kapitel 5 wird die Theoriebildung aufgezeigt. In diesem Kapitel wird ein erster Überblick in das theoretische Modell gegeben, das aus den empirischen Analysen der vorliegenden Studie entwickelt wurde. In diesem Kapitel wird die (Be-)Deutung von häuslicher Gewalt als sozialer Prozess gefasst und diese prozessuale Perspektive auf häusliche Gewalt empirisch und theoretisch untermauert. Im Anschluss daran folgen mit den Kapiteln 6, 7 und 8 drei empirische Analysekapitel. Im Rahmen dieser drei Kapitel werden jeweils bestimmte zentrale Aspekte der Gewalt-Modalitäten in den Blick genommen: In Kapitel 6 wird die ‚Deutung als Nicht-Gewalt als Normalisierungsstrategie' erläutert. Im Fokus steht dabei, wie das Erfahrene durch die Befragten normalisiert wird. In Kapitel 7 ‚Grenzen der Reorganisation des Alltages durch Brüche mit Idealen' wird daran anschliessend dargelegt, wie die bislang konstruierte Nicht-Gewalt als (Be-)Deutung Brüche erhält. In Kapitel 8 ‚Verschiebung der (Be-)Deutung von Gewalt via Delegitimierung' wird darauf eingegangen, wie nach diesen erfolgten Brüchen das Erfahrene für die Betroffenen die Bedeutung von ‚Gewalt' erlangt. Zentral für die sich ausformende (Be-)Deutung der Gewalt ist dabei, dass die Befragten die Handlungen des Partners resp. der Partnerin als illegitim deuten: Das Erlebte wird nicht länger fraglos akzeptiert und damit delegitimiert.

Die Studie schliesst mit Kapitel 9 ‚Gewalt-Modalitäten – Ergebnisdiskussion'. In diesem Kapitel werden die zentralen Aspekte der empirischen Analysekapitel aufeinander bezogen und diskutiert. Mit der Diskussion der Ergebnisse erfolgt die Präzisierung der Gewalt-Modalitäten. Abrundend werden als Fazit und Ausblick Normalitätskonstruktionen als zentrale Herausforderungen für die Forschung und die Handlungsfelder der Sozialen Arbeit vor dem Hintergrund der Gewalt-Modalitäten und bestehender Gewaltkonzepte diskutiert.

II Theoretische Grundlegung

Kapitel 2
Entstehungskontext des Forschungsfeldes ‚häusliche Gewalt' und Forschungsstand

Damit die Darstellung des Forschungsstands möglichst konzis erfolgen kann, werden nachfolgend insbesondere diejenigen Forschungslinien berücksichtigt, die aufgrund des Erkenntnisinteresses, der Fragestellung, der Zielgruppen resp. der Betroffenengruppen und der zentralen Befunde von direkter Relevanz für die vorliegende Analyse sind. An diesen Überblick (Kapitel 2.1), der mit dem Schwerpunkt auf die zentralen Forschungslinien und Theorietraditionen (Kapitel 2.1.1) sowie den unterschiedlichen Zugängen dieser Forschungslinien (Kapitel 2.1.2) erfolgt, schliesst sich eine Diskussion des Forschungsstands mit dem Schwerpunkt auf methodologische und methodische Herausforderungen der Forschung zu häuslicher Gewalt (Kapitel 2.2) an. In diesem Kapitel wird das Ziel verfolgt, die vorliegende Studie zu verorten (Kapitel 2.2.1) und die methodologischen und methodischen Zugänge zu Geschlecht und Gewalt darzulegen (Kapitel 2.2.3). Im Anschluss werden Studien, die sich mit der Perspektive der Betroffenen befassen und den Fokus auf die Deutungen und Bedeutungen von Gewalt für die Betroffenen gerichtet haben, eingehender vorgestellt (Kapitel 2.2.3). Daraus ergibt sich die Bestimmung der Desiderate, auf deren Grundlage die Anknüpfungspunkte der vorliegenden Studie herausgearbeitet werden können (Kapitel 2.2.4).

2.1 Forschungslinien und Thecrietraditionen

Theorietraditionen sind im Forschungsfeld ‚häusliche Gewalt' von grosser Relevanz, da im deutschsprachigen wie auch im angloamerikanischen Raum divergierende Forschungslinien existieren (Hagemann-White 2002, S. 128). In den USA entwickelte sich der Forschungsgegenstand ‚Gewalt in der Ehe und in der Familie' aus zwei unterschiedlichen Zugängen: der (feministischen) Frauenbewegung und der Familiensoziologie. So galt beispielsweise die Vergewaltigung in der amerikanischen Frauenbewegung und damit in der feministischen Theoriebildung als paradigmatisch für patriarchale Gewaltverhältnisse, während Familiensoziologinnen und Familiensoziologen, die sich zeitgleich mit dem Phänomen körperlicher Gewalt innerhalb der Familie befassten, das Geschlecht als Kategorie eher vernachlässigten (Bersani/Chen 1988). Als das Phänomen ‚Gewalt gegen Frauen in der Ehe' von Vertreterinnen der Frauenbewegungen aufgriffen wurde und dieses in den USA Eingang in die feministische Theoriebildung fand, hatte sich im US-Kontext bereits ein soziologisches Forschungskonzept zu häuslicher Gewalt etabliert, in welchem dem Geschlecht nur sekundäre Bedeutung zukam. Das Forschungsinteresse lag in den USA primär auf der Akzeptanz von Gewalt innerhalb der Familie und deren Transmission über die Generationen hinweg (Hagemann-White 2002, S. 130).

In Europa wurde Gewalt im sozialen Nahraum hingegen mit einer gewissen Selbstverständlichkeit als geschlechtsbezogene Gewalt betrachtet und häusliche Gewalt wurde zunehmend mit ‚Gewalt gegen Frauen' gleichgesetzt (Müller/Schröttle 2012). Angesichts dieser erheblichen Unterschiede, die sich zwischen den USA und Europa hinsichtlich des Gegenstands der Forschung und somit in Bezug auf das Forschungsfeld ergeben, wird der Schwerpunkt aus Gründen der Kontextgebundenheit der Forschung und der forschungspraktischen Eingrenzung nachfolgend auf den westeuropäischen und vor allem auf den deutschsprachigen Stand gelegt. Die US-amerikanische Forschungsperspektive wird demgegenüber lediglich an ausgewählten Stellen zur Kontrastierung miteinbezogen.

2.1.1 Forschungslinien: Vorkommen, Muster, Folgen und Ursachen häuslicher Gewalt und Evaluation von Interventionen

Seit dem Ende der 1980er-Jahre haben sich zentrale Forschungslinien herausgebildet, die sich wie folgt zusammenfassen lassen: (1) Studien zur Evaluierung bestehender Interventionen und Kostenstudien, die versuchen, die gesellschaftlichen Folgekosten häuslicher Gewalt einzuschätzen sowie (2) Studien zum Vorkommen häuslicher Gewalt, zu Gewaltdynamiken und zu Mustern. Innerhalb dieser beiden zentralen Forschungslinien lassen sich unterschiedliche Zugänge ausmachen: Einerseits geschieht dies exemplarisch-vertiefend mit Blick auf (a) die verschiedenen Betroffenengruppen sowie die Zugänge zu häuslicher Gewalt und andererseits auf der Grundlage der Annahme der (b) Gendersymmetrie und vor dem Hintergrund von Normalitäts- resp. Ausnahmekonstruktionen von Gewaltbetroffenheit.

(1) Studien zur Evaluierung bestehender Interventionen sowie Kostenstudien

Mit den Forschungsarbeiten von Alberto Godenzi (1989, 1996) rückten zunehmend die angebotenen Interventionen staatlicher und zivilgesellschaftlicher Akteurinnen und Akteure in den Fokus des Forschungsinteresses. So untersuchte eine Kostenstudie in der Schweiz die gesellschaftlichen – tangiblen und intangiblen (lebenslangen) – Folgekosten von Gewalt in Paarbeziehungen. Juliane Fliedner, Stephanie Schwab, Susanne Stern und Rolf Iten (2013, S. 99) bezifferten die jährlichen tangiblen Kosten mit rund 164 bis 287 Mio. CHF. In dieser Berechnung wurden Ausgaben für die Interventionen, die Arbeitsausfälle der betroffenen Personen und die medizinische Versorgung berücksichtigt (Fliedner et al. 2013).

Im Feld der Gewaltforschung nehmen Evaluationsstudien zu häuslicher Gewalt allerdings den grössten Stellenwert ein. Hierbei handelt es sich insbesondere um Studien zu den Veränderungen im institutionellen Umgang mit diesem Gewaltphänomen und um Evaluationen spezifischer Einzelmassnahmen (Council of Europe 2006). Ab den 1990er-Jahren wurden in verschiedenen europäischen Ländern zudem Interventionsprojekte und interinstitutionelle Kooperationsmodelle[2] geschaffen, die auf anwendungsorientierter Forschung basieren. Auf der Ebene der Interventionen werden in Westeuropa seit rund 15 Jahren Forschungsansätze entwickelt. Vermehrt wird zudem auch auf internationaler Ebene Vernetzungsarbeit geleistet und es werden Studien gefördert, die sich der Übertragbarkeit von Erkenntnissen im Allgemeinen und den Wirkzusammenhängen sowie Bestandsaufnahmen und Einschätzungen der Effektivität zivilgesellschaftlicher Angebote im Speziellen widmen (Hagemann-White/Bohne 2008). In der Schweiz entstanden auf der Basis dieser Projekte sogenannte ‚runde Tische', die nach Karin Haeberli Leugger (2010, S. 160) das Ziel verfolgen, interdisziplinär an einer lückenlosen Interventionskette zu arbeiten. Auf der individuellen Ebene werden für die Opfer Frauenhäuser, Beratungsstellen und Notrufnummern angeboten (Flury 2010, S. 128).

Im Rahmen der Evaluationen wird mittlerweile vermehrt die Betroffenenperspektive miteinbezogen. Während Gill Hague, Audrey Mullender und Rosemary Aris (2003) in einer Untersuchung in Grossbritannien noch 2003 feststellten, dass gewaltbetroffene Frauen im Fachdiskurs weder sicht- noch hörbar seien, setzten in der Schweiz Daniela Gloor und Hanna Meier (2014b) mit ihrer Studie an dieser internationalen und insbesondere schweizweiten Forschungslücke an. In ihrer Untersuchung setzten sich die Autorinnen mit der Perspektive betroffener Frauen und ihren Erfahrungen im veränderten Interventionssystem in der Schweiz auseinander (Gloor et al. 2014b, S. 20–21). Aus Interviews mit betroffenen Frauen konnten sie herausarbeiten, dass diese durch die Vielzahl an institutionellen Kontakten grossen Mehrbelastungen ausgesetzt sind. Die Ergebnisse dieser Studie verweisen auf den unterschiedlichen Beratungsbedarf der Betroffenen, wobei vor allem die bestehenden Interventionen aus der Perspektive gewaltbetroffener Frauen evaluiert wurden (Gloor et al. 2014b,

2 Zu den bekanntesten Modellen, auf deren Basis auch Interventionen in der Schweiz entwickelt wurden, zählen das *Domestic Abuse Intervention Project* (DAIP, USA) und das *Domestic Violence Intervention Project* (DVIP, GB). Beide Programme setzen nach Corinna Seith (2003, S. 15–16) auf ein integriertes und koordiniertes Gemeinwesenmodell, das systembedingte Lücken schliessen soll.

S. 18–20). Solche Evaluationen und weitere daraus resultierende Interventionen tragen massgeblich zur Angebotsprofessionalisierung bei. Insbesondere Polizei, Staatsanwaltschaft, Gerichte, Sozialdienste sowie Kindes- und Erwachsenenschutzbehörden (KESB) und in aktuelleren Evaluationen auch das Gesundheitswesen sind jeweils involviert und werden im institutionellen Umgang mit Betroffenen häuslicher Gewalt geschult (Bänziger et al. 2010; Gloor et al. 2000; Gloor/Meier 2003a, 2004).

(2) Studien zum Vorkommen häuslicher Gewalt, zu Gewaltdynamiken und zu Mustern

Zentral für diese Forschungstradition sind Prävalenzstudien, die sich mit den Folgen und Ursachen von häuslicher Gewalt befassen sowie Studien zu den Mustern von Gewaltdynamiken. Charakteristisch ist hierbei die Geschlechtsspezifik der Gewalt. Der Forschungsstand zu Gewalt im sozialen Nahraum in der Schweiz wurde in den letzten Jahrzehnten bedeutend erweitert, wobei primär Wissen zum Vorkommen von Gewalt und zu den Bedingungen sowie zum Ausmass und zu den Folgen zusammengetragen wurde (Gloor et al. 2014b, S. 19).

Die Enttabuisierung der häuslichen Gewalt wurde in der Schweiz massgeblich durch Alberto Godenzi initiiert. Der Sozialwissenschaftler interviewte dazu Frauen, die von sexualisierter Gewalt durch den Partner betroffen waren, sowie erstmalig auch Männer, die sexualisierte Gewalt an ihrer Partnerin ausgeübt hatten (Godenzi 1989). Die befragten Frauen und Männer berichteten über die erlebte resp. ausgeübte sexualisierte Gewalt in ihren Paarbeziehungen, was die Alltäglichkeit und die Unauffälligkeit von häuslicher Gewalt erstmalig aufzeigte und dadurch zur Enttabuisierung beitrug. Die befragten Männer sprachen über ihre Beweggründe dafür, Frauen Gewalt anzutun, und die befragten Frauen erzählten, in welchen Situationen und mit welchen Folgen sie mit Gewalt konfrontiert worden waren. Eine zentrale Rolle in diesen Schilderungen spielten das Umfeld und dessen Reaktionen auf die Gewalt (Godenzi 1989). Nach Alberto Godenzi (1989, 1996) sind das bestehende Geschlechterverhältnis und die gesellschaftlichen Rahmenbedingungen verantwortlich für sexualisierte Gewalt, weshalb er zur Gewaltprävention empfiehlt, das Machtungleichgewicht zwischen den Geschlechtern abzubauen.

Untergliedert werden die Arten von Gewalt im sozialen Nahraum in Formen der physischen (z. B. Schläge, Verletzungen mit einem Gegenstand), psychischen (z. B. Beschimpfungen, Erniedrigung, Drohung), sexuellen resp. sexualisierten[3] (z. B. sexuelle Nötigung, Vergewaltigung), sozialen (z. B. soziale Isolation,

3 Im feministischen Diskurs wird in der Regel der Begriff ‚sexualisierte Gewalt' verwendet, um zu verdeutlichen, dass Sexualität Waffe, jedoch nicht Motivation für die Gewalt ist.

Kontaktverbote) und ökonomischen Gewalt (z. B. Entzug finanzieller Mittel, Arbeitsverbote) (Gloor et al. 2004, S. 12). Während Studien darauf hinweisen, dass der soziale Nahraum für Frauen die höchsten Risiken birgt, Opfer von Gewalt zu werden, und insbesondere sexualisierte Gewalt nach Monika Schröttle und Ursula Müller (2004) am häufigsten durch den Partner ausgeübt resp. in Beziehungen erfahren wird, wird bei Männern davon ausgegangen, dass diese stärker von Gewalt im öffentlichen Raum und hier vor allem von körperlicher Gewalt betroffen sind (EBG 2012c, S. 2) (zur näheren Auseinandersetzung mit Gewaltformen s. Kapitel 3.1.1).

Gemäss einer bereits vor der Jahrtausendwende durchgeführten ersten repräsentativen Schweizer Studie von Lucienne Gillioz, Jacqueline Puy und Véronique Ducret (1997) korreliert Misshandlung in Beziehungen auch mit ausgeprägten Dominanzvorstellungen von Männern sowie deren Vorstellung, Ansprüche auf die ‚eigene' Frau erheben, und über diese verfügen zu können (Gillioz et al. 1997). Obwohl die nationalen Prävalenzstudien hinsichtlich der erhobenen Betroffenheitsrate aus methodischen Gründen stark variierten und die eruierte Lebenszeitbetroffenheit von Frauen durch Paargewalt deshalb zwischen 10 % und 40 % betrug, lieferten diese Studien doch erste relevante Einblicke in das Ausmass dieses Gewaltphänomens in der Schweiz (Gillioz et al. 1997; Killias/Simonin/Puy 2005; Martinez/Schröttle 2005).

Zumeist wird im Zusammenhang mit häuslicher Gewalt die eskalierende Gewaltspirale genannt, nach der sich die Gewalt des Partners resp. der Partnerin in der Beziehung als Mechanismus derart verfestigt, dass auf Gewaltausbrüche Phasen der Reue und der Versöhnung folgen (Walker 1994). Die Gewaltspirale steht für hochambivalente Paarbeziehungen, die nach Lenore Walker (1994) häufig einer überindividuellen Dynamik unterliegen. Zentral ist diesbezüglich, dass sich die häusliche Gewalt zyklisch wiederholt. Die Abstände zwischen den einzelnen Gewalthandlungen werden geringer und deren Schwere nimmt zu. Diese Spirale wird von der Autorin in verschiedene Phasen unterteilt: die Phase des Spannungsaufbaus, die Phase des akuten Gewaltausbruchs und die Phase der Entschuldigungen, die auch ‚Honeymoon-Phase' genannt wird. In der ersten Phase verspürt die Frau[4] eine erhöhte Reizbarkeit ihres Part-

---

Im Unterschied zu anderen Arten der physischen Gewalt wird nicht der Körper zum Ziel der Gewalt, sondern Gabriela Mischkowski (2006, S. 16–18) zufolge, das Selbstbestimmungsrecht. Mit dem Begriff ‚sexualisierte Gewalt' verschiebt sich die Betonung vom Sexuellen auf die Gewalttat. Sexualisierte Gewalt ist eine Form von Gewalt, die sich in voller Absicht gegen den intimsten Bereich eines Menschen richtet und deren Ziel die Demonstration von Macht und Überlegenheit durch die Erniedrigung und die Entwürdigung des Anderen ist (Mischkowski 2006, S. 16–18).

4 Wenn sich Studien ausschliesslich auf ein Geschlecht beziehen, wird dies entsprechend verbalisiert, indem lediglich das jeweilige Geschlecht genannt wird.

ners. Es kommt zu kleineren Zwischenfällen, in deren Folge sie sich ihm gegenüber noch liebevoller und fürsorglicher verhält. Die nächste Phase bildet die Gewalthandlung als solche, worauf der gewaltausübende Partner Reue empfindet, sich entschuldigt und verspricht, dass es nicht mehr vorkommen werde. Danach bemüht sich der gewaltausübende Partner sehr und die Beziehung kann sich gar (emotional) intensivieren. Zentral ist hierbei, dass das Erlebte nicht offen thematisiert wird. Zeitgleich setzt ein Prozess der Verantwortungsverschiebung ein: Der Täter entschuldigt das eigene Verhalten, indem er es z.B. mit dem Fehlverhalten des Opfers rechtfertigt. Infolge des Nicht-Thematisierens des Erfahrenen und dieser Art der Rechtfertigung schwelen die Konflikte weiter, bis der Täter erneut Gewalt ausübt; die Spirale dreht sich weiter nach oben (Walker 1994, S. 84–89). Nach Barbara Kavemann (2012, S. 44) verkürzen sich die Abstände zwischen den Phasen fortlaufend und die Gewaltepisoden weiten sich aus, sodass der Handlungsspielraum der betroffenen Frau gleichzeitig immer kleiner wird und ihre Handlungsfähigkeit sukzessive abnimmt (Kavemann 2012, S. 44).

Mit dem Ziel, neben den im Modell der Gewaltspirale beschriebenen hochambivalenten Beziehungen auch Beziehungen mit einmaligen Gewalthandlungen und mögliche Ansatzpunkte für Veränderungen zu erfassen, haben Cornelia Helfferich und Barbara Kavemann (2004) das Modell der Übergänge erarbeitet. Wie das Modell der Gewaltspirale bildet das Modell der Übergänge einen Prozess ab, der sich in Phasen einteilen lässt: Nach dem ‚ersten Mal' der Gewaltanwendung ergreifen einige Frauen die Möglichkeit, den Partner zu verlassen, während andere in der Beziehung bleiben. Bei jenen, die in der Beziehung bleiben, kommt es zu weiteren Vorfällen und Eskalationen, die die Autorinnen als ‚Stufen' bezeichnen. Laut Cornelia Helfferich und Barbara Kavemann (2004, S. 146) wären die Ausgangsvoraussetzungen für Entscheidungen nach jeder Stufe grundsätzlich neu gegeben, doch den Studienergebnissen der Autorinnen zufolge wird die Entscheidung, zu bleiben, zusehends zur einzigen Möglichkeit der betroffenen Frauen. Hier verorten sie die Gewaltspirale. Ab einem gewissen Punkt verliert die Angst oder die Scham jedoch an Bedeutung, weshalb das Verlassen des Partners möglich wird. Gemäss den Autorinnen können an diesem Punkt auch äussere Umstände wie ein Platzverweis[5] den letzten Ausschlag geben (Helfferich et al. 2004, S. 146–147).

Auch weitere Forschende haben sich mit der systematischen Suche nach differenzierten Mustern befasst: In der Metastudie des US-amerikanischen Sozialforschers Michael Johnson (2006) liessen sich aus der bisherigen empirischen

5 In der Schweiz sind solche möglichen Schutzmassnahmen, die durch die Polizei angeordnet werden können, der Erlass von Wegweisung sowie Kontakt- und Rayonverbote (für weitere Informationen s. EBG 2017a, 2017b, 2016).

Forschungslage zwei vorherrschende Muster von Gewaltverhältnissen herausarbeiten: (1) *Intimate Terrorism* und (2) *Situational Couple Violence* (Johnson 2006), die von Daniela Gloor und Hanna Meier (2003b) folgendermassen ins Deutsche übersetzt wurden: (1) Gewalt als systematisches Kontrollverhalten und (2) Gewalt als situatives Konfliktverhalten (Gloor et al. 2003b). Diese Muster beziehen sich auf unterschiedliche Verläufe und Rahmenbedingungen häuslicher Gewalt (Kavemann 2012, S. 45), da sie die Bedeutung von Gewalt für die Beziehung und deren Funktionalität beschreiben. Zudem verweisen sie auf die Häufigkeit und die Schwere der Gewalthandlungen sowie auf die Gewaltformen: Während Gewalt im Kontext von Kontrolle und Bedrohung ohne körperliche Übergriffe erfolgen kann, können einzelne Übergriffe im Konfliktfall – ohne jedes Kontrollmuster – schwerwiegende körperliche oder gar tödliche Folgen nach sich ziehen (Kavemann 2012, S. 45). Die eskalierende Gewaltspirale ist daher der Kategorie ‚Gewalt als systematisches Kontrollverhalten' *(Intimate Terrorism)* zuzuordnen (Kavemann 2012, S. 45). Empirischen Befunden zufolge handelt es sich hierbei um geschlechtsspezifische Gewalt, welche mit einer frauenfeindlichen Einstellung gegenüber der Partnerin wie auch gegenüber Frauen im Allgemeinen einhergeht (Kavemann 2012, S. 45). In solchen meist schweren, lang andauernden Gewaltverhältnissen sehen sich die betroffenen Frauen selbst als Opfer. Häufig besteht auch ein starker Zusammenhang mit einer späteren Gewalttätigkeit der Kinder, die in solchen Familien aufwachsen (Kavemann 2012, S. 45). Im Gegensatz dazu ist ‚Gewalt als spontanes Konfliktverhalten' *(Situational Couple Violence)* nicht in ein Muster von Beherrschung und Kontrolle eingebettet. Vielmehr handelt es sich hierbei um Gewalthandlungen in einzelnen – eskalierenden – Konflikten oder Serien von Konflikten, die keine Eskalation nach dem Modell der Gewaltspirale durchlaufen. Diese Gewalt gilt zudem nicht als geschlechtsspezifisch, da sowohl Frauen als auch Männer in Befragungen angaben, diese Form der Gewalt im Rahmen von Eskalationen einzusetzen, um Konflikte zu beenden (Kavemann 2012, S. 45–46).

Zur Forschungslinie der Folgen von Gewalt können auch jene Studien gezählt werden, die untersuchen, welche Phasen Gewaltbetroffene bis zur Nutzung professioneller Unterstützung durchlaufen (z. B. Moss et al. 1997), sowie Studien die untersuchen, weshalb die gewaltförmigen Beziehungen von den Gewaltbetroffenen nicht beendet werden oder weshalb diese nach erfolgter Trennung zu ihren Partnern zurückkehren (z. B. Van Stolk/Wouters 1987; Völschow/Janßen 2016). Des Weiteren wird erforscht, wie Gewaltbetroffene ihre Selbstbestimmung nach der Gewalterfahrung wiedererlangen (können) (z. B. Büttner 1997; Glammeier 2011). Ebenfalls untersucht wird, welche Rolle der gesamtbiografische Kontext im Zusammenhang mit den Gewalterfahrungen von Frauen in Paarbeziehungen (z. B. Krause 2016) und mit ihren Definitionen von Gewalt spielt (z. B. Kelly 1988). Dies trägt zur Erklärung des Phänomens ‚Paargewalt' und der Tatsache bei, dass bis zu einem Drittel der betroffenen

Frauen[6] nach einer bereits vollzogenen Trennung, z. B. indem in einem Frauenhaus Schutz gesucht haben, zu ihrem misshandelnden Partner zurückkehren und häufig über einen relativ langen Zeitraum in der gewalttätigen Beziehung ‚ausharren', obwohl dies für das soziale Umfeld und die Gesellschaft nicht ‚nachvollziehbar' ist und missbilligt wird, wie in den Studien zum Ausdruck kommt (z. B. Gräßel 2003, S. 162). Für dieses Verhalten werden meist sowohl strukturelle als auch individuelle Gründe genannt: Neben gesellschaftlichen Normen und Werten, Männlichkeits- und Weiblichkeitsvorstellungen sowie weiteren strukturellen (rechtlichen und wirtschaftlichen) Faktoren verbleiben die Frauen häufig auch ‚wegen der Kinder' in einer Gewaltbeziehung (Gräßel 2003, S. 162). Insbesondere die Männlichkeits- und Weiblichkeitsvorstellungen dienen hierbei als Erklärungsfolie. Ebendiese Vorstellungen werden nach Ulrike Gräßel (2003) im Verlauf der geschlechtstypischen Sozialisation von Frauen und Männern internalisiert, was in der Folge individuelle Reaktionen misshandelter Frauen wie Liebe, Hoffnung, aber auch pure Angst, den Misshandelnden zu verlassen, hervorrufe (Gräßel 2003, S. 162).

Bei einigen der Untersuchungen, die ebenfalls in diesem Kontext zu verorten sind, handelt es sich um bereits ältere Studien, wie beispielsweise diejenigen von Liz Kelly (1988), Bram Van Stolk und Cas Wouters (1987), Vicki Moss, Carol Pitula, Jacquelyn Campbell und Lois Halstead (1997) oder Monika Büttner (1997). Da diese Studien neben den Folgen häuslicher Gewalt auch die Deutungen und Bedeutungen häuslicher Gewalt für Gewaltbetroffene in den Fokus nahmen, werden sie im Folgenden eingehender betrachtet, obwohl sie auf die 1980er- resp. 1990er-Jahre zurückgehen. Liz Kellys Erkenntnissen zufolge hatten die betroffenen Frauen nicht von Anbeginn ein Problembewusstsein für ihre Erfahrungen mit sexualisierter Gewalt resp. konnten das Erlebte nicht als Gewalt deuten, weil sie die Beziehung, die sie zum Täter unterhielten, selbst nicht derart einstuften. Gemäss ihren Vorstellungen entsprach die Gewaltform als solche oder auch die eigene Reaktion (z. B. weil sie sich nicht gewehrt hatten) nicht den Stereotypen von Vergewaltigung und Opfern. Die interviewten Frauen hatten Gewalt allerdings nicht (nur) durch den Beziehungspartner erfahren, sondern auch durch weitere Familienmitglieder oder durch Bekannte (Kelly 1988).

Bram Van Stolk und Cas Wouters (1987) befassten sich in ihrer niederländischen Studie mit der Fragestellung, weshalb Frauen, die ihre gewalttätigen Ehemänner verlassen haben, nach einem Aufenthalt im Frauenhaus wieder zu ihren Ehemännern zurückgehen. Die Autoren beschreiben den Zwiespalt zwischen Rückkehr oder Fernbleiben der betroffenen Frauen, den sie primär in der Veränderung der Deutung der eigenen Situation sehen, wie folgt: „vom Pech

6 Für Männer scheinen diesbezüglich keine Erkenntnisse vorzuliegen.

zum Unrecht“ (Van Stolk et al. 1987, S. 65). Sie erklären dies damit, dass die Frauen aufgrund des sozialen Wandels selbstbewusster geworden seien, weshalb sich eine gewaltförmige Beziehung nicht mit ihrem Selbstbild vereinbaren lasse. Gleichzeitig hätten sie jedoch ein Idealbild von Beziehungen verinnerlicht, dem zufolge der Mann das ‚romantische‘ Ideal des starken Mannes repräsentiert, der seine schwächere Frau umsorgt und beschützt. Frauen fühlten sich zudem für die Aufrechterhaltung der Beziehung verantwortlich, und wollten daher nicht die Schuld am Scheitern der Beziehung tragen und/oder die ‚intakte‘ Familie nicht ‚zerstören‘ (Van Stolk et al. 1987, S. 175–178).

Bevor Betroffene häuslicher Gewalt jedoch professionelle Unterstützung aufsuchen, durchlaufen sie nach Vicki Moss, Carol Pitula, Jacquelyn Campbell und Lois Halstead (1997) in der Regel mehrere Phasen: 1. Die Betroffenen konstatieren, dass die Partnerschaft ihnen selbst schade. 2. Die Betroffenen erkennen, dass sich die Situation nicht bessert. 3. Die Betroffenen erleben ein katalysatorisches Ereignis, wie z. B. besonders schwere Verletzungen. 4. Die Betroffenen geben ihren Traum einer idealisierten Beziehung auf. 5. Die Betroffenen akzeptieren, dass die Belastung nicht enden wird (Moss et al. 1997). Das Ziel der Studie, in der diese Phasen identifiziert werden konnten, bestand darin, herauszufinden, warum misshandelte Frauen ihre Partner nicht verlassen (Moss et al. 1997). Auch neuere Forschungsarbeiten nehmen sich dieser und ähnlichen Fragestellungen nach wie vor an. So haben etwa Yvette Völschow und Wiebke Janßen (2016) eine vergleichbare Fragestellung verfolgt. Im Rahmen einer Studie zu Partnergewalt in ländlichen Regionen Niedersachsens (Deutschland) führten sie Tiefeninterviews und untersuchten, ob es mit dem Forschungsprogramm der Subjektiven Theorien möglich sei, das für Aussenstehende unverständliche Verbleiben von Betroffenen von Partnergewalt in einer gewaltförmigen Beziehung nachvollziehbar(er) zu machen (Völschow et al. 2016, S. 392–393).

Wie Frauen nach einem kritischen Lebensereignis von Gewalterfahrungen in einer Beziehung wieder zu einer eigenständigen Identität und zu einem unversehrten Leben zurückfinden können, untersuchte Monika Büttner (1997). Zu diesem Zweck rekonstruierte sie die Bedeutung kritischer Ereignisse im weiblichen Lebenszusammenhang, der Selbstkonzepte und der Beziehungsbilanzierungen anhand von Interviews mit betroffenen Frauen und diskutierte diese vor dem Hintergrund der Wechselwirkung von individueller und gesellschaftlicher Strukturierung von Lebensläufen (Büttner 1997). Dem Zusammenhang zwischen sexualisierter Gewalt ausserhalb von Beziehungen sowie Gewalt in Paarbeziehungen auf der einen Seite und der Konstruktion von Geschlecht auf der anderen Seite widmete sich Sandra Glammeier (2011) in ihrer Studie. In Gruppendiskussionen ging die Autorin der Frage nach, unter welchen Bedingungen Gewalt gegen Frauen als Normalität wahrscheinlich und wodurch Widerstand möglich wird. Ihren Analysen zufolge ist die Wiedererlangung der

Selbstbestimmung der Frauen abhängig von den Deutungsmustern, die zur Erklärung von Gewalt beigezogen werden. So wirke sich beispielsweise die Deutung hinderlich aus, dass das Opfer auch Schuld trage und durch das eigene Handeln in die Gewalt ‚eingewilligt' habe (Glammeier 2011, S. 372–373). Zu ähnlichen Schlussfolgerungen gelangte auch Antje Krause (2016), die aus einer biografieanalytischen Perspektive untersuchte, wie Frauen Erlebnisse häuslicher Gewalt in die eigene Biografie integrieren und inwiefern diese Erlebnisse in der Folge den Ausgangspunkt eines biografischen Lernprozesses bilden (Krause 2016, S. 9).

2.1.2 Unterschiedliche Zugänge der zentralen Forschungslinien (1 & 2)

Wie ausgeführt, lassen sich innerhalb der zuvor skizzierten zentralen Forschungslinien – (1) Studien zur Evaluierung bestehender Interventionen sowie Kostenstudien und (2) Forschung zum Vorkommen häuslicher Gewalt, zu Gewaltdynamiken und zu Mustern – unterschiedliche Zugänge ausmachen: einerseits bezogen auf (a) die verschiedenen Betroffenengruppen sowie auf die Zugänge zu häuslicher Gewalt und andererseits auf der Grundlage der der Annahme der (b) Gendersymmetrie und vor dem Hintergrund von Normalitäts- resp. Ausnahmekonstruktionen von Gewaltbetroffenheit.

(a) Zugänge zu häuslicher Gewalt: die verschiedenen Betroffenengruppen
Seit 2000 zeichnet sich in der Forschung eine stärkere Differenzierung von Gewaltbetroffenheit ab. Das Sample wird in Studien nun vermehrt nach verschiedenen Betroffenengruppen aufgeschlüsselt, weshalb zumeist das Geschlecht als Strukturkategorie sowie eine weitere Unterscheidungsdimension relevant wird. So existieren beispielsweise Studien zur Beziehungsgewalt gegen ältere Frauen (z. B. Nägele et al. 2011), gegen Frauen mit Migrationshintergrund (z. B. Dubacher/Reusser 2011) oder gegen heterosexuelle Männer (z. B. Cizek et al. 2002; Gemünden 1996) sowie zur Beziehungsgewalt ‚zwischen' Frauen in homosexuellen Liebesbeziehungen (Ohms 2008). Lediglich die letztgenannte Studie berücksichtigte die Reziprozität von Gewalt, da die Autorin die Gewalt *zwischen* den Partnerinnen und nicht die Gewalt *gegen* die Partnerin untersucht hat. Auch Gewalt in Teenagerbeziehungen wird verstärkt thematisiert, wobei in dieser Altersgruppe weniger nach Geschlecht differenziert wird, sondern zumeist beide Geschlechtsgruppen im Fokus der jeweiligen Forschung stehen. In diesen Studien sind entsprechend sowohl junge Männer als auch junge Frauen Teil des Samples (z. B. Ribeaud 2015).

In einem alltagstheoretischen Verständnis von häuslicher Gewalt, aber auch in wissenschaftlichen Diskursen wird davon ausgegangen, dass bestimmte (diskriminierte/vulnerable) Bevölkerungsgruppen stärker von Gewalt betroffen seien oder der Gewalt schwieriger entgehen könnten als andere Bevölkerungsgruppen. Diesbezüglich besteht die Annahme, dass Diskriminierungsstrukturen einerseits die Vulnerabilität für Gewalt erhöhen und andererseits auch die Beendigung von Gewaltverhältnissen erschweren. Als Folge von Prävalenzstudien und Kriminalstatistiken, die darauf hindeuten, dass Personen mit Migrationshintergrund häufiger von Paargewalt betroffen sind als Personen aus der Mehrheitsgesellschaft, standen in den letzten Jahren vermehrt auch Betroffene mit Migrationsgeschichte im Forschungsfokus (Dubacher et al. 2011; Lehmann 2008). Wenngleich in diesen Studien betont wird, dass häusliche Gewalt alle gesellschaftlichen Schichten und Nationalitäten betreffe, weisen die Ergebnisse doch überproportional häufig Interventionen in Fällen von häuslicher Gewalt in Haushalten nach, in denen Personen mit Migrationshintergrund leben (Belser 2005; EBG 2012d, S. 2, 2015). Obschon die Faktoren, die zu diesem statistischen Ergebnis führen, unklar sind, scheint allein die Häufung von sogenannten ‚Risikofaktoren' (z. B. sozioökonomische Merkmale wie beengende Wohnverhältnisse) als mögliche Erklärung für die überdurchschnittliche Betroffenheit von Personen mit Migrationshintergrund auszureichen (Dubacher et al. 2011, S. 8).

Weitere Studien kritisieren und problematisieren die Erreichbarkeit der bestehenden Hilfsangebote insbesondere für Frauen mit Migrationshintergrund (EBG 2011, S. 4; Rösemann 2002, S. 45–46; Schmid 2010, S. 45–46) und heben die besondere Vulnerabilität von Migrantinnen hervor (Belser 2005; Eggenberger/Haeberli 2005). Diese besondere Vulnerabilität wird daran festgemacht, dass die Migrationssituation in verschiedener Hinsicht als besondere Belastung betrachtet wird. So hält z. B. Katharina Belser (2005, S. 11) fest, dass Migrantinnen und Migranten sich oftmals auf unteren Ebenen der gesellschaftlichen Hierarchie im Vergleich zur Mehrheitsgesellschaft wiederfänden. Diese Position ist nach der Autorin mit eingeschränkten ökonomischen Möglichkeiten verbunden. Durch diese Belastungen erhöhe sich das Konfliktpotenzial in den Paarbeziehungen. Zudem würden die Familie und weitere soziale Netze, die Unterstützung und Sicherheit geben könnten, für Migrantinnen oftmals wegfallen (Belser 2005, S. 11). Des Weiteren wird davon ausgegangen, dass betroffene Frauen Angst hätten, nach einer Anzeige und/oder nach einer Trennung von ihrem Ehepartner, ihren Aufenthaltsstatus in der Schweiz zu verlieren (Reetz 2005).

Werden jedoch die drei repräsentativen Befragungen, die in der Schweiz von Lucienne Gillioz, Jacqueline Puy und Véronique Ducret (1997), Daniela Gloor und Hanna Meier (2004) und Martin Killias, Mathieu Simonin und Jacqueline Puy (2005) durchgeführt wurden, betrachtet, so liefern diese keine Anhaltspunkte für ein grösseres Risiko für Frauen mit Migrationshintergrund, Opfer häuslicher Gewalt zu werden (EBG 2015, S. 3). Die Polizeiliche Kriminalstatistik des Bundesamtes für Statistik hält für das Jahr 2017 fest, dass 51 % der polizeilich registrierten Geschädigten häuslicher Gewalt Schweizerinnen oder

Schweizer und 42% der ausländischen Wohnbevölkerung waren (BfS 2018). Vor dem Hintergrund der demografischen Verteilung geht das Bundesamt für Statistik von einer bis zu 4.5 mal höheren Betroffenheitsquote von Frauen mit Migrationshintergrund aus (EBG 2015, S. 3). Diese Statistiken erfassen jedoch nur polizeilich registrierte Fälle, also Fälle, in denen es zu einer Polizeiintervention kam. Weitere Studienergebnisse legen die Vermutung nahe, dass es bei betroffenen Migrantinnen verstärkt zu Polizeiinterventionen kommt. So wird davon ausgegangen, dass aufgrund der weit verbreiteten sozialen Konstruktion der Migrantin als Opfer patriarchaler Strukturen die soziale Kontrolle der Gesellschaft verstärkt sein könnte. Deshalb greife die Polizei bei Verdachtsmomenten schneller und häufiger ein als in Fällen, in der Frauen aus der Mehrheitsgesellschaft betroffen seien (Belser 2005; EBG 2012d). Andere Forschende vertreten daran anschliessend die Position, dass gerade „gewaltbetroffene Frauen aus mittleren und gehobenen sozialen Lagen [...] eigentümlich unsichtbar" (Schröttle 2011) seien, und sehen deshalb insbesondere in den Frauen aus der Mehrheitsgesellschaft die eigentlich schwer erreichbare Zielgruppe (z. B. Gloor et al. 2014b). Bisherige Erfahrungen in Studien zu Migration und Gewalt zeigen allerdings, dass vorwiegend Frauen mit Migrationshintergrund Fragen zu Gewalterfahrungen mit Zurückhaltung beantworten. In der Frauenklinik am Triemlispital in Zürich konnte beispielsweise beobachtet werden, dass die routinemässig gestellten Fragen zu Erfahrungen mit häuslicher Gewalt, die an alle Patientinnen ohne spezifische Verdachtsmomente gerichtet werden, von Frauen mit Migrationshintergrund mit grösserer Zurückhaltung beantwortet werden als von Schweizerinnen. Gemäss der Interpretation der Forschenden empfinden Frauen mit Migrationshintergrund (mit Ausnahme der westeuropäischen Herkunftsländer) die Fragen als diskriminierend. Zudem hätten die Frauen den Eindruck, dass ihnen diese Fragen ausschliesslich aufgrund ihrer Herkunft gestellt würden (Bänziger et al. 2010, S. 244–253).

(b) Häusliche Gewalt im Spannungsfeld zwischen der These der Gendersymmetrie und Normalitäts- resp. Ausnahmekonstruktionen

Lange Zeit waren Studien zu häuslicher Gewalt davon geprägt, dass Frauen nicht als spezifische Zielgruppe betrachtet wurden. Vielmehr wurde generell davon ausgegangen, dass Opfer von häuslicher Gewalt resp. Beziehungsgewalt in der Regel weiblich seien (Helfferich/Kavemann/Kindler 2016, S. 4). Erst mit der vermehrten Forschung zu Männern und Gewalt zeigte sich, dass Frauen zwar eine „Normalitätsfolie" darstellen (Helfferich et al. 2016, S. 4), weil Opferschaft standardisiert weiblich konnotiert wird, jedoch auch Männer von häuslicher Gewalt betroffen sein können. Mit dieser Perspektivenerweiterung einhergehend erfolgte eine Differenzierung in verschiedene Zielgruppen: Neben Frauen wurden nun auch Männer als eigenständiger Forschungsgegenstand betrachtet (Helfferich et al. 2016, S. 4).

Im Zusammenhang mit dieser Spezifizierung des Forschungsgegenstands wurden auch die Positionen von Opfern und Tatpersonen neu ausgehandelt. Die Frage, wie diese Positionen mit Geschlechterordnungen korrespondieren, nahm Anne Kersten (2015) in ihrer Dissertation auf. Am Beispiel des neuen Opferhilfegesetzes der Schweiz (OHG) untersuchte die Autorin häusliche Gewalt und die eingeschriebenen Konstruktionen von Geschlechterdifferenz. Ihre Analysen zeigen auf, wie dieses Normalverständnis der Geschlechtslogik, die Gewalt in der Regel eingeschrieben wird, dazu führt, dass Verletzungsoffenheit und damit der Status ‚Opfer' weiblich kodiert und Verletzungsmächtigkeit und damit der Status ‚Täter' männlich kodiert ist (Kersten 2015). Opferbetroffenheit als solche macht laut dieser Studie noch keine Opfer aus, vielmehr werde der Opferstatus in sozialen Aushandlungsprozessen erst geschaffen. Dieser Status basiere vor allem auf bestimmten Verhaltensweisen und Charakteristika gewaltbetroffener Menschen, welche geschlechterkulturell bedingt und damit vergeschlechtlicht seien (Kersten 2015, S. 13–22). Die Gewaltausübung von Männern wird zur ‚männlichen Gewalt' und wird dadurch zur Norm, d.h. Gewalthandeln wird männlich kodiert und somit gewissermassen essenzialisiert. Dies hat zur Folge, dass nicht länger von der Annahme ausgegangen wird, dass Gewalt von Menschen ausgeübt wird, sondern vielmehr konkret angenommen wird, dass die gewalttätigen Personen Männer seien. Gewalt, die von Frauen ausgeübt wird, wird demgegenüber nicht thematisiert oder als Ausnahme präsentiert (Kersten 2015), was einige Diskursakteurinnen und Diskursakteure im Sinne einer ‚Erkenntniszäsur' kritisieren (z.B. Ottermann 2003), wobei dieser ‚Erkenntniszäsur' auch die Funktionalität der Tabuisierung ‚weiblicher Gewalt' und ‚männlicher Opferbetroffenheit' zugeschrieben wird. Nach Ulrike Popp (2007) werden Gewalttäterinnen und damit ihre Gewalttaten gezielt ignoriert, und mit Siegfried Lamnek (2003) lässt sich festhalten, dass Gewalthandeln von Frauen nicht benannt und entsprechend auch *nicht* konstruiert wird. Nach Mechthild Bereswill (2003a) vollzieht sich damit auch eine Vergeschlechtlichung von Gewalt, die dazu führt, dass sich eine Inkongruenz zwischen der Verletzungsoffenheit von Männern einerseits und der Verletzungsmächtigkeit von Frauen andererseits ergibt. So scheinen sich Geschlecht und Gewalt wechselseitig zu erklären. Eben diese Erklärung von Gewalt und Geschlecht stellt Mechthild Bereswill allerdings infrage und geht vielmehr davon aus, dass sie sich wechselseitig verschlüsseln (Bereswill 2003a, S. 192).

Auf der Grundlage der vorhergehenden Ausführungen lassen sich in der Forschung zwei Positionen unterscheiden: (1) Kritikerinnen und Kritiker der Normalitätskonstruktion von Gewalt als männlich resp. der Nicht-Konstruktion oder der Ausnahmekonstruktion der Gewalt von Frauen und (2) Diskursakteurinnen und Diskursakteure, die die These der Gendersymmetrie bei Gewalt in Paarbeziehungen vertreten. Vertreterinnen und Vertreter beider Standpunkte gestehen beiden Geschlechtern zu, dass sie Gewalt anwenden und von

Gewalt betroffen sein können. Der zentrale Unterschied liegt vielmehr in der Annahme resp. Ablehnung der These der Gendersymmetrie bei Gewalt in Paarbeziehungen. Diese These geht auf den US-amerikanischen Family-Violence-Forscher Murray Straus (1979) zurück. Ihm zufolge sind Männer und Frauen bei Gewalt in (heterosexuellen) Paarbeziehungen gleichermassen als Gewaltausübende und Gewalterleidende vertreten.

Ein weiteres zentrales Unterscheidungsmerkmal von Studien zum Vorkommen von häuslicher Gewalt im Geschlechtervergleich besteht darin, dass die Ergebnisse von Dunkel- und Hellfeldstudien[7] unterschiedlich ausfallen. Wenn es um die Frage nach der Betroffenheit von Frauen und Männern durch Gewalt in Paarbeziehungen geht, lassen sich in Hellfeldstudien grössere Differenzen zwischen den Geschlechtern feststellen als in Dunkelfeldstudien. Gemäss den Zahlen von Hellfeldstudien sind Frauen häufiger Opfer von Gewalt durch den (Ex-)Partner und seltener Täterin, während Männer eher Täter von Gewalt an der (Ex-)Partnerin und seltener Opfer sind. Im Gegensatz dazu ist die Differenz zwischen den Geschlechtern in Dunkelfeldstudien schwächer ausgeprägt, d.h. die Anzahl gewaltbetroffener Männer fällt bei Dunkelfeldstudien merklich höher aus (EBG 2014, S. 3), wobei jedoch auch in diesen Untersuchungen mehr Frauen als Männer betroffen sind. In Hellfeldstudien der Schweiz wurden 2013 laut Polizeistatistik insgesamt 9381 Personen im Zusammenhang mit häuslicher Gewalt als Geschädigte polizeilich registriert, wovon 80% der Geschädigten Frauen und 20% Männer waren (EBG 2014, S. 4). In 78% der Fälle handelte es sich um Gewalt innerhalb von bestehenden oder ehemaligen Beziehungen. Drei Jahre später belief sich die Zahl der gemeldeten Straftaten im häuslichen Bereich bereits auf 17685 – was gegenüber dem Vorjahr einen Zuwachs von 2% bedeutet (EBG 2018, S. 3) – und die Anzahl der geschädigten Personen lag bei 10040, wovon 73% Frauen waren. 52% der geschädigten Personen waren Schweizerinnen und Schweizer, während 42% Personen der ständigen Wohnbevölkerung mit Migrationshintergrund zugeordnet werden konnten (EBG 2018, S. 2). Wie die Statistiken des Jahres 2016 zeigen, hatten sich rund 42% der aufgeklärten vollendeten Tötungsdelikte sowie 45% der Vergewaltigungen und 50% der Tätlichkeiten im häuslichen Bereich ereignet (EBG 2018, S. 3). Bei den vollendeten Tötungsdelikten erfolgten 63% innerhalb einer bestehenden Partnerschaft, wobei 95% der Getöteten Frauen, und 90% der gewaltausübenden Personen Männer waren (EBG 2018, S. 3).

Ein Vergleich zwischen Untersuchungen resp. Zahlen aus Dunkelfeldstudien und Prävalenzstudien aus den USA, Grossbritannien, der Schweiz und

7 Bei Hellfeldstudien handelt es sich um institutionelle, behördliche Statistiken. In Dunkelfeldstudien werden demgegenüber Tatpersonen und Opfer zu (Gewalt-)Taten befragt, die nicht unbedingt zur Anzeige und damit ins ‚Hellfeld' gelangt sind, sondern für Institutionen ‚im Dunkeln' geblieben sind (EBG 2014, S. 3).

Deutschland zeigt, dass es zum einen nur wenige Studien gibt, in denen Frauen und Männer gleichzeitig zu ihren Gewalterfahrungen in der Paarbeziehung befragt wurden, und dass diese Studien zum anderen zumeist quantitativer Natur sind. Wie im Zusammenhang mit den Forschungslinien zum Vorkommen von Gewalt dargelegt wurde, variiert die erhobene Betroffenheitsrate in den nationalen Prävalenzstudien in der Schweiz aus methodischen Gründen stark: Die auf Paargewalt bezogene Lebenszeitbetroffenheit von Frauen wird mit Anteilen zwischen 10% und 40% ausgewiesen (Gillioz et al. 1997; Killias et al. 2005; Martinez et al. 2005). In den USA hält eine repräsentative Studie aus dem Jahr 2000 fest, dass von den Personen, die von 1995 bis 1996 befragt wurden, 22% der Frauen resp. 7% der Männer körperliche Übergriffe durch gegenwärtige oder frühere Beziehungspartner resp. Beziehungspartnerinnen erlebt haben (Tjaden/Thoennes 2000). In einer späteren landesweiten repräsentativen US-Erhebung lagen die Zahlen allerdings höher: So gaben im Zeitraum zwischen 2010 und 2012 rund 37% der Frauen und 31% der Männer an, dass ihnen in einer Paarbeziehung mindestens einmal in ihrem Leben sexualisierte Gewalt, körperliche Gewalt und/oder Stalking widerfahren sei (Smith et al. 2017, S. 2). In Grossbritannien wurden im Rahmen einer Längsschnittstudie von Sylvia Walby und Jonathan Allen (2004) sowie von John Flatley (2018) ähnliche Zahlen ermittelt: 45% der Frauen und 26% der Männer waren in ihrem Leben gemäss Selbstauskunft mindestens einmal Opfer von häuslicher Gewalt gewesen (Walby et al. 2004), wobei Frauen in Paarbeziehungen häufiger wiederholte sowie schwere körperliche und vor allem sexualisierte Gewalt erlebt hatten als Männer (Flatley 2018; Walby et al. 2004).

Die Befunde zusammenfassend ist festzuhalten, dass sich jeweils ein Geschlechtergefälle bezüglich der Gewalterfahrungen feststellen liess. Dies wurde in der deutschen Pilotstudie des Forschungsverbunds Gewalt gegen Männer (2004) hinterfragt, indem unter Bezugnahme auf Michael Kimmel (2002) von einer Geschlechtersymmetrie der Gewaltbetroffenheit ausgegangen wurde. Entsprechend wurde die Frage gestellt, ob Männer in Beziehungen nicht ebenso häufig von durch Frauen ausgeübte Gewalt betroffen seien wie Frauen von durch Männer ausgeübte Gewalt. Den Ergebnissen dieser Studie zufolge ist die Häufigkeitsverteilung bei den gewalterfahrenden Männern mit rund 25% tatsächlich vergleichbar mit derjenigen bei den gewalterfahrenden Frauen (Forschungsverbund Gewalt gegen Männer 2004).

Diese statistische Gleichverteilung von Gewalterfahrungen findet sich auch in einer Vielzahl weiterer Studien, wie John Archer (2000) in einer Metaanalyse feststellte. Auf die Beweiskraft der häufig zitierten Studien zur Geschlechtersymmetrie gingen Daniela Gloor und Hanna Meier (2003b) in Anlehnung an die Studienauswertungen von Michael Kimmel (2002) ein. Vor dem Hintergrund der These, dass Männer und Frauen (nicht gleich) von Gewalt betroffen seien, plädieren die Autorinnen dafür, Unterschiede (und Ähnlichkeiten) anhand von empirischen Untersuchungen abzubilden (Gloor et al. 2003b). Denn in qualitativen Studien zeigt sich beispielsweise, dass Männer durch Gewalthandlungen ihrer Partnerin deutlich seltener körperlich verletzt werden, als dies umgekehrt der Fall ist. Des Weiteren gaben nur 5 % der betroffenen Männer an, Angst gehabt zu haben, dass ihre Partnerin sie ernsthaft verletze resp. ihnen etwas antun könnte (Forschungsverbund Gewalt gegen Männer 2004; Kavemann 2012, S. 44).

Die These der Gendersymmetrie bei Gewalt in Paarbeziehungen hält Monika Schröttle (2010) mit Blick auf den deutschsprachigen Raum deshalb für „halb wahr und halb falsch“ (Schröttle 2010, S. 134). Empirisch belegt sei lediglich, dass Männer und Frauen in Paarbeziehungen gleich häufig schon einmal körperlich und/oder psychisch aggressiv (re)agiert haben. Allerdings unterscheiden sich die Formen, Schweregrade, Kontexte und Folgen, sodass von unterschiedlichen Gewaltqualitäten zwischen den Geschlechtern auszugehen ist (Schröttle 2010). Zudem schätzen Forschende Gewalt gegen Frauen als gesellschaftlich grösseres Problem ein als häusliche Gewalt gegen Männer, weil betroffene Frauen in Misshandlungsbeziehungen (körperlich) meist schwerer verletzt werden und die aus den körperlichen Misshandlungen resultierenden Konsequenzen aufgrund der grösseren physischen Verletzungsmacht von Männern gravierender seien. Im Kontext der sozialen Geschlechterordnung ist es gewaltbetroffenen Frauen gemäss Brigitte Cizek, Olaf Kapella, Johannes Pflegerl und Maria Steck (2002) aufgrund mangelnder ökonomischer Ressourcen zudem nicht oder nur erschwert möglich, gewalttätige Beziehungen zu beenden (Cizek et al. 2002, S. 30–31).

2.2 Methodologische und methodische Herausforderungen der Forschung zu häuslicher Gewalt

Werden die zuvor herausgearbeiteten Forschungslinien und Zugänge aus methodologischer und methodischer Perspektive betrachtet, zeigt sich, dass Prävalenzstudien nur bedingt vergleichbar sind. Die Angaben der Befragten sind in der Regel von deren Angst vor einer gesellschaftlichen Stigmatisierung und vor den damit verbundenen nachteiligen Konsequenzen geprägt. Weitere Einflussfaktoren sind möglicherweise auch unterschiedliche Definitionen und Auffassungen von Gewalt und Gewaltformen, unterschiedliche Grade an Tabuisierung bzw. Akzeptanz von Gewalt, Alter und Geschlecht der Befragten, „geschlechtsspezifische Antwortmuster“ (EBG 2014, S. 2) sowie generell die sprachlichen und kommunikativen Kompetenzen der Befragten. Zudem können das Setting der Befragung (Telefoninterview, schriftliche Befragung etc.) und die Schulung der Interviewenden sowie die Art der Fragestellungen Auswirkungen auf die Ergebnisse haben (EBG 2018, S. 2). Als zusätzliche Einschränkung erweist sich nach Barbara Kavemann (2016, S. 51), dass sich meistens nur bestimmte Personen für Befragungen zu häuslicher Gewalt gewinnen lassen können. Als besonders limitierend für qualitative wie auch für standardisierte Untersuchungen erweisen sich gemäss der Autorin „Erinnerbarkeit, Angst, Scham und Schuld als Grenzen der Forschung zu Gewalt" (Kavemann 2016, S. 51). Demnach können nur bestimmte Inhalte thematisiert und nur gewisse Fragen gestellt und beantwortet werden (Kavemann 2016, S. 51). Unter Rückgriff auf ihre praktischen Erfahrungen in drei Forschungsprojekten berichtet sie, dass beispielsweise Fragen nach Gewalt und Sexualität oftmals nicht gestellt würden, weil sie entweder den Forschenden peinlich seien oder eine Retraumatisierung der Befragten verhindert werden solle. Diese Zurückhaltung der Forschenden dient laut Kavemann oftmals dem Selbstschutz, weil solche Fragen aufgrund einer Projektion eigener Ängste der Forschenden nicht gestellt würden (Kavemann 2016, S. 52). Die Befragten müssten zwar von den Forschenden generell nicht geschont werden, sondern könnten offen sprechen, um die Offenheit im Gespräch als Qualitätsmerkmal von qualitativen Studien zu fördern (Kavemann 2016, S. 52). In Bezug auf den Erzählfluss hat sich die Erinnerbarkeit als hemmend erwiesen, weil sich viele Befragten zeitweise nicht, nur partiell oder manchmal auch gar nicht mehr an Gewalterfahrungen erinnern können (Kavemann 2016).

Mit dem Phänomen des Nichterinnerns hat sich Gabriele Rosenthal (1995) auseinandergesetzt (Rosenthal 1995, S. 70–73). Laut der Autorin besteht eine besondere Erschwernis des Sicherinnerns in der Unstrukturiertheit von Phasen, die als chaotisch erlebt wurden, obwohl es gerade für die Betroffenen wichtig wäre, über diese Phasen zu sprechen (Rosenthal 1995, S. 77). Auch Routinisierung von Gewalt kann sich erschwerend auf die Erinnerung und das Sprechen über Gewalt auswirken, weil dann gegebenenfalls nur noch Abweichungen vom routinisierten Ablaufmuster von Gewaltsituationen zugänglich sind, da sich die Erinnerung auf ein Gesamtbild verdichtet (Rosenthal 1995, S. 79). Vor diesem Hintergrund haben Barbara Kavemann, Annemarie van Graf-Kesteren, Sibylle Rothkegel und Bianca Nagel (2016) in ihrer Studie mit Betroffenen, die in ihrer Kindheit und Jugend von sexualisierter Gewalt betroffen waren, zwei Grundmuster von Erinnerungsverläufen herausgearbeitet (Kavemann et al. 2016, S. 56–67):

Muster 1: Kontinuierliches Erinnern: Verläufe, in denen sich die Betroffenen kontinuierlich erinnerten.

Muster 2: Diskontinuierliches Erinnern: Verläufe, in denen es zu einer plötzlichen Wiederherstellung der Erinnerung kam.

Im ersten Muster erinnerten sich die Befragten ohne Unterbruch der Erinnerung an die Gewaltsituationen. Im zweiten Muster hingegen waren Unterbrüche der Erinnerung feststellbar. Diese Erinnerungslücken konnten jedoch jeweils wieder geschlossen werden. Im zweiten Muster unterschieden sich die Verläufe zudem hinsichtlich der unterschiedlich langen Phasen des Nicht-Erinnerns, in denen die Erinnerungen zwar lediglich fragmentarisch, aber dennoch kontinuierlich zugänglich waren und später durch weitere Erinnerungsaspekte ergänzt wurden. Des Weiteren liess sich eine Sonderform feststellen, bei der die Aufteilung von Erinnerung und Nicht-Erinnerung im Kontext von Dissoziation – d.h. durch Abspaltung von Persönlichkeitsanteilen – stattfand (Kavemann et al. 2016, S. 66–67). Angesichts dieser Ergebnisse gelangte Barbara Kavemann zum Schluss, dass nur dann über Gewalt gesprochen werden könne, wenn die Betroffenen keine Stigmatisierung befürchten müssten. Wegen der normativen Gewalt- und Opferbilder der Gesellschaft und der Tabuisierung des Themas hätten manche Betroffene schlechte Erfahrungen mit der Offenlegung ihrer Gewalterfahrungen gegenüber Dritten gemacht, wobei die Reaktionen, mit denen sich die Betroffenen jeweils konfrontiert sahen, vom Aktualisieren von Klischees über Beschuldigungen und Zweifel an der Glaubwürdigkeit bis hin zum Vorwurf der Lüge reichten. Gleichzeitig waren sie Abwertungen ihrer Person resp. ihrer Person als Partnerin ausgesetzt (Kavemann 2016, S. 56–57).

Dieses Spannungsfeld, in dem sich die Betroffenen befinden, analysierte Jan-Philipp Reemtsma (2005) und prägte dafür den Begriff der ‚dilemmatischen Opferinteressen' (Reemtsma 2005, S. 91): Einerseits wollen die Betroffenen über ihre Erfahrungen sprechen und sind sogar darauf angewiesen, um in ihrem Opferstatus anerkannt zu werden. Andererseits sind mit der Offenlegung häufig auch Stigmatisierung und Ausgrenzung verbunden, weshalb die Betroffenen fürchten, auf das Opfersein festgelegt oder reduziert zu werden (Reemtsma 2005, S. 90–91).

Geschlecht und Gewalt aus methodologischer und methodischer Perspektive

Basierend auf der Studie von Anne Kersten (2015) und den Ausführungen von Mechthild Bereswill (2006, 2007) wurde in Kapitel 2.1.2 der vorliegenden Studie anhand der Normalitätskonstruktion der Betroffenheit von Frauen als Opfern die Erklärungsbedürftigkeit des Gewalthandelns von Frauen aufgezeigt. Gewaltbetroffenheit von Männern und Gewalthandeln von Frauen werden als Ausnahme sozial konstruiert (Boatcă/Lamnek 2003, S. 20). Infolge dieser ‚Nicht-Konstruktion' scheinen Gewaltbetroffenheit von Männern und Gewalthandeln von Frauen inexistent zu sein (Lamnek 2003). Ein anderes Argument, das in diesem Kontext ebenfalls vorgebracht wird, besteht darin, dass diese Phänomene zu marginal seien, um wissenschaftlich untersucht zu werden.

Eine solche Geschlechtslogik gilt es geschlechtersensibel zu hinterfragen. Carol Hagemann-White (2001, S. 184) spricht in ihrem Aufsatz „Die Konstrukteure des Geschlechts auf frischer Tat ertappen?" in diesem Zusammenhang von einer „eigentümlichen Rezeptionssperre" im deutschsprachigen Raum (Hagemann-White 2001, S. 184). Sie plädiert dafür, nicht von bestimmten Differenzen und ihrer Geschlechtsspezifik auszugehen, sondern zunächst geschlechtsunabhängig zu erforschen oder zumindest „[...] von der poten[z]iellen Geschlechtsunabhängigkeit [...] der gleichen Befunde aus[zu]gehen" (Hagemann-White 2001, S. 194). Auf diese Weise lassen sich sowohl bei Frauen als auch bei Männern Attribute und Wahrnehmungen ermitteln, welche in ihrer geschlechtlichen Aufladung unabhängig vom Zuordnungsgeschlecht sind (Hagemann-White 2001, S. 194). Auf dieser Grundlage wird es sodann möglich, „[...] Mechanismen und Settings der Geschlechtsbezogenheit empirisch zu untersuchen, ohne dass dies [...] [der] alleinige Gegenstand ist" (Hagemann-White 2001, S. 195).

Eine Möglichkeit dafür bietet der biografieanalytische Zugang. Dieser Zugang ermöglicht im Allgemeinen subjektive Sinnkonstruktionen von Befragten und deren gesellschaftlichen Rückbindungen zu untersuchen (Gregor/Ruby 2018, S. 234). Denn so werden Werte und Normen einer Gesellschaft von den Menschen verinnerlicht und bilden ein „Hintergrundgerüst" (Dausien 2012, S. 169) für deren biografischen Konstruktionen (Gregor et al. 2018, S. 235). Konkret wird davon ausgegangen, dass Menschen ihre Erfahrungen jeweils vor dem Hintergrund gesellschaftlicher Wissensbestände neu sortieren und anpassen (Gregor et al. 2018, S. 235). Zentral ist hierbei, dass diese biografische Konstruktion auch auf die strukturell wirksame Dimension von Geschlecht verweist, da die biografische Konstruktion und deren Narration sich an normativen Massstäben wie z. B. der Verzweigeschlechtlichung von Gesellschaft orientiert (Gregor et al. 2018, S. 235). Im Speziellen bezogen auf Gewalt ermöglicht dieser Zugang nach Mechthild Bereswill (2018), mit der wechselseitigen Verschlüsselung von Gewalt und Geschlecht umzugehen, weil er Gewalt im Sinne von sozialen Deutungs- und Handlungsmustern auffasst (Bereswill 2018, S. 269). Auch Jan-Philipp Reemtsma (2005) hebt die Relevanz der Biografie hervor, da es für die Betroffenen gelte, die Bedeutung des Opferseins in der eigenen Biografie zu ‚mildern', denn der Platz, den das Verbrechen in der Biografie einnimmt, „[...] ist der Ort, den der Täter bestimmt. Er ist nicht beliebig zu verkleinern, aber er ist begrenzbar, und man muss sich hüten, ihn leichtfertig zu vergrössern" (Reemtsma 2005, S. 91).

2.2.1 Verortung und Anschlüsse der Studie

Aufgrund der geschilderten Entwicklungsgeschichte und vor allem vor dem Hintergrund der theoretischen Debatten lässt sich im Forschungsfeld eine zentrale Entwicklung erkennen: eine Veränderung in der Perspektive auf die Frau als von Gewalt Betroffene. Stand ‚die Frau' in den frühen Jahren der Frauenbewegung in den Achtzigerjahren des vergangenen Jahrhunderts zumeist als Kollektivsubjekt und Opfer im Fokus der Debatten und der Forschung (Ohms

2008, S. 30–31), so hat sich dieses Bild mittlerweile grundlegend geändert. Frauen stehen nun verstärkt als individuell agierende Subjekte von Gewalt im Vordergrund und werden zunehmend auch als (Mit-)Täterinnen betrachtet (Thürmer-Rohr 2008). Dessen ungeachtet wurden das Opfersein und die Verletzungsoffenheit von Frauen im öffentlichen wie auch im sozialwissenschaftlichen Diskurs zu häuslicher Gewalt festgeschrieben. Dies geschieht nach wie vor durch das Einschreiben und das fortlaufende Reifizieren eines als weiblich gedeuteten passiven, hinnehmenden und paralysierten Verhaltens, das dem männlich konnotierten aggressiven Verhalten zugleich komplementär und diametral gegenübersteht (z. B. Kersten 2015). Obwohl nun auch vermehrt Männer als Gewaltbetroffene zum Gegenstand von Untersuchungen gemacht werden, so sind Männer als Gewaltbetroffene noch häufig different zu Frauen als Gewaltbetroffenen, z. B. zu weiblichen Verhaltensweisen und Deutungen, konstruiert (Helfferich et al. 2016, S. 4).

In wissenschaftlichen Studien wird grundsätzlich zwischen verschiedenen Betroffenengruppen unterschieden, wobei diese jeweils getrennt ins Sample aufgenommen werden. Das Ziel der Forschung besteht darin, die Folgen und Ursachen häuslicher Gewalt zu analysieren, um auf dieser Grundlage Erklärungsansätze resp. Erklärungsmodelle entwickeln zu können. Während Studien zu Gewaltmustern primär Erklärungen für die häusliche Gewalt zu finden versuchen, verfolgen Studien, in denen die angebotenen Interventionen evaluiert werden, das Ziel, die Hilfsangebote weiterzuentwickeln und interdisziplinäre Teams z. B. in Spitälern zu schulen. Solche Evaluationsstudien sind wie Kostenstudien stark anwendungsorientiert. Während Kostenstudien allerdings häusliche Gewalt als gesamtgesellschaftliches Problem positionieren, soll mit der Evaluation von Interventionen eine Angebotsprofessionalisierung erreicht werden. In der Schweiz liegt der Schwerpunkt deshalb auf der Dokumentation der einzelnen Formen von Gewalt gegen Frauen in ihren jeweiligen Zusammenhängen, auf der Evaluation von Einrichtungen und Massnahmen sowie auf der Analyse von Gewalterfahrungen und deren Bewältigung (z. B. Gloor et al. 2014b).

An der Gewaltforschung insgesamt ist zu kritisieren, dass Gewalt und Gewalthandeln vor allem Männern zugeschrieben werden, wodurch Männer als die (handelnden) Subjekte und Frauen als die (erleidenden) Objekte der Gewalt in den Untersuchungsfokus gerückt werden. Dadurch wird negiert, dass Männer auch als Opfer wahrgenommen und anerkannt werden können, was nicht zuletzt von Männern oftmals tabuisiert wird (Kavemann 2009, S. 49). Zugleich tabuisiert dies auch die mögliche Täterinnenschaft von Frauen und damit werden die bestehenden Macht- und Geschlechterordnungen zementiert. Zu kritisieren ist nach Barbara Kavemann eine Gesellschaft, die Männern „die Anpassung an schädigende Männlichkeitskonzepte abverlangt" (Kavemann 2009, S. 47), was in gleicher Weise für die Position der Frauen gilt. Diesen wird in der Gesellschaft eine selbstschädigende und schwache Position zugewiesen, die es ihnen nur erlaubt, sich als Opfer und Objekt und nicht als (potenzielles) Subjekt von Gewalt wahrzunehmen (Glammeier 2011). Frauen könnten demnach Gewalt und Macht lediglich über subtile und unsichtbare Strategien und Formen ausüben (Schröttle 2010, S. 144–145).

Zentral für die vorliegende Studie ist in diesem Zusammenhang, dass die Entpolarisierung in der Forschung zu häuslicher Gewalt als notwendiger Schritt erachtet wird. Dies wird vor dem Hintergrund der bisherigen Forschung bei der Samplebildung und bei der Wahl des analytischen Zugangs umgesetzt: Unterschiede und Geschlechtslogiken werden weder Apriori gesetzt noch werden sie reifiziert. Dies geschieht ohne eine Infragestellung und Verharmlosung der je anderen Opfererfahrung, da die Studie die einzelnen Erfahrungen bei der empirischen Erhebung weder individualisiert noch relativiert. Stattdessen werden die Erkenntnisse aus einer strukturtheoretischen Perspektive (macht)kritisch diskutiert. Einige Vorarbeiten dazu wurden bereits geleistet oder, um es in Carol Hagemann-Whites Worten auszudrücken, einige „Brücken" sind bereits „geschlagen" (Hagemann-White 2005), denn eine geschlechtersensible und geschlechterkritische Forschung reflektiert ebendiese Setzungen sowie den vermeintlich selbstverständlichen Zusammenhang zwischen (häuslicher) Gewalt und Geschlecht.

2.2.2 Methodologische und methodische Zugänge: Gewalt und Geschlecht

Angesichts der erheblichen Unterschiede zwischen den zahlreichen Studien zu häuslicher Gewalt auf nationaler wie auch internationaler Ebene, deren Ergebnisse immer mit Blick auf die stark divergierenden Kontexte zu interpretieren sind, sehen sich Forschende veranlasst, nicht mehr länger eine allgemeingültige Erklärungssuche anzustreben, sondern in ihren Studien verstärkt individuelle, soziokulturelle und situationsbedingte Faktoren zu berücksichtigen. Empfohlen wird, eine möglichst grosse Bandbreite an individuellen und soziokulturellen Unterscheidungsmerkmalen in einem dynamischen konzeptuellen Rahmen einzubeziehen, um eine Wissensbasis zu erarbeiten, die zur Umsetzung angemessener Massnahmen und Praktiken beitragen kann. Dies wiederum soll zu sinnvollen und bedürfnisgerechten Interventionen anregen (Dobash et al. 2002, S. 932). Bei der Betrachtung dieser strukturellen und soziokulturellen Unterscheidungsmerkmale lässt sich allerdings feststellen, dass der Fokus der Forschung zu häuslicher Gewalt auf Frauen als Opfern resp. Männern als Tätern liegt.[8]

8 Seit etwa 2002 untersuchen vereinzelte Studien Frauen als Ausübende häuslicher Gewalt (z. B. Swan/Snow 2002) und Männer als Erleidende häuslicher Gewalt (z. B. Lenz 2006).

Während das Risiko der Reifizierung und Essenzialisierung (vor allem der Kulturalisierung) in Studien zu Gewalt in Paarbeziehungen im Migrationskontext zunehmend kritisch reflektiert wird (z.B. Minder 2005), geschieht dies kaum in Studien, in denen das Geschlecht die zentrale Unterscheidungsdimension darstellt. Im Zusammenhang mit den erstgenannten Studien werden zahlreiche Punkte kritisch beleuchtet: Einerseits wird die Herausforderung genannt, zwischen migrations- und kulturspezifischen Einflüssen differenzieren zu können, und andererseits wird auf das Risiko aufmerksam gemacht, dass häusliche Gewalt einer bestimmten Gruppe allein zugeschrieben wird.[9] Dies wird weder der Heterogenität dieser Gruppe und damit den Menschen mit Migrationshintergrund gerecht, noch trägt die stark vereinfachende Polarisierung (Täter gleich Mann und Opfer gleich Frau und vor allem gleich ausländischer Mann resp. ausländische Frau) dazu bei, dass Verbindungen zwischen Geschlecht und Gewalt ausserhalb dieser Stereotypen diskutiert werden können (EBG 2011, S. 4, 2012d, S. 2, 2015; Hagemann-White et al. 2008, S. 679; Lutz 2008, S. 573).

Zusätzlich zum bereits dargelegten Risiko der Pathologisierung von Frauen mit Migrationshintergrund (Bänziger et al. 2010) am Beispiel der Studie des Frauenspitals Triemli in Zürich kann diese unzulässige Eingrenzung von Untersuchungen auf Gewalt und Migration dazu beitragen, dass weitere Betroffenengruppen nicht mehr wahrgenommen werden (können), wie z.B. Frauen aus der Mehrheitsgesellschaft in der Studie von Daniela Gloor und Hanna Meier (2014b). Da laut den beiden Autorinnen ‚starke' Frauen eine schwer erreichbare Zielgruppe darstellen, lässt sich für diese Unterscheidungsdimensionen (z.B. Migrantin vs. Schweizerin) folgern, dass nicht nur die Migrationspopulation, sondern auch die Mehrheitsgesellschaft als zu homogen (z.B. heteronormativ) betrachtet wird. Diese Aussage wird auch gestützt durch die Erkenntnisse von Anne Kersten (2015), die die eingeschriebenen Täter- und Opferpositionen und die Reproduktion dieser Aushandlungsprozesse analysierte. Dies wirft die Frage auf, warum diese kritischen Fragen der Essenzialisierung und Reifizierung im Zusammenhang mit Migration und häuslicher Gewalt gestellt werden, jedoch kaum in Studien, in denen ebenfalls mit einer binären Setzung und dem damit einhergehenden Risiko der Homogenisierung der Gruppe ‚Frau' resp. ‚Mann' geforscht wird. Als Einwand wird angeführt, dass Gewalterfahrungen von Männern und Frauen nicht vergleichbar seien (z.B. Schröttle 2010), weshalb Studien zur häuslichen Gewalt aus der Perspektive der Gewaltausübenden oder der

---

Diese Studien untersuchen jedoch jeweils ausschliesslich eine Geschlechtsgruppe. Barbara Kavemann (2009, S. 46) kritisiert diesbezüglich, dass in den fachöffentlichen Auseinandersetzungen zu Frauen als Täterinnen und Männern als Opfer zumeist ideologische Positionen und nicht empirische Daten dominieren würden.

9 In diesem Fall sind damit die vermeintlich homogenen Gruppen der Migrantinnen als Opfer und der Migranten als Täter gemeint.

Gewalterleidenden entweder Frauen (z.B. Gloor et al. 2014b) oder Männer (z.B. Lenz/Meier 2002) als Betroffenengruppe untersuchen. Als unumstössliches Gesetz gilt bei der Kategorie ‚Gender'[10], dass sich vorhandenes Wissen zu Paargewalt nicht einfach auf das jeweils andere Geschlecht übertragen lasse. Zudem wird von unterschiedlichen Bedingungs- und Wirkungszusammenhängen von häuslicher Gewalt im Speziellen und von Erfahrungen im Allgemeinen ausgegangen (EBG 2011; Lutz 2008, S. 573–574). Als Unterschied wird angeführt, dass gewaltbetroffene Männer die erfahrene Gewalt anders empfinden würden als Frauen, wobei das mangelnde Bewusstsein in der Gesellschaft die Hauptproblematik für gewaltbetroffene Männer darstelle (EBG 2012a, S. 3).

Obwohl strukturelle Bedingungen wie diese zu beachten sind, und das Geschlecht daher auch in der Forschung zu häuslicher Gewalt nicht ausser Acht gelassen werden darf, sollte auf Normalitäts- und Ausnahmekonstruktionen verzichtet werden, damit der Fokus künftiger Forschung auf „[d]ie Wirkung geschlechtsspezifischer Sozialisation und unterschiedlicher, hierarchisierter Männlichkeits- und Weiblichkeitskonzepte, auf das Erleben von Gewalt bzw. auf die Möglichkeit des Ausübens von Gewalt" gerichtet werden kann (Helfferich et al. 2016, S. 4–5). Die Befunde des EBG (2012b, S. 13; EBG 2012a, S. 3) deuten bereits erste Erkenntnisse in dieser Richtung an, wenn festgestellt wird, dass die Zuweisung des Opferbegriffs gewaltbetroffenen Männern Schwierigkeiten bereite. Gewalterleidende Männer können sich demnach aufgrund der gesellschaftlichen Männlichkeitsvorstellungen nicht mit dem Opferbegriff identifizieren und sich infolgedessen auch nicht als Opfer wahrnehmen (EBG 2012b, 2012a).

In Studien, in denen das Geschlecht eine zentrale Rolle spielt, werden Vergleiche und Ausnahme- resp. Normalitätskonstruktionen zumeist explizit oder zumindest implizit mitverhandelt. Dennoch wird hier ausgeblendet, dass die soziale Konstruktion zum Opfer auch für Frauen problematisch ist. Insbesondere bei ‚starken' Frauen (d.h. Frauen, die stark wirken und/oder sich als solche positionieren) scheint dies der Fall zu sein, die laut Daniela Gloor und Hanna Meier (2014b, S. 348–350) eine schwer erreichbare Zielgruppe für die Forschung darstellen.

---

10 Nach Helma Lutz (2008) bezieht sich ‚Gender' auf das soziale Geschlecht in Abgrenzung zum biologischen Geschlecht: Frauen und Männer werden in einer Gesellschaft mit bestimmten Erwartungshaltungen konfrontiert, zu denen sie sich als Frauen und Männer positionieren müssen (‚doing gender').

2.2.3 Forschungsstand im Kontext der Gewaltdeutungen

Bei einer systematischen Sichtung des Forschungsstands lässt sich feststellen, dass bisherige Studien, die der Frage nachgingen, was Gewalt für Betroffene ist resp. was diese als Gewalt wahrnehmen, zumeist keine Betroffenen häuslicher Gewalt im Sample hatten. Vor diesem Hintergrund wird im Folgenden kursorisch ein erweiternder Blick auf den Forschungsstand zu Bedeutungen und Deutungen von Gewalt geworfen. In Bezug auf Untersuchungen zur (Be-)Deutung von Gewalt aus der Betroffenenperspektive zeigt sich, dass zumeist Studien zu Deutungen von Jugendgewalt (z.B. von Felten 2000), Schülergewalt (z.B. Klewin 2006) oder kulturvergleichende Studien zu Gewalt (z.B. Inhetveen 2005) vorliegen.

Im Gegensatz zu diesen Studien zu Jugend- oder Schülergewalt, in denen die Deutungen von Gewalt empirisch erhoben werden, wird in Studien zu Gewalt in Paarbeziehungen gesetzt, was Gewalt ist. Für eine Erfassung der subjektiven Perspektive auf Gewalt durch erwachsene Betroffene sind exemplarisch die Studien von Bram Van Stolk und Cas Wouters (1987), Liz Kelly (1988), Monika Büttner (1997), Sandra Glammeier (2011) und Antje Krause (2016) zu nennen.

Im Folgenden werden die teils bereits genannten Studien von Barbara Kavemann, Annemarie van Graf-Kesteren, Sibylle Rothkegel und Bianca Nagel (2016), Liz Kelly (1988), Bram Van Stolk und Cas Wouters (1987), Yvette Völschow und Wiebke Janßen (2016), Monika Büttner (1997), Sandra Glammeier (2011) und Antje Krause (2016) vertiefend betrachtet, da diese Autorinnen und Autoren die Betroffenenperspektive und im weitesten Sinne Gewaltdeutungen zentral in den Mittelpunkt ihrer Forschung stellen. Barbara Kavemann, Annemarie van Graf-Kesteren, Sibylle Rothkegel und Bianca Nagel (2016) rekonstruierten die Muster des Wiedererinnerns bei den Betroffenen. Dabei fanden sie heraus, dass sich die Befragten hinsichtlich ihres Erinnerungsvermögens dahingehend unterschieden, ob sie einen kontinuierlichen Orientierungsrahmen hatten, der es ihnen ermöglichte, für das Erinnerte Worte zu finden, d.h. das Erinnerte als falsch, als Gewalt, als Unrecht einzuordnen resp. es als ‚sexuellen Missbrauch' zu bezeichnen. Fehlte ein solcher Orientierungsrahmen, mangelte es den Forscherinnen zufolge an einer Voraussetzung für das Sprechen über den sexuellen Missbrauch, selbst wenn die Erinnerung generell abrufbar war (Kavemann et al. 2016, S. 67).

In der Studie „How Women Define Their Experiences of Violence" von Liz Kelly (1988) wurden 60 betroffene Frauen interviewt mit dem Ziel, die Selbstwahrnehmung ihrer Erfahrungen zu erfassen. Mehr als 60% der Interviewpartnerinnen stuften ihre Gewalterfahrungen nicht als sexualisierte Gewalt ein. Die Betroffenen hätten die erlebte Gewalt zunächst nicht als Gewalt verstanden, entweder weil sie in ihrer Eigenwahrnehmung keine ständige Gegenwehr geleistet hatten oder weil sie nicht dem öffentlich vermittelten Stereotyp einer vergewaltigten oder geschlagenen Frau entsprachen, da die Verletzungen in ihren Augen nicht ‚schwer genug' gewesen seien oder der Mann ihnen bekannt war (Kelly 1988). Bei andauernder Gewalt veränderten Kellys Erkenntnissen zufolge jedoch rund 70 % der befragten Frauen ihre ursprüngliche Einschätzung, was für ein „concept of a continuum of sexual violence" (Kelly 1987, S. 46) spricht. Begünstigt wurde dieser Wandel in der Wahrnehmung durch eine Trennung oder durch Gespräche unter Frauen, in denen die Betroffenen eine neue Perspektive entwickelt hatten (Brückner 2002a, S. 19; Kelly 1988). Des Weiteren deuteten die Frauen die Erfahrungen aber auch dann umso eher als sexualisierte Gewalt, je länger der Missbrauch angedauert hatte. Im Prozess der Redefinition fokussierten sie sich auf eigene Gefühle und Reaktionen und bezogen sich weniger auf Reaktionen, Stereotype, Definitionen oder Wahrnehmungen Dritter (Kelly 1988).

Wie die Ausführungen zu den Frauen im Frauenhaus nahelegen, blieben diese in den alten Bildern verhaftet und es fand kein Deutungswandel statt. Mit diesem Deutungswandel von Gewalt in der Ehe, bei dem sich bei den Betroffenen eine Reinterpretation ihrer Situation „von Pech zu Unrecht" (Van Stolk et al. 1987, S. 65) vollzieht, befassten sich auch Bram Van Stolk und Cas Wouters (1987). In diesem Zwiespalt zwischen sozialem Deutungswandel und subjektiven Deutungen, die noch verhaftet in alten Bildern sind, spiegeln sich laut den niederländischen Forschern die Machtverschiebungen zwischen den Geschlechtern, die im Kontext der Prozesssoziologie von Norbert Elias gedeutet werden.[11]

In der Studie hingen viele Frauen im Frauenhaus einem Figurationsideal harmonischer Ungleichheit an, und klammerten sich nach wie vor an das Bild des starken Mannes, der die schwächere Frau beschützt und sie umsorgt. Auch am romantischen Idealbild des Partners hielten die Frauen noch stets fest, was die Autoren als das „Du-Ideal" bezeichnen (Van Stolk et al. 1987, S. 176). Sich selbst sahen die Frauen meist auch kontrastiv dazu als „Ehebrecherin" (Van Stolk et al. 1987, S. 176), weil sie den ersten Schritt der Trennung selbst vollzogen hatten, was sie auch dazu veranlasste, zu ihren Partnern zurückzukehren (Van Stolk et al. 1987, S. 175–176).

Yvette Völschow und Wiebke Janßen (2016), die mit dem Forschungsprogramm der Subjektiven Theorien ebenfalls untersuchten, weswegen Gewaltbetroffene ihre Beziehung teilweise über Jahre hinweg aufrechterhalten, gelangten zum Schluss, dass sich die gelegte Struktur der Subjektiven Theorien wie eine Art Aushandlungsprozess der Befragten gestalte. Diese Aushandlung habe

11 Bram Van Stolk und Cas Wouters (1987, S. 175) verorten das Eintreten der Machtverschiebung zeitlich ab den 1960er-Jahren.

sich rund um die Frage gedreht, warum die Partnerschaft so lange ‚ertragen' worden sei, und darum, dass dies Dritten überhaupt nicht erklärbar sei (Völschow et al. 2016, S. 395). Yvette Völschow und Wiebke Janßen schlossen aus den Subjektiven Theorien einer Frau G., dass dieses Nicht-erklären-Können zu einer Tabuisierung der erfahrenen Gewalt führe, weil die Befragte fürchtete, soziale Kontakte könnten wegbrechen, wenn sie darüber sprechen würde, da dies ihr Ansehen und ihren Ruf schädigen würde. Zudem erklärte sich Frau G. ihr Verbleiben mit der Hoffnung, die Beziehung werde wieder besser, sowie mit Sozialisationsaspekten. Sie sei von ihren Eltern dazu erzogen worden, immer freundlich und angepasst zu sein, weshalb sie sich in der Ehe so viel habe gefallen lassen (Völschow et al. 2016, S. 397–400).

In der bereits in Kapitel 2.1.1 genannten Studie von Monika Büttner (1997) erforschte die Autorin zwar nicht primär die Deutungen von Gewalt, dennoch rekonstruierte sie die individuellen Bedeutungen kritischer Ereignisse im weiblichen Lebenszusammenhang mit Ansätzen der sozialwissenschaftlichen Biografieforschung und der Methode der objektiven Hermeneutik (Büttner 1997). Allerdings können die Rekonstruktionen der Selbstkonzepte und die Beziehungsbilanzierungen der Frauen nur im weitesten Sinne als (subjektive) Deutungen gefasst werden (Büttner 1997), denn nach Sandra Glammeier (2011) verhindert der gesellschaftliche Objektstatus von Frauen, dass diese als Subjekte anerkannt werden, während ihnen vor allem der Status eines sexuellen Subjekts zugesprochen wird. Die sozialen Deutungen sind folglich konstitutiv für die subjektiven Deutungen. Nach Sandra Glammeier führt dies dazu, dass Gewalt als Normalzustand begriffen wird, weil Frauen die Definitionsmacht verweigert werde und Versuche, das eigene Handeln innerhalb der männlichen Definitionsmacht selbstbestimmt zu ermöglichen, scheitern würden. Eine Trennung komme aus dieser fremdbestimmten Perspektive einer Kapitulation gleich (Glammeier 2011, S. 408–410).

Den Objektstatus von Opfern – insbesondere von Frauen im Allgemeinen und in Bezug auf ihre Opferrolle im Speziellen – wählte auch Antje Krause (2016) als Ausgangspunkt ihrer Untersuchung. Die Gewalterfahrung wird dort als Auslöser für einen Lernprozess betrachtet, wodurch die gewaltbetroffenen Frauen nicht als Opfer, sondern als aktiv handelnde Subjekte aufgefasst werden (Krause 2016, S. 257).

Diverse Befunde aus der Forschung legen nahe, dass sich die sozialen Deutungsmuster zu Beziehungen und zum Geschlechterverhältnis nicht wesentlich verändert haben: Nach Liz Kelly (1988) haben die betroffenen Frauen einerseits oftmals kein Problembewusstsein, weil die eigenen Erfahrungen nicht mit dem öffentlich vermittelten Stereotyp einer vergewaltigten oder geschlagenen Frau übereinstimmen. Andererseits stehen Frauen laut Bram Van Stolk und Cas Wouters (1987) im Zwiespalt, weil sie die veränderten Strukturen spiegeln und gleichzeitig den wachsenden Druck von aussen verspüren, aber auch am Bild der harmonischen Ungleichheit festhalten wollen. Werden diese älteren Studien neueren Datums gegenübergestellt, zeigt sich, dass in den neueren Studien vermehrt der Kontext der Deutungen betont wird, indem die Verweigerung der Definitionsmacht von Frauen kritisiert wird (Glammeier 2011), weil gewaltbetroffene Frauen deswegen zumeist nicht als handlungsfähige Subjekte verstanden werden (Krause 2016).

Der Frage, inwiefern diese sozialen Deutungen konstitutiv für die subjektiven Deutungen sind, ging Renate Klein nach. Im Sammelband „Framing sexual and domestic violence through language" (Klein 2013a) setzte sie als Herausgeberin den Fokus in den internationalen Beiträgen darauf, wie sexualisierte Gewalt und häusliche Gewalt sprachlich gerahmt werden. In den Beiträgen wird von der Annahme ausgegangen, dass die Begriffe, mit denen Missbrauch benannt wird, und die damit verbundenen Bedeutungen einen Einfluss auf die Forschung, die Politik und das Praxisfeld haben. Konkret wird davon ausgegangen, dass die Begriffe den Prozess der Wahrnehmung und der Interpretation prägen und mitbestimmen, wie resp. mit welchen Formen von Interventionen reagiert wird (Klein 2013b, S. 1).

Werden Studien betrachtet, die sich mit der Frage beschäftigten, wie über häusliche Gewalt gesprochen wird, so zeigt sich, dass diese z. B. untersuchten, wie häusliche Gewalt in polnischen Printmedien beschrieben wird (Kwiatkowska 2013), wie Fälle von Tötungsdelikten im sozialen Nahraum in Schweizer Polizeirapporten dargestellt werden (Gloor/Meier 2013) oder wie öffentliche Stellungnahmen über Tötungsdelikte an Frauen, die als Ehrenmorde verhandelt werden, in Dänemark formuliert werden (Mogensen 2013). Carole Wright und Jeff Hearn (2013) wiederum analysierten, wie Gewalt gegen Frauen durch genderneutrale Begriffe resp. Sprache neutralisiert und damit unsichtbar gemacht wird. Neuere Studien stellen bei der Untersuchung von Prozessen der Wahrnehmung und der Interpretation häuslicher Gewalt folglich weniger die Betroffenenperspektive in den Fokus als vielmehr die institutionelle Perspektive resp. die Auswirkungen dieser Prozesse auf die Interventionen.

Diese normativen Setzungen, die sich auch in der sprachlichen Rahmung zeigen, konstituieren gleichzeitig die subjektiven und sozialen Deutungen von Gewalt, denn Gewalt und Geschlecht scheinen sich durch diese Geschlechtslogik gegenseitig zu erklären (Bereswill 2003a, S. 192). Gewalt ist in einen spezifischen Wert- und Referenzrahmen eingebettet, sodass Gewaltdeutungen immer auch Werturteile sind. Gewalt kann folglich nicht kontextunabhängig betrachtet werden. Das Handeln eines Individuums hängt davon ab, wie es seine Umgebung bzw. deren Einschätzung der Gewalt wahrnimmt. Denn „[w]enn Gewalt wahrgenommen und benannt wird, werden implizit oder explizit Fragen nach sozialer Ordnung und nach Machtverhältnissen gestellt" (Hagemann-White 2002, S. 124). Diese Annahme wird durch empirische Studien gestützt, in denen die Verhaltensrelevanz der individuellen Einschätzung von Gewalt untersucht wurde (von Felten 2000, S. 12). Dies zeigt sich beispielsweise beim Gewaltphänomen ,Dating Violence' (Gewalt in jugendlichen Paarbeziehungen), da dieses je nach soziokulturellem Kontext unterschiedlich wahrgenommen wird (Hagemann-White 2002, S. 128),

Der Zusammenhang zwischen den Deutungen häuslicher Gewalt und der jeweiligen Bedeutungszuschreibung erwies sich bereits für den Entstehungskontext des Forschungsfeldes und damit für die theoretischen Konzeptionen als bedeutsam. Da Betroffene von Gewalt im sozialen Nahraum immer auch in einer sozialen Beziehung stehen oder standen (Gloor et al. 2004, S. 12), waren diese Formen von Gewalt dem öffentlichen Zugriff infolge des Schutzes der Privatsphäre lange Zeit entzogen und/oder wurden als legitime Gewaltformen eingestuft (Imbusch 2002, S. 46; Rauchfleisch 1992, S. 62–64). Analog zu den Deutungen von Gewalt und dem Zugriff unterliegen auch die Definitionen einem zeitlichen Wandel. So wurden die ursprünglichen Definitionen häuslicher Gewalt, die zunächst nur körperliche Gewaltakte von Ehemännern oder Partnern gegenüber ihren Frauen beinhalteten, zusätzlich um sexualisierte Gewalt sowie emotionale resp. psychische Gewalt erweitert (Gelles 2002, S. 1053).

2.2.4 Desideratum: Deutung von Gewalt aus der Subjektperspektive

Sowohl bei Männern als auch bei Frauen lassen sich Forschungslücken innerhalb der Gewaltforschung feststellen. So ist nach wie vor die Frage offen, welche Faktoren bei Männern dazu führen, dass sie trotz verletzender Übergriffe in einer Beziehung ausharren. Carol Hagemann-White (2002, S. 145) hält mit Blick auf dieses Forschungsdesiderat fest, dass bei Männern eine Forschungslücke bestehe, die sich auf die Frage beziehe, warum Männer trotz *psychisch* verletzender Übergriffe die Beziehung zu ihrer Partnerin aufrechterhalten würden (Hagemann-White 2002, S. 145). Die männliche Verletzungsoffenheit wird von der Autorin somit auf die psychische Verletzungsoffenheit eingegrenzt (wodurch die weibliche Verletzungsmächtigkeit implizit auf die psychische Verletzungsmächtigkeit reduziert wird). Bei Frauen ist trotz einiger Studien zu diesem Thema noch nicht abschliessend geklärt, weswegen sie – auch nach Aufenthalten in Frauenhäusern – oftmals wieder zu ihren Partnern zurückkehren (Gräßel 2003) oder weshalb insbesondere Frauen aus höheren sozialen Schichten und sogenannte ,starke' Frauen schwer erreichbare Zielgruppen darstellen (Gloor et al. 2014b).

Männer werden als Opfer anders konstruiert als Frauen und bereits in der Formulierung des Desiderats wird z. B. die Gewaltform (psychische Gewalt oder physische Gewalt) und das Geschlecht als Unterscheidungsdimension gesetzt. Es wird folglich schon zu Beginn einer Studie davon ausgegangen, dass sich die Situation von Männern grundlegend von derjenigen von Frauen unterscheidet.

Dabei orientieren sich die Studien wie auch die identifizierten Desiderate oftmals an normativen Gewalt- und Opferbildern. Was Gewalt ausmacht, wird aus dieser Perspektive weitgehend als ‚erwiesen' angenommen. Doch vor allem wird auch die wechselseitige Verschlüsselung von Gewalt und Geschlecht kaum hinterfragt.

In den letzten Jahren haben sich die Schwerpunkte der theoretischen und der analytischen Perspektiven auf häusliche Gewalt und damit auch die Fragen verschoben, die sich nun ausführlicher und präziser auf die Wirksamkeit von Interventionen und damit auch auf Evaluation von konkreten Interventionen beziehen (Dobash et al. 2002, S. 937). Infolge dieser Gewichtung und des Deutungswandels von häuslicher Gewalt wurde nicht nur der Ursprung von Gewalt erforscht, sondern es wurden in den Studien nun auch die sozialen Bedingungen und die Situation der Gewaltausübenden und der Gewaltbetroffenen stärker akzentuiert (Dobash et al. 2002, S. 933; Lamnek/Luedtke/Ottermann 2012, S. 28). Studien aus der Betroffenenperspektive spielen im Vergleich zur Anzahl der täterbezogenen Studien nach wie vor eine marginale Rolle. Meist setzen sich diese auch nicht mit dem Gewaltphänomen an sich auseinander, sondern erforschen entweder die Folgen der Gewalt (z.B. Depression) oder aber die Wirksamkeit der angebotenen Interventionen (Gelles 2002, S. 1064). Lücken bestehen des Weiteren – trotz aller biografischer Exploration – immer noch hinsichtlich der Gewaltbetroffenen und der Theoriebildung zu Gewalt sowie der individuellen Bedeutung von Gewalt im lebensgeschichtlichen Kontext. Dies gilt sowohl für betroffene Frauen als auch für betroffene Männer (Hagemann-White 2002, S. 144).

Insbesondere das Verhältnis von Deutung und Bedeutung und Gewalt wurde in bisherigen Studien wenig beachtet und allzu oft zugunsten einer Analyse von Gewaltursachen vernachlässigt. Zumeist steht bereits zu Beginn der Studien fest, was Gewalt ist, anstatt dass diese explorativ erforscht wird. Gewalt wird dann im Rahmen vorgegebener (und d.h. hegemonialer) Deutungen festgelegt, weshalb darunter in Anlehnung an Heinrich Popitz (1992) häufig die „absichtliche zumeist körperliche Verletzung anderer" verstanden wird (Popitz 1992, S. 48). Ignoriert werden dabei allerdings die Dimensionen dessen, wie Gewalt erfahren wird, d.h. die Fragen danach, welchen ‚Sinn' resp. welche Bedeutung die Gewalt für die Betroffenen hat und wie die Gewalt von Betroffenen selbst interpretiert wird (Staudigl 2012, S. 56).

Als Frage bleibt offen, wie Gewalt wahrgenommen und als solche von den Betroffenen gedeutet wird. Mit dem Schwerpunkt auf diese offene Frage kann gleichzeitig auch die Bedeutung und Deutung von Gewalt und deren Beziehungsgeflecht neu ausgehandelt werden (Staudigl 2012). Mit einer solchen Fragestellung würden einerseits die Betroffenen und ihr Erleben von Gewalt ernst genommen (Hague et al. 2003) und andererseits würde die normative Erwartungshaltung bezüglich der Geschlechter nicht Apriori übernommen, was

Barbara Kavemann und Sibylle Rothkegel (2014b) zu Recht an bisherigen Studien kritisierten. Vielmehr interessieren das subjektive Erleben und die individuelle Deutung der Situation resp. der Gewalt (Kavemann et al. 2014b, S. 204). An dieser Stelle gilt es auch – wie bereits angesprochen – die Samplebildung in den Fokus zu nehmen: Denn in Studien wird zumeist jeweils nur eine Geschlechtergruppe untersucht. Zudem wird diese Geschlechtslogik wie auch die vergeschlechtlichte Lesart des empirischen Materials kaum geschlechtersensibel hinterfragt. Von einer potenziellen Geschlechtsunabhängigkeit der empirischen Befunde auszugehen, ist folglich ein zentrales Forschungsdesiderat.

Methodologische Zugänge zu Gewaltdeutungen

Die Betroffenenperspektive ist in dieser Studie zentraler Forschungsgegenstand, der zwar auch in neueren Forschungsansätzen zunehmend Beachtung findet, zumeist jedoch im Zusammenhang mit den Evaluationen von Interventionen (Gloor et al. 2000; Gloor et al. 2014b, 2014a). Aufgrund der individuellen Erfahrungen von Betroffenen potenziert sich die Komplexität häuslicher Gewalt und ihrer strukturellen Einbettung. Grundsätzlich stehen die sozial eingeschriebenen Geschlechtslogiken, mit denen auch Deutungs- und Handlungsmuster einhergehen, zur Disposition, was den Interpretationsspielraum zusätzlich erhöht, anstatt ihn einzuengen. Dazu wird in der Studie den lebensgeschichtlichen Erfahrungen und den Paarbeziehungen als Kontext der Gewalterfahrung Raum gegeben. Insbesondere (ungeklärte) Ambivalenzen sollen herausgearbeitet werden können, indem die widersprüchlichen Verhältnisse von Abhängigkeit und Unabhängigkeit, Macht und Ohnmacht in der Lebensgeschichte im Allgemeinen und in Beziehungen im Speziellen berücksichtigt werden (Brückner 2002a, S. 29). Dabei wird jedoch nicht beabsichtigt, die Opfer nach Geschlecht gegeneinander aufzurechnen. Vielmehr sollen die Binarität und die damit einhergehende Setzung von Unterschieden und somit die Homogenisierung der Geschlechtsgruppen infrage gestellt werden. Mit dem Hinterfragen der bestehenden Geschlechtslogik von Gewalt wird die Ausnahmekonstruktion dekonstruiert, womit gleichsam für eine Anerkennung der Verletzungsoffenheit von Menschen plädiert wird (Kavemann 2009; Lenz 2006). Dadurch lassen sich die normativen Gewalt- und Opferbilder als soziale Konstruktionen entlarven.

Auch jüngere Studien der Gewaltforschung orientieren sich in ihrer Auseinandersetzung mit Gewalthandeln an Männlichkeit, und bei der Auseinandersetzung mit Opferbetroffenheit an Weiblichkeit (Bereswill 2011, S. 207). Diese Dichotomie zieht zumeist einen engen und statischen Gewaltbegriff (s. Kapitel 3.1.1) nach sich (Bereswill 2011, S. 207). Es wird von eindeutigen Opfer-Täter-Positionen in Gewaltkonflikten ausgegangen, da Frauen bei Gewalthandeln und Männer bei Gewaltbetroffenheit als different konstruiert werden. So wird die Handlungsmächtigkeit von Frauen im Umgang mit Gewalt zuweilen ausgeblendet (Bereswill 2011, S. 207). Insbesondere die eher männlich konnotierten

Handlungsmuster, wie z.B. bestimmte Ausprägungen von Risikoverhalten (Meuser 2011b, S. 161–163), und die empirisch nachgewiesene Verknüpfung bestimmter Formen von Devianz mit Geschlechterdifferenz, fordern nach Mechthild Bereswill (2014) „[…] gerade offensichtlich […] dazu heraus, diese Überbelichtungen nicht zu affirmieren, sondern zu hinterfragen" (Bereswill 2014, S. 195).

Mit der offenen Frage und dem qualitativen Zugang zu den (Be-)Deutungen von Gewalt wird der Komplexität begegnet, die sich aufgrund des Gewaltbegriffs ergibt, der sich nur schwerlich operationalisieren lässt (Gloor et al. 2004, S. 12–13; Imbusch 2002). Deshalb hat sich in europäischen wie auch in angloamerikanischen Studien bislang das Vorgehen etabliert, Personen auf konkrete Handlungen hin zu befragen, die einen körperlichen Übergriff darstellen und die anschliessend von den Forschenden als mehr oder weniger schwere Gewalt eingestuft werden. Wie die Befragten die Begebenheiten selbst einordnen, d.h. ob sie diese überhaupt als Gewalt erlebt haben und wie sie diese deuten, bleibt bei diesem Vorgehen für den weiteren Forschungsverlauf unerheblich (Hagemann-White et al. 2008, S. 142).

Mit der Analyse der subjektiven Deutungen und Bedeutungen von Gewalt wird das Verhältnis von Biografie, Geschlecht und Gewalt neu bestimmt. Für den methodologischen Zugang gilt es deshalb, die komplexe Kategorie ‚Geschlecht' nicht unterkomplex zu behandeln. So wird weder von proportionalen Verteilungen in Bezug auf Gewalt ausgegangen, noch wird das Verhältnis zwischen Männern und Frauen als eine statistische Grösse auf deren Verhalten übertragen. Eine Vergleichsforschung wird in der vorliegenden Studie aus diesen Gründen abgelehnt, weil Frauen und Männer nicht als jeweils homogene Gruppen konstruiert werden sollen (Bereswill et al. 2014, S. 22–23). Vielmehr wird von der Annahme ausgegangen, dass weder Männer noch Frauen dichotome, homogene Gruppen bilden, die die erfahrene Gewalt identisch empfinden. So können sich auch Frauen und nicht nur Männer aufgrund der eigenen Assoziationen und sozialen Konstruktionen mit individuellen sowie gesellschaftlichen Vorurteilen und einem mangelnden Problembewusstsein konfrontiert sehen. Deshalb werden erlebte Sozialisations- und Gewalterfahrungen (z.B. in der Kindheit) in die Analyse der Deutung und vor allem der Bedeutung der Gewalt einbezogen (Schröttle 2010, S. 146–147).

Kapitel 3
Theoretische Annäherung: von Deutungen und Bedeutungen häuslicher Gewalt

Nachdem im vorhergehenden Kapitel der für die vorliegende Arbeit relevante Forschungsstand aufgearbeitet wurde, erfolgt in diesem Kapitel eine theoretische Einbettung des Forschungsstandes (Kapitel 3.1). Im Rahmen dessen erfolgt eine theoretische Auseinandersetzung mit dem Geschlechterverhältnis, der sozialen Geschlechterordnung sowie der Geschlechterbeziehung im Sinne der Paarbeziehung als sozialer Organisationsform im Kontext häuslicher Gewalt. Der Schwerpunkt liegt dabei auf der theoretischen Klärung der zentralen Begriffe ‚(häusliche) Gewalt' und ‚Geschlecht' (Kapitel 3.1.1), den Analyseebenen von häuslicher Gewalt (Kapitel 3.1.2) und auf dem Verhältnis von Gewalt und Geschlecht resp. auf deren komplexer Verschränkung (Kapitel 3.1.4). Da, wie in Kapitel 2.2.4 dargelegt, zurzeit noch kaum Studien dazu verfügbar sind, wie Betroffene selbst über Gewalt sprechen und wie sie die Gewalt deuten, werden im Anschluss an die theoretischen Perspektiven auf häusliche Gewalt die zentralen Konzepte zu Deutungen und Bedeutungen von Gewalt, die für die vorliegende Arbeit zentral sind, dargelegt (Kapitel 3.2). Dies dient der Entwicklung einer Heuristik für den Forschungsgegenstand ‚(Be-)Deutung von Gewalt' (Kapitel 3.2, 3.3 sowie auch Kapitel 4.4.3).

3.1 Theoretische Einbettung des Forschungsstandes

Auf der Grundlage des zuvor dargelegten Forschungsstands wird die vorliegende Studie im Folgenden theoretisch fundiert. Zu diesem Zweck sind die geschlechtsbezogenen Bezüge und Zuschreibungen und damit die Vergeschlechtlichung von Gewalt und von Verletzungsoffenheit und Verletzungsmächtigkeit zu hinterfragen, weil es sich hierbei um Verallgemeinerungen von weiblichen und männlichen Eigenschaften und Verhaltensweisen handelt, die diese reproduzieren und zementieren. Wie bereits anhand der Studie von Anne Kersten (2015) dargelegt, macht Opferbetroffenheit als solche noch keine Opfer, sondern dieser Status wird vielmehr in sozialen Aushandlungsprozessen erst geschaffen. Vor allem jedoch gründet dieser Status im Wesentlichen auf bestimmten Verhaltensweisen gewaltbetroffener Menschen, welche geschlechterkulturell und damit vergeschlechtlicht sind (Kersten 2015, S. 13–22).

Aufgrund der Charakteristika des Begriffs ‚Gewalt' gilt es zu (hinter)fragen, anhand welcher Kriterien ‚wer' einen Vorgang ‚wie' als ‚Gewalt' qualifiziert. Solche Kriterien nennen Barbara Kavemann, Annemarie van Graf-Kesteren, Sibylle Rothkegel und Bianca Nagel (2016, S. 67) in ihrer Studie ‚Orientierungsrahmen'. Gewalt ist demnach ein normativer Begriff, der dazu dient, illegales resp. illegitimes Verhalten zu kategorisieren. Zu empirischen Zwecken verbinden jedoch auch Sozialforschende ein Geschehen oder eine Handlung mit dem Begriff, um ein betreffendes Phänomen zu deuten und zu erklären (Hagemann-White 2016, S. 13–15). Eine offene Frage lautet diesbezüglich, wie die sozialwissenschaftliche Gewaltforschung den sowohl alltäglich-normativen als auch den epistemischen Funktionen des Gewaltbegriffs künftig systematisch Rechnung tragen kann (Helfferich 2016). Denn bislang haben Erklärungsmodelle gesetzt, was Gewalt ist, obwohl sie dazu dienten, die Ursachen von häuslicher Gewalt zu erforschen oder häusliche Gewalt als Phänomen theoretisch zu erklären.

Der Begriff der Gewalt ist weder im wissenschaftlichen noch im alltäglichen Sprachgebrauch präzise, sondern hat aufgrund der Vielzahl kontroverser Deutungen und Bedeutungen eine höchst ambivalente Semantik. Nach Hannah Arendt (1975) ist Gewalt z.B. eine Tätigkeit, mittels derer Ordnung hergestellt wird. Die meisten Erklärungsversuche (in der Regel männlicher) Gewalt beruhen demgegenüber (implizit) auf der Annahme, dass Gewalt einen „Störfall der Zivilisation" (Nedelmann 1997, S. 67) darstellt. Auf die Komplexität und die Mehrdimensionalität des Begriffs (Handlungsebene, Machtverhältnisse etc.) (Hagemann-White 2002, S. 127), verweist exemplarisch Heinrich Popitz' Definition von Gewalt als „Machtaktion, die zur absichtlichen körperlichen Verletzung anderer führt" (1992, S. 48). Vor diesem Hintergrund werden nachfolgend die zentralen Begriffe ‚Gewalt', ‚häusliche Gewalt' und ‚Geschlecht' bestimmt.

3.1.1 Begriffliche Auseinandersetzung: Gewalt, Gewaltformen, häusliche Gewalt und Geschlecht

Mit ‚Gewalt' wird einerseits das Handeln anderer bezeichnet (Peters 1995, S. 29), wobei andererseits auch die damit verbundenen Werturteile zum Ausdruck kommen. Der Phänomenbegriff ist somit weder ein ‚objektiv-neutraler' noch ein rein deskriptiver Beobachtungsterminus. Vielmehr etikettiert ‚Gewalt' „soziale Unwerturteile" (Peters 1995, S. 30), die in spezifische Wert- und Relevanzsysteme eingebettet sind. Darin zeigt sich auch, dass Gewalt eine Deutungspraxis ist.

Mit Gewalt bzw. deren Deutungen und Definitionen gehen in der sozialwissenschaftlichen Forschung zwangsläufig Werturteile einher (Godenzi 1996, S. 33–35), denn, „wenn Gewalt wahrgenommen und benannt wird, […] werden implizit oder explizit Fragen nach sozialer Ordnung und nach Machtverhältnissen gestellt“ (Hagemann-White 2002, S. 124). Gewaltdefinitionen unterliegen zudem einem Bewusstseins- und Wertewandel. So galt z. B. Gewalt gegen die eigene Ehefrau lange als gesellschaftlich akzeptiert und als legitimer Anspruch des Ehemannes (Hagemann-White 2002, S. 127). Die Grenzen dessen, was als ‚Gewalt‘ bezeichnet wird, wurden aufgrund einer veränderten Sensibilisierung immer wieder neu gezogen und markiert. Dies veränderte gleichzeitig auch die Deutungsmuster. So wurde beispielweise die Vergewaltigung in der Ehe als rechtlicher Straftatbestand festgelegt (Heitmeyer/Hagan 2002, S. 16). Wenngleich die Justiz mit engen Definitionen arbeiten muss, um justiziable Straftatbestände schaffen zu können, zeigt sich in der sozialen Wirklichkeit, dass Gewalt weit vielschichtiger ist (Heitmeyer et al. 2002, S. 16). Dabei geht es nicht nur um die Frage, *was* für *wen* Gewalt ist, sondern auch darum, ob Gewalt als legitim (negative Sanktion) oder als illegitim (soziale Aggression) gedeutet wird (Ottermann 2003, S. 164). Abhängig sind diese Sinnzuschreibungen und damit Bedeutungen von ‚Gewalt‘ vom jeweiligen Kontext und den Rollen der involvierten Personen (Gewaltausübende, Gewalterleidende, Beobachtende). Auch die eigene Biografie mit ihren individuellen biografischen Erfahrungen spielt hierbei eine zentrale Rolle, genauso wie die in Prozessen der Sozialisation vermittelten Wissensbestände als Orientierungsrahmen (Bereswill 2018; Ottermann 2003, S. 164).

Enger vs. weiter Gewaltbegriff

Versucht man, den Gewaltbegriff als wissenschaftliches Phänomen zu fassen, dann lässt sich in der Literatur ein hoher Differenzierungsgrad feststellen. So unterscheidet Peter Imbusch (2002, S. 28) z. B. zwischen individueller, kollektiver und staatlicher Gewalt. Innerhalb dieser Kategorien treten jeweils wiederum verschiedene Erscheinungsformen von Gewalt auf, die mit entsprechenden Begrifflichkeiten thematisiert werden. Mit Blick auf den vorliegenden Untersuchungsgegenstand wird nachfolgend auf individuelle Gewalt fokussiert. Gewaltformen dieser Kategorie sind dadurch charakterisiert, dass Einzeltäter resp. Einzeltäterinnen im öffentlichen oder privaten Raum Gewalt gegen fremde oder nahestehende Personen ausüben. Wenn die Gewalt in der Familie stattfindet, dann wird von ‚privater Gewalt‘, ‚häuslicher Gewalt‘, ‚Gewalt im sozialen Nahraum‘ oder, je nach Verhältnis der Betroffenen, auch von ‚Paargewalt‘ oder ‚Beziehungsgewalt‘[12] gesprochen (Godenzi 1996; Imbusch 2002, S. 45).

Den Begriffen ‚häusliche Gewalt‘ wie auch ‚Gewalt in Paarbeziehungen‘ oder ‚Beziehungsgewalt‘ lässt sich direkt entnehmen, welche Individuen betroffen

12 In der vorliegenden Studie werden die Begriffe ‚häusliche Gewalt‘, ‚Gewalt im sozialen Nahraum‘, ‚Gewalt in Paarbeziehungen‘ und ‚Beziehungsgewalt‘ synonym verwendet, da der Untersuchungsgegenstand sich ausschliesslich auf eine partnerschaftliche, eheliche oder eheähnliche Beziehung zwischen den Betroffenen bezieht.

sind: Menschen, die im sozialen Nahraum in einer Beziehung zueinanderstehen. Diese deskriptive Begriffssetzung beruht demnach auf einer sozialen Organisationsform: der Partnerschaft. Diese beinhaltet gleichsam auch das lokale Kriterium der sozialen Nähe. Dadurch wird die ausgeübte und erfahrene Gewalt intimisiert (Godenzi 1996, S. 27). Das konkrete Gewaltphänomen resp. die Gewaltform bleibt hingegen diffus.

Diese ‚Leerstelle' ist nicht nur für den Begriff der häuslichen Gewalt charakteristisch. In der sozialwissenschaftlichen Gewaltforschung ist die Frage nach der Definition von Gewalt seit rund zwanzig Jahren ungeklärt. Seit Trutz Trotha (1997b) seinen Sammelband zu Gewalt herausgab, wird diskutiert, was unter ‚Gewalt' falle und welche Gewaltformen darunter gefasst werden sollen (Nedelmann 1997; Sofsky 1997). Idealtypisch lassen sich zwei konträre Diskurspositionen ausmachen: Vertreterinnen und Vertreter eines engen, versus eines weiten Gewaltbegriffs (Trotha 1997a). Vor dem Hintergrund der einleitend bereits aufgeführten Definition von Heinrich Popitz (1992) werden im Folgenden die zentralen Argumentationslinien dieses Diskurses dargelegt.

Heinrich Popitz stellt den Aspekt der körperlichen Verletzung, die Absicht der Verletzung und damit einhergehend die Aktionsmacht des Gewaltausübenden in den Vordergrund (Popitz 1992, S. 44–45), weshalb sein Vorschlag als verhältnismässig enger Gewaltbegriff gewertet werden kann. Noch engere Gewaltbegriffe unterscheiden z. B. lediglich zwischen legitimer und illegitimer Gewalt (Franke et al. 2004, S. 194). Im Unterschied zur solch engen Begriffsfassung betonen Forschende, die ein weites Begriffsverständnis vertreten, dass der Gewaltbegriff qualitative Abstufungen zulassen (Van Riel 2005) und beispielsweise auch psychische und emotionale Gewaltformen einbeziehen müsse. Grundsätzlich sollen damit alle Phänomene gefasst werden, die strukturell das Potenzial aufweisen, die Freiheit der Einzelnen einzuschränken. Gewalt wird aus dieser Perspektive somit als Einschränkungspotenzial gewertet, da sie diverse Komponenten umfasst, die individuelle Freiheiten beschneiden könnten (z. B. Struktur, Kultur, Macht- und Herrschaftsverhältnisse). Die Vertreterinnen und Vertreter eines weiten Gewaltbegriffs plädieren deshalb dafür, diese Komponenten in den Gewaltbegriff zu integrieren (Van Riel 2005).

An diesem Punkt setzt die Kritik der Vertreterinnen und Vertreter eines engen Gewaltbegriffs an: Ein weiter Gewaltbegriff mit qualitativen Unterschieden führe zu einer Inflation des Gewaltbegriffs und Gewalt werde überdramatisiert. Die Zuschreibung des Potenzials einer Einschränkung der individuellen Freiheit reiche nicht aus, um eine Handlung als Ausdruck von Gewalt zu bewerten (Baecker 1996, S. 92–93).[13] Doch auch der enge Gewaltbegriff beinhaltet Bewer-

---

13 Georg Lind (1993, S. 5) führt in diesem Zusammenhang das Beispiel eines chirurgischen Eingriffs an. Er hält fest, dass ein Chirurg Menschen im Rahmen einer Operation eben-

tungsaspekte: Heinrich Popitz' Betonung der absichtsvollen Verletzung kann als Dimension der Bewertung bezogen auf die Absicht (‚absichtsvoll') gewertet werden. Dessen ungeachtet stellt der Autor nicht zentral, durch wen und entlang welcher Kriterien diese Bewertung der Absicht zu erfolgen hat (Hitzler 2003, S. 103; Peters 1995, S. 29).

Solche Fragen der Bewertung und der Kriterien in Studien werden denn auch mit einem kriminologisch gefassten, engen Gewaltbegriff eher vernachlässigt. Bei der kriminologischen Definition von ‚Gewalt' ist die Bestimmung von Straftatbeständen zentral (Brückner 2002a, S. 20). Hierbei fungieren die Gesetze als Normative, die der Gewalthandlung gegenübergestellt werden. Die Folgen von Gewalt – „der verursachte Schaden" (Franke et al. 2004, S. 194) – wiederum werden in klinischen Definitionen erfasst (Franke et al. 2004, S. 194).

Sozialwissenschaftliche Studien legen den Analysen zumeist eine kontextorientierte Gewaltdefinition und damit in der Regel einen weiten Gewaltbegriff zugrunde. Obwohl nicht alle sozialwissenschaftlichen Studien auf einem weiten Gewaltbegriff beruhen, so kann der sozialwissenschaftliche kontextorientierte Gewaltbegriff idealtypisch dennoch der normativen Definition des kriminologischen Gewaltbegriffs gegenübergestellt werden (Franke et al. 2004, S. 194). Untersuchungen zur Definitionsmacht und damit auch zur Bewertung von Gewalt werden zumeist in den Sozialwissenschaften durchgeführt, da eine normative Definition auf der Grundlage der Gesetze subjektive Deutungen und Bedeutungen aussen vorlässt. Angesichts der stark divergierenden Gewaltformen und -muster bei Paargewalt spricht sich beispielsweise Margrit Brückner (2002a) für eine Erweiterung des kriminologischen Gewaltbegriffs aus. Ein erweiterter Begriff müsse auch strukturelle und kulturelle Komponenten sowie symbolisch vermittelte und subjektiv definierte Gewalt miteinbeziehen (Brückner 2002a, S. 20). Methodologisch könne dies aus der Sicht der (feministischen) Gewaltforschung eine qualitative Untersuchung leisten, die einen Zugang zu den Lebenswelten, den Deutungen und der Erfahrungsebene der Befragten ermöglicht (Böttger/Strobl 2002, S. 1483). Ein solch weiter Gewaltbegriff wird jedoch, insbesondere mit Blick auf die Gewalt in sozialen Beziehungen, von Michael Meuser (2002) abgelehnt. Ein enger Gewaltbegriff in Anlehnung an Heinrich Popitz ermögliche es nach Michael Meuser, „Gewalt als eine besondere Form der Regulierung sozialer Beziehungen zu identifizieren und die durch Gewalt konstituierten Ungleichheiten von sonstigen sozialen Benachteiligungen und Ungleichheiten zu unterscheiden" (Meuser 2002, S. 56).

---

falls in ihrer individuellen Freiheit einschränke (z.B. durch die Narkose) und sie absichtlich verletze. Allerdings geschehe dies in Übereinstimmung mit geltenden Normen und in der Regel im Einverständnis mit dem ‚Opfer' (Lind 1993, S. 5).

Entgegen des Einwands von Michael Meuser wird in der vorliegenden Studie aufgrund der Charakteristik häuslicher Gewalt ebenfalls von einem erweiterten Gewaltbegriff ausgegangen, weil gerade bei Paargewalt neben der Angst vor Verletzungen auch die befürchteten sozialen und/oder ökonomischen Konsequenzen eine grosse Rolle spielen (Hagemann-White 1997). Charakteristisch für häusliche Gewalt in ihren verschiedenen Formen ist, dass die verschiedenen Formen ineinandergreifen und sich potenzieren (Brzank 2012, S. 12). Die in Tabelle 1 aufgeführten fünf Gewaltformen kommen gemäss verschiedenen Studien zu häuslicher Gewalt häufig vor (z. B. Brückner 1991, 2002b, 2009; Brzank 2012; Hagemann-White/Kavemann 1981).

Tabelle 1: Gewaltformen und Gewalthandlungen im Kontext häuslicher Gewalt

Gewaltform	Gewalthandlungen (nicht abschliessende Beispiele)
Physische Gewalt	Ohrfeigen, Faustschläge, Stösse, Fusstritte, Würgen, Angriffe mit Gegenständen oder mit Waffen
Psychische Gewalt	Drohungen, Drohungen, Dritten etwas anzutun, Beleidigungen, Demütigungen, Erzeugen von Schuldgefühlen, Einschüchterungen
Sexualisierte Gewalt	Sexuelle Nötigung, Vergewaltigung, Zwang zur Prostitution
Ökonomische Gewalt	Arbeitsverbot oder Arbeitszwang, alleinige Verfügungsmacht über finanzielle Ressourcen durch den Partner resp. die Partnerin, Herstellung und Aufrechterhaltung einer finanziellen Abhängigkeit
Soziale Gewalt	Soziale Isolierung durch Kontrolle und/oder Kontaktverbote

Quelle: eigene Zusammenstellung in Anlehnung an Petra Brzank (2012, S. 12) und basierend auf verschiedenen Studien zu häuslicher Gewalt (Brückner 1991, 2002b, 2009; Hagemann-White et al. 1981).

Ein weites Gewaltverständnis umfasst, wie in Tabelle 1 dargestellt, physische Gewalthandlungen wie auch Handlungen, die die Handlungsspielräume der Betroffenen unterminieren und Abhängigkeiten aufbauen oder festigen. Hierbei wird es im Gegensatz zu einem engen Gewaltkonzept nicht als zentral erachtet, ob diese Handlung oder die von den Betroffenen erfahrenen Konsequenzen von der gewaltausübenden Person beabsichtigt waren. Der Grund dafür besteht darin, dass aus sozialwissenschaftlicher und vor allem subjekttheoretischer Perspektive infrage gestellt werden kann, ob die Absicht der gewaltausübenden Person, eine Verletzung herbeizuführen, für die individuelle Deutung der Gewalt und damit für die gewalterfahrende Person tatsächlich von Relevanz ist. Ausschlaggebend ist nach Ronald Hitzler (2003, S. 103) vielmehr die Frage, ob ein spezifisches Handeln von der gewalterfahrenden Person als Gewalt erlebt und somit als Gewalt gedeutet wird. Diese Deutung von Gewalt kann unabhängig davon erfolgen, ob das, was geschehen ist, auch so intendiert war (Hitzler 2003, S. 103).

Gewalterfahrungen wie auch Gewaltbetroffenheit bestehen diesen Überlegungen zufolge somit darin, dass ein Geschehen oder eine Handlung vom erfahrenden Subjekt als gewaltförmig bezeichnet wird. Ob die Gewalt ausübende Person eine Verletzung intendierte und/oder ob die Gewalt ausübende Person oder Dritte die Handlung ebenso als gewaltförmig etikettieren würden (Hitzler 2003, S. 103), ist dabei unerheblich für die Deutung von Gewalt. Dies bedeutet, dass „[d]ie Definition konkreter Handlungen anderer [...] sich an unserem Bestand von Motivmustern und an den Kontexten, in denen wir das Handeln anderer eingebettet sehen, [orientiert]" (Peters 1995, S. 29).

Obwohl ein enger Gewaltbegriff in Anlehnung an Heinrich Popitz gemäss Michael Meuser (2002, S. 56) wegen der Betonung von Machtaktionen und damit der Reproduktion von sozialer Ungleichheit in Paarbeziehungen gerade bei Beziehungsgewalt besonders anschlussfähig sei, soll an dieser Stelle festgehalten werden, dass ein weiter Gewaltbegriff Macht- und Herrschaftsverhältnisse ebenfalls bewusst miteinbezieht. Denn durch die Rückbindung der Gewaltdeutungen an den Kontext können Ungleichheiten sowohl auf der Ebene des Paares in der Geschlechterbeziehung als auch auf der Ebene der sozialen Geschlechterordnung berücksichtigt werden, da diese Ebenen in das Geschlechterverhältnis eingebettet sind. Auf der Basis dieser Ausführungen wird in der vorliegenden Studie davon ausgegangen, dass das, was Gewalt ist resp. als solche gilt, eine Deutungspraxis ist.

Geschlecht aus struktur-, konstruktions- und interaktionstheoretischer Perspektive

In Bezug auf Geschlecht lassen sich drei theoretische Perspektiven unterscheiden, die im Folgenden skizziert werden: (a) sozialstrukturtheoretische, (b) sozialkonstruktionstheoretische sowie (c) interaktionstheoretische Perspektiven.

Eine (a) strukturtheoretische Perspektive auf Geschlechtsbeziehungen resp. -zugehörigkeit hat sich vor allem in der Geschlechterforschung etabliert (Rendtorff/Moser 1999, S. 16–17). Diese analysiert Prozesse der Hierarchisierung, Machtverhältnisse und die Form, in der sich diese in einer Gesellschaft systematisch abbilden (Winker/Degele 2009). ‚Geschlecht' wird als Strukturkategorie und damit zugleich auch als eigenständige Analysekategorie verstanden (Aulenbacher 2008), d.h. die Geschlechtszugehörigkeit bestimmt die soziale Position innerhalb der Gesellschaft. Die Frage nach dem Geschlecht als Strukturkategorie und damit nach dem Geschlechterverhältnis als sozialem Verhältnis zielt auf den inneren Zusammenhang einer Gesellschaft und somit auf ihre dahinterliegende Struktur. Diese entzieht sich zwar der alltäglichen Wahrnehmung, kann jedoch über die strukturtheoretische Perspektive erschlossen werden (Beer/Chalupsky 1993, S. 193–194).

Aus einer (b) konstruktivistischen Perspektive wird ‚Geschlecht' als soziale Konstruktion begriffen. Auch diese Position betont die sozialen Zuschreibungen und die damit einhergehenden Hierarchisierungen. Das Erkenntnisinteresse liegt jedoch in der Dekonstruktion geschlechtsbezogener Attribuierungen, wobei die Geschlechtsdifferenz als Resultat solch sozialer Zuschreibungen erst nachgewiesen wird (Bereswill 2006, S. 251).

Aus einer (c) interaktionstheoretischen Perspektive wird ‚Geschlecht' als interaktiv ausgehandelt und herstellt betrachtet. Hierfür steht ‚doing gender' als eines der zentralen Konzepte der Geschlechterforschung (Bereswill 2003a, S. 190), die Geschlechtszugehörigkeit als situativ erzeugt begreift (Kersten 1999, S. 83). Diese interaktive Aushandlung zwischen Menschen kann als sozialer Inhalt von Geschlecht gefasst werden, der kontextabhängig und dynamisch ist (Bereswill 2003a, S. 190). Was in einer Gesellschaft unter ‚weiblich' oder ‚männlich' zu verstehen ist, wird über soziale Deutungsmuster, situationsspezifische und milieuspezifische Normen und Wissensbestände ausgehandelt und hergestellt. ‚Gender' wird damit auch je nach sozialem Kontext in unterschiedlichen Nuancierungen (re)produziert (Bereswill 2003a, S. 190; Meuser 1999, S. 50).

Während also die konstruktivistische Perspektive die Geschlechterdifferenz aufzulösen versucht, wird aus einer sozialstrukturellen Perspektive die Differenz als Strukturkategorie zentral positioniert, weshalb auch gezielt nach ‚Frauen' und nach ‚Männern' gefragt wird (Bereswill 2006, S. 251). Der interaktionstheoretische Blickwinkel interessiert sich demgegenüber für die Herstellungsweisen, wobei solche Ansätze zumeist Eingang in Untersuchungen von Biografien, Identitäten und sozialen Beziehungen finden. Insbesondere der Symbolische Interaktionismus erweist sich als ergiebiger Ansatz, weil sich der Begriff ‚symbolisch' auf die sprachlichen Grundlagen menschlichen Zusammenlebens bezieht. Zusätzlich betont der Begriff ‚Interaktion' die reziproke Beziehung (und nicht nur das jeweilige Gegenüber), auf deren Grundlage Individuen *gemeinsam* handeln (Denzin 2012, S. 137). Aufgrund dieser Annahme spielt die Analyse von Handlungsverläufen eine wesentliche Rolle: „Der Begriff Interaktion dient dem Symbolischen Interaktionismus zur Untersuchung und Analyse der Entwicklungsverläufe von Handlungen, die entstehen, wenn zwei oder mehr Personen (oder Akteurinnen und Akteure) ihre individuellen Handlungslinien in ihrer jeweiligen Handlungsinstanz (Reflexivität) mit dem Ziel gemeinsamen Handelns aufeinander abstimmen" (Denzin 2012, S. 137). In diesem Sinne wird in der vorliegenden Untersuchung z. B. auch die Bedeutungsgenerierung als Handlung aufgefasst.

Theoretische Perspektiven auf Gewalt und Geschlecht

Wie in der Übersicht über den Forschungsstand dargelegt, wird Gewalt in der gesellschaftlichen Deutung und auch in den Forschungsdesigns entsprechender Studien vergeschlechtlicht (Bereswill 2003a, 2011, S. 203). Die Verschlüsselung von Gewalt und Geschlecht ist nicht mehr zugänglich, sondern wird normalisiert, da sie sich als Deutungspraxis und Gewaltkonzeption hegemonial durchsetzen konnte. Allgemein wird Gewalt im Normalverständnis männlich kodiert, was nicht nur in der Alltagstheorie, sondern auch in Fachdiskursen der Fall ist.

In ihrer Studie zu sozialen Aushandlungsprozessen bezüglich des ‚Opfer'-Status gelangte Anne Kersten (2015) zu einer ähnlichen Schlussfolgerung. Und auch Mechthild Bereswill plädiert dafür, „[...] augenscheinliche Zuschreibungen, die Männlichkeit mit Täterschaft und Weiblichkeit mit Opferschaft assoziieren, mithilfe der Kategorie Geschlecht kritisch zu hinterfragen" (Bereswill 2011, S. 202).

In der direkten diskursiven Gegenüberstellung der theoretischen Perspektiven auf Gewalt und Geschlecht zeigt sich, dass sich aus einer strukturtheoretischen Perspektive Gewalt und Geschlecht zu bedingen scheinen. Gewalt- und Geschlechterverhältnisse werden als ineinander verschränkt aufgefasst, wodurch aus asymmetrischen Machtverhältnissen (wie dem Geschlechterverhältnis) Gewaltverhältnisse entstehen. Die These von der Vergeschlechtlichung von Gewalt bzw. die Ausführungen zu ‚Gewalt im Geschlechterverhältnis' stützen sich auf die Annahme, dass Frauen und Männer verschieden seien. Diese differenztheoretische Perspektive auf Geschlecht wird durch eine konstruktivistische Perspektive aufgelöst. In solchen Ansätzen wird die Vergeschlechtlichung der Gewalt nicht über die Differenz der Geschlechter, sondern vielmehr über die unterschiedlichen sozialen Positionen, die mit Geschlechtszugehörigkeit verbunden sind, resp. sozial konstruiert werden, erklärt. Dadurch wird Gewalthandeln bzw. Verletzungsmächtigkeit männlich und Verwundbarkeit resp. Verletzungsoffenheit weiblich konnotiert. Eine interaktionstheoretische Perspektive auf Gewalt wiederum, wie z.B. Michael Meusers Konzept ‚doing masculinity' (2002), deutet die Herstellung von Männlichkeit qua Gewalt(-handeln), d.h. Gewalt wird zum einen in ein bestimmtes Geschlecht (männlich) Apriori fest eingeschrieben und zum anderen erzeugt Gewalt(-handeln) sozusagen Aposteriori Geschlecht.

Geschlechternormen und Gewalt

In Bezug auf einen geschlechtertheoretischen Zugang zur Analyse von Gewalt kann nicht von einer Delegitimierung der Geschlechternormen durch Diskurse ausgegangen werden. Vielmehr sind für die Geschlechterkonstruktion die vorhandenen Kulturmuster der Männlichkeiten und Weiblichkeiten auf der Diskursebene relevant (Goffman 2010). Diese Kulturmuster umfassen Vorstellungen darüber, was für die Geschlechtsklassen als wesentlich und charakteristisch gilt. Sie stellen demnach gesellschaftliche Wissensvorräte dar und bieten geschlechtsbezogene Erklärungen dafür, warum sich jemand wie zu verhalten habe (Lenz 2003, S. 41). Jede Beziehungsform ist sowohl Ausdruck der vorherrschenden Konstruktion des Geschlechterverhältnisses als auch geprägt von der spezifischen Dynamik zwischen den beiden Partnern (Brückner 2002a, S. 25).

Bedeutsam ist deshalb für eine interaktionstheoretische Analyseperspektive, wie Menschen bestimmte Phänomene und die darin eingelagerten Bedeutungen in ihrer jeweiligen sozialen Einbettung beschreiben (Grubner 2014, S. 61).

Diese Bedeutungen stehen in einem Beziehungsgeflecht auf mehreren Ebenen: in Partnerschaften und Familien wie auch in gesellschaftlichen Zusammenhängen. Das Ziel der Untersuchung besteht darin, herauszuarbeiten, wie ein Problem in diesen Kontexten gesehen, bewertet und erzählt wird. Aus der sozialkonstruktivistischen Perspektive ist die Art und Weise, wie ein Individuum aus dem Leben erzählt, nicht unabhängig von sozialen Zusammenhängen zu denken. So wird davon ausgegangen, dass das, was ein Ereignis für ein Individuum bedeutet, von dessen Interpretation der Welt und von dem ihm zugänglichen Wissen abhängig ist (Weedon 1990, S. 103). Deutungsmuster sind in strukturelle Bedingungen und Lebenslagen eingebettet. Karl Mannheim (2015) nennt die Plausibilitäts-, Sinn- und Legitimationsgrenzen kollektiver Deutungsmuster von Gewalt ‚seinsverbunden'. Sie unterliegen den jeweiligen kontextgebundenen Perspektiven bzw. Relevanzsystemen, die abhängig von den Sozialbiografien und den interaktiv sowie institutionell vermittelten Positionen der Akteurinnen und Akteure im sozialen Raum sind (Ottermann 2003, S. 164).

Unter dem Begriff der Geschlechternormen fassen Günter Burkart und Cornelia Koppetsch (2001) die Bilder und Verhaltensprogramme zusammen, die mit den Geschlechtern verbunden werden. Dabei zeigt sich, wie stark die Geschlechterdifferenz akzentuiert wird. Geschlechternormen werden auf der Ebene des Beziehungsalltags verortet (Burkart et al. 2001). So wird davon ausgegangen, dass Geschlechternormen ihre normative Kraft durch Habitualisierung und Inkorporation erhalten. Diese Normen erzeugen bestimmte Erwartungen, z. B. hinsichtlich der Ausprägung von Männlichkeit und Weiblichkeit (Identität, Verhalten, Präsentation) und deren Verhältnis (Burkart et al. 2001, S. 442). Diese Geschlechternormen können in Paarbeziehungen in einem Spannungsverhältnis zu Partnerschaftsnormen stehen. So kamen Günter Burkart und Cornelia Koppetsch (2001) zum Schluss, dass Geschlechternormen im Alltag der Paarbeziehung latent vorhanden und wirksam sind (Burkart et al. 2001, 1999).

Im Folgenden werden Geschlechterdifferenz(ierung) ebenso wie die Geschlechtergleichheit als Beschreibungskategorien verstanden, die kulturell verfügbar sind, um die Deutung der Geschlechterordnung vornehmen zu können. Es wird somit keine essenzialistische Position, sondern eine (sozial)konstruktivistische Haltung eingenommen, welche jedoch ebenfalls kritisch hinterfragt wird (Lenz 2003, S. 8). Eine zentrale Analysekategorie im Zusammenhang persönlicher Beziehungen stellt die Geschlechtertypik dar, welche weder Geschlechtergleichheit noch Geschlechterdifferenz unterstellt (Lenz 2003, S. 8). Deshalb gilt es zu fragen, welchen Effekt das Geschlecht auf die persönliche Beziehung ausübt. Diesbezüglich ist zu vermuten, dass in persönlichen Beziehungen Geschlechterbilder hergestellt und fortgeschrieben werden (Lenz 2001, 2003, S. 9).

Im Kontext heterosexueller Beziehungen hält Karl Lenz (2001) fest, dass institutionelle Mechanismen und kulturelle Kodierungen in ebendiesen privaten

Settings von Zweierbeziehungen die Produktion und Reproduktion von Geschlechterdifferenzen bewirken. Nach Lenz wird auf diese Weise auch das ‚eherne Gehäuse der Kultur' errichtet, in dem die Geschlechterordnung verankert ist (Lenz 2001). Auch Günter Burkart und Cornelia Koppetsch (2001) halten „Geschlechterverhältnis und Geschlechternormen [für] kontextabhängig, das heisst, sie sind in Paarbeziehungen anders strukturiert und reguliert als im Kontext der öffentlichen Geschlechterordnung" (Burkart et al. 2001, S. 432).

Das Geschlecht: Durchdringende Dimension von Interaktionen und Wirklichkeitskonstruktionen

Aufgrund der Kritik an der Leerstelle in Heinrich Popitz' Gewaltkonzeption in Bezug auf das Geschlecht (s. Kapitel 3.1.4) wird in der vorliegenden Studie Geschlecht nicht als distinktes Merkmal von Gewalt gefasst. Die Geschlechterdifferenz wird nicht als natürliche Gegebenheit vorausgesetzt, sondern vielmehr wird „Geschlecht als Strukturmerkmal moderner Gesellschaften analysiert und soziale Konstruktionen von Geschlechterdifferenz [werden] dekonstruiert" (Bereswill 2011, S. 202). Geschlecht ist demnach (a) als sozial hergestellt, und (b) als durchdringende Dimension aller Interaktionen zu begreifen.

Unter (a) der sozialen Herstellung von Geschlecht ist zu verstehen, dass Geschlecht in Interaktionen erst reziprok erzeugt wird. In diesem Prozess greifen die Beteiligten jeweils auf sozial geteilte und antizipierte Vorstellungen zurück, die sich beispielsweise darauf beziehen, wie sich das Gegenüber als einer bestimmten sozialen Gruppe angehörig (z. B. eine Frau, ein Mann, ein Ehemann oder eine Ehefrau) zu verhalten hat (Krappmann 2010, S. 7). Die Kategorien ‚Frau' und ‚Mann' werden als gesellschaftliche Konstruktionen betrachtet, sodass Männlichkeiten und Weiblichkeiten historisch und kulturell variable Grössen sind und mit anderen sozialen Differenzierungsmustern wie Ethnie, Schichtzugehörigkeit und Alter verschränkt sind (Döge 2000, S. 18).

Auf der kulturellen und psychodynamischen Ebene kommt der Geschlechtszugehörigkeit eine prägende Funktion in Gruppen- und Individuierungsprozessen zu, nämlich bei der Übernahme von Normen und Werten sowie bei der Identitätsentwicklung im Rahmen von Sozialisationsprozessen (Adkins/Lury 1995). Zu unterscheiden ist diesbezüglich der Begriff ‚Geschlecht' als biologisches Geschlecht vom Begriff ‚Gender', der sich auf das soziale Geschlecht bezieht (s. Fussnote 12). In diesem Sinne ist ‚Gender' nicht fixiert, sondern eine soziale Praxis, die interaktiv hergestellt wird (Kahlert 1995). Allerdings werden in der vorliegenden Studie die Begriffe ‚Geschlecht' und ‚Gender' trotz dieser Unterscheidung synonym aufgefasst, denn in Anlehnung an Paula-Irene Villa (1996) wird davon ausgegangen, dass Geschlecht und Gender nicht trennscharf voneinander abzugrenzen sind. Auf diese Weise wird weder der Fokus ausschliesslich auf das soziale Geschlecht gelegt, noch werden dadurch biologische

Weiblichkeiten und Männlichkeiten[14] als ‚natürliche' Grundlage quasi als ‚unantastbar' deklariert. Vielmehr wird durch die Aufhebung der Trennung hervorgehoben, dass die Auffassung dessen, was biologisch ist, erheblich davon abhängt, was sozial als Geschlecht betrachtet wird und was Weiblichkeiten und Männlichkeiten zu- und eingeschrieben wird (Connell 2015; Villa 1996, S. 152–153).

Wird (b) das Geschlecht als durchdringende Dimension aller Interaktionen verstanden, bedeutet dies, dass es strukturgebend ist. Das Geschlecht wirkt sich demnach über die Zugehörigkeit und die damit verbundenen sozialen Rollen, Erwartungen und Identitäten konstitutiv auf die jeweiligen Erfahrungszusammenhänge aus. So sind jegliche Erfahrungen und nicht nur diejenigen mit Gewalt in vergeschlechtlichte Erfahrungszusammenhänge einzubetten.

Der theoretische Ausgangspunkt der vorliegenden Studie impliziert somit eine paradoxe Untersuchungsperspektive: Einerseits kann nicht ausgeblendet werden, dass sich die gesellschaftliche Stellung von Frauen und Männern unterscheidet und sich auch – wenn nicht sogar im Speziellen – im privaten (Beziehungs-)Raum zeigt. Auch bei der wechselseitigen Konstruktion von Geschlecht und Gewalt, die auf der Ebene von Interaktionen und Wahrnehmungsmustern relevant wird, fällt es leicht, ‚typisch weibliche' und ‚typisch männliche' Handlungs- oder Deutungsmuster zu erkennen. Eine geschlechtertheoretisch fundierte Untersuchung des Wechselspiels von Gewalt und Geschlecht ist indes dazu aufgefordert, nicht selbst Konstruktionen von Differenz zu formulieren, die dasjenige reproduzieren, was untersucht werden soll, nämlich der Zusammenhang von Differenzsetzungen und Bewertungen und damit die Frage, wie Gewalt und Gewaltbetroffenheit vergeschlechtlicht sind (Bereswill et al. 2014, S. 24–25).

3.1.2 Analyseebenen von häuslicher Gewalt

In der Darlegung des Forschungsstands zeigte sich, dass sich die Studien zumeist auf Erklärungen häuslicher Gewalt konzentrieren. Deshalb werden nachfolgend zuerst die bestehenden Erklärungsmodelle mit ihren Ebenen theoretisch verortet, weil sie aus teilweise stark divergierenden theoretischen Ansätzen stammen. Dabei handelt es sich um (1) die Theorie des sozialen Lernens, (2) die soziale Situations- oder Stressbewältigungstheorie, (3) die Ressourcentheorie, (4) die Austausch- und Kontrolltheorie, (5) die soziobiologische Theorie und (6) die feministische Theorie. Anhand dieser Strukturierung werden die jewei-

14 In der Geschlechterforschung werden weder Weiblichkeit noch Männlichkeit homogen betrachtet. In Anlehnung an Ulrike Gräßel (2003, S. 170) wird deshalb im Folgenden von Weiblichkeiten und Männlichkeiten im Plural ausgegangen.

ligen Positionen zu Gewalt dargelegt, um erstens die theoretischen Ansätze zu systematisieren, zweitens kontroverse Positionen offenzulegen und drittens, Anschlussfähigkeit(en) und Grenzen dieser Positionen im Allgemeinen sowie bezogen auf die vorliegende Untersuchung herauszuarbeiten.

Der Theorie des sozialen Lernens (1) zufolge wenden Personen, die selbst Gewalt erfahren haben oder deren Eltern von häuslicher Gewalt betroffen waren, eher häusliche Gewalt an, als Personen ohne solche Erfahrungen. Zusätzlich zum gewalttätigen Verhalten eignen sich die Kinder gemäss dieser Theorie auch die damit verbundenen Rollenbilder an, mit denen wiederum die jeweilige Rechtfertigung resp. Akzeptanz der Gewaltanwendung einhergeht (Gelles 2002, S. 1067).

Gemäss der sozialen Situations- oder Stress- und Stressbewältigungstheorie (2) sind Misshandlung und Gewalt auf strukturbedingten Stress zurückzuführen. Dieser Stress ist mit einem Mangel an Bewältigungsstrategien (innerhalb der Familie) sowie kulturellen Normen gekoppelt, die der Ausübung von Zwang und Gewalt zugrunde liegen (Gelles 2002, S. 1068). Weshalb in manchen Situationen Gewalt ausbricht, in anderen hingegen nicht (Gelles 2002, S. 1068), erklärt diese Theorie unter Verweis auf das Individuum, das lernt, Gewalt als Ausdrucksmittel und als Instrument zur Bewältigung sich kumulierender stressreicher Ereignisse einzusetzen (Gelles 2002, S. 1068).

Im Vergleich dazu beruht die Grundannahme der Ressourcentheorie (3) darauf, dass alle sozialen Systeme (z.B. eine Familie) teilweise auf Zwang oder der Androhung dessen beruhen. Mehr Zwangsmittel stehen dabei denjenigen Menschen zur Verfügung, die über eine hohe Anzahl an Ressourcen verfügen, die sozialer, persönlicher oder ökonomischer Natur sein können. Nach der Ressourcentheorie greifen eher Menschen mit einer geringen Ressourcenausstattung auf gewalttätige Mittel zurück. Des Weiteren geht dieser Ansatz von einem symmetrischen Geschlechterverhältnis aus: So dürften z.B. von häuslicher Gewalt betroffene Frauen, welche über geringe soziale Ressourcen oder Kontakte verfügen, aus Gründen des Selbstschutzes ihrerseits Gewalt gegen ihren Partner anwenden (Gelles 2002, S. 1068).

Die Ausübung von häuslicher Gewalt wird gemäss der Austausch- und Kontrolltheorie (4) vom Kosten-Nutzen-Prinzip bestimmt. Diesem Ansatz zufolge findet Misshandlung dann statt, wenn der Nutzen die Kosten überwiegt. Nach Richard Gelles (1983) verstärkt sich der potenzielle Nutzen (z.B. soziale Kontrolle und Macht) einer Gewaltanwendung durch die kulturelle Billigung von Gewalt als Ausdrucksmittel und Verhaltensinstrument (Gelles 1983, S. 157–159, 2002, S. 1068–1069).

Aus soziobiologischer Sicht (5) wird in erster Linie Gewalt gegenüber Kindern betrachtet, die als Resultat des reproduktiven Erfolgspotenzials der Nachkommenschaft und der elterlichen Investition erklärt wird. Männliche Aggression gegenüber Frauen wird aus dieser Perspektive als Ausnutzung interpretiert, um die weibliche Sexualität zu ihrem eigenen reproduktiven Vorteil auszubeuten (Smuts 1992). Die Häufigkeit und die Ausprägung männlicher Aggressionen sind diesem Ansatz zufolge vom Geschlechterverhältnis in einer Gesellschaft abhängig (Gelles 2002, S. 1069).

Auch die feministischen Theorien (6) nehmen die soziale Geschlechterordnung als Ausgangspunkt für eine Erklärung häuslicher Gewalt, die im sozialen Nahraum als Folge des Patriarchats gewertet wird. Insbesondere im familiären Kontext sind patriarchale Strukturen demnach für die weibliche Unterordnung und die historischen Muster der systematischen Gewaltanwendung gegenüber Frauen verantwortlich (Gelles 2002, S. 1070).

Je nach Perspektive verändert sich die Ebene bei der Analyse von häuslicher Gewalt. Diesbezüglich lassen sich drei allgemeine theoretische Analyseebenen unterscheiden: (a) die intra-individuelle Analyseebene, auch als ‚psychiatrisches Modell' bezeichnet, (b) die sozialpsychologische Analyseebene sowie (c) die soziologische resp. soziokulturelle Analyseebene (Gelles 2002, S. 1066):

Die wichtigste Determinante im (a) psychiatrischen Modell sind die Persönlichkeitsmerkmale der gewalttätigen Person. Bei der Analyse werden Theorien zu Persönlichkeits- und Charakterstörungen, Suchtmittelmissbrauch und weitere intra-individuelle Prozesse mit Gewalthandlungen innerhalb der Familie in einen Zusammenhang gebracht (Gelles 2002, S. 1067). Nach dem (b) sozialpsychologischen Modell lässt sich häusliche Gewalt vor allem durch externe Umweltfaktoren verstehen, die auf die Familie einwirken, z.B. erhöhte Risikofaktoren durch einen Migrationsstatus, ökonomisch erschwerende Verhältnisse etc. Dieser Modellierung sind Ansätze zuzuordnen, die sich mit der Familienstruktur, dem Lernverhalten, Stressfaktoren sowie mit der Übertragung von Gewalt von einer auf die nächste Generation und familiären Interaktionsmustern befassen (Gelles 2002, S. 1067). Der (c) soziokulturelle Modellrahmen schliesslich umfasst Analysen auf der Makroebene, die häusliche Gewalt im Geflecht von Ungleichheit, Patriarchat sowie kulturellen Normen und Haltungen zu Gewalt und Familienbeziehungen untersuchen (Gelles 2002, S. 1066).

Diese Theorien und Analyseansätze unterscheiden sich zumeist darin, ob individuelle oder strukturelle Faktoren im Analysefokus stehen. Jene Ansätze, die Gewalt in häuslichen Beziehungen als Verletzungsverhältnisse, die sich in geschlechtsbezogenen Macht- und Ungleichheitsverhältnissen begründen lassen, betonen die anthropologischen, historischen und strukturellen Bedingungen innerhalb der Familie und der Gesellschaft, die diese Machtverhältnisse untermauern. Diese vor allem soziokulturellen Erklärungen entstammen der feministischen und der soziobiologischen Perspektive, die gesellschaftliche, kulturelle und situationsbedingte Interaktionskomponenten betonen und die Bedeutung des Kontexts in den Vordergrund rücken (Dobash et al. 2002, S. 930). Gemein ist den feministischen und den soziobiologischen Ansätzen, dass sie zumeist männliche Gewalt fokussieren. Gemäss dieser Perspektive wenden Männer Gewalt im Kontext von Konflikten zwischen Mann und Frau asymmetrisch an, um die Partnerin zu kontrollieren, zu bestrafen oder zum Schweigen zu bringen (Dobash et al. 2002, S. 931). Davon unterscheidet sich z. B. die Ressourcentheorie, die Machtverhältnisse als symmetrisch betrachtet, da Männer und Frauen ihre Partnerinnen resp. Partner vergleichbar häufig misshandeln. Gewalt wird aus dieser Perspektive als Ressource betrachtet, derer sich die Geschlechter gleichermassen bedienen, um eine bestimmte Ordnung aufrechtzuerhalten und Konflikte zu lösen (Dobash et al. 2002, S. 931; Gelles 2002; Stets/Straus 1989).

3.1.3 Gewalt im Geschlechterverhältnis als zentrales theoretisches Erklärungsmodell für häusliche Gewalt

Grundsätzlich wird zwischen männlicher und weiblicher Gewalt und Gewaltbetroffenheit unterschieden, da im Allgemeinen von einer Geschlechtslogik männlicher Gewalt ausgegangen (Meuser 2002, S. 53) wird. Männliches Gewalthandeln beinhaltet nach Michael Meuser zwei Dimensionen: eine gegen Frauen und eine gegen (andere) Männer gerichtete Gewalt. Mithilfe dieser hetero- und homosozialen Dimensionen (Meuser 2002, S. 53) werden Geschlechterverhältnisse als Binnenverhältnisse beschrieben, wonach sich Männlichkeit nicht nur in Relation zu Frauen, sondern auch in Relation zu anderen Männern konstituiert (Meuser 2002, S. 53). Männliche Gewalt wird daher ganz allgemein als ‚doing masculinity' aufgefasst (Meuser 2002). Vor diesem Hintergrund kritisiert Meuser (Meuser 2002, S. 53) Erklärungsansätze, die auf das Patriarchat rekurrieren: Aus dieser Perspektive werde die homosoziale Dimension männlicher Gewalt unzureichend berücksichtigt (Meuser 2002, S. 55). Zudem würden die Männerforschung und sozialisationstheoretische Erklärungsansätze der Funktionalität der Gewalt und damit der ordnungsherstellenden Bedeutung von Gewalt nicht gerecht (Meuser 2002, S. 55). Diese Dimensionen haben jedoch Virginia Goldner, Peggy Penn, Marcia Sheinberg und Gillian Walker (1992) berücksichtigt. Das gegen die Frau gerichtete Gewalthandeln habe den Zweck, den Widerspruch zwischen der inneren Repräsentanz geschlechtsbezogener Prämissen von Männlichkeit und ‚unmännlichen' Gefühlen wie Abhängigkeit aufzulösen (Goldner et al. 1992). Nach Wilfried Gottschalch (1997) und Margrit Brückner (2002a) kommt darin ein Frauenhass zum Ausdruck, der in enger Verbindung mit Selbsthass sowie mit der männlichen Abwehr ‚weiblicher Wünsche' stehe. Mit der Gewalt bekämpften die Männer ihre Angst davor, schwach und bedürftig zu sein (Brückner 2002a, S. 28; Gottschalch 1997).

Im Allgemeinen neigen die bislang vorliegenden theoretischen Modelle dazu, Gewalt mit Männlichkeit zu verbinden. Insbesondere westliche Kulturen setzen nach Penelope Harvey (1997, S. 122) Gewalt und Männlichkeit mit einer sexualisierten Erotik von Herrschaft gleich. Männliche Gewalt resp. männliches Gewalthandeln wird normalisiert und als identitätsstiftend funktionalisiert. Harvey (1997) fasst Gewalt als Interaktion auf, durch die Identitäten hervorgebracht werden, und greift die Relevanz des Kontexts von Gewalt auf, indem sie ihre Forschung auf diese Prozesse ausrichtet. Dabei gilt es nach Harvey zu beobachten,

> „[…] was es bedeutet, da[ss] Personen bestimmte Merkmale mit anderen teilen. Sobald wir Gewalt als transformative Kraft, als konstitutiv für bestimmte Formen der Vergesellschaftung verstehen, wird es leichter, die Art und Weise zu begreifen, mit der Gewalt eingesetzt wird, um Unterschiede zwischen Personen, zum Beispiel zwischen Männern und Frauen, zu markieren […].“ (Harvey 1997, S. 122)

Die Autorin befasst sich auch damit, wie Staaten Gewaltakte oder gewalttätige Praktiken in verwandtschaftlichen Beziehungskontexten definieren oder diese gegebenenfalls reformulieren (Harvey 1997, S. 122). Daran schliesst sich auch die These von Carol Hagemann-White (2005) an, die von einer Funktionalität der Tabuisierung von Männlichkeit und Verletzungsoffenheit ausgeht:

> „Die fehlende Empörung über körperliche Angriffe zwischen und an Männern ist kein Zufall einer verspäteten sozialen Bewegung, sondern verweist darauf, dass die Akzeptanz und Bagatellisierung dieser Gewalt eine bedeutsame Funktion hat. […] Die eingeübte Praxis, Prügel unter Jungen als ‚ganz normale' Rangeleien und Rangordnungskämpfe abzutun, die Gewohnheit, Mädchen und Frauen eher als Opfer zu sehen, tragen zur sozialen Praxis der Fortschreibung der traditionellen Macht- und Geschlechterordnung bei.“ (Hagemann-White 2005, S. 7)

Diese Feststellung legt den Fokus auf strukturell angelegte gesellschaftliche Spannungen und Prozesse, was unmittelbar zu der Frage führt, inwiefern und ob die Problemwahrnehmung gewaltbetroffener Männer – einerseits durch die betroffenen Männer selbst und andererseits durch die Gesellschaft – durch diese Deutungen und Deutungsmuster sowie Kodierungen behindert wird. Dadurch wird deren Gewalterfahrung marginalisiert, weshalb „[…] nicht alle verletzten Menschen […] zumindest symbolischen Schutz genie[ss]en“ (Ottermann 2003, S. 166). In einer Kultur, in der Männer nicht als Opfer erscheinen dürfen, vergrössert sich nach Carol Hagemann-White (2002, S. 145) die Wahrscheinlichkeit, dass sie zum Täter werden.

Das zentrale Modell, in dem Gewalt und Geschlecht gefasst werden sollen ist das Erklärungsmodell ‚Gewalt im Geschlechterverhältnis' (z. B. Brückner 2002a). Es wird an dieser Stelle wesentlich gestellt, da sich dieses als theoretisches Modell zur Erklärung von häuslicher Gewalt in Paarbeziehungen etabliert hat. Dieser soziokulturelle Modellrahmen konzipiert die Kategorie ‚Geschlecht' in erster Linie als zentrales Ungleichheitsverhältnis. Dadurch, dass ein Zusammenhang zwischen gewaltförmigen Handlungen und der Geschlechtlichkeit des Opfers und des Täters hergestellt wird, werden Opfer und Täter geschlechtsmarkiert. Entsprechend werden zumeist gewaltförmige Handlungen eines männlichen Täters, die sich im sozialen Nahraum gegen ein weibliches Opfer richten, beschrieben, sodass Geschlecht und Macht sich wechselseitig bedingen (Brückner 2002b, S. 9). Nach Carol Hagemann-White (1997, S. 29) liegt Gewalt im Geschlechterverhältnis dann vor, wenn die körperliche und seelische Inte grität einer Person verletzt wird. Diese Verletzung werde „[…] unter Ausnutzung eines Machtverhältnisses durch die strukturell stärkere Person zugefügt […]" (Hagemann-White 1997, S. 29). Diese Definition bettet häusliche Gewalt strukturell in einen soziokulturellen Zusammenhang ein, da Gewalt mit Geschlechtlichkeit verknüpft und als der Herstellung der sozialen Geschlechterordnung dienend aufgefasst wird (Hagemann-White 1997, S. 19; Ohms 2008, S. 30; Soine 2002).

Verbleibt man bei der Perspektive der Geschlechtslogik, in der Gewalt eingeschrieben wird, so gehen die Erklärungen männlicher Gewalt grundsätzlich davon aus, dass häusliche Gewalt gegen die Partnerin im Sinne von Ordnungs- und Normierungsstrategien zu lesen ist, die der Festigung der hegemonialen Männlichkeit dienen sollen (Soine 2002). Erklärungen weiblicher Gewalt fallen weniger umfangreich aus, da Frauen entweder die Position des Opfers oder der Mittäterin qua Opfersein einnehmen (z.B. Thürmer-Rohr 2008) ein. Laut Mechthild Bereswill (2006, S. 246) markiert dies eine Leerstelle in der empirischen Forschung wie auch in der Theoretisierung: Aufgrund dieser eingeschriebenen Geschlechtslogik der Gewalt und damit der Vergeschlechtlichung von Gewalt besteht eine Inkongruenz zwischen den normativen Erwartungsunterstellungen hinsichtlich der Verkörperung von Weiblichkeit(en) und der Darstellung von Weiblichkeit(en) resp. den tatsächlichen Verhaltensmustern. Gewalt von Frauen werde erklärungsbedürftig, da diese Tat nicht nur das Bild einer bestimmten Frau, sondern mehr die gängige Geschlechterordnung aus dem Lot bringe (Bereswill 2006, S. 246).

Den Geschlechtern wird folglich in höchst unterschiedlichem Masse eine Kontrolle über Aggression, Gewalt und Gefühlsregungen abverlangt. Dies bewirkt, dass Männer eher dazu tendieren, ihre Aggressionen auszuleben und zuzulassen, während Frauen ihre aggressiven Regungen eher unterdrücken und/oder autoaggressiv ausleben (Hagemann-White 1984). Nach Michael Meusers (2002) Ansatz ‚doing masculinity' wird über die Gewalthandlung Männlichkeit hergestellt (Meuser 1999, 2002).

Neben solchen interaktionstheoretischen Zugängen sind auch habitustheoretische Perspektiven auf Geschlecht und Gewalt zentral, die die Geschlechtslogik des Gewalthandelns fokussieren. Michael Kaufmann (2001) z.B. hält fest, dass sowohl das hetero- wie auch das homosoziale Gewalthandeln von Männern den Zweck verfolge, die eigene (fragile) Männlichkeit unter Beweis zu stellen und zu sichern (Kaufmann 2001, S. 155). Damit fügt Kaufmann seinen Darlegungen noch eine machttheoretische Dimension hinzu. Beide Perspektiven ermöglichen zwar ein Verständnis und einen Zugang zur Funktionalität von Gewalthandeln, deuten aber dennoch auf eine Leerstelle hin: Diese betrifft einerseits die Theoretisierung des weiblichen Gewalthandelns und andererseits damit einhergehend die Ausnahmekonstruktion oder, wie Siegfried Lamnek (2003) es fasst, die ‚Nicht-Konstruktion' weiblichen Gewalthandelns.

Auch wissenschaftliche Entwicklungslinien der Forschung, die damit verbundenen Forschungsperspektiven und hegemonialen Geschlechterbilder sorgen dafür, ob und wie und in welchen Rollenkonstellationen über Gewalt gesprochen werden kann. So werde z. B. das Gewalthandeln von Frauen anders bewertet und diskursiv verhandelt als das Gewalthandeln von Männern (Bereswill 2006, S. 246).

Geschlechterverhältnis und Geschlechterbeziehung: Gewalt und Geschlecht innerhalb der sozialen Organisationsform der Paarbeziehung

Paarbeziehungen und familiale Beziehungen sind in gesellschaftliche Strukturen eingebettet. Die partnerschaftliche Geschlechterbeziehung ist in ein innerfamiliales Geschlechterverhältnis und dieses wiederum in die gesellschaftliche Geschlechterordnung eingebunden (Scherr 2013, S. 58). Der Begriff der Geschlechterbeziehung bezieht sich auf die persönliche Interaktion, während der Begriff des Geschlechterverhältnisses auf gesellschaftliche Strukturen verweist (Sauer 2013, S. 79). Gudrun-Axeli Knapp (2012, S. 145) fasst das Geschlechterverhältnis, das für ein soziales Verhältnis zwischen den Genusgruppen steht, als einen „Funktions-, Positions- und Verhältnisbegriff, der andere Kategorien sozialer Strukturierung wie Klasse/Schicht und Ethnizität durchquert und diese dabei auf spezifische Weise profiliert, wie er selbst durch sie markiert ist" (Knapp 2012, S. 145). Unter ‚Geschlechterbeziehungen' fasst die Autorin soziale Beziehungen zwischen Frauen und Männern, die persönlicher oder sachlicher Art sein können: Sie reichen von Liebesbeziehungen bis hin zu Austauschbeziehungen von Leistungen etc. Diese Beziehungen lassen sich durch Abgrenzung und Ausschluss charakterisieren und unterliegen jeweils spezifischen Regelungen und Machtverhältnissen, die die Praktiken der Individuen determinieren (können) (Knapp 2012, S. 143).

Das Geschlechterverhältnis lässt sich somit auf der (1) makrosoziologischen Ebene verorten, während die Geschlechterbeziehung der (2) mikrosoziologischen Ebene angehört:

1. Makrosoziologische Ebene (Geschlechterverhältnis): Das über unterschiedliche Instanzen vermittelte Zusammenwirken der beiden Geschlechterklassen. Ein Beispiel dafür ist die Ungleichheit von Frau und Mann auf dem Ar-

beitsmarkt, die sich auch heute noch vergleichsweise häufig in der schlechteren Bezahlung von Frauen, in ihren geringeren Aufstiegschancen (vertikale Segregation) und in ihrer eingeschränkten Auswahl von Berufsfeldern (horizontale Segregation) manifestiert (Gottschall 2000; Lenz 2003, S. 30).
2. Mikrosoziologische Ebene (Geschlechterbeziehung): Alle direkten, insbesondere sich wiederholende Kontakte zwischen Angehörigen der Geschlechterklasse(n) (Lenz 2003, S. 30).

Die soziale Organisationsform ‚Beziehung'

Unter Paarbeziehungen und Partnerschaft werden in der Literatur allgemein intime Beziehungen zwischen Menschen verstanden, wobei nachfolgend nicht weiter auf Beziehungsbestimmungen, die sich aus Umbrüchen der privaten Lebensformen ergeben, eingegangen wird. Festgehalten werden soll lediglich, dass solche Beziehungen in einer Zweierbeziehung bestehen, aber auch mehrere Personen involvieren können. Relevant ist diesbezüglich, ob bzw. dass die jeweiligen Personen nach eigener Wahrnehmung gemeinsam eine intime Beziehung eingegangen sind und diese pflegen. Aufgrund der Charakteristik einer Paarbeziehung liegt der Fokus der vorliegenden Studie jedoch primär auf dem Strukturtypus der intimen Zweierbeziehung (Lenz 2003, S. 14), die sowohl hetero- als auch homosexuell sein kann. Solche Zweierbeziehungen lassen sich definieren als „eine enge, verbindliche und auf Dauer angelegte Beziehung zwischen zwei Personen unterschiedlichen oder gleichen Geschlechts [...], die sich durch eine besondere Zuwendung auszeichnet und die Praxis sexueller Interaktion einschliesst" (Lenz 2003, S. 16). Mit dieser Bestimmung bleibt offen, ob ein Paar verheiratet ist, Kinder hat oder in einem gemeinsamen Haushalt lebt. Die besondere Zuwendung (Emotionalität) wie auch die sexuelle Interaktion (Sexualität) sind zwar Bestandteil der Definition, aber kein zentrales Bestimmungsmerkmal, was dem historisch und kulturell gebundenen Verständnis von Zweierbeziehungen entspricht (Lenz 2003, S. 16). Mit der Sozialform ‚Paarbeziehung' einhergehend etablierte sich ein bestimmter, gesellschaftlich verankerter Erwartungshorizont, da die reziproke Liebe im Sinne einer sozialen Norm in diesem Kontext sozial erwartet wird. Nach Albert Scherr (2013, S. 62) bildet diese gegenseitige Annahme von Liebe den Bezugspunkt für die Verständigung über eine Beziehung (Scherr 2013, S. 62).

Zweierbeziehungen zeichnen sich durch die folgenden Strukturmerkmale aus:

- Einzigartigkeitsanspruch: Durch die Radikalisierung der Differenz zwischen unpersönlichen und persönlichen Beziehungen in der Moderne wurden Beziehungen und dabei in erster Linie Zweierbeziehungen zu einem sozialen Setting, in welchem die Individualität in besonderer Form dargestellt, erlebt und anerkannt wird. Zweierbeziehungen ermöglichen diesen Einzigartigkeitsanspruch strukturell, erzwingen ihn jedoch nicht bereits. Es handelt sich demnach um ein Kulturmuster, das den strukturellen Möglichkeitsraum ausgestaltet (Lenz 2003, S. 18).

- Hohe Affektivität: Die Zweierbeziehung stellte in der Gegenwart die primäre Gefühlsgemeinschaft dar, die vor allen anderen Vergemeinschaftungsformen Vorrang hat. Doch die Affektivität ist je nach Kultur und Zeit variabel (Stearns/Stearns 1985).
- Diffusität: In Zweierbeziehungen scheinen viele Themen Gegenstand der Kommunikation zu werden (Lenz 2003, S. 19).
- Vertrauen: Zweierbeziehungen gelingt es, andere Beziehungen als subjektiv wichtigste Beziehung abzulösen, wobei dies ohne Vertrauen anscheinend nicht möglich ist. Das Generieren und Aufrechterhalten von Vertrauen muss vom Paar kontinuierlich erbracht werden (Lenz 2003, S. 19).
- Körper: Dieser spielt in Zweierbeziehungen nicht nur wegen der Sexualität eine Rolle, die als besondere Form der körperlich gebundenen Interaktion in der Regel verankert ist, sondern auch leibgebundene Ausdrucksformen haben einen hohen Stellenwert in Zweierbeziehungen (Goffman 2009). Eine Zweierbeziehung gewährt besondere Rechte beim Eintreten in den persönlichen Raum und in Bezug auf körperliche Berührungen, während sich Interaktionen zwischen Menschen ansonsten insbesondere durch strikte Distanzgebote charakterisieren lassen (Lautmann 2002; Sammet 2003).

In Zweierbeziehungen finden sich immer wiederkehrende Ablaufmuster und Regelmässigkeiten. Erving Goffman (2009, S. 9) betrachtet Partnerschaften als Handlungsbereiche, die durch Interaktion erzeugt werden und durch (kommunikative) Normen organsiert sind (Goffman 2009, S. 9). Nach Jean-Claude Kaufmann (1999) erklären sich diese Handlungsbereiche durch die Alltagspraktiken der Paare, wie z. B. den Alltagsgesten oder der elementaren Haushaltspraktiken (Kaufmann 1999). Mit kulturellen Leitvorstellungen im Beziehungsalltag beschäftigten sich auch Günter Burkart und Cornelia Koppetsch (1999), die anhand ihrer Analysen folgerten, dass Idealbilder wie Gleichheit und tägliche Verrichtungen als System inkorporierter Praktiken auf unterschiedlichen Ebenen angesiedelt sind. Paarbeziehungen sind nach Christine Wimbauer (2003, 2012) ein zentraler Ort der Herstellung von Ungleichheit, weil in alltäglichen Interaktionen und Aushandlungsprozessen Ungleichheit (re)produziert werde. Solche Interaktionen werden mit ‚doing couple', ‚doing gender' und ‚doing (in)equality' bezeichnet (Rusconi/Wimbauer 2013, S. 11).

3.1.4 Die komplexe Verschränkung von Geschlecht und Gewalt und die Entpolarisierung der Forschungsperspektive

Bei der Deutung, *wie* resp. *was* als Gewalt gedeutet wird, stellen die Rollen – Gewaltausübende, Gewalterleidende, Beobachtende – entscheidende Faktoren dar. Verschiedene Studien belegen, dass die soziale Position, die in der Regel mit dem Geschlecht verbunden ist, für die Deutung dieser Rollen zentral ist. An der Studie von Anne Kersten, die bereits erläutert wurde, kann dies exemplarisch dargelegt werden: Nach Anne Kersten (2015) sind beispielsweise Gewaltbetroffenheit und insbesondere Opfersein in der sozialen Deutung weiblich kodiert (Kersten 2015). Dies führt dazu, dass die soziale Position einer Person z. B. in der Aushandlung, ob diese ein legitimes oder ein illegitimes Opfer sei, von zentraler Bedeutung ist (Kersten 2015). Umgekehrt geht Siegfried Lamnek (2003) in seiner Publikation von einer Tabuisierung weiblichen Gewalthandelns in westlichen Gesellschaften aus, weshalb Frauen aufgrund ihrer sozialen Position in der Gesellschaft illegitime Täterinnen darstellten.[15]

Auch andere Forschende haben sich bereits mit der (Un-)Thematisierbarkeit der Täterschaft von Frauen und vor allem mit der Opferschaft von Männern beschäftigt. Ralf Ottermann nennt diesen Diskurs „Geschlechterdividenden in Gewaltdiskursen“ und spricht bei den Gewaltdefinitionen gar vom „Kampf der Geschlechter“ (Ottermann 2003, S. 163). Auch rund 15 Jahre nach Ralf Ottermanns und Siegfried Lamneks Kritik sind diese Diskussionen keineswegs obsolet geworden. Der Disput um die Prävalenz im Geschlechterverhältnis, wie auch um die Funktionalität der Vergeschlechtlichung von Gewalt und Gewaltbetroffenheit ist derzeit in vollem Gange und dies sowohl in alltagstheoretischen als auch in Forschungskontexten (z. B. Bereswill 2018; Kavemann 2012).

Zu dieser gegenseitigen Verschlüsselung von Geschlecht und Gewalt tragen mitunter auch die binären Kodierungen bei: Wenn von und über Gewalt gesprochen wird, fallen meist zwei Begriffe: ‚Täter‘ resp. ‚Täterin‘ und ‚Opfer‘. Auch in der Forschung werden diese binären Kodes für Gewalterleidende (‚Opfer‘) und Gewaltausübende (‚Täter‘ resp. ‚Täterinnen‘) verwendet (Helfferich et al. 2016, S. 3). Der Opfer- bzw. Täterbegriff impliziert einerseits, dass die Rollen der Beteiligten eindeutig voneinander abgegrenzt werden können, und andererseits wird dadurch suggeriert, dass keine weiteren Rollen relevant seien (Helfferich et al. 2016, S. 3–4). Infolgedessen werden zum einen die Rollen indi-

15 Bezeichnenderweise lautet der Buchtitel: „Das Wort, mit dem wir das Handeln anderer benennen. Zur (Nicht-)Konstruktion von weiblicher Gewalt“ (Lamnek 2003). In diesem Buch findet sich die folgende Fussnote: „Es sollte sich von selbst verstehen, dass die nachfolgenden Ausführungen keineswegs dazu angetan sind, die Gewalt von Männern (wem gegenüber auch immer) zu bagatellisieren, zu entschuldigen oder gar zu rechtfertigen!“ (Lamnek 2003, S. 109).

vidualisiert, da sie nicht in einen strukturellen Kontext eingebettet werden, und zum anderen wird mit dem Opferbegriff ebenso wie mit dem Täterbegriff Totalisierung assoziiert. Durch die Begriffssetzung geht jegliche Heterogenität der Gewaltbetroffenen hinter dem hervorgehobenen Merkmal des Opfer- resp. des Täterseins verloren (Helfferich et al. 2016, S. 3). Diesbezüglich halten Cornelia Helfferich, Barbara Kavemann und Heinz Kindler fest, dass

> „[d]ie Verwendung der Begrifflichkeit von Opfer und Täter bereits Positionierungen [enthalten], die zu reflektieren sind. Bei vielen Fragestellungen wäre es ein Gewinn, wenn die binären Codierungen von Täter versus Opfer aufgebrochen würden zugunsten einer stärker prozessualen Sichtweise von Gewalt, ohne dass die Forderung der moralischen Zurechnung der Verantwortung für das Handeln ignoriert und als unwichtig aufgegeben wird. Täter- und Opferpositionen können auf komplexe Weise miteinander verbunden sein, z.B. in derselben Person, die Täter und Opfer zugleich ist, oder in einer interpersonalen Verstrickung." (Helfferich et al. 2016, S. 3–4)

Solche Positionierungen finden sich oftmals selbst dann noch, wenn sich die Forschung für weibliche und männliche Täter- und Opferschaft öffnet. Gerade bei Studien zu männlicher Gewaltbetroffenheit wird zumeist relativierend erwähnt, dass eine Vergleichbarkeit der Prävalenz schwierig sei und unterschiedliche Gewaltqualitäten und -intensitäten bei mangelnder Differenzierung nach Formen, Schweregraden, Frequenz und Mustern von Gewalt in Paarbeziehungen unsichtbar (gemacht) würden (Schröttle 2010, 2016). So wird zwar empfohlen, Täter-Opfer-Diskurse zu Gewalt im Geschlechterverhältnis zu entpolarisieren, indem empirische Realitäten differenziert analysiert werden, doch gleichzeitig wird die Gewaltbetroffenheit von Männern in Beziehungen jeweils relativiert (Schröttle 2016). Um der Komplexität häuslicher Gewalt gerecht werden zu können, gilt es demgegenüber vielmehr, eine Eingrenzung auf ‚Männer' oder ‚Frauen' oder auch auf ‚die Opfer' infrage zu stellen, da auch grosse Unterschiede in der Gewaltbetroffenheit innerhalb der Geschlechtergruppen existieren. Wird diese polarisierende Forschungsperspektive auf Gewalt im Geschlechterverhältnis fortgesetzt, so kann dies zur Fortschreibung der traditionellen Macht- und Geschlechterordnung beitragen. Eine Öffnung dieser bisherigen Eingrenzung und Erweiterung wird deshalb auch in der aktuellen Forschung empfohlen:

> „Es gibt nicht ‚die' Opfer und ‚die' Täter. Sowohl die Gewalt Erleidenden als auch die Gewalt Ausübenden sowie alle Beteiligten sind vielfältig und nicht auf bestimmte Eigenschaften zu reduzieren. Diese Vielfalt muss Forschung interessieren." (Kavemann 2016, S. 65)

Mit dem Ziel, eine stärker prozessuale Sichtweise auf Gewalt einzunehmen und die binären Kodierungen von ‚dem Opfer' und ‚dem Täter' zu durchbrechen, wird in der vorliegenden Studie im weiteren Verlauf zwischen Verletzungsoffenheit und Verletzungsmächtigkeit differenziert, was auf den Überlegungen von Heinrich Popitz (1992) und den geschlechtertheoretischen Zuspitzungen des Begriffspaars von Theresa Wobbe (1994) basiert. Im Gegensatz zu totalitären Opfer- und Täterbegriffen wird davon ausgegangen, dass sich Gewalt und Geschlecht nicht gegenseitig bedingen, sondern dass sie sich vielmehr verschlüsseln (Bereswill 2006, 2018). Gewalt wird eine Geschlechtslogik eingeschrieben, wobei diese wechselseitige Verschränkung am Gewalthandeln von Frauen oder an der Gewaltbetroffenheit von Männern thematisiert wird. Während gewaltförmiges Handeln von Frauen in einem Widerspruch mit kulturellen Weiblichkeitsvorstellungen steht (Bereswill 2006, S. 246), bildet die Verletzungsoffenheit von Männern einen Kontrast zu kulturellen Männlichkeitsvorstellungen, insbesondere wenn Männer durch von Frauen ausgeübte Gewalt zum Opfer werden. Wenn also z. B. Frauen gewalttätig handeln oder Männer zu Gewaltopfern (durch Frauen) werden, geraten bisherige gesellschaftliche Vorstellungen zu Weiblichkeit und Männlichkeit weitaus mehr aus dem Gleichgewicht als das spezifische Bild, das sich jemand von dieser Frau oder diesem Mann gemacht hat (Bereswill 2006, S. 246). Gemäss Mechthild Bereswill (2006, S. 246) entsteht „[…] eine Inkongruenz zwischen den normativen Erwartungsunterstellungen an ihre Verkörperung und Darstellung von Weiblichkeit [oder Männlichkeit] und ihren tatsächlichen Verhaltensmustern [oder der zugeschriebenen Verletzungsoffenheit resp. Verletzungsmächtigkeit]“ (Bereswill 2006, S. 246).

Bei Gewalthandlungen, die von Frauen ausgehen, wird diese Abweichung pathologisiert, indem Gewalthandeln von Frauen sozial umgedeutet und als psychische Störung angesehen wird. Nach Bereswill (2006) ergibt sich daraus die folgende „wirkungsvolle Formel“ (Bereswill 2006, S. 246–247): „*Weiblichkeit plus Gewalt ergibt eine psychische Störung*“ (Bereswill 2006, S. 247). Während weibliche Täterschaft unmittelbar mit Krankheit assoziiert und dadurch in eine Opferposition umgedeutet wird, indem den betreffenden Frauen durch die Deutung der Gewalt als individuelle Störung und/oder als Folge der Verhältnisse (Bereswill 2006) die Aktionsmacht und die eigene Handlungsautonomie abgesprochen werden (Popp 2007), werden Männer auf Täterpositionen festgeschrieben, weil Gewalt kulturell mit Männlichkeit assoziiert wird (Bereswill 2003b; Meuser 2002). Genau hierin zeigt sich, wie die Verschränkung von Männlichkeit und Gewalt festgeschrieben wird, denn durch die soziale Deutung der Frau als Opfer ihrer Verhältnisse wird die Gewalt, die durch Frauen (gegen Männer) ausgeübt wird teils gar implizit legitimiert, da sie als Befreiung aus der Unmündigkeit gedeutet wird (Bereswill 2006, S. 248).

Ein Zugang zu dieser wechselseitigen Verschlüsselung von Gewalt und Geschlecht eröffnet sich durch einen reflexiven Umgang mit der Konzeption von Geschlecht, denn diese theoretische Prämisse erfordert einen doppelten Blick auf den Zusammenhang von Gewalt und Geschlecht: Der Blick richtet sich demzufolge auf Männer und Frauen als soziale Gruppen, die in einem hierarchischen Verhältnis zueinanderstehen. Rekonstruiert werden dann kulturelle Zuschreibungen und Deutungen, die mit einer geschlechtlichen Kodierung von Gewalt und dadurch mit spezifischen Verhaltensweisen etc. verbunden sind. Geschlecht wird nach Mechthild Bereswill und Stephanie Braukmann zu einem „[...] Strukturgeber für verfestigte Formen sozialer Ungleichheit [...]" (2014, S. 21). Für eine Analyse ist es deshalb entscheidend, gewohnte Verknüpfungen und Deutungen, die geschlechtlich kodiert sind, nicht in der Forschung zu reproduzieren. Die Autorinnen sehen in der sozialkonstruktivistischen Perspektive eine Möglichkeit, die Bedeutung von Geschlecht nicht als „[...] eine fixe Grö[ss]e vorauszusetzen [...]", sondern vielmehr „[...] Zuschreibungen von Geschlecht im Prozess ihrer kontextgebundenen Herstellung [zu untersuchen] [...]" (Bereswill et al. 2014, S. 21). Eine sozialkonstruktivistische Perspektive auf den Zusammenhang von Gewalt und Geschlecht lenke den Blick auf die Interaktions-, Interpretations-, Wahrnehmungs- und Deutungsleistungen von Menschen. Denn die Selbstempfindungen von Menschen korrespondieren nur selten mit den stereotypen Zuschreibungen der Geschlechterdifferenz (Bereswill et al. 2014, S. 21–22).

3.2 Zentrale Konzepte zu Deutungen und Bedeutungen von Gewalt

‚Deutungen' und ‚Deutungsmuster' finden sich in den Sozial- und Geisteswissenschaften als Termini in vielfältigen Zusammenhängen wieder (Plaß/Schetsche 2001, S. 511). Ulrich Oevermann (2001 [1973]) prägte den Begriff ‚Deutungsmuster', wobei er das alltagstheoretische Verständnis von ‚Deutung' vom sozialwissenschaftlichen Begriffsverständnis unterscheidet: Deutung wird folglich nicht mit Einstellungen, Meinungen und Ideologien gleichgesetzt. Während Personen, die nach ihren individuellen Deutungen gefragt werden, alltagssprachlich zumeist ihre Annahmen äussern, beinhalten Deutungen nach sozialwissenschaftlichem Verständnis keine eigenen Meinungen oder Hypothesen. Vielmehr sind diese Deutungen überindividuell, da sie die Komplexität der Alltagserfahrung reduzieren und die Lebenswelt in spezifische Schemata möglicher Problembewältigung ordnen. Wenngleich (singuläre) Deutungen divergieren können, was am biografischen Verlauf oder auch an der Erzählperspektive liegen mag, so bilden diese Deutungen nicht nur die soziale Wirklichkeit der jeweiligen Subjekte ab, wenn sie vor einem Handlungsproblem stehen, sondern die soziale Wirklichkeit wird erst in der Deutung resp. durch die Deutung manifest (Herma 2009, S. 99–101). Individuen greifen gemäss dieser Auffassung bei der Frage, wie auf ein spezifisches Handlungsproblem zu reagieren sei, somit in Form von sozialen Wissensbeständen auf bestehende, sozial institutionalisierte Repertoires *kollektiv* verbürgter Argumentarien, Erklärungen, Urteile und Legitimationen als Orientierungsrahmen zurück. Ein hohes Mass an Deutungsleistungen ist dabei routinisiert und variiert je nach lebensweltlicher Verankerung in seiner inhaltlichen Struktur (Herma 2009, S. 101).

Deutungsmuster sind somit intersubjektiv angewandte Schemata der Weltdeutung, die als soziale Wissensbestände interaktiv geteilt werden (Herma 2009, S. 101). Von ‚subjektiven Deutungsmustern' zu sprechen wäre irreführend, weil sich Deutungsmuster immer kollektiv konstituieren (Herma 2009, S. 101). Entsprechend handelt es sich beim Untersuchungsgegenstand der vorliegenden Studie nicht um partikulare Deutungen, sondern um [intersubjektive] „Komplexe einer Reihe aufeinander weisender und sich zueinander verhaltener Interpretationen der Welt" (Herma 2009, S. 99). Solche Interpretationen werden als ‚soziale Deutungsmuster' aufgefasst. So verstandene Deutungsmuster sind Wissensbestände, die für alltägliche Wahrnehmungs-, Interpretations- und Handlungsprozesse konstitutiv sind (Kassner 2008, S. 39). Soziale Deutungsmuster stellen deshalb eine „[...] konstitutive Bedingung der Handlungsfähigkeit von Individuen [...]" dar (Ullrich 1999, S. 3). Obwohl beide Autoren soziale Deutungsmuster als konstitutiv für die menschliche Handlungsfähigkeit betrachten, finden sich Unterschiede in Bezug darauf, wie der Zusammenhang zwischen individuellem Alltagshandeln, kollektiven Deutungsangeboten und lebensweltlichen Strukturbedingungen modelliert wird (Kassner 2008, S. 39).

Basierend auf der Publikation von Christine Plaß und Michael Schetsche (2001) werden Deutungsmuster im Rahmen der vorliegenden Arbeit wie folgt gefasst:

1. Deutungsmuster, die als Sinnsysteme verstanden werden, sind lebensweltliche Wissensbestände, die die Komplexität reduzieren, um Situationen für Subjekte bewältigbar zu machen. Hierfür werden Situationen mit Sinn erfüllt, indem das Individuum auch auf bereits vorhandenes Wissen zurückgreift (Plaß et al. 2001, S. 524–525). So wird lebensweltliches Wissen, das von Angehörigen einer Gesellschaft, Subkultur oder sozialen Gruppe geteilt wird (Plaß et al. 2001, S. 523), vor dem Hintergrund eigener Wissensbestände übernommen, angepasst oder teils auch abgelehnt.
2. Die Weitergabe dieses lebensweltlichen Wissens ist für die Kollektivität oder auch für die Sozialität von Deutungsmustern ebenso nötig wie der Austausch darüber, der im Prozess der Sozialisation, durch Interaktionen im Alltagshandeln und durch den fortlaufenden Abgleich der Situation mit den vermittelten Deutungsmustern erfolgt (Plaß et al. 2001, S. 523).

Zur terminologischen Präzisierung wird der Begriff des Deutungsmusters in der vorliegenden Studie von der psychologischen Kategorie des Bewusstseinsinhalts abgegrenzt, weil die Analyse der Deutungen und Deutungsmuster eine soziologische Perspektive verfolgt, die auf die Emergenz sozialer Interaktionen abzielt. Wenn Deutungsakte analysiert werden, dann geht es folglich weder um den psychischen Prozess noch um den psychisch-kognitiven Gehalt dieser Deutungsakte, sondern vielmehr um die Annahme, Übernahme, Modifikation oder auch Ablehnung von Deutungsangeboten (Herma 2009, S. 99). Das Erkenntnisinteresse liegt somit auf den (Re-)Präsentationen sozialen Sinns.

Der Begriff ‚soziale Deutung' soll nicht implizieren, dass diese den Charakteristika eines Deutungsmusters entspricht, sondern dass es sich dabei um eine Deutung handelt, auf die die Befragten in Form von Deutungsangeboten Bezug nehmen. Konkret handelt es sich hierbei um Wissensbestände in Form von Deutungsstrukturen. Subjektive Deutungen stehen im Kontrast zu sozialen Deutungen für jene Deutungen und Deutungsprozesse, die die Befragten für sich selbst z. B. zur Erklärung ihrer Situation konstruieren. Um dem Risiko der Reproduktion und Reifizierung sozialer Muster wie z. B. Vergeschlechtlichungen sensibilisiert zu begegnen, erfolgt der Zugang subjekttheoretisch, damit soziales Handeln subjekttheoretisch ausdifferenziert wird.

Subjekttheoretisch gesehen sind Individuen in ihrem Fühlen und Denken von ihrer Umwelt und ihrer Geschichte geprägt (Traue 2005, S. 12), weshalb dieser soziale Kontext strukturierend auf das individuelle Wahrnehmungs-, Denk- und Handlungsschema wirkt und dieses auch organisiert. Individuen können ihre Umwelt aber auch (mit)gestalten, indem sie sich aktiv darauf beziehen, ihr Erleben zum Ausdruck bringen und sich dadurch ihre Welt aneignen. Der subjekttheoretische Zugang der vorliegenden Studie öffnet den Blick dafür, wie Individuen sich die Geschlechterdifferenz(ierung) im alltäglichen interaktiven Herstellungsprozess aneignen, und vor allem dafür, welche Bedeutung Geschlecht und soziale Handlungsmuster für sie haben (Bereswill 2006, S. 253).

Subjektivität ist gemäss dieser Lesart eine Eigenschaft von Personen, allerdings nicht im Sinne einer Persönlichkeitsstruktur, sondern im Sinn eines Verhältnisses zu sich selbst (Selbstbild) und eines Verhältnisses zur Welt (Weltbild) (Traue 2005, S. 12). Um dabei auch die sozialen Erwartungshorizonte und den sozialen Kontext, vor deren Hintergrund Menschen handeln, im Blick zu behalten, erfolgt die Analyse zudem biografietheoretisch fundiert (Bereswill 2006, S. 254). Auf diese Weise werden die Aneignungs- und Herstellungsprozesse unter Einbezug der biografischen Bedeutung untersucht. Berücksichtigt werden mit dieser Perspektive sowohl die subjektiv-biografischen Bedeutungen von Gewalt als auch die biografischen Aneignungen, die in Wechselbeziehung zu sozialen Strukturen stehen (Bereswill 2006, S. 253).

Abgrenzung von Erfahrung, Wahrnehmung, Deutung und Handeln

Um die Zusammenhänge zwischen Erfahrung, Wahrnehmung, Deutung und Handeln und deren Abgrenzung näher zu beleuchten, werden die folgenden Konzepte und Dimensionen erläutert und zueinander in Beziehung gesetzt: (1) Wahrnehmung, Erfahrung, Deutung und Handeln im Kontext von Deutungs- und Handlungsmustern sowie (2) Subjekt, Subjektivität und Subjektkonstitution, (3) Verletzungsmächtigkeit und Verletzungsoffenheit eingebettet in vergeschlechtlichte Strukturen *(Degendering)* und (4) Gewalt und Gewalterfahrungen: (Be-)Deutungen von Gewalt.

(1) Wahrnehmung, Erfahrung, Deutung und Handeln im Kontext von Deutungs- und Handlungsmustern

Wahrnehmung gehört als Bestandteil zu Deutungen und Deutungspraxen, denn Individuen gleichen die wahrgenommenen Situationen mit sozialen Deutungsmustern ab, um die jeweilige Situation mit Sinn zu versehen. Auf der Basis der Bedeutung, die sie der Situation verleihen, handeln sie. Wahrnehmung kann nie eine „Abbildung von Realität" (Skidmore 1975) sein. Vielmehr ist sie nach Johann Schülein (2016, S. 203) als Tätigkeit zu begreifen, die für diejenige Phase des Handlungsprozesses steht, in der eine Veränderung der Situation vom Subjekt registriert und identifiziert wird (Schülein 2016, S. 203). Diese geschieht folglich nicht passiv, sondern ist „vielmehr [ein] Bestandteil der aktiven Lebenstätigkeit des Menschen" (Holzkamp 2006, S. 29).

Das Wahrgenommene muss erst von Individuen gedeutet werden, d.h. eine Situation wird durch die individuelle Lesart einer Situation im Abgleich mit sozialen Deutungsmustern zu einer Erfahrung. Deutungspraxen sind Prozesse der (Re-)Interpretation und (Um-)Deutung von Situationen, wodurch Handlungen für Subjekte, für Interaktionspartnerinnen und Interaktionspartner und/oder Beobachtende erst Sinn und Bedeutung erhalten. Handeln ist demnach sinn- und bedeutungsstrukturierend. Menschen eignen sich unter anderem in Sozialisationsprozessen Deutungswissen an (z.B. zum Geschlechterverhältnis, zu Gewalt etc.), welches dann „[...] konstitutiv für individuelle Einstellungen" ist (Oevermann 2001 [1973], S. 19) und in der Folge zu ihrem Orientierungsrahmen wird. Auf Ulrich Oevermann Bezug nehmend halten Michael Meuser und Reinhold Sackmann (1992a) fest, dass Deutungsmuster „[f]ür das Individuum zugleich Wahrnehmungs- und Interpretationsform der sozialen Welt, Schemata der Erfahrungsaufordnung und Horizont möglicher Erfahrungen sowie Mittel zur Bewältigung von Handlungsproblemen [sind]" (Meuser et al. 1992a, S. 16).

In Deutungen und Deutungsmustern wird auf folgende Fragen Bezug genommen (Herma 2009, S. 101): Was ist die Situation? Wie ist die Situation beschaffen? Wie kann auf die Situation reagiert werden? Deutungsmuster zielen in erster Linie auf die sinnstiftende Verbindung zwischen dem Handlungsproblem, welches zum Handeln auffordert, und der Handlungsbewältigung. An diesem Punkt lässt sich auch die strukturelle Differenz zwischen Deutungs- und Handlungsmustern ziehen. Unter Handlungsmustern werden gleichförmige Reaktionsweisen in interaktiven Prozessen verstanden, während Deutungsmuster Formen der Erfahrungsordnung darstellen, die durch soziale Persistenz geformt sind. Deutungsmuster konstituieren die Handlungspraxis, wobei die betreffende Situation durch deren Ordnungsfunktion zugänglich und damit *deut*bar wird (Herma 2009, S. 101).

(2) Subjekt und Deutungsmuster: Agency & Struktur

Wenn von Wahrnehmung, Deutung und Handlung die Rede ist, muss auch auf den Subjektbegriff eingegangen werden, denn es sind Individuen, die Situationen wahrnehmen und diese deuten, um sie mit Sinn und Bedeutung zu versehen und zu handeln. Dies geschieht in einem Verhältnis zu sich selbst und der Welt (Reckwitz 2008, S. 10). Deutungsmuster und Praktiken werden somit in der vorliegenden Arbeit unter dem Aspekt betrachtet, dass sie immer (auch) Subjektivierungsweisen darstellen (Reckwitz 2008, S. 10), denn durch die Deutungspraxen und die Handlungen werden Subjektformen (z.B. die ‚emanzipierte Frau' oder der ‚starke Mann') hervorgebracht.

Diese Prozesse sind in Subjektordnungen eingebunden, beispielsweise in komplexe Konstellationen wie etwa die Geschlechterordnung (Reckwitz 2008, S. 10). Das Subjekt emanzipiert sich demnach nicht aus sämtlichen sozialen Formen, sondern ist vielmehr ein Korrelat wechselnder Subjektivierungsweisen (Reckwitz 2008, S. 13). Infolgedessen ist das Subjekt in seiner Form abhängig von sozialen Strukturen und lässt sich in seiner Struktur nicht unabhängig vom Kontext erforschen (Reckwitz 2008, S. 13). Dies verweist bereits auf die lebensweltlichen Wissensbestände, d.h. die sozialen Deutungsmuster. Handeln vollzieht sich im Abgleich mit Deutungsmustern und geschieht nicht frei von Bezügen, sondern ist sozial durch zwei Faktoren, die dialektisch zu fassen sind, bedingt: Agency und Struktur.

Agency ist Handlungsfähigkeit und auch Handlungsmächtigkeit zugleich, was nie ohne Struktur zu denken ist. Die Struktur gibt den Rahmen vor, in dem einerseits die Handlungsmächtigkeit eingebettet ist und welcher andererseits jedoch auch die Handlungsfähigkeit und Handlungsmächtigkeit bedingt (Reckwitz 2008, S. 14; Scherr 2012). Erfahrungen und die Freiheitsgrade der eigenen Handlungsfähigkeit sind also z.B. durch die sozial konstruierten Kategorien von Weiblichkeiten und Männlichkeiten überformt (Denzin 2012, S. 140). Da Personen, die gegen diese sozialen Vorstellungen wiederholt verstossen, riskieren, in ihrer individuellen Besonderheit gesellschaftlich nicht akzeptiert zu werden, bauen die „[…] Versuch[e], den [A]nderen individuelle Besonderheiten verständlich zu machen, […] auf den Erwartungen der [A]nderen auf […]" (Krappmann 2010, S. 8). Ein Individuum verhält sich entsprechend den sozialen Erwartungen, indem es aus einer gewissen Bandbreite an Erwartungen und Interpretationen eine eigene Identität entwickelt. Damit verleiht das Individuum seinem Handeln Sinn. Durch die Übernahme und die Reformulierung von Deutungsmustern wie auch durch Kritik des vorgegebenen Normensystems werden die jeweils individuellen Erwartungen verdeutlicht. So formt sich das soziologische Konzept der Identität (Krappmann 2010, S. 8), das jedoch nicht als das starre Selbstbild eines Individuums zu verstehen ist, sondern die Identität stellt vielmehr „[...] eine immer wieder neue Verknüpfung früherer und anderer Interaktionsbeteiligungen des Individuums mit den Erwartungen und Bedürfnissen [dar], die in aktuellen Situationen auftreten" (Krappmann 2010, S. 9). Das Individuum interpretiert folglich seine Identität im Hinblick auf die aktuelle Situation und unter Berücksichtigung des Erwartungshorizonts des Gegenübers. Gespräche und gemeinsames Handeln sind nur möglich, wenn sich die Interagierenden aufeinander einstellen. Obwohl die Beteiligten in Handlungs- und Kommunikationssituationen ein gewisses Mass an Konsistenz in Bezug auf das Verhalten verlangen, gilt grundsätzlich, dass die einzelnen Individuen jeweils auch sich selbst situativ positionieren, um zu verdeutlichen, ‚wer sie sind'. So wird der Interaktionsablauf einschätzbar und damit planbar (Krappmann 2010, S. 7).

Da Subjekte gesellschaftliche Phänomene sind, fungiert der Subjektbegriff als struktureller Ankerpunkt für Sozialität. Kommt man auf das Begriffspaar ‚Verletzungsmächtigkeit' und ‚Verletzungsoffenheit'[16] gemäss Heinrich Popitz' Konzeption zurück, so sind dies variable Positionen, die in einer Situation der einen Person und in der nächsten Situation der anderen zufallen können (Popitz 1992, S. 43–44). Auch dieses Begriffspaar wird durch die oben beschriebenen sozial konstruierten Kategorien gefiltert, weshalb insbesondere Geschlechterforschende Heinrich Popitz' Konzeption als ‚geschlechtsblind' ablehnen. Theresa Wobbe (1994) hat das Begriffspaar der Verletzungsmächtigkeit und Verletzungsoffenheit von Popitz geschlechtertheoretisch zugespitzt. Sie hat herausgearbeitet, wie unterschiedliche ‚leibgebundene Subjektpositionen', z.B. männliche Aktivität vs. weibliche Passivität und damit einhergehendes Ausgeliefertsein, im Kontext soziokultureller Deutungssysteme hervorgebracht werden (Wobbe 1994, S. 191–193). Verletzungsoffenheit ist nach Wobbe „eine als leibliche Realität erfahrene Struktur der Geschlechterdifferenz" (Wobbe 1994, S. 197). Auch sie legt dieses Begriffspaar binär an, wobei die Verteilung von Verletzungsmächtigkeit und Verletzungsoffenheit sozial konstruiert und vergeschlechtlicht ist.

16 Der oder die Verletzungsmächtige ist nach Heinrich Popitz (1992, S. 43–45) diejenige Person mit der Aktionsmacht. Die Person, die von den Handlungen des oder der Verletzungsmächtigen betroffen ist, wird an die Verletzungsoffenheit erinnert.

Diese fest- und eingeschriebene Passivität der Frau als Opfer verunmöglicht die Betrachtung von Frauen als aktiv handelnde Subjekte (Ohms 2008, S. 31). Darüber hinaus verhindern oder erschweren diese Festschreibung und die fortlaufende Reifizierung die Dekonstruktion ebendieser festgeschriebenen Komplementarität: Frauen und Männer dürfen zwar das Gleiche tun, allerdings unter der Voraussetzung, dass ‚das Gleiche' unterschiedlich gedeutet wird.

Die Vergeschlechtlichung von Gewalt und Verletzungsoffenheit resp. Verletzungsmächtigkeit kann infolgedessen als soziales Deutungsmuster interpretiert werden, das die soziale Ordnung zwischen den Geschlechtern aufrechterhält, da diese an die fortlaufende Reproduktion der Differenz und der damit verbundenen Hierarchie gebunden ist (Bereswill 2006, S. 247; Hagemann-White 2001; Hirschauer 1993; Lamnek 2003). Um vergeschlechtlichte Gewalt resp. die vergeschlechtlichten Deutungsstrukturen zu verstehen, müssen die Prozesse der Vergeschlechtlichung aufgedeckt werden. Gewalt wird nur in Begriffen anderer gesellschaftlicher Werte und Institutionen zugänglich, sichtbar und denkbar. Penelope Harvey (1997) ging z. B. der Frage nach, inwiefern Institutionen und Werte dazu veranlassen, Gewalt als geschlechtlich geprägt wahrzunehmen und in welcher Weise sich das Verständnis von einer Person (als einem von geschlechtlichen Zuschreibungen geprägten Individuum) auf das Verständnis von gewaltvoller Konfrontation auswirkt (Harvey 1997, S. 123). Diese Fragen implizieren bereits, dass die Kontexte, in denen die Gewaltinteraktionen stattfinden, und die Zuschreibungen, die damit einhergehen, von grosser Relevanz für die Deutung von Gewalt sind und vor allem keinen sogenannten „natürlichen Veranlagungen" (Harvey 1997, S. 123) entspringen. Ebenfalls nicht auszugehen ist bei der Analyse von stabilen gesellschaftlichen Voraussetzungen, sondern vielmehr von komplexen dynamischen Prozessen (Harvey 1997, S. 123).

(3) Verletzungsmächtigkeit und Verletzungsoffenheit eingebettet in vergeschlechtlichte Strukturen: Degendering

In empirischen Studien und theoretischen Ansätzen, die z. B. Männlichkeit und Gewalt als eng verschränkt begreifen, wird Gewalt als zentraler Modus der Herstellung und Stabilisierung von Männlichkeiten analysiert (Bereswill 2014, S. 195). Insbesondere Analysen zum Verhältnis von Gewalt und Geschlecht zeigen, wie eng Konstruktionen von Männlichkeiten und die Reproduktionsmechanismen männlicher Herrschaft miteinander korrespondieren: So wird Verletzungsoffenheit weiblich und Verletzungsmacht männlich konnotiert. Männliche Vulnerabilität und Ambivalenzen durchkreuzen kulturell vorherrschende Männlichkeitsentwürfe, die mit Dominanz assoziiert sind, weshalb sie zwangsläufig verdeckt gehalten werden müssen (Bereswill 2014, S. 197). Doch insbesondere dann, wenn ein Phänomen eindimensional erscheint, sollte es hinterfragt werden. Die Untersuchung von Gewalt und Geschlecht setzt deshalb gerade bei überdeterminierten und augenscheinlich einseitigen Konstruktionen an, um diese zu dekonstruieren und in ihrem subjektiven Sinn zu entschlüsseln (Bereswill 2014, S. 195).

Von der Konstruktion von Bedeutungen und von Deutungen von Phänomenen zu sprechen, bedeutet nicht, die Relevanz der Phänomene für die einzelnen Individuen abzusprechen. Vielmehr wird darauf verwiesen, dass diese eben nicht individualisiert oder als solche betrachtet werden. Es ist davon auszugehen, dass die Deutungen und Bedeutungen interaktiv ausgehandelt werden, was sich innerhalb eines Rahmens – der sozialen Ordnung – vollzieht (Zielke 2007, S. 25). An dieser Stelle greift das Konzept des Degenderings als Heuristik, denn es sensibilisiert für die Handlungsdimension von Geschlecht und betont den individuellen Anteil bei der Hervorbringung sozialer Wirklichkeit. Mit der Heuristik des Degenderings gelingt es, Subjekte, die sich das Wissen über Differenz anzueignen haben und sich dabei auf Wissens- und Deutungsstrukturen beziehen, als sozial situiert zu begreifen.

Degendering vereint strukturtheoretische wie auch handlungstheoretische Ansätze, wobei es über den Ansatz von ‚doing gender' und somit über die Perspektive der interaktiven Herstellung von Geschlecht hinausgeht (Lorber 2003b; Teubner/Wetterer 2003, S. 12) und diese durch die Dimension der Reproduktion durch soziale Institutionen ergänzt (Sauer 2013, S. 79). Degendering konzeptualisiert Geschlecht als soziale Institution und nimmt sowohl die vergeschlechtlichte Mikrostruktur als auch die vergeschlechtlichte Makrostruktur dahingehend in den Blick, wie sich diese reproduzieren und reziprok verstärken. Dies erlaubt es, die soziale Reproduktion von Geschlecht in Individuen zu analysieren, welche die vergeschlechtlichte Gesellschaftsstruktur abbildet, da Individuen durch ihre Interaktionen Geschlechternormen und Geschlechtererwartungen in Handeln umsetzen und auf diese Weise vergeschlechtlichte Herrschafts- und Machtsysteme aufbauen (Teubner et al. 2003, S. 22).

Im Mittelpunkt dieses Ansatzes und des dazugehörigen „strukturellen gender-Begriffes" (Lorber 2003a, S. 32), steht die empirische Frage, „wie und wo gender in Gesellschaften […] sozial hergestellt, produziert und reproduziert wird" (Lorber 2003b, S. 14). Im Vordergrund stehen Fragen danach, wie Geschlecht konstruiert und institutionalisiert wird, ob sich Geschlecht in verschiedenen sozialen Bereichen verschieden konstruiert und inwiefern Geschlecht als Institution alle Ebenen des Sozialen strukturiert und auch präformiert. Diese Fragen nach dem Wie erfordern Analysen sozialer Bereiche und Ebenen sozialen Handelns, die empirische Antworten ermöglichen (Teubner et al. 2003, S. 11). Degendering setzt Geschlecht allerdings nur insofern in den Fokus der Analyse, als Geschlecht in seiner Bedeutung für soziale Strukturierungsprozesse, gesellschaftliche Institutionen und Normen sowie soziales Handeln erfasst wird (Teubner et al. 2003, S. 9). Degendering weist darauf hin, dass ‚Geschlecht' auch eine subjektive Handlungsdimension ist, deren Produktivität in einer rein strukturbezogenen Analyse vernachlässigt wird. So wird davon ausgegangen, dass z. B. Frauen ihren Status gleichsam verinnerlicht haben (z. B. Verletzungsoffenheit) und diesen durch ihr Tun fortlaufend reproduzieren (Sauer 2013, S. 79). Hierfür prägte bereits Thürmer-Rohr in den 1980er-Jahren den Begriff der Mittäterschaft von Frauen (Thürmer-Rohr 2008, S. 88). Dies lässt sich aber auch auf Männlichkeiten übertragen, die durch das Tun fortlaufend reproduziert werden (Kersten 1999; Sauer 2013, S. 79).

(4) Gewalt und Gewalterfahrungen: (Be-)Deutungen von Gewalt

Aus interaktionistischer Perspektive sind Deutungsmuster historisch variable Interpretationsmuster der Weltdeutung und Problemlösung, die in Interaktionen abgebildet werden (Meuser/Sackmann 1992b, S. 19). Deutungen und Deutungsmuster sind aufgrund der Werte- und Relevanzsysteme, in die sie eingebettet sind, stets mit biografischem Wissen verwoben (Kruse 2015, S. 319). So wird jede biografische Erzählung vor dem Hintergrund aktueller Erfahrungen und Deutungsmuster (re)konstruiert. Aufgrund dieses narrativen Konstruktionscharakters kann an das biografisch Erzählte keine „Wahrheitsfrage" (Rosenthal 1995) gerichtet werden, denn eine erzählte Biografie changiert stets zwischen einer repräsentativen Ebene (was ist damals wirklich geschehen resp. wie war etwas damals wirklich) und einer performativen Ebene (wie und zu welchem Zweck es nun erzählerisch dargestellt wird) (Rosenthal 1995, S. 41, 1995, S. 24). Deutungsmuster sind jedoch selbst wiederum biografisch geformt, da eine Biografie nicht nur eine (re)konstruktive Aushandlung von Individuellem und Gesellschaftlichem, sondern immer auch eine konstruktive Annäherung und Durchdringung von Vergangenem und Gegenwärtigem darstellt. Anhand der Biografie bzw. deren (Re-)Konstruktion gelingt es Individuen, Erfahrungen in eine zeitliche Struktur zu bringen, denen dadurch Bedeutung zugeschrieben wird (Kruse 2015, S. 322). Im konstruktiven Deutungsprozess des Erzählens – der Erzählzeit – kommt es zu einer Durchmischung zweier Ebenen: (a) der Ebene der vergangenen Erfahrungen, denen biografischer Sinn zugeschrieben wurde und die, die gegenwärtigen biografischen Deutungsmuster geprägt haben, sowie (b) der Ebene ebendieser gegenwärtigen Deutungsmuster, vor deren Hintergrund vergangene biografische Erlebnisse und deren Deutungen wieder reinterpretiert werden (können) (Kruse 2015, S. 322).

Diesem Zusammenhang soll in der vorliegenden Studie mit der Perspektive des sozialen Konstruktivismus Rechnung getragen werden, denn einerseits bietet sich diese als sogenannte Vernunftkritik des Erkennens im Rahmen der Auswertung an und andererseits hilft sie dabei, die Verschlüsselung in den Deutungen und Bedeutungen von Gewalt im biografischen Zusammenhang zu dekonstruieren.

Von der Annahme ausgehend, dass sich Gewalt und Geschlecht aus der Perspektive sozialer Deutungen und Deutungsmuster gegenseitig zu bedingen scheinen, wird der subjekttheoretische Zugang zentral, denn diese Verschlüsselung wird nur sichtbar, wenn nach der subjektiven biografischen Bedeutung von Gewalt gefragt wird. Wenn den subjektiven Deutungen Vorrang vor den kollektiven Deutungsmustern eingeräumt wird, dann können die biografischen Aneignungsweisen von Geschlecht, Geschlechterdifferenz(ierung) und Gewalt fokussiert werden (Bereswill 2003a, S. 191). Dadurch gelingt es, auch Zugang zu (scheinbar) widersprüchlichen Handlungsorientierungen und ambivalenten Selbstentwürfen der Subjekte zu erhalten. Insbesondere die Brüche zwischen kollektiven Handlungsorientierungen und subjektiven biografisch strukturierten Deutungen und Handlungsmustern werden dadurch aufgedeckt (Bereswill 2003a, S. 191).

Der biografische Kontext spielt laut Martin Brandenstein (2012, S. 202) insbesondere im Zusammenhang mit Gewalt eine grosse Rolle: „Gewalt, ob verübt oder erlitten, betrifft immer einen konkreten Menschen in einem biografischen und historischen Zusammenhang, in den die Gewalterfahrung eingebettet werden muss“ (Brandenstein 2012, S. 202). Biografie wird infolgedessen als subjektive Ausformung des Lebens verstanden, die eine individuelle Konstruktionsleistung und eine Verschränkung von Subjektivem und Gesellschaftlichem ist und von Handlungsentscheidungen und Kontingenz geprägt ist (Kruse 2015, S. 320).

Die Deutungen von Gewalt werden in der vorliegenden Studie als Teil biografischer Selbstkonstruktionen gefasst, die aus biografietheoretischer Perspektive untersucht werden. Denn während mit dem Begriff des Lebenslaufs eine zeitliche Abfolge von Ereignissen, Handlungen und Statuspositionen von der Geburt bis zum Tod gemeint ist, betont das Konzept der Biografie die Lebensgeschichte als einen subjektiv gedeuteten Erfahrungszusammenhang (Rosenthal 1995). Dabei wird in der Auswertung der Schilderungen von Gewaltbetroffenen in der vorliegenden Studie besonderer Wert auf das Konzept ‚Verflechtung‘ gelegt. Während das Leitkonzept in anderen Studien zumeist herangezogen wird, um Verflechtungsmechanismen zu untersuchen, d.h. um der Frage nachzugehen, wie individuelle Lebensläufe zwischen Geschlechtern und Generationen vernetzt sind, begreift die vorliegende Untersuchung ‚Verflechtung‘ interaktionistisch. Aus der Perspektive des sozialen Konstruktivismus werden Verflechtungen wie folgt konzeptualisiert: Beziehungen werden als Ort der Wissensproduktion verstanden, an dem sich sozial unterschiedlich strukturierte Geschlechter- und Generationenbiografien kreuzen (Heinz 2001, S. 7). Da laut der interaktionistischen Annahme Deutungen und Bedeutungen in interaktiven Aushandlungsprozessen entstehen, soll mittels dieser Verflechtungen untersucht werden, wie diese Deutungen und Bedeutungen in den subjektiven Deutungen im Verhältnis zu den sozial unterschiedlich strukturierten Geschlechterbiografien konstruiert werden. Das Erkenntnisinteresse liegt darin, wie Deutungen im Verhältnis zur Biografie und zu Gewalt vor dem Hintergrund vermittelter Wissensbestände oder auch Deutungsstrukturen hergestellt werden. Zudem sollen die biografisch-subjektiven Deutungen zu Gewalt dahingehend analysiert werden, wie sie in der Narration mit geschlechtsdifferenzierenden Beziehungsmustern (als relationalen Wissensbeständen resp. Deutungsstrukturen) verflochten werden.

An dieser Stelle wird kurz in die Konzepte von Biografie und Sozialisation eingeführt, um deren Relevanz für Gewaltbedeutungen und Gewaltdeutungen beleuchten zu können. Biografie und Sozialisation teilen sich im Kern den gleichen Gegenstand: „die Lebensgeschichte sozialer Subjekte im Kontext gesellschaftlicher Verhältnisse" (Dausien 2018, S. 197). Der Hauptunterschied besteht darin, dass sich die Sozialisationstheorie primär für das „Hineinwachsen der Individuen in historisch-konkrete Gesellschaftsformationen und die aktive Aneignung, Reproduktion und Veränderung der Gesellschaft durch die handelnden Subjekte […]" (Dausien 2018, S. 197) interessiert, während sich der biografietheoretische Zugang zum einen auf die Biografie als Produkt gesellschaftlichen und individuellen Handelns und zum anderen auf Lebensgeschichten als reflexive Strukturierung von Erfahrungen in Sinne einer konkreten Leistung von Akteurinnen und Akteuren fokussiert (Dausien 2000, S. 101–102).

Subjektive Biografiedeutung und -konstruktion ist ein dialektischer Prozess der Reinterpretation und Erfahrungsaufschichtung, der (1) auf der Ebene der erzählten Zeit und (2) auf der Ebene der Erzählzeit stattfindet. Die erzählte Zeit ist der Raum, in dem vergangene Erfahrungen aufgeschichtet und zu einer kohärenten, subjektiven biografischen Gesamtgestalt verdichtet werden. Auf der Ebene der Erzählzeit werden die vergangenen Erlebnisse hingegen permanent im Lichte gegenwärtiger Deutungsmuster reinterpretiert. Das Resultat dieses dialektischen Prozesses ist eine „aktuelle biogra[f]ische Gesamtgestalt" (Kruse 2015, S. 321), die keineswegs statisch feststeht, sondern beständig narrativ konstruiert werden muss (Lucius-Hoene/Deppermann 2004). Folglich erhält eine Biografie erst im Erzählen (z. B. in der Interviewsituation) ihre konkrete Gestalt. Daher ist das Erzählen nach Gabriele Rosenthal (1995) immer auch eine Form der Bewältigung der eigenen Lebensgeschichte und stellt eine konstruktive Arbeit an der Biografie dar (Rosenthal 1995, S. 167). Dieser Auffassung zufolge ist eine Biografie als komplexe Prozessstruktur über die Zeit zu verstehen, die sich in Erzählstrukturen wie beispielsweise in Interviews entfaltet.

3.3 Zusammenfassung: (Be-)Deutung von Gewalt als Heuristik und Ebene des Erkennens

Auf der Grundlage der theoretischen Einbettung des Forschungsstandes ist die vorliegende Studie auf der soziokulturellen Analyseebene zu verorten. Als zentrale theoretische Perspektive lassen sich die interaktionstheoretisch, die sozialkonstruktivistische und die sozialstrukturelle Perspektive benennen, da sie sich zur Erklärung der Verflechtung und der sozialen Herstellung der Deutungen von Gewalt eignen. Die interaktionstheoretische Perspektive fokussiert die interaktiven Herstellungsleistungen, während die sozialkonstruktivistische Perspektive zur Dekonstruktion[17] dieser Verschlüsselung beiträgt. Die sozialstrukturtheoretische Perspektive schliesslich berücksichtigt den sozialen Kontext, *in* dem und vor allem *durch* den sich Geschlechter- und Gewaltverhältnisse verschränken. Der soziale Kontext organisiert einerseits das menschliche Wahrnehmungs-, Denk- und Handlungsschema und wirkt sich andererseits organisierend auf die interaktiven Aushandlungs- und Herstellungsleistungen aus (Nungesser 2017, S. 108), wobei Letzteres in der vorliegenden Studie zum Gegenstand der Untersuchung wird.

Eine Analyseperspektive auf biografische Verflechtungen erfordert eine stetige Reflexion der impliziten Normative, die es zu rekonstruieren gilt. Darüber hinaus ist zu analysieren, welche Aspekte sozialer Ordnung dazu führen, dass sich Subjekte auf spezifische Weise biografisch konstruieren (Bröckling/Krasmann/Lemke 2015; Kruse 2015, S. 320; Zinn 2006). Die Biografie ermöglicht Forschenden als Beobachtungskategorie einen Zugang dazu, wie Subjekte ihre Biografie im Sinne einer identitätsstiftenden „Selbstbewusstwerdung und Selbstfestlegung“ (Zinn 2006, S. 314) herstellen. Für biografische Prozesse ist nach Peter Alheit (1996) die Wechselwirkung zwischen Struktur und Subjektivität konstitutiv, denn erst in der Interaktion mit der Welt und ihren Beschränkungen könne subjektiver Sinn geschaffen werden (Alheit 1996, S. 287).

Aus diesen Perspektiven ist Gewalt als soziales Phänomen im Horizont einer Ordnung zu denken, innerhalb derer darüber verhandelt und definiert wird, was als Gewalt wahrgenommen wird resp. was als solche gilt und anerkannt ist (Staudigl 2014, S. 12). Interaktionistisch und mit der Perspektive des sozialen Konstruktivismus wird diese phänomenologische Sichtweise Staudigls (2014) in der vorliegenden Arbeit derart reformuliert, dass zwar nach wie vor die Situiertheit im Fokus der Analyse steht, jedoch nicht die Gewalt als soziales Phänomen von Interesse ist, sondern vielmehr das Wissen der Betroffenen über häusliche Gewalt und ihre Erfahrungen, die situiert zu denken sind (s. Kapitel 4.1). Es soll rekonstruiert werden, *wie* das soziale Phänomen ‚häusliche Gewalt‘ in Interaktionen ausgehandelt und dadurch sozial konstruiert wird. Die Gewaltdeutungen und die Bedeutung der Gewalt für die Betroffenen erschliessen sich in der vorliegenden Studie der Forschenden aus den Narrationen der Befragten: Anhand der Interviews soll nachvollzogen werden, wie die Deutungen der Gewalterfahrungen ins biografisch-narrative Erzählen eingebettet sind

17 In Anschluss an Angelika Wetterer (1995, S. 224) bedeutet Dekonstruktion in diesem Zusammenhang, dass eine Analyse des Spannungsfelds zwischen Gewalt und Geschlecht weder diese Verschränkung reproduziert, noch Geschlechterdifferenzen reifiziert, indem eine solche Analyse in vergeschlechtlichten binären Deutungs- und Klassifikationsmustern ‚verharrt‘ (s. Kapitel 4.1 & 4.2).

und welche Bedeutungen sie (dadurch) für die Betroffenen haben (s. Kapitel 4.1, 4.2 & 4.4.3).

Mit dem Begriff der Deutung wird dabei in der vorliegenden Studie gefasst, wie die Befragten das Erfahrene deuten, also wie sie das Erlebte interpretieren. Mit dem Begriff der Bedeutung wiederum wird gefasst, welche Bedeutung die Befragten dem Erlebten einschreiben. Konkret wird indes mit dem zentralen heuristischen Konzept der vorliegenden Studie – ‚(Be-)Deutung von Gewalt' – betont, dass durch die Deutung der Gewalt dieser Gewalt gleichzeitig eine *Bedeutung* eingeschrieben wird. Das Konzept der (Be-)Deutungen von Gewalt ist kein analytisches, sondern ein heuristisches Konzept, da es lediglich als „Platzhalter für das eigentlich Gesuchte" (Nordmann 2011, S. 32) steht. Trotz der Verwendung des Begriffs ‚Gewalt' werden somit keineswegs vorgefasste Konzepte von Gewalt an das Material herangetragen. Die (Be-)Deutungen von Gewalt als Heuristik dienen zur Schärfung des Analysefokus.

Zudem wird Gewalt weiter gefasst, und zwar im Sinne von Verletzungsverhältnissen,[18] wobei diese jedoch nicht im Fokus stehen. Vielmehr dient das heuristische Konzept dazu, zu analysieren, wie die Befragten die erlebte Gewalt deuten und welche Bedeutung sie der erfahrenen Gewalt einschreiben. Es geht indes darum zu rekonstruieren, wie das Erfahrene als Gewalt gedeutet wird und damit wie das Erfahrene die Bedeutung der Gewalt erlangt: die (Be-)Deutung von Gewalt. Dieser Ansatz ermöglicht es, auch Ambivalenzen und Uneindeutigkeiten in den (Be-)Deutungen von Gewalt auszumachen und diese anschliessend zu analysieren und zu theoretisieren (Nordmann 2011, S. 32). Dadurch können mögliche „Erkenntnisbarrieren" (Bereswill/Rieker 2015, S. 427) umgangen werden, während es mithilfe der Perspektive des Degenderings gelingt, einen Zugang zum Common Sense ‚der' Frauen oder ‚der' Männer zu erhalten. ‚Geschlecht' wird zwar weiterhin als relevante Strukturkategorie gedacht, wobei jedoch der symbolische Aspekt – die Deutung und die Bedeutung – betont wird. Im Sinne von sozial eingebetteten individuellen Denk-, Wahrnehmungs- und Handlungsmustern wird es der Analyse in Form von Narrationen zugänglich gemacht (Sauer 2013, S. 79).

Um stereotype Zuschreibungen von Geschlechterdifferenz zu vermeiden, werden dem Interviewmaterial keine binären Geschlechterkategorien zugeordnet, damit die Studie nicht selbst Konstruktionen von Differenz formuliert, die lediglich das reproduzieren, was untersucht werden soll: der Zusammenhang von Differenzsetzungen und Bewertungen (Bereswill et al. 2014, S. 24–25). Dennoch kann nicht ignoriert werden, dass die gesellschaftliche Stellung von

18 In Kapitel 4.2 erfolgt die erkenntnistheoretische Rahmung bezogen auf bestehende Konzepte von Gewalt, die einen analytischen Blick auf Gewalt und dem Umgang mit diesen ermöglichen.

Frauen und Männern, die sich auch im privaten Beziehungsraum zeigt, ungleich verteilt und gewichtet ist. Auch die wechselseitige Konstruktion von Geschlecht und Gewalt, die auf der Ebene von Interaktionen und Wahrnehmungsmustern relevant wird, führt dazu, dass es in der Analyse (vermeintlich) leichtfällt, ‚typisch weibliche' und ‚typisch männliche' Handlungsmuster zu finden. Diese „Gender-Paradoxie" (Lorber 2003b) gilt es während des gesamten Forschungsprozesses nicht aus den Augen zu verlieren, um nicht durch vergeschlechtlichte Lesarten des Materials Gefahr zu laufen, die Komplexität und die Mehrdimensionalität der Kategorie ‚Geschlecht' zu ignorieren und z. B. durch Formulierungen in den Analysekapiteln Machtverhältnisse und Stereotype lediglich zu reproduzieren (Bereswill et al. 2014, S. 25).

Zusammenfassend lässt sich somit festhalten, dass das Erkenntnisinteresse der vorliegenden Arbeit auf der Rekonstruktion der subjektiven Deutungen und Bedeutungen von Gewalt liegt, insbesondere auf der Situiertheit von Wissensstrukturen, auf die sich die Handelnden beziehen, um neue Deutungen und Bedeutungen sowie Handlungen zu generieren. Es gilt, den Prozess der Entstehung von Wirklichkeit durch subjektive Wahrnehmung, Interpretation, Konstruktion und deren soziale Eingebundenheit zu dekonstruieren (Hanisch 2009). Die alltäglichen Aushandlungsprozesse sind in ihrer Situiertheit zu betrachten, sodass der Fokus auf der Diskursivität von Aushandlungen und die Erkenntnisebene auf der Dekonstruktion als einer Form der Rekonstruktion dieser Konstruktionsprozesse liegt (s. Kapitel 4). Mit dieser theoretischen Studienkonzeption wird das Ziel verfolgt, die Deutung und die Bedeutung erlebter Gewalt eingebettet in die biografischen Erfahrungen wie auch in die Bedingungen und Verläufe der Paarbeziehungen zu rekonstruieren, um den Konstruktionsprozess häuslicher Gewalt schliesslich durch ein theoretisches Modell abbilden zu können (s. Kapitel 5 & 9).

III Empirischer Teil

Kapitel 4
Wissenschaftstheorie, Methodologie und Umsetzung der Studie

Neben der wissenschaftstheoretischen (Kapitel 4.1), der erkenntnistheoretischen (Kapitel 4.2) und der methodologischen Verortung der Studie (Kapitel 4.3) werden in diesem Kapitel auch das Forschungsdesign und der Analyseprozess in seinem konkreten Verlauf (Kapitel 4.4) – dem Feldzugang und Sample (Kapitel 4.4.1), der Erhebung (Kapitel 4.4.2) sowie der Auswertung der Daten (Kapitel 4.4.3) – dargelegt.

Die Konzeption und Umsetzung der Studie orientieren sich gegenstandsadäquat an deren explorativem Charakter und ihrer zentralen Fragestellung im Sinne des Grounded-Theory-Verfahrens. Die forschungsleitenden Fragen der Studie lauten wie folgt:

- Wie erlangt das Erlebte die Bedeutung der Gewalt?
- Wie werden Gewaltdeutungen sozial hergestellt?
- (Wie) stehen diese Deutungen in ihrer spezifischen Bedeutung für die soziale Ordnung?

Das heuristische Konzept wird gleichzeitig mit der konkreten Darlegung der Auswertung der Daten als interaktiver, dialogischer Analyseprozess dargelegt. Das Konzept beruht auf den Ausführungen zum Forschungsstand und auf der theoretischen Auseinandersetzung mit den Begrifflichkeiten, den Deutungen und dem Orientierungsrahmen von Gewalt. In Übereinstimmung mit den im theoretischen Rahmen ausgeführten Grundlagen wird in der vorliegenden Studie davon ausgegangen, dass die Sicht der Betroffenen, ihr Erleben und daraus resultierende Deutungen nicht ‚nur' subjektiv, sondern interaktiv ausgehandelt und sozial situiert sind. Rekonstruiert werden die Deutungen anhand der Narrationen, in denen dargelegt wird, wie Gewalt ihre Bedeutung erlangt hat und welche Bedeutung der Gewalt eingeschrieben wird.

4.1 Symbolischer Interaktionismus aus sozialkonstruktivistischer Perspektive

Zur Erforschung der subjektiven Perspektive existieren verschiedene theoretische Ansätze. Die massgeblichen Unterschiede dazwischen bestehen in den Inhalten, die rekonstruiert werden sollen, in der Reichweite ihrer Interpretation sowie in der Handlungsrelevanz, die den subjektiven Konstrukten jeweils zugesprochen wird (Caspari 2003, S. 70). Eine theoretische Position auf die Sicht des Subjekts nimmt nach Uwe Flick (2000, S. 29) der Symbolische Interaktionismus ein, der beim subjektiven Sinn ansetzt, den Individuen mit ihrer Umgebung und ihren Handlungen verbinden.

Im Symbolischen Interaktionismus, von dem es nach Norman Denzin (2012, S. 144) verschiedene Ausprägungen, wie z. B. pragmatistische, feministische, phänomenologische und konstruktivistische gibt, handelt es sich nach Siegfried Lamnek (2010, S. 38) „[...] um einen der Wirklichkeit verbundenen Ansatz der wissenschaftlichen Erforschung menschlichen Verhaltens und Zusammenlebens". Neuere Entwicklungen des Symbolischen Interaktionismus akzentuieren, dass sich menschliche Erfahrung reflexiv, gendergeprägt und situiert vollzieht. Diese Entwicklung wird als narrative Wende bezeichnet (Denzin 2012, S. 144).

Im Allgemeinen wird in der Theorietradition des Symbolischen Interaktionismus ‚Realität' als prozessuales und multiperspektivisches Ergebnis sozialer Abstimmungen verstanden (Strübing 2014, S. 39). Den Menschen konzeptualisiert Herbert Blumer (1981) in Anlehnung an George H. Mead als handelnden Organismus. Menschliches Handeln greift allerdings zu kurz, wenn es so verstanden wird, dass der Mensch lediglich auf Dritte reagiert, deren Handeln er interpretiert und deutet. Vielmehr kann er auch selbst Gegenstand seiner Handlung sein. So besitzt der Mensch nach Herbert Blumer (2013, S. 80–82) ein Selbst, was impliziert, dass der Mensch zum Gegenstand seiner Handlung werden kann, denn nur so kann sich ein Individuum z. B. als eine Frau betrachten, als jung, als verschuldet, als Opfer oder als Täterin resp. als Täter etc. In solchen Momenten ist der Mensch für sich selbst ein Objekt, handelt sich selbst gegenüber und leitet von diesem Selbstbild sein Handeln gegenüber Dritten ab (Blumer 1981, S. 92, 2013, S. 80). Diese Selbstpositionierung entwickelt sich ebenfalls aus dem Prozess sozialer Interaktionen, da sich der Mensch auf Deutungswissen Dritter bezieht und daraus ein Selbstbild generiert. Es werden demnach spezifische Rollen übernommen, die in Bezug zu den Selbstbildern stehen (Blumer 1981, S. 92).

Der Symbolische Interaktionismus beruht auf drei Prämissen, nach denen Handeln generell als Bedeutungspraxis verstanden wird (Blumer 1981, S. 81): Erstens handeln Menschen gemäss den Bedeutungen von Dingen, die diese für sie besitzen. Zweitens entstehen diese Bedeutungen der Dinge in der sozialen Interaktion. Drittens werden Bedeutungen fortlaufend im Rahmen eines interpretativen Prozesses verwendet, gehandhabt und abgeändert. Bedeutungen sind demzufolge soziale Produkte, die im ständigen Abgleich zwischen der Definition einer Situation und dem eigenen Handeln geschaffen werden (Blumer 1981, S. 92; Haller 2006, S. 48–50).

Ursprünglich wurde der Symbolische Interaktionismus als Theorie sozialen Handelns von den Pionieren des amerikanischen Pragmatismus, John Dewey, Charles S. Peirce und George H. Mead, formuliert (Denzin 2012, S. 136). Da im amerikanischen Pragmatismus jedes Handeln als problemlösend gilt, wodurch wiederum Bedeutung generiert wird, stehen die Interaktionen im Mittelpunkt der Analyse. Bedeutungen entstehen gemäss diesem Ansatz immer nur dann, wenn Menschen handeln (interagieren), indem sie Bedeutungen in Interaktionen permanent aushandeln resp. generieren, weswegen die Interaktionen selbst zum Gegenstand der Analyse werden. Menschen handeln den Annahmen des Symbolischen Interaktionismus zufolge nicht wegen Dingen[19], sondern aufgrund der Bedeutung, die diese für sie haben. George H. Mead, der als geistiger Vater des Symbolischen Interaktionismus gilt (Helle 2001, S. 64), setzte herkömmlichen mentalistischen Traditionen eine Handlungstheorie entgegen, die den Menschen als Akteurin oder Akteur begreift, die resp. der sich an die kommunikative und die physische Umwelt anpasst (Schützeichel 2015, S. 47).

Im Folgenden wird die Theorie von George H. Mead näher betrachtet mit dem Ziel, den Zusammenhang zwischen Handeln und Kommunikation eingehender zu erläutern: Nach Mead entstehen Bedeutungen erst in der Kommunikation (Wenzel 2010, S. 50). Die Kommunikation ist nach ihm dabei durch und durch symbolisch. Wobei er ein Symbol einerseits als Allgemeinbegriffe, die alle verstehen, die mit ihnen umgehen (Reich 2009, S. 283) und andererseits als einen Reiz, dessen Reaktion schon im Vorhinein feststeht, fasst (Mead 2017, S. 224). Nach George H. Meads Theorie werden Symbole in dem Ausmass signifikant, wie durch sie eine Handlung mit den Reaktionen dadurch kontrolliert wird, dass diese als Reiz dauerhaft eine bestimmte Haltung hervorbringen (Reich 2009, S. 283). Bedeutung impliziert nach dieser Theorie denn eine Bezugnahme der Gebärde des einen Organismus auf das Ergebnis der sozialen Handlung, auf das diese hinweist. Diese Antwort ist dann die Bedeutung der Gebärde (Wenzel 2010). George H. Mead konzeptualisiert damit eine triadische Bedeutungstheorie (Wenzel 2010, S. 60), bei der Intersubjektivität und soziale Interaktion sowie Kommunikation konstitutiv zur Herstellung von Bedeutung beitragen (Keller 2012, S. 83; Schützeichel 2015, S. 47). Handlungen sind oftmals habitualisiert. Individuen handeln demnach vielfach routinisiert, bis Handlungssituationen sie vor Probleme stellen, die eine Neuorganisation ihrer Handlungsmuster erfordern. Nach George H. Mead agieren Individuen nicht aufgrund eines subjektiven Sinns; vielmehr leitet sich dieser aus sozialen Formen ab (Schützeichel 2015, S. 57). Wenn der Fokus auf die Reziprozität der Kommunikation als Fremdverstehen gerichtet ist, so kann dieses Verstehen als in-

19 Nach Heinz Abels (2010, S. 46) umfasst das Konzept ‚Dinge' das gesamte Spektrum, das der Mensch wahrzunehmen vermag.

tersubjektiv aufeinander bezogenes Handeln verstanden werden. Dies ist für die vorliegende Studie relevant, weil subjektive Bedeutungszuschreibungen rekonstruiert werden sollen. Diese Bedeutungszuschreibungen sind somit nicht als rein subjektiv aufzufassen, sondern sie sind durch ihre eingebettete Qualität immer kontextabhängig.

Weil Handlung und Deutung ko-okkurieren, strukturieren Begriffe die menschliche Wahrnehmung. Menschen setzen sich ununterbrochen mit Begriffen, Konzepten und Konstrukten auseinander, um Bedeutung herzustellen (Denzin 2012). Die zentrale handlungstheoretische Annahme lautet hierbei, „[...] dass Erfahrung, Struktur und Subjektivität das Ergebnis dialogischer Prozesse sind" (Denzin 2012, S. 138). Das Handeln einer Person wird demzufolge durch einen Prozess des Wahrnehmens und Interpretierens geformt und gesteuert. Nach Herbert Blumer (1981, S. 95–96) ist es deshalb für die Analyse zentral, den „Definitionsprozess des Handelnden zu erschliessen, um sein Handeln zu verstehen" (Blumer 1981, S. 95–96).

Bezogen auf die vorliegende Studie kann vor diesem Hintergrund festgehalten werden, dass insbesondere die Wahrnehmung sozialer Probleme und damit die Deutung der eigenen Betroffenheit sowie das Problembewusstsein durch ihre individuellen Ausgestaltungs- und Manifestationsmöglichkeiten direkt auf die Subjekte selbst verweisen. Das Konzept des Subjekts und des Selbst basieren auf Vorstellungen individueller Agency (Handlungsmächtigkeit). Bei George H. Mead (2015) ist das Selbst „essentially a social structure" (Mead 2015, S. 140), das nur in sozialen Interaktionen erscheint (Holstein/Gubrium 2000, S. 30), wenngleich es sich darin aktiv und intentional bewegt und mit Agency ausgestattet ist (Holstein et al. 2000, S. 5). Nach George H. Mead wird Bedeutung intersubjektiv generiert. Mit dem *Postmodern Turn* ist Bedeutung keine kohärente Geschichte des Selbst mehr, denn diese basiert selbst auf einem narrativ konstruierten Selbst (Holstein et al. 2000, S. 3).

Werden diese theoretisch-konzeptionellen Ausführungen nun aus der empirischen Perspektive betrachtet, bedeutet dies für die vorliegende Studie, dass auf dieser theoretischen Grundlage, im Sinne der narrativen Wende des Symbolischen Interaktionismus, der Stellenwert von Sprache und die mehrfach kodierten Bedeutungen in Interaktionszusammenhängen empirisch untersucht werden (Denzin 2012, S. 144–145; Holstein et al. 2000). Mit ‚Mehrfachkodierung' ist in diesem Zusammenhang gemeint, dass sich Bedeutungen in unterschiedlichen Bezugssystemen verschieben resp. divergieren können (Bloch 2014, S. 160). Die narrative Wende bewegt sich zugleich in zwei Richtungen: Zum einen arbeiten Symbolische Interaktionisten verschiedene narrative Versionen oder auch Geschichten über das Funktionieren der Welt des Sozialen heraus. Diese „Erzählformen" (Denzin 2012, S. 145) werden auch Theorien genannt. Auf den Punkt bringt Norman Denzin (2012, S. 145) den Symbolischen Interaktionismus und dessen narrative Wende, indem er ausführt, dass „verschiedene Geschichten über die Soziale Welt, Geschichten, die sich Menschen selbst über ihr Leben und die Welten in denen sie sich bewegen, erzählen, Geschichten, die gelingen, aber auch scheitern können […]" (Denzin 2012, S. 145). Im Symbolischen Interaktionismus werden folglich Erzählungen, die sich auf das Funktionieren der Welt beziehen, analysiert. Zum anderen werden Erzählungen und Systeme von Diskursen, die Wissen über die Welt zusammenfassen und dieses Wissen zugleich produzieren (Foucault 1980, S. 27), untersucht (Denzin 2012, S. 145). Diesen Erzählungen und Diskurssystemen wird unterstellt, dass diese Strukturen dem Alltagsleben Kohärenz und Bedeutung verleihen würden (Denzin 2012, S. 145).

Zusammengefasst werden über Erzählungen auch die Konstruktionen von Individuen ihrer selbst sowie in Bezug auf Andere, ihr Leben und die Welten, in denen sie sich bewegen, untersucht. Diese Wissens- und Deutungsstrukturen innerhalb von Narrationen verleihen dem Alltagsleben Kohärenz und Bedeutung. Entsprechend richtet sich der Analysefokus auf die Strukturen, in die Handlungen und die Deutungen von Akteurinnen und Akteuren eingebettet sind und die wiederum mit Bedeutung versehen werden. Infolgedessen steht die subjektive Ebene der Interpretation konkreter Situationen durch Akteurinnen und Akteure im Vordergrund. Das heisst, es geht um die Deutungen und Bedeutungen von Dingen und Handlungen, die sich in sozialen Aushandlungsprozessen herausbilden (Denzin 2012, S. 145; Lamnek 2010, S. 38).

4.2 Perspektive des sozialen Konstruktivismus und der Dekonstruktion als erkenntnistheoretische Fundierung

Narrationen werden im Anschluss an Lois Presser (2009, 2016) als überindividuelle, kontextübergreifende Rationalitäten des Erzählens gefasst, die sich zudem als wirklichkeitskonstitutive Phänomene auf Handlungen auswirken. An diesem Punkt setzt denn auch die Dekonstruktion als Perspektive der vorliegenden Studie an: In der Dekonstruktion nach Derrida dringen Bedeutungen nie direkt und unvermittelt an die Oberfläche der Sprache. Vielmehr müssen sie gegeneinander ‚antreten', um in ihrer Abgrenzung zueinander auf ihre Bedeutung zu verweisen (Feustel 2015, S. 27). Nimmt man beispielsweise den Gewaltbegriff, so verschiebt sich dessen Bedeutung in Abhängigkeit vom jeweiligen Signifikanten (z. B. ‚Gewalt', ‚häusliche Gewalt', ‚Gewalt im sozialen Nahraum', ‚psychische Gewalt', ‚physische Gewalt', ‚falsche Gewalt' etc.), mit dem unterschiedliche Signifikate assoziiert werden. Zu analysieren ist indes, wie die Dinge ihre Bedeutung erlangen (Feustel 2015, S. 25). Wenn also von ‚Nicht-Gewalt' die Rede ist, dann gilt es danach zu fragen, wie dies Bedeutung erlangt hat und (wie) diese zur ‚Gewalt' wurde.

Neben der narrativen Wende des Symbolischen Interaktionismus wird im Anschluss an diesen Fokus der Analyse in der vorliegenden Arbeit die erkenntnistheoretische Perspektive des sozialen Konstruktivismus und der Dekonstruktion nutzbar gemacht, um untersuchen zu können, wie soziale Konstruktionen in ihrer Bedeutung erschaffen werden. Parallelen zwischen Symbolischem Interaktionismus und sozialem Konstruktivismus lassen sich dahingehend ziehen, dass beide Ansätze davon ausgehen, dass erst intersubjektiv ausgetauscht werden muss, welche Bedeutung was wie für wen hat. Der Begriff der sozialen Konstruktion bezieht sich folglich immer auf eine „sprachlich erschaffene Bedeutungsspur" ohne die ein soziales Phänomen bedeutungsfrei bliebe (Feustel 2015, S. 31). Erkenntnistheoretisch formuliert liefert dies Antworten auf die Frage danach, was ein Individuum wissen kann resp. was an Erkenntnis möglich ist.

Während z. B. im radikalen Konstruktivismus das Individuum und damit die subjektiven, personen- und standortabhängigen Zuschreibungen und Bewertungen im Fokus stehen (Knorr-Cetina 1981), sollen in der vorliegenden Arbeit über die Perspektive des sozialen Konstruktivismus und der Dekonstruktion als erkenntnistheoretische Fundierung häusliche Gewalt und damit zusammenhängende Konstruktionen wie ‚Opfer' und ‚Täter' aus einer ‚Natürlichkeitsrhetorik' (Feustel 2015, S. 72) gelöst werden. Aus dekonstruktivistischer Perspektive wird vielmehr aufgeschlüsselt, wie (Be-)Deutungen sozial hergestellt werden. Erste empirische Erkenntnisse dazu legen nahe, dass der Gewaltbegriff beispielsweise auf der Basis von Negativfolien gebildet wird. In Abgrenzung zur ‚richtigen Gewalt' werden die eigenen Erlebnisse vor dem Hintergrund von normativen Gewaltbildern gedeutet. Den ‚Opfer'-Status sprechen sich die Befragten selbst nicht qua Deliktbetroffenheit zu – und dieser Status wird ihnen gemäss ihrer Deutung auch von Dritten nicht zugeschrieben –, sondern dies geschieht, wenn die normativen Gewaltbilder von ihnen als kongruent mit den eigenen Erfahrungen erlebt werden.

Die Dekonstruktion geht auf Jacques Derrida (2009) zurück, der jedoch nicht beabsichtigte, auf diese Weise Binaritäten aufzulösen. Vielmehr wollte er die gewaltsame Hierarchie in der Setzung von Gegensätzen selbst aufzeigen (Derrida 2009, S. 38). Diese Setzungen entstehen nach Derrida immer erst in einem bestimmten sozialen Kontext, innerhalb dessen sie als solche wahrgenommen und verstanden werden (Rodríguez 1996, S. 163). Das Ziel der Dekonstruktion liegt darin, diese Dualitäten nicht als gegebene Gegensätze zu verstehen, sondern vielmehr danach zu fragen, wie es dazu kommt, dass diese Binaritäten als solche gesellschaftlich akzeptiert werden, und wie diese produziert und reproduziert werden (Rodríguez 1996, S. 163). Die Dekonstruktion erlaubt es, die (Re-)Produktion von (Be-)Deutungen in ihrem gesellschaftlichen Rahmen aufzudecken. Mithilfe der erkenntnistheoretischen Perspektive der Dekonstruktion wird die soziale Ordnung, in welche die Aushandlungsprozesse und damit die

Deutungspraktiken eingebettet sind, zugänglich (Rodríguez 1996, S. 172), sodass aus dieser Perspektive eine Kritik daran möglich wird.

Hier in der vorliegenden Studie wird diesbezüglich einerseits der Frage nachgegangen, welche (Be-)Deutungen von Gewalt sozial hergestellt werden, andererseits vor allem aber auch der Frage, wie diese (Be-)Deutungen sozial hergestellt werden. Exemplarisch wird dies an der (Be-)Deutung des Opfer-Status dargelegt, weil diese unter anderem damit zusammenhängt, ob sich in den biografisch-narrativen Erzählungen ein Abarbeiten an normativen Opfer-Bildern vollzieht. Aus einer dekonstruktivistischen Perspektive wird somit danach gefragt, wie bestimmte scheinbar ‚identische' Subjektpositionen wie ‚Opfer' (re)produziert werden. Um Binaritäten als Gegensätze hinterfragen zu können, wird des Weiteren die Orientierung an vermeintlich klaren Grenzen einer Geschlechterdifferenz aufgegeben. Stattdessen soll eine Analyse von Selbstthematisierungen vorgenommen werden, weil diese nach Mechthild Bereswill (2014) einen Zugang zu widersprüchlichen Handlungsorientierungen und ambivalenten Selbstentwürfen der Subjekte ermöglichen (Bereswill o. J., S. 4). Das heisst, dass die Unterschiede zwischen den Geschlechtern nicht Apriori festgesetzt werden, sondern dass die Selbstthematisierungen die Grundlage für die Dekonstruktion einer klaren Geschlechterdifferenz(ierung) liefern sollen (Bereswill o. J., S. 4).

In der vorliegenden Studie wird nicht danach gefragt, ‚was' häusliche Gewalt eigentlich ist und wodurch sie verursacht wird, da diese Fragestellungen einer Essenz des Phänomens nachgehen würden. Vielmehr wird aus konstruktivistischer Perspektive danach gefragt, *wie (Be-)Deutungen von* Gewalt sozial hergestellt werden und *inwiefern* diese (Be-)Deutungen die soziale Ordnung repräsentieren. Die (de)konstruktivistische Perspektive als ‚Vernunftkritik' soll ermöglichen, mit einer grundsätzlich paradoxen Untersuchungssituation umgehen zu können: Über die Rekonstruktionen der (Be-)Deutungen von Gewalt wird der Kontingenz von Gewalt nachgegangen. Der Ansatz der Dekonstruktion erlaubt eine permanente Reflexion dieses Paradoxes, das sich daraus ergibt, dass bei der empirischen Untersuchung und der Analyse von Gewalt zwangsläufig ein Bezug zu Konzepten von Gewalt hergestellt werden muss. Dies war beispielsweise bereits bei der Rekrutierung der Interviewteilnehmenden erforderlich, die einem Aufruf zum Thema ‚häusliche Gewalt' gefolgt waren, oder auch in der Interviewsituation selbst, als im Gespräch mit den Befragten bestimmte Begrifflichkeiten verwendet wurden, resp. verwendet werden mussten. Zudem wird das empirische Material im Analyseprozess mit bestehenden Konzepten von Gewalt konfrontiert, um Verletzungsverhältnisse als solche überhaupt erkennen zu können. Eine dekonstruktivistische Perspektive sensibilisiert jedoch dafür, Gewalt weniger definitorisch oder systematisch, sondern vielmehr empirisch mit all ihren Widersprüchlichkeiten und Aporien zu erschliessen. Die eigenen Konzepte können dann reflektiert werden, um den Blick für die sogenannte *Sinnverschiebung* (Dekonstruktion) zu öffnen (Feustel 2015, S. 55; Zima 2016, S. 5).

4.3 Grounded Theory als forschungsleitendes Paradigma

Forschungsmethodologisch orientiert sich die vorliegende Studie gegenstandsindiziert an der Grounded-Theory-Methodologie (GTM), welche an sich keine Theorie darstellt, gleichzeitig aber auch mehr als eine Methode ist. Als Methodologie verweist sie sowohl auf den spezifischen Prozess der Theorieentwicklung als auch auf das Ergebnis dieses Prozesses: die (begründete) Theoriebildung (‚grounded theory') (Equit/Hohage 2016, S. 9; Strauss/Corbin 2010). Den Annahmen der GTM zufolge lassen sich aus alltagsweltlichen Kontexten theoretische Konzepte und Modellierungen entwickeln (Strübing 2008, S. 39). Dies bedeutet, dass das Ziel darin besteht, aus dem Material in einem reflexiv-interpretativen Prozess gegenstandsbegründet eine Theorie eines sozialen Weltausschnitts herauszuarbeiten. Diese Theorie bleibt jedoch immer Zwischenprodukt und ist zugleich Ausgangspunkt für eine weiterführende Theorieentwicklung (Breuer 2010, S. 39). Charakteristisch für die GTM ist deren elementare Offenheit, die den kreativen Prozess des Forschens anerkennt und sich keiner rigiden methodischen Systematisierung unterordnet (Charmaz 2014, S. 1–3; Equit et al. 2016, S. 9; Strübing 2014, S. 13–15).

Neben der Chicago School und dem philosophischen Pragmatismus wurde die GTM massgeblich vom Symbolischen Interaktionismus beeinflusst, weshalb sie als handlungszentrierte Methodologie zu verstehen ist (Clarke 2012, S. 23). Den Annahmen der GTM zufolge hat Handeln insofern eine strukturbildende Wirkung, als es in situativ-interaktiven Momenten Bedingungen schafft, mit denen im Weiteren (Interaktions-)Verlauf umgegangen werden muss. Strukturen existieren demnach nur im Handeln, da sie im Handeln fortgesetzt, reproduziert, modifiziert und neu erzeugt werden. Die Dimensionen ‚Kontext' und ‚intervenierende Bedingungen' werden in der GMT als situativ-interaktive Momente mit abstrakteren Ebenen von Gesellschaftlichkeit verknüpft (Strübing 2013, S. 121). So sind die Situierung der Interpretation und damit die Forschungssituation selbst für die GTM von grosser Bedeutung. Trotz Subjektzentrierung und des Einbezugs narrativer Analysen wird der Komplexität der Situiertheit in der GMT somit Rechnung getragen. Der Begriff der Situation, in der Menschen in Bezug zueinander handeln, ist ein damit zusammenhängender Rahmenbegriff (Markowitz 1979). Er bezieht sich auf die jeweils aktuelle Interaktionsgrundlage, über die sich die Beteiligten fortwährend prozesshaft verständigen. Zudem bildet sie einen Rahmen, mittels dessen abgegrenzt wird, was dazu gehört und was nicht (Krotz 2008, S. 38).

Ebenfalls von Bedeutung ist in diesem Zusammenhang der Begriff der Rolle: Gemäss der Auffassung des Symbolischen Interaktionismus beziehen sich Menschen stets in einer auf die anderen gerichteten Rolle aufeinander, was als situativ bezogener Ausdruck von Persönlichkeit und Identität verstanden wird (Krotz 2008, S. 38). Durch die damit einhergehende Rollenvielfalt, die zu Komplementarität und Ambivalenz führt, wird Entwicklung insofern möglich, als Menschen auf diese Weise handlungs- und erlebnisfähig werden (Krotz 2008, S. 38). Da sie sich selbst und anderen durch ihr Handeln die symbolische Bedeutung ihres Handelns anzeigen (Blumer 1981), macht es der Ansatz des Symbolischen Interaktionismus möglich, eine sozialisationstheoretisch begründete Analyse des Bedeutungsrahmens oder auch des Orientierungsrahmens vorzunehmen, der in den erzählten Lebensgeschichten der biografisch-narrativen Interviews erkennbar wird (Krappmann 2010, S. 209–210).

Der meadsche Perspektivenbegriff betont die Situiertheit von Wissen auch hinsichtlich des Forschungsprozesses, denn wissenschaftliche Objektivierungen vollziehen sich ebenfalls im Prozess symbolvermittelter Interaktion (Mikl-Horke 2011, S. 194). Auch die Wissenschaft an sich und das vorliegende Forschungsprojekt sind als solche in eine spezifische Sozialstruktur eingebettet. Demnach sind es nicht die „[…] objektiven, zweckrational angemessenen oder die normativ geforderten Bedingungen, nach denen sich die Akteure in der Selektion ihres Handelns richten, sondern ihre subjektiven Ansichten und Vermutungen. Und egal, ob diese subjektiven Ansichten und Vermutungen objektiv richtig sind oder nicht: Sie haben auf jeden Fall objektive, reale Konsequenzen" (Esser 1999, S. 63). Infolgedessen ist wahr, was wahr gemacht wird. Für die Wissensproduktion ergibt sich daraus Folgendes: „Die Perspektive bestimmt die Interpretation" (Clarke 2012, S. 49). Die GTM bietet somit ein Theorie-Methoden-Paket, welches die Forschungssituation als Ganzes im Blick behält: von der Konzeption bis zur Reflexion der Studie.

Angesichts teilweise divergierender methodologischer und sozialtheoretischer Positionen wurden innerhalb der GTM allerdings verschiedene Verfahrensweisen vorgeschlagen (Strübing 2007, S. 158). Die vorliegende Untersuchung verortet sich aus gegenstandsindizierten Gründen in der konstruktivistischen Grounded Theory (KGT) von Kathy Charmaz, da es dieser Ansatz erlaubt, den gesamten Forschungsprozess als Herstellungsleistung und Ko-Produktion zu analysieren (Charmaz 2006). Erforderlich ist dabei neben einer Reflexion der Rolle der Forschenden sowie aller Akteurinnen und Akteure bzw. Phänomene auch die Berücksichtigung ihrer Situiertheit in Raum, Zeit und Kultur (Charmaz 2006, S. 131; Hohage 2016, S. 108). Dieser Ansatz wird nachstehend und in den folgenden Kapiteln weiter konkretisiert. An dieser Stelle soll jedoch bereits festgehalten werden, dass die KGT von Kathy Charmaz als eine mögliche Lesart der GTM im Sinne des Symbolischen Interaktionismus mit der Perspektive des sozialen Konstruktivismus aufgefasst wird. Die KGT stellt in dieser Lesart keine Erneuerung der Grounded Theory im eigentlichen Sinne dar, sondern bietet dadurch, dass die Ko-Konstruktion in der Theorie verankert ist, vielmehr eine Perspektive, die dezidiert die Annahmen des Symbolischen Interaktionismus und des sozialen Konstruktivismus berücksichtigt.

Gewalt und Gewalterfahrungen als Erzählungen: (Be-)Deutungen von Gewalt aus narrationstheoretischer Perspektive

In diesem Abschnitt wird dargelegt, wie Narrationen erkenntnistheoretisch und methodologisch sowie methodisch in der vorliegenden Studie adressiert werden. Erzählungen werden in narrativen Ansätzen nicht als Wiedergaben von ‚Realität' interpretiert, sondern sie kommunizieren vielmehr nur, was in Anbindung an Statuspositionen – und damit eingebettet in einen Kontext – geschieht (Dollinger 2018, S. 246). Subjektive Wirklichkeit wird *in* und *durch* Narrationen konstruiert (Milling 2017, S. 92): Individuen bilden ihre Identität und damit ihre Biografie narrativ aus und geben dem Erlebten in den Erzählungen einen Sinn, indem sie Erlebnisse in einen sinnhaften Zusammenhang setzen.

Das Erzählte ist mit den sozialen Wissensbeständen der Personen verwoben, in denen Grundannahmen und Glaubenssätze enthalten sind. Diese geben vor, was als ‚normal' gilt und was nicht, wie die ‚Dinge' sein sollen und wie nicht. In Erscheinung treten diese sozialen Wissensbestände, auf die sich die Individuen in den narrativen Konstruktionen und Erzählungen beziehen, in Form von Wörtern, Symbolen und Deutungen (Milling 2017, S. 92–93). Subjekte erzählen aus narrationstheoretischer Sicht mehr oder weniger beliebige Geschichten, in denen sie ihre individuellen Interessen vertreten. Aus strukturalistischer Perspektive wählt das einzelne Individuum zwischen Wissensbeständen aus, die ihm zugänglich sind, wodurch es kulturelle Vorgaben reproduziert. Das handlungsmächtige Subjekt tritt aus dieser Perspektive in den Hintergrund, da nicht das Subjekt die Narrationen generiert, sondern die Narrationen vielmehr das Subjekt generieren (Dollinger 2018, S. 245).

Solche Narrationen zeichnen sich Bernd Dollinger zufolge durch fünf Charakteristika aus (Dollinger 2018, S. 247–250): durch (1) den Aspekt der Relationierung, (2) die zeitlichen Verläufe, (3) die Qualität der Performanz, (4) die damit verbundenen Positionierungen sowie (5) die Normativität bzw. die evaluative Dimension, die konstitutiv für Narrationen sind.

1. *Der Aspekt der Relationierung:* Narrationen stellen Zusammenhänge her. Wenn Erfahrungen erzählt werden, sind selbst singuläre Ereignisse in Rahmenbedingungen eingebettet. Dies geschieht, um die Erfahrungen für den Anderen verstehbar zu machen. Auch wenn individuelle, biografisch spezifische Ereignisse geschildert werden, vollzieht sich dies entlang sozial voraussetzungsvoller Konstruktionen, auf die das Gegenüber bei der Dekodierung zurückgreifen kann. Narrationen werden als solche in Zusammenhänge eingebunden, innerhalb derer sie Sinn ergeben (Dollinger 2018, S. 247). Beispielsweise werden biografische Hintergrundkonstruktionen erzählt, um das Erlebte narrativ darzustellen und erklärbar zu machen.
2. *Die zeitlichen Verläufe:* Eine narrative Erzählung folgt zumeist einer biografisch konsistenten Verlaufsform. „Es passiert etwas. Dieses ‚etwas' beinhaltet

Veränderungen bzw. ein Geschehen, in das ein Erzähler auf eine besondere Weise eingebunden ist“ (Dollinger 2018, S. 247).

3. *Die Qualität der Performanz:* Die Narrationen verweisen direkt auf die handelnden Akteurinnen und Akteure; dies, da sie sprachlich adressiert werden. In der Narration kann sich eine Befragte oder ein Befragter als passiv-erleidend oder z.B. als handlungsmächtig darstellen (Dollinger 2018, S. 248).
4. *Die Positionierungen:* Mit Narrationen ist immer eine Selbst- wie auch Fremdpositionierung verbunden. Diese Positionierungen enthalten Zuschreibungen und diese wiederum enthalten Kategorisierungen. Dadurch erhalten die Forschenden einen Zugang dazu, „wie Menschen als Angehörige von bestimmten Gruppen bestimmt und als Subjekte spezifischer Eigenart sozial adressiert werden“ (Dollinger 2018, S. 249). In Begriffen wie ‚Täter‘ oder ‚Opfer‘ werden Kategorisierungen sichtbar, wodurch bestimmte Eigenschaften und Aktivitäten zu- und eingeschrieben werden (Dollinger 2018, S. 249).
5. *Die Normativität bzw. die evaluative Dimension:* Der Umstand, dass eine Geschichte erzählt wird, markiert zum einen dessen Relevanz und zieht zum anderen die Folge nach sich, dass die Geschichte bewertet wird. Die evaluative Dimension bezieht sich auf die Selbstdarstellungen der Erzählenden, denn diese beinhalten in der Regel explizite oder implizite Rechtfertigungen oder andere Formen der Darstellung (Dollinger 2018, S. 249). Diese dienen dem Umgang mit der ‚eigenen Situation‘ und damit dem „Stigmamanagement“ (Goffman 2016).

In Narrationen werden demnach Deutungen und Bedeutungen konstituiert. Deshalb erfolgt der Zugang zu den Konstruktionsprozessen, den Deutungen und den Bedeutungen der Befragten in der vorliegenden Studie über deren Narrationen, d.h. über die narrativen Selbstthematisierungen. Diese narrationstheoretische Fundierung ermöglicht eine Analyse von Gewalt im Sinne sprachlicher, performativ realisierter Bedeutungszuweisung (Dollinger 2018, S. 253).

Konkretisierung: Empirischer Zugang zu den (Be-)Deutungen von Gewalt

Für das Vorhaben der vorliegenden Arbeit erweisen sich die derzeit diskutierten Ausprägungen des Symbolischen Interaktionismus als hilfreich, da sie es ermöglichen, die gendergeprägten und situierten Aspekte menschlicher Erfahrung und den Stellenwert von Sprache und mehrfach kodierten Bedeutungen in Interaktionszusammenhängen zu berücksichtigen. Die Geschichten über das Funktionieren der sozialen Welt stehen dabei im Fokus der Analyse. Wie Individuen sich selbst und anderen ihr Leben und die Welten, in denen sie sich bewegen, erzählen, werden als Repräsentationen von Erfahrungen gelesen. Da Erfahrungen nicht unmittelbar zugänglich sind, untersuchen Vertreterinnen und Vertreter des Symbolischen Interaktionismus die narrativen Konstruktionen ebendieser Erfahrungen. In den Erzählungen werden die Repräsentationspraktiken sichtbar, d.h. wie ein Individuum Erfahrungen repräsentiert und worauf es Bezug nimmt (Denzin 2012, S. 146). Da diese Repräsentationen „gestaltet werden müssen, um erfahrbar zu werden" (Bruner 1986, S. 7), ist Erfahrung selbst gemäss den Annahmen des Symbolischem Interaktionismus eine Gestaltung – eine Performance – und Wirklichkeit eine soziale Konstruktion (Bruner 1986, S. 7; Denzin 2012, S. 146). Narrationen werden aus der sozialkonstruktivistischen Perspektive als wirklichkeitskonstitutive Grössen anerkannt (Dollinger 2018, S. 242), was erkenntnistheoretisch impliziert, dass der Zugang zur sozialen Wirklichkeit narrativ verfasst ist resp. wird (Dollinger 2018, S. 243).

Aus den Prämissen des Symbolischen Interaktionismus und der narrativen Wende ergibt sich für die vorliegende Studie, dass davon ausgegangen wird, dass gewaltbetroffene Menschen auf der Grundlage der Bedeutungen und vor allem wiederum der Bedeutungen, die diese *für sie* besitzen, handeln. Diese Bedeutungen – das kann die Bedeutung der Gewalt sein oder auch die Bedeutung der Paarbeziehung – gilt es empirisch zu erschliessen. Darüber hinaus wird angenommen, dass die Bedeutung dieser Dinge in der sozialen Interaktion entsteht, weshalb es zu rekonstruieren gilt, wie diese Bedeutungen hergestellt werden. Des Weiteren werden die Bedeutungen als soziale Produkte gefasst, die im ständigen Wechsel zwischen der Definition einer Situation und dem Handeln im Interaktionsprozess geschaffen werden. Analysiert wird deshalb, wie die Bedeutungen im Rahmen eines interpretativen Prozesses fortlaufend verwendet, gehandhabt und abgeändert werden. Diese Art des empirischen Zugangs erfolgt mit dem Ziel, die Definitionsprozesse der Handelnden zu entschlüsseln. Die narrativen Konstruktionen werden in der vorliegenden Studie somit als grundlegend für die Erforschung von Erfahrungen angesehen, denn der Frage nach dem *Wie* „der Repräsentation eines Gegenstandes ist ein Kampf um Macht und Bedeutungen eingeschrieben" (Denzin 2012, S. 146). Im Umkehrschluss liefert die Analyse dessen, wie über einen Gegenstand gesprochen wird und wie dieser Gegenstand narrativ konstruiert wird, Erkenntnisse dazu, was dem Alltag des Individuums Kohärenz und Bedeutung verleiht. Diese Bedeutungen sind in miteinander konkurrierende soziale Deutungsmuster oder -angebote eingebettet (Denzin 2012, S. 145–146; Hall 2000, S. 205).

Aus der Perspektive des Konstruktivismus wird berücksichtigt, dass soziale Phänomene nicht so ‚natürlich' sind, wie dies gemeinhin angenommen wird, sondern dass es sich dabei vielmehr um soziale Konstruktionen handelt (Feustel 2015, S. 12). Der Zugang der Dekonstruktion betont zudem die Erfindung der Welt mittels sprachlicher Differenzen: Sprache sagt immer mehr oder auch anderes, so kommen Signifikat (Bedeutung, Bezeichnetes) und Signifikant (Zeichen) nie zur Deckung (Feustel 2015, S. 12–13). Eine dekonstruktivistische Perspektive ermöglicht es, (Be-)Deutungen von Gewalt als soziale Konstruktionen zu rekonstruieren. Die Herausforderung besteht dabei darin, dass es auch den

Forschenden selbst nicht möglich ist, soziale Phänomene von einem neutralen Standpunkt her zu untersuchen, da auch sie von einem eigenen Begriff von Gewalt oder Geschlecht ausgehen. Ohne den Rückgriff auf solche Begriffe wäre es jedoch zugleich nicht möglich, die historische Genese der Konzepte oder Konstrukte zu erkennen (Feustel 2015, S. 13–14). Der Ansatz der Dekonstruktion besteht daher nicht darin, ein soziales Phänomen „[...] [zu] zerlegen, kritisieren oder als falsch auf[zu]decken" (Feustel 2015, S. 14). Vielmehr werden Setzungen, Axiome oder Dinge, die gemeinhin als evident, konstant oder ‚natürlich' gelten, hinterfragt (Feustel 2015, S. 15). Gleichzeitig wird die Position der Sprecherin oder des Sprechers einbezogen, weil es dies ermöglicht, zu analysieren, von welchen anderen Konstruktionen oder Konzepten sich häusliche Gewalt abhebt oder auch mit welchen sie verknüpft wird (Feustel 2015, S. 70–71).

Konstruktivistische Grounded Theory (KGT)

Die vorliegende Studie bedient sich, wie bereits festgehalten, des Ansatzes der konstruktivistischen Grounded Theory (KGT) von Kathy Charmaz (2006), der als eine etablierte Form der Grounded Theory (GT) gilt. Die Entwicklungslinien der KGT lassen sich grundsätzlich auf die Arbeiten von Anselm Strauss und Juliet Corbin zurückführen (Reichertz/Wilz 2016, S. 50–51), wobei dort jedoch auch Aspekte der Lesart von Barney G. Glaser aufgenommen und weiterentwickelt wurden (z. B. die hohe Relevanz des Memo-Schreibens). Während die GT von Anselm Strauss und Juliet Corbin (2010) Daten mithilfe von Kodes und Kodierfamilien verdichtet und kategorisiert, kritisiert Kathy Charmaz (2011) die Leistungsfähigkeit ebendieser Kodiertechniken. Sie betont mit ihrem Ansatz die Forschungsarbeit vielmehr als sozialen und perspektivengebundenen – situierten – und kommunikativen Herstellungsprozess (Reichertz et al. 2016, S. 51).

Kathy Charmaz setzt den Fokus der Analyse auf die Strukturen des Narrativen und die fallvergleichende Ausarbeitung der Struktur. Diesem Vorgehen liegt die Annahme zugrunde, dass die Selektivität der Wahrnehmung beim analytischen Zugriff auf die Daten sowie auf die sprachlichen Mittel zur vergleichenden Darstellung nicht ohne ein gewisses Mass an theoretischer Vorprägung auskommt. Doch obwohl die KGT auf die Entwicklung einer substanziellen und formalen Theorie abzielt, wird das lokale, verkörperte Wissen nicht durch theoretische Abstraktion überlagert, sondern bleibt erkennbar (Mills/Bonner/Francis 2006, S. 7). Anstatt wie die GT von Emergenz auszugehen, greift Kathy Charmaz in allen Phasen des Forschungsprozesses auf sensibilisierende Konzepte zurück, was einer abduktiven Vorgehensweise entspricht (Bryant/Charmaz 2011, S. 46; Hohage 2016, S. 115). Diese sensibilisierenden Konzepte sind zentral für den Forschungsprozess der KGT (Charmaz 2006, S. 169; Hohage 2016, S. 116). In Anlehnung an Kathy Charmaz (2000, S. 515) sowie Udo Kelle und Susann Kluge (2010, S. 30–31) werden für die vorliegende Arbeit sensibilisierende Konzepte gefasst als die Auseinandersetzung mit bestehenden Konzepten als Ausgangspunkt der Forschung, um mit dem Untersuchungsfeld und -gegenstand vertraut zu werden (Charmaz 2000, S. 515) wie auch bereits theoretische und empirische Konzepte aus anderen Arbeiten (Kelle et al. 2010, S. 30–31). Konkret werden diese Konzepte folglich auch als heuristische Brille für die Analyse der Daten der vorliegenden Studie genutzt und die neu gewonnenen Konzepte werden fortlaufend den bereits bestehenden Konzepten gegenübergestellt. Auf diese Weise entsteht ein interaktiver, dialogischer Analyseprozess, und zwar ‚dialogisch' in dem Sinne, dass fortlaufend empirisch gewonnene Erkenntnisse mit theoretischen Konzepten konfrontiert werden (Charmaz 2006).

In der vorliegenden Studie wird das Konzept der (Be-)Deutungen von Gewalt als Heuristik verwendet, um einerseits der möglichen Kontingenz der Gewalt(be)deutungen gerecht zu werden, und andererseits keine hegemonialen Gewaltkonzepte auf die Narrationen und die rekonstruierten Deutungen zu übertragen.

4.4 Forschungsdesign und Umsetzung der Studie

Das Forschungsdesign basiert grundsätzlich auf den zuvor skizzierten methodologischen Prinzipien und Analyseperspektiven. Allerdings erschwerte das tabuisierte Thema der Arbeit den Feldzugang, wobei dennoch versucht wurde, ein möglichst heterogenes Sample zu bilden. Im Folgenden werden die einzelnen Schritte der Datenerhebung und der Datenauswertung dargelegt. Reflexionen, die sich auf die Güte der Analysen beziehen, fliessen direkt in die Darlegungen in diesem und den nachfolgenden Kapiteln ein und orientieren sich an den Kriterien von Jörg Strübing, Stefan Hirschauer, Ruth Ayaß, Uwe Krähnke und Thomas Scheffer (2018), Anselm Strauss und Juliet Corbin (2010) sowie Kathy Charmaz (2006): (1) Gegenstandsangemessenheit, (2) empirische Sättigung, (3) Sensibilität für die Ko-Konstruktion der Erkenntnisse sowie (4) theoretische Durchdringung. Konkret werden zur Gegenstandsangemessenheit die fortlaufende Neudimensionalisierung der Fragestellung, das Sample und die Samplebildung sowie das Erhebungsinstrument reflektiert. Bezogen auf die empirische Sättigung wird die Verankerung der Interpretationen im Datenmaterial in den Darlegungen der Ergebnisse in den Kapiteln 6 bis 8 als Gütekriterium hinzugezogen. Hierbei wird auch darauf geachtet, dass verschiedene Lesarten entwickelt werden und Kontrastfälle transparent dargelegt werden. Im Sinne der Ko-Konstruktion wird während des gesamten Forschungsprozesses mitbedacht, dass die Einzelfall(re)konstruktionen und damit auch die daraus gewonnenen Erkenntnisse nicht nur die Interpretationen und Konstruktionen von Wirklichkeit der Akteurinnen und Akteure sowie die latenten Sinnzusammenhänge alltagsweltlichen Deutens und Handelns abbilden (Meuser 2011a, S. 140–141), sondern, dass sie eben auch Ko-Konstruktionen darstellen und damit auch ‚sinnentwerfende Konstruktionen' (Wenzl/Wernet 2015, S. 86) sind. Zudem wird in diesen Kapiteln, vor allem in Kapitel 5 und 9, der Prozess der Theoriebildung transparent dargelegt und damit u.a. ein besonderes Augenmerk auf die Theoriebezüge und damit auf das Gütekriterium der theoretischen Durchdringung gesetzt.

4.4.1 Feldzugang und Sample

Der erschwerte Feldzugang infolge der Tabuisierung von Gewalt unterband anfänglich eine theoretische Samplebildung nach Anselm Strauss und Juliet Corbin (2010, S. 148–150), bei der gezielt nach Fällen mit spezifischen Ausprägungen gesucht wird, denn es galt zunächst überhaupt Teilnehmende für die Interviews zu gewinnen. Das Vorgehen der Samplebildung wurde deshalb modifiziert: In Anlehnung an Hans-Jürgen Glinka (2009) wurden zunächst drei Interviews geführt und interpretiert, um einen ersten Überblick über mögliche Variationsdimensionen zu erhalten.

Das theoretische Sampling entwickelte sich fortlaufend aus dem Interpretationsprozess heraus. Im Rahmen der Analysen zeigte sich, dass die Deutung von Gewalt(betroffenheit) ein zentraler Topos für die Betroffenen ist. Infolgedessen bildeten die Konzepte, die daraus entwickelt wurden, die Grundlage für das theoretische Sampling.[20] Angesichts dieser ersten Erkenntnis stellten sich weitergehende Fragen nach den Zusammenhängen, in denen diese Deutungen zu verorten sind. Deshalb wurden wiederkehrende Strukturen der (Be-)Deutungen herausgearbeitet, um diese dann einem anderen Fall kontrastierend gegenüberzustellen. Die maximale Varianz wurde angestrebt, um ein breites Spektrum an Konstellationen zu erreichen. Zusätzlich wurde die Rekonstruktion von Deutungsstrukturen im Rahmen des ‚fokussierten Kodierens' aufgegriffen, um Aufschluss über die soziale Struktur zu erhalten (Charmaz 2014).

In der qualitativen Forschung wird mit der Samplebildung keine Repräsentativität hinsichtlich der Verteilung, sondern Repräsentativität im Sinne „theoretischer Repräsentativität" angestrebt (Hermanns 1992, S. 116). Das Sample soll „ein Abbild der theoretisch relevanten Kategorien darstellen" (Hermanns 1992, S. 116). Demnach soll das Sample in Bezug auf die Deutungen sowie die Handlungsmuster ein breites Abbild des untersuchten Phänomens darstellen.

20 Dieses theoretische Sampling wurde dann zu einem Analysesampling. Konkret wurden die (weiteren) geführten Interviews sodann nach der minimalen und der maximalen Varianz dieser Konzepte analysiert und so das Analysesample zusammengestellt.

Gleichzeitig erlaubt das theoretische Sampling einen sensitiven Umgang mit Risiken der Reproduktion und des Essentialisierens durch Strukturkategorien, welche an das Material herangetragen werden. Stattdessen werden andere Sortierungsheuristiken am Material entwickelt. In der Literatur wird empfohlen, aus der Interpretation des ersten Falls erste zentrale Kategorien für den Untersuchungsgegenstand zu identifizieren, woraufhin dann nach einem Fall gesucht wird, der sich in diesen Kernaspekten vom ersten Fall unterscheidet. Dieses Verfahren wird mit den Interpretationsergebnissen zum zweiten Fall fortgesetzt und auch wieder auf den ersten Fall zurückbezogen (Strauss et al. 2010, S. 149–150). In der vorliegenden Studie wurde auf das Erreichen der theoretischen Sättigung verzichtet, da vor dem Hintergrund der Ausführungen zur Breite des Abbilds, die Facettenvielfalt in den Deutungen der Befragten im Vordergrund stand.

Von der Annahme ausgehend, dass Gewaltbetroffene je nach Deutung ihrer Situation unterschiedliche oder noch gar keine Institutionen aufgesucht haben könnten, wurden die Institutionen mit dem Ziel, eine Facettenvielfalt zu ermöglichen, gezielt breit ausgewählt. Diese Annahme begründet sich darin, dass davon ausgegangen werden kann, dass je nach Selbstpositionierung andere Beratungsangebote genutzt werden. Die gesamte Erhebungsphase dauerte von April 2016 bis August 2016, wobei 18 narrativ-biografische Interviews in drei Erhebungswellen durchgeführt wurden: In einer ersten Erhebungswelle (e-1: acht Interviews) wurden zunächst die ‚klassischen' Institutionen als Gatekeeper angeschrieben (z.B. kantonale Opferberatungs- und Täterarbeitsstellen, Frauenhäuser und ein Männerhaus). In einer zweiten Erhebungswelle (e-2: sieben Interviews) wurden mediale Kanäle (Zeitschrift *Annabelle*[21]) genutzt, um Betroffene anzusprechen, die bis zum Zeitpunkt der Samplebildung potenziell über kaum bis keine institutionellen Kontakte verfügten. In einer dritten Erhebungswelle (e-3: drei Interviews) wurde die persönliche Kontaktaufnahme schliesslich auf Institutionen ausgedehnt, die im klassischen Sinne keine Gewaltberatungsstellen sind (z.B. konfessionsbezogene, Homosexuellen- und Transgender-Beratungsstellen sowie Beratungsstellen für Menschen mit Beeinträchtigungen oder Altersfragen sowie die Psychiatriespitex). Zusätzlich wurden zur Diversifi-

21 Die Printausgabe der Zeitschrift *Annabelle* erscheint alle drei Wochen (18 Ausgaben/Jahr) in einer Auflage von 66121 Exemplaren (46271 davon verkauft sowie 19850 als Gratis-Auflage z.B. in Arztpraxen und Friseursalons). Gemäss der Studie WEMF Basic 2016 erreicht die Zeitschrift in der Schweiz eine Leserschaft von 223000 Leserinnen und Lesern (MACH 2016). Die Leserschaft ist mehrheitlich weiblich und lebt urban (85%). 26% sind 14–34 Jahre alt und je 37% 35–54 resp. 55–99 Jahre alt. Während 17% der Leserschaft die obligatorische Schulbildung abgeschlossen haben, verfügt rund die Hälfte über einen mittleren schulischen Abschluss und 33% weisen eine höhere Schulbildung auf (MACH 2015, 2016).

zierung der Altersspannbreite der Befragten auch Kanäle gewählt, die eher eine junge Zielgruppe ansprechen (lilli.ch[22]).

Konkret wurde mittels eines Flyers im März 2016 erstmalig auf die Studie aufmerksam gemacht. Dazu wurden per E-Mail und per Post diverse staatliche sowie zivilgesellschaftliche Institutionen und Verbände, die Sozialberatungen, Paar- und Opferberatungen, Täterarbeit oder Selbsthilfegruppen anbieten, angeschrieben. Schweizweit wurden insgesamt rund 500 Flyer verschickt. Einzelne Stellen verbreiteten den Flyer über ihre Social-Media-Kanäle und legten ihn in den Institutionen auf (z. B. Opferberatungsstellen). Im Anschluss daran wurde eine Journalistin kontaktiert, die für die Zeitschrift *Annabelle* häufig Reportagen über häusliche Gewalt schreibt. Daraufhin wurde in der Print-Ausgabe vom 18. Mai 2016 sowie online auf die Studie hingewiesen. Als nächster Schritt wurden weitere Beratungsstellen und Interessensgruppen sowie Vereine kontaktiert mit dem Ziel, vor dem Hintergrund der eingangs beschriebenen Annahme, dass Gewaltbetroffene je nach Deutung ihrer Situation unterschiedliche oder noch gar keine Institutionen aufgesucht haben, ein möglichst breites Sample bilden zu können.

Mit dem Ziel, in der Studie verstärkt individuelle und situationsbedingte Faktoren zu berücksichtigen und diese bei der Samplebildung zwar nicht als relevante Unterscheidungsmerkmale zu setzen, sie aber dennoch in den konzeptuellen Rahmen miteinzubeziehen, um eine umfangreiche Wissensbasis zu erarbeiten, war der Flyer von verschiedenen Stellen auf mögliche Ausschlüsse von Personen geprüft worden. Hierbei wurden z. B. die Bildsprache und mögliche sprachliche Ausschlüsse geprüft. Trotz dieser Unterstützung und obwohl der Flyer wie bereits festgehalten auf möglicherweise implizierte Ausschlüsse hin geprüft worden war, haben sich nur Cisgenderpersonen, die in heterosexuellen Beziehungskontexten Gewalt erfahren hatten, für die Interviewteilnahme gemeldet.

In den Ausschreibungen (Flyer, online, Zeitschrift) wurde explizit nach Gewalt resp. Gewalterfahrungen gefragt. Dadurch wurde ‚Gewalt' als Begriff bereits eingeführt und ausdifferenziert, sodass der Studie eine breite Gewaltkonzeption zugrunde liegt (emotionale, psychische, körperliche Gewalt). Der konkrete Text des Flyers lautete wie folgt:

> „Interviewpartner*innen[23] für Studie zu Gewalterfahrungen in Beziehungen gesucht. Haben Sie Gewalt in Ihrer Beziehung erlebt? In Beziehungen beginnt Gewalt zumeist

22 Der Verein lilli.ch besteht seit rund 15 Jahren. Zurzeit bieten die Fachkräfte von lilli.ch anonyme Onlineberatungen an und geben Jugendlichen und junge Erwachsenen Informationen zu Sexualität, Gewalt, Beziehungen, Frauen- und Männerthemen.

nicht mit Schlägen, sondern mit der grossen Liebe und hat viele Gesichter: von Beleidigungen bis hin zu körperlicher Gewalt. Im Rahmen der Studie interessieren wir uns für Ihre persönlichen Erfahrungen mit Gewalt in Beziehungen und Ihre Lebensgeschichte. Wenn Sie Interesse haben, über Ihre Erfahrungen zu sprechen, und bereit zu einem persönlichen Interview sind, dann melden Sie sich." (Flyer Feldzugang 2016)

Mit dem Titel des Flyers „Liebe hat viele Gesichter" wurde gezielt ein Bruch begangen, den die später tatsächlich Befragten in den Interviews als Gesprächsfaden aufgreifen konnten. Einige Befragte erwähnten beim Interview, dass sie sich dadurch „abgeholt" und verstanden gefühlt hätten, weil es die grosse Liebe gewesen sei, die in Gewalterfahrungen mündete, wobei die Beziehung nicht von vornherein einfach ‚schlecht' gewesen sei. Sie empfanden die Ausschreibung daher weder als stigmatisierend noch als viktimisierend, was zumeist den Ausschlag für die Teilnahme gegeben hatte. Dieser Bruch wurde in Anschluss an die Erkenntnisse von Barbara Kavemann (2016, S. 56–57), die in der Aufarbeitung des Forschungsstands dargelegt wurden, gewählt. Die Autorin kam in ihrer Studie zum Schluss, dass Betroffene aufgrund der normativen Opfer- und Gewaltbilder der Gesellschaft nur dann über Gewalt sprächen, wenn sie einerseits keine Stigmatisierung und andererseits keine Abwertung ihrer Person und der Person des Partners/der Partnerin in Kauf nehmen müssten (Kavemann 2016, S. 56–57).

Konkret gestaltete sich der Erstkontakt so, dass Interessierte die Interviewerin kontaktierten. Sie meldeten sich entweder telefonisch, per E-Mail oder per SMS. In allen Fällen stellte die Interviewerin sich und ihr Anliegen im Rahmen eines telefonischen oder schriftlichen Erstkontakts vor und sicherte Anonymität zu. Daraufhin wurde ein Interviewtermin vereinbart. Die Befragten äusserten zumeist den Wunsch, die Interviews in der Region des Wohn- oder des Arbeitsorts durchführen zu können, da dies einerseits weniger zeitaufwendig sei und dies ihnen andererseits auch die notwendige Sicherheit gebe. Drei Interviewpartnerinnen bevorzugten es, das Interview in einer anderen Stadt als der ihrigen durchzuführen, da ihnen die räumliche Distanz mehr Sicherheit vermittle und es ihnen erlaube, mit räumlichem Abstand über die Erfahrungen zu sprechen. Die Interviews fanden in Besprechungszimmern von Universitäten, Fachhochschulen, Schulen, Gemeinden und Hotels sowie in einem Fall in einer Institution zum Schutz vor häuslicher Gewalt statt.

23 Diese Form der geschlechtergerechten Sprache wurde gewählt, da auch Personen mit einer nicht binären Geschlechtsidentität sowie Transgenderpersonen oder intergeschlechtliche Personen angesprochen werden sollten.

Tabelle 2: Überblick Sample

Deckname	Bildungsstand[a)]	Alter[b)]	Dauer Bezieh.	Kinder	Zivilstand/Bezieh.-Status	Gewaltform(en)	Institutionelle Kontakte[c)]	Anzeige	Erheb.-welle[d)]
Frau Behrens	Sekundarst. I	49	15 J.	1	geschieden, 16 J. getrennt	psychisch, physisch	Spital, Psychiatrie, Opfer-beratung	ja	e-1
Frau Berchtold	Sekundarst. II	54	12 J.	2	geschieden, 7 J. getrennt	psychisch, physisch	–	nein	e-2
Frau Bertrand	Sekundarst. II	43	18 J.	1	geschieden, 1 J. getrennt	psychisch, physisch, sexualisiert	Polizei, Frauenhaus	ja	e-2
Herr Bischoff	Sekundarst. II	56	31 J.	–	geschieden, 6 Mt. getrennt	psychisch, physisch	Polizei, Spital, Opfer-beratung, Männerhaus	ja	e-1
Herr Bruns	Sekundarst. II	35	2 J.	1	ledig, 10 Mt. getrennt	psychisch, physisch	Opferberatung, Männerhaus	ja	e-1
Frau Gerber	Sekundarst. II	48	10 J.	1	ledig, 2 J. getrennt	psychisch, sexualisiert	Psychologin	nein	e-2
Frau Hefti	Sekundarst. I	20	4 J.	–	ledig, 5 Mt. getrennt	psychisch, physisch, sexualisiert	Psychiatrie	nein	e-3
Frau Huber	Sekundarst. II	35	9 Mt.	–	ledig, 11 Mt. getrennt	psychisch, physisch, sexualisiert	Polizei, Opferberatung	nein	e-1
Herr Keller	Tertiärst. A	30	13 J.	2	verheiratet, zusammen	physisch	Täterberatung	nein	e-1
Herr Maihöfer	Sekundarst. II	47	17 J.	2	verheiratet, zusammen	psychisch, physisch	Polizei, Opferberatung	nein	e-1
Frau Müller	Tertiärst. B	42	7 Mt.	2	ledig, 4 Mt. getrennt	psychisch, physisch	Polizei, Frauenhaus	zurück-gezogen	e-2
Frau Novak	Tertiärst. B	29	6 J.	1	geschieden, 2 J. getrennt	psychisch, physisch, sexualisiert	Spital	nein	e-3
Herr Reim	Sekundarst. II	42	3 J.	1	ledig, 1 J. getrennt	psychisch, physisch	Polizei, Opferberatung	ja	e-1

Deckname	Bildungsstand[a]	Alter[b]	Dauer Bezieh.	Kinder	Zivilstand/Bezieh.-Status	Gewaltform(en)	Institutionelle Kontakte[c]	Anzeige	Erheb.-welle[d]
Frau Rossi	Tertiärst. A[e]	72	16 J.	1	geschieden, 38 J. getrennt	psychisch, physisch, sexualisiert	–	nein	e-2
Frau Ruiz	Tertiärst. A	56	22 J.	1	verheiratet, 5 Mt. getrennt	psychisch, finanziell	–	nein	e-1[f]
Frau Schmid	Tertiärst. A	62	22 J.	2	geschieden, 21 J. getrennt	psychisch, physisch, sexualisiert	–	nein	e-3
Frau Spindler	Tertiärst. A	40	19 J.	2	verheiratet, 1.5 J. getrennt	psychisch, physisch	Psychologin, Frauennottelefon	nein	e-2
Frau Steiner	Tertiärst. A	46	4 J.	2	geschieden, 12 J. getrennt	psychisch, physisch	–	nein	e-2

Quelle: eigene Darstellung.
Anmerkungen: [a] „Sekundarstufe I" bezieht sich auf die obligatorische Schule, während sich „Sekundarstufe II" in diesem Sample auf die berufliche Grundbildung bezieht. Zur Tertiärstufe B gehören die höhere Berufsbildung, die Höheren Fachschulen sowie Eidgenössische Berufsprüfungen und höhere Fachprüfungen (Schweizerische Eidgenossenschaft 2018b). Zur Tertiärstufe A wiederum gehören Universitäten, Eidgenössische Technische Hochschulen (ETH, EPFL), Fachhochschulen und Pädagogische Hochschulen (Schweizerische Eidgenossenschaft 2018a). [b] Zum Zeitpunkt des Interviews. [c] Im Zusammenhang mit erfahrener häuslicher Gewalt. [d] e-1: ‚klassische' Institutionen als Gatekeeper (z. B. kantonale Opferberatungs- und Täterarbeitsstellen, Frauenhäuser und ein Männerhaus), e-2: Zeitschrift Annabelle (online & print), e-3: Institutionen als Gatekeeper, die im klassischen Sinne keine Gewaltberatungsstellen sind (z. B. Psychiatriespitex sowie der Verein Lilli.ch). [e] Mit Promotion. [f] Begleitete jemanden, der betroffen war auf die Opferberatungsstelle, ohne sich selbst beraten zu lassen, fühlte sich durch den Flyer angesprochen und nahm diesen mit.

Alle vereinbarten Interviews fanden statt; es wurde somit kein Termin nicht wahrgenommen. Die Interviews dauerten jeweils zwischen eineinhalb und rund sechs Stunden. Die Auswahl der Befragten wurde auf das Thema „Gewalterfahrung im sozialen Nahraum“ eingegrenzt. Weitere Kriterien bezogen sich auf forschungsethische und rechtliche Überlegungen: Es wurden nur volljährige Personen befragt, die sich zum Erhebungszeitpunkt nicht (mehr) in einer akuten Krisensituation befanden. Tabelle 2 gibt einen Überblick über die Zusammensetzung des Samples der Studie.

Zusammenfassend lässt sich das Sample wie folgt charakterisieren: Die Befragten waren zum Interviewzeitpunkt zwischen 20 und 72 Jahre alt. Die Beziehungen, in denen sie Gewalt erfahren hatten, hatten sich auf eine Dauer zwischen rund sieben Monaten und rund 31 Jahren erstreckt. Zum Zeitpunkt der Interviews lagen diese Beziehungen zwischen fünf Monaten und rund 38 Jahren zurück. Zwei Interviewpartner waren zum Erhebungszeitpunkt nach wie vor in der Beziehung mit ihren Partnerinnen, auf die sich das Interview bezog. Die Interviewten waren sowohl verheiratet als auch unverheiratet, alle Befragten hatten Gewalt jedoch in heterosexuellen Beziehungskontexten erlebt. Wie in den Ausführungen zum Forschungsstand dargelegt wurde, gehen Forscherinnen wie z. B. Daniela Gloor und Hanna Meier (2014a) und Monika Schröttle (2011) davon aus, dass insbesondere gewaltbetroffene Frauen aus mittleren und gehobenen sozialen Lagen (Schröttle 2011) sowie Frauen aus der Mehrheitsgesellschaft generell (Gloor et al. 2014a) die in der Regel schwer erreichbare Zielgruppe darstellen würden. Wie der Übersicht über das Sample in Tabelle 2 entnommen werden kann, hat sich diese Schwelle der Erreichbarkeit und Unsichtbarkeit in der vorliegenden Studie nicht manifestiert. Die Analyse des Samples zeigt des Weiteren, dass vor allem die Rekrutierung über die Zeitschrift *Annabelle* den Zugang zu dieser Zielgruppe ermöglicht hatte. Zielgruppen, die demgegenüber, wie bereits erwähnt, nicht erreicht werden konnten, waren z. B. Transgenderpersonen und Personen, die in homosexuellen Beziehungskontexten Gewalt erfahren hatten – dies, obwohl Stellen wie der Checkpoint Zürich[24], die HAZ queer Zürich[25] und die Fachstelle für Transmenschen den Flyer aufgelegt und in ihren Social-Media-Kanälen auf die Studie aufmerksam gemacht hatten. Ihre Unterstützung begründeten diese Organisationen damit, dass insbesondere Gewalt in homosexuellen Beziehungen stark tabuisiert werde und Transgendermenschen eine besonders vulnerable Gruppe darstellen würden.

24 Checkpoint Zürich: Gesundheitszentrum für die Community von schwulen Männern, bisexuellen Männern, Männern, die Sex mit Männern haben, sowie Transmenschen.

25 HAZ: Homosexuelle Arbeitsgruppe Zürich.

4.4.2 Das narrativ-biografische Interview

Als Erhebungsinstrument diente das biografisch-narrative Interview. Diese Befragungsform wurde gewählt, um die Rekonstruktion biografischer Zusammenhänge und individueller Bedeutungen von Gewalt aus der Prozessperspektive in der Erzählung (Küsters 2009, S. 44) zu ermöglichen. Das Ziel bestand darin, die Lebensgeschichten und die sich darin abbildenden Entscheidungsprozesse wie auch deren Verknüpfungen zu erfassen (Riemann 2011; Schütze 1983). Die Interviews wurden mit dem Einverständnis der Befragten mit einem Diktiergerät aufgenommen und wörtlich nach den Transkriptionsregeln von Thorsten Dresing und Thorsten Pehl (2015) transkribiert. Dabei wurden die Erzählungen in der Regel – ausser bei einem Befragten, der Hochdeutsch sprach – zwar vom Schweizerdeutschen ins Hochdeutsche ‚übersetzt', abgesehen davon jedoch in „der Sprache der Befragten" (Straub/Weidemann 2015, S. 53) belassen.

Geführt wurden die Interviews gemäss den Ausführungen von Fritz Schütze (1983). Die Befragten wurden jeweils durch eine einleitende Einstiegsfrage zum spontanen Erzählen animiert (Stehgreif-Erzählungen) und zunächst nicht unterbrochen. Der narrative Einstiegsimpuls der Studie lautete sinngemäss wie folgt:

> „Dass es in der Untersuchung um Menschen geht, die Gewalt in Beziehungen erlebt haben, wissen Sie ja schon, und es geht vor allem um die Lebensgeschichten von diesen Menschen. Deshalb würde ich Sie jetzt gerne zu Beginn bitten, mir Ihre Lebensgeschichte bis heute zu erzählen. Sie können sich dazu so viel Zeit nehmen, wie Sie möchten. Ich werde Sie auch erst mal nicht unterbrechen, mir nur einige Notizen zu Fragen machen, auf die ich später dann noch eingehen werde."

Der Erzählstimulus sollte die Interviewteilnehmenden zu einer Erzählung anregen, ohne jedoch die Narration in ihrem Verlauf zu beeinflussen (Küsters 2009, S. 47). Wolfram Fischer-Rosenthal und Gabriele Rosenthal (1997) folgend wurde er thematisch offen gehalten, d.h. es wurde weder ein Anfangs- noch ein Endpunkt gesetzt oder gar eine Eingrenzung auf spezifische Lebensphasen vorgenommen (Fischer-Rosenthal et al. 1997, S. 141). Die Fokussierung der Forschung auf die Erlebensebene gab den Befragten Raum für eigene Relevanzsetzungen. Sie konnten selbst entscheiden, was sie erzählen, wo sie beginnen und wie viel Platz sie diesen Erzählungen einräumen wollten. Es sollte ihnen freigestellt sein, wie sie die Abfolge der Ereignisse gestalten wollten. Eine „starre Erzählfolie" (Schütze 1977, S. 10), nach der die Ereignisse X, Y und Z lediglich abgehandelt werden, galt es zu vermeiden (Schütze 1977, S. 10). Denn nur wenn die Interviewten die Chronologie von Ereignissen auch verlassen dürfen, können die subjektiven Relevanzsetzungen erhoben werden. Da jedoch im Sinne des ‚informed consent' im Zuge der Rekrutierung wie auch im Rahmen der ersten telefonischen Kontaktaufnahme bereits über das Forschungsthema informiert worden war, wurde schon im Stimulus auf das Thema Bezug genommen, um einerseits die Erzählung bestimmter Themenbereiche anzuregen und andererseits beim Gegenüber keine Verwirrung auszulösen (Fischer-Rosenthal et al. 1997, S. 142). 17 der 18 Befragten gingen auf den Erzählimpuls ein, wobei die dichten und ausführlichen Einstiegserzählungen zwischen 13 Minuten und maximal zwei Stunden und zehn Minuten dauerten.

Im Zusammenhang mit der Reflexion des Erhebungsinstruments und des Stimulus bestätigte sich im Laufe der Erhebung, dass es zweckmässig gewesen war, den Stimulus weit zu fassen. Bereits im Laufe der ersten Erhebungsphase zeigte sich, dass es für die Befragten eine Herausforderung und erzählerische Hürde darstellte, das Erlebte zu verbalisieren. Auch Fritz Schütze (1977, S. 22) empfiehlt gerade bei Themen, die ideologisiert, umstritten oder tabuisiert sind, den Stimulus auf Teilprozesse zu lenken. Indem auf die Frage nach der Gewalterfahrung verzichtet wurde, gelang es, die Erzählbereitschaft der Befragten nicht gleich von Beginn an zu hemmen. Auf die Frage, wie mit den Spezifika bei der Forschung mit Gewaltbetroffenen umgegangen werden kann, liefert die Studie von Barbara Kavemann und Sibylle Rothkegel (2014b) eine hilfreiche Antwort. Die Autorinnen stiessen ebenfalls auf diese erzählerische Hürde und stellten den Betroffenen u. a. die Frage, warum sie nicht über das sprechen würden, was ihnen zugestossen sei. Bei der weiteren Reflexion kamen sie zum Schluss, dass diese Frage reformuliert werden müsse, weil in dieser Frage und im darin enthaltenen ‚Warum' bereits eine normative gesellschaftliche Erwartungshaltung liege (Kavemann et al. 2014b, S. 204). Die Stimulusfrage wurde entsprechend reformuliert: Aus ‚Warum sprechen Sie nicht über das Erlebte?' wurde die analytische Frage: „Was wollen die [Befragten] aufrechterhalten, indem sie schweigen?" (Kavemann et al. 2014b, S. 204). Diese Erkenntnisse waren für die vorliegende Studie vor allem dahingehend von Bedeutung, dass Barbara Kavemann (2016) aufgrund ihrer Erfahrungen in der besagten Studie anderen Forschenden empfiehlt in der Interviewsituation „Signale von ‚Normalität'" zu senden, wobei jedoch nicht die erzählten Erfahrungen normalisiert oder bagatellisiert werden sollen, sondern vielmehr ein Zeichen gegen die Tabuisierung und die Stigmatisierung gesetzt werden solle (Kavemann 2016, S. 66).

Bei der Interviewführung wurde zudem auf die eigenen Grenzen des Fragestellens geachtet. Dies geschah ebenfalls vor dem Hintergrund der Erkenntnisse von Barbara Kavemann (2016, S. 51), die bezogen auf die Nicht-Thematisierbarkeit von Gewalt zum Schluss kam, dass die Interviewenden bestimmte Fragen, z. B. nach Gewalt und Sexualität, oftmals nicht stellen würden, weil sie davon ausgingen, dass diese Fragen nicht gestellt werden dürften resp. sollten, weil die Fragen den Forschenden selbst peinlich seien, weil die Forschenden eigene Ängste auf die Befragten projizieren würden oder weil die Fragen zum Selbstschutz nicht gestellt würden (Kavemann 2016, S. 51). Während der Vorbereitung der Interviews, in der Interviewsituation selbst wie auch bei der Nachbereitung und der Analyse wurde daher jeweils reflektiert, ob gewisse Fragen gestellt oder eben nicht gestellt worden waren. So wurde z. B. im Laufe der Analyse erkannt, dass zu Beginn der Erhebung, Themen wie Sexualität und sexualisierte Gewalt weniger konkret immanent nachgefragt wurden. So wurde darauf geachtet, dass immanent wie auch exmanent gezielt Fragen zu Sexualität und sexualisierter Gewalt gestellt wurden, da sich in der Reflexion wie auch in der Analyse gezeigt hatte, dass die Befragten diese Themen zwar selbst ansprachen, sich jedoch immer wieder rückversicherten, ob sie wirklich darüber sprechen dürften resp. ob die Forschende das auch tatsächlich hören wolle. Teilweise entschuldigten sie sich sogar dafür, so offen zu erzählen, fügten dann aber an, ‚das gehöre halt dazu'. Mit dem Ziel, eine offene Gesprächssituation zu schaffen, wurde zudem gezielt auf die Körpersprache geachtet, wenn die Befragten sprachen, um diesen nicht unbewusst, z. B. durch ein Zurücklehnen, den Erzählfluss hemmende Signale zu senden.

4.4.3 Die Heuristik für (Be-)Deutungen von Gewalt als interaktiver, dialogischer Analyseprozess

Die Auswertung der Daten wurde im Laufe der Erhebung zunehmend auf die sich abzeichnenden Phänomene der Suchbewegungen ‚des Ringens um (Be-)Deutung' der Befragten fokussiert, die sich im ‚Sprechen-über' und den damit einhergehenden Konstruktionsprozessen des Erlebten zeigten. Die GTM ermöglichte es mit ihren analytischen Werkzeugen und Perspektiven, Kategorien aus den zentralen Konzepten herauszuarbeiten und Zusammenhänge dazwischen offenzulegen. Bei der Feinanalyse ausgewählter Kernstellen wurde sequenzanalytisch vorgegangen. Die dadurch generierten dichten Beschreibungen erlaubten eine Rekonstruktion übergreifender Zusammenhänge und eröffneten vor allem den Zugang zur Ambivalenz von Deutungen (Hitzler/Honer 1997).

Flankiert wurden die klassischen GT-Kodierschritte von einer in der KGT entwickelten Sensibilität für den Schreibprozess. Aufgrund der Komplexität des Untersuchungsphänomens und der breiten Samplezusammensetzung wurde das heuristische Analysekonzept *(Be-)Deutung von Gewalt* sukzessive aus dem Material herausgearbeitet (Knapp 2013, S. 258). Auf diese Weise gelang es bereits unmittelbar zu Beginn des Forschungsprozesses, „[...] Möglichkeiten des Sehens, Organisierens und Verstehens von Erfahrung [zu] eröffnen" (Charmaz 2000, S. 515). Der interaktive, dialogische Analyseprozess im Sinne der Konfrontation des empirischen Materials mit dem im Theorieteil erläuterten heuristischen Konzept (s. Kapitel 3.2 & 3.3) wird im Folgenden näher dargelegt.

Kodierschritte: Initiales, fokussiertes und theoretisches Kodieren sowie Memo-Schreiben und Anwendung heuristischer Linsen

In der GTM wie auch in der KGT gehört das Kodieren zur zentralen Aufgabe der Interpretation. Beim Kodiervorgang werden Begriffe herausgearbeitet, die über die einzelnen Fälle hinweg angewendet werden können. Zu diesem Zweck werden die Daten in Sinneinheiten zerlegt. Für diese Sinneinheiten werden Kodes vergeben, die nicht nur deskriptiv sind, sondern erste Hinweise auf ein Konzept geben, d.h. auf eine Idee, für die diese Daten stehen könnten (Mey/Mruck 2011, S. 24–26). Kategorien bestehen aus Kodes und schliessen Wechselbeziehungen unterschiedlicher Kodes daher bereits mit ein. Konzepte hingegen sind Konstrukte, die von Forschenden aus dem Material generiert werden. Für die KGT ist charakteristisch, dass Kodes in einem ersten Schritt zu Ideen führen, anhand deren das Material weiter erkundet werden kann. Das Schreiben über die Kodes (theoretische Memos) gehört als elementarer Bestandteil ebenfalls zur Interpretation, da dadurch bereits erste theoretische Bezüge hergestellt werden können (Charmaz 2006, S. 71).

In Bezug auf die Auswertung werden in der KGT üblicherweise drei Kodierschritte als eigenständige Phasen unterschieden (Hohage 2016, S. 120): Auf der Grundlage der ermittelten Kodes (initiales Kodieren) und erster Konzepte, die der Sampling-Strategie, die in Kapitel 4.4.1 beschrieben wurde, dienen, wird die weitere Auswertung ausgedehnt. Dazu werden Fälle im Datenmaterial gemäss dem Prinzip der maximalen resp. der minimalen Varianz einander gegenübergestellt (fokussiertes Kodieren), um auf dieser Basis anschliessend eine gegenstandsverankerte Theorie entwickeln zu können. Das empirische Material wird in der Folge kontinuierlich mit den theoretischen Konzepten konfrontiert (theoretisches Kodieren). Diese drei Kodierschritte sind allerdings nur idealtypisch strikt voneinander abgrenzbar, weil der Auswertungsprozess iterativ, d.h. im Wechselspiel zwischen Material und Konzepten, verläuft (Hohage 2016, S. 120). Der nachfolgend beschriebene Gesamtauswertungsprozess wird nach den Kodierschritten gegliedert. Diese chronologische Darstellung dient der Nachvollziehbarkeit und soll nicht implizieren, dass der tatsächliche Forschungsprozess ebenso in klar separierbaren Sequenzen/Phasen verlaufen war.

Die wortwörtlichen Transkripte der Interviews und die weiteren Dokumente[26] wurden in einem ersten Schritt mithilfe des Programms MAXQDA offen kodiert (initiales Kodieren). Dieser Schritt wurde für jeden Einzelfall durchgeführt, wobei einzelne Passagen sequenzanalytisch untersucht und u.a. in Interpretationsgruppen diskutiert wurden. Das initiale Kodieren weist die grösste

26 Zum Datenkorpus zählen gemäss dem Grundsatz „all is data" von Barney Glaser (2001, S. 145) auch Tagebucheinträge sowie Briefe an Verwandte, Bekannte und Ex-Partner, welche die Befragten der Interviewerin zur Verfügung gestellt hatten.

Nähe zum Datenmaterial auf, wobei die Analyse in einem ersten Schritt Zeile für Zeile erfolgte, weil eine solche zeilenweise Kodierung zu einem kritisch-analytischen Überblick über das Material verhilft (Charmaz 2006, S. 50–51). Vorgefasste – sensibilisierende – Konzepte wurden im Rahmen des initialen (und fokussierten) Kodierens in Memos reflektiert. Diesbezüglich empfiehlt Kathy Charmaz (2006, S. 47–50) eine schnelle und spontane Vorgehensweise, damit auf dieser Kodierstufe eine Offenheit für die Exploration bleibt (Charmaz 2006, S. 47–50). Beim initialen Kodiervorgang wurde insbesondere auf In-vivo-Kodes geachtet, die sehr nahe an den Formulierungen der Befragten bleiben. Wenn die von den Befragten verwendeten Begriffe kodiert werden, kann nach Kathy Charmaz (2006, S. 55–57) die Nähe zum empirischen Material gewahrt bleiben, da subjektive Sichtweisen und Bedeutungen die Verankerung der Analyse in der Welt der Befragten sicherstellen. Das initiale Kodieren führt zu ausdifferenzierten Konzepten, die Aufschluss darüber geben, wie eine Person sich selbst sieht, auf welche gesellschaftlichen Normen und Deutungsstrukturen sie rekurriert und in welcher Wechselwirkung diese zueinander stehen (Charmaz 2006, S. 55–57). In der vorliegenden Studie war eines der ersten relevanten Konzepte das ‚Sprechen über Gewalt', wobei sich dieses nach eingehender Analyse mithilfe sukzessiver Vergleiche noch mit weiteren Subkategorien ausdifferenzieren liess.

Im Rahmen des fokussierten Kodierens wurden die ermittelten Konzepte zueinander in Beziehung gesetzt, indem die erkennbaren zentralen Phänomene fallübergreifend gemäss den Prinzipien des minimalen und maximalen Kontrastierens und anhand laufend erhobener zentraler Konzepte analysiert wurden. Deshalb basierte die Samplebildung nicht auf deduktiven Strukturierungskategorien (z.B. Geschlecht), sondern auf den Rekonstruktionen struktureller Erfahrungsräume und Deutungen, die aus dem Material empirisch herausgearbeitet werden konnten. Diese sukzessive Erweiterung verlief parallel zur theoretischen Zuspitzung, mit der auch die Erarbeitung relevanter ‚sensibilisierender Konzepte' einherging (fokussiertes Kodieren). Die ersten Konzepte wurden durch beständiges Vergleichen verfeinert, wodurch allmählich neue Dimensionen eines Konzepts hinzukamen. Auf der Grundlage dieser neu entdeckten Aspekte wurden abschliessend diejenigen Interviews gesichtet (s. Fussnote 20), in denen sich eine minimale resp. maximale Varianz erkennen liess. In einem ersten Schritt wurden Aussagen der maximalen Varianz eingehend analysiert. Kontrastfällen, bei denen für bestehende Konzepte keine Regelhaftigkeit herausgearbeitet werden konnte, wurden noch einmal initial kodiert, dieses Mal jedoch mit Fokus auf mögliche Zusammenhänge. Auf diese Weise erweiterte sich das Sample sukzessive und der Schritt des fokussierten Kodierens ermöglichte es, die ersten Konzepte auszudifferenzieren.

Die im Rahmen des initialen Kodierens als Heuristik operationalisierten Deutungen (z.B. zu Verletzungsverhältnissen) wurden im Zuge des fokussierten Kodierens weiterverfolgt, um herauszufinden, welche Bedeutungen diese

Deutungen für die Befragten haben. Dabei wurde eine subjekttheoretische Perspektive auf soziales Handeln eingenommen, weil eine solche es ermöglicht, die Bedingungen individueller Selbsterkenntnis und -anerkenntnis zu analysieren. Es sollte nachvollzogen werden, wie Individuen sich selbst gegenüber handeln und ihr Handeln Dritten gegenüber interpretieren (Blumer 1981, S. 92, 2013, S. 80). Zudem wurden soziale Handlungen gedeutet, in denen Positionierungen, z. B. als ‚Opfer', ‚Täter' resp. ‚Täterin', ‚Mann', ‚Frau' etc., angenommen, übernommen, modifiziert oder abgelehnt worden waren. Im nächsten Schritt wurden diese Selbstpositionierungen und Erfahrungen verglichen, weshalb theoretische Konzepte wie z. B. ‚Agency'[27] zum Tragen kamen.

Beim theoretischen Kodieren wurden die Erkenntnisse schliesslich mit heuristischen Linsen von aussen betrachtet, um die Beziehungen zwischen den Konzepten mithilfe dieser Perspektivenerweiterung zu untersuchen (Hohage 2016, S. 119). Diese Interpretationsschritte erforderten intensives Verfassen von Memos, die Kathy Charmaz (2006) auch als „informal analytic notes" (Charmaz 2006, S. 72) bezeichnet. Die Memos begleiteten den gesamten Forschungsprozess, weil darin nicht nur spontane Gedanken und Vorannahmen expliziert, sondern auch erste Ideen zur Auswertung wie auch erste Theoretisierungen festgehalten wurden. Für die vorliegende Studie war es diesbezüglich vor allem bedeutsam, Memos über die sich entwickelnden Kodes, die dahinterliegenden Konzepte und deren Beziehungen zueinander zu verfassen. Dieses Vorgehen half dabei, das Abstraktionsniveau der entwickelten Ideen permanent zu steigern (Charmaz 2006, S. 72). Das Memo-Schreiben und die fortlaufende Theoretisierung wirkten sich zudem sensibilisierend auf den Blick der Forschenden auf den Untersuchungsgegenstand aus, da eine Zuschreibung ‚typisch weiblicher' oder ‚typisch männlicher' Deutungen und Handlungsmuster vermieden wurde. Herausgearbeitet wurden vielmehr die Zusammenhänge, Erfahrungsräume und Deutungen sowie Zuschreibungen, die diese strukturieren (Bereswill et al. 2014, S. 35).

An dieser Stelle des Interpretationsprozesses wurden Rückbezüge zu den sensibilisierenden Konzepten notwendig, die Teil der Heuristik *(Be-)Deutungen von Gewalt* sind. Solche Rückbezüge sind Teil des abduktiven Vorgehens der KGT beim theoretischen Kodieren. Dieses folgt der Leitidee, dass kreatives Schreiben Bestandteil des Forschungsprozesses ist. Diesbezüglich von Bedeutung ist vor allem auch das kreative Spiel mit Ideen, was Kathy Charmaz „theo-

27 Nach Jan Kruse (2015, S. 493–494) erlaubt es die theoretische Sensibilität, Agency als subjektive Zuschreibung von Handlungsmächtigkeit zu verstehen und Handlungsmächtigkeit resp. Handlungs(ohn)macht als Zuschreibungsprozesse zu erkennen. Dabei wird radikal offen vorgegangen und Agency in ihrer Vielfalt möglicher Formen unter anderem als Zugang zu subjektiv konstruierten Machtverhältnissen analysiert (Kruse 2015, S. 493–494).

retical playfluness“ (Charmaz 2014, S. 137) genannt hat (Hohage 2016, S. 123). Über die Memos, die einen elementaren Baustein der Interpretation darstellten, wurden die Kodes sukzessive erweitert, verfeinert und mit Inhalten und Bedeutungen weiterentwickelt. Im fortgeschrittenen Analyseprozess bildeten die angefertigten Memos den Kern der Grounded Theory, die sich u. a. dadurch generieren liess (Charmaz 2006, S. 94).

Mit der heuristischen Linse, welche die *(Be-)Deutungen von Gewalt* mit dekonstruktivistischen Ansätzen zu rekonstruieren versuchte, wurde der gegenseitigen Verschlüsselung von Geschlecht und Gewalt nachgegangen. Anhand des Degendering-Konzepts wurde im Analyseprozess danach gefragt, welche Rolle die Sprache in Bezug darauf spielt, welche (Be-)Deutungen hervorgebracht werden, wer aus dem Bereich des Sprachlichen quasi ‚herausfällt‘ und wer in diesem Bereich ‚drin‘ ist, dort jedoch nicht sein will etc. (Grubner 2014, S. 63). Von Interesse war hier, wer sich wie qualifizieren *muss*, um dem sozialen Wissen (z. B. normativen Opfer- und Gewaltbildern) zu entsprechen. Dieses Vorgehen verhinderte, dass mit vergeschlechtlichten Lesarten des Materials der Komplexität und der Mehrdimensionalität von Geschlecht nicht entsprochen werden konnte und durch Formulierungen lediglich Machtverhältnisse und Stereotype reproduziert wurden (Bereswill et al. 2014, S. 25). Entsprechend galt es nach Mechthild Bereswill

> „[…] augenscheinliche Verknüpfungen aufzuschnüren und vermeintlich eindeutige Handlungs- und Deutungsmuster […] auf ihre latenten und gegensinnigen Bedeutungsdimensionen hin zu untersuchen.“ (Bereswill 2014, S. 197)

Trotz oder gerade wegen der Sensibilität für die wechselseitige Verschlüsselung von Geschlecht und Gewalt resp. der Grundannahme, dass Gewalt vergeschlechtlicht ist, galt es in der Analyse, keine vorschnellen Voranannahmen zu treffen. Wenn in der Darstellung der Erkenntnisse von ‚männlichen Befragten‘ oder ‚weiblichen Befragten‘ gesprochen wird, wird ‚Geschlecht‘ nicht mit typisch männlichen oder weiblichen Deutungen und Handlungsmustern assoziiert und aufgeladen. Vielmehr wird das Geschlecht als Teil der sozialen Identität und der Selbstidentifikation verstanden (Bereswill et al. 2014, S. 35). Dieses Vorgehen, das eine Zuordnung und gleichzeitig eine Suspendierung von Geschlecht verlangt, sollte verhindern, dass die Kategorie ‚Geschlecht‘ in der eigenen Interpretation wie auch in der Forschung reproduziert wird (Bereswill et al. 2014, S. 35; Hagemann-White 2001, 2002; Neuber 2011). In diesem Sinne war die Auswertung darauf ausgelegt, dass Differenzkonstruktionen kontinuierlich reflektiert wurden, wofür z. B. Interpretationsgruppen genutzt wurden.

Männlichkeiten und Weiblichkeiten bestehen – so die grundlegende Annahme der vorliegenden Studie – somit nicht bruchlos aus dem, was Männer und Frauen tun oder sagen (Bereswill 2014, S. 197). Vielmehr ist ‚Geschlecht‘

als Konfliktkategorie zu betrachten, „die im Zusammenspiel von inter- und intrasubjektivem Sinn ihre Wirkung entfaltet“ (Bereswill 2014, S. 197). Für die vorliegende Untersuchung wurde ‚Geschlecht‘ deshalb aus sozialkonstruktivistischer Perspektive als narrative Haltung gefasst. Auf diese Weise konnten die vergeschlechtlichten Deutungen, denen ‚Geschlechterwissen‘ zugrunde liegt, entlarvt werden. Aus dieser Perspektive ist es möglich, nicht von einem ‚Unterschiedlich-sein-Müssen‘ der Geschlechter als Grundhaltung oder Normalzustand auszugehen. Vielmehr spielen die Erfahrungen von Frauen *und* Männern eine Rolle, wobei diese in vergeschlechtlichten Erfahrungszusammenhängen situiert sind (Grubner 2014, S. 64).

In der Phase der Theorieentwicklung wurden über die (Be-)Deutungen sodann Rückschlüsse auf die soziale Ordnung gezogen, die wiederum die herrschenden Machtverhältnisse repräsentiert (White/Epston 2013). Dies eröffnete einen Zugang zu widersprüchlichen Handlungsorientierungen und ambivalenten Selbstentwürfen der Subjekte. Relevant waren aus dieser Perspektive insbesondere die Brüche zwischen kollektiven Handlungsorientierungen und subjektiven Deutungen und biografisch strukturierten Handlungsmustern (Bereswill 2003a, S. 191). Die Konzepte wurden danach theoretisch sortiert und fortlaufend integriert. Dazu wurden die analytischen Memos hinsichtlich der weiterentwickelten Konzepte gruppiert. Diese Sortierung und Integration der Konzepte wurde mithilfe von Memos im Sinne der theoretischen Sensibilität ausformuliert. Kathy Charmaz (2006, S. 120) betont, dass aus den zentralen Konzepten nicht notwendigerweise nur eine Hauptkategorie oder – im Falle des Sprachgebrauchs der vorliegenden Studie – nicht nur ein Konzept den Kern der Analyse bilden müsse (Charmaz 2006, S. 120). Vielmehr wurden anhand der zentralen Konzepte zunächst Kategorien gebildet, deren Beziehungen untereinander anschliessend fokussiert wurden. Diese Kategorien und ihre Verflechtungen werden in den Kapiteln der Ergebnispräsentation erläutert. Kathy Charmaz (2006, S. 115–117) folgend werden miteinander verwobene Prozesse innerhalb der Analyse dargestellt, was dazu dient, die Zusammenhänge zwischen den Konzepten klar herauszuarbeiten.

Kapitel 5
Gewalt-Modalitäten: Deutung häuslicher Gewalt als sozialer Prozess

In den nachfolgenden Kapiteln (Kapitel 6, 7 & 8) werden die empirischen Ergebnisse dargestellt, die sich bei der Rekonstruktion häuslicher Gewalt im Sinne eines sozialen Prozesses bei den Interviewanalysen ergeben haben. Im abschliessenden Kapitel (Kapitel 9) wird der prozessuale Vollzug dieser (Be-)Deutungsverschiebung bis hin zur Gewaltkonstruktion zusammengefasst. Zunächst wird in diesem Kapitel jedoch die theoretische Modellierung der Gewalt-Modalitäten erläutert, wozu zunächst eine Einführung in das theoretische Modell der Gewalt-Modalitäten erfolgt. Hierfür wird in die ersten Analysen eingeführt, auf deren Grundlage die (Be-)Deutung häuslicher Gewalt zentral gestellt wurde (Kapitel 5.1). Im Anschluss daran wird das theoretische Modell ‚Gewalt-Modalitäten' eingeführt, da dieses sich für das Erfassen dieses Phänomens eignet (Kapitel 5.2). Daran schliesst sich im gleichen Kapitel die Beschreibung der einzelnen Gegenstandsbereiche mit ihren zentralen Konzepten an. Abschliessend erfolgt eine kurze Einführung in die Darstellung der Ergebnisse (Kapitel 5.3).

5.1 Ringen um (Be-)Deutung von Gewalt als Modus Operandi

Die ersten Analysen verdeutlichten, dass Gewalt empirisch nicht distinktiv ist. Ausgehend von dieser Erkenntnis stellte sich die Frage, wie Gewalt von den Betroffenen erfahren wird resp. welche Bedeutungen in die jeweiligen Erfahrungen eingeschrieben werden. Dies gibt Aufschluss darüber, wie die Gewalterfahrungen von den Betroffenen gedeutet und vor allem interpretiert werden. Dadurch werden die sinnstiftenden Prozesse offengelegt, die die Betroffenen der Gewalt verleihen, indem sie diese (Be-)Deutungen von Gewalt sozial herstellen. Letztendlich liefert dies Erkenntnisse darüber, wie (Be-)Deutung von Gewalt entsteht.

Aus dieser forschungsleitenden Perspektive zeigte sich, dass gewaltförmige Situationen nicht gleich zu Beginn als Gewalt resp. Gewalterfahrung aufgefasst werden. Vielmehr werden sie als Widrigkeiten des Lebens von den Betroffenen objektiviert. Solche Widerfahrnisse werden z. B. als ‚Unfälle' oder auch als ‚unglückliche Umstände' interpretiert, für die letzten Endes ‚niemand' verantwortlich ist bzw. an denen ‚niemand' schuld ist. Allfällige Verletzungen waren gemäss dieser Argumentation nicht intendiert, wodurch sie eine Normalisierung und Legitimation erfahren. Auch sexualisierte Gewalt und damit eine Verletzung der sexuellen Selbstbestimmung erfahren über die Legitimitätsfolie der Paarbeziehung als eines legitimen Rahmens für Sexualität eine Normalisierung und Legitimierung. Diese Normalisierung und die Legitimierung einerseits über die Nicht-Intention und andererseits über die Legitimitätsfolie der Paarbeziehung gehen mit der Konstruktion einer ‚Nicht-Gewalt' einher. Durch diese Kontrastfolie der ‚richtigen Gewalt' oder der ‚richtigen Opfer' werden die selbst erlebten Handlungen in der Deutung zur ‚nicht richtigen Gewalt'.

Fortlaufend wird der Alltag um diese einzelnen ‚Widerfahrnisse' wiederhergestellt mit dem Ziel, die Normalität aufrechtzuerhalten. Die Normalität als solche wird jedoch selten infrage gestellt.

Mit dem Konzept der Normalität wird hierbei das allgemein Bekannte, über das nicht gesprochen werden muss – ‚das Normale' – verstanden. Dieses Wissen formt sich aus Normen und Normativen (Stehr 2006; Wildfeuer 2007). In Anlehnung an Erving Goffman (2010) wird damit der ‚normale' Beziehungsalltag gefasst, konkret die von den Befragten und in der Partnerschaft geteilten Vorstellungen zur ‚Normalität', d.h. die geteilte soziale Wirklichkeit. Nach Erving Goffman sind Strategien erforderlich, um diese Vorstellungen so *bleiben* zu lassen, wenn die Normalität z.B. durch Gewalt gefährdet wird (Dellwing 2014, S. 99; Goffman 2010, S. 227–230). In diesem Sinne wird im Folgenden auch von einem Alltagskonzept ausgegangen, dass sich dadurch charakterisiert, dass diese Normalitätsvorstellungen konstitutiv für den Alltag und damit auch für den *Beziehungs*alltag sind. Denn über den Orientierungsrahmen der Normen und Normative wird erfasst, was Alltag und damit auch ‚normal' sein soll. Es wird folglich von einem Alltagskonzept ausgegangen, das den Individuen durch die Routinen Handlungsfähigkeit ermöglicht, jedoch eine fortlaufende Herstellung dieses ‚normalen Ablaufs' nötig macht. Vor dem Hintergrund dieses Orientierungsrahmens wird zudem deutlich, dass der Alltag keine individuelle Herstellungsleistung ist. Vielmehr sind die Individuen dabei gleichermassen Subjekte wie Objekte. Laut Ingo Mörth und Meinrad Ziegler (1990, S. 88) ist es denn auch diese widersprüchliche Identität, die ‚Alltag' ausmacht: Subjekte (re)produzieren in kontinuierlichen Handlungen gesellschaftliche Verhältnisse, welche die Subjekte zugleich in ihrer Subjektivität bedrohen können (Mörth et al. 1990, S. 88).

Die empirischen Ergebnisse belegen, wie häusliche Gewalt durch diese Strategien der Aufrechterhaltung – diese Normalisierungen – zusehends in den (Beziehungs-)Alltag ausgreift und damit erst zum (Beziehungs-)Alltag wird. Sie zeigen im Anschluss an obige Ausführungen, wie die Betroffenen Alltag und damit Normalität herstellen mit dem Ziel, ihre Handlungsfähigkeit zu erhalten. Gleichzeitig werden darüber die asymmetrischen Machtverhältnisse in der Beziehung manifest und dadurch wird das Verletzungsverhältnis ausgeweitet. Die Betroffenen fühlen sich zudem zusehends in ihrem Selbst- und Fremdbild bedroht. Diese Prozessperspektive ermöglicht einen analytischen Zugang dazu, wie häusliche Gewalt in der Deutung zu einer alltäglichen Erfahrung wird bzw.

werden kann. Charakteristisch für diesen Prozess ist, dass ‚es' ab einem ‚Punkt' ‚irgendwann' fortan zur ‚Gewalt' in der Deutung wird. Dieser ‚Punkt' zeigte sich in der Analyse als Grenzerfahrung. Die bisherigen Normalisierungs- und Legitimierungsbemühungen stossen dann an ihre Grenzen, sodass mit den gewaltförmigen ‚Widerfahrnissen' nicht so weiterverfahren werden kann wie bisher. Aus der Prozessperspektive wird rekonstruierbar, wie dieser einstigen Deutung als Nicht-Gewalt eine andere Bedeutung zugeschrieben resp. eingeschrieben wird. Dieser *Point of no Return* ist der Ausgangspunkt der Sinnverschiebung, d. h. ab dann werden den gewaltförmigen Handlungen neue Bedeutungen zugeschrieben. Dieser Bruch steht nicht für eine Veränderung in der Gewaltdynamik, sondern für das Erreichen eines Limits, ab dem das Individuum die Reproduktion des Alltags und damit der Herstellung von Normalität nicht mehr leisten kann.

An den Ergebnissen lassen sich drei miteinander verschränkte Stadien ablesen: (1) die Deutung als Nicht-Gewalt, (2) die Grenzen und Brüche sowie (3) die Verschiebung der (Be-)Deutung von Gewalt. Diese drei Stadien gehen fliessend ineinander über, da sie prozesshaft miteinander verbunden sind: die Deutung als Nicht-Gewalt als Normalisierungsstrategie *(Prozess der Normalisierung)* erfährt durch Brüche mit (Beziehungs-)Idealen Grenzen der Reorganisation des Alltags *(Prozess der Entnormalisierung),* die schliesslich einen Prozess der Sinnverschiebung in Gang setzen *(Prozess der Delegitimierung),* sodass aus der Deutung als Nicht-Gewalt im Verlauf dieses Prozesses eine Verschiebung der (Be-)Deutung stattfindet und dem Erfahrenen die (Be-)Deutung von Gewalt eingeschrieben wird (s. Abb. 1).

In diesem Prozess der Delegitimierung ist zentral, dass eine neue Qualität hinzukommt: Während sich der Prozess der Entnormalisierung in der Dyade der Paarbeziehung vollzieht, werden im Rahmen des Prozesses der Delegitimierung die Deutung des Erlebten und die Frage, ob das Erfahrene legitim oder illegitim sei, zum zentralen Teil der Konfliktdynamik des Paares. Der Prozess der Delegitimierung findet dann jedoch unilateral bei den Gewaltbetroffenen statt, die zusehends in diesem Prozess der Sinnverschiebung oder auch der (Be-)Deutungsgenerierung Dritte agentivieren. Konkret bedeutet dies, dass erst durch die Figur des Dritten – Artefakte – das Erfahrene als Gewalt und damit als illegitim angesehen wird oder die Betroffenen als legitime Opfer anerkannt werden, wodurch der Akt der Gewalt seine Bedeutung der Gewalt erlangt (Lindemann 2014, S. 260–261). Artefakte werden im Folgenden begrifflich so gefasst, dass sie durch menschliches Einwirken entstanden sind. Dieses Begriffsverständnis lehnt sich nahe an die wörtliche lateinische Übersetzung an: „etwas künstlich Gemachtes" (Reicher 2013, S. 220). In diesem Sinne werden im Allgemeinen sprachliche Äusserungen, Institutionen, Regeln und Gesetze wie auch Filme als Artefakte aufgefasst (Reicher 2013, S. 220). Für die vorliegende Studie sind Artefakte zentral, weil sich die Befragten in ihrem Ringen um (Be-)Deutung

Abbildung 1: Gewalt-Modalitäten – Deutung häuslicher Gewalt als sozialer Prozess: Wie das Erfahrene seine Bedeutung der Gewalt erlangt (Quelle: eigene Darstellung)

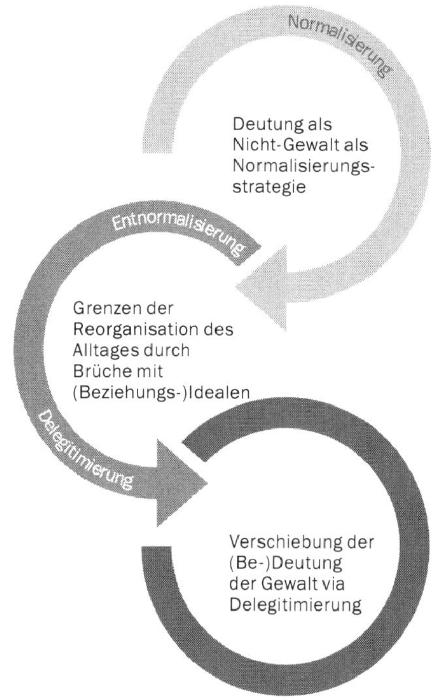

auf diese Artefakte, z.B. Gesetze oder Filme, beziehen, um das Erlebte einordnen zu können. Mit dem Artefaktbegriff soll zudem betont werden, dass auch diese in der Regel materiellen Gegenstände soziale Konstrukte sind, dass also beispielsweise die Gesetze ‚materielle Realisierungen' (Reicher 2013, S. 229) von Normen und Werten sind. Vor dem Hintergrund der vorherigen Begriffsklärung bedeutet dies, dass die Position des Dritten nicht im Sinne eines Akteurs verstanden wird, sondern in Sinne von Artefakten, die für die Betroffenen einen Orientierungsrahmen darstellen. Entlang dieses Orientierungsrahmens ordnen sie eine Handlung ein, indem sie diese als legitim oder illegitim kategorisieren und das Erfahrene somit über den Prozess der Delegitimierung als ‚Gewalt' deuten. Wenn ein Beziehungspartner resp. eine Beziehungspartnerin im dyadisch strukturieren Gewaltakt das Gegenüber verletzt, ist dieser Gewaltakt ein Verletzungsverhältnis, doch die Gewalt wird noch nicht als solche bezeichnet (Lindemann 2014, S. 260). Erst über die Abgleichung mit Artefakten, die das Erfahrene und vor allem auch das Recht des Partners resp. der Partnerin zu dieser Handlung delegitimieren, erlangt das Erfahrene die Bedeutung der Gewalt. Dieser Prozess und die Agentivierung dieser Figur des Dritten werden in den nachfolgenden drei Ergebniskapiteln (Kapitel 6, 7 und 8) anhand der Daten noch konkret aufgezeigt.

Diese Perspektive auf Gewalt und der damit einhergehende Gewaltbegriff umfassen somit nicht allein ein Prozessverständnis von Gewalt. Das Besondere liegt vielmehr in der sozialkonstruktivistischen Rekonstruktion dessen, wie die Gewalt ihre Bedeutung überhaupt erst erlangt. Denn die Analyseergebnisse deuten darauf hin, dass die Frage, ob bestimmte Ereignisse als ‚Gewalt' oder als ‚Nicht-Gewalt' gedeutet werden, nicht anhand von ‚objektiven' Kriterien entschieden werden kann, sondern dass dies vielmehr von der Perspektive (und damit von den Normen, Werten und Zielen) der oder des Sprechenden abhängt. Die Analysen zeigen somit, dass das, was Gewalt ist, kontingent ist und dass das, was als Gewalt gedeutet wird, von sozialen Normen, individuellen Werten und Kriterien der interviewten Personen abhängt. Durch diese Rekonstruktion können auch diese Gewaltdeutungen und die Gewalt im Horizont der sozialen Ordnung in den Fokus gerückt werden (Staudigl 2014, S. 12).

Das Modell *Gewalt-Modalitäten* soll es folglich ermöglichen, die ‚Rolle' dieses Dritten in den Blick zu nehmen und diese genauer zu bestimmen (s. Abb. 2).

Abbildung 2: Prozessualer Vollzug der (Be-)Deutungsverschiebung bis hin zur Gewaltkonstruktion (Quelle: eigene Darstellung)

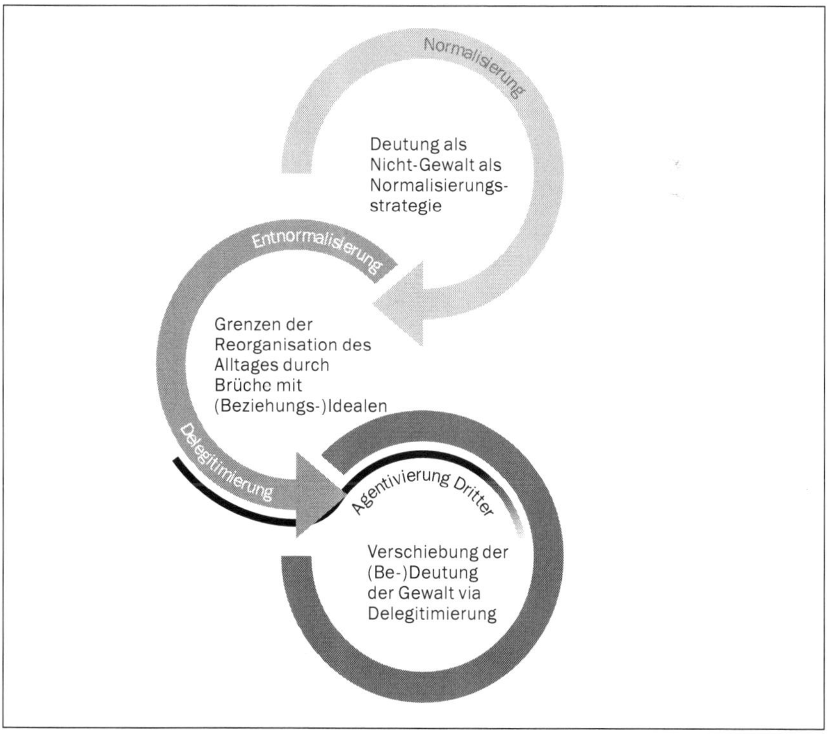

Dieser Prozess mit seinen ineinander verschränkten Stadien bildet die gegenstandsbezogene Theorie, die aus dem empirischen Material entwickelt wurde. Die Ergebniskapitel sind entsprechend dieser drei Stadien, die zugleich die Gegenstandsbereiche der vorliegenden Analyse bilden, angeordnet: Die Deutung als Nicht-Gewalt als Normalisierungsstrategie (s. Kapitel 6), die Grenzen der Reorganisation des Alltages durch Brüche mit (Beziehungs-)Idealen (s. Kapitel 7) sowie die Verschiebung der (Be-)Deutung von Gewalt via Delegitimierung (s. Kapitel 8).

5.2 Modellierung und Zusammenfassung: Gewalt-Modalitäten

Der Terminus ‚Gewalt-Modalitäten' lehnt sich an den philosophischen Modalitätenbegriff an. Unter ‚Modalitäten' wird im Allgemeinen die ‚Art und Weise' des Seins oder Geschehens verstanden (Kim 2005, S. 7). Modalitäten spiegeln die Suchbewegungen der Befragten im Ringen um (Be-)Deutung wider. ‚Modalitäten' im Plural stehen in der Lesart der vorliegenden Studie für die Möglichkeiten, die Notwendigkeit der Bedeutungen von Gewalt (Meixner 2008, S. 9). Der Begriff ‚Gewalt-Modalitäten' erlaubt es, die unterschiedlichen (und spannungsreichen) Dynamiken der (Be-)Deutung von Gewalt – das Ringen um (Be-) Deutung – zu skalieren. Der Modalitäten Begriff betont die Prozessperspektive und entspricht dem Kontinuum, als das Gewalt erlebt wird, indem bestimmte Konnotationszusammenhänge offenlegt werden. Die Gewalt-Modalitäten stehen für diesen neuen Untersuchungsraum. Mit dem Begriff gelingt es, zu erfassen, *wie* Gewalt zu ihrer Bedeutung gelangt. Wie aus der Deutung als Nicht-Gewalt die Deutung als Gewalt wird, lässt sich anhand von Gewalt-Modalitäten beschreiben. Dementsprechend dient das Modell der Theoretisierung dieses Konstruktionsmechanismus. Das Wie wird mit dem Begriff der ‚Modalitäten' erfasst.

Die Darstellung des Modells beschränkt sich nicht auf situative Interaktionen, weil sonst aus dem Blick geraten kann, dass Gewalt ein sozial konstruiertes und kontingentes Phänomen ist, das jedoch aufgrund der Relationalitäten nicht beliebig ist. Sozialtheoretisch ist Gewalt deshalb nicht nur als reine Machtdynamik zu rekonstruieren, die eine Asymmetrie zwischen einer gewaltausübenden – verletzungsmächtigen – Person und einer gewalterleidenden – verletzungsoffenen – Person etablieren will, sondern als prozessuale Konstellation, in der Deutungsprozessen und damit dem Orientierungsrahmen, über den sich diese Deutungen vollziehen, konstitutive Bedeutung zukommt. Denn ob z. B. eine Vergewaltigung, die im Rahmen einer Ehe geschieht, als legitimes Recht des Ehemannes[28] oder

---

28 An dieser Stelle wird gezielt vergeschlechtlicht, da in der Schweiz die Vergewaltigung ein vergeschlechtlichtes Delikt darstellt (EJPD 2018; Scheidegger 2018). Gemäss dem gelten-

als Gewaltakt gilt, erschliesst sich nicht aus der (körperlichen) Konfrontation zweier Personen, sondern wird in historisch und sozial präkonfigurierten Deutungs- und Bewertungsprozessen entschieden (Koloma Beck 2015), die damit relational sind.

Zusammengefasst lassen sich mithilfe der Gewalt-Modalitäten als Elemente einer Modellierung die Prozesse rekonstruieren, beschreiben und abbilden, in deren Verlauf eine Erfahrung oder Handlung allmählich als Gewalt gedeutet wird und somit die Bedeutung der Gewalt erhält – die (Be-)Deutung der Gewalt –, wie in Abbildung 3 (nächste Seite) dargestellt. Die drei Gegenstandsbereiche der Analyse werden nachfolgend je separat kurz rekapituliert.

Gegenstandsbereich 1: die Deutung als Nicht-Gewalt als Normalisierungsstrategie (Prozess der Normalisierung)

In diesem Gegenstandsbereich vollzieht sich der Prozess der Normalisierung: Die Paarbeziehung wird zum zentralen Rahmen der Erfahrung, vor deren Hintergrund die gewaltförmigen Erfahrungen und Handlungen unter Bezugnahme auf normative Beziehungs-, Opfer- und Gewaltbilder (und als Querschnittbilder normative Geschlechterbilder) ‚naturalisiert' werden. Aufgrund der Paarbeziehung als Rahmen der Erfahrung der Gewalt werden normative Beziehungsbilder zum zentralen Orientierungsrahmen. Darüber wird der Erfahrungsraum der Beziehung in die Deutung miteinbezogen („Und für mich, es ist irgendwie wie ein Teil der Beziehung geworden dann. Also dass unsere Beziehung so ist" (Frau Novak, Absatz 82)). In der Folge findet eine fortlaufende Neujustierung des Orientierungsrahmens statt, indem z.B. Idealbilder schrittweise relativiert werden. Dies vollzieht sich über *doing relation*. Konkret intensivieren die Betroffenen ihre Beziehungsarbeit, indem sie u.a. noch mehr soziale Investitionen tätigen, z.B. Zusammenziehen, noch mehr für den Partner resp. die Partnerin da sein etc. Damit wird die Gewalt zunehmend Teil des Beziehungsalltages. Zentral sind dabei die Strategien der Betroffenen. Im Folgenden wird dabei zwischen Umgangs-, Bewältigungs- und Ermächtigungsstrategien differenziert: Umgangsstrategien ermöglichen es den Befragten, gezielt und in der Regel situativ zu reagieren. Bewältigungsstrategien machen einen mittel- bis langfristigen Umgang mit dem Erlebten möglich. Ermächtigungsstrategien wenden die Befragten hingegen an, um ihr Selbst- und Weltbild und darüber ihre Handlungsmächtigkeit wieder zu erlangen und zu erhalten. Diesbezüglich ist so zentral, dass über diese Strategien, die asymmetrischen Machtverhältnisse in den Umgangs- und Bewältigungsstrategien, die die Betroffenen entwickeln und an-

---

den Gesetz können nur weibliche Personen von männlichen Personen vergewaltigt werden. Zudem bezieht sich dieser Absatz auf den Prozess der Verrechtlichung der Vergewaltigung in der Ehe.

Abbildung 3: Modell der Gewalt-Modalitäten (Quelle: eigene Darstellung)

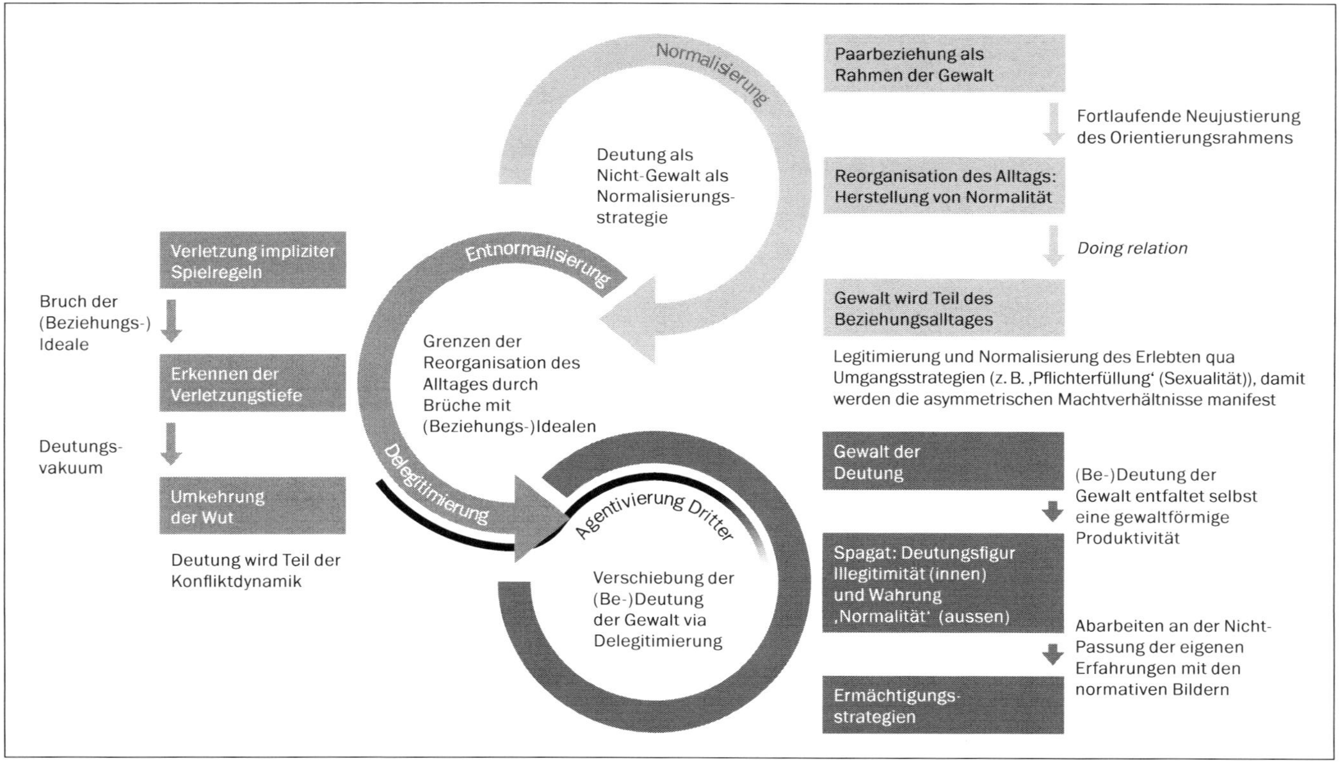

wenden, um in der Situation der Gewalt und der Beziehung zu ‚überleben', immer deutlicher manifest werden. Als Folge der sozialen Investitionen – *doing relation* – und beispielsweise der Strategien zum Umgang mit sexueller Nötigung und zur Bewältigung des Verlusts der sexuellen Selbstbestimmung, die vor dem Hintergrund der Paarbeziehung und dem Orientierungsrahmen normalisiert wird, wird u.a. der Vollzug der Sexualität zur Pflichterfüllung und zum legitimen Recht des Partners. So werden die Umgangs- und Bewältigungsstrategien selbst zum zentralen Faktor, über den die Gewalt legitimiert und normalisiert wird.

Gegenstandsbereich 2: die Grenzen der Reorganisation des Alltages durch Brüche mit (Beziehungs-)Idealen (Prozess der Entnormalisierung und Delegitimierung)

In diesem Gegenstandsbereich wird das Erfahrene entnormalisiert. Dieser Prozess wird angestossen durch einen Bruch mit (Beziehungs-)Idealen: Infolge der Verletzung impliziter Spielregeln, z.B. indem die Partnerin durch eine Messerattacke in den Rücken den Tod des Befragten riskiert, die Flucht durch die Tür nicht mehr wie gewohnt zugelassen wird oder die Gewalt vor den Kindern ausgeübt wird, kann der Orientierungsrahmen nicht mehr adjustiert werden, weshalb es nicht länger möglich ist, die Beziehungsideale zu relativieren. Es kommt zu einem Bruch mit diesen Beziehungsidealen, womit zugleich eine Grenze erreicht wird: die Grenze der Reorganisation des Alltages um die gewaltförmigen Erfahrungen und Situationen herum. Die „Verletzungstiefe" (Frau Steiner, Absatz 28) wird erkannt. Zentral ist hierbei, dass diese Verletzungstiefe in zweierlei Hinsicht zu betrachten ist: Zum einen wird erkannt, wie weitreichend die Verletzungen, die einem zugefügt werden, sind. Zum anderen wird in erster Linie jedoch erkannt, dass der Partner oder die Partnerin selbst eine Verletzung aufweisen müsse, damit er resp. sie überhaupt dazu fähig ist, einem so etwas zuzufügen, obgleich gesagt wird, er resp. sie liebe einen. Die Verletzungstiefe bezieht sich auf das Erkennen der Verletzungsmächtigkeit des Partners oder der Partnerin. Denn so geht das Erkennen der Verletzungsmächtigkeit des Partners oder der Partnerin mit der Deutung einher, dass der gewaltausübende Partner resp. die gewaltausübende Partnerin eine sehr tiefgehende Verletzung in sich trage (‚Verletzungstiefe'). Mit dieser Deutung der Verletzungstiefe wird von den Befragten verbunden, dass die häusliche Gewalt nicht ‚einfach so' wieder aufhören wird. Mit dieser Erkenntnis entsteht ein Deutungsvakuum, da der Orientierungsrahmen wegfällt. Die Betroffenen beginnen damit, ‚Dritte' zu agentivieren. In diesen Suchbewegungen – dem Ringen um (Be-)Deutung – beginnen sie z.B., sich mit Gesetzen auseinanderzusetzen und Bücher wie z.B. Selbsthilferatgeber oder Bücher zu Persönlichkeitsstörungen wie z.B. zu Narzissmus zu lesen. Diese Gesetze und Bücher werden in der Analyse als Artefakte erfasst. Es findet eine Umkehrung der Wut statt und damit auch eine Verschärfung des Verletzungsverhältnisses: Die Betroffenen sind zunächst auf sich selbst wütend und reagieren teils gar mit Aggressionen gegen sich und verletzen sich selbst. Diese Wut dreht sich jedoch zunehmend um und richtet sich (auch) gegen den Partner oder die Partnerin. Durch die Anpassung des Orientierungsrahmens, die sich über die Agentivierung von Artefakten vollzieht, wird das Erfahrene allmählich der Fraglosigkeit enthoben und dadurch delegitimiert. Die Deutung der Gewalt wird Teil der Konfliktdynamik. Zentral ist hierbei, dass nicht die Gewaltförmigkeit als solche ausgehandelt wird, sondern vielmehr die Frage, ob das Erlebte legitim sei („darfst du das?" (Frau Bertrand, Absatz 119)).

Gegenstandsbereich 3: die Verschiebung der (Be-)Deutung von Gewalt via Delegitimierung

Das Erfahrene erhält die (Be-)Deutung der Gewalt über die Bedeutung der Illegitimität. Die zentrale Bewertungsdimension liegt diesbezüglich folglich in der Frage, ob das Erlebte legitim oder illegitim sei. Wenn die Deutung und die Bedeutung des Erlebten ausgeformt sind, entfalten sie jedoch selbst eine gewaltförmige Produktivität: die Gewalt der Deutung. Die Betroffenen sehen sich mit normativen Gewalt- und Opferbildern konfrontiert, an denen sie sich abarbeiten (müssen). Diese Bilder werden von den Betroffenen als vergeschlechtlicht wahrgenommen. So nehmen die Betroffenen als vergeschlechtlicht wahr, wer als anerkanntes Opfer (‚legitimes Opfer' als weiblich kodiert) anerkannter Gewalt (‚legitime Gewalt' als körperliche Gewalt durch in der Regel einen Mann als Täter kodiert) ist.

In der Deutungsfigur der Illegitimität, auf die sich die Befragten beziehen, zeichnen sich auch verschiedene Wertbeziehungen zwischen dem ‚Aussen' und dem ‚Innen' der Beziehung ab. Während das ‚normalisierte' Beziehungsgeschehen für das Aussen noch aufrechterhalten wird, wächst für die Befragten im Innen der Beziehung der Legitimationsdruck sich selbst gegenüber, weil das Erlebte dort bereits der Fraglosigkeit und damit der Legitimität enthoben wurde. Dies verschärft die Gewalt der Deutung, denn die Befragten sehen sich infolgedessen nicht nur mit der latenten Gefährdung des Fremdbildes durch die normativen Opfer- und Gewaltbilder ausgesetzt, sondern auch einer latenten Gefährdung des Selbstbildes, die sich vor dem Hintergrund der Nicht-Passung der normativen Bilder mit dem Selbstbild im Spagat zwischen der Deutung der Illegitimität des Erfahrenen und der Wahrung der Normalität gegen aussen vollzieht. Während sich die Befragten an der Nicht-Passung der eigenen Erfahrungen mit diesen Bildern abarbeiten, entwickeln sie Ermächtigungsstrategien, welche die Art und Weise, in der sie über das Erfahrene sprechen und in der sie das Erfahrene deuten, prägen. Das Erfahrene wird beispielsweise pathologisiert. Eine weitere Ermächtigungsstrategie, die dem Erhalt des Selbstbildes dient, ist

Abbildung 4: Normalisierung der Gewalt nach der Ausformung der (Be-)Deutung als Ermächtigungsstrategie (Normalisierungsschleife) (Quelle: eigene Darstellung)

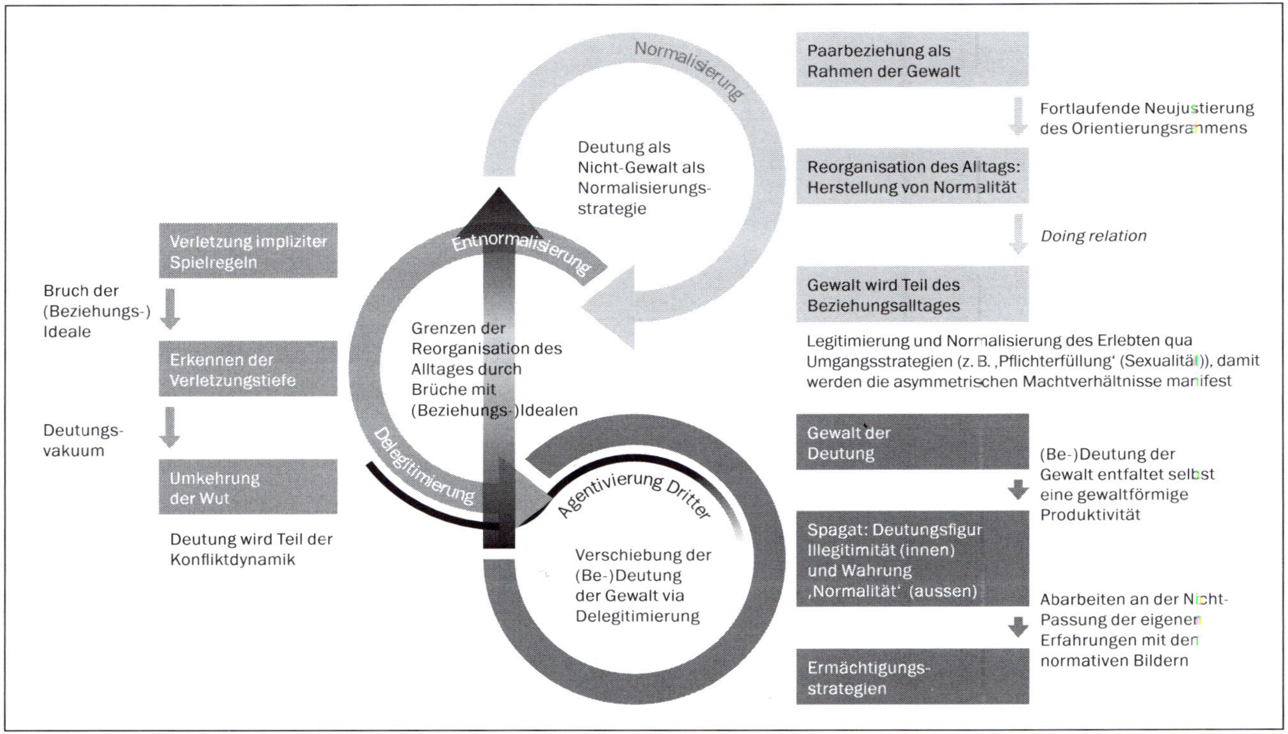

die Vergeschlechtlichung, die sich in Form einer Veranderung[29] des Erfahrenen und der Gewalt, zeigt. Wobei dies wiederum zu einer Normalisierung der Gewalt führt. Vor diesem Hintergrund kann erklärt werden, weshalb die Befragten auch bei der Kontaktaufnahme vor dem Interview von einer ‚nicht richtigen Gewalt' sprachen oder festhielten, ‚nicht richtiges Opfer zu sein'.

Dies verdeutlicht, wie in Abbildung 4 dargestellt, wie die Gewalt der Deutung auch nach der Beendigung der Beziehung noch einen Leidensdruck entfaltet: Die befragten Betroffenen sehen sich auch dann noch vor die Herausforderung gestellt, ihren Alltag um die gewaltförmigen Erfahrungen herum reorganisieren zu müssen. Dies ist vergleichbar mit der Reorganisation des Alltags innerhalb der Beziehung, die entlang der gewaltförmigen Erfahrungen und des Opferstatus erfolgt war und führt so zu einer Normalisierungsschleife: Auch nach der Beziehung greifen die Betroffenen hierfür erneut auf die Normalisierung des Erfahrenen zurück. Entsprechend kann die Normalisierung auch als Ermächtigungsstrategie gelesen werden, da die Befragten diese mitunter anwenden, um ihr Selbst-, Fremd- und Weltbild und darüber ihre Handlungsmächtigkeit wieder zu erlangen und zu erhalten.

5.3 Darstellung der Ergebnisse und theoretisches Modell

Im Anschluss an diese Einführung werden die empirischen Ergebnisse der einzelnen Gegenstandsbereiche der Gewalt-Modalitäten mit den jeweiligen zentralen Konzepten und ihren Ausprägungen kurz und übersichtlich eingeführt. Auf diese grundlegenden Ausführungen folgen Ausschnitte aus dem Interviewmaterial, anhand deren die Perspektive der Deutung illustriert wird und die Theoretisierungen vorgenommen werden. Mittels ausgewählter fokussierter Einzelfall(re)konstruktionen werden die empirischen Ergebnisse anschliessend verdeutlicht, um die Interpretationen intersubjektiv nachvollziehbar zu machen – dies sowohl hinsichtlich der jeweiligen Lesarten als auch in Bezug auf ihre theoretische Entwicklung. Mithilfe der fokussierten Einzelfall(re)konstruktionen ist es möglich, auch Ambiguitäten zuzulassen, sodass individuelle Verläufe dargelegt werden können. Hierfür werden einzelne Aspekte durch Einzelexplorationen erläutert. Dies erlaubt einerseits eine Sinnrekonstruktion des Einzelfalls und andererseits berücksichtigt diese Herangehensweise auch die Ko-Konstruktion im Sinne der KGT.

Innerhalb dieser fokussierten Einzelfall(re)konstruktionen werden zunächst Kurzporträts erstellt, die dazu dienen, die Befunde zu kontextualisieren. In der

29 Im Folgenden wird mit ‚Veranderung' oder mit dem Verb ‚verandern' auf das Othering Bezug genommen.

Zusammenfassung des Einzelfalls liegt der Fokus danach auf dem jeweiligen Konzept innerhalb des betreffenden Gegenstandsbereichs. Die Einzelfallbeispiele grenzen sich von den fokussierten Einzelfall(re)konstruktionen dahingehend ab, dass diese Materialauszüge für ein Konzept besonders relevant sind und dieses verdeutlichen, während jedoch auf eine Kontextualisierung in Form eines Kurzporträts verzichtet wird. Die Auswahl der Materialauszüge erfolgte gemäss dem Kriterium, dass sie das jeweilige Konzept nach dem Prinzip der minimalen und maximalen Varianz veranschaulichen sollen. Mithilfe der Gesprächsausschnitte wird versucht, die Entwicklung einer bestimmten Lesart nachvollziehbar darzustellen. Insbesondere lässt sich an diesen ausgewählten Materialstellen am besten illustrieren, für welches allgemeine Konzept sie stehen. Diese empirischen Konzepte stellen sodann die ersten Theoretisierungen dar, die zur besseren Lesbarkeit und Nachvollziehbarkeit im Text kursiv hervorgehoben werden.

Kapitel 6
Deutung als Nicht-Gewalt als Normalisierungsstrategie

Der Modus der ‚Deutung als Nicht-Gewalt' steht für die Bedeutung, die dem Erfahrenen von den Befragten eingeschrieben wird: Die Deutung als Nicht-Gewalt wird im Folgenden als Normalisierungsstrategie gefasst. Die in Abbildung 5 dargestellten Themen, die dieser Modus innerhalb des Prozesses der Normalisierung des Erfahrenen umfasst, beziehen sich sowohl auf die (Be-)Deutungen der Befragten und die Paarbeziehung als Kontext dieser (Be-)Deutungen als auch auf die Umgangs- und Bewältigungsstrategien der Befragten. Die Deutung als Nicht-Gewalt zeigt sich zum einen im Sprechen über Gewalt der Befragten, z.B. im Sprechen über die eigenen Gewalterfahrungen im Speziellen und im Sprechen über Gewalt im Allgemeinen, und zum anderen in den Umgangs- und Bewältigungsstrategien der Befragten.

Konkret vollzieht sich die Konstruktion der Nicht-Gewalt vor dem Hintergrund des Kontextes der Paarbeziehung. Die Paarbeziehung fungiert als zentraler und wirkmächtiger Erfahrungsraum und zugleich als Rahmen der (Gewalt-)Erfahrung. Die Gewalt greift zusehends in den Alltag der Befragten aus. Diese sehen sich mit einer „Dauergefährdung [ihrer] Normalitätsannahmen als das Normale" (Hettlage 1991, S. 143) konfrontiert. Um sich selbst ein Gefühl von Handlungsfähigkeit zu erhalten, ist eine fortlaufende Neujustierung des Orientierungsrahmens nötig. Die Befragten relativieren fortlaufend ihre Beziehungsideale. Als Bewältigungsstrategie reorganisieren Gewaltbetroffene ihren (Beziehungs-)Alltag entlang der gewaltförmigen Erfahrungen, um Normalität herzustellen. Hierfür wenden sie Strategien an, die mit dem Konzept ‚*doing relation*' gefasst werden. *Doing relation* bezieht sich auf die Leistung der Herstellung von Beziehungen. Die ist z.B. dann der Fall, wenn Befragte beschreiben, wie sie sich bemühten, sich ihrem Partner oder ihrer Partnerin noch intensiver zuzuwenden, mit dem Ziel, dass dieser resp. diese mehr Vertrauen fasse und sie dadurch nicht mehr kontrollieren ‚müsse'. Charakteristisch für diese Herstellungsleistungen ist, dass die Gewalt über diese Mechanismen allmählich Teil des Beziehungsalltages wird, da sich darüber die asymmetrischen Machtverhältnisse manifestieren. So wird das Erlebte legitimiert und normalisiert qua Umgangs- und Bewältigungsstrategien.

Rekonstruiert werden im Folgenden deshalb die Umgangsstrategien, die es den Befragten ermöglichen, gezielt und situativ zu reagieren, sowie die Bewältigungsstrategien, die ihnen einen mittel- bis langfristigen Umgang mit dem Erleb-

Abbildung 5: Übersicht ‚Deutung als Nicht-Gewalt als Normalisierungsstrategie‘ (Quelle: eigene Darstellung)

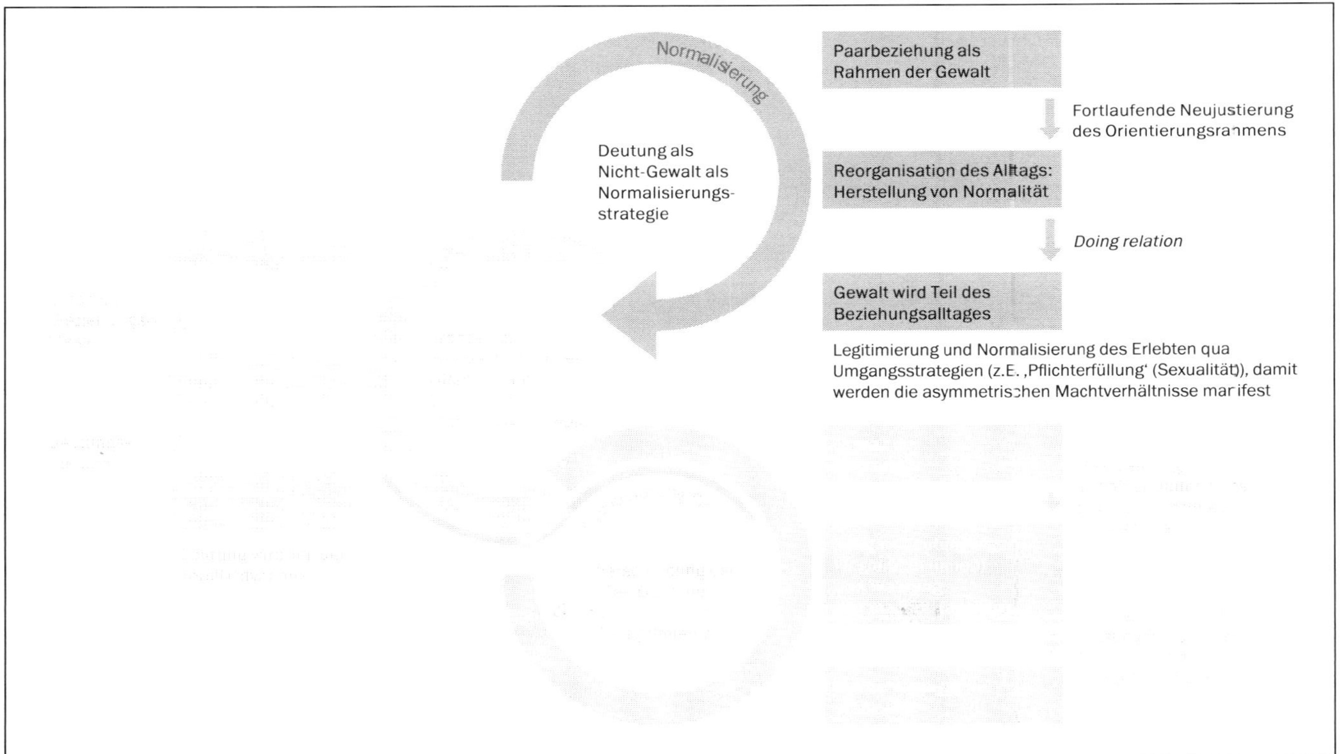

ten ermöglichen. Diese Strategien sind nur analytisch und idealtypisch voneinander zu trennen. So kann z. B. auch ein Set von Umgangsstrategien die Bewältigungsstrategien von Befragten bilden. Denn auch Strategien, die ein gezieltes Reagieren und Überleben in der Situation ermöglichen, werden mit der Zeit zu Handlungsmustern und damit zu *Leistungen zur Herstellung von Normalität.* Im Anschluss daran erfolgt eine Darlegung der *normativen Bilder,* die sowohl aus *normativen Beziehungsbildern* als auch aus *normativen Gewalt-* und *Opferbildern* bestehen. Unter die normativen Bilder fallen sowohl Bilder der Befragten als auch Bilder, auf die die Befragten rekurrieren. Normative und Normativität stehen hierbei als Teile von gesellschaftlichen Strukturen, die die Interaktionen und die Deutungen rahmen, beeinflussen und regulieren. Normative Bilder gehören als Bestandteil zu den (normativen) Ordnungsvorstellungen (Forst/Günther 2011), worüber Ordnungen ausgehandelt, gerechtfertigt oder infrage gestellt werden.

Anhand dieser hegemonial vorherrschenden Bilder vollziehen sich die Umgangsstrategien, mit denen die Betroffenen Gewalt deuten und normalisieren. Diese normativen Bilder sind demnach integraler Bestandteil bei der Bedeutungszuschreibung von *Nicht-Gewalt.*[30] Die Lesart und die These, dass die Nicht-Gewalt durch die Konstruktionen der ‚nicht richtigen Gewalt' und des ‚nicht richtigen Opfers' als Normalisierungsstrategie etabliert wird und dadurch in Zusammenhang mit einem Othering – der *Veranderung der Gewalt* – steht, werden zunächst anhand der Beziehung als Rahmen der Erfahrung und Erfahrungsraum als Ausgangspunkt plausibilisiert. Danach wird skizziert, worauf die Deutungen und die Strategien Bezug nehmen: auf normative Bilder. Abschliessend wird dargelegt, wie diese Konzepte ineinandergreifen und wie der (Beziehungs-)Alltag im Rahmen des Prozesses der Normalisierung fortlaufend reorganisiert wird mit dem Ziel, Normalität herzustellen.

6.1 Paarbeziehung als Rahmen und Erfahrungsraum der Erfahrung

Die Paarbeziehung als Erfahrungsraum steht im Zentrum der Auslegung von Gewalt als Nicht-Gewalt, denn die Normalisierung wird dem Erfahrenen über die Beziehungsebene eingeschrieben und vollzieht sich in der Paarbeziehung. Sie fungiert als Rahmen der Erfahrung. Die Paarbeziehung bildet demnach zum einen den Kontext der Gewalt und ist zum anderen der zentrale *Ort der Wirklichkeitskonstruktion:* (Be-)Deutungen sind einerseits in Beziehungen eingebet-

30 Die Einbettung dieser Normalisierung in die soziale Ordnung wird in Kapitel 9 diskutiert.

tet und andererseits werden sie erst in Beziehungen ausgehandelt und hergestellt. Die Paarbeziehung als Erfahrungsraum und damit auch als Rahmen der Erfahrung trägt damit massgeblich zur (Be-)Deutung von Nicht-Gewalt bei. Die Beziehung und vor allem die Interaktion, im Rahmen derer und durch welche diese Beziehung hergestellt wird, kann als *Ort der Wirklichkeitserzeugung* verstanden werden. Der Beziehungsraum als Ort kann dabei unterschiedlich konstruiert werden. Entweder wird der Beziehungsraum als Raum aufgefasst, der durch die Gewalt strukturiert wird, wodurch Gewalt zum Teil der Normalität *(Beziehungsraum als Gewaltraum)* wird, oder der *Beziehungsraum* wird *als Kontext* der Situation im Sinne von situativen, punktuellen *Gewaltinteraktionen* begriffen. Für beide Ausprägungsformen spielen die Umgangsstrategien eine zentrale Rolle bei der Reorganisation des Alltags und damit bei der Herstellung von Normalität. Die Produktion von Normalität entspricht einem *doing relation* – einer Herstellung von Beziehung. In diesem Zusammenhang ebenfalls von Bedeutung ist das Konzept ‚*doing relation*' erörtert, das nachfolgend anhand der Umgangs- und Bewältigungsstrategien, der Beziehungskonzepte und der Beziehungsnormen erläutert wird. Unter ‚Beziehungsnormen' werden Aspekte wie Wertvorstellungen, Verhaltensvorstellungen und Verhaltenserwartungen im Rahmen einer Beziehung zusammengefasst (Kelle 2013, S. 17).

Beiden Ausprägungen des Beziehungsraums, d.h. (1) dem *Beziehungsraum als Gewaltraum* und (2) dem *Beziehungsraum als Kontext situativer resp. punktueller Gewaltinteraktionen,* ist gemeinsam, dass ein Innen und ein Aussen konstruiert werden. Das Aussen bezieht sich konkret darauf, dass der Schein dem Umfeld gegenüber aufrechterhalten werden muss. Die zentralen Unterschiede zwischen dem Innen und dem Aussen liegen darin, dass in der Ausprägung des Beziehungsraums als Gewaltraum Normalität in erster Linie für ein Aussen hergestellt wird, wohingegen im Beziehungsraum als Kontext situativer Gewaltinteraktionen ein Innen und ein Aussen konstruiert werden, was eine situative Reorganisation des (Beziehungs-)Alltags nach sich zieht. Beim Beziehungsraum als Gewaltraum dominiert die Deutungsfigur der *Gewalt als Alltagshandeln,* während Gewalt in der Ausprägung des Beziehungsraums als Kontext situativer Gewaltinteraktionen im Zusammenhang mit punktuellen Widerfahrnissen ausgehandelt wird. In beiden Deutungsfiguren wird die Deutung als Nicht-Gewalt durch eine Veralltäglichung von Gewalt in der Deutung aufgebaut. Der Unterschied zwischen diesen beiden Ausprägungen zeigt sich beim *doing relation* darin, dass die Deutung als Gewalt beim *Beziehungsraum als Gewaltraum* zur generalisierten Struktur der Beziehung wird.

Paarbeziehung als Rahmen und Ort der Deutung

Die Paarbeziehung ist zugleich Rahmen der Erfahrung und Erfahrungsraum, der die *soziale Produktion von Normalität* bedingt. Dadurch kann die Beziehung auch als eine *Barriere der Erkenntnis* hinsichtlich der Gewalterfahrung interpretiert werden. Durch diesen Rahmen und den Erfahrungsraum werden die gewaltförmigen ‚Widerfahrnisse' permanent entlang des Orientierungsrahmens neu ausgelotet. Dieser Orientierungsrahmen wird vor dem Hintergrund der Paarbeziehung als Rahmen der Gewalt und Ort der Deutung fortlaufend neu justiert. Hierbei wird auf normative Bilder und soziale Deutungen rekurriert. Dazu wird der Orientierungsrahmen abermals mit den Geschehnissen abgeglichen (Hettlage 1991, S. 143). Anhand der fokussierten Einzelfall(re)konstruktion von Frau Novak wird nachfolgend dargelegt, wie die *Paarbeziehung als Rahmen und Erfahrungsraum der Erfahrung* fungiert und wie diese Neujustierung des Rahmens erfolgt. Der Schwerpunkt wird dabei darauf gelegt, wie über diese Neujustierung und die Reorganisation des Alltags ‚Normalität' fortlaufend neu verhandelt, dimensionalisiert und hergestellt wird. An der Falldarstellung von Frau Novak soll somit im Speziellen das Allgemeine verdeutlicht werden: Der Vollzug des Prozesses der Normalisierung des Erfahrenen wird aufgezeigt und es wird nachgezeichnet, wie die Paarbeziehung, der Orientierungsrahmen der Befragten und die vor diesem Hintergrund angewandten Strategien der Befragten darauf einwirken, dass Gewalt Teil des Beziehungsalltags und normalisiert wird.

Fokussierte Einzelfall(re)konstruktion Frau Novak: Paarbeziehung als Rahmen der Erfahrung – ‚Gewalt' als Beziehungsproblem

Frau Novak ist Schweizerin und zum Zeitpunkt des Interviews 29 Jahre alt. Sie war mit ihrem Partner rund sechs Jahre zusammen. Das Paar war verheiratet. Sie hatten keine gemeinsamen Kinder, aber der Partner brachte ein Kind mit in die Beziehung. Zum Zeitpunkt des Interviews lebt Frau Novak seit zwei Jahren von ihm getrennt. Frau Novak wurde über eine Internetplattform, die anonyme Onlineberatung und Informationen rund um Sexualität, Gewalt, Beziehungen und Frauen- und Männerthemen anbietet, auf die Studie aufmerksam.

An der fokussierten Einzelfall(re)konstruktion wird deutlich, wie der erlebten Gewalt über die Paarbeziehung als Rahmen der Erfahrung die Bedeutung von Nicht-Gewalt eingeschrieben wird. Die Gewalt wird als ‚Beziehungsproblem' (um)gedeutet, weil sie in der Paarbeziehung als Rahmen und Erfahrungsraum der Erfahrung stattfindet:

> „Also ich habe es auch nie als Gewalt, also häusliche Gewalt angesehen. Ich habe es irgendwie als Beziehungsproblem angesehen [...] Auch wenn jemand darüber geredet hat, habe ich mich nie angesprochen gefühlt." (Frau Novak, Absatz 184)

> In der Erzählung von Frau Novak ist aufschlussreich, wie sie Erfahrungen beschreibt. Sie geht explizit darauf ein, wie sie das Erlebte

fortlaufend (um)deutete. Wenn sie über eine Handlung ihres Partners oder einen Vorgang spricht, die resp. der eine Unsicherheit oder ein Unbehagen in ihr auslöste und eine Irritation im Beziehungsalltag nach sich zog, dann schildert sie, wie sie sich selbst ermahnt habe, ‚keine Szene' zu machen. Dass sie dann ‚keine Szene' gemacht hat, führte dazu, dass sie das Erlebte als ‚Unfall' umdeutete, auch wenn sie sichtbare blaue Flecken davontrug. Wenn sie geschubst oder mit Gegenständen geworfen wurde, dann interpretierte sie dies als ‚Reflex'.

Für diese Deutung des ‚Reflexes' resp. des ‚Reflexartigen', des ‚Schubsens' oder eines ‚Unfalls', der ‚einfach so geschehen ist', ist charakteristisch, dass sie gewaltförmige Situationen kausal und unter Verwendung von Redensarten beschreibt, wie z. B. „unter Strom stehen"[31] (Absatz 26) oder „Temperament durchgegangen"[32] (Absatz 80). Diese Metaphern ermöglichen Rückschlüsse auf ihre Umdeutung, denn es handelt sich dabei in erster Linie um Euphemismen. Dadurch werden z. B. Situationen, in denen sie von ihrem Partner finanziell und sozial kontrolliert wurde, beschönigt, weil sie solchen Situationen auch noch etwas Positives abgewinnen konnte: „dass sich jemand um mich kümmert" (Absatz 54). Diese Reperspektivierungen, bei denen die Paarbeziehung als Rahmen der Erfahrung eine zentrale Rolle spielt, sind charakteristisch für Frau Novaks Interpretation der gewaltförmigen Geschehnisse. So wertet sie ihre Erfahrungen nicht als Gewalt, sondern – wie eingangs bereits festgehalten – als Beziehungsproblem:

> „Und für mich, es ist irgendwie wie ein Teil der Beziehung geworden dann. Also dass unsere Beziehung so ist." (Frau Novak, Absatz 82)

Indem Frau Novak das Erlebte als Beziehungsproblem begreift, offenbaren sich die Umdeutungsprozesse, mit deren Hilfe sie versucht, die Erfahrungen in den Alltag zu integrieren. Das Erlebte erfährt dadurch eine Normalisierung: „das ist unsere Beziehung" (Absatz 82).

31 „Und irgendwann hat es halt dann angefangen, dass wir, glaube ich, so unter Strom gestanden sind, dass er mich dann halt einfach geschubst hat. (…) Also irgendwann hat es dann angefangen, mich gegen die Wand zu schubsen, gegen die Türe" (Frau Novak, Absatz 26).

32 „Aber in dem Moment habe ich auch nur gedacht, ja, das Temperament ist wohl einfach durchgegangen oder so. Und dann, ja, irgendwie, ich weiss auch nicht, es ist irgendwie einfach dazu gekommen" (Frau Novak, Absatz 80).

In ihren Äusserungen manifestieren sich einerseits Strategien und andererseits relevante normative Bilder und damit zusammenhängende Konzepte. Diese Strategien beinhalten die Umdeutung und damit die Normalisierung der Gewalt sowie die situativen Umgangsstrategien, die aufzeigen, wie sie jeweils versuchte, die betreffenden Situationen zu bewältigen. Zu diesen Strategien gehören die normativen Gewalt- und Beziehungsbilder bzw. es werden bestimmte Gewalt- und Beziehungskonzepte dafür herangezogen. In Frau Novaks Vorstellung ist häusliche Gewalt immer mit körperlicher Gewalt verbunden, die gemessen an der Schwere immer mit körperlichen Verletzungen und den deswegen notwendigen Behandlungen einhergeht:

> „Und ich habe dann halt häusliche Gewalt immer eingestuft als man muss ja im Krankenhaus landen (…) […].“ (Frau Novak, Absatz 200)

In dieser Erzählung zeigen sich das normative Gewaltbild und Frau Novaks Verständnis von Gewalt, gemäss dem Gewalt ausschliesslich als körperliche Gewalt angesehen wird. Aufgrund dieses normativen Gewaltbildes findet Frau Novak keine Passung zu ihren eigenen Erfahrungen. Sie spricht bei ihren eigenen Erfahrungen von ‚Streiten mit Wörtern‘, Beleidigungen und Druckausübung, was vor allem über Sexualität und Anspielungen geschah, die sich darauf bezogen, wie Frau Novak als Frau und als Partnerin auszusehen und sich zu verhalten habe. Frau Novak hat dann versucht, dem Idealbild ihres Partners gerecht zu werden, indem sie z. B. Diäten machte oder versuchte, eine noch ‚bessere‘ Partnerin und Stiefmutter zu sein. Um ihm zu gefallen, brach sie z. B. den Kontakt zu männlichen Freunden und bestimmten Freundinnen ab, die angeblich einen schlechten Einfluss auf sie hätten, und trug keinen roten Lippenstift mehr. Darüber hinaus gab sie sich Mühe, den Haushalt noch mehr nach den Vorstellungen ihres Partners zu führen und ‚angemessen regelmässig‘ mit ihm Geschlechtsverkehr zu haben.

In diesen Umgangs- und Bewältigungsstrategien manifestieren sich sowohl das normative Beziehungsbild als auch die zugrunde liegenden Beziehungskonzepte. Mit dem Eingehen einer Beziehung nimmt sie gleichsam eine „Rolle“ ein (Absatz 22). Sie führt aus, dass diese spezifische Rolle in einem Beziehungsraum von beiden Partnern eingenommen und der ‚Raum‘ gemeinsam durch (körperliche) Nähe ‚gefüllt‘ werde. Mit ‚körperlicher Nähe‘ meint Frau Novak, dass beide Partner in einer Beziehung so viel Zeit wie möglich gemeinsam verbringen. In der Regel haben sie diese nur zu zweit verbracht. Diese gemeinsam verbrachte Zeit und die intensive körperliche Nähe, die dadurch entstand, gaben ihr Bestätigung, weil ihr dadurch Aufmerksamkeit zuteilwurde. Zudem führt sie aus, wie zentral es für sie in ihrer damaligen Beziehung gewesen sei, dass sie mit dem Eingehen der Beziehung gleichzeitig in die Familie des Partners aufgenommen wurde, was ihrem Leben Stabilität und Sicherheit verliehen habe.

Vor dem Hintergrund dieses Beziehungskonzepts wird deutlich, wie sich Deutungen verändern und wie Frau Novak Bewertungsmassstäbe hinsichtlich des Gewaltkonzepts neu dimensionalisiert. Dies geschieht insbesondere aufgrund der Paarbeziehung als Rahmen und Erfahrungsraum der Erfahrung. Obwohl Frau Novak von ihrem Partner derart geschlagen wurde, dass sie mit einer Gehirnerschütterung, einem offenen Auge, mehreren Schnitt- und Schürfwunden im Krankenhaus behandelt werden musste, relativiert sie das Erlebte. Sie sagte gegenüber dem medizinischen Personal aus, dass sie lediglich geschubst worden und gefallen sei, weil sie dies – eine Anzeige – ihrem Partner nicht habe ‚antun' wollen.

Auch darin zeigt sich das spezifische Beziehungskonzept, weil sie es entsprechend ihrer Rolle vorzieht, ihren Partner zu schützen, und dabei in Kauf nimmt, sich nicht selbst zu schützen.

6.2 *Doing relation:* Strategien und Beziehungskonzepte

Wie am Beispiel von Frau Novak aufgezeigt werden sollte, beruhen Gewaltdeutungen auf den zugrunde liegenden Beziehungskonzepten. Gleichzeitig besteht auch ein Zusammenhang zwischen den Beziehungskonzepten und den Strategien. Im Folgenden wird der Schwerpunkt auf die Bewältigungsstrategien gelegt, da diese dem mittel- bis langfristigen Umgang mit dem Erlebten und damit der sozialen Produktion von Normalität dienen. Weil jedoch die Beziehungskonzepte der Befragten miteinbezogen werden, werden zugleich auch deren situative Umgangsstrategien offenlegt. Deshalb werden an ausgewählten Stellen beide Typen von Strategien und deren Ausprägungen skizziert. Anhand der Beziehungskonzepte und der Strategien wird dargelegt, wie normative Beziehungsbilder hinzugezogen werden, z.B. indem das Ideal der romantischen Liebe als Normalisierungstechnik der eigenen Situation resp. Beziehung eingesetzt wird. Mittels dieser normativen Bilder werden die Normalisierungstechniken in Gang gesetzt, die im Konzept der *Beziehung als Herstellungsleistung,* im *doing relation,* gefasst werden.

Reorganisation des Alltags zur Herstellung von Normalität

Durch die Rekonstruktion dieser *Herstellungsleistungen,* des *doing relation,* wird es möglich, die Handlungsmuster aufzuzeigen, die für die jeweiligen Beziehungskonzepte und -ideale konstitutiv sind. Das *doing relation* erlaubt es, eine breite Vielfalt von Beziehungskonzepten und -idealen aufzuschlüsseln. Diese werden zu Normativen, die es einerseits zu erreichen und andererseits aufrechtzuerhalten gilt. Diese Normative reichen von der Beziehung als Statussymbol (für Frauen) bis hin zur Norm der Beziehung – d.h. überhaupt eine Beziehung haben zu müssen. Des Weiteren orientieren sich Betroffene auch am Normativ des Beziehungserhalts als Verantwortungsübernahme der Partnerin resp. dem Partner gegenüber oder am Normativ des Beziehungserhalts, um Kindern eine intakte Familie zu bieten.

Bewältigungsstrategien zeigen sich in den Interviews in der Regel in Form von *Normalisierungstechniken,* die als Handlungen aufgefasst werden können, in denen sich Normen herausbilden (Kelle 2013, S. 17), aber vor allem auch perpetuieren. ‚Normalisierung' wird in diesem Kontext so verstanden, dass über Normalisierungstechniken Beziehungen als ‚normal' deklariert und damit aufrechterhalten werden sollen. Um das Erfahrene als ‚normal' einstufen zu können, werden handlungspraktische Anpassungsleistungen im Hinblick auf Beziehungsideale vollzogen, über die dann einerseits die Beziehungsideale, die durch gewaltförmige Erfahrungen einen Bruch erfahren, relativiert werden (Ottemeier-Glücks 1996, S. 79). Andererseits wird der (Beziehungs-)Alltag fortlaufend um diese gewaltförmigen Erfahrungen ‚herum' wiederhergestellt. Diese Relativierung von Beziehungsidealen und die Reproduktion des (Beziehungs-) Alltags können unter das Konzept der *Reorganisation von Alltag* subsumiert werden, da diese beiden Aspekte nicht voneinander zu trennen sind.

Zentral für dieses Verständnis ist, dass die Befragten die Beziehung als Raum begreifen, in dem ein Aussen und ein Innen der Beziehung konstruiert werden. Diese Beziehungskonzeption verlangt es, Normalität im Innen wie auch im Aussen resp. gegen aussen aufrechtzuerhalten. Dabei wird ‚um den Alltag' organisiert, wodurch sich die Befragten eine Form von Handlungsfähigkeit erhalten. Die Umgangsstrategien tragen zur sozialen Produktion von Normalität bei (Goffman 2010, S. 227–230) und werden als Set gebündelt zu Bewältigungsstrategien. Diese soziale Produktion von Normalität dient dem Ziel, mittel- bis langfristig mit dem Erlebten umgehen zu können. Wie Gewalt sukzessive zu einer alltäglichen Erfahrung wird und inwiefern zur Normalisierung Beziehungskonzepte herangezogen werden, wird nachfolgend anhand des Verlaufs der fokussierten Einzelfall(re)konstruktion von Frau Spindler veranschaulicht.

Fokussierte Einzelfall(re)konstruktion Frau Spindler: Wie Gewalt Alltag wird und wie anhand von Beziehungskonzepten Normalität hergestellt wird

Frau Spindler ist Schweizerin, Psychologin und zum Zeitpunkt des Interviews 40 Jahre alt. Sie wurde über eine Ausschreibung in einer Frauenzeitschrift auf die Studie aufmerksam. Frau Spindler hat psychische und physische Gewalt durch den Partner erfahren, mit dem sie rund 19 Jahre lang zusammen war und zwei Kinder hat. Das Paar lebt seit rund eineinhalb Jahren getrennt, ist jedoch noch verheiratet. Charakteristisch an dieser fokussierten Einzelfall(re)konstruktion ist, wie die Betroffene die erfahrene Gewalt durch Umgangsstrategien veralltäglicht.

Biografische Verflechtungen

Frau Spindler erzählt von ihrer Kindheit und Jugend als einer Geschichte des Ausschlusses, der Alltag war von Mobbing geprägt. Das Gefühl des Ausgeschlossenseins, Herabsetzung und Schläge dominieren ihre frühen Kindheitserfahrungen der Schule.

Aufschlussreich ist, dass sich in ihrer Erzählung Räume der Gewalt abzeichnen: die Schule versus das Daheim. Frau Spindler beschreibt, wie sie versucht habe, ganz ruhig zu sein und zu ‚verschwinden', um keine Zielscheibe mehr zu sein. In ihren Ausführungen verschwimmen diese beiden Räume (Schule und Daheim) zunehmend, da Frau Spindler diese Umgangsstrategien in beiden Räumen anwandte. Mit ihrem Ruhigsein bezweckte sie, daheim und in der Schule nicht mehr aufzufallen, wodurch sie als Person immer mehr ‚verschwand'. Sie hegte dadurch die Hoffnung, nicht mehr länger mit Mobbing und Gewalt konfrontiert zu werden oder daheim einem perfekten Bild entsprechen zu können, wozu sie von der Mutter angehalten wurde. Diese ‚Strategie des Verschwindens' führte Frau Spindlers Schilderungen zufolge dazu, dass sie so ruhig wurde, dass niemand mehr merkte, dass sie überhaupt da war. Der Nachteil dieser Umgangsstrategie lag allerdings darin, dass sie sich dadurch selbst verlor und sich auch selbst nicht mehr (er)kannte. Sie hatte verlernt, was sie selbst eigentlich wollte.

Beziehungskonzepte und die Veralltäglichung von Gewalt

Bereits zu Beginn der Beziehung habe ihr damaliger Partner abfällige Bemerkungen über ihr Äusseres und böse ‚Sprüche', insbesondere über ihr Gewicht, gemacht. Nachdem auch das Umfeld darauf reagiert und ihn zurechtgewiesen habe, habe sie ihn darauf angesprochen und ihm mitgeteilt, dass sie dies verletze. Er meinte allerdings nur, dass sie überempfindlich reagiere. Damals habe sie sich gesagt, dass sie das Problem irgendwie gemeinsam in den ‚Griff' kriegen könnten. Neun Jahre nach dem Kennenlernen heiraten die beiden, obwohl Frau Spindler unsicher war, ob dies der richtige Schritt sei:

„Als ich dann gedacht habe, will ich den Mann wirklich heiraten? Ich werde dem nie genügen. Ich werde immer zu wenig machen, zu wenig gut machen, so." (Frau Spindler, Absatz 32)

Die Dynamik veränderte sich mit der Geburt des ersten Kindes. Die traditionelle Rollenverteilung war dem Paar sehr wichtig, aber auch hier begann ihr damaliger Partner nach seiner Rückkehr von der Arbeit zu prüfen, ob und wie sie die Aufgaben im Haushalt neben der Kinderbetreuung erledigt habe. Seine allabendlichen Vorwürfe, dass sie den Haushalt nicht richtig führe, verstärken sich, worauf Frau Spindler mit kompensatorischen Aufräumaktionen kurz vor seiner Heimkehr reagierte:

„Ja. Das hat dann immer ein bisschen zugenommen. Dann habe ich ihm halt immer wieder gesagt ‚Das geht so nicht', aber gleichzeitig habe ich gemerkt, es kommt immer mehr, ich habe Angst. Bevor er heimkommt, räume ich schnell alles ab und schnell alles weg, weil [...] sonst schimpft er wieder. Ja, und dann irgendwann ist dann auch schon das zweite Kind gekommen. Aber das war noch, wie wir nur das Erste hatten, hat er einmal mir den Stuhl nachgeworfen, aber ich denke, er hat extra nicht getroffen." (Frau Spindler, Absatz 32)

Frau Spindler strukturierte ihren Tag in der Folge so, dass ihr Partner abends nach seiner Rückkehr von der Arbeit möglichst zufrieden sein konnte:

„Ich habe immer mehr gemerkt, ich habe panische Angst, dass etwas wieder nicht recht ist, und habe aber gleichzeitig gewusst, es ist sowieso immer nicht recht. Ich habe dann manchmal, war er irgendwie auf Geschäftsreise, und dann habe ich gedacht, wenn er heimkommt, dann mache ich das und das und das schön und dort schön und dort schön, und ich habe ja eigentlich genau gewusst, es ist dann nicht richtig." (Frau Spindler, Absatz 34)

Diese Dynamik verfestigte sich allmählich in reziproke Handlungsmuster, sodass das Paar nun eingespielten Handlungsabläufen folgte: Frau Spindler führte den Haushalt nach den Vorstellungen des Partners und versorgte die mittlerweile zwei kleinen Kinder, während ihr Partner sie abends kontrollierte und beschimpfte. Sein abschätziger Tonfall und sein Schreien wurden zur alltäglichen und einzigen Kommunikation zwischen den beiden. Die Dynamik verschärfte sich noch weiter, weil ihr Partner damit begann, Gegenstände nach ihr zu werfen. Frau Spindler relativiert diese Entwicklung in ihrer Erzählung allerdings, indem sie betont, dass der betreffende Gegenstand sie entweder verfehlt habe oder aber gar nicht schwer oder gross genug gewesen sei, um sie ernsthaft habe schädigen können. Auch als Schläge hinzukommen, relativiert Frau Spindler die neue Dynamik sogleich:

> „[A]lso nicht so, dass ich ins Spital hätte gehen müssen oder so, das alles nicht." (Frau Spindler, Absatz 34)

Die Dynamik wurde durch ihren damaligen Partner noch zusätzlich aufgeladen, indem er zu ihr sagte, dass sie sich ihm gegenüber anders verhalten hätte, wenn sie ihn lieben würde. Wenn sie ihn lieben würde, dann wüsste sie, dass ihr Verhalten ihn störe und was er von ihr erwarte. Diese Ansicht verinnerlichte Frau Spindler und richtete ihr Handeln danach aus:

> „Das ist zwar schon etwas, was ich eigentlich auch immer gedacht habe. Ich habe immer wieder gedacht, ja, ich muss halt, ich muss halt den Haushalt noch besser machen und ich muss halt, wenn er nicht reden will, dann muss ich halt ihn in Ruhe lassen, auch wenn er immer noch nicht reden will, ich muss halt einfach weggehen, ich muss ihn in Ruhe lassen, ich muss das akzeptieren." (Frau Spindler, Absatz 45)

Nach dem Umzug in ein grösseres Haus fasste Frau Spindler innerlich den Entschluss, sich noch mehr zu bemühen und „netter" und „verständnisvoller" zu sein. Gleichzeitig übernahm sie seine Sichtweise und versuchte ihn mit ihrem Verhalten nicht mehr zu ‚provozieren':

> „[J]a, und ich, eben, ich bin halt keine gute Hausfrau, da hat er schon recht, und vielleicht schaffe ich es noch besser (…) Ja." (Frau Spindler, Absatz 45)

Das Verhalten ihres damaligen Partners entschuldigt und erklärt sie mit seinem Frauenbild, das auf dem traditionellen Geschlechterbild seiner Familie beruhe. Es besagt, dass der Mensch in erster Linie über seine Arbeit und seine Arbeitsleistung definiert werde, während Frauen für die Haushaltsführung zuständig seien. Doch selbst wenn die Frau diese Aufgabe richtig mache, stehe sie in der Hierarchie immer noch unter den Männern, weil Männer eine wertvollere Arbeit leisten würden. Dieses Konzept einer geschlechterspezifisch festgelegten Arbeitsteilung teilt Frau Spindler weitestgehend:

„[I]ch finde es auch schon noch irgendwie so, die Frau muss sich dem Mann anpassen, und die Mutter gehört nach Hause.“ (Frau Spindler, Absatz 262)

Die Einzelfall(re)konstruktion von Frau Spindler zeigt, dass sie zwar zwischen ‚privat‘ und ‚öffentlich‘ unterscheidet und auch die genannten Räume (Schule vs. Daheim, Arbeit ausser Haus vs. Arbeit daheim) jeweils einem Bereich zuordnet. Allerdings löst sich diese Grenzziehung auf, weil Frau Spindler in ihrer Kindheit in beiden Räumen mit Umgangsstrategien agieren muss. Als Kind versuchte Frau Spindler in der Schule wie auch daheim, ganz ruhig zu sein, um nicht mehr aufzufallen, wodurch sie als Person immer mehr in den Hintergrund trat, bis sie vollständig verschwand. Wenngleich Frau Spindler als Erwachsene einzig im privaten Raum agiert, setzte sich dieser Rückzug auch in den Umgangsstrategien in der Beziehung fort: Frau Spindler äusserte keine eigenen Bedürfnisse mehr, sondern beschäftigte sich nur noch mit dem Idealbild des Partners, dem sie zu entsprechen versuchte.

Die Fälle von Frau Spindler und Frau Novak sind der Ausprägung *Beziehungsraum als Kontext situativer und punktueller Gewaltinteraktionen* zuzuordnen. Zugleich stehen ihre Geschichten mit den Beziehungskonzepten exemplarisch für eine maximale Varianz der Ideale, die nachstehend erläutert werden.

Gemeinsam ist beiden Fällen, dass die Betroffenen ihre jeweiligen Idealvorstellungen normalisieren und ihren Alltag danach organisieren. In beiden Verläufen sind reziproke Herstellungsleistungen, die zum Beziehungsalltag werden, rekonstruierbar. So war es in Frau Spindlers damaliger Beziehung ‚normal‘, dass ihr Partner bei unerwünschtem Verhalten jedes Mal das ‚Argument‘ „Wenn du mich lieben würdest“ (Frau Spindler, Absatz 34) anführte. Mit diesem Mittel setzte er Frau Spindler psychisch unter Druck, die ihr Verhalten als Reaktion darauf an seine Vorstellungen anpasste:

> „Er hat mir auch immer das Schnarchen vorgeworfen, wenn ich ihn lieben würde, würde ich nicht schnarchen (…). Ja. Das war so etwas, wo ich gedacht habe, was kann ich machen? Ich (…) Ja, also das ist auch so, er hat immer so Ideen gehabt von, wenn ich ihn lieben würde, dann hätte ich nicht die Blätter vom Nussbaum unter dem Nussbaum liegen lassen zwei Tage, weil ich ja wüsste, dass ihn das stören würde. Auch wenn er mir das noch nie gesagt hätte, aber ich müsste das ja wissen. Und wenn ich ihn ernst nehmen würde als Person, dann würde ich das machen. Und das zeigt ihm, dass ich ihn nicht ernst nehme. Dass ich das nicht mache, und darum muss er so mit mir umgehen (…). Das hat er dann auch häufig gesagt, hat er gesagt, ja, ich kann nichts dafür, dass ich dir das Zeug nachgeworfen habe, du hast ja das Fehlverhalten gemacht.“ (Frau Spindler, Absatz 34)

Beziehungsideale und damit verbundene Vorstellungen werden als Norm gesetzt und dadurch instrumentalisiert. Der Aufwand, den Idealen des Partners gerecht zu werden und die Beziehung gemäss seinen Idealvorstellungen zu gestalten, dominiert den Beziehungsalltag, weshalb darin kein Platz mehr für eine Gewaltdeutung bleibt:

> „Weil ich zuerst überhaupt nicht gedacht habe, dass das Gewalt ist, ich habe gedacht, das ist, ich weiss doch auch nicht, was. Streit oder was weiss ich […].“ (Frau Spindler, Absatz 251)

Diese Rekonstruktion mit Schwerpunkt auf den normativen Beziehungsbildern zeigt auf, dass und wie die Beziehungskonzepte, -ideale und -normen mit den Umgangsstrategien einhergehen und zur Herstellung von Normalität beitragen. Dieses Zusammenspiel von Beziehungskonzepten und Strategien wird im Folgenden mithilfe des Konzepts *doing relation* im Sinne einer Herstellungsleistung erläutert.

6.2.1 Beziehungskonzepte und -normen zur Herstellung von Normalität

Die Rekonstruktion des *doing relation* ermöglicht es, die Bandbreite an Beziehungskonzepten und -idealen zu erfassen, die es als Normative innerhalb einer Beziehung einerseits zu erreichen und andererseits aufrechtzuerhalten gilt. Der Beziehungsalltag wird entlang dieser Beziehungsnormen ausgestaltet. Aufgrund der Widerfahrnisse erfahren die Vorstellungen des ‚Guten‘ eine Irritation, d.h. im Kontext der Beziehungsideale erfolgt ein Bruch mit diesen Widerfahrnissen. Um situativ mit dieser Irritation umgehen zu können, wenden die Befragten bestimmte Umgangsstrategien an. Diese verfestigen sich in der Folge zunehmend zu Mustern, wodurch sie zu mittel- bis langfristigen Strategien und somit zu Bewältigungsstrategien werden. Auf diese Weise passen sich die Betroffenen im Sinne des *doing relation* handlungspraktisch an. Durch diese Adaption wird das eigene Idealbild revidiert, um dem Idealbild des Partners oder der Partnerin (noch mehr) gerecht werden zu können. So wird beispielsweise der Entschluss gefasst, noch mehr in die Beziehung zu investieren, um sie zu erhalten, z.B. durch eine Heirat oder das Zusammenziehen. Um das soziale Kapital, die Beziehung, zu sichern, wird das *doing relation* zu einer Form der *sozialen Investition* (Bourdieu 2015, S. 64–66).

Beziehung als Leistung der Herstellung eines ‚natürlichen Verlaufs‘

Zu Beziehungen äussern sich alle Befragten sowohl idealisierend als auch rationalisierend. Auch die Deutung der Beziehungen variiert zwischen den Interviewten maximal: Einerseits besteht die Vorstellung der „ganz grossen Liebe" resp. des romantischen Ideals und andererseits wird die Beziehung als „Schlupfloch" gesehen, die nur aufgrund der damaligen eigenen vulnerablen Situation eingegangen wurde. Allen Beziehungskonzepten ist jedoch gemeinsam, dass angenommen wird, dass diese einem *natürlichen Verlauf* folgen. Die nachfolgend genannten, nach dem Kennenlernen vorgesehenen Schritte sind allerdings nicht notwendigerweise chronologisch aufzufassen: Zusammenziehen, Kinderwunsch, Heirat und Hauskauf.

Doing relation erfolgt mit Blick auf diesen *natürlichen Verlauf* einer Beziehung, der nicht infrage gestellt wird. Gleichzeitig wird die Umsetzung des Verlaufs jedoch als Belastung beschrieben, die in der Beziehung eine grosse Herstellungsleistung erfordert. Die damit einhergehenden Herausforderungen bestehen vor allem darin, den (angenommenen) Idealen des Partners oder der Partnerin zu entsprechen, indem die gewünschte Rolle in der Beziehung eingenommen wird. Diese Rolle hat je nach „Stadium" der Beziehung (Verlauf), den damit zusammenhängenden Anforderungen zu entsprechen. Gleichzeitig gilt es für die Befragten, dass diese Übernahme der Rolle nicht als Herstellungsleistung im Sinne einer Handlung erkennbar wird, sondern vielmehr quasi *natürlich* gemäss dem *Verlauf* erfolgt.

Als Ursprung dieses Idealbilds eines *natürlichen Verlaufs* benennen die Befragten unterschiedliche Quellen: Einerseits wird dieser als ‚natürlich' gegeben oder stark rationalisierend als strukturell aufgezwungen interpretiert. Für die letztgenannte Deutungsfigur ist charakteristisch, dass dieser *natürliche Verlauf* und das damit verbundene Ideal von Beziehungen als Norm aus der Retrospektive bewertet werden. So wird diese Norm dann entweder grundsätzlich oder zumindest hinsichtlich der vergangenen Beziehung infrage gestellt. Ob sie diesen Verlauf selbst gewählt haben oder auf diese Weise eher den sozialen Erwartungen entsprechen wollten, sehen die Befragten unterschiedlich: Entweder haben sie die Beziehung und deren Verlauf nicht angezweifelt oder aber diesen Verlauf als eigenen Wunsch umgedeutet.

Für die Leistung der Herstellung der Beziehung und ihres natürlichen Verlaufs ist entscheidend, dass das Eingehen einer Beziehung von den Befragten ambivalent gedeutet wird. Bereits der Einstieg in die Beziehung wird als Herausforderung beschrieben, der sozusagen von ‚0 auf 100' erfolgte, als eine Partnerin oder ein Partner gefunden wurde, bei der resp. bei dem eine Passung wahrgenommen wurde (z.B. emotionaler Art oder in Bezug auf passende Zukunftswünsche wie Heirat und Kinderwunsch).

Die weiblichen Befragten erlebten diese Passung unterschiedlich, weshalb der Aspekt der Geschlechtlichkeit für die Narration einen Unterschied macht. Dabei wurde das folgende Muster ersichtlich: Aus der Sprecherinnenposition ist das zentrale Moment für die Beziehung diese Passung resp. das Abwarten einer Passung. Wenn der Partner dieselben Wünsche äusserte, wird dies in den

Narrationen der Frauen beschrieben mit „wie im Märchen, wenn der Märchenprinz kommt“ (Frau Berchtold, Absatz 31). Bei Frau Bertrand löste dieser Moment der Passung eine Kettenreaktion aus, weil sie zum ersten Mal einen Mann getroffen hatte, der diesem natürlichen Verlauf einer Beziehung bereitwillig zugestimmt habe:

> „Und ja, es ist dann relativ schnell gegangen, wo er sich gesagt hat, er könne sich vorstellen, mit mir zu wohnen, zu heiraten und ein Kind zu haben. Das war quasi das erste Mal, dass ich das von einem Mann so gehört habe. Sonst hat es immer anders geklungen, eben, Angst vor Verantwortung oder nicht unbedingt heiraten oder so. Und es hat sich dann quasi angeboten, wo ich dann das Gefühl hatte, ja, wenn denn, wenn nicht jetzt? Man hat quasi das Alter, das es dazu braucht.“ (Frau Bertrand, Absatz 15)

Die männlichen Befragten sprechen hingegen eher von einer emotionalen Passung anstatt von einer Übereinstimmung mit dem eigenen Lebensentwurf, wie z. B. bei Herrn Reim: „Es hat sofort gepasst auf der Basis von der Seele“ (Herr Reim, Absatz 15). Tendenziell wird von den männlichen Befragten das Kennenlernen und die Passung als Moment der reziproken Entscheidung, eine Beziehung einzugehen, beschrieben.

Nachdem diese Entscheidung für eine Beziehung gefällt worden war, wurde die dafür erforderliche Herstellungsleistung deutlich. Im Interview stellen die Befragten das Führen der Beziehung aufgrund der Verantwortung und der Anpassungsleistungen an den Partner resp. die Partnerin, die Familien und die Idealbilder als Belastung dar: Die eigene Lebenssituation musste an den Partner oder die Partnerin und teils auch sogleich dem Kinderwunsch und einer gemeinsamen Haushaltsführung angeglichen werden. Die individuellen Beziehungskonzepte standen zudem in einem Zusammenhang mit der Anstrengung und der Belastung, welche mit der Leistung der Herstellung des *natürlichen Verlaufs* und dem Übernehmen der Rolle in der Beziehung einherging. Ein zentrales Kennzeichen eines solches Beziehungskonzepts besteht darin, dass Einigkeit als positiver ‚normaler‘ und damit als ‚natürlicher‘ Beziehungsverlauf und als Beziehungsnorm aufgefasst wird, weswegen Diskussionen als unnötig erachtet werden, weil das Paar für eine gemeinsame Haltung und Meinung zu stehen hat. Einigkeit wird als Teil eines natürlichen Beziehungsverlaufs und somit als Norm gewertet.

Doing relation als Investition: Beziehung intensivieren, um ‚Probleme‘ zu lösen

In Bezug auf die Herstellung von Beziehung dominiert fallübergreifend auch ein Handlungsmuster, in dem sich manifestiert, wie auf Beziehungsprobleme reagiert wird: Die Handlungen werden so angepasst, dass die Beziehung intensiviert werden kann. Durch das Anpassen des eigenen Verhaltens werden Handlungen und Deutungen des Partners oder der Partnerin, die problematisiert werden oder entlang derer der Partner oder die Partnerin das eigene Verhalten problematisiert, vor dem Hintergrund der jeweiligen Beziehungsnormen und -ideale normalisiert und legitimiert. Zur Lösung von Problemen in Beziehungen passen sich die Befragten implizit und auch performativ über Körperpraktiken an die Idealbilder des Partners an. Zu den exemplarischen handlungspraktischen Anpassungsleistungen gehört beispielsweise, dass eine Beziehung und die damit einhergehenden konzeptualisierten ‚natürlichen' Verläufe (Normalität) der Beziehung sowie vor allem auch die *Norm der (attestierten) Beziehungsfähigkeit* erfüllt werden, um dem Idealbild des Partners oder der Partnerin zu entsprechen.

Konkret können die handlungspraktischen Anpassungen sehr vielfältig gestaltet sein: Sie reichen von kleineren Entscheidungen wie z. B. denjenigen, keinen roten Lippenstift mehr zu tragen, sich die Nägel nicht mehr zu lackieren oder keine Freunde resp. Freundinnen des jeweils anderen Geschlechts mehr zu treffen oder zu kontaktieren, bis hin zu grösseren Lebensfragen wie z. B. dem Einzug beim Partner oder bei der Partnerin, der Heirat oder der Zeugung eines Kindes. Mit den kleineren Anpassungen wird dem Partner beispielsweise signalisiert, eine ‚normale und angepasste' Frau in einer glücklichen Beziehung zu sein, die sich weder ‚sexy' noch ‚billig' gibt. Auch die Gewichtsabnahme erfolgt mit dem Ziel, den hegemonialen Schönheitsidealen zu entsprechen (Koppetsch 2000, S. 107). Mit den grösseren Entscheidungen möchten die Betroffenen hingegen in erster Linie die Beziehung festigen, um diese dem ‚natürlichen' Verlauf gemäss auf die ‚nächste Stufe' zu heben. Dies soll dem Partner oder der Partnerin mehr Stabilität, Halt und Sicherheit vermitteln, weil signalisiert wird, Verantwortung für die Partnerin resp. den Partner übernehmen zu wollen.

Parallel zu diesen Entscheidungen vollziehen sich Handlungen, die auf einen grossen Druckaufbau resp. selbst auferlegten Druck schliessen lassen. Die handlungspraktischen Anpassungen, die Stabilität und Halt verschaffen sollen, erfordern eine enorme Anpassungsleistung, die vom Kontaktabbruch mit dem Freundeskreis über finanzielle Herausforderungen, den Umzug in ein anderes Land oder in eine andere Stadt und Heirat als Beweis der Liebe bis hin zur Familienplanung reichen. Diese Investitionen in die Beziehung ziehen gemäss der Beschreibung der Befragten eine erhöhte Abhängigkeit vom Partner oder von der Partnerin nach sich.

6.2.2 Beziehungs- und Geschlechternormen

Im Folgenden werden nun eingehender Beziehungs- und Geschlechternormen beleuchtet. Diese Betrachtung erfolgt wie im Kapitel zuvor mit der Perspektive des *doing relation.* Vor diesem Hintergrund zeigt sich bei allen Fällen, dass die Beziehungen von *normativen Beziehungs- und Geschlechterrollen* geprägt waren, die jedoch als *Ideal* unerreichbar waren.

Auf dieses Zusammenspiel zwischen Beziehungsidealen, Geschlechternormen und Abwertungsprozessen, die sich in Machtasymmetrien manifestieren, wird nachfolgend eingegangen. Zu diesem Zweck wird dargelegt, wie diese Beziehungsbilder durch Herstellungsleistungen *normiert* werden und sich fortlaufend reproduzieren und reifizieren. Normierung als Konzept steht an dieser Stelle dafür, wie im Kontext der Paarbeziehung Massstäbe für das ‚richtige' Handeln in Beziehungen gesetzt werden (Kelle 2013, S. 17). Diese *Normierung* vollzieht sich entlang der *Beziehungs- und Geschlechterrollen im Sinne eines normalisierten, jedoch unerreichbaren Ideals* in verschiedenen Facetten.

Idealbilder ‚der perfekten Frau' oder ‚des perfekten Partners'[33] werden zur Ausgangslage eines Aushandlungsprozesses in der Beziehung, vor dessen Hintergrund ein sukzessiver Abwertungsprozess erfolgt. In diesem zirkulären Abwertungsprozess werden die Idealbilder und damit einhergehend die Machtverhältnisse festgelegt. Eben diese asymmetrischen Machtverhältnisse werden im Abwertungsprozess normalisiert. Danach wird die Situation in der Beziehungsinteraktion mit der Strategie der Pathologisierung verhandelt, indem ‚die Unfähigkeit' des Partners oder der Partnerin hinsichtlich des Erreichens dieses Idealbildes festgeschrieben wird, sodass jene Person zur resp. Zum ‚Leidenden' wird, die unter der ‚Unfähigkeit' des Partners oder der Partnerin, ‚beziehungsfähig' zu sein, zu leiden habe. Bei Frau Novak wurde dieser Abwertungsprozess von ihrem Partner im Hinblick auf ihre Kindheit – er wusste von diesen Erfahrungen und nahm explizit Bezug auf diese – aufgebaut. Ihr damaliger Partner sprach ihr vor dem Hintergrund ihrer Familiengeschichte und der Geschichte ihres Aufwachsens die Fähigkeit ab, in Aushandlungsprozessen beurteilen zu können, ‚was denn in Beziehungen normal sei und was nicht'. Letztlich negierte er auf diese Weise ihre Beziehungsfähigkeit.

In der Erzählung von Frau Novak zeigt sich überdies, wie Deutungen interaktiv ausgehandelt werden. Deutungsmächtigkeit erhielten hier beispielsweise die familiäre Situation und die elterlichen Paarbeziehungen, und zwar, indem der Beziehungsstatus der Eltern und das Aufwachsen der beiden Partner der eigenen Beziehung vergleichend gegenübergestellt wurden. In der Aushandlung der Beziehungsnormen fungierten die Art des Aufwachsens und die elterlichen Paarbeziehungen somit als Bezugswissen, d. h. als Orientierungsrahmen. Die eigenen Beziehungsideale wurden als hegemoniale Norm gesetzt, auf deren Basis

33 An dieser Stelle wird ein Unterschied in der Geschlechtlichkeit der Narration deutlich: Die Beziehungsrolle von Männern wird relational als Partner konzeptualisiert, während diejenige der Frauen in Form von Idealbildern thematisiert wird (sowohl als Partnerin als auch als Frau).

implizite Verhaltensweisen und zugrunde liegenden Beziehungsrollen kritisiert werden konnten. Über das Absprechen des (legitimen) Bezugswissens – der Partner resp. die Partnerin sei aufgrund der Beziehungsform der Eltern z. B. ‚anders' aufgewachsen –, wurde die eigene Kritik legitimiert. Vor allem jedoch wurden die eigenen normativen Beziehungsbilder normalisiert und hegemonialisiert, worin die asymmetrische Deutungshoheit manifest wird.

Dieses Muster zeigt sich in verschiedenen Beziehungsinteraktionen, in denen Aushandlungen stattfinden und Fragen zur Debatte stehen, die sich z. B. darauf beziehen, ob Frauen in Beziehungen roten Lippenstift verwenden sollen, ob Kontakte zu Freunden weiterhin gepflegt werden dürfen oder wie der Haushalt zu führen sei. Die Einwilligungen in Form von Zugeständnissen werden von den Befragten so gedeutet, dass sie den Partner oder die Partnerin nicht provozieren wollten, obwohl zugleich festgestellt wird, dass diese Zugeständnisse vom jeweiligen Partner resp. der jeweiligen Partnerin als Schuldeingeständnis gedeutet worden seien. Die Befragten beschreiben dann ein Zerbrechen am unerreichbaren Bild des perfekten Partners oder der perfekten Partnerin. Das Scheitern am Ideal und die damit verbundenen Anschuldigungen wie auch die verschiedenen Rollen als Partner, Partnerin, (Stief-)Mutter, (Stief-)Vater und Frau mussten sodann fortlaufend in den Beziehungsalltag integriert werden, um den diesbezüglichen Idealbildern des Partners oder der Partnerin jeweils zu entsprechen. Durch diese fortwährenden re-aktiven Handlungen reifizierten sich diese Beziehungsideale der Partnerin resp. des Partners allmählich in der Beziehung. Die Aushandlungsprozesse wie auch das Scheitern an diesen Bildern und die damit verbundenen Schuldzuweisungen wurden zu Bestandteilen des Beziehungsalltags:

> „Und er hat auch immer auf mein Gewicht geachtet. Das waren immer so Sachen. Er hat dann, er hat dann immer geschaut, wie viel ich esse, wann ich esse, ob ich jetzt zugenommen habe oder nicht, das ist dann auch, das war eben wie Beleidigen. ‚Ja, du, wenn du so viel isst, wirst du nur noch dicker, dann wirst du auch nicht mehr hübsch sein', oder so. Also am Anfang hat es immer so angefangen. […] Also meistens hat er immer gesagt, ‚Ich habe ein Megapotenzial, das ich einfach nicht nutze.' Das klingt am Anfang halt nicht so beleidigend. Wenn man das, aber wenn man es halt die ganze Zeit immer hört, und wenn ich, dann habe ich irgendwie so, dann habe ich Sport angefangen und Ernährung, und dann halt nie das Ziel erreicht, was einem jemand anderes setzt, dann ist es halt unbefriedigend. Und dann hört man halt immer solche Sachen, das ist dann, für mich ist es dann irgendwann beleidigend geworden, weil ich irgendwie gedacht habe, ich versuche alles, aber ich komme nie dorthin. Ja." (Frau Novak, Absatz 62)

Frau Novaks Erzählungen stehen exemplarisch dafür, wie verbale gewaltförmige Handlungen – in ihrem Fall Beleidigungen und Abwertungen – in die eigene

Erfahrung integriert werden und der Alltag an diesen Erfahrungen neu ausgerichtet wird. Dadurch wird dieses Muster manifest und die Gewaltspirale dreht sich schneller, wenn zur verbalen Gewalt noch körperliche hinzukommt. An der nachfolgenden Sequenz wird deutlich, wie sich dies vollzieht:

> „Ich habe mich dann irgendwie unwohl gefühlt. Also ich habe das gemerkt und habe dann gedacht, ja nein, du musst jetzt keine Szene machen deswegen. Also du musst dich jetzt nicht anstellen oder noch weiter damit hinausgehen. Es kommt auch immer wieder der Gedanke, ja, dann denkt man wieder zurück, ja, vielleicht ist es ja nur ein Unfall gewesen oder ein Reflex. Ein Reflex ist halt öfters, was ich dann immer gesagt habe. Ist immer reflexartig gewesen, für mich war das nicht extra. Ja. Und dann diskutiert man immer mit sich selber und dann tut man es auch wieder weg, dann ist es auch wieder weg.“ (Frau Novak, Absatz 202)

Anhand dieser Reinterpretation der häuslichen Gewalt durch Frau Novak wird deutlich, dass ihr damaliger Partner durch den eingeleiteten Abwertungsprozess Deutungshoheit innerhalb der Beziehung erlangen konnte, sodass Frau Novak die Gewalterfahrungen normalisierte, was teilweise auch noch in der retrospektiven Erzählung geschah. Diese Internalisierung von Deutungsmustern ist charakteristisch für die Befragten, was im Konzept *internalisierte asymmetrische Deutungsmächtigkeit* ausgeführt wird (s. Kapitel 7.2).

Sexuelle Verfügbarkeit als Norm und Aspekt von *doing relation*

Der Umgang mit Sexualität in der Beziehung und die damit zusammenhängenden Sexualitäts- und Beziehungskonzepte sind ein zentraler Aspekt, an dem ebenfalls aufgezeigt werden kann, wie (normative) Beziehungsbilder auf den Alltag einwirken. Darauf basierend werden Handlungsmaxime entwickelt, die dem *doing relation* dienen: Die Sexualität in der Beziehung wird als Pflicht und als Aufgabe verstanden, die es im Sinne einer guten Beziehungsgestaltung zu erfüllen gilt. Auch in diesem Zusammenhang wird über die Vermittlung von normativen Bildern von Beziehung und Sexualität ein Deutungsrahmen geschaffen und vorgegeben, der als Orientierung dient, um den Erwartungen des Partners gerecht werden zu können.

Auch Sexualität wird normalisierend als Pflicht gedeutet, die zumeist selbst aus der Retrospektive nicht infrage gestellt wird. Zudem kommt in den betreffenden Erzählsequenzen auch ein weiterer Aspekt zum Tragen: Es wird von Partnern berichtet, die (illegale) Potenzmittel (teils auch heimlich) konsumierten. Diese Potenzmittel wurden zum zentralen Aushandlungsmoment von Sexualität. Weil dadurch das Begehren noch gesteigert wurde und entsprechend auch die ‚verlangte' Quantität zunahm, wurde Druck gegenüber der Partnerin aufgebaut. Dieser zusätzliche Druck wird in den Interviews zwar problematisiert, aber das Konzept der *sexuellen Verfügbarkeit in der Beziehung* wird weder hinterfragt noch zur Diskussion gestellt. Vielmehr wurden Umgangs- und Bewältigungsstrategien entwickelt, wodurch die Sexualität in der Beziehung zum zentralen Moment der Beziehungsherstellung wurde, worüber gleichzeitig auch wieder (vermeintliche) Normalität generiert wurde. So wird z.B. beschrieben, wie ausgehend von einer ‚normalen' Frequenz an täglichem oder wöchentlichem Sexualverkehr Strategien entwickelt wurden, um diesem gesteigerten Bedürfnis nachzukommen, danach dafür ‚Ruhe' zu haben, nicht diskutieren zu müssen und einer möglichen Eifersucht des Partners zuvorzukommen, da sexuelle Unlust als Indiz des Fremdgehens gedeutet werden könnte. Frau Rossi beschreibt dies wie folgt:

> „Aber sexuell musste ich einfach quasi Tag und Nacht verfügbar sein. Auch wenn ich mich gewehrt habe, es musste einfach sein. Ich bin dann wirklich so weit gekommen, wenn das Kind schon im Bett war [...] und er kommt nachts um halb eins, eins nach Hause, [...] dann habe ich gedacht, lieber schnell machen und dann gibt es Ruhe. Man kommt dann so weit." (Frau Rossi, Absatz 22)

Durch diesen Druck, der durch die Einnahme von Potenzmitteln noch wächst, wird die Norm der sexuellen Verfügbarkeit von beiden Partnern antizipiert, wobei der Konsum von Potenzmitteln an sich bereits eine Strategie zur Bewältigung dieses ‚Drucks' darstellt, weil durch diese Norm und die Bilder einer männlichen (Omni-)Potenz die Deutungsfigur vom allgegenwärtigen männlichen Begehren aufrechterhalten wird (Schneikart 2001, S. 151). In der Literatur ist diese Deutungsfigur insbesondere in der Diaristik von Frauen häufig anzutreffen (Schneikart 2001, S. 151), was die Lesart der Umgangs- und Bewältigungsstrategie und damit der Normalisierung ebenfalls stützt, denn über diese allgemein bekannte und akzeptierte Deutungsfigur kann das Erlebte zugänglich und damit erklär- und deutbar gemacht werden.

Reifizierung und Normalisierung von (Macht-)Asymmetrien am Beispiel der Norm der sexuellen Verfügbarkeit

Die Norm der sexuellen Verfügbarkeit trägt auch zur Reifizierung und Normalisierung von (Macht-)Asymmetrien bei, weshalb auch hier die *Paarbeziehung als Rahmen und Erfahrungsraum der Erfahrung* wirkt. Durch diesen *Rahmen* wird die Beziehung in der Erzählung der Befragten zum Unmöglichkeitsraum sexualisierter Gewalt. Denn so werden Paarbeziehungen als ‚natürliche' und ‚legitime' Räume für Sexualität konzeptualisiert, sodass sie in Kontrastierung zu normativen Gewalt- oder Täterbildern (z.B. der Vergewaltiger als der unbekannte Täter im Park) eben diesen ‚Nicht-Raum' für sexualisierte Gewalt sind. Erlebte sexualisierte Gewalt wird zudem nicht als solche gedeutet, weil sie sich im Kontext von normativen Beziehungsbildern und normativen Gewaltbildern vollzieht. Wie sich den Beschreibungen der Befragten entnehmen lässt, unterscheiden sich die Bewältigungsstrategien im Umgang mit sexueller Gewalt von den Strategien zur Bewältigung anderer Gewaltformen:

> „Weil beim anderen *[Anmerkung SN: Vergewaltigung]* konnte ich irgendwie abschalten. Mich an einen anderen Ort denken, das einfach über mich ergehen lassen. [...] Das war irgendwie (...) irgendwie konnte ich das einfach besser." (Frau Huber, Absatz 119–121)

Für Frau Huber war die Problembewältigung des „anderen" das ‚kleinere Übel', wobei diese Erfahrungen in der Erzählung jedoch eine Deutungsleerstelle bleiben. Sie habe dies gut ‚händeln' können, weil sie in einer Beziehung zu ihrem Partner gestanden habe. Zugleich hält sie jedoch fest, dass es mit einem ‚Fremden' sicher etwas anderes gewesen wäre.

Umgangs- und Bewältigungsstrategien mit ihren Formen lassen sich durch drei Verlaufsszenarien illustrieren, was nachfolgend anhand von Fallbeispielen erläutert werden soll. Diese Verlaufsformen stehen exemplarisch dafür, wie (Macht-)Asymmetrien in Beziehungen aufgebaut, manifest oder durch Handlungsstrategien reifiziert und normalisiert werden.

Fallbeispiel Frau Novak – Innere Strichliste der Pflichterfüllung

Frau Novak thematisiert die Sexualität in der Beziehung als Teil einer Liste, die abzuarbeiten ist. Dieses Gefühl von Pflichterfüllung hing mit der zunehmenden Erwartungshaltung des Partners zusammen, die zu Beginn der Beziehung noch nicht in dieser Form bestanden hatte. So sollte der Geschlechtsverkehr mindestens alle zwei Tage vollzogen werden, ansonsten liess er sie die ganze Nacht nicht schlafen:

> „[I]rgendwann habe ich dann mal gesagt, ja, wenn ich jetzt mit dem nicht schlafe, dann lässt er mich nicht in Ruhe. Und habe das so empfunden, dass ich, ich kann ja nirgends anders schlafen, weil er mich nicht schlafen lässt, und ab und zu kann ich nicht, nicht mit ihm schlafen, weil dann lässt er mich auch nicht schlafen." (Frau Novak, Absatz 134)

Wenn Frau Novak die sexuellen Ansprüche ihres Partners nicht erfüllte, entstanden Konflikte, die auf die Anschuldigung hinausliefen, dass Frau Novak fremdgehe:

> „Sobald wir irgendwie drei Tage keinen Sex hatten, dass ich gedacht habe, ist ja in Ordnung, (unv.) nein, Beziehungsprobleme oder so, du willst mich nicht, oder für ihn heisst es eigentlich, ich habe mit jemand anderem geschlafen. Also irgendwie, ich musste dann auch immer zeigen, dass ich doch noch Sex mit

ihm will und dass ich mit keinem anderen geschlafen habe." (Frau Novak, Absatz 138)

Um diese Diskussionen und die Streitigkeiten zu vermeiden, begann sie nachzugeben und führte eine innere Strichliste, um sich im Alltag auf die sexuellen Bedürfnisse ihres Partners einzustellen:

> „Und ich glaube, nach irgendwie drei, vier Jahren habe ich gedacht, habe ich mir eine Liste gemacht, ich muss mit ihm irgendwie alle zwei Tage schlafen, sonst haben wir dann wieder Beziehungsprobleme oder so. Und habe auch immer wieder darauf an-, habe im Kopf geschaut, ja, heute kann ich nicht nicht mit ihm schlafen, sonst wird er wieder etwas sagen, ja, ich bin wieder unzufrieden oder was ist jetzt wieder oder so. Also das ist dann schon schwieriger geworden nach einer Weile." (Frau Novak, Absatz 134)

Durch das sexuelle Druckmittel des Partners wurde die Alltagsbewältigung für Frau Novak immer mehr zu einer Herausforderung, u.a. aufgrund des Schlafmangels. Durch ihr Nachgeben bewältigte sie dies und stellte dadurch einerseits sicher, dass der Alltag wieder möglich wurde, wobei sie diesen Alltag andererseits zugleich auch herstellte. Mit ihrem Einlenken und dem Zurückstellen der eigenen Bedürfnisse betrieb sie nach den vermeintlich geteilten Vorstellungen aktive Beziehungsherstellung, weil sie ihr Handeln nach den Normen und den Erwartungen des Partners ausrichtete. Durch diese Anpassungsleistung wurden diese Normen zugleich reifiziert, wobei die Verletzung der körperlichen Integrität und der sexuellen Selbstbestimmung normalisiert wurde.

An diesem Fallbeispiel zeigt sich der schleichende Prozess, in dem sich durch Umgangsstrategien (wie z.B. Nachgeben) Machtasymmetrien manifestieren.

Fallbeispiel Frau Bertrand – Widerstand durch Bruch mit der Norm der weiblichen Attraktivität

Frau Bertrands Fallbeispiel steht exemplarisch dafür, wie die Leistungen zur Herstellung von Beziehung und Alltag nicht mehr greifen. Die Handlungsstrategien, die in der Deutung der Befragten nur noch dem reinen Überleben in der Situation dienten, wurden zum Teil der (Beziehungs-)Normalität.

Frau Bertrand begreift Sexualität als Norm in einer Beziehung. Ihre erste Handlungsstrategie innerhalb der Beziehung im Umgang mit dieser Norm der sexuellen Verfügbarkeit bestand darin, nachzugeben. Als dies nicht mehr in den Alltag zu integrieren war, weil diese Handlungsstrategie so viel Raum einnahm, da der Druck für Frau Bertrand omnipräsent wurde, auch, da ihr

Partner ihr drohte, wenn sie dem Druck jeweils nicht nachgebe, dass er Filme, die er von ihr beim Geschlechtsverkehr gemacht habe, ihren Arbeitskollegen und ihrem Vorgesetzten schicke, sodass sich der Alltag kaum noch reorganisieren liess, änderte sie ihre Umgangsstrategien. Sie wollte auf ihren Partner möglichst unattraktiv wirken, um ihn sexuell nicht anzusprechen:

> „Also es war nicht irgendwie ein Entschluss, den man einfach so fasst. Ich habe aber gemerkt, dass ich mich nur noch schlampig angezogen habe, also eigentlich schon recht früh. Eigentlich, ich habe nicht mal eine normal / Ich konnte nicht am Abend in die Dusche, mich duschen, ich habe mich immer geduscht, wenn er nicht da ist. […] Ja, und dann habe ich auch keine Lust, habe mich nur noch schwarz angezogen, bequeme Kleider, ein bisschen schlampig, also schlampig, einfach (…) er hat natürlich gerngehabt, wenn man sich schön anzieht, eine Bluse und Schmuck und Parfum und nanana, […] Und ja, man zieht sich nachher so an, dass man sicher nicht aufreizend ist. Die Haare nicht wäscht oder irgendwie zusammenbindet, oder sicher nicht schminkt." (Frau Bertrand, Absatz 118)

Mit ihren Handlungen brach Frau Bertrand mit der Geschlechternorm der weiblichen Attraktivität (Butler 2017). Diesen Bruch vollzog sie, indem sie versuchte, die Geschlechterdifferenz im Alltag aufzuheben resp. nicht mehr herzustellen.

Fallbeispiel Frau Gerber – ‚Vollzug der Ehe'

Frau Gerber beschreibt die Sexualität in der Beziehung mit einem starken Druck, der auf sie ausgeübt worden sei, und mit einer Erwartungshaltung, der über die Norm der sexuellen Verfügbarkeit in einer Beziehung legitimiert wurde. Das Nachgeben mit dem Ziel, Ruhe zu finden und nach der ‚Erfüllung der Pflicht' schlafen zu können, veralltäglichte sich zunehmend. Der Partner habe sich dann einfach nur noch an ihr ‚bedient'. Charakteristisch an Frau Gerbers Fallbeispiel ist, wie sie in der Erzählung versucht, das Erlebte für sich einzuordnen, um ihren Alltag zu bewältigen:

> „[I]ch habe, glaube ich, immer versucht, Erklärungen dafür zu finden oder das quasi als (…) ‚Ist halt so' zu sehen." (Frau Gerber, Absatz 90)

Frau Gerber setzt die Sexualität in der Beziehung vor allem mit dem Druck gleich, der unabhängig von ihrer körperlichen Verfasstheit auf sie ausgeübt wurde, wie z. B. bei Krankheit oder entgegen ihrer Zustimmung. In ihrer Erzählung bezieht sie sich primär auf Aussagen ihres damaligen Partners, der Sexualität als eine eheliche Pflicht und als ‚Vollzug der Ehe' verstanden habe und auf diese Weise legitimierte, weshalb er Entsprechendes von ihr einfordern konnte:

„Warum habe ich eben meiner Wahrnehmung nicht vorher getraut, und ich glaube, das ist wirklich darum, weil das gesellschaftlich einfach so ein bisschen tabu ist, und weil eben, man hat so ein bisschen konkrete Vorstellungen, was ist Gewalt und was ist nicht Gewalt? Und das ist ganz sicher eben, geht nicht unter Gewalt, und es ist ja noch, noch sehr lange, das mit Vollzug der Ehe, da sind dann eben auch so Sachen gekommen, von ihm quasi, es stehe ja sogar in der Bibel, [...] und das stehe ja dort, das sei ja ein Teil der Kirche, eben Vollzug der Ehe, und das sei schliesslich Sex, und wenn man sich da verweigere, dann eben, warum ich dann überhaupt heiraten wolle und warum ich dann überhaupt eine Beziehung bräuchte und alles." (Frau Gerber, Absatz 90)

An diesem Fallbeispiel kann exemplarisch aufgezeigt werden, wie solche Normalisierungen innerhalb von Paarbeziehungen als Rahmen und Erfahrungsraum der Erfahrung ablaufen:

„[D]ie Einstellung, (...) so quasi jemanden zu Sex zu drängen in der Beziehung, ist normal. Das ist, das gehört dazu. Das ist einfach nicht, eben, es ist kein Verbrechen. [...] und irgendwie, es ist (...) es ist immer einfach legitim, und eben. Wie ein Teil einer Beziehung, Definition einer Beziehung sozusagen." (Frau Gerber, Absatz 90)

Ihr Partner habe betont, dass er ihr damit nicht schade wolle, sondern sie einfach „so sexy" (Absatz 30) sei und er nichts dafür könne. In der Wortwahl von Frau Gerber offenbart sich auch ihre Handlungsohnmacht, da sie sich als ‚Objekt der Begierde' erlebte: „er hat sich [wirklich einfach] bedient" (Absatz 28).

Das Gefühl, das diese Erwartungshaltung bei ihr hervorrief, benennt Frau Gerber wiederholt als ‚Druck', der auf ihr gelastet habe. Als Reaktion darauf wählte Frau Gerber das ihr seit der Kindheit vertraute Muster des Rückzugs. Dies habe allerdings genau das Gegenteil bewirkt, denn dadurch habe sich der Druck durch den Partner noch erhöht:

„[...] Diskussionen gehabt, wo er mich dann einfach nicht hat schlafen lassen, also teilweise wirklich bis am Morgen um zwei, [...] und dann so Vorwürfe, ach, ich immer, ich will immer schlafen und das sei das Wichtigste und das Einzige, was mir einfalle. Und er hat extrem verbal (...) dreingeschlagen." (Frau Gerber, Absatz 30)

Frau Gerber wählte als Ausweg den Rückzug, der darin bestand, dem Druck des Partners nachzugeben, obgleich sie betont, dass sie keine Lust mehr auf die gemeinsame Sexualität verspürt habe. Um den regulären Tagesablauf überhaupt noch aufrechterhalten zu können, wog sie jedoch rational ab und entschied sich dafür dem Druck des Partners nachzugeben, weil ihr damaliger Partner sie ansonsten gar nicht hätte einschlafen lassen.

In ihrer Darstellung nimmt sie auf soziale Deutungsmuster Bezug, die sie für sich übernimmt. Obwohl sie diese kurz infrage stellt, modifiziert sie diese Deutungsangebote nicht grundsätzlich, sondern verwirft ihre Zweifel und Bedenken. Opfer sind nach ihrem Dafürhalten auch Mittäter, da sie ja nicht gegangen seien. Dieses Ringen um Deutung wird am Fall von Frau Gerber offensichtlich: In ihrer Erzählung wechselt sie von einer Problematisierung des Erlebten zur Relativierung und Legitimierung im Kontext der Paarbeziehung unter Berücksichtigung der gesellschaftlichen Normen und der Beziehungs- und Geschlechternormen ihres damaligen Partners. An Frau Gerbers Erzählung wird deutlich, wie stark der eigenen Wahrnehmung misstraut wird: In der Interviewsituation spricht sie repräsentativ für den damaligen Partner, indem sie seine Stimme nachahmt. In dieser Perspektivenübernahme zeigt sich die *internalisierte asymmetrische Deutungsmächtigkeit* (s. Kapitel 7.2).

In den dargelegten drei Verlaufsformen zeigt sich in der Verlaufsform eins und drei, wie sich durch das Nachgeben als Umgangsstrategie und in der Verlaufsform zwei, wie sich durch Brüche mit der Geschlechternorm der weiblichen Attraktivität als Umgangsstrategie Machtasymmetrien manifestieren:

In den Verlaufsformen eins und drei wird deutlich, wie Machtasymmetrien im Rahmen von Beziehungen durch die Umgangsstrategien des ‚Ertragens, um Ruhe zu haben', und damit über die Sexualität und die damit verbundenen Bilder inkorporiert werden und den Alltag sukzessive transformieren. Durch diese Umgangsstrategien (z. B. den Forderungen des Partners nachzugeben), die eigentlich der Bewältigung der Situation dienen, werden normative Beziehungs- und Geschlechterbilder reifiziert. Dadurch etabliert sich ein Kreislauf, der darin besteht, dass die vermeintliche Bewältigung der Situation zur Festsetzung der Normen im Beziehungsalltag führen. Der zentrale Unterschied zwischen diesen beiden Verlaufsformen liegt nicht in der Umgangsstrategie, sondern in der Art der Manifestation der Machtasymmetrien. So wird mit Verlaufsform drei deutlich, wie auf soziale Deutungsmuster Bezug genommen wird und wie diese übernommen werden: durch den gedeuteten Rückzug, der für die Umgangsstrategie ‚dem Druck nachgeben steht', entsteht die (Be-)Deutung der Mittäterschaft.

In Verlaufsform zwei wird deutlich, wie der Bruch mit der Geschlechternorm der weiblichen Attraktivität (Butler 2017) als Umgangsstrategie zu lesen ist. Trotz des Bruchs und der damit verbundenen Kritik an der Norm der sexuellen Verfügbarkeit, kann diese Strategie jedoch auch als eine Form von Normalisierung verstanden werden, denn die eigentliche Norm der sexuellen Verfügbarkeit wird dadurch nicht negiert, sondern über das Aussehen vielmehr reguliert. Dadurch normalisiert die Strategie legitimierend das weibliche Aussehen als Attraktivitätsfaktor innerhalb einer Beziehung und die damit verbundene Verfügbarkeit. Mechanismen, wie z. B. sich zu schminken, sich schön anzuziehen oder aufreizend zu sein können, werden somit als zentrale Mechanismen zur Herstellung und Etablierung von Geschlechterdifferenz im Alltag angesehen, die zum sogenannten Sexualisierungsprozess beitragen (Villa 2011, S. 99).

6.3 Rekapitulation: Reorganisation des Alltags zur Herstellung von Normalität

Bündelt man die Ausführungen der vorherigen Kapitel, so lassen sich die erläuterten Umgangsstrategien allesamt als Reorganisation des Alltags zur Herstellung von Normalität verstehen und damit zu Bewältigungsstrategien zusammenfassen. Die in den Einzelfall(re)konstruktionen und Fallbeispielen aufgeführten Materialauszüge sollten aufzeigen, wie Deutungen des Erlebten in Abgrenzung von normativen Gewaltbildern konstruiert werden. Anhand dieser Kontrastfolien der normativen Gewaltbilder werden die eigenen Erfahrungen narrativ dargelegt. Dadurch wird versucht, die eigenen Erfahrungen zu kategorisieren, was in Abgrenzung von der ‚richtigen Gewalt' geschieht. Diese ‚richtige Gewalt' wird zum normativen Gewaltbild und die eigenen Erfahrungen werden dieser ‚richtigen Gewalt' diskursiv gegenübergestellt. Angesichts des normativen Gewaltbildes von ‚richtiger Gewalt' ringen die Befragten mit der Anschlussfähigkeit der eigenen Erfahrungen. Da diese Passung nicht hergestellt werden kann, kommt es zu einer *Veranderung* der selbst erfahrenen Gewalt.

Wie die Einzelbeispiele zeigen, transformieren diese Erfahrungen den Beziehungsalltag fortwährend, wobei Gewalt zu einem Teil davon und damit zur ‚Normalität' wird. Bei der Reorganisation des (Beziehungs-)Alltags wird ebenfalls auf normative Bilder zurückgegriffen, wie der Interviewausschnitt von Frau Novak aufzeigt:

> „Also dass unsere Beziehung so ist. Und einfach, und ich habe es dann auch gemerkt, sobald wir hinausgegangen sind, er dann immer gesagt hat, ‚Ja, jetzt vergiss nicht zu lachen, vergiss nicht, ein bisschen zu reden und so, sonst denken sie noch irgendwas Falsches, du musst nicht immer so tun', und so." (Frau Novak, Absatz 82)

Diesem normativen Bild hat Frau Novak jeweils entsprochen, wodurch für sie wieder Normalität im Beziehungsalltag hergestellt wurde: „[S]obald wir draussen waren, war es wieder eine schöne Beziehung" (Frau Novak, Absatz 120). In diesem Beispiel manifestiert sich der Zusammenhang zwischen den narrativen Konstruktionen des ‚Innen' und des ‚Aussen' und den ‚Veralltäglichungen der Gewalt' als Herstellungsleistung. Die normativen Opfer- und Gewaltbilder verdeutlichen erst, *wie* ein Vorgang, eine Handlung oder eine Erfahrung zur ‚nicht richtigen' Gewalt wird und zum ‚nicht richtigen' Opfer ‚macht'. Es zeigt sich daran gleichsam, wie die Deutung als Nicht-Gewalt narrativ hergestellt wird, was im Folgenden in einem Verlauf dargestellt wird.

Das Handeln innerhalb der Situationen wird von den Betroffenen als Kausalkette geschildert, wobei sie sich als Reagierende erleben: Auf eine Handlung folgt in der Erzählung jeweils eine ergänzende Handlung, die narrativ als Reaktion auf die vorherige Handlung, den ‚Vorgang' oder den ‚Unfall' dargestellt wird (Watzlawick/Bavelas/Jackson 1993, S. 61). So werden z. B. Umgangsstrategien zum Beziehungserhalt in der Beschreibung der Befragten zu Mechanismen und Dynamiken des Beziehungsalltags. Beziehungsideale, die im Rahmen eines Aushandlungsprozesses hegemonial werden, gehören zum Ausgangspunkt in der Deutung einer ‚Normalität' des Erlebten. Diese normativen Beziehungsbilder stellen den Referenzpunkt dar, wenn der Alltag reorganisiert wird. Anhand dieser Strategien werden diese Beziehungsideale reifiziert und zu Beziehungsnormierungen, die dann zu weiteren Aushandlungsprozessen innerhalb der Beziehung führen. Dazu gehört, wie Beziehungen zu sein haben resp. sind, wie die (Beziehungs-)Rollen auszugestalten und zu ‚füllen' sind, welche ‚Rechte' und ‚Pflichten' damit verbunden sind und ob auch weitere Personen – z. B. Kinder – als Teil oder als Aussenstehende der Beziehung aufgefasst werden.

Als aufschlussreich erweist sich diesbezüglich, dass die Betroffenen in der retrospektiven Deutung der Beziehungsdynamik die ‚Schuld-Frage', die sich infolge des Bruchs der Beziehungsnormen stellt, sowie die ‚Rechte' und ‚Pflichten' anhand der Konzepte der Beziehungs(un)fähigkeit und der Verantwortung thematisieren. Die Zuschreibung der Beziehungsunfähigkeit – und damit verbunden das Label der ‚Schuld' – wird zwar bereits im Beziehungskontext verhandelt, in der Interviewsituation kommen die Befragten jedoch erneut darauf zurück. Neben der Frage nach der Schuld stellt sich dann auch die Frage nach der Verantwortung, d. h. die Frage, ob Verantwortung übernommen wurde, wobei Verantwortung mit dem Eingehen und dem Führen einer Beziehung gleichgesetzt wird. Die Umgangsstrategien wiederum werden als reaktive – ergänzende – Handlungen angesichts der Handlungen des Partners resp. der Partnerin dargestellt.

Diese ergänzenden Handlungen werden im Alltag bedeutsam, weil sie diesen fortlaufend reorganisieren und gleichzeitig dazu führen, dass das Erlebte zur ‚Normalität' wird. Die ergänzenden Handlungen stellen daher unabdingbare Mechanismen und Dynamiken des Prozesses der Normalisierung dar. Dazu gehört die Aushandlung von Beziehungsnormen, die in Form von Idealbildern zum Ausgangspunkt der Dynamik werden. Die Partner wollen diesen Idealbildern entsprechen und handeln nach den damit einhergehenden Maximen. Die Beziehungsideale werden (teils) erfüllt, wenn der Partner resp. die Partnerin die vorgesehene Rolle ‚füllt'. Werden diese Idealbilder hingegen vom Partner oder der Partnerin gebrochen, so werden sie relativiert (Ottemeier-Glücks 1996, S. 79), indem sie angepasst werden.

Verlust des Vertrauens in die eigene Wahrnehmung als idiomatische Wendung und als Kennzeichen von Gewalterfahrungen

Dadurch, dass der *eigenen Wahrnehmung* misstraut wird, entstehen Deutungsleerstellen, weshalb es den Betroffenen schwerfällt, ihre Erfahrungen einzuordnen. Die Analyse der Narrationen zeigt, wie sich die Befragten auf Geschlechternormen sowie Zuschreibungen beziehen, die auf normativen Bildern beruhen, beispielsweise auf Opfer- oder Gewaltbildern (z. B. die Norm der emanzipierten und starken Frau oder der Unmöglichkeit des verletzungsoffenen Mannes). Infolge der Kontrastierung mit diesen normativen Bildern besteht die latente Gefahr der Gefährdung resp. des Bruchs des Selbstbildes.

Die Befragten übernehmen (gesellschaftlich zugeschriebene) Kategorien im Kontext normativer Geschlechter- und Opferbilder zumeist unreflektiert und unhinterfragt. Solche Übernahmen werden in den Selbstpositionierungen deutlich, weil auf dieser Grundlage neue (Be-)Deutungen generiert werden. Die potenziellen Brüche mit dem Selbstbild zeigen sich zumeist im Rahmen dieses Schrittes der (Be-)Deutungsgenerierung: Die Befragten reinterpretieren die normativen Bilder, die einen möglichen Bruch mit dem Selbstbild darstellen könnten. Diese Reinterpretation steht für die fortlaufende Neujustierung des Orientierungsrahmens. Die Befragten modifizieren die normativen Bilder, um die Deutungsleerstelle zu füllen. Dabei spielen die normativen Gewaltbilder eine zentrale Rolle, mit denen die Befragten sowohl psychische als auch physische Gewalt verbinden und vor allem Druck assoziieren. Das Umgehen mit diesem Druck, der Teil des Alltags wurde, erfordert eine ausgeprägte Handlungskompetenz, die sich darin zeigt, wie die Befragten ihren Alltag jeweils um diese (gewaltförmigen) Erfahrungen herum reorganisieren.

Diese Reorganisation ist aus der Retrospektive mit ‚neuem' Orientierungsrahmen kaum bis nicht mehr zugänglich und diskursiv steht zur Debatte, ‚weshalb' nicht gehandelt wurde. Dadurch wird die Zuschreibung der ‚Mitverantwortung' und der ‚Mitschuld' von den Befragten auf verschiedene Weise reproduziert. Diese implizite Positionierung gegenüber dem normativen Opferbild führt zu unterschiedlichen Selbsttechniken im Umgang mit dem ‚Opferstatus'. Im Wesentlichen artikulieren die Befragten jedoch eine gemeinsame Zuschreibung: Sie sind ‚von der anderen Gewalt' betroffen. Herr Bischoff stellte in der Analyse diesbezüglich zunächst ein Gegenbeispiel dar. Im Verlauf der weiterführenden Analyse zeigte sich jedoch, dass auch er für dieses Muster steht, nämlich insofern, als auch er sich als von der ‚anderen Gewalt' Betroffenen sieht, weil nach seiner Deutung die weibliche Tatperson für die ‚andere Gewalt' steht. Deswegen unterscheidet er sich von den ‚richtigen Opfern', denn im Gegensatz zu ‚richtigen Opfern' haben männliche Betroffene entweder nicht oder gar falsch gehandelt und ‚es mit sich machen lassen'. Dies führt dazu, dass Herr Bischoff um die (Be-)Deutung des Erlebten ringt.

Diese grundlegende Abgrenzung und Ablehnung des normativen Opferbildes variiert von der selbst festgestellten ‚Nicht-Passung zu dieser Gattung' oder der Haltung, ‚sich nicht zum Opfer hinstellen zu lassen', über die Äusserung, keine ‚Opferhaltung an den Tag legen zu wollen', bis hin zum Willen, für die Anerkennung als Opfer zu kämpfen. In all diesen Haltungen liegt auch die Motivation zur Interviewteilnahme begründet. Die Befragten wollen für die Thematik sensibilisieren, bestimmte Bilder aufbrechen oder aber diese Erfahrungen für sich selbst im Rahmen des Interviews verarbeiten.

Sozialen Deutungsangeboten und -mustern zu häuslicher Gewalt (im Geschlechterverhältnis) kommen hinsichtlich der Umgangsstrategien unterschiedliche Funktionen zu: Sie können diese dominieren und determinieren, aber auch abgelehnt oder umgedeutet werden. Entsprechend unterscheiden sich die Narrative teilweise beträchtlich und die Gewalt(betroffenheit) als Problem wird durch die Übernahme von Stereotypen individualisiert oder kollektiviert. Frau Schmid beispielsweise denkt, dass Männer ‚halt so seien', oder schreibt dies der Gesellschaft als strukturelles Problem zu. Auch Herr Bischoff nennt das normative (und in seiner Deutung vergeschlechtlichte) Gewalt- und Opferbild als Grund dafür, dass er als betroffener Mann keine Hilfestellung von den Institutionen erhalte. Er hält fest, dass die Unterstützungsstrukturen ausschliesslich auf weibliche Opfer ausgerichtet seien und die Opferbetroffenheit von Männern durch die soziale Deutung der Frau als legitimes Opfer weitestgehend aus dem gesellschaftlichen Diskurs ausgeschlossen und/oder tabuisiert werde.

Darin zeigt sich der Zusammenhang zwischen den Strategien und den Deutungsstrukturen resp. der Verinnerlichung von Zuschreibungen, welche aus diesen sozialen Deutungsangeboten und -mustern resultieren. Dadurch wird die eigene Handlungsfähigkeit als eingeschränkt wahrgenommen. Handlung wird gleichgesetzt mit ‚die Beziehung beenden', weshalb alle anderen Handlungen als Nicht-Handlung gedeutet werden. Die Konzeptualisierung von Handlung(en) wird von der Geschlechtlichkeit in der Narration beeinflusst und scheint diesbezüglich einen Unterschied zu machen.[34]

In den vorherigen Kapiteln dieses Gegenstandbereiches wurde aufgezeigt, wie durch handlungspraktische Anpassungen normative Beziehungs- und Geschlechterbilder reifiziert und dadurch Machtasymmetrien in den Beziehungen manifest werden. Einen Zugang zu dieser Herausbildung von Ordnungen ermöglichte die Auseinandersetzung mit den normativen Bildern der Befragten. Auf der Grundlage der bisher gewonnenen Erkenntnisse kann davon ausgegangen werden, dass diese normativen Bilder und Ordnungsvorstellungen in Aushandlungsprozessen zur Legitimierung resp. Delegitimierung des Erlebten hinzugezogen werden und deshalb konstitutiv für die Etablierung und die Festigung

34 Diese Konzeptualisierungen werden in Kapitel 9 eingehender diskutiert.

von Machtverhältnissen sind. Normative Bilder dienen der Rechtfertigung, was Legitimität voraussetzt und diese zugleich generiert (Forst et al. 2011, S. 11).

Wie die Interviewanalysen ergaben, haben die Befragten aus der Retrospektive keinen Zugang mehr zu ihren eigenen Handlungen. Das eigene Handeln – die Bewältigung der gewaltdominierten Situation – ist ihnen nicht mehr zugänglich und wird in der Erzählung zu einem Nicht-Handeln. Die Erzählungen über Gewalt basieren auf Konstruktionen von Nicht-Gewalt und den damit zusammenhängenden Umgangsstrategien, die sich innerhalb des Erfahrungsraums der Paarbeziehung als Rahmen der Erfahrung vollziehen. Die Handlungskonzepte der Befragten hängen eng mit der Deutung des Erlebten als Nicht-Gewalt zusammen und sind in einem Verhältnis relationaler Bezugnahme damit verbunden. Für diese Zuschreibungen von Nicht-Gewalt sind zwei Ausprägungen charakteristisch, auf die sich die Betroffenen in ihren Erzählungen beziehen: zum einen die ‚nicht richtige Gewalt' und zum anderen das ‚nicht richtige Opfer'.

Auf der Grundlage dieser Konstruktionen der ‚nicht richtigen Gewalt' und des ‚nicht richtigen Opfers' werden die Erlebnisse normalisiert. Diese Vorgehensweise kann als eine *Veranderung der Gewalt* gelesen werden. In Anlehnung an das Konzept des Otherings bezieht sich das Konzept der Veranderung auf sprachliche wie auch auf nicht sprachliche Handlungsformen, die ein hegemoniales Herrschaftssystem schaffen oder ein schon bestehendes festigen. Dies geschieht nach Astride Velho und Oscar Thomas-Olalde (2011) dadurch, dass Subjekte durch diese Othering-Prozesse innerhalb der gegebenen Strukturen positioniert werden, wodurch sie entweder als handlungsfähig („subjects in powerful social positions"; S. 27) oder als handlungsunfähig deklariert werden („those subjugated to these powerful conditions"; S. 27).

Deutung als Nicht-Gewalt als Veranderung: Die ‚nicht richtige Gewalt' als Normalisierungsstrategie

In den Interviews kamen die normativen Bilder und die darin begründeten Ordnungsvorstellungen zum Ausdruck, wobei die normativen Bilder entweder als Teil einer (legitimen) Ordnung im Rahmen der Paarbeziehung oder in den Rechtfertigungsnarrativen auftraten. In dieser (legitimen) Ordnung werden Gewalt und Beziehung parallelisiert, sodass darüber und den Rahmen der Beziehung als Erfahrung eine Normalisierung des Erlebten herbeigeführt werden kann, weil die Beziehung per se Legitimität schafft (z. B. über die Konzepte von körperlicher Nähe in Beziehungen und Verfügungsmacht als romantisches Ideal etc.). Gleichsam legitimiert diese Normalisierung das Erlebte. Diese Normative bieten im Sinne von Konstruktionen ‚des Guten' Orientierung (Gergen/Gergen 2009, S. 12), weshalb die Widerfahrnisse für ein Scheitern an diesen Normativen stehen. Gewalt stört die Einhaltung der Normen.

Die Befragten beschreiben das Erlebte entweder als ‚nicht richtige Gewalt' oder als ‚andere Gewalt'. Die eigenen Erfahrungen werden in Abgrenzung zu einer als evident gegebenen – ‚richtigen' – Gewalt gedeutet. Die Nicht-Passung der eigenen Erfahrung mit der ‚richtigen' Gewalt lässt sich in allen Interviews feststellen. Fallübergreifend zeigt sich, dass diese Form der Kontrastfolien-Konstruktion eine Voraussetzung dafür darzustellen scheint, ob überhaupt und wie Gewalterleidende über Gewalt sprechen können, resp. dafür, wie in der Deutung der Befragten darüber gesprochen werden ‚darf'. Dies verweist darauf, wie Entscheidungen in einem spezifischen (normativen) Kontext getroffen werden (Gill 2007, S. 71). So wurde bereits bei der Kontaktaufnahme nachgefragt, ob eine Interviewteilnahme angesichts der erfahrenen ‚anderen' Form der Gewalt überhaupt infrage komme. ‚Was' dieses Gegenstück jedoch ist, das bleibt weitgehend offen. Die Befragten führen nicht aus, was für sie ‚richtige' Gewalt ausmacht, resp. es werden lediglich Merkmale aufgelistet, zu denen kein Selbstbezug hergestellt wird. Hierbei werden in erster Linie Merkmale physischer Gewalt aufgeführt. Aber diese Auffassung wird während der Interviews permanent nachjustiert. Wenn sich herausstellt, dass sie geschlagen wurden, dann nicht so stark, dass sie hospitalisiert werden mussten. Diese Leerstelle, die für das Gegenstück zu der selbst erfahrenen ‚nicht richtigen Gewalt' oder ‚anderen Gewalt' steht, lässt sich mit dem Konzept der *Kontrastfolien der Gewalt* fassen, während die ‚nicht richtige Gewalt' mit dem Konzept der *Veranderung der Gewalt* verbunden werden kann. Diese Veranderung der Gewalt zählt der in der vorliegenden Arbeit vertretenen These zufolge zu den Strategien zur Bewältigung häuslicher Gewalt, die der Normalisierung dienen. Die Veranderung von Gewalt, die die Konstruktion von Nicht-Gewalt erst ermöglicht, trägt zur Normalisierung des Erlebten bei, was im Folgenden noch plausibilisiert wird.

Wie dargelegt wurde, findet die Reorganisation des (Beziehungs-)Alltags anhand von Beziehungsnormen statt. Die Widerfahrnisse sorgen für Irritationen hinsichtlich der Vorstellungen des ‚Guten'. Dann wird den Idealen durch die Irritation ein Bruch zugeschrieben. Als Strategien zum Umgang mit und zur Bewältigung dieser Irritation wird eine handlungspraktische Anpassung des *doing relation* eingesetzt. Mit dieser Anpassung beabsichtigen die Gewaltbetroffenen, das eigene Idealbild neu zu dimensionalisieren, um dem Idealbild des Partners oder der Partnerin (noch besser) zu entsprechen. So wird noch mehr in die Beziehung investiert, z. B. durch Heirat oder Zusammenziehen mit dem Ziel, die Beziehung und damit das soziale Kapital der Beziehung zu erhalten (Bourdieu 2015, S. 64–66). Das *doing relation* wird auf diese Weise zu einer Form der *sozialen Investition* (Bourdieu 2015, S. 64–66): *doing relation* besteht essenziell darin, dass in die Beziehung investiert wird.

Die Darlegungen dieses ersten Ergebniskapitels zeigen somit auf, wie Gewalt in den Beziehungsalltag ausgreift und zu einer alltäglichen Erfahrung wird. Die Konstruktion von Kontrastfolien durch eine Veranderung des Erlebten und des eigenen Opferstatus führt zu einer Veralltäglichung der Gewalt und damit zur Herstellung von Nicht-Gewalt, was auch als *Unsichtbarmachung der Gewalt* interpretiert werden kann. Auch dies kann als Reorganisation des Alltags gelesen werden, denn durch die Gewalterfahrungen erlebten die Befragten eine ‚Dauergefährdung der Normalitätsannahmen als das Normale' (Hettlage 1991, S. 143). Deshalb gilt es, das ‚Normale' fortlaufend zu relativieren und damit den Rahmen als Orientierungsrahmen permanent anzupassen, um das Gefühl von Alltag und Normalität aufrechtzuerhalten. Diese Neujustierung des Rahmens erfolgt konkret dadurch, dass die Befragten normative Bilder umdeuten. Weil das Gefühl von Alltag Handlungsfähigkeit suggeriert (Koloma Beck 2014), kann über dieses Vorgehen das Selbstbild aufrechterhalten werden (Mead 2015) und der Alltag in Auseinandersetzung mit normativen Opferbildern reorganisiert werden, indem Stigma-Management (Goffman 2016) betrieben wird. Denn über die Deutung als Nicht-Gewalt kann das Selbstbild aufrechterhalten werden, kein Opfer von häuslicher Gewalt zu sein. Daher kann diese Deutung als Nicht-Gewalt auch als Stigma-Management gelesen werden. Diese Lesart lässt sich unter Verweis auf das Konzept *Deutung der Gewalt und Gewalt der Deutung* stützen. Daran zeigt sich, wie Deutungen von Gewalt und des Opferstatus eine eigene gewaltförmige Produktivität entfalten (können) und zur Gewalt der Deutung werden.[35]

35 Das Konzept der Deutung der Gewalt ist ein Querschnittskonzept, welches im Rahmen der nächsten Gegenstandsbereiche noch weiter dargestellt und plausibilisiert wird.

Kapitel 7
Grenzen der Reorganisation des Alltages durch Brüche mit Idealen

Grenzen der Reorganisation des Alltages durch Brüche mit (Beziehungs-)Idealen sind, wie in Abbildung 6 dargestellt, ein wesentliches Merkmal von Gewalt-Modalitäten, denn diese stehen für den Übergang von der Deutung als Nicht-Gewalt zur (Be-)Deutung der Gewalt: die Grenzen und Brüche bilden ab, wie die bislang konstruierte Nicht-Gewalt als (Be-)Deutung Brüche erhält, wodurch die handlungspraktischen Anpassungen der Betroffenen nicht länger möglich sind. Bis zu einem gewissen Punkt, d.h. bis zum Bruch, wird der Alltag fortlaufend um die gewaltförmigen Erfahrungen herum organisiert. Die Zäsur steht für Änderungen, welche neue Aushandlungsprozesse und neue Qualifizierungen des Erlebten notwendig machen, weil der Alltag unter diesen Gegebenheiten nicht mehr reorganisiert werden kann.

In diesem Übergang vollziehen sich aus der Prozessperspektive konkret wiederum zwei zentrale Übergänge: der Übergang von der Normalisierung zur Entnormalisierung des Erlebten sowie der Übergang von der Entnormalisierung zur Delegitimierung des Erlebten. Der erste Übergang erfolgt durch den Bruch mit Idealbildern, die zumeist Beziehungsidealbilder sind, und mit dem Deutungsvakuum, das sich durch die Notwendigkeit der Neuqualifizierung des Erlebten ergibt, weil der Orientierungsrahmen aufgrund der Entnormalisierung nicht mehr nachjustiert werden kann, erfolgt der Übergang zur Delegitimierung der Gewalt. Wie in Abbildung 6 dargestellt, ist an diesem Übergang zentral, dass mit der Entnormalisierung ein Erkennen der Verletzungstiefe einhergeht, welche neue Aushandlungsprozesse erfordert. Diese Aushandlung findet in der Dyade der Paarbeziehung statt.

Im Prozess der Entnormalisierung wird jedoch nicht die Gewaltförmigkeit als solche – also die Frage, ob das Erlebte Gewalt sei oder nicht – ausgehandelt, sondern aufgrund des Erkennens der Verletzungstiefe wird die Legitimität der Gewalt ausgehandelt. Über die Agentivierung von Artefakten wird der Prozess der Delegitimierung angestossen. Die Befragten lesen Gesetze oder Bücher (z.B. Selbsthilferatgeber für Partner*innen von Menschen mit narzisstischer Persönlichkeit) mit dem Ziel, herauszufinden, ob das Erlebte legitim sei (z.B. Recht des Ehemannes). Über diese Agentivierung wird der Orientierungsrahmen verändert. Ab diesem Zeitpunkt erlangt das Erfahrene eine neue Bedeutung. Deshalb wird in der vorliegenden Arbeit argumentiert, dass diese Grenzen und Brüche nicht durch eine Änderung in der Gewaltdynamik erreicht werden, son-

Abbildung 6: Übersicht ‚Grenzen der Reorganisation des Alltages durch Brüche mit (Beziehungs-)Idealen' (Quelle: eigene Darstellung)

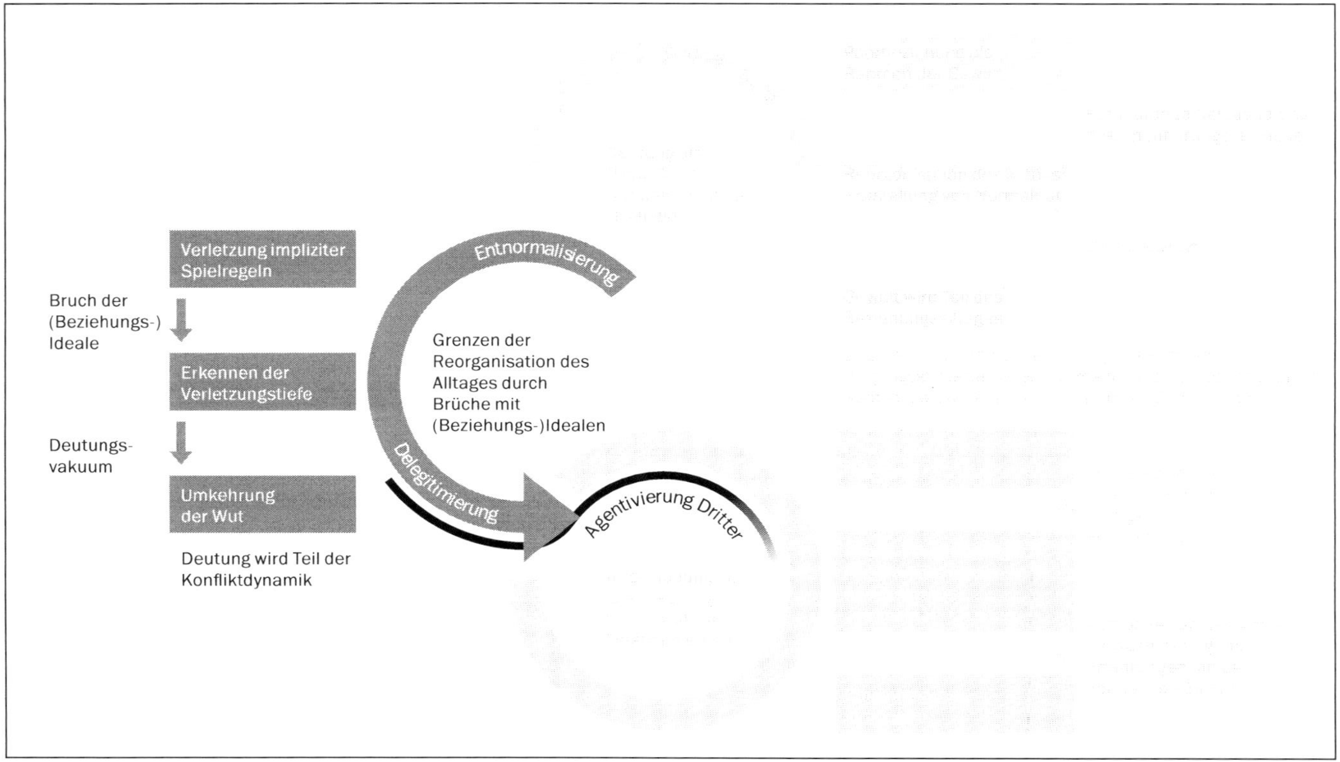

dern in den Beziehungsbildern und -idealen der Befragten begründet sind. Gemäss dieser These werden die Normalisierungsstrategien nicht eingesetzt, wenn sich die Gewaltdynamik ändert, sondern mit dem Erreichen von Grenzen, die die Betroffenen als Brüche erleben. Denn so zeigt sich im Material, erleben die Befragten zahlreiche Änderungen in der Gewaltdynamik oder der Gewaltform(en) ohne, dass sie entlang dieser Änderungen einen Bruch beschreiben oder ein Bruch rekonstruierbar ist. Da diese Brüche sich individuell unterscheiden, wird nachfolgend aus einer Prozessperspektive darauf eingegangen, um die Veränderungen des Orientierungsrahmens und die Bedeutungsverschiebung entlang ausgewählter Fallbeispiele und entlang des jeweiligen Verlaufs der Beziehung nachvollziehbar zu machen.

7.1 Gestörte Reorganisation des Alltags

Bei der Analyse der Umgangsstrategien, von denen die Betroffenen erzählen, zeigt sich der ‚Punkt', ab dem die Reorganisation des Alltags und der Beziehung – *doing relation* – brüchig, problematisch oder gar unmöglich wird. Während die Befragten diesen Wendepunkt zeitgleich mit einer Änderung in der Gewaltdynamik erleben, verdeutlicht die Rekonstruktion, dass diese Grenze vielmehr mit dem Bruch in den Beziehungsidealen zusammenhängt. Selbst dann, wenn die Befragten schildern, dass für sie eine Grenze, z. B. der physischen Gewalt, erreicht worden sei, werden auch diese Erfahrungen im Nachhinein normalisiert, beispielsweise indem sie sich narrativ von lebensbedrohlichen Situationen, die eine Hospitalisierung erfordert hätten, abgrenzen (s. auch die fokussierte Einzelfall(re)konstruktion von Frau Novak, Kapitel 6.1):

> „Ich glaube, als es mit dem Schubsen angefangen hat. Das mit dem Schubsen, da hat es mich kurz angesprochen, weil ich gedacht habe, ja, er hat mich ja nicht wirklich geschlagen. Und dann habe ich gedacht, ja, irgendwie ist das doch nicht für mich, weil mir geht es ja nicht so schlecht, wir haben ja nur ein bisschen eine Ehekrise. Und ich habe dann halt häusliche Gewalt immer eingestuft als man muss ja im Krankenhaus landen (…). Und, ja, in dieser Phase ist das kurz aufgekommen, dass ich mir gedacht habe, jaaa, und dann doch, ja, nein, so schlimm geht es mir ja gar nicht." (Frau Novak, Absatz 200)

Dieser Materialauszug verdeutlicht, wie die Grenze sich für die Befragte fortlaufend verschiebt. D. h. auch wenn nun physische Gewalt auftritt, wird diese normalisiert und vom ‚Schlagen' zum ‚Schubsen'. Zudem wird versucht, durch Kontrastierung neue Grenzen abzustecken („nicht wirklich geschlagen"). An dieser Stelle kommen wiederum Normalisierungsstrategien zum Einsatz. Auch nach Spitalaufenthalten, die dann folgen, wird der Partner noch in Schutz genommen und das eigene Verhalten an die Beziehungsideale adaptiert, um wieder einen (Beziehungs-)Alltag herstellen zu können – dies geschieht sogar bis zum völligen Erschöpfungszustand:

> „Dann bin ich halt ins Spital nachher und dann habe ich halt ein paar Tage nicht arbeiten können. Ich habe eine Gehirnerschütterung gehabt, ein offenes, irgendwie etwas Offenes am Auge, und also ziemlich viel Schürf- und Schnittwunden von der Vase. Und nachdem ich dann im Krankenhaus war, ist er dann auch gekommen, und im Krankenhaus war noch das, was mich ziemlich gescho-, also geschockt hat, also der Arzt hat dann alles aufgeschrieben und wollte die Polizei anrufen. Und ich wollte das nicht. Also ich weiss nicht, ob es aus Scham war, aber ich habe es ihm irgendwie nicht antun wollen (…). Und dann hat er mich vom Krankenhaus abgeholt und dann habe ich gesagt, ja, dann haben wir ein bisschen darüber geredet, ein paar Stunden lang, und er hat sich dann auch entschuldigt und gesagt: ‚Es wird nie wieder passieren' und alles, wie er es vorher auch immer gesagt hat. Und dann bin ich trotzdem wieder zurück zu ihm, […] ich habe gar nicht mehr geredet, ausser er hat gesagt, ich soll reden. Ich habe dann auch immer geschaut, dass ich nichts Falsches mache, und bin die ganze Zeit irgendwie etwas am Machen gewesen, damit ich keine Fehler mache. Bis ich so etwas wie einen Burn-out hatte, und dann wirklich weggegangen bin." (Frau Novak, Absatz 28)

Solche Grenzerfahrungen können sich punktuell äussern oder längerfristig als wiederkehrende Momente abzeichnen, bei deren Erreichen aber jeweils ein Bruch stattfindet, der eine (Um-)Deutung und damit eine neue Bedeutungsgenerierung erfordert, weil dadurch der Alltag und die Beziehung infrage gestellt werden. Gleichzeitig setzt eine sukzessive Distanzierung zum Beziehungsalltag und zur Beziehung an sich ein, da sich der Gegenstand der Aushandlung ändert: Zum Wahrnehmungsabgleich steht nun der Austausch darüber, ob das Erfahrene legitim oder illegitim ist und nicht mehr die Beziehungsideale an sich.

Im Allgemeinen stehen diese Grenzen für den ‚Punkt', ab dem der Prozess der Bedeutungsverschiebung einsetzt. Die bisherige Bedeutungszuschreibung von Nicht-Gewalt erfährt solch fundamentale Brüche, dass dem Erfahrenen eine neue Bedeutung eingeschrieben werden muss. Ausgelöst wird dies zumeist durch eine Änderung in den Bedingungen: In den Interviews zeigt sich, dass dies weniger an einer Veränderung der Gewaltformen bzw. der Gewaltdynamik festzumachen ist, als vielmehr am Wechsel der Perspektive, wozu die Betroffenen durch ‚etwas' veranlasst werden.

Wie dieses ‚Etwas' die Unterbrechung der (handlungspraktischen) Anpassungsbemühungen bewirkt, wird anhand von verschiedenen Fallverläufen dargelegt. Entlang dieser wird aufgezeigt, wie die soziale Produktion von Normalität und damit die Herstellung von Alltag und *doing relation* von den Betroffenen nicht mehr geleistet werden können: Ausgangspunkt ist die *Verletzung implizi-*

ter Spielregeln (s. Kapitel 7.1.1), wodurch die (subjektive) Grenze für die Betroffenen jeweils individuell erreicht ist. Dies führt zum *Erkennen der Verletzungstiefe* (s. Kapitel 7.1.2) und zur *Umkehrung der Wut* (s. Kapitel 7.1.3).

7.1.1 Verletzung impliziter Spielregeln

Charakteristisch für die Abläufe von gewaltförmigen Interaktionen und damit die Struktur der Verletzungsverhältnisse ist, dass diese in der Regel festen ‚Routinen' folgen, womit jedoch nicht die Art von Gewalt gemeint ist, sondern die *impliziten Spielregeln,* die den Abläufen der Gewalthandlungen und -situationen zugrunde liegen. Zu diesen impliziten Spielregeln zählen beispielsweise, dass jeweils die Flucht durch die Tür nicht verwehrt wird oder z. B. die Kinder nicht anwesend sind und/oder nicht involviert werden. Ebenfalls dazu gehört, dass Beziehungsmaximen verletzt werden, z. B. indem das Versprechen, füreinander da zu sein oder ein guter Vater resp. eine gute Mutter für die Kinder zu sein, gebrochen wird. Werden solche impliziten Spielregeln in der Deutung der Befragten vom Partner oder von der Partnerin noch eingehalten, dann erscheinen die Normalitätsannahmen den Betroffenen nicht dauergefährdet und das Erlebte kann in den Alltag integriert werden. Bei einer Verletzung der impliziten Spielregeln können die Betroffenen dies jedoch nicht mehr länger mit sich vereinbaren, weil die handlungspraktischen Anpassungen an eine Grenze gelangen, weshalb keine Normalität hergestellt werden kann und damit kein *doing relation* mehr möglich ist.

Wie bereits eingangs dargelegt, stellt somit nicht die Änderung der Gewaltformen und die Gewaltdynamik, eine Grenze dar, sondern ebendiese Verletzung der impliziten Spielregeln. Die Wahrnehmung von Grenzen und Brüchen erfolgt zum einen auf der Grundlage von Beziehungskonzepten und zum anderen unter Bezugnahme auf impliziten Vereinbarungen (Spielregeln). Die fokussierte Einzelfall(re)konstruktion von Frau Berchtold verdeutlicht, wie routinierte Abläufe zunächst zu impliziten Spielregeln werden und wodurch diese später gebrochen werden.

Fokussierte Einzelfall(re)konstruktion Frau Berchtold: Bruch der impliziten Spielregeln

Frau Berchtold ist Schweizerin und zum Zeitpunkt des Interviews 54 Jahre alt. Im Alter von 35 Jahren hatte sie ihren späteren Mann kennengelernt. Das Paar zog noch im gleichen Jahr zusammen und zwei resp. dreieinhalb Jahre später kamen das erste Kind und dann das zweite gemeinsame Kind zur Welt. Frau Berchtold und ihr damaliger Partner sind zum Zeitpunkt des Interviews seit rund sieben Jahren geschieden.

Frau Berchtold erfuhr über eine Frauenzeitschrift von der Studie. Sie betont, dass sie und ihr Mann eine sehr schöne Beziehung gehabt hätten und die „Schwierigkeiten“ (Frau Berchtold, Absatz 33) erst rund sieben Jahre nach Beziehungsbeginn begonnen hätten. Ausgelöst wurde dies nach ihren Schilderungen durch die schwierige wirtschaftliche Lage im Berufsleben ihres Mannes und die Komplikationen beim Hausbau. Frau Berchtold stellt die erfahrene Gewalt als Erniedrigungen dar, die in festen Routinen abliefen: „immer das gleiche Spielchen“ (Frau Berchtold, Absatz 37). Dadurch wird der Ablauf der Gewalterfahrungen für Frau Berchtold gleichzeitig erwartbar und integrierbar:

> „[…] das war immer der gleiche Ablauf, zuerst Schläge, dann Messer, dann Einschliessen ins Bad.“ (Frau Berchtold, Absatz 37)

Bruch mit impliziten Spielregeln

Zu den festen Bestandteilen dieser ‚Routine‘ gehörte auch, dass ihr Partner ihr jeweils die Flucht aus der Tür ermöglicht, die Gewalt nicht in Anwesenheit der Kinder stattfand und Frau Berchtold keine sichtbaren blauen Flecken im Gesicht davontrug. Genauso wie der verlässliche Ablauf dieser gewaltförmigen Handlungen beinhaltet diese Routine auch sogenannte No-Gos, die dann aber dennoch auftraten. Eine solche *Tabugrenze* wurde für Frau Berchtold überschritten, wenn die Kinder die Gewalt mitanzusehen hatten:

> „Und vor allem, das Schlimme war dann gegen Ende, als die Kinder das gesehen haben. Und er hat gefunden, ja, sie sollen das ruhig sehen. Er nähme jetzt da keine Rücksicht. Also das hat mich dann eben extrem (…) extrem schockiert.“ (Frau Berchtold, Absatz 37)

Als ihr damaliger Mann sie zudem nicht mehr durch die Tür flüchten liess, ist für Frau Berchtold eine weitere Grenze erreicht. Denn in der Regel war es jeweils so, dass sie fliehen konnte und nach einigen Stunden wieder nach Hause zurückkehrte. Ihr damaliger Partner bereute die Übergriffe dann jeweils, weinte und bat sie um Vergebung. Sie tröstete ihn und fühlte sich nach eigener Aussage in diesen Momenten wieder handlungsmächtig. Doch mit dem Bruch dieser ‚Routine‘ und damit der impliziten Spielregeln war für Frau Berchtold der Punkt erreicht, an dem handlungspraktische Anpassungen nicht mehr möglich waren und an dem sie einsah, dass sie nun nicht mehr so weitermachen könne wie bisher.

An Frau Berchtolds Fall wird deutlich, dass sich diese Grenze auch bei Veränderungen hinsichtlich der Bedingungen von Gewalt nach hinten verschieben kann, denn die Involvierung von Kindern kann auch als Ausweitung des Verletzungsverhältnisses und damit als neue Gewaltform interpretiert werden.

Wie am Beispiel von Frau Berchtold aufgezeigt werden sollte, deutet sie die veränderte Gewaltdynamik als eine Verletzung dieser impliziten Spielregeln. In der fallübergreifenden Analyse zeigt sich jedoch – wie in der Einleitung zu Kapitel 7.1 bereits festgehalten –, dass nicht die veränderte Gewaltdynamik zur Veränderung der Deutung von Gewalt führt, sondern dass vielmehr dieses ‚Etwas', wodurch implizite Spielregeln verletzt wurden, ausschlaggebend ist. Dies kann beispielsweise wie im Fall von Frau Berchtold die Gewaltausübung vor Kindern sein, was im Folgenden noch ausgeführt wird.

Involvierung von Kindern

Dass Kinder mit Gewalterfahrungen konfrontiert werden, erschwert die Herstellung von Alltag und Beziehung, weil dadurch Beziehungsnormen der Paarbeziehung, die in der Analyse rekonstruiert wurden, verletzt werden. Kinder werden von den Befragten in der Regel als Aussenstehende der Beziehung interpretiert (Ausnahme Frau Schmid[36]), die gar nicht oder nicht direkt beteiligt sind. Wenn Kinder Gewalterfahrungen miterleben müssen und dadurch zu Mitbetroffenen werden, ist dies für die direkt Gewaltbetroffenen nicht mehr tragbar, wodurch eine Grenze erreicht ist.

Die Art und der Grad der Involviertheit zeigen sich in den untersuchten Fällen in unterschiedlicher Weise: Die Kinder können die Gewalt direkt im gleichen Raum miterleben oder im gleichen Haus anwesend sein, sie können selbst von der Gewalt betroffen sein oder Teil der gewaltförmigen Interaktion werden, indem sie z. B. schützend dazwischengehen. Bei Frau Rossi war Letzteres der Fall, als ihre siebeneinhalbjährige Tochter sich gegen den Vater warf und schrie: „Non picchiare la mamma, non picchiare la mamma" (Frau Rossi, Absatz 22).

In diesem Moment habe sie erkannt, dass ihr Kind von der Gewalt gewusst habe. Dadurch war das Mädchen nicht länger Aussenstehende, sondern wurde zur ‚(Mit-)Wissenden':

> „Das hat mir, das ist mein, mein grösstes Problem, dass das Kind das machen musste. Dass ich nicht vorher gegangen bin. Dass das Kind sich gegen den Vater werfen

36 Frau Schmid stellt in der Analyse einen Kontrastfall dar, für den keine Regeln gefunden werden konnten. Der Unterschied besteht darin, dass sie die Kinder nicht als Aussenstehende, sondern als Teil der Beziehung konstruiert, die gemeinsam mit ihr eine *Opfergemeinschaft* bilden. Die weitere Analyse der Gründe dieser unterschiedlichen Konzepte *(Individualisierung vs. Kollektivierung des Opfer-seins)* können an dieser Stelle nicht weiterverfolgt werden. In der Diskussion (s. Kapitel 9) werden diese jedoch kurz aufgegriffen.

musste, dass er nicht noch wieder die Mutter schlägt. Das heisst, es hat schon lange alles mitbekommen (weint). […] Aber, aber das habe ich mir, und da ist mir heute noch, belastet mich, nicht die Schläge, die ich bekommen habe, nicht die Vergewaltigung in der Ehe. Mich belastet nur das, dass das Kind sich auf den Vater werfen musste. Ich weiss auch noch genau, was sie anhatte […].“ (Frau Rossi, Absatz 22)

Diese Erfahrung hätte Frau Rossi ihrer Tochter gerne erspart, deshalb macht sie sich Vorwürfe und formuliert einen Vorsatz, um ihr Kind künftig besser zu schützen: „Nein, und jetzt ändere ich mich und das passiert nie mehr“ (Frau Rossi, Absatz 22). Woraufhin sie ihren damaligen Partner verliess.

Im Fall von Frau Spindler erweist sich die Rolle der Kinder im Kontext der Gewalterfahrungen und hinsichtlich ihrer eigenen Entscheidungsfindung als ambivalenter. Auch sie hatte das Wohl ihrer Kinder im Blick, allerdings schloss dies für sie auch das ökonomisch-soziale Umfeld mit ein, das ihr zufolge in der Beziehung besser sei als ausserhalb. Deshalb war sie hin- und hergerissen und stellte sich die Frage, ob sie ihre Kinder eher schütze, wenn sie ihren Mann verlasse, oder ob es insgesamt betrachtet besser wäre, trotz allem in der Beziehung zu bleiben:

„Dass das (…) schlimm ist für mich und für die Kinder. Also die Kinder sind immer auch fest, also wo ich dann gedacht habe, hey, aber ich kann das meinen Kindern eigentlich nicht zumuten. In so einem Umfeld aufzuwachsen. Das ist dann immer wieder, das ist auch eine sehr treibende Kraft gewesen dann, schlussendlich eigentlich. Meine Kinder zu schützen. Aber das ist ja wie in beide Richtungen gewesen. Eigentlich, ja. Das hat mich zum Bleiben und zum Gehen quasi gebracht (lange Pause).“ (Frau Spindler, Absatz 260).

Die Normvorstellung vom Aufrechterhalten einer ‚intakten Familie‘ wurde bei Frau Spindler mit der Androhung ihres Partners, ihr die Kinder wegnehmen zu wollen, tief erschüttert. Sie deutete dies zunächst als indirekte Bedrohung der Kinder. Der endgültige Bruch kam mit der direkten Bedrohung, als ihr damaliger Partner mit ihr und den Kindern im Auto an einem Hang das Tempo beschleunigte und erst im letzten Moment noch abbremste. Ab diesem Punkt steigerte sich ihre Angst um die Kinder ins Unermessliche, sodass es ihr nicht mehr möglich war, den Alltag fortzusetzen und die Beziehung weiterzuleben: „Dass ich es einfach nicht wegschieben konnte“ (Frau Spindler, Absatz 260).

Dieses ‚Nicht-mehr-Wegschieben-Können‘, das bei Frau Spindler dazu führte, dass nach dem Erreichen der Grenze und dem Bruch mit den Beziehungsnormen ein Punkt erreicht worden war, ab dem ‚es‘ nicht mehr relativiert werden konnte, wird nachfolgend anhand der fokussierten Einzelfall(re)konstruktion von Frau Behrens verdichtend dargelegt.

Fokussierte Einzelfall(re)konstruktion Frau Behrens: vermuteter sexueller Missbrauch des Sohnes

Frau Behrens ist Schweizerin. Sie ist zum Zeitpunkt des Interviews 49 Jahre alt und hat einen Sohn. Ihren Ex-Mann hatte sie im Alter von 18 Jahren kennengelernt und war dann seit ihrem 23. Lebensjahr zehn Jahre lang mit ihm verheiratet. Frau Behrens kam über eine Opferberatungsstelle in Kontakt mit der Studie. Als Gründe für die Interviewteilnahme gab sie an, dass sie sich dadurch erhoffe, dass ‚Opfer' mehr gehört und ‚Täter' weniger durch Entschuldigungen vom System geschützt würden.

Frau Behrens' frühe Kindheit ist nach ihren Schilderungen von ihrer Religiosität und Verbundenheit mit dem christlichen Glauben sowie von der Gewalt durch männliche Bezugspersonen geprägt. Aufgrund der psychischen Folgen dieser Gewalterfahrungen in der Kindheit habe sie keine Berufslehre absolvieren können. In der Erzählung von Frau Behrens' Lebensgeschichte gehört Gewalt zur zentralen Kindheitserfahrung, die sich dann auch in ihrem weiteren Lebensweg fortsetzt. So heiratet sie sehr jung, um sich der Gewalt durch den Vater zu entziehen. Allerdings ist sie nun den Gewaltausbrüchen ihres Partners ausgesetzt, wodurch sich Gewalt wie ein roter Faden durch ihre Lebensgeschichte zieht: Die Gewalterfahrungen strukturieren die Erzählung dieser. Zentrale Lebensereignisse führt sie in der Erzählung jeweils mit den jeweiligen Gewalterfahrungen ein: „Ich habe durch Vergewaltigung meinen Sohn bekommen" (Frau Behrens, Absatz 61).

Verdacht des sexuellen Missbrauchs des Sohnes

Einen Wendepunkt in der Erzählung bildet das Verdachtsmoment, das sich ergab, als sie vermutete, dass ihr Partner das gemeinsame Kind sexuell missbrauchen könnte. Ab diesem Punkt begann sie sich zu wehren und erstattete Anzeige. Frau Behrens fühlte sich unverstanden und zu wenig unterstützt. Dies manifestiert sich in der Erzählung in der Form der Problematisierung: Von nun an positioniert sie sich als aktiv Handelnde in der Beziehung und verändert gleichzeitig den eigentlichen Problemgegenstand, denn sie erlebt eine Retraumatisierung durch die Behörden, was sie aber nun für ihre Rechte einstehen lässt:

> „Ich habe Aggressionen entwickelt gegen die Behörden, Fachleute. Psychiater, Ärzte, Behörden. Sie haben mich abgestempelt, und das hat mich dann noch mehr provoziert eigentlich. […] Also zum Beispiel der im Elternhaus, mein Ex-Mann, die haben gemerkt, ich kann mich wehren." (Frau Behrens, Absatz 34)

An Frau Behrens' Erzählung nach dem Bruch wird deutlich, wie sich dadurch ihr Umgang mit dem Erlebten, dem Partner und Dritten verändert.

Wie am Beispiel von Frau Behrens verdeutlicht wurde, entwickelte Frau Behrens aufgrund der Auseinandersetzung mit den zuständigen Behörden Aggressionen. Während sie sich aktiv zu ‚wehren' beginnt, ist es bei den anderen Befragten zumeist die (potenzielle) Gefährdung Dritter, konkret die angedrohte oder drohende Involvierung von Kindern, die zu einem Umdenken führt, weil implizite Spielregeln verletzt wurden. Aufgrund der Schutzbedürftigkeit von Kindern werden diese nun stellvertretend als Verletzende aufgefasst, womit das Verletzungsverhältnis ausgeweitet wird. Gleichzeitig stellt diese (potenzielle) Gefährdung der Kinder einen Bruch der Beziehungsnormen dar: Durch die Verletzung des zentralen Rollenbildes eines ‚guten' Vaters resp. einer ‚guten' Mutter können auch andere Normen und Werte nicht mehr relativiert werden.

In den Beispielen von Frau Spindler und Frau Behrens handelt es sich um Paare mit Kindern. Doch auch bei kinderlosen Paaren ist der Schutz Dritter – z. B. von Haustieren – ein zentrales Moment, mit dem ein Bruch eingeleitet werden kann. So können Tiere genauso wie Kinder als Druckmittel eingesetzt werden, beispielsweise mit der Androhung, dass sie den Befragten entweder entzogen oder verletzt würden (s. hierfür die fokussierte Einzelfall(re)konstruktion von Herrn Bischoff in Kapitel 7.2.1). Mit der Angst der Befragten, dass andere (stellvertretend) verletzt werden könnten, wird das Verletzungsverhältnis ausgedehnt, weshalb es nicht länger normalisiert werden kann.

7.1.2 Erkennen der Verletzungstiefe

Wendepunkte, wie die im vorhergehenden Kapitel beschriebenen, markieren auch jenen Punkt, ab dem die eigene Verletzungstiefe wie auch die Verletzungstiefe des Partners resp. der Partnerin erst erkennt werden. Ab dann werden die Verletzungstiefe, d. h. die Tragweite der eigenen Verletzungen, wie auch das Erkennen der Verletzungstiefe des Partners resp. der Partnerin demnach erst erkannt. Als Reaktion auf eigene Verletzungen wird die Verletzungsmächtigkeit von den Betroffenen meist auf Verletzungen zurückgeführt, die dem Partner oder der Partnerin selbst in früheren Beziehungen widerfahren sind, z. B. auch in der Beziehung zu den eigenen Eltern, und auf diese Weise rationalisiert. Dieser Wendepunkt, und damit das Erreichen einer Grenze, wird nachfolgend anhand der Brüche in der fokussierten Einzelfall(re)konstruktion von Herrn Bischoff aufgezeigt.

Dieser Wendepunkt als Erreichen einer Grenze wird anhand der Brüche an der fokussierten Einzelfall(re)konstruktion von Herrn Bischoff aufgeschlüsselt.

Fokussierte Einzelfall(re)konstruktion Herr Bischoff: der „Stichtag"

Herr Bischoff ist Schweizer und zum Zeitpunkt des Interviews 56 Jahre alt. Er hat eine Berufslehre absolviert und arbeitet als qualifizierter Fachmitarbeiter. Er hat in den 31 Jahren seiner Ehe mit seiner Partnerin sowohl physische als auch psychische Gewalt erlebt. Die Beziehung ist zum Zeitpunkt des Interviews seit rund sechs Monaten beendet und Herr Bischoff lebt zum Zeitpunkt des Interviews von seiner Partnerin getrennt. Er hat rund sechs Monate in einem Männerhaus gelebt und wurde von der Opferberatungsstelle über die Studie informiert.

Herr Bischoff fühlt sich durch sein Beziehungskonzept zur Übernahme von Verantwortung verpflichtet. Die Beziehung habe er auch deshalb 31 Jahre lang aufrechterhalten, weil mit dem Eingehen der Beziehung Verantwortung für seine Partnerin übernommen habe. Dieses Beziehungskonzept bestimmt auch das Selbstbild von Herrn Bischoff, weil er sich dadurch positiv von seinem Vater und dessen negativem Beispiel abheben wollte.

Beziehungsalltag, handlungspraktische Anpassungen und Beziehungskonzept

Die erlebte Gewalt beschreibt Herr Bischoff als Alltag und erzählt, wie die Partnerin jeweils „austickte", Gegenstände „zerschlug" und die Situation „vielfach ausartete" (Herr Bischoff, Absatz 16). Nach seinen Schilderungen ist er stets bemüht, das Kollektive und damit das „Wir" in der Beziehung aufrechtzuerhalten.

Herr Bischoff agierte getreu seiner Handlungsmaxime, für seine Partnerin und die Beziehung Verantwortung zu übernehmen. Dies beinhaltete für ihn, die Beziehung um jeden Preis zu erhalten und sich um seine Partnerin zu kümmern, die eine Borderline-Persönlichkeitsstörung und ein Alkoholproblem habe. Trotz ihrer Untreue, die für ihn problematisch war, hielt er an der Beziehung fest und passte sich den Umständen an, weshalb er u. a. nicht mehr mit ihr in Restaurants oder Bars ging, um nicht mitansehen zu müssen, wie sie trank und mit anderen Männern ‚anbandelte'. Es verletzte ihn zwar, dass sie allein hinging, doch durch seine Strategie, sie zumindest nicht zu begleiten, konnte er sein Beziehungsideal zeitweise wahren.

Als seine Partnerin gewalttätig wurde, reagierte er mit Rückzug und baute eine enge Beziehung zu seinem Hund auf. Die Spaziergänge mit dem Hund ermöglichten es ihm, sich aus Konfliktsituationen zu befreien. Seine Partnerin begann in der Folge damit, auch den Hund zu schlagen und Herrn Bischoff auf seinen langen Spaziergängen anzurufen. Wenn er nicht sofort nach Hause zurückkehren wollte, drohte sie ihm damit, dass der Hund nicht mehr bei ihnen leben dürfe. Auf diesen Druck reagierte Herr Bischoff jeweils umgehend und kehrte in die gemeinsame Wohnung zurück.

Die gemeinsame Wohnung ist auch für die Erzählung und die handlungspraktischen Anpassungsleistungen von Herrn Bischoff zentral, weil seine damalige Partnerin dort immer mehr Raum einnahm. So liess sie ihn z. B. nicht mehr schlafen oder zerschlug Gegenstände, die ihm gehörten. Er reagierte darauf, indem er sich sukzessive aus dem gemeinsamen Raum zurückzog und z. B. im Auto schlief, um für den nächsten Arbeitstag ausgeruht zu sein. Seine Partnerin wiederum reagierte mit Aggressivität auf diesen Rückzug, weshalb die Gewalt noch zunahm. Als sie ihn einmal mit dem Staubsaugerrohr schlug und ihn dabei so stark verletzte, dass er im Spital behandelt werden musste, nahm er Kontakt mit einer Opferberatungsstelle auf. Von diesem Zeitpunkt an ging er rund alle zwei Jahre zu einer Opferberatungsstelle, um dort ‚vorstellig' zu werden. Er erhoffte sich dadurch Verständnis und handelte in gewisser Weise ‚vorausschauend', weil er wollte, dass die Sozialarbeitenden über alles Bescheid wüssten, falls „es" einmal eskalieren sollte und er z. B. selbst nicht mehr aussagen könne. Zudem besuchte er Selbsthilfegruppen.

Über Jahre hinweg brachte er bei jedem Streit kleinere Gegenstände und Kleidungsstücke von der Wohnung in den Bastelraum im Keller, um ihr bei künftigen gewaltförmigen Auseinandersetzungen weniger Handlungsspielraum zu geben. Herr Bischoff nahm somit auf unterschiedliche Art und Weise vorbeugende Massnahmen vor. Obwohl er seinen Lebensmittelpunkt zur Aufrechterhaltung der Beziehung weiterhin in der gemeinsamen Wohnung sehen und halten wollte, wurde der Bastelraum im Keller mehr und mehr zu seinem Rückzugsort.

Wendepunkt: der „Stichtag"

Eines Tages griff ihn seine damalige Partnerin nach einem Streit, als er mit dem Hund die Wohnung für einen Spaziergang (die implizite Spielregel) verlassen wollte, um sich für einige Stunden zurückzuziehen, mit einem Messer an und stach ihm von hinten in den Rücken. Herr Bischoff konnte aus der Wohnung entkommen und mit einem Pullover, den er im Bastelraum hatte, die Wunde abdecken. Er konnte selbst noch ins Spital in die Notaufnahme gehen und musste daraufhin aufgrund der schwerwiegenden Verletzungen hospitalisiert werden.

Herr Bischoff selbst bezeichnet diesen Tag doppeldeutig als „Stichtag", an dem er sich für sich entscheidet:

> „Ich habe das den Stichtag genannt in meiner Beziehung. Das ist für mich ein Stichtag gewesen, einerseits, weil sie mit dem Messer auf mich los ist, andererseits ist es für mich dann einfach fertig gewesen. Ich habe

das nicht mehr / Das war einfach der Punkt, wo ich nicht mehr konnte. Irgendwie sagen für mich, doch, da muss ich auch noch irgendeine Hilfe leisten. Oder? Also da war es für mich: Jetzt bin ich dran." (Herr Bischoff, Absatz 18)

Mit dieser lebensbedrohlichen Lage setzte er sich intensiv auseinander, weil er nun wusste, dass seine damalige Frau ihn beinahe getötet hätte:

> „Weil es war wirklich nah dran, ich bin fast gestorben. Also sie hat mich, beinahe hat sie mich getötet. Also es ist nicht viel, es ist ein Zentimeter vom Leben weg gewesen oder vom Tod." (Herr Bischoff, Absatz 49)

Herr Bischoff konnte die Verletzungstiefe nun erkennen, weil eine Ärztin im Spital ihm erklärt hatte, dass er einen Zentimeter vom Tod entfernt gewesen sei und seine Überlebenschance bei 50:50 liege, wenn er bei seiner Partnerin bleibe. Obwohl die Rettung des eigenen Lebens eigentlich Grund genug für den Entschluss gewesen wäre, die Beziehung zu beenden, was ihm auch von Dritten nahegelegt wurde, haderte er nach wie vor. Er rang mit seiner Handlungsmaxime, wog diese nun aber gegen die ‚50:50-Überlebenschance' bei einer Wiederholung der Tat ab, weshalb er das Verlassen der Partnerin schliesslich für gerechtfertigt hielt:

> „Den zweiten Angriff hätte ich wahrscheinlich nicht mehr überlebt (lacht). Ja. Im Dings, im Gutachten ist ihr 50 Prozent attestiert worden, dass sie das noch mal macht. Beim Zusammentreffen mit mir. Also fifty-fifty, das ist für mich zu viel. Wenn es jetzt geheissen hätte, es sind fünf Prozent, hätte man sagen können, es passiert nie mehr, aber wenn einer sagt, 50 zu 50, also (...) ja. Ich schlafe auch mal irgendwann, und dann kann sie mich im Schlaf überraschen. Also auf das wollte ich mich nicht einlassen, ehrlich gesagt." (Herr Bischoff, Absatz 169)

Diese Grenze stellt eine besondere Form der *Verletzung impliziter Spielregeln* dar, weil hier das *Erkennen der Verletzungstiefe* besonders schwerwiegend und schmerzhaft für das eigene Selbstbild ist: das *prognostizierte Risiko des eigenen Sterbens.* Durch eine Prognose Dritter – die aufgrund ihrer Profession überdies *legitime* Dritte sind – wird die Grenze, das Risiko zu sterben, von Aussenstehenden fixiert. Dadurch wird die Verletzung dieser Grenze gewissermassen offizialisiert. Für Herrn Bischoff war diese Prognose ausschlaggebend dafür, seine Partnerin zu verlassen.

Im Fall von Herrn Bischoff wurde die implizite Spielregel somit erst verletzt, als seine damalige Partnerin sein Leben bewusst gefährdete. Die Beziehungsnorm wurde in jedem Moment verletzt, als sie seinen Tod in Kauf nahm, was er „mit jemandem in den Rücken stechen" umschreibt. Darin drückt sich in seinen Augen auch die Heimtücke ihres Handelns aus, weil dies nach 31 Jahren gewaltförmiger Beziehung eine besondere Form der Gewaltanwendung war, die er niemals von ihr erwartet hätte und die er nun nicht länger mit einer Beziehung in Einklang bringen konnte, weshalb es zum Bruch kam:

> „Sie hat mich fast in die Hauptarterie gestochen, und dann wäre es sowieso fertig gewesen. Und (…) als mir dann das die Oberärztin am Spitalbett gesagt hat, da ist mir dann schon klar geworden, wie ernst das Ganze ist (…). Aber, dass sie so weit gegangen wäre, das hätte ich mir wirklich auch nie, nicht im kühnsten Dings das ausgemalt, dass sie mich, zumal sie immer gesagt hat, sie liebe mich. Das kann man irgendwie, das hat dann nicht viel damit zu tun, wenn man dann jemanden in den Rücken sticht." (Herr Bischoff, Absatz 49)

Nach wie vor belastet Herrn Bischoff seine Entscheidung, die Beziehung nach dem „Stichtag" zu beenden. Er setzt sich damit auseinander, ob es nun so zu deuten ist, dass er keine Verantwortung (mehr) für seine Frau und die Beziehung übernimmt. Ausschlaggebend für Herrn Bischoffs Entschluss, seine Frau zu verlassen, war jedoch der Bruch mit den Beziehungsidealen. So ist es für Herrn Bischoff unvereinbar, wie jemand, der einem sagt: ‚ich liebe dich', seinem Partner mit dem Messer in den Rücken sticht.

Auch das Fallbeispiel von Frau Schmid verdeutlicht die Zusammenhänge mit den Brüchen mit den handlungspraktischen Anpassungen und dem Erkennen der Verletzungstiefe:

Fallbeispiel Frau Schmid: Unterlassene Hilfeleistung nach einem Suizidversuch

Als Wendepunkt, an dem Frau Schmid den Bruch mit dem Aufrechterhalten der Normalität festmacht, beschreibt sie den Kontakt zu einem Mann während ihrer Arbeit. Gespräche mit diesem Mann hätten ihr buchstäblich vor Augen geführt, dass Männer auch ‚anders sein können':

> „Und er war ein Mann, und ich habe das erste Mal einen Mann erlebt. Es ist, klingt ganz komisch, nach 20 Jahren, der nett ist mit mir. Der normal redet. Der nicht gleich ausflippt. Ja, wirklich. Das ist also wahr. Es war unglaublich." (Frau Schmid, Absatz 76)

Diese Begegnung veranlasst Frau Schmid dazu, ihre Normalitätsannahmen über Männer anzuzweifeln („dass Männer nun mal so seien“). Diese Begegnung und die dadurch erlebte Diskrepanz zeigten ihr auf, „[...] dass ein anderes Leben nicht nur möglich ist, sondern auch schon bereits existiert“ (Frau Schmid, Absatz 76), was in ihr die Sehnsucht nach diesem anderen Leben weckt. Durch das Auseinanderklaffen dieser beiden Welten muss Frau Schmid schmerzhaft die „ganzen verlorenen Jahre“ (Frau Schmid, Absatz 138) erkennen. Durch dieses Infragestellen ihrer bisherigen Existenz wird ihr das Gefühl von Normalität und dadurch auch ihre Handlungsfähigkeit genommen. Da sie eine Handlungsohnmacht empfindet, wählt sie den Suizid als letzte Handlung.

Der eigentliche Bruch in ihrer Reorganisation des Alltages wird jedoch in den Augen von Frau Schmid dadurch eingeleitet, dass ihr Partner sie leblos im Badezimmer vorgefunden und erst keine Hilfe geleistet habe. Als sie später nach erfolgter Hilfeleistung im Spital zu sich kam und davon erfuhr, sah sie sich gleichzeitig damit konfrontiert, dass ihrem Partner ihr (Über-)Leben gleichgültig gewesen sei. Dies schloss sie aus seinem gleichgültigen und fahrlässig passiven Verhalten.

Erkennen der Verletzungstiefe: das Frauen- resp. das Männerbild

Als zentraler Gradmesser der Verletzungstiefe stellte sich bei den Befragten das Frauen- resp. das Männerbild heraus. Als Beispiel wird an dieser Stelle eingehender auf das Frauenbild eingegangen. Das Erkennen des eigenen problematischen Frauenbilds, wird in den Erzählungen zur Zäsur. Bei Frau Steiner wurde dieser Wendepunkt beispielsweise erreicht, als ihr damaliger Partner vor dem Fernseher eine Moderatorin beschimpfte. An diesem Punkt wurde für sie das „miserable Frauenbild“ (Frau Steiner, Absatz 28) ihres Partners offensichtlich. Dieses Frauenbild und vor allem die Tiefe, mit der es in seiner Person verankert sei, habe sie zu Beginn nicht erkannt:

> „[...] in welcher Tiefe das ist, in welcher Verletzungstiefe wahrscheinlich das steckt (lange Pause).“ (Frau Steiner, Absatz 28)

Sie erkannte für sich, dass nicht sie als Person und ihr Verhalten ihn zur Gewalt provoziere, sondern ihr Partner Frauen grundsätzlich nicht achte. Die Verletzungstiefe macht sie dabei als die Tiefe der Verletzung, die er durch seine Mutter in sich trägt fest. Über diese Verletzung durch die Mutter erklärt sie sich das Frauenbild ihres Partners.

Trotz der Angst, selbst jederzeit geschlagen werden zu können, bestand für sie der eigentliche Bruch dann darin, dass ihr damals dreijähriger Sohn dieses Frauenbild von seinem Vater übernehmen könnte. Die zweite Schwangerschaft sei dann auch der Auslöser gewesen, ihrem Partner mitzuteilen, dass sie dies nicht länger akzeptiere.

Diese Ausführungen verdeutlichen, dass neben dem Erkennen der eigenen Verletzungstiefe bei den Befragten ebenfalls eine Rolle spielt, wie diese die Tiefe der Verletzung bei ihrem Partner resp. ihrer Partnerin werten. So ist die Einschätzung der Befragten entscheidend, wie tief ihrer Meinung nach diese Handlungen ‚in der Person' verankert sind. Diese tiefe Verankerung machen die Befragten daran fest, dass der Partner oder die Partnerin nicht nur eine abwertende Haltung ihrer Person gegenüber, sondern vielmehr eine abwertende Haltung ihrer jeweiligen Geschlechtsgruppe gegenüber erkennen lässt.

7.1.3 Umkehrung der Wut

Mit den Brüchen ist das Phänomen verbunden, dass die Wut von den Betroffenen, die als Reaktion auf den Bruch einsetzt, umgekehrt wird. Nun richtet sich die Wut gegen sich selbst, denn die Betroffenen befinden sich in einem Deutungsvakuum, das sie zusätzlich isoliert. Denn sie können das Erlebte weder sich noch Dritten erklären. Dies wird von den Betroffenen an der *Unsichtbarkeit der Verletzungen* festgemacht:

> „Zuerst mal habe ich mich so über mich selber geärgert, enttäuscht und verärgert über mich selber, dass ich mich selber geschlagen habe. Ich war nicht mal fähig, eigentlich hätte ich ihn schlagen sollen. Aber weil ich nicht so bin, ich kann nicht jemanden schlagen, jemandem wehtun, habe ich mich selber geschlagen, und zwar so, dass ich blau war. Aus lauter Hass auf mich selber […]." (Frau Bertrand, Absatz 60)

Selbstbeschuldigungen und die empfundene Ausweglosigkeit der Situation lösen, wie am Beispiel von Frau Bertrand aufgezeigt, Wut und sogar Selbsthass aus, der sich in Gewalt gegen die eigene Person manifestieren kann. Gleichzeitig stellen Selbstverletzungen in den Augen der Befragten eine Bewältigungsstrategie dar, weil bei ihnen der Wunsch nach sichtbaren Verletzungen bestand, um die unsichtbaren (psychischen) Verletzungen, die ihnen vom Partner zugefügt worden waren, erkennbar werden zu lassen und damit die Situation für sich selbst eindeutig(er) zu machen. Die Betroffenen reiben sich am Bruch mit dem Selbstbild und dem Verlust an der eigenen Handlungsfähigkeit. Es wird um ‚fassbare' Zeichen gerungen, die gelesen werden können – von sich selbst und von Dritten. Frau Bertrand beschreibt diese Hilflosigkeit so, dass sie ab einem gewissen Punkt lieber „Schläge" gehabt hätte. Damit hätte sie besser umgehen können, weil man die Verletzungen sehen und auch zeigen könne, sodass diese „nachher ein Fakt" seien (Frau Bertrand, Absatz 41). Die Unsichtbarkeit ihrer Verletzungen sieht sie jedoch als Ausgangslage für ihre handlungspraktischen Anpassungen. So beschreibt sie, dass sie die Verletzungstiefe nur aufgrund der Unsichtbarkeit der Verletzungen nicht erkannt habe. Sie reagierte mit Wut auf sich selbst, wobei sie jedoch auch festhält, dass sie mit den Selbstverletzungen ihren Partner habe „überführen“ und gleichzeitig provozieren wollen, damit er sie irgendwann doch noch schlage, weil es diese „Beweise“ ihr ermöglicht hätten, ihrer hilflosen Lage zu entkommen.

In der fallübergreifenden kontrastiven Analyse zeigt sich dieses Muster der Isolation und der Umkehrung der Wut auch in den Fällen mit ‚sichtbarer Verletzung‘, die Selbstbeschuldigungen und Schuldzuweisungen nach sich ziehen. Bei jenen Fällen mit ‚unsichtbaren Verletzungen‘ kann die Umkehrung der Wut jedoch wie dargelegt am Beispiel von Frau Bertrand, auch in Selbstverletzungen münden. Mit dieser Strategie der Selbstverletzungen entstehen neue Grenzen, an die die Betroffenen stossen und an denen sie dann die Verletzungstiefe erkennen.

7.2 Bedeutungsgenerierung: Von der Entnormalisierung zur Delegitimierung

Nach dem Bruch mit den Idealen befinden sich die Befragten, wie in den Kapiteln zuvor dargelegt, in einem Deutungsvakuum. Es gilt, das Erlebte einzuordnen und ihm Bedeutung einzuschreiben. Dazu werden im *Ringen um (Be-)Deutung* Dritte und Artefakte agentiviert. Mit dem Ziel, diesen Prozess zu veranschaulichen, werden nachfolgend an ausgewählten Stellen (Be-)Deutungsmöglichkeiten skizziert.

Der Übergang von der Entnormalisierung zur Delegitimierung setzt ein, wenn die Herstellung von Normalität unterbrochen wird und dadurch eine Grenze erreicht wurde. Mit dem erfahrenen Bruch der Beziehungsideale können diese nicht mehr relativiert werden, wodurch ein Deutungsvakuum entsteht. Dann beginnt das Ringen um (Be-)Deutung und das Erfahrene wird im Kontext des veränderten Orientierungsrahmens interpretiert. In diesem Qualifizierungsprozess werden unterschiedliche Akteure und Artefakte agentiviert, d.h., dass auf deren Deutungsangebote rekurriert wird oder Artefakte als Träger von Wissen miteinbezogen werden. Agentiviert werden Akteure mit einer professionalisierten und institutionalisierten Deutungshoheit wie z.B. Ärztinnen und Ärzte, vor allem aber auch Artefakte wie Bücher, Gesetze oder Filme: Die eigenen Erfahrungen werden in Suchbewegungen abgeglichen, indem z.B. Bücher zum Thema ‚häusliche Gewalt‘ und sinnverwandten Themen gelesen werden oder im Internet zu Gesetzen oder zu Filmen, z.B. auf YouTube, recherchiert wird. Solche Deutungsangebote in Form von Meinungen von Dritten, Büchern, Filmen oder Aufklärungskampagnen zu häuslicher Gewalt haben die Betroffenen vor dem Erreichen der Grenze entweder modifiziert oder mit

Begründungen wie den folgenden abgelehnt: „so schlimm geht es mir ja gar nicht“ (Frau Novak, Absatz 200) oder „in diese Gattung gehöre ich nicht hinein“ (Frau Müller, Absatz 72), oder „es braucht zwei zum Streiten“ (Herr Reim, Absatz 51) etc. Nach dem Bruch können die Befragten keine Passung mehr herstellen. In der Folge beginnen sie damit, gezielt nach Artefakten zu suchen

Verlust des Vertrauens in die eigene Wahrnehmung als zentrales Charakteristikum von Gewaltbetroffenen: Deutungsvakuum

Wie sich an der Agentivierung von Akteuren Artefakten aufzeigen lässt, ist der *Verlust des Vertrauens in die eigene Wahrnehmung* kennzeichnend für Gewalterfahrungen in Paarbeziehungen. Die eigenen (Gewalt-)Erfahrungen werden dadurch erklärungsbedürftig und erfordern eine Selbstpositionierung zur eigenen Wahrnehmung und zum ‚Wahrheitsgehalt‘ der eigenen Wahrnehmung. Frau Müller zweifelte an „diese[n] Geschichten“ (Frau Müller, Absatz 20) – dass das Erlebte wirklich häusliche Gewalt sei – weil sie ihrem Partner Deutungsmacht einräumte: „[…] Und ich ihm mehr Glauben geschenkt habe eigentlich als mir […]“ (Frau Müller, Absatz 20). Frau Berchtold bezeichnet ihre eigene Erzählung in der Reflexion als „haarsträubend“ (Absatz 41): „Wenn ich das so erzähle, weiss ich gar nicht, habe ich das wirklich alles erlebt? Das ist ja haarsträubend. Ja“ (Frau Berchtold, Absatz 41).

Wie tief der Verlust des Vertrauens in die eigene Wahrnehmung sitzt, wird auch im Gespräch mit Frau Gerber deutlich, die grundsätzlich an ihrer Berechtigung zweifelt, im Rahmen des Interviews über ihre Erfahrungen sprechen zu dürfen. Darin zeigt sich die tief verankerte Machtasymmetrie, die auch nach dem Beziehungsende – im Fall von Frau Schmid noch 21 Jahre nach der Trennung fortbesteht. Dies lässt sich wie einleitend bereits dargelegt durch die Deutungsleerstellen erklären, die entstehen, wenn die handlungspraktischen Anpassungen in Form von Umgangsstrategien nicht mehr greifen, weil durch die Verletzung der impliziten Spielregeln (qua Verletzung der Beziehungsnormen) eine Grenze erreicht wurde. Mit dem Bruch werden die bestehenden Normalitätsannahmen gefährdet (Hettlage 1991, S. 143), was zu einem Gefühl von Handlungsunfähigkeit und zu einem Deutungsvakuum führen kann.

Bearbeitung der gefährdeten Normalitätsannahmen durch das Füllen von Deutungsleerstellen

Um die eigene Handlungsfähigkeit wiederherzustellen und die Deutungsleerstellen zu füllen, müssen die gefährdeten Normalitätsannahmen bearbeitet werden. Dabei beziehen sich die Befragten nun auf die eigene Wahrnehmung. Dadurch verschiebt sich der eigentliche Konfliktgegenstand hin zu den Deutungen in Bezug darauf, ob das Erfahrene legitim oder illegitim sei. Frau Bertrand beschreibt, wie ihr Partner ihre Deutung verworfen und durch seine eigene ersetzt habe: „ja, du bist ja meine Frau, man darf das“ (Frau Bertrand, Absatz 119).

Am Fallbeispiel von Frau Gerber zeigt sich dieser Aushandlungsversuch in exemplarischer Weise: Sie konfrontierte ihren damaligen Partner mit ihren Deutungen und problematisierte seine Handlungen. So sprach sie ihn u. a. darauf an, dass er ein „Problem mit Sex oder Sexsucht“ (Frau Gerber, Absatz 44) habe. Ihr Partner rekurrierte sogleich auf ‚andere Beziehungen‘, um das eigene Handeln zu legitimieren und die problematisierten Aspekte zu normalisieren. Mit dem Aufrufen von patriarchalen Kulturen als Vergleichsmassstab positionierte er sie als „Frauenrechtlerin“ und griff damit ihr Selbstbild an:

> „Er sei völlig normal, ob ich eigentlich das Gefühl hätte, in anderen Beziehungen sei es anders, oder (...) und er hat dann eben teilweise sogar auf andere Kulturen angesprochen (...) mit (...) es sei doch jetzt nicht so schlimm mit ihm, und in Arabien oder ich weiss doch auch nicht, irgendwelchen Ländern, sei das, hätten Frauen gar keine Rechte, oder (...) da sei ich doch extrem (...) was hat er (...) eine Frauenrechtlerin dagegen oder (...).“ (Frau Gerber, Absatz, 44)

Bis zum Zeitpunkt des Interviews und damit lange nach der Trennung des Paares findet dieser Wahrnehmungsabgleich im Rahmen eines Aushandlungsprozesses weiterhin statt. So erzählt Frau Gerber, wie sie bis heute noch mit ihrem Ex-Partner um die Deutung eines spezifischen Ereignisses ringt:

> „Und es gibt eine Situation, wo (...) wo er heute noch behauptet, das stimme nicht, ich will ihm da irgendwas einreden [...]. Es ist (...) schon lange her. [...] also, dass er mich eben vergewaltigt hat in einer Nacht.“ (Frau Gerber, Absatz 28)

An diesem Ausschnitt können die Folgen des Verlusts der Deutungshoheit verdeutlicht werden: Die Betroffenen vertrauen ihrer eigenen Wahrnehmung nicht mehr, weil sie die *asymmetrische Konstellation der Deutungsmächtigkeit* verinnerlicht haben: Im *Ringen um (Be-)Deutung* reproduzieren sich das Verletzungsverhältnis und damit die Verletzung auch noch Jahre nach dem Erlebten.

Agentivierung von Artefakten

Wie bereits dargelegt, agentivieren die Befragten als Strategie zur Bewältigung des Verlusts des Vertrauens in die eigene Wahrnehmung einerseits Dritte und andererseits Artefakte. Im Prozess der (Be-)Deutungsgenerierung recherchiert z. B. Frau Bertrand zum Wahrnehmungsabgleich und zur Bestätigung ihrer Deutung nach Gesetzen:

> „Ich habe angefangen, mich einzulesen, ich habe Gesetzesverordnungen gelesen, ich habe, man sucht irgendwie so schriftliche Bestätigungen für das, was passiert, oder wie man es benennen muss. Oder was ist erlaubt, was nicht?“ (Frau Bertrand, Absatz 119)

Frau Spindler wiederum liest Bücher, um für sich die Grenze zwischen Gewalt vs. Nicht-Gewalt eindeutig ziehen zu können:

> „Wo ich so ein bisschen gelesen habe, weil ich zuerst überhaupt nicht gedacht habe, dass das Gewalt ist, ich habe gedacht, das ist, ich weiss doch auch nicht, was. Streit oder was weiss ich, und habe halt dort so ein bisschen gelesen und dann auch angefangen, Bücher noch zu lesen und so, und ah doch, das ist Gewalt. Und ich denke, dass das viele auch gar nicht so wissen." (Frau Spindler, Absatz 251)

Die Deutung wird Teil der Konfliktdynamik, sodass die Agentivierung von Artefakten zur Aushandlung von Beziehungsnormen notwendig wird. In der Folge werden diese Beziehungsnormen wie auch die Herstellungsleistungen, die im Alltag der Beziehung damit einhergehen, infrage gestellt. Dies geschieht entweder, weil Letztere als Leistungen der Herstellung erkannt werden und als ‚zu eng' oder zu dogmatisch empfunden werden oder weil der Partner resp. die Partnerin die eigenen Beziehungsideale nicht mehr erfüllt resp. eine Grenze erreicht wurde, ab der die Idealbilder nicht mehr aufrechterhalten werden können, was sich in den Interviews als zentral herausstellte. In dieser Konfliktdynamik verschiebt sich der Gegenstand der Aushandlung: vom Bruch von Idealbildern – der Aushandlung entlang spezifischer Situationen und Handlungen, die als Verletzung der Beziehungsnormen gedeutet werden – hin zur Aushandlung der Deutung des Erlebten als illegitim, was letztlich zur Deutung als Gewalt führt (s. Kapitel 8).

Wahrnehmungsabgleich als Prozess der Bedeutungsgenerierung

Der Wahrnehmungsabgleich als Prozess der Bedeutungsgenerierung wird im Folgenden entlang des Fallbeispiels von Frau Bertrand veranschaulicht.[37] Für eine erste Deutung konstruiert sie zunächst eine Art von Ausgangssituation. Darauf folgt ein Deutungsprozess, in dessen Rahmen sie versucht, ihre Ausgangsdeutung zu untermauern oder zu falsifizieren, indem sie z. B. Gesetze liest und Tagebuch[38] führt. Dieser Prozess mündet in ein konkretes Erlebnis, das für sie eine Art ‚Augenöffner [ist], wie es wirklich war'. Sie sammelt verschiedene Deutungsangebote, mit denen sie sich auseinandersetzt, indem sie beispielsweise Gesetze den eigenen Deutungsleerstellen gegenüberstellt. Durch das Niederschreiben will sie diese Deutungsleerstellen bearbeiten. Zu einem späteren Zeitpunkt, und zwar nachdem sie ihren Partner mit ihrer Deutung, dass seine Handlungen widerrechtlich seien, konfrontiert hat, schickt Frau Bertrand ihr

37 Der Fall von Frau Bertrand wird in Kapitel 8.1.1 noch vertiefter fokussiert.

38 Dieses Tagebuch wurde von Frau Bertrand nach dem Interview für die Analyse zur Verfügung gestellt.

Tagebuch einer Freundin. Dadurch erhofft sie sich eine Rückmeldung in Bezug darauf, ob die Freundin die geschilderten Erlebnisse ebenfalls als Gewalt deutet oder keine resp. eine andere Reaktion zeigt.

Bei Frau Bertrand zeigt sich, wie relevant für ihre Problemwahrnehmung die Selbstzweifel am eigenen subjektiven Erleben der Beziehung und der Gewalt und die damit hergehenden Suchbewegungen sind. Sie betont in ihrer Erzählung, dass sie nur schwer benennen könne, ‚was es eigentlich ist'. In der Retrospektive problematisiert sie die soziale Beziehungsnorm, in der „Ehe und Kinder als der übliche Schritt" beschrieben werden (Frau Bertrand, Absatz 16). Sie kritisiert die Norm, dass die Ehe als ‚Band von Beziehungen' angesehen und die Bindung zwischen Menschen durch ein gemeinsames Kind besiegelt werde, wodurch Paarbeziehungen unhinterfragt blieben. Dies habe retrospektiv betrachtet verhindert, dass sie die Probleme in der Beziehung wahrnehmen und entsprechend handeln konnte. Diese retrospektive Deutung unter Bezug auf die Institution ‚Ehe' kann so gelesen werden, dass Frau Bertrand die Ehe als (strukturell legitimen) Möglichkeitsraum für Gewalt auffasst.

Frau Bertrand positioniert sich mit ihrer Erzählung zudem im Kontext sozialer Deutungsangebote und muss erkennen, dass diese nicht greifen (Gewalt als frauen-/schicht-/altersspezifisches Problem). Diese normativen Gewalt- und Opferbilder hindern Betroffene ihrer Meinung nach daran, das Erlebte als Gewalt zu deuten und allenfalls Anzeige zu erstatten:

> „Weil häufig kommt es eben leider nicht zu einer Anzeige, und warum überhaupt? Und das, ja, die Dunkelziffer, die enorm hoch ist. Und vor allem auch, dass man das vielleicht auch nachvollziehen kann. Eben, physische Gewalt ist nachvollziehbar, psychische nicht. […] So, und das mitteilen zu können, das kann jedem passieren. Der sagt vielleicht, das passiert mir nie. Das stimmt nicht. Irgendwann im Leben hat man einen wunden Punkt, und dann gerät man vielleicht genau (unv.) oder dass man nicht so ein armes, feines Persönchen ist, dem das passiert. Dass das wirklich (unv.) eben jedem passieren kann. Eben auch Männern passieren kann. Umgekehrt. Dass es keine Altersfrage ist, nicht eine Rangfrage, nicht ja […]." (Frau Bertrand, Absatz 224–227)

Anhand der Auseinandersetzung mit normativen Gewalt- und Opferbildern kommt sie zu Bedeutungsmöglichkeiten, d.h. welche Bedeutung der erfahrenen Gewalt gegeben wird. Dies zeigt sich am Fallbeispiel von Frau Gerber, die das Lesen von Sachbüchern zur (Be-)Deutungsgenerierung nutzt. Frau Gerber beschreibt in der Retrospektive zwar die Problemwahrnehmung als ‚irgendwie' schon da gewesen, aber sie erschien jedoch (noch) nicht fassbar. Ob ihre Deutung ‚richtig' war und die Handlungen des Partners ‚nicht erlaubt' seien, musste sie erst im Wahrnehmungsabgleich mit einem Buch verifizieren. Nach diesem Abgleich konnte sie für sich festhalten, dass ihre Wahrnehmung zutreffend sei.

Als Barrieren für die eigene Deutung und das Vertrauen in die eigene Wahrnehmung beschreibt sie zum einen die erlebte Gewaltform, das Beziehungskonzept des Partners und seiner Familie sowie den Bildungshintergrund ihres damaligen Partners, wodurch er nach ihrem Empfinden als promovierter Akademiker einen höheren gesellschaftlichen Status und Reputation geniesse als sie:

> „Und (…) ich habe da schon gemerkt, […] dass er ein sehr (…), also er ist Akademiker, also ich bin heute noch (…), jetzt heute Morgen habe ich auch gedacht, eben, (…) habe ich wirklich das Recht, irgendwie da irgendwas auszusagen, ist das wirklich so? Also ich zweifle heute noch teilweise wirklich an meiner Wahrnehmung." (Frau Gerber, Absatz 18)

Sowohl Frau Gerber selbst als auch, wie sie beschreibt, ihr ehemaliger Partner stützten sich in ihrer Bedeutungsgenerierung auf Sachbücher, um das Erlebte in der Beziehung, die Trennung und schliesslich die divergierenden Deutungen mit zusätzlichem ‚Expertenwissen' zu untermauern. Frau Gerber erzählt, wie ihr ein Buch zur Erkenntnis verholfen habe, dass das Erlebte eine ‚Art von Gewalt' sei: „Obwohl eben das Buch mir nachher wirklich geholfen hat, das als (…) als eine Gewalt, eine Art von Gewalt zu sehen" (Frau Gerber, Absatz 86). Ihr damaliger Partner habe allerdings versucht, seine Wahrnehmung der Situation mit denselben Mitteln zu verteidigen, und ihr ein Buch geschenkt, welches seine Deutung stützte:

> „Und er beschäftigt sich eigentlich vor allem damit, was ich sei, und hat mir dann immer mal das Buch in die Hand gedrückt, das sei genau das. Und das hat er mir vor, sagen wir jetzt, vor einem halben Jahr schon geschenkt. ‚Hilfe für Betroffene und deren Partner'. Also er sieht sich irgendwie als Opfer, dass ich (…) von einer Bindungs- (…) unfähigen Person (…). Und mittlerweile glaube ich es schon langsam. Oder, nein, sagen wir so, ich zweifle ein bisschen daran, ob das wirklich stimmt. Ob ich wirklich nicht doch eine Beziehungsangst habe." (Frau Gerber, Absatz 30)

Der Aushandlungsprozess vollzieht sich bei ihr über die Schuldfrage. So beschreibt Frau Gerber, dass sie sich lange Zeit unsicher gewesen sei, ob diese „[…] subtile, die perfide Gewalt […]" (Frau Gerber, Absatz 86) überhaupt ‚Gewalt' und damit illegitim sei oder ob sie diese nicht vielmehr durch ihr Verhalten selbst provoziert habe. Damit hätte sie am Erlebten eine Mitschuld, weshalb dies aufgrund des reziproken Charakters letzten Endes gar keine ‚Gewalt' sei. Die Lektüre eines anderen Buchs wird für sie jedoch zum ‚Augenöffner', weil sie danach nicht länger von einem reziproken Gewaltkonzept ausgehen kann:

> „Ich glaube, wo man einfach eben nicht so, Gewalt, man hat dann irgendwie das Gefühl, Gewalt ist nur, wenn man geschlagen wird, wenn man wirklich verbal konkret

bedroht wird im Sinn von ‚Wenn du jetzt zur Tür hinausgehst und nicht hier bleibst, dann', ich weiss auch nicht, ‚rufe ich die Polizei oder trenne mich von dir oder dann, eben, schlage ich dich'. Man hat so das Gefühl, das ist Gewalt. Aber so die subtile, die perfide Gewalt hat man eben / Ich glaube, da nimm-, also mir ist es so gegangen, ich habe extrem schnell die Schuld auf mich genommen, dass ich das so empfinde, und dass, oder quasi mein Verhalten quasi ihn eben noch dazu anstachelt, dass er das sonst gar nicht machen würde. Dass wirklich mein Verhalten ihn noch dazu provoziert hat (lange Pause). Obwohl eben das Buch mir nachher wirklich geholfen hat, das als (...) als eine Gewalt, eine Art von Gewalt zu sehen." (Frau Gerber, Absatz 86)

Dieses Buch als Artefakt löst eine neue Deutung und damit eine neue Bedeutungsmöglichkeit aus:

„[...] und durch das Buch habe ich irgendwie zum ersten Mal realisiert, dass meine Wahrnehmung von dem Ganzen, dass es nicht okay ist, eben total okay ist." (Frau Gerber, Absatz 26)

Dies zeigt sich auch als fallübergreifender Effekt der Gewalt, da die Grenzüberschreitungen im Zusammenhang mit Gewalt und Verletzungsverhältnissen als Trübung der eigenen Wahrnehmung betrachtet werden. Überdies stehen die subjektiven Vorstellungen von der eigenen Beteiligung im Wechselspiel mit dem Prozess der Bedeutungsgenerierung und den Bedeutungsmöglichkeiten. Die Befragten glauben, sich rechtfertigen und gegenüber sozialen Deutungsmustern positionieren zu müssen. Charakteristisch dafür ist, dass sie die Schuld nur bei sich selbst suchten, was aber explizit und implizit kritisiert wird. Als Grund für diese Schuldzuweisung nennen die Befragten die Reaktionen Dritter, die gemäss ihren Schilderungen lediglich auf die Opfer zeigen und fragen würden, warum sie in der Beziehung geblieben seien. Dadurch können die Verletzungen reaktualisiert werden, das Geschehene wird tabuisiert und das Sprechen darüber zum Handlungsproblem.

Paarbeziehung als Rahmen des Prozesses der Bedeutungsgenerierung

Die Paarbeziehung ist für den Prozess der Bedeutungsgenerierung als Rahmen entscheidend (s. auch Kapitel 6.1). Neben dem Spannungsfeld, in dem sich dieser Prozess bewegt, werden auch dessen charakteristische Ambivalenzen deutlich. Der Rahmen der Paarbeziehung steht hierbei einerseits für das Innen der Beziehung sowie andererseits aus der Aussenperspektive für die Beziehung selbst, die von den Befragten eingenommen und problematisiert wird.

Für das ‚Innen' steht hierbei, dass die gewaltförmigen Erfahrungen parallel zu einer Beziehung geschehen, die in den meisten Fällen nach wie vor auch aus liebevollen Momenten besteht. Dies entspricht den eigenen Beziehungsvorstellungen und -idealen, was ebenfalls eine Barriere des Erkennens darstellen (kann). Aufgrund der Parallelität von Beziehung und Gewalt entsteht eine Diffusität, die für die Befragten kaum mehr zugänglich scheint. Diesen kaum erträglichen Zustand und die Ambivalenz ihrer Situation umschreibt z.B. Frau Müller mit den Worten: „Mein Gott, was ist das für ein Paradies, aber was ist das für ein Horror?“ (Frau Müller, Absatz 20).

Mit dem Erlebten verfährt Frau Müller dann mit ihrem damaligen Partner so, dass sie ihm jeweils sagte, sie habe ein Trauma vom Erlebten. Frau Müller beschreibt, wie ihr damaliger Partner sie dann jeweils korrigiert, indem er eine Redefinition der Situation einführt und sagt, sie habe kein *„Trauma“*, sondern einen *„Traummann“* (Frau Müller, Absatz 20).

Anhand von diesen Zitaten spannt sich das Feld der Bedeutungsgenerierung bei Frau Müller auf, was sich aufgrund der Paarbeziehung als Rahmen der Erfahrung vollzieht. Diese Ambivalenz wird auch in den Brüchen in ihrer Erzählung deutlich: Einerseits lehnt sie aufgrund ihrer Erfahrungen im Unterstützungsnetz für betroffene Frauen häuslicher Gewalt ab, dass „Frauen [von den anderen Kulturen] wieder zurückgehen zu ihren Männern“ (Frau Müller, Absatz 84). Sie appelliert an alle Frauen, „[…] nicht in dieser Beziehung [zu] verharren“ (Frau Müller, Absatz 20). Andererseits muss sie sich im Laufe ihrer Erzählung eingestehen, dass sie wohl ähnlich gehandelt hätte, wenn sie keine Vereinbarung (s. auch die fokussierte Einzelfall(re)konstruktion von Frau Müller, Kapitel 7.3.2) vorab getroffen hätte:

> „Und wenn ich natürlich höre von Frauen, von Männern, die ihre Frauen blutig schlagen, und sie gehen wieder zurück, das ist für mich auch ein Rätsel. Also das ist für mich ein Rätsel. Aber ich glaube, es ist für mich doch wieder nicht so Rätsel, weil wenn ich ja Ihnen sagen kann, ich glaube, wenn ich die Vereinbarung nicht hätte, wäre ich auch wieder zurückgegangen. Es ist seltsam (lange Pause).“ (Frau Müller, Absatz 20)

Die erwähnte Vereinbarung ist ein von ihrer Anwältin aufgesetztes lebenslanges Kontakt- und Annäherungsverbot, welche der damalige Partner unterzeichnete. Frau Müller zog im Gegenzug die Strafanzeige zurück. Mit dieser Vereinbarung, die sie und ihre Kinder vor weiteren Kontakten und vor allem auch vor dem Stalking nach der Trennung schützen sollte, gelingt Frau Müller in ihrer retrospektiven Deutung vor allem der Schutz vor ‚sich selbst‘, weil es ihr verbietet, zu ihm zurückzugehen, wenn sie Gefahr läuft, ihr Selbstbild ‚als Frau mit einer intakten Familie und in einer Beziehung‘ erhalten zu wollen. Die Vereinbarung wird folglich von Frau Müller agentiviert.

Das ‚Aussen‘ gestaltet sich für die Paarbeziehung als Rahmen wie ein „Deckmantel“ (Frau Gerber, Absatz 78), der sozusagen die Geschehnisse vor den Blicken von aussen abschirmt. Die Paarbeziehung wird als intimer Raum dargestellt, in den niemand einzugreifen hat. Aufgrund normativer Gewaltbilder wird diese Gewalt unsichtbar gemacht und gleichzeitig werden die Betroffenen durch diese Rahmung zum Schweigen gebracht:

> „Von aussen sieht immer alles so schön aus, so gut aus, und die Leute können sich das gar nicht vorstellen, wie das läuft. [...] Man stellt sich immer vor, eine Vergewaltigung ist wie, es kommt ein fremder Mann, er reisst einen zu Boden, er tut einem weh, er fesselt einen. Das ist eine Vergewaltigung. Aber wenn ich das nachher so erzähle, wie das bei mir passiert ist, haben die Leute das Gefühl, ja, du hast ja mitgemacht. Nein, ich habe nicht mitgemacht, ich bin gefügig gemacht worden, psychisch unter Druck gesetzt worden, ich habe keinen Ausweg gehabt. Entweder wehre ich mich und es tut mir weh, oder ich lege mich hin wie ein Brett und hoffe, dass es so schnell wie möglich vorbei ist. Man hat so weit, ja, man hat alles schon mal durchprobiert, was die einfachste Variante ist. Man weiss, man hat gar keine Wahl." (Frau Bertrand, Absatz 24, 105)

An diesem Fallbeispiel lässt sich auch Typisches für das Verhalten im Umgang mit Gewalt in Paarbeziehungen ableiten: Die Befragten müssen sich mit normativen Gewalt- und Opferbildern auseinandersetzen, die aufgrund des Rahmens der Paarbeziehung keine Passung finden. Durch diese Nicht-Passung kann dem Erlebten keine Bedeutung zugeschrieben werden, was auch das Sprechen über diese Erfahrungen erschwert oder gar verhindert, weil die Befragten mit diesen normativen Bildern durch Dritte konfrontiert werden.

An diesem Abarbeiten an normativen Gewaltbildern verdeutlicht sich, wie Erkenntnis nicht möglich war oder ist. So beschreiben die Befragten zwar teils abstrakt teils auch konkret, was ‚häusliche Gewalt' ist. Diese beschriebene ‚häusliche Gewalt' wird nicht infrage gestellt, sondern als ‚klar', eindeutig – als evident – dargelegt. Diese abstrakte Gewalt hat(te) mit der eigenen Erlebniswelt jedoch nichts zu tun, weshalb keine Passung der bestehenden, tradierten Gewaltdeutungen mit den eigenen Erfahrungen und kein Selbstbezug hergestellt werden kann (s. Kapitel 7.3). Dieses Abarbeiten beschreibt in erster Linie die Schwierigkeiten und Hindernisse beim Erkennen von Gewalt. Die Befragten beschreiben dies als Suchbewegungen aus einer Vogelperspektive: Die einzelnen Widerfahrnisse prasseln auf das erzählte Ich ein, aber der Zugang zur (Be-)Deutung dieser Widerfahrnisse bleibt ihnen verwehrt. So wird auch in der Retrospektive das Erlebte von den Betroffenen nicht zur Gewalt deklariert, sondern z.B. wie Frau Müller als „Kontrolldings" (Frau Müller, Absatz 70) benannt. Vielmehr werden auch Deutungsangebote Dritter wiedergegeben, „bis man es [selbst] merkt" (Frau Müller, Absatz 20): Diese Deutungsangebote werden dann reproduziert, sodass dann erst das Erlebte umgedeutet und qualifiziert wird. Im Fall von Frau Müller wird „dieses Kontrolldings" dann zum „Psychoterror", bis es sich im weiteren Verlauf zum „extremem verbalem Psychoterror" entwickelt (Frau Müller, Absatz 20).

Als maximale Varianz dazu erweist sich das Interview von Herrn Maihöfer, der in seiner Erzählung von seiner Biografie keinerlei gewaltförmige Erfahrungen schildert. Obwohl er im Vorgespräch „den Angriff" erwähnte (Protokoll Herr Maihöfer), geht er jedoch später in seiner Stehgreiferzählung nicht mehr darauf ein. Als er aber direkt auf den ‚Angriff' angesprochen wird, führt Herr Maihöfer die Formen von Gewalt aus:

> „Also solche Situationen hat es ab und zu gegeben (...). Und wo es im Wesentlichen darum gegangen ist, dass sie sich an mir ausgetobt hat, geschlagen hat, am Hemd gerissen hat, bis das Hemd kaputt war. Mich gebissen hat, bis es blaue Flecken gegeben hat. Das ist so ein bisschen im Vorfeld noch passiert." (Herr Maihöfer, Absatz 106)

Bei Herrn Maihöfer erfolgt dieser Prozess der Übernahme sozialer Deutungsangebote und der sukzessiven Reproduktion dieser anhand von einzelnen Begriffen. Diese Revision von Deutungen soll nun am Beispiel von Frau Müller verdeutlicht werden: Vom Kontrolldings wird es zum Psychoterror in der (Um-)Deutung. Vom abstrakten Phänomen-(Sammel-)Begriff ‚häusliche Gewalt' wird sich in der Retrospektive allerdings distanziert bzw. dieser wird für die eigenen Erlebnisse (immer noch) nicht übernommen:

> „Und ich finde, ich habe immer, ich habe immer gedacht, was erzählen die von häuslicher Gewalt? Ich meine, das ist doch nicht häusliche Gewalt? [...] Ich finde wirklich, es ist eine sehr subtile Frage, wo ist häusliche Gewalt, [...] Und ich habe mich noch lange dagegen gewehrt, auch noch im Frauenhaus, nein, ist doch nicht häusliche Gewalt, und ich habe am Schluss nicht mal mehr gewusst, worauf lautet überhaupt die Strafanzeige? Weil ich irgendwie gar nicht gewusst habe, was ist eigentlich daran schlimm? Also, oder?" (Frau Müller, Absatz 70)

Wie am Zitat von Frau Müller aufzeigt werden kann, findet die Bedeutungsgenerierung in Interaktionen statt, denn im Ringen um (Be-)Deutung suchen die Befragten beim Partner bzw. bei der Partnerin oder bei Dritten nach einer Rückversicherung für die Lesart ihrer Situation, um das Erlebte einordnen zu können. Mit dieser Strategie erhoffen sich die Befragten einen Wahrnehmungsabgleich. Wenn diese Interaktion in der Dyade der Paarbeziehung stattfindet, wird die Auseinandersetzung mit den (Be-)Deutungen selbst zum zentralen Teil der Konfliktdynamik zwischen dem Paar.

Bedeutungsmöglichkeiten: Vorstellungen der eigenen Beteiligung

Da die Betroffenen von einer eigenen Beteiligung an der Gewalt in ihren subjektiven Vorstellungen ausgehen, ist das Sprechen-über Gewalt(-betroffenheit) bereits ein Handlungsproblem. Die eigenen Schuldzuweisungen beruhen vor allem auf den Reaktionen Dritter, durch die den Betroffenen ein Selbstverschulden an der Situation zugeschrieben wird, weil sie in der Beziehung geblieben sind. Dieses Zusammenspiel wird exemplarisch an Herrn Bischoffs Beispiel skizziert.[39] Er rekurriert in seinen subjektiven Deutungen der eigenen Beteiligung auf sein Verantwortungsbewusstsein. Sein Selbstbild, das darin besteht, anderen helfen zu wollen, verhindert dann das Handeln, wobei er ‚Handeln' als das Beenden der Beziehung und das Verlassen der Partnerin begreift.

Die Aushandlung der Schuld, die für Herrn Bischoff zentral ist, stellt er bezeichnenderweise nur sich selbst, was zwei Lesarten zulässt: Zum einen kann diese Aushandlungsstrategie als Modus von Aktivität interpretiert werden, um sich als aktiv Handelnder gegen den Modus des Erleidens zu positionieren und zum anderen kann dies auch als Reaktion auf das Umfeld oder die Gesellschaft verstanden werden, womit das soziale Deutungsangebot übernommen wird, dass die ‚Opfer' aufgrund ihres Verbleibens in der Beziehung Mitschuld tragen. Herr Bischoff selbst deutet es so, dass seine Handlungen mit der Beziehung zu seinem Vater zusammenhängen. Aufgrund seiner eigenen biografischen Konflikterfahrungen mit seinem Vater habe er ein ‚Helfersyndrom' entwickelt. Wegen dieser biografischen Konflikterfahrung möchte Herr Bischoff nicht wie sein Vater sein bzw. werden. So konstruiert er ein Selbstbild in Abgrenzung zu seinem Vater. Sein Beziehungskonzept beinhaltet deshalb, dass er eine Beziehung nicht einfach so aufgebe, sondern für seine Partnerin da sein und kein Patriarch sein wolle.

Um mit diesem Selbstbild nicht in Konflikt zu geraten, ringt Herr Bischoff um (Be-)Deutung und sucht hierfür Selbsthilfegruppen auf, um zum einen für sich das Erlebte einzuordnen und zum anderen seiner Partnerin unterstützend zur Seite stehen zu können. Aus diesen institutionellen Erfahrungen der Selbsthilfegruppe wie auch der späteren Erfahrung des Männerhauses zieht Herr Bischoff ambivalente (Be-)Deutungen. Zum einen werden diese Erfahrungen zu Konstruktionen des kollektiven Erlebens und stellen die einzigen Gruppenkonstruktionen dar. Ansonsten bezieht sich Herr Bischoff in seiner Deutung immer nur auf sich, der alles tragen muss(te). Gleichzeitig tragen diese Erfahrungen zu einer Identifikation bei. Er reproduziert fortlaufend seine eigenen Handlungsmaximen in der Beziehung mit seinem eigenen Lebenskonzept: Verantwortung durch Hilfestellung zu übernehmen. Seine Beziehung und Erfahrungen normalisiert er dann im Kontext der Erfahrungen der anderen Teilnehmenden der Selbsthilfegruppe: „Da habe ich dann auch gemerkt, dass andere Leute auch die gleichen Sorgen haben" (Herr Bischoff, Absatz 47). Allerdings stösst er mit die-

39 Die Interpretationen schliessen an die fokussierte Einzelfall(re)konstruktion und die Materialauszüge an, die im Rahmen dessen von Herrn Bischoff dargelegt wurden (s. Kapitel 7.1.2). Die Entfaltung der Lesart folgt an dieser Stelle mit der Perspektive der (Be-)Deutungsgenerierung.

ser Normalisierungsstrategie zunehmend an Grenzen und das Gefühl des Andersseins nimmt mehr Raum ein:

> „[…] aber eben, ich bin dann in eine Gruppe von 25 Frauen gekommen und ich ein MANN, da habe dann wieder gedacht, bin ich der Einzige, der in der Schweiz ein Problem hat mit einer Frau? Da fühlt man sich auch nicht so huere toll." (Herr Bischoff, Absatz 47)

Aus diesen Begegnungen zieht Herr Bischoff die Erkenntnis, dass er selbst Teil des ‚Problems' bzw. er ‚das Problem habe', woraufhin er die Schuldfrage mit sich selbst aushandelt:

> „[…] also es ist dann so, dass man denkt, hey habe ich das Problem? Oder was ist eigentlich los? Und ich habe es ja eigentlich auch, das Problem ist ja bei mir gelegen. Ich hätte eigentlich das sehen müssen, dass das gar keinen Wert mehr hat." (Herr Bischoff, Absatz 47)

Diese Schilderungen belegen exemplarisch, wie Handlungs(ohn)macht im Spannungsfeld der eigenen und der sozialen Zuschreibung ausgehandelt wird: „Ich hätte das eigentlich beenden müssen, und ich konnte es irgendwie nicht" (Herr Bischoff, Absatz 47).

In Auseinandersetzung mit dem Selbstbild werden solche Augenblicke oder Handlungen, die das Selbstbild gefährden, zu Momenten eines Bruches resp. einer Grenze, wie die fallübergreifende Analyse zeigt. So kann das Erlebte beispielsweise nicht länger mit ‚Glaubenssätzen' vereinbart werden. Dabei wird das Aufrechterhalten einer gewaltförmigen Beziehung oftmals im Zusammenhang mit dem Erhalt des Selbstbildes gedeutet. Beispielsweise wird an der Beziehung aufgrund des Beziehungs- und Selbstkonzeptes festgehalten, das in Abgrenzung zum eigenen Vater entwickelt wurde oder weil die Partnerin aufgrund des religiösen Glaubens und des damit einhergehenden Selbst- und Weltbildes nicht verlassen werden kann.

Auch Herr Bischoffs Erklärungen zur Rolle seines Hunds in der Beziehung kann als Erhalt des Selbstbildes interpretiert werden, denn der Hund ermöglicht ihm neben dem temporären Austreten aus dem Gewalt- und Beziehungsraum die Möglichkeit, diesen zu beschützen. Die eigene Verletzungsoffenheit wird auf diese Weise dezentriert, indem der Fokus auf den Hund gelenkt wird. Gleichzeitig rückt der Hund als ‚Druckmittel' die Verletzungsoffenheit von Herrn Bischoff wieder in den Vordergrund, denn seine Partnerin benutzt diesen, um ihn unter Druck zu setzen (wenn er nicht nach Hause kommt, darf der Hund nicht mehr nach Hause).

7.3 Orientierungsrahmen: Normative Bilder als Rechtfertigungs- und Legitimitätsordnung

Da normative Beziehungs- und Geschlechterbilder der Rechtfertigung und Etablierung der ausgeübten Gewalt dienen können, werden im Folgenden anhand von Materialauszügen die normativen Beziehungs-, Geschlechter-, Gewalt- und Opferbilder der Befragten expliziert, wobei diese in Relation zu den normativen Opfer- und Gewaltbildern stehen. Um diese Zusammenhänge aufzuzeigen, werden zunächst die normativen Beziehungsbilder dargelegt (Kapitel 7.3.1). Daran schliesst sich die Darstellung der normativen Gewalt- und Opferbilder an (Kapitel 7.3.2). Die normativen Geschlechterbilder konstituieren die normativen Beziehungs-, Gewalt- und Opferbilder, weshalb sie entsprechend als ‚Querschnittbilder' dargelegt werden. In diesen Ausführungen soll aufgezeigt werden, wie die Befragten die Legitimität der erfahrenen Verletzungsverhältnisse über diese Bilder und die Paarbeziehung als Rahmen und Erfahrungsraum der Erfahrung herstellen und wie sich dadurch Legitimität generiert.

7.3.1 Beziehungsbilder

Die jeweiligen Anfänge und Verlaufsformen der Beziehungen, wie sie in den Interviews geschildert werden, lassen auf verschiedene Normative hinsichtlich der Beziehungsbilder schliessen:

> „Und das war so ein Moment, wo ich gefunden habe, komm, jetzt wagst du es mal, jetzt springst du mal in eine Beziehung. Und so hat es eigentlich da angefangen mit ihm, und es ist eben alles extrem schnell gegangen. Also er hat da auch die Fäden gezogen, und in dem Moment war ich sehr froh, dass mal ein Mensch da ist für mich, der Entscheidungen trifft, der einem alles abnimmt. Ja, einer, der sich nicht scheut vor Aufgaben oder so ist es mir vorgekommen. Einer, der einen auf Händen trägt, der alles für einen macht. Sich anbietet für alles, ja. Und dann war ich quasi mal froh, dass (unv.) machen, ich kann es gleiten lassen und muss nicht immer alles in die Hände nehmen und irgendwie ich machen und Verantwortung übernehmen, so (…)." (Frau Bertrand, Absatz 14–15)

Mit solchen Äusserungen zum Beziehungsbeginn wird auf eigene (biografische) Erfahrungen Bezug genommen, wobei die gewaltförmige Beziehung meist eine positive Kontrastfolie zur elterlichen, oder zu früheren Paarbeziehungen darstellt:

> „Ich habe mich geliebt gefühlt. Halt alles solche Gefühle, die ich daheim bei meinen Eltern nicht bekommen habe. Er hat mich geliebt, ich habe ihn geliebt, es ist gegen-

> seitig gewesen, ich habe ihm im Haushalt geholfen. Dann hat er aber auch mal gesagt, du hast einen anstrengenden Arbeitstag gehabt, du setzt dich jetzt mal aufs Sofa und ich sauge die Wohnung (…). So etwas habe ich daheim nie gehört (…). Es ist so ein bisschen eine Abhängigkeit gewesen. Ich war abhängig davon, dass er da ist (…). Weil das, wo er mir eben nicht, das, was er mir gegeben hat, das habe ich daheim nicht bekommen. Sei es jetzt Liebe, Intimität, also in Form von Küssen und so. Und ja. Auch mal lachen über total blödsinniges Zeug, wo man sagen muss, das kann doch gar nicht sein. Ja (lange Pause)." (Frau Hefti, Absatz 56)

Andere Befragte ziehen sowohl Lebensentscheidungen als auch familiäre und religiöse Normen heran, um an der Beziehung festzuhalten:

> „Ich bin wirklich überzeugt, dass ich Gott um die Frau gebeten habe und dass er sie mir zugewiesen hat. […] Also er hat, er macht keine Fehler, er hat sich irgendwas dabei überlegt. Er hat einen Masterplan, den ich nicht verstehe. Und in dem werde ich Gott gegenüber nicht untreu sein […]." (Herr Maihöfer, Absatz 68)

Normative Beziehungsbilder werden auch entwickelt, indem die Befragten die eigenen Beziehungserfahrungen und damit den Beziehungsalltag fortlaufend den Idealvorstellungen gegenüberstellen, die der Partner oder die Partnerin sowie Dritte oder sie selbst von Beziehungen haben. Darin zeigt sich auch ein Ringen um Bedeutung, da diese Bilder gegeneinander abgewogen werden:

> „[Die] Schwiegereltern, die dann irgendwie (…) so ein bisschen dogmatisch, dogmatische Ansätze hatten, so wegen, es ist halt so, und wenn man eine Familie hat und in einer Beziehung ist, (…) dass das eben so fast wie ein Job wird, oder ein (…) so jegliche Selbstbestimmung weg ist, sondern dann sind einfach so Pflichten. Das macht, so macht man es, so macht man es und so macht man es, und das macht man, und das ist eine Familie." (Frau Gerber, Absatz 66).

Das Erlebte wird dann durch das Rekurrieren auf diese Bilder normalisiert: „[…] eine Beziehung [hat] einfach so zu funktionieren […]" (Frau Gerber, Absatz 36). Solche Idealbilder von einer Beziehung werden als Normative übernommen (‚wie eine Beziehung zu sein hat'). Über diese Ordnungsvorstellungen wird das Erfahrene legitimiert und normalisiert, da die gewaltförmigen Erfahrungen und die (Liebes-)Beziehung parallel ablaufen.

Beziehungsrollen und Rollenwissen

Beziehungen werden von den Befragten als Rollen konzeptualisiert, die übernommen werden, miteinander in Interaktion stehen und Rechte und Pflichten mit sich bringen. Diese Rechte und Pflichten sind in der Darstellung der Befragten in Strukturen eingebettet. Zentrale Unterschiede zeigen sich lediglich darin, wo sich diese Strukturen finden lassen: Sie werden entweder im näheren sozialen Umfeld, z. B. bei den (Schwieger-)Eltern oder bei den Nachbarn, oder auch in der jeweiligen Gesellschaft verortet:

> „Was die Norm vorschreibt, die Gesellschaft vorschreibt, […] das die Gesellschaft vorlebt, die vermeintliche Gesellschaft vorlebt, vorschreibt […].“ (Frau Bertrand, Absatz 232)

Auch mit den Rollen verknüpfte Erwartungshaltungen werden einerseits über das Umfeld und über die Gesellschaft verhandelt. Andererseits wird die Rolle der Gesellschaft und des näheren Umfeldes dadurch zugleich konzeptualisiert. Die unterschiedlichen Ausprägungen von Beziehungsbildern und Beziehungsrollen und damit verknüpfte Erwartungshaltungen reichen von der Entlastung (nun eine Beziehung zu haben und damit eine Entlastung vom Druck, der auf die Befragten ausgeübt wird) und der sozialen Position, die mit einer Paarbeziehung einhergeht. So wird deutlich, dass eine Beziehung in der Deutung der Befragten zu einem Statussymbol wird; aufgrund der Reaktionen des sozialen Umfelds und der Gesellschaft. Doch eine wirkliche Entlastung vom Druck, eine Beziehung haben zu müssen, wird nicht beschrieben. Vielmehr wird deutlich, wie die Befragten sich nun unter Druck gesetzt fühlen, ihre Rolle in der Beziehung zu erfüllen und die Beziehung aufrechtzuerhalten: Zentral ist diesbezüglich, dass die Entlastung und die positive Wertung auch als Druck beschrieben werden, die Beziehung aufrechtzuerhalten. Stabilität, die Übernahme oder Abgabe von Verantwortung, Sicherheit und ein spezifischer erhöhter sozialer Status, der in der Gesellschaft mit dem Beziehungsstatus im Gegensatz zum Singledasein erworben wird, werden zum zentralen Bestandteil von Beziehungen:

> „[I]ch glaube, wir *[Anmerkung SN: Frauen]* sind wirklich zum Teil Opfer. Also im Sinn von, (…) ja, dass wir viel zu viel mit uns machen lassen (…). Weil wir ja (…) man hat einfach den, ich habe gemerkt, der Schutz, den ich hatte, oder das andere Ansehen, einfach nur, weil ich jetzt einen Partner hatte, das war immens (lange Pause).“ (Frau Müller, Absatz 46)

Die ersten Beziehungserfahrungen, in denen früh Gewalterfahrungen stattfinden, gilt es gesondert zu behandeln. Jene Befragten (exemplarisch Frau Hefti), die in ihrer ersten Beziehung bereits mit Gewalterfahrungen konfrontiert wurden, beschreiben eine besondere Form des Spannungsfelds zwischen sozialer Deutung und individuellem Erleben. Das Deutungsmuster ‚erster Freund resp. erste Freundin‘ prägt in der Deutung der Befragten besonders den weiteren Verlauf von Beziehungen. Insbesondere wird mit diesem Deutungsmuster Freiheit, Erfahrungen, Liebe und Verliebtsein assoziiert, wenn das eigene Erleben nicht mit diesem Deutungsmuster übereinstimmt.

Auch die Beziehungen, die mit einer Elternschaft verbunden sind, sind gesondert zu betrachten. Die Elternschaft ist mit einer besonders unauflöslichen Beziehungskonzeption verbunden:

> „Das heisst, es existiert grundsätzlich für mich immer eine Dreiecksbeziehung zwischen Mutter, Vater und Kind. Die ist nicht trennbar. Weder durch Kilometer, weder durch Trennungen, auch wenn du neue Partner hast. Du kannst die Bindung nicht (…) nicht trennen. Es ist schlichtweg nicht möglich." (Herr Reim, Absatz 32)

Die Bindung zwischen Eltern wirkt stärker als sämtliche Gründe, die gegen die Weiterführung der Beziehung sprechen und so wird gedeutet, dass die Gewalt in der Beziehung zu ertragen sei:

> „Aber ich sage mir immer, das ist wahrscheinlich, wenn man ein Kind hat, wird irgend-, es wird irgendwas ausgeschaltet. Es kommt irgendwie etwas ganz anderes, man hält irgendwie, man hat das Gefühl, ich glaube, man muss viel mehr aushalten." (Frau Gerber, Absatz 62)

Die Auffassung, dass der Beziehungsstatus nach der Familiengründung unauflöslich wird, wird auch von aussen an die Befragten herangetragen:

> „Ja (…). Aber meine Familie hat eigentlich sehr gefunden, dass Trennung kommt nicht infrage, du hast jetzt Kinder, das ist jetzt so (lange Pause). Ja (lange Pause)." (Frau Spindler, Absatz 232)

In Beziehungen werden Kinder zu „Klammern, die das Ganze zusammenhalten" (Herr Maihöfer, Absatz 68), da ein anderer Lebensentwurf als weniger optimal für die Kinder empfunden wird. Dadurch wird die eigene Befindlichkeit in der Beziehung nach hinten gerückt:

> „Und da denke ich einfach, (…) würden meine Kinder in einen Rahmen kommen, der nicht gut ist für meine Kinder. Wenn es dann noch ein Rahmen wäre, der gut wäre für die Kinder, aber ich bin da halt ausgeschlossen, dann muss ich sagen, ja, Pech für mich. Aber ich denke, das hat keinen Rahmen, der gut wäre für die Kinder (lange Pause). Das ist dann die zweite Handlungsoption, wenn ich sage, wenn ich jetzt den Rahmen will, wo die Kinder geschützt sind und das bekommen, was sie brauchen als Kinder, dann muss ich das aushalten (lange Pause)." (Herr Maihöfer, Absatz 68)

Dieses Beispiel mit den Kindern verdeutlicht, wie mit den Rollen ein jeweils spezifisches Rollenwissen einhergeht in den Erzählungen der Befragten. So wie Herr Maihöfer im obigen Zitat dieses Rollenwissen anspricht, wird im Allgemeinen beim Gespräch über die Umstände des Eingehens der jeweiligen Beziehungen die Übernahme von Rollen expliziert. Die Betroffenen reflektieren darüber, wie sie eine Rolle gezielt einnehmen. Dabei greifen sie auf spezifisches Wissen dazu zurück. Wie dieses Wissen angeeignet wurde, wird jedoch zumeist nicht ausgeführt. Die eigenen Eltern, deren Beziehung und ihre Rollenverteilung werden jedoch als bedeutsam für das eigene Handeln in Beziehungen empfunden:

> „Also ich habe die Muster eigentlich schon gekannt von ihr *[Anmerkung SN: der Mutter]*. Und dann hat ja das ja, wenn ich so gewesen wäre wie mein Vater, dann hätte ich dieser Beziehung kein halbes Jahr gegeben (...). Weil mein Vater hat da nicht lange gemacht, der hat gesagt, pff, das ist mir zu anstrengend. Aber weil ich ja eigentlich von meiner Mutter erzogen worden bin, so gesehen, und mein Vater eigentlich kein Interesse hatte, der hat ja sowieso nur seine Kumpels und seine Kneipe im Sinn gehabt, habe ich von meiner Mutter das Verantwortungsvolle übernommen und gefunden, ja, das muss so sein im Leben. Und dadurch hat sich wahrscheinlich das *[Anmerkung SN: der Wunsch, eine andere Rolle als der Vater lebte, einzunehmen]* eingestellt." (Herr Bischoff, Absatz 129)

Die Rollenmodelle der eigenen Eltern werden nicht nur problematisiert, sondern es wird auch deren mangelnde Vorbildfunktion kritisiert von den Befragten, womit auch das Nicht-Wissen über alternative Beziehungsmodelle erklärt wird:

> „Ich kann es, es ist noch schwierig, das einfach irgendwie, es hat sich einfach so langsam aufgebaut (...). Der Punkt ist einfach, dass er eigentlich auch mein erster Mann war. Ich habe keine Vergleichsmöglichkeiten gehabt. [...] Ich glaube, meine Eltern waren auch nicht ein wahnsinnig gutes Vorbild." (Frau Schmid, Absatz 60)

Für das Rollenwissen sind auch die Beziehungsideale des Partners oder der Partnerin und deren Aushandlung in der Beziehung ausschlaggebend. Frau Gerber berichtet in diesem Zusammenhang auch vom rhetorischen Geschick ihres Partners, mit dessen Hilfe es ihm gelang, sie von seinen Idealen zu überzeugen:

> „Und er hat es irgendwie geschafft, während dem ganzen Ding fast einen Monolog, also eben, rhetorisch extrem begabt, einen Monolog, einen Diskurs irgendwie mir zu halten, warum das alles nicht gut ist, und was genau eine Beziehung ist, und (...) eben, wenn man sich liebe, dann sei das so, und so." (Frau Gerber, Absatz 27)

Über diese Rollen und das damit einhergehende Wissen reflektieren die Befragten, wie auch das obige Zitat von Frau Gerber verdeutlicht. Aus der Verlaufsperspektive lässt sich denn auch entlang dieser Reflexionen im Rahmen der Erzählungen eine Veränderung dieser Ideale und Normen rekonstruieren, wobei sich diese – gemäss der retrospektiven Erzählung – selbst nicht verändern, sondern vielmehr ihre Deutung eine Änderung erfährt. Werden Vorstellungen über Beziehungen zu Beginn einer Beziehung implizit thematisiert und ausgehandelt, so werden sie zu einem späteren Zeitpunkt der Beziehung (aus der Retrospektive) anders gedeutet und dadurch zu neuen Aushandlungsgegenständen. Wurden z. B. die ständige körperliche Nähe, Erreichbarkeit und ‚vollständige Verfügungsmacht' über den Partner oder die Partnerin zuvor noch mit Liebe, Verliebtsein und Sichkümmern assoziiert, wird dies ab einem gewissen Punkt in der Beziehung zum Gegenstand von (neuen) Aushandlungen. Bei diesen Aushandlungen kommt es zu Beziehungsnormierungen, welche zu asymmetrischen Machtverhältnissen führen, die sich fortan sukzessive manifestieren.

Ebenen der normativen Beziehungsbilder und Positionierungen der Befragten

Bei den Rekonstruktionen von normativen Beziehungsbildern werden einerseits unterschiedliche Ebenen und Ausprägungen der normativen Bilder und andererseits verschiedene Formen der Aushandlung deutlich. Auch die Betroffenen können sich diesen normativen Bildern gegenüber unterschiedlich positionieren. Mit ‚Ebenen' wird in diesem Zusammenhang darauf Bezug genommen, wo die Befragten ihre Vorstellungen von Beziehungen verorten und wodurch diese gerahmt und geprägt sind. So werden Beziehungsbilder auf gesellschaftliche Einflüsse oder aber auf Einflüsse des nahen Umfelds zurückgeführt, z. B. der Familie.

Auf der gesellschaftlichen Ebene werden den Interviewaussagen zufolge die Normative verortet, die Beziehungen als nicht zu hinterfragenden Lebensaspekt darstellen. Dazu gehört ‚einfach eine Beziehung zu haben', ‚haben zu müssen', ‚zu wollen' und ‚aufrechtzuerhalten'. Am Fallbeispiel von Frau Bertrand lässt sich zudem exemplarisch darlegen, wie die Paarbeziehung – insbesondere die Ehe – als Rahmen und Erfahrungsraum der Erfahrung vor dem Hintergrund dieser normativen Bilder Legitimität für sexuelle Nötigung gewährt und zugleich generiert: Die Ehe wird zum Unmöglichkeitsraum von sexualisierter Gewalt:

> „Wie kann man das erklären, dass er es schafft, einen sexuell zu nötigen? Für andere Leute ist dann quasi auch klar, man ist ja ein Paar, man ist verheiratet, es ist ja normal, da kann man ja nicht, die Vergewaltigung in dem Sinn gibt es ja nicht." (Frau Bertrand, Absatz 24)

Frau Bertrand erklärt, dass sich ihr Partner jeweils auf solche sozialen Ordnungsvorstellungen bezogen habe, um sein Verhalten ihr gegenüber zu rechtfertigen: „Ja, du bist ja meine Frau, man darf das" (Frau Bertrand, Absatz 119).

Auf der gesellschaftlichen Ebene sind auch die normativen Beziehungsbilder zu verorten, die mit der gesellschaftlichen Bedeutung von Beziehungen zusammenhängen. Eine Beziehung wird gesellschaftlich als Statussymbol gewertet, was primär Frauen eine angesehenere Stellung in der Gesellschaft verschafft. Zugleich ergibt sich durch diesen Status eine Schutzfunktion durch den Partner. Frau Müller z. B. deutet diesen Schutz als Schutz vor anderen Männern. Für das Erreichen und den Erhalt des Statussymbols, für den damit verbundenen Schutz und vor allem für das Aufrechterhalten einer ‚intakten Familie' zum Wohle der Kinder, nehmen die Befragten – bis zu einem gewissen Punkt – vieles auf sich.

Positionierungen, die auf sozialen Ordnungsvorstellungen einer Gemeinschaft basieren, rekurrieren zumeist auf kollektive Werte und Normen einer Subgruppe, beispielsweise einer religiösen Gemeinschaft. Die Interviewten erklären, dass aufgrund der Zugehörigkeit zu einer spezifischen Religionsgemeinschaft bestimmte Werte wie eine ‚intakte Familie' und die Ehe als unauflöslicher Bund dazu beitragen, dass sie in ihrer Beziehung bleiben.

Auf der Ebene der Familie und des sozialen Nahraums sind unterschiedliche Arten von Positionierungen angesiedelt. Im Allgemeinen zeigt sich vor allem auf dieser Ebene, wie relational und damit verflochten die Erfahrungen von den Befragten gedeutet werden, da sie sich auf vergangene Beziehungen und die dortigen Erfahrungen beziehen. Aus (vergangenen) Beziehungen – in erster Linie diejenige der Eltern, die eigene Beziehung zu den jeweiligen Elternteilen und zurückliegende Liebesbeziehungen – schöpfen die Befragten ihre normativen Beziehungs- und Ordnungsvorstellungen. Diese bereits erfahrenen Beziehungen werden zumeist als negative Kontrastfolie herangezogen, d. h. sie werden zu Bildern, von denen es sich abzugrenzen gilt, weil eine andere Form der Beziehung gelebt und angestrebt wird. Durch diese Konfrontation entstehen neue Bilder in Form von Idealen und Maximen, die identitätsstiftend und teils auch handlungsleitend werden (Engelfried 1997, S. 84–85). Als Gegenbeispiele konstruieren weibliche Befragte ihre Mutter und deren Rolle als Partnerin, während männliche Befragte ihren Vater und dessen Rolle als Partner ansprechen und sich durch ihre eigenen normativen Vorstellungen der eigenen Rolle und die damit einhergehenden Beziehungsideale und -normen davon distanzieren wollen. So im Falle von Herrn Bischoff bereits aufgezeigt: Er will vor dem Hintergrund biografischer Erfahrungen und in Abgrenzung zum eigenen Vater ein anderes Beziehungsideal und vor allem ein anderes männliches Rollenbild übernehmen, was sich für ihn mit der Handlungsmaxime ‚Verantwortung für die Beziehung und die Partnerin übernehmen' zusammenfassen lässt.

Beziehungsbilder, implizite Vereinbarungen und deren Brüche

Für die Grenzen und Brüche sind sowohl Beziehungsbilder als auch die impliziten Vereinbarungen verantwortlich. Obwohl unterschiedliche Ausprägungen von Beziehungsbildern in den Erzählungen sichtbar werden, die jeweils zum

Bruch beitragen, liegen diesen doch zumeist folgende Grundsätze zugrunde: ein ‚Füreinander-da-Sein', sich gegenseitig ‚den Rücken stärken' und sich demnach darin zu unterstützen, ‚durchs Leben zu kommen'. Ein zentrales Beziehungskonzept, auf das die Befragten rekurrieren, ist es demnach, die Beziehung resp. den Partner/die Partnerin als Lebenshilfe und Stütze zu betrachten und sich gegenseitig dadurch Geborgenheit zu geben (s. Kapitel 6.2).

Auch der Bruch mit der zentralen Beziehungsnorm von der gegenseitigen Unterstützung wird demnach als Grenze erlebt, da dadurch keine Reziprozität in der Beziehung mehr unterstellt werden kann. So beschreibt z. B. Frau Huber, wie sie implizit von einem geteilten (normativen) Beziehungskonzept ausging, das den Zusammenhalt in guten wie in schlechten Tagen impliziert:

> „[…] ich habe gedacht, ja, wir gehen alle durch schwierige Phasen, wie ich das eben selber auch durchgemacht habe. Und ich habe gedacht, ja, zusammen schaffen wir das, weil so war ich das auch gewohnt von der Beziehung vorher, dass man halt auch, wenn es mal nicht so (…) gut läuft, dass man zusammen doch die schwierigen Zeiten durchsteht. Und weil ich das einfach so von der Beziehung gewohnt war, bin ich automatisch davon ausgegangen, das ist in jeder Beziehung so." (Frau Huber, Absatz 16)

Auch der Bruch mit impliziten Spielregeln ist eine Form von Reziprozität, die nicht mehr besteht: Das Einhalten antizipierten Regeln, die aber nicht wirklich vereinbart waren, ist ein Zeichen dieser Reziprozität innerhalb einer Beziehung. Damit die Situation für das Gegenüber noch einschätzbar bleibt, dürfen implizite Regeln nicht gebrochen werden, um die Verletzungsmacht zu wahren. Werden diese Grenzen überschritten, dann werden diese Regeln ausser Kraft gesetzt. Dadurch werden Alltag und Normalität an einem bestimmten Punkt aufgehoben, sodass die Anpassung nicht mehr geleistet werden kann.

Der *implizite Paarvertrag*, der sich an der Annahme von Reziprozität in der Beziehung im Material offenbart, kann in Anlehnung an Stefan Hirschauer (2013) auch als Tauschhandel bezeichnet werden. Wenn dieser Tauschhandel nicht mehr egalitär gedeutet wird, also der eine Partner resp. die eine Partnerin den Eindruck gewinnt, dass die eigenen Erwartungen nicht mehr erfüllt werden, so nimmt auch die Bereitschaft ab, den eigenen implizit vereinbarten Teil ‚auf sich zu nehmen'. Beispiele aus dem empirischen Material für diese Erwartungshaltungen sind, dass man davon ausgeht, dass nicht fremdgegangen wird oder Ferien gemeinsam verbracht werden.

Die eigenen Handlungen werden dann so koordiniert, dass der Partner resp. die Partnerin ‚aktiviert' wird, sodass derjenige/diejenige seine/ihre Handlungen entsprechend anpasst, wie z. B. mehr Verantwortung übernimmt, im Haushalt mithilft, treu ist, den Alkoholkonsum begrenzt, das Frauenbild ändert, mehr Zeit mit der Familie verbringt etc. Diese Aktivierungsversuche verlaufen in den

Erzählungen parallel zur Problematisierung der jeweiligen Beziehungsbilder, weil zunehmend erkannt wird, dass diese divergieren. So beschreibt z. B. Frau Huber, dass sie aufgrund der Beziehung als Rahmen der Erfahrung das ‚Sexuelle habe „händeln" können' (s. Kapitel 6.2.2). Als sie jedoch herausfindet, dass ihr damaliger Partner wegen Vergewaltigung eine Vorstrafe hat, ist ihre Grenze erreicht, an der es ihr nun nicht mehr möglich ist, Normalität herzustellen, weil sie „niemals mit einem Vergewaltiger zusammen gewesen wäre" (Frau Huber, Absatz 37). Zwar erlebt das Beziehungsbild einen Bruch, allerdings nicht wegen der verschärften Gewaltdynamik, sondern aufgrund der fehlenden Übereinstimmung in den Beziehungskonzepten zwischen den Partnern, was nun auch anhand von Frau Hubers fokussierter Einzelfall(re)konstruktion illustriert wird.

Fokussierte Einzelfall(re)konstruktion Frau Huber: Wendepunkt durch Bruch mit der Identifikation mit dem Partner

Frau Huber ist Schweizerin und zum Zeitpunkt des Interviews 35 Jahre alt. Sie hat eine Berufslehre absolviert und arbeitet ausbildungsadäquat. Sie führte rund neun Monate eine Beziehung mit ihrem damaligen Partner und lebt nun seit rund elf Monaten von ihm getrennt. Frau Huber nimmt die Beratungsleistungen der Opferhilfe in Anspruch, wodurch sie über die Studie informiert wurde und Kontakt aufnahm. Sie erhofft sich durch die Teilnahme eine bessere Hilfestellung für alle Betroffenen, weil auch sie negative Erfahrungen mit den Behörden gemacht hat. Dies erlaubt ihr auch eine aktive Vermittlerrolle einzunehmen, sodass ihrer Meinung nach ihre vielfältigen Gewalterfahrungen zumindest einen gesellschaftlichen Nutzen haben:

> „Und (...) für mich ist es einfach wichtig, eben dass ich auch etwas dazu, das Negative zu etwas Positivem wende. Mich aus der Opferrolle heraus begebe, weil, ich will nicht mehr länger Opfer sein. Sondern eben, ich möchte gern jetzt, dass meine Erfahrungen dazu beitragen, dass man anderen Frauen vielleicht aus dem, (...) aus dieser Situation heraushelfen kann, besser, ich kann Hilfeleistungen geben, dass man eben zum Beispiel auch so, wie ich da von der Polizistin (...) das negative Erlebnis hatte, wo sie mir die Schuld zugeschoben hat, dass solche Sachen nicht mehr vorkommen, dass sich die Opfer gut aufgehoben fühlen." (Frau Huber, Absatz 249)

Frau Huber hat in den rund neun Monaten Beziehung mit ihrem Partner psychische Gewalt in Form von Beleidigungen und Abwertungen sowie physische und sexualisierte Gewalt erlebt. Für Frau Hubers Fallbeispiel ist das Beziehungskonzept ausschlaggebend dafür, dass sie die Beziehung durch die fortlaufende Herstellung von Normalität aufrechterhält. Zusätzlich rationalisiert sie ihre Erzählung, indem sie sich gegenüber normativen Opferbildern positioniert. So versucht Frau Huber ihrer sozialen Situation auch narrativ noch einen Sinn zu verleihen, indem sie widersprüchliche und ambivalente Erfahrungen zu erklären versucht. So rationalisiert sie das Verhalten des Ex-Partners in den geschilderten Gewaltsituationen, da sie nach möglichen Auslösern für die Gewaltausbrüche sucht.

Bruch in der Identifikation mit dem Partner

Zu Frau Hubers Beziehungskonzept gehört ein Füreinander-da-Sein, sodass sich die Partner in einer Beziehung auch in schwierigen Zeiten Halt geben. Sie selbst ist bereit, ihren Partner auch in schwierigen Zeiten zu unterstützen, weswegen das Beenden der Beziehung für sie keine Option gewesen sei, sondern sie vielmehr nach Lösungen bei sich gesucht habe: Um ihrem Partner „aus Angst um ihr Leben" (Frau Huber, Absatz 161) zu entkommen, habe sie deshalb aus Verzweiflung über Selbstmord nachgedacht.

Diese Beziehungsmaxime am unabdingbaren Festhalten der Beziehung gerät erst durch die Erkenntnis ins Wanken, dass ihr Partner vor ihrem Kennenlernen wegen Vergewaltigung eine Gefängnisstrafe absass, was er ihr verheimlichte. Dies leitet nun die Umdeutung der Beziehung ein. Im Nachgespräch des Interviews reflektiert Frau Huber diesen Wendepunkt noch mal: Als „Grund zu handeln", was letztendlich das Verlassen ihres damaligen Partners bedeutet, benennt sie den Moment, als sie in den Dokumenten gesehen hätte, dass ihr Partner wegen Vergewaltigung im Gefängnis war: „mit einem Vergewaltiger wäre ich niemals zusammen gewesen" (Frau Huber, Absatz 37). Obwohl sie „das Sexuelle gegen sich/an sich habe ‚händeln' können", kann sie es nicht länger mit ihrem Beziehungsideal vereinbaren, dass ihr Partner sexuelle Gewalt an anderen verübt hatte.

Zum Bruch kommt es also durch die sexualisierte Gewalt an anderen und nicht durch die eigens erlebte, was auch nur angedeutet als „das Sexuelle […]" thematisiert wird, weil sie diese Form von Gewalt als „weniger schlimm" empfand, da sie innerhalb von einer Beziehung stattfand und sie dies „irgendwie abschalten konnte" (Frau Huber, Absatz 119). Sie ergänzt, dass es bei einem Fremden etwas anderes gewesen wäre. Als sie jedoch herausfindet, dass ihr damaliger Partner wegen Vergewaltigung vorbestraft ist, ist für sie nun die Grenze erreicht, die es ihr nicht länger erlaubt, diese Information in den Beziehungsalltag zu integrieren.

Als eigentlichen „Schlüsselmoment" (Frau Huber, Absatz 197), bei dem sie dem Erfahrenen eine neue Bedeutung einschreibt, bezeichnet sie jedoch einen Moment nach der bereits erfolgten Trennung von ihrem Partner.

Damals schaute sie einen Film online, in dem eine Frau bei der Polizei eine Aussage zu häuslicher Gewalt macht, in deren Worten sie sich mit Schrecken wiedererkennt:

> „[…] wo ich in dieser Sendung eine Frau gesehen habe, die von ihrem Mann geschlagen worden ist, und sie auf der Polizeiwache war und der Polizist so mit ihr geredet hat, und ich habe aus ihrem Mund meine Worte gehört. ‚Ja, wissen Sie, wenn er erst einen Job hat, dann nachher bessert sich das schon, dann nimmt der Alkoholkonsum ab, er will das gar nicht, er will sich bessern, er hat mir versprochen, er würde sich bessern', und zum (…) aus einer anderen Frau meine Worte zu hören, hat mir erst richtig bewusst gemacht, dass eigentlich die Sätze alle Frauen, die betroffen sind, die Sätze, die sind einfach die gleichen, und das hat mir so ein bisschen die Augen geöffnet. (…) Und ich denke, ja, also für mich war das ein Schlüsselmoment, so dieser, dieser Spiegeleffekt, den ich bei dieser Frau, also klar war es nur eine Schauspielerin, aber (…) es ist einfach, ich habe meine Worte aus dem, aus dem Mund einer anderen Frau gehört und wirklich meine, meine Worte, die ich, genau die, die ich gebraucht habe, und das ist (…) so ein bisschen mein, mein (…) ja, mein Moment gewesen." (Frau Huber, Absatz 197)

Bei Frau Huber wird diese Bedeutungsgenerierung durch eine Modifikation ihres Selbstbildes initiiert. Durch die Gewalterfahrung beschreibt sie einen Prozess der Entfremdung, an dessen Ende sie sich nicht mehr mit ihrem Selbstbild identifizieren kann, weil sie sich in den Worten der Schauspielerin wiedererkennt. Sie beginnt sich damit auseinanderzusetzen, dass sie „wie eine klassische Frau" gehandelt habe, die die Gewalthandlungen vertuscht. Bei Fragen zu ihren blauen Flecken habe sie geantwortet, dass sie gegen eine Tür gelaufen sei. Sie hat sich viel Wissen darüber angeeignet, wie häusliche Gewalt gegenüber Frauen gesellschaftlich wahrgenommen wird.

Frau Huber verhält sich implizit zu diesem Diskurs und positioniert sich dazu, indem sie sich an den normativen Gewalt- und Opferbildern abarbeitet. Anhand von stereotypen Weiblichkeitsrollen bietet sie einen überindividuellen Erklärungsversuch, indem sie ein weibliches Selbstverständnis aus keiner unterlegenen Perspektive, sondern aus einer weiblichen Form der Subjektivierung konstruiert: „Gewalt ertragen resp. erdulden" ist für sie eine weibliche Sozialisationsform, den Partner zu unterstützen. Sie generalisiert dann anhand von dieser Subjektivierungsweise, warum Frauen bei ihren gewalttätigen Partnern bleiben und weshalb dies Frauen geschehen könne. Diese Erklärung wird Teil ihres Selbstbildes und des Narrativs: Sie objektiviert sich damit als Teil eines Diskurses, der beschreibt, wie Frauen Gewalt erleben und wie diese handeln/reagieren oder eben nicht. Dadurch generiert sie eine neue Identität von sich: die Identität der versehrten Frau. Dem stellt sie die Identität der „unversehrten Frauen“ diskursiv gegenüber, wobei sie in ihrer Deutung der Gruppe der versehrten Frauen angehört.

Dieser „Spiegeleffekt“ (Absatz 197) wird zum „Schlüsselmoment“ (Absatz 197), da dieser ihr die Augen für ihre eigene Situation geöffnet hat. An Frau Hubers Fallbeispiel lässt sich auch verallgemeinern, dass der eigentliche Aha-Moment erst nach dem Beziehungsende eintritt: „Wie es war“, können die Betroffenen erst mit zeitlicher Distanz erkennen. Die Grenze in der Beziehung wird mit dem Bruch der impliziten Spielregeln erreicht, was die Idealbilder des Partners und der Beziehung zerstört. Doch der Schlüsselmoment, im Rahmen dessen neue Erkenntnisse generiert werden (können), vollzieht sich nach der Trennung. Die Grenzen und Brüche sind nur der Ausgangspunkt, bei dem der Prozess der (Be-)Deutungsgenerierung einsetzt, aber dort wird dem Erlebten (noch) keine neue Bedeutung eingeschrieben.

Vor dem Bruch mit den Beziehungsidealen und den handlungspraktischen Anpassungsleistungen gelingt es den Befragten noch, den Beziehungsalltag aufrechtzuerhalten, indem sie die gewaltförmigen Erlebnisse danach organisieren. Zur Herstellung von Normalität orientieren sie sich nun an den Beziehungsidealen und Normativen des Partners/der Partnerin, die dadurch zu Beziehungs- und Verhaltensnormierungen reifiziert werden, sodass die eigenen Beziehungsideale relativiert werden.

Die Befragten schildern in den Interviews, wie Beziehungsnormen im Sinne von Verhaltensregeln und -erwartungen über diese normativen Beziehungsbilder in den Paarbeziehungen gesetzt werden, wobei dort ein asymmetrisches Verhältnis zwischen den Partnern besteht. Eine Person verfügt über die Deutungshoheit und -mächtigkeit, d. h. darüber, welches das ‚richtige‘ Verhalten in einer Beziehung ist und wie eine ‚richtige‘ Beziehung zu sein hat:

> „Und dann hat er auch, also meine Schwachpunkte hat er halt schon gewusst. Ich habe, ich habe es ihm ja selber gesagt, ich möchte halt nicht so wie meine Mutter, ich hätte gern ein stabileres Leben, und nicht so viel Wechsel, und hat das dann immer so gut ausgenützt und gesagt: ‚Das ist halt so, weil du so aufgewachsen bist, reagierst du so. Und wenn du nicht wie deine Mutter enden möchtest, dann müsstest du besser auf mich hören‘.“ (Frau Novak, Absatz 22)

In den nachfolgenden Äusserungen wird deutlich, wie diese Beziehungsnormierung seitens des Partners erste Brüche erfährt, weshalb nun auch die asymmetrische Deutungsmächtigkeit und die Deutungshoheit des Partners hinterfragt wird, auch wenn den Betroffenen dieser eigene Standpunkt und die Loslösung von den Beziehungsnormen anhand der zögerlichen Formulierungen noch erkennbar schwerfällt *(irgendwie, irgendwelche):*

„Aber ich glaube, es hat mir geholfen (...), sagen wir, den Prozess irgendwie auch zu erkennen oder vielleicht irgendwie irgendwann für mich selber wieder einzustehen, und (...) oder eben auch irgendwie zu sehen, dass das (...) dass das eine Art von Gewalt ist, die er auf mich ausübt, und, und das (...) quasi nur, weil ich eben irgendwelche Sachen alleine machen will. Dass das irgendwie [...], dass ich irgendwie gesehen habe, das sind irgendwie Menschenrechte. Das sind nicht (...) ich bin nicht irgendwie beziehungsunfähig, nur weil ich irgendwie glücklich sein möchte oder irgendwie selbstbestimmt sein möchte. Ich glaube, das ist das auch gewesen, dass ich mich überhaupt nicht mehr selbstbestimmt gefühlt habe, ich habe mich total fremdbestimmt von ihm gefühlt (...). Oder nicht nur von ihm, sondern irgendwie von der ganzen Situation, oder der, bis zu den Schwiegereltern, die dann irgendwie (...) so ein bisschen dogmatisch, dogmatische Ansätze hatten, so wegen, es ist halt so, und wenn man eine Familie hat und in einer Beziehung ist, (...) dass das ebenso fast wie ein Job wird, oder ein (...) so jegliche Selbstbestimmung weg ist, sondern dann sind einfach so Pflichten. Das macht, so macht man es, so macht man es und so macht man es, und das macht man, und das ist eine Familie. Und alles andere ist quasi (...) sind die Esoterischen, die sich selber suchen und weiss auch nicht (lacht) (lange Pause)" (Frau Gerber, Absatz 66)

Typisch für diese Asymmetrie ist, dass Beziehungsfähigkeit als (hegemoniale) Norm in den Beziehungen etabliert wird. Dies geschieht dadurch, dass die jeweiligen Beziehungsideale diskursiv einander gegenübergestellt werden, wobei die eigenen Beziehungsbilder und diejenige der Herkunftsfamilie hegemonial als Norm setzt und gleichzeitig dem Partner/der Partnerin die eigene Beziehungsfähigkeit aufgrund seiner/ihrer Familie abspricht:

„Und so die, die Aussagen sind so subtil, dass ich die (...) dass ich das jahrelang nicht gemerkt habe oder mich einfach in sein Schema hineindrücken habe lassen, [...], so fast bis zur Meinungslosigkeit, also so, ich habe meine Meinung gar nicht mehr [...] Sodass ich mich gar nicht mehr getraut habe, meine Meinung zu sagen, weil ich genau wusste, wenn ich meine Meinung sage, dann reagiert er eben so mit irgendwie ‚Ich dachte, wir können reden', oder einfach so (...), was sehr (...)/ Also noch heute fällt es mir extrem schwer, ich muss extrem wachsam sein, dass ich das merke, dass ich in dem Moment, habe ich die Tendenz, total mir wieder den Schuh anzuziehen und wieder zu denken, ah ja, genau, ich bin total in (...) total, wie soll ich sagen? (...) Unkooperativ und schwierig, und ich bin eigentlich die, die, eben, mit der kann man nicht reden. Dass ich merke, dass es ihm einfach nicht gepasst hat, weil es wieder nicht seine Meinung ist, weil ich seine Meinung nicht vertreten habe (lange Pause). [...] Also ich habe eben, ich habe wirklich extrem lang (...) schon immer das Gefühl gehabt, dass ich (...) das grosse Problem bin, oder dass ich einfach nicht so beziehungsfähig bin (...). Und ja, ich glaube, ich habe mir das wirklich von ihm irgendwie einreden lassen (räuspern)." (Frau Gerber, Absatz 20)

Da diese *hegemoniale Norm der Beziehungsfähigkeit* in die Paarbeziehungen eingeführt wird, gilt die Beziehungs*un*fähigkeit im Umkehrschluss als generelle Schuld und Versagen. Diese Beziehungsnormierungen führen dann zur Handlungsohnmacht, weil die Befragten ihr eigenes Handeln nur noch nach diesen Normierungen ausrichten. Mit den jeweiligen individuellen Umgangsstrategien passen sich die Betroffenen an die Beziehungsnormen und -ideale des Partners/der Partnerin an, die/der die Deutungshoheit in der Beziehung besitzt. Durch diese Anpassungsleistungen wird der Beziehungsalltag fortlaufend reproduziert mit dem Ziel, Normalität herzustellen und dadurch die eigene Handlungsmächtigkeit über dieses Gefühl von Alltag wiederherzustellen.

Die Beziehungs(un)fähigkeit fungiert demnach als Druckmittel in Verletzungsverhältnissen, denn es wird vom Partner resp. von der Partnerin über die Zuschreibung oder das Absprechen instrumentalisiert. Einerseits wird darüber die Deutungsmächtigkeit über die Beziehung und die Erfahrungen ausgehandelt, wodurch sich Machtasymmetrien manifestieren. Andererseits wird mit dem Absprechen von Beziehungsfähigkeit das Verletzungsverhältnis ausgeweitet, weil dies mit einer Abwertung der eigenen Person einhergeht, die dann in die Handlungsohnmacht der Befragten mündet. Dieses Gefühl von Handlungsohnmacht verfestigt sich durch eine *asymmetrische Deutungsmächtigkeit,* die in der Beziehung von den Befragten internalisiert wird, wodurch dann der eigenen *Wahrnehmung* misstraut wird.

Mit der Normsetzung der Beziehungsbilder des Partners/der Partnerin entsteht eine Machtasymmetrie in der Paarbeziehung. Dadurch, dass die Beziehungsideale des Partners/der Partnerin hegemonial gesetzt werden, wird dem Partner/der Partnerin die Beziehungsfähigkeit abgesprochen. Dieses Absprechen wird mit der diskursiven Gegenüberstellung des Verhaltens und den (Beziehungs-)Erfahrungen der Befragten legitimiert:

„Und dann hat er auch, also meine Schwachpunkte hat er halt schon gewusst. Ich habe, ich habe es ihm ja selber gesagt, ich möchte halt nicht so wie meine Mutter, ich hätte gern ein stabileres Leben, und nicht so viel Wechsel, und hat das dann immer so gut ausgenützt und gesagt: ‚Das ist halt so, weil du so aufgewachsen bin, reagierst du so. Und wenn du nicht wie deine Mutter enden möchtest, dann müsstest du besser auf mich hören.' [...] Und ja, ich habe das dann angenommen." (Frau Novak, Absatz 22–24)

Mit dem Attestieren von Beziehungsunfähigkeit aufgrund der eigenen Vergangenheit wird gleichzeitig auch die Deutungshoheit und damit -mächtigkeit in der Beziehung festgelegt: Da dem Gegenüber aufgrund der Sozialisation abgesprochen wird, dass der-/diejenige über das nötige Wissen und den relevanten Deutungsrahmen verfügt, um das Erlebte beurteilen zu können, *internalisieren* die Betroffenen diese *asymmetrische Deutungsmächtigkeit,* bis sie keine eigene Meinung mehr vertreten. Ist diese *asymmetrische Deutungsmächtigkeit* erst mal internalisiert, dann folgt darauf zumeist, dass die Betroffenen ihrer *eigenen Wahrnehmung misstrauen.* Sie zweifeln diese an, weil sie es in der Paarbeziehung gewohnt waren, dass ihre Deutung keine Relevanz hatte:

> „[A]lso ich bin heute noch (…), jetzt heute Morgen habe ich auch gedacht, eben, (…) habe ich wirklich das Recht, irgendwie da irgendwas auszusagen, ist das wirklich so? Also ich zweifle heute noch teilweise wirklich an meiner Wahrnehmung." (Frau Gerber, Absatz 18)

Fallübergreifend zeigt sich der in Kapitel 7.2 bereits dargelegte Verlust des Vertrauens in die eigene Wahrnehmung als zentrales Kennzeichen für Gewalterfahrungen in Paarbeziehungen, der hier an dieser Stelle nochmals verdeutlicht werden konnte. Dieser Verlust führt dazu, dass die Betroffenen ihrer eigenen Wahrnehmung nicht mehr vertrauen (können) und neue Aushandlungen über das Erlebte notwendig werden.

7.3.2 Gewalt- und Opferbilder

Die normativen Gewalt- und Opferbilder zeigen sich im Gespräch ebenfalls durch die Konstruktion von *Kontrastfolien.* Dabei unterscheiden die Befragten zwischen ‚richtiger' Gewalt und der sogenannten ‚anderen' Gewalt, wobei diese ‚andere' – diese nicht richtige Gewalt – jene Gewalt ist, die die Befragten selbst erlebt haben. Zur Kontrastierung dienen normative Gewaltbilder, d. h. Bilder davon, wie richtige Gewalt ‚zu sein hat' resp. *was* richtige Gewalt ist. Neben den normativen Gewaltbildern werden auch normative Opferbilder zur Kontrastierung und Abgrenzung der eigenen Gewalterfahrungen herangezogen. Die eigenen Erfahrungen werden fortlaufend mit normativen Opferbildern – d. h. Bildern von ‚richtigen' Opfern – abgeglichen und diesen gegenübergestellt. Das ‚richtige' Opfer ist vor allem das ‚legitime Opfer'. Vor dem Hintergrund dieser Kontrastfolie werden die eigenen Erfahrungen eingeordnet. Als Produkt dieser Abgleichung ergibt sich für die Befragten schliesslich, dass sich keine Passung zwischen ihren eigenen Erfahrungen und dieser Vergleichsfolie herstellen lässt.

Kontrastfolien: Gewaltbilder

Wie bereits in den Kapiteln zuvor dargelegt, enthalten die in den Interviews geschilderten Erfahrungen Gewaltkonzepte über die ‚richtige Gewalt' sowie Erzählungen über die selbst erlebte ‚andere' und ‚nicht richtige Gewalt'. In den Ausführungen berufen sich die Befragten auf sehr unterschiedliche Formen von Gewalt, wie etwa psychische, emotionale, physische, sexualisierte und auch ökonomische Gewalt, die jeweils verschiedene Abhängigkeitsverhältnisse nach sich ziehen. In ihren Erzählungen bleiben die Betroffenen in der Darstellung der ‚richtigen' Gewalt abstrakt und präsentieren diese als evident, jedoch, wie bereits in Kapitel 7.2 kurz angesprochen, ohne einen Selbstbezug herzustellen: Was die ‚richtige' Gewalt ist, bleibt offen, wenngleich die Ausführungen auf ähnliche Merkmale dieser ‚richtigen' Gewalt eingehen: So ist die ‚richtige' Gewalt körperliche Gewalt, die schwere und vor allem sichtbare Verletzungen verursacht. Vor allem aber führt die ‚richtige' Gewalt dazu, dass die betroffene Person hospitalisiert oder zumindest medizinisch versorgt werden muss. Die Lesart, dass die Bedeutung dieser ‚richtigen' Gewalt (Begriffsinhalt) trotzdem eine Leerstelle bleibt, beruht einerseits darauf, dass diese ‚richtige' Gewalt zwar sehr konkret beschrieben wird (Explikation über Verletzungen und Hospitalisierung), sich jedoch nicht auf den eigenen Fall beziehen, wohl aber auf die ‚anderen' – die ‚richtigen' – Fälle. Andererseits werden in den Erzählungen über die selbst erfahrene ‚nicht richtige Gewalt' ebendiese Merkmale der ‚richtigen' Gewalt erfüllt, die eigenen Erfahrungen werden aber dennoch nicht als ‚richtige' Gewalt gedeutet, sondern in den Narrationen verandert und relativiert: Es werden keine Selbstbezüge hergestellt.

So erzählt z. B. eine Befragte, dass sie keine körperliche Gewalt erfahren habe und daher nicht von ‚richtiger' Gewalt betroffen gewesen sei. Als in der Erzählung dann doch von Schlägen berichtet wird, werden diese hinsichtlich der Schwere gleich relativiert.

Die Leerstelle in der Definition von ‚richtiger' Gewalt zeigt sich darin, dass das normative Gewaltbild für die Befragten so abstrakt bleibt, dass sie auch bei Übereinstimmungen zwischen eigenen Erfahrungen und dem normativen Gewaltbild keinen Zusammenhang herstellen können. Selbst wenn die Befragten von einem Krankenhausaufenthalt berichten, wo sie z. B. mit Gehirnerschütterungen, einem offenen Auge, Schnitt- oder Schürfwunden behandelt werden mussten, finden sich in den Erzählungen keine Verknüpfungen zwischen der konstruierten ‚richtigen' Gewalt und ihren eigenen Gewalterfahrungen.

In den Narrationen ist bezeichnenderweise nur dann von ‚Gewalt' oder ‚häuslicher Gewalt' die Rede, wenn von ‚anderen' Gewaltbetroffenen gesprochen wird. Selbst mediale Gewaltdarstellungen werden von den Befragten als abstossender erlebt, als die eigenen Gewalterfahrungen, die dann auch der Kontrastierung und eigenen Einordnung von Nicht-Gewalt dienen, obwohl die Befragten wissen, dass es sich hierbei um fiktive Darstellungen handelt:

> „Es ist, aber ich muss auch sagen, ab und zu, wenn ich in der Werbung, sieht man ja auch, kann man ja auch anrufen, Gewalt zu Hause und so, und ich habe dann für ei-

> nen kurzen Moment darauf reagiert und habe es dann wieder weggestossen, weil ich mir dann einfach gedacht habe, ja, mir geht es ja nicht so schlecht wie diesen armen Frauen, denen das passiert." (Frau Novak, Absatz 198)

Mit dieser Abgrenzung von ‚richtigen' Opfern wird die selbst erlebte Gewalt abgemildert („die armen Frauen") und das eigene Selbstbild implizit aufgewertet, weil diese normativen – auch medial verbreiteten – Gewaltbilder als Kontrastfolie herangezogen werden, mit denen die eigenen Erfahrungen hinsichtlich der Quantität und Qualität abgeglichen werden:

> „Ja. Das (…) Gewalt ist schon ein grosses Wort, ja. Wo ich mir gedacht habe, so viel Gewalt wird mir nicht angetan." (Frau Novak, Absatz 208).

Entlang der Rekonstruktionen des Vokabulars zu Gewalterfahrungen und deren Veränderung werden die *Kontrastfolien der Gewalt* in Form von normativen Gewaltbildern deutlich. Mithilfe der fokussierten Einzelfall(re)konstruktion von Frau Gerber wird nachfolgend dargelegt, wie sie mit verschiedenen Begriffen umgeht und welche Entwicklung sich dabei abzeichnet. Charakteristisch für die *Kontrastfolien der Gewalt* sind in diesem Fall die sogenannten *Gegenkonstrukte*. Damit ist gemeint, dass es in der Erzählung zwar um Gewalt geht, diese jedoch anders beschrieben wird: Die erfahrene Gewalt wird *verandert*.

Fokussierte Einzelfall(re)konstruktion Frau Gerber – Kontrastfolien der Gewalt

Frau Gerber ist Schweizerin und zum Zeitpunkt des Interviews 48 Jahre alt. Sie war rund zehn Jahre lang mit ihrem Partner zusammen, mit dem sie einen gemeinsamen Sohn hat. Zum Zeitpunkt des Interviews lebt sie mit ihrem Sohn seit rund eineinhalb von ihrem Partner getrennt, durch den sie sexuelle und psychische Gewalt erfahren hat. Frau Gerber wurde über eine Frauenzeitschrift auf die vorliegende Studie aufmerksam und meldete sich daraufhin. Bereits bei der telefonischen Erstkontaktaufnahme fragt sie nach, ob sie mitmachen könne, obwohl ihr „nur psychische Gewalt" widerfahren sei (Frau Gerber, Auszug Protokoll Erstkontaktaufnahme). Zur Teilnahme am Interview habe sie motiviert, dass das Thema ‚häusliche Gewalt' nach wie vor tabuisiert werde und, dass das gesellschaftliche Bild von Beziehung(en), Frau und Familie dazu beitrage, dass über häusliche Gewalt geschwiegen werde. Zudem führt sie aus, dass sie irgendwie das Gefühl habe, sie hätte zehn Jahre ihres Lebens „vergeudet", weshalb sie sich sehr oft Vorwürfe mache und sich überlege,

> „[…] was wäre, wäre ich nicht schon früher gegangen? Oder ich wünschte mir einfach, ich hätte es wirklich früher geschafft und hätte nicht so lange mich so

zermürben lassen und mir so lange einreden lassen, dass das normal ist." (Frau Gerber, Absatz 110)

Vergeschlechtlichte Rollenzuweisungen

Sie habe das Gefühl, dass ihr als Frau jeweils die Rolle zugetragen werde, dass sie sich anders hätte verhalten müssen. Sie werde dadurch für die entstandene Situation indirekt verantwortlich gemacht oder aber als „überempfindlich" oder „hysterisch" eingestuft, weshalb sie an der Studie mitwirken wollte, um mit diesen Vorurteilen aufzuräumen und Aufklärungsarbeit zu leisten:

> „Und darum ist das, als ich das dann gesehen habe irgendwie, (räuspern) habe ich irgendwie gefunden, das muss ich unterstützen, dass man das früher erkennt, nicht irgendwie erst mit so / Oder dass [...] dass das eben irgendwie publiker wird." (Frau Gerber, Absatz 110)

Alternative Beschreibungen

Frau Gerbers Erzählungen kreisen um die alternative Beschreibung des Erlebten:

> „Einfach nie [...], es ist immer unter einem recht grossen Deckmantel, also es nie so das provokative, (...) die richtige Gewalt." (Frau Gerber, Absatz 78)

Frau Gerber schildert ihre persönlichen Erfahrungen mit psychischer und sexualisierter Gewalt, wobei sie Letzteres anfangs als „Druck" thematisiert (z. B. Absatz 30). Aus einer Prozessperspektive wird deutlich, wie die Erzählung von Frau Gerber sich im Laufe des Interviews verändert. So erwähnt sie im weiteren Verlauf keinen ‚Druck' mehr, sondern bezeichnet dies nun als Vergewaltigung:

> „Also wo ich behaupte, dass er mich eben vergewaltigt hat in einer Nacht." (Frau Gerber, Absatz 28)

Während sie bei dieser Erstbenennung noch relativierend erzählt und diese Formulierung einleitet („also wo ich behaupte"), spricht sie im weiteren Verlauf von einer „klaren Vergewaltigung in der Beziehung" (Frau Gerber, Absatz 28), was für Frau Gerber dann auch zur Gewohnheit wird:

> „Und irgendwann habe ich auch gefunden, es ist, es ist wie eine permanente Vergewaltigung dann geworden." (Frau Gerber, Absatz 30)

Diese Stelle im Interview ist für die Verwendung der Begriffe zu Gewalterfahrungen und die Kontrastfolien von Gewalt aufschlussreich. Sie fügt neben der Kontextinformation der Beziehung, die zu implizieren scheint, dass die persönliche Beziehung resp. die Form, in der die involvierten Parteien zueinander in einer Beziehung stehen, Auswirkungen auf die Auffassung von Vergewaltigung – also das Gewaltphänomen als solches – hat, noch ergänzend hinzu, dass ihre Ausführungen auf der subjektiven Wahrnehmung der Situation beruhen: eine „klare" Vergewaltigung. In ihren Erzählungen lässt sich auch die stufenweise Akzeptanz ihrer veranderten Bedeutungszuschreibung ablesen: Von einem ursprünglichen Gefühl von „Druck" wird die Vergewaltigung zu einer Tatsachenfeststellung resp. Tatsachenbehauptung, die schliesslich zum Normalzustand wird. Nicht die gewaltförmige Handlung als solche hat sich demnach verändert, sondern lediglich Frau Gerbers Deutung.

Wie Gewalt verandert und die Deutung als Nicht-Gewalt mittels Abgleichung mit normativen Gewaltbildern narrativ hergestellt wird, kann anhand von Frau Gerbers Einzelfall rekonstruiert werden: Frau Gerber unterscheidet in der Erzählung zwischen ‚richtiger', ‚provokativer' Gewalt und der Gewalt, die sie erlebt hat. Der ‚richtigen' Gewalt stellt Frau Gerber die subtile Gewalt gegenüber, unter der sie z. B. Drohungen subsumiert. Auch an dieser Stelle differenziert sie wiederum zwischen ‚richtiger Drohung' und ‚subtiler Drohung', wobei die ‚richtige Drohung' ihr zufolge jene ist, mit der körperliche Gewalt angekündigt wird. Unter ‚richtiger Gewalt' versteht sie, „[…] wenn man geschlagen wird" (Frau Gerber, Absatz 86).

Sie beschreibt zudem, dass das Erlebte immer unter einem ziemlich grossen Deckmantel stattgefunden habe, der als Metapher für die Beziehung steht. Die Paarbeziehung als Rahmen und Erfahrungsraum der Erfahrung verunmöglicht es somit einerseits, dass Frau Gerber das Erlebte als ‚richtige' Gewalt einstufen kann, und andererseits schützt die Paarbeziehung auch, denn dieser Mantel dient der Rechtfertigung und damit der Legitimierung des Erfahrenen. Mit dieser Positionierung teilt Frau Gerber als Betroffene ‚nicht richtiger Gewalt' die etablierte Legitimität dieser Gewalt. Über diese Abgrenzung stellt sie jedoch wiederum Legitimität her, indem sie die erfahrene Gewalt *verandert* und sich als Betroffene nicht richtiger Gewalt positioniert. Diese Lesart begründet sich darin, wie Frau Gerber im *Sprechen über* diese ‚nicht richtige Gewalt' gewaltförmige Begriffe übernimmt: „[E]r hat einfach immer verbal dreingeschlagen" (Frau Gerber, Absatz 62).

Obige Ausführungen verdeutlichen vor dem Hintergrund von normativen Bildern und dem Sprechen über Gewalt und Gewalterfahrungen, wie sich in der Sprache die inkorporierten Normen zeigen. Exemplarisch soll dies am Zitat von Frau Gerber zum ‚verbal dreingeschlagen' dargestellt werden: An dieser Stelle wird einerseits deutlich, dass ‚die richtige Gewalt' die körperliche Gewalt ist. Jene Gewalt, die durch Schläge ausgeführt wird. Andererseits wird auch deutlich, wie sich die Befragte dem normativen Opferbild gegenüber positioniert und wie sie dieses inkorporiert hat: um sich als Opfer positionieren zu *können,* übernimmt sie im Sprechen über ihre Gewalterfahrungen das Vokabular physischer Gewalt. Das normative Gewaltbild wird damit im Sinne von Sprache in ihrer Doppelstruktur zum Medium und auch zur Handlungspraxis (Dietrich 2013, S. 223).

Positionierung als Betroffene nicht richtiger Gewalt

Die Positionierungsstrategien, das damit verbundene *Sprechen über Gewalt* und die Entfaltung der Begriffe lassen sich fallübergreifend als Prinzipien verallgemeinern: Die Positionierung als Betroffene nicht richtiger Gewalt korrespondiert mit der Übernahme von Begriffen im *Sprechen über ebendiese Gewalt,* die alltagstheoretisch mit physischem Gewalthandeln und mit festgeschriebenen Bildern von Opfern assoziiert wird. ‚Alltagstheoretisch' bedeutet in diesem Zusammenhang, dass die Befragten mit diesen Bildern als allgemein geltend aufgefasste – ‚evidente' – Konzepte, Überzeugungen und Erklärungs- und Deutungsmuster verbinden (Strittmatter 1995, S. 15).

Die Abgrenzung vom *Opfersein* resp. vom ‚richtigen Opfer' steht dafür, dass sich die Befragten in ihren Narrationen dagegen wehren, Opfer zu sein. Darin kommt zum Ausdruck, dass sie beschlossen zu haben scheinen, keinen Sonderstatus einnehmen zu wollen:

> „Aber ich wollte nicht mich (...) ich habe ge-, ich habe überlegt, und ich habe gesagt, ja, ich bin kein Opfer. Ich wollte kein Opfer sein." (Frau Ruiz, Absatz 38)

Diese Positionierung vollzieht sich anhand der Kontrastfolie des ‚richtigen' und damit ‚legitimen' Opfers. Diese Zusammenhänge werden nachfolgend dargestellt.

Das normative Opferbild steht für das ‚richtige' Opfer, womit vor allem das ‚legitime Opfer' gemeint ist. Auf diese Deutungsfigur Bezug nehmend wird der eigene ‚Opferstatus' festgelegt. Die Befragten haben bestimmte Opferbilder, auf deren Grundlage sie sich dann abgrenzen Diese Strategie kann als Normalisierungsstrategie aufgefasst werden, wie im Folgenden aufgezeigt werden soll. Wie mittels Abgrenzung eine Umdeutung des normativen Opferbildes stattfindet, wird nachfolgend exemplarisch an der fokussierten Einzelfall(re)konstruktion von Frau Müller dargelegt.

Fokussierte Einzelfall(re)konstruktion Frau Müller: Umdeutung des normativen Opferbildes

Frau Müller ist Schweizerin, zum Zeitpunkt des Interviews 42 Jahre alt und Mutter von zwei Kindern. Frau Müller hat eine Ausbildung an einer höheren Fachschule absolviert und arbeitet als qualifizierte Fachmitarbeiterin im Angestelltenverhältnis. Zum Zeitpunkt des Interviews lebt sie seit rund fünf Monaten von ihrem Partner getrennt, mit dem sie rund acht Monate lang eine Beziehung führte. Bevor Frau Müller ihren damaligen Partner kennenlernte und mit ihren beiden Kindern zu ihm zog, war sie elf Jahre lang alleinerziehende Mutter gewesen. Nach zwei Monaten verliess Frau Müller gemeinsam mit den Kindern „fluchtartig" das Haus und lebt auch zum Zeitpunkt des Interviews mit ihren beiden Kindern in einem Frauenhaus. Frau Müller wurde über eine Anzeige in einer Frauenzeitschrift auf die Studie aufmerksam. Sie entschied sich für eine Kontaktaufnahme und Interviewteilnahme, weil sie nach eigenen Angaben für das Thema sensibilisieren und anderen Betroffenen Mut zusprechen möchte, Hilfsangebote in Anspruch zu nehmen:

> „Dass ich wirklich (…) also, ja, dass ich wirklich auch etwas dazu beitragen möchte. In unserer Gesellschaft, um darauf aufmerksam machen zu können, dass man nicht in solchen Beziehungen verbleiben muss (…). Und dass wir eigentlich, nein, nicht eigentlich, dass wir wirklich in der Schweiz hier ein super Netz haben. Also was die Opferhilfe und was die, all die (…) also ich weiss nicht, was es noch alles gibt, aber einfach, und ich weiss halt nicht, wie es Frauen in anderen Ländern geht. Oder die Frauen, die hier wieder zurückgehen zu ihren Männern, von den anderen Kulturen, oder ich will es gar nicht wissen. Also eben, da will ich dann auch nicht mehr wissen (lange Pause)." (Frau Müller, Absatz 84)

Abgrenzung von normativen Opfer- und Gewaltbildern

Frau Müller lehnt ihren eigenen Opferstatus vehement ab und grenzt sich von normativen Opfer- und Gewaltbildern ab. Selbst im Frauenhaus kann sie ihre eigenen Erlebnisse und Erfahrungen in der Beziehung nicht in Einklang mit ihrem Gewaltbild bringen:

> „Und ich finde, ich habe immer, ich habe immer gedacht, was erzählen die von häuslicher Gewalt? Ich meine, das ist doch nicht häusliche Gewalt?" (Frau Müller, Absatz 70)

Dies geht bei ihr sogar so weit, dass sie die Strafanzeige hinterfragt, weil sie diese nicht mit ihrem Gewaltbild vereinbaren kann:

„Ich finde wirklich, es ist eine sehr subtile Frage, wo ist häusliche Gewalt, […] Und ich habe mich noch lange dagegen gewehrt, auch noch im Frauenhaus, nein, ist doch nicht häusliche Gewalt, und ich habe am Schluss nicht mal mehr gewusst, worauf lautet überhaupt die Strafanzeige? Weil ich irgendwie gar nicht gewusst habe, was ist eigentlich daran schlimm? Also, oder?" (Frau Müller, Absatz 70)

Dass sie sich im Frauenhaus aufhält und eine Strafanzeige erstattet hat, erforderte bei ihr zunächst einen Wahrnehmungsabgleich mit anderen Stellen, wie z. B. den Sozialarbeiterinnen im Frauenhaus. Auch nach der Strafanzeige ist sie sich unsicher, ob sie dazu „berechtigt" sei, weil sie die eigenen Erfahrungen als weniger „schlimm" einstuft. Dieser fortlaufende Aushandlungsprozess von Frau Müller ist geprägt von Widersprüchen und Brüchen. So beschreibt sie, dass sich Anzeichen gezeigt hätten und sie es ‚hätte sehen müssen'. Sie positioniert sich als Verantwortliche, die nicht handelte, weil sie *es* ‚nicht sah'.

Frau Müller beschreibt sich selbst als sehr starke Frau, was sie davon abhält, sich als Opfer zu begreifen. Diese Stärke bildet auch den Ausgangspunkt ihrer Abgrenzung vom *Opfersein,* denn dies verbindet sie mit Schwäche und einem niedrigen Bildungsstand:

„Häusliche Gewalt ist auch für mich eigentlich so etwas, das machen Frauen, das lassen Frauen mit sich machen, die einen tiefen IQ haben, die keine Ausbildung haben, die, ja, schwach sind (…). […] Das hat mich so, wo ich denke, nein, ich gehöre nicht in diese Gattung hinein (lange Pause)." (Frau Müller, Absatz 72)

Neben dem normativen Bild – einer schwachen und bildungsfernen Frau – entwickelt Frau Müller ein Kontrastbild einer typischen Opfergruppe, von der sie sich sogleich abgrenzt, und offenbart dadurch ein weiteres Verständnis vom Opfersein: Ein Opfer lässt etwas mit sich machen, womit es implizit dem gewaltförmigen Handeln und damit der Gewalt zustimmt.

Zugleich beschreibt Frau Müller ihren Wunsch nach einer ‚intakten Familie' und einer Beziehung, in der der ‚starke Mann' das Oberhaupt ist und die Familie und vor allem die Frau, seine Partnerin, die hinter ihm steht, beschützt. Dieses Idealbild und der Wunsch danach gibt sie auch als Grund dafür an, dass sie als Alleinerziehende in diese Beziehung ‚geriet'. Es dient ihr gleichzeitig als Rechtfertigung und Legitimierung. Sie wäre, so erzählt sie, auch wieder zu ihrem damaligen Partner zurückgegangen, wenn sie z.B. keine schriftliche Vereinbarung, die ihre Anwältin aufgesetzt hatte, mit ihm gehabt hätte. Inhalt der Vereinbarung war ein lebenslanges Kontakt- und Annäherungsverbot durch ihren Ex-Partner und die Zahlung einer Genugtuung (s. Kapitel 7.2). Im Gegenzug hat Frau Müller ihre Strafanzeige gegen ihn zurückgezogen.

Ihr mangelndes Vertrauen in die eigene Wahrnehmung und Deutung der Situation muss nicht notwendigerweise als Bruch gelesen werden. Doch vor dem Hintergrund ihrer narrativen Konstruktion einer ‚Opfer-Gattung' und ihres Geschlechterrollen- und Beziehungsideals – obwohl Frau Müller dieses implizit als einen Grund dafür sieht, dass sie „das perfekte nächste Opfer" (Absatz 20) gewesen sei –, kann ihre Erwägung, zu ihrem Ex-Partner zurückzukehren durchaus als Bruch verstanden werden. Mit einem Mann resp. mit einem Partner will sie traditionelle Geschlechterrollen und -normen leben. Sie erwartet Schutz und Geborgenheit, was ihr der Partner nach ihrer Beschreibung persönlich nicht gab. Gesellschaftlich erhielt sie jedoch durch die Beziehung als solche Schutz, da Beziehungen für Frauen in der Gesellschaft grundsätzlich als eine Art gesellschaftliches Statussymbol gelten.

Auch das normative Opferbild der schwachen Frau, die etwas ‚mit sich machen lässt' und Gewalt daher zulässt, sowie Frau Müllers Positionierung als starke Frau stehen in direktem Widerspruch zur Aussage, dass sie ohne schriftliche Vereinbarung wieder zu ihm zurückgegangen wäre.

Dieser Zusammenhang zwischen einem normativen Opferbild und einem normativen Gewaltbild zeigt sich auch im folgenden Zitat, wo sie sich sozusagen die eigene Schwäche eingestehen musste:

> „Und wegen häuslicher Gewalt, ja, für mich ist das auch ein Wort, was irgendwie, Gewalt, ich glaube, es ist, da müsste ich mich ja, eben, da muss ich ja zugeben, dass ich ein Opfer geworden bin, dass ich ja gar nicht so stark bin. […]" (Frau Müller, Absatz 76)

Der Prozess des Umdeutens setzt bei ihr dadurch ein, dass sie den Tätern Cleverness und Geschick zuspricht, wodurch sich ihr normatives Opferbild verändert:

> „Aber ich glaube eben, man kann nur Opfer werden, wenn man (…) ja, (…) ich finde eben, es stimmt nicht unbedingt, dass es eben nur schwache Frauen sind, sondern im Gegenteil. Ich musste auch lernen, dass die

> Leute, das sind ja so emotionale Vampire, die sich an Starke dranhängen und sie aussaugen […].“ (Frau Müller, Absatz 76)

Frau Müllers Zitat steht exemplarisch dafür, wie die Befragten ihr normatives Opferbild, das sich durch Prozesse des ‚Otherings‘ (Velho et al. 2011) geformt hat, für sich selbst umdeuten, damit dies noch mit ihrem Selbstbild übereinstimmt. Es besteht demnach ein Zusammenhang zwischen Selbstpositionierung und den normativen Opferbildern.

Nachdem sie mit ihren Kindern ins Frauenhaus gegangen war und rechtliche Schritte eingeleitet hatte, sah sie sich damit konfrontiert, sich mit dem Begriff ‚Opfer‘ auseinandersetzen zu müssen, weil dies nun ihrer veränderten Lebenssituation entspricht. Dennoch findet Frau Müller keine Passung zwischen ihrer Situation und den normativen Gewalt- und Opferbildern:

> „Das hat mich so, wo ich denke, nein, ich gehöre nicht in diese Gattung hinein.“ (Frau Müller, Absatz 72)

Als sie einen Brief der Staatsanwaltschaft erhielt, in dem ihr Name und der Name ihres Expartners aufgeführt waren, konnte sie sich der Auseinandersetzung nicht länger verweigern:

> „Ich habe dann die Opferhilfe gefragt. Ich habe es einfach daneben gefunden. Wirklich daneben. Ich meine, für sie ist das alltägliches Brot, ich hatte keine Ahnung. Und ich bin wirklich erschrocken, von der Staatsanwaltschaft so ein Brief. Dann steht mein Name, sein Name. Ja (…).“ (Frau Müller, Absatz 20)

Mit dieser Konfrontation wurde die eigene Ohnmacht innerhalb der Beziehung re-aktualisiert. Wie Frau Müller mit diesen normativen Opferbildern umgeht, ist charakteristisch für das Konzept des Umdeutens: Sie korrigiert nun ihr vorheriges Bild, nach dem die eigene Gewaltbetroffenheit unmöglich war, indem sie nun beschreibt, dass sie davon ausgehe, dass auch Frauen aus ‚reicheren Kreisen‘ betroffen seien. Damit erweitert sie zunächst den Personenkreis um gesellschaftliche angesehene und vertraute Menschen, was ebenfalls einer Normalisierungsstrategie entspricht. Als Beleg führt sie an, dass sie in der Stadt, in der sie nun lebt, Frauen von ‚früher‘ und demnach alte Bekannte treffe:

> „Und ich glaube, wenn (…) wenn eben Frauen oder eben gerade auch von der höheren oder von den reicheren Kreisen, wenn die sich (…) weil da, also ich kann mir einfach nur vorstellen, dass die Dunkelziffer extrem hoch ist. Weil jetzt habe ich in der Stadt, ich habe ja alles neu, mich findet man ja nirgends mehr im Telefonbuch und nichts mehr, und ich treffe aber in der Stadt komischerweise Frauen, die ich von ganz früher kenne (…)." (Frau Müller, Absatz 20)

In ihrer Beschreibung werden Frauen, die sie ‚alleine' – im Sinne von ‚ohne ihren Partner' – in der Stadt antrifft, zu (möglichen) Opfern deklariert, die die Anonymität der Stadt vorziehen. Die Notwendigkeit der Umdeutung der von ihr zuvor konstruierten Opfergruppe (‚Gattung') schwacher, schlecht ausgebildeter Frauen verweist bereits auf den Bruch in ihrer Selbstpositionierung und damit mit ihrem Selbstbild. Diese Gruppenkonstruktion wird noch weiter modifiziert, indem sie die normativen Opferbilder umdeutet und ihr eigenes Opferbild revidiert:

> „Und ich musste merken, im Frauenhaus gemerkt, das sind alles rundum starke Frauen. Und die meisten haben einen Bildungsabschluss." (Frau Müller, Absatz 72)

Diese Umdeutung kann als Ermächtigungsstrategie gelesen werden, die es erlaubt, den latent drohenden Verlust resp. Bruch des Selbstbildes als Gewaltbetroffene von Beziehungsgewalt zu verarbeiten resp. zu bearbeiten. Diese Strategien stehen in einem Zusammenhang mit den normativen Beziehungsbildern: Die Verletzungsoffenheit in Beziehungen wird von den Befragten mit tradierten Beziehungsbildern, Normativen und daraus resultierenden Beziehungsidealen und Beziehungsidealisierungen erklärt. Hinderlich auf das Erkennen und Handeln im Umgang mit Gewalterfahrungen wirken sich sowohl die Norm der Beziehung als auch die normativen Beziehungsbilder aus, die basierend auf dieser Lesart und den Interpretationen als Barrieren eingestuft werden.

Wie entlang von Frau Müller aufgezeigt werden konnte, verbinden Befragte über spezifische Kategorisierungen bestimmte Personen, die sie als ‚legitime' Opfer betrachten. Diese marginalisierenden spezifischen Kategorisierungen wie Geschlecht, Bildungsferne, Migrationshintergrund etc. liegt die Auffassung zugrunde, dass der Opferstatus und -begriff mit Schwäche, Ohnmacht und Handlungsverlust konnotiert ist. Sich selbst deuten die Befragten als illegitime Opfer, da auf sie diese Kategorien der normativen Gewalt- und Opferbilder nicht zutreffen, weshalb sie nicht als ‚richtige' und damit legitime Opfer sozial anerkannt werden. Unterschiede zwischen den Geschlechtern zeigen sich in den Narrationen dahingehend, dass die männlichen Befragten *Frausein* als zentrale Kategorie über die soziale Anerkennung des Opferstatus stellen. Die weiblichen Befragten hingegen ergänzen ‚schwache Frau' als zentrale Kategorie, vor deren Hintergrund sie sich vom Opfersein abgrenzen. Sowohl die Abgrenzung als auch die Annäherung können als Normalisierungsstrategie verstanden werden, da auf diese Weise Normalität herbeigeführt werden kann.

In dieser Abgrenzung äussern die Betroffenen auch Kritik an den bestehenden Verhältnissen: Das normative Opferbild wird der Justiz, der Polizei oder der Gesellschaft zugeschrieben, selbst jedoch explizit nicht übernommen, weil keine Passung zu den eigenen Erfahrungen und der eigenen Person hergestellt werden kann. Dem wollen die Opfer meist durch Normalisierungsstrategien zuvorkommen:

> „Wenn man das so theoretisch erzählt, die Leute sagen immer, ‚Ja, pff, wie kann dir das passieren?' Also man zeigt noch eher auf das Opfer als auf den Täter, dass man sagt, nein, zuerst ist immer wie, ‚Wie konntest du dir das antun?' Wo aber niemand sagt, ‚Was ist das für ein Arschloch? Was erlaubt sich der?' Man macht eigentlich quasi, ja, man ist nachher verantwortlich quasi für die Tat. Man hat es zugelassen." (Frau Bertrand, Absatz 40)

Diese ‚Nicht-Passung' wie auch dieses Bild in seinen Grundzügen werden zum Ausgangspunkt der Kritik, denn meist erlebt das Opfer eine Umkehr der Beweislast, sobald es sich öffentlich als Opfer bezeichnet, weil sein Opferstatus vom sozialen Umfeld zumeist angezweifelt bzw. Eigenverschulden in den Raum gestellt wird.

Bruch des Selbstbildes

Dass durch die Umdeutung des normativen Opferbildes das Selbstbild erhalten bleibt, dem ansonsten der Bruch droht, wird nachfolgend detailliert ausgeführt. Neben der Umdeutung wird von den Betroffenen zum Erhalt des Selbstbildes auch die Vermeidungsstrategie eingesetzt. Ein zentraler Teil der *Umdeutung des normativen Opferbildes* ist, dass das Opferbild, das z. B. darin besteht, dass nur ‚schwache Frauen' Opfer werden, vor dem Hintergrund des Selbstbildes revidiert wird. Noch weiter wird das Bild umgedeutet, wenn Frauen möglicherweise gerade aufgrund ihrer ‚Stärke' zum Opfer wurden. Im Gegensatz dazu wird die Konfrontation mit dem normativen Opferbild bei der Vermeidungsstrategie vermieden. Hierbei wird in erster Linie davon abgesehen, rechtliche Schritte einzuleiten, weil damit möglicherweise der Opferstatus und die eigene Person bzw. Stärke in Zweifel gezogen werden könnten:

„Dass ich weiss, mit dem ganzen Rechtssystem von der Schweiz hätte ich, (…) wenn man dann von der Polizei irgendwelche oder beim Gericht irgendwelche Fragen beantworten muss, dass man eben einfach so ein bisschen als das Opfer, ‚Ja, warum sind Sie nicht gegangen?' hingestellt wird. Oder so (…). Ja, darum, ich werde es mir nicht antun." (Frau Gerber, Absatz 28)

Diese Vermeidung ist Teil der Umdeutungsstrategie: So wird jemand nicht qua Delikt resp. qua Gewaltbetroffenheit zum Opfer, sondern qua rechtlicher Anerkennung, was im obigen Zitat mit dem Ausdruck ‚zum Opfer hingestellt werden' beschrieben wird.

Ebenfalls um eine Form von Umdeutung handelt es sich, wenn eine Beziehung aufrechterhalten wird, um einen Bruch im Selbstbild zu vermeiden. In solchen Fällen werden vor dem Hintergrund der normativen Beziehungsbilder zentrale Maximen umgedeutet, die es als Normative nicht zu ‚brechen' gilt. Dazu gehört vor allem, Verantwortung zu übernehmen, was vor allem damit gleichgesetzt wird, die Beziehung aufrechtzuerhalten. Wenn diese Umdeutung nicht gelingt, dann lässt sich der Bruch mit dem Selbstbild meist nicht mehr vermeiden. Das wird folgend am Fallbeispiel von Herrn Bischoff aufgezeigt.

Fallbeispiel Herr Bischoff – Bruch mit dem Selbstbild

Herr Bischoff betont, dass er 31 Jahre lang bei seiner Partnerin geblieben sei, weil er an der Beziehung arbeiten und festhalten wollte, anstatt sie einfach aufzugeben. Das war sein Anteil daran, Verantwortung zu übernehmen. Herr Bischoff entwickelte seine Vorstellungen und Handlungsmaximen in Beziehungen in Abgrenzung von seinem Vater:

„Ich hatte immer das Gefühl, ich will das Gegenteil von meinem Vater darstellen. Also so wie er die Beziehung gesehen hat, wollte ich sie nicht sehen. Nie. Ich habe immer gefunden, man muss einen Menschen anders behandeln, als mein Vater meine Mutter behandelt hat. Und ich glaube, dort haben sich die Weichen gestellt für mich. Das ist eine sehr einschneidende Sache gewesen (…). Also ich hatte auch das Gefühl, ich will lieber zuhören und verstehen, was die Problematik ist vom Gegenüber, und mit dem eine Lösung finden, anstatt irgendwie einfach so irgendwie wie ein Diktator einfach auf den Putz hauen und sagen, ‚So ist es, fertig.' Da hat mir mein Vater schon klar aufgezeigt, dass das nicht der Weg ist […]." (Herr Bischoff, Absatz 141)

Seit der Trennung ringt er nun mit sich und seinem Selbstbild, weil es nun aufgrund des Scheiterns der Beziehung nicht länger greift. Er versucht, sein Selbstbild aufrechtzuerhalten, indem er die zentralen Tugenden (der Partnerin zuhören und verstehen wollen) verteidigt, sieht es aber aufgrund der gescheiterten Beziehung bröckeln.

Verlust der Deutungsmächtigkeit

Aufgrund der normativen Opfer- und Gewaltbilder können sich Betroffene weder selbst als Opfer wahrnehmen, noch werden sie als solches wahrgenommen. Insbesondere bei Männern ist das Thema noch erheblich tabubesetzt, weil ihnen aufgrund ihrer Physis oftmals das Opfersein abgesprochen wird:

> „Da habe ich dann auch gemerkt, dass andere Leute auch die gleichen Sorgen haben. Aber eben, ich bin dann in eine Gruppe von 25 Frauen gekommen und ich ein Mann, da habe ich dann wieder gedacht, bin ich der Einzige, der in der Schweiz ein Problem hat mit einer Frau? Da fühlt man sich auch nicht so huere toll. Also es ist dann so, dass man denkt, hey, habe ich das Problem? Oder was ist eigentlich los? Und ich habe es eigentlich ja auch, das Problem ist ja bei mir gelegen. Ich hätte eigentlich das sehen müssen, dass das gar keinen Wert hat. Dass sie für sich selber einstehen muss und ich für mich, und ich hätte das eigentlich beenden müssen, und ich konnte es irgendwie nicht." (Herr Bischoff, Absatz 47)

Mithilfe von Strategien der Umdeutung sowie der Vermeidung gelingt den Befragten ein *Abarbeiten an normativen Opferbildern*. Die Gründe, weswegen sich die Befragten an diesen normativen Bildern abarbeiten, liegen im Verlust der Deutungsmacht über die eigenen Erfahrungen durch soziale und vor allem rechtliche Anerkennung sowie auch in der Möglichkeit, Kritik an den bestehenden Verhältnissen zu üben.

Aufgrund der normativen Opferbilder verlieren die Betroffenen die eigene Deutungsmächtigkeit über das Erlebte, weil Dritte aufgrund des Bekanntmachens der Gewalterfahrung die Situation nun ebenfalls deuten und qua Amt Deutungshoheit erlangen. Wenn ihr Opferstatus angezweifelt wird, müssen sich die Betroffenen erneut verteidigen, worin sich ihre Kritik begründet:

> „Das ist jetzt einfach so. Aber das zu beweisen als Mann, ja. Und mit meiner Grösse sowieso. Eben, du kannst nicht einfach, das / ‚Oh, sind Sie gross. Ja, und Sie lassen sich schlagen?' Sage ich, ‚Ja, was soll ich machen? Soll ich zurückschlagen oder was?' Wie ich beim Beistand das erste Mal hineingegangen bin bei der Abklärung, schaut der mich an. Der musste von unten nach oben schauen und ‚Boah, ja und Sie lassen sich prügeln?' Habe ich gesagt: ‚Ja, Sie, soll ich zurückschlagen?' Und wenn ich zurückschlage, dann wächst da kein Kraut mehr, das ist ein bisschen das Problem. Das ist einfach die völlige übliche Voreingenommenheit von Männern. Auch bei der Polizei, das siehst du überall. Du kommst hinein, du kommst hinein, ja, sie weint, du bist der Böse. Das ist das klassische Männerfeindbild. Und das finde ich schade, dass da nicht mehr darauf geachtet wird." (Herr Reim, Absatz 170)

Typisch für den Verlust der Deutungsmächtigkeit ist der Vergleich mit ‚anderen', die als Erzählfiguren narrativ eingeführt werden und entweder als sogenannte ‚Opfergruppen' oder als Individuen konstruiert werden. Diese Konstruktionen stehen zumeist diametral zur eigenen Selbst- oder gedeuteten Fremdpositionierung. Diese Konstruktion von einem ‚anderen Opfer' und dessen Zusammenhang mit der Selbstpositionierung durchzieht die Beispiele als fallübergreifendes Konzept.

Mit der Deutungshoheit Dritter, die u.a. Herr Reim anspricht, verbinden die Gewaltbetroffenen ein Gefühl von Handlungsohnmacht, denn aufgrund der Opferbilder können sie nicht handeln. Diese Erfahrung wirkt sich retraumatisierend aus, da sich die Ohnmachtserfahrung in anderer Form wiederholt. Am Fallbeispiel von Herrn Bischoff lässt sich aufzeigen, wie sich die normativen Opferbilder auf die Befragten auswirken: Herr Bischoff findet in seiner Deutung keine Passung zum normativen Opferbild, denn er beschreibt sich als der ‚immer Andere', weil er als Mann zum Opfer einer Frau wurde.

In Bezug auf die *Deutungsstruktur*, d.h. dasjenige, worauf sich die Deutungen stützen, und deren Aufbau, beispielsweise die Gegenstände der Problematisierung, lässt sich auf der Grundlage der Interviewaussagen Folgendes festhalten: In erster Linie werden die institutionellen Erfahrungen anhand der normativen Opfer- und Gewaltbilder der Befragten problematisiert. Allen Fällen ist gemeinsam, dass die Problematisierung nicht auf der Ebene der gewaltförmigen Erfahrungen stattfindet, sondern im Zusammenhang mit den institutionellen Erlebnissen und den jeweiligen tradierten normativen Opfer- und Gewaltbildern erfolgt, die als den Institutionen strukturell inhärent angesehen werden. Diese Erfahrungen mit den Institutionen werden grundsätzlich zum primären Gegenstand der Problematisierung, wie sich am Fallbeispiel von Herrn Bischoff aufzeigen lässt.

Fallbeispiel Herr Bischoff – Institutionelle Erfahrungen werden zum primären Gegenstand der Problematisierung

Herr Bischoff kritisiert, dass er sich als männliches Opfer vor allem von den staatlichen Institutionen alleingelassen und unverstanden gefühlt habe:

> „Das ist das Schlimmste, was ich eigentlich / Für mich im Moment ist das Schlimmste, dass ich mich verstecken muss. Obwohl ich eigentlich Opfer bin, muss ich mich verstecken und ich muss so Sachen, wo eigentlich, ich fühle mich unfrei. Ich fühle mich nicht wirklich (…) ja, auch von den Behörden her, von der Polizei bin ich irgendwie, habe ich mich irgendwie verarscht gefühlt. Ich habe mich (…) durch diverse Institutionen habe ich irgendwie das Gefühl gehabt, die nehmen das zu wenig ernst." (Herr Bischoff, Absatz 21)

Als Mann müsse er aufgrund seiner Opferbetroffenheit dafür kämpfen, nicht immer ‚der Andere' zu sein. Zudem hat er auch innerhalb von anderen Betroffenengruppen (z.B. Selbsthilfegruppen für Angehörige von Suchtmittelabhängigen) den Status des ‚Anderen', da er „ein Problem mit einer Frau hat" (Herr Bischoff, Absatz 47). Doch er erlebt sich aufgrund der Schwere der erlebten Gewalt auch in rein männlichen Betroffenengruppen als der ‚Andere':

> „Dass nicht das Bild entsteht, es ist immer nur der Mann das Geschlecht, das böse ist (…). Ja, ich finde, das ist wichtig, dass man einfach mal die andere Seite auch sieht und sagt, es kann ja mal anders herum gehen (…). Und ich meine, heute in der Gleichberechtigungszeit, ja, sollte man das auch wahrnehmen können, dass mal die andere Seite auch mal Recht hat (…). Darum geht es mir eigentlich. Das ist, das ist, der Aufruf ist mir wichtig." (Herr Bischoff, Absatz 161)

Dies benennt er denn auch als Motivation für die Interviewteilnahme: Durch die Sensibilisierung der Gesellschaft für männliche Opfer häuslicher Gewalt hat er die Hoffnung, dass sich auch institutionell etwas ändert. Er wünscht sich in Zukunft pro Kanton ein Männerhaus, was für ihn ein Zeichen für die gesellschaftliche Anerkennung der Verletzungsoffenheit von Männern sei.

Wie Herr Bischoff die gesellschaftliche Anerkennung und die institutionelle Situation für gewaltbetroffene Männer problematisiert, zeigt sich exemplarisch und fallübergreifend auch eine Strategie, wie der Verlust der Deutungsmächtigkeit von den Befragten bewältigt wird. So zeigt sich in dieser Deutungsstruktur vor allem die hohe Relevanz, die der Agency Dritter beigemessen wird. Exemplarisch wird dieser Zusammenhang an den Interpretationen im Fallbeispiel von Herrn Bruns aufgezeigt.

Fallbeispiel Herr Bruns – Bewältigung des Verlusts der Deutungshoheit

Durch den vermehrten Austausch mit Dritten verschiebt sich in der Erzählung von Herr Bruns der Problemgegenstand: Als belastend und problematisch werden nun anstatt der Erfahrungen innerhalb der Beziehung diejenigen mit den Institutionen beschrieben. Die veränderte Wahrnehmung korreliert dabei mit einem Umzug. Während er zu Beginn der Beziehung mit seiner Partnerin noch im Ausland lebte und dort Kontakte mit der Polizei etc. als unterstützend wahrgenommen hatte, zeigt sich in der Rekonstruktion ein Bruch, der nach dem Umzug in die Schweiz erfolgte. Mit diesem Umzug nahmen auch die Interaktionen mit Dritten zu. Während Herr Bruns institutionelle Kontakte im Ausland als unterstützend wahrnimmt, weil sie seinen Opferstatus bestätigen und dadurch auch die Deutung seiner Situation affirmieren, deutet er die institutionellen Erfahrungen in der Schweiz zunehmend als viktimisierend.

Obwohl sich die institutionellen Kontakte nach dem Umzug in die Schweiz gehäuft haben, sieht Herr Bruns in dieser Zunahme keinen Grund für die Veränderung in den Formen der Interaktion, sondern er kulturalisiert die erlebte Ohnmachtserfahrung vielmehr. Zum eigentlichen Problemgegenstand und damit zur erlebten Gewalt in der Erzählung und Deutung von Herrn Bruns, wird die verletzungsmächtige und damit verletzende Agency Dritter, die das Erleben von Gewalt nach seiner Auffassung nicht teilen. Die mangelnde Unterstützung wird als Verlust der Deutungshoheit wahrgenommen.

Für Herrn Bruns' Form der Problematisierung ist charakteristisch, dass er den ‚festen' Phänomenbegriff ‚häusliche Gewalt' verwendet. Auch diese Wortwahl steht im Zusammenhang mit seiner Deutung der institutionellen Erfahrungen. Mit dieser narrativen Strategie versucht sich Herr Bruns eindeutig als Opfer zu positionieren, weil er mit diesem anerkannten Fachbegriff erreichen möchte, als ‚Opfer' anerkannt zu werden.

‚Opfer-Werden' vs. ‚Opfer-Sein' und ‚Deutung der Gewalt' und ‚Gewalt der Deutung'

Das normative Opferbild lässt sich in einem Spannungsfeld situieren, das zwischen ‚Opfer-Werden' und ‚Opfer-Sein' eröffnet wird. Die Befragten müssen sich selbst als Opfer positionieren, da sie von der sozialen Anerkennung des ‚Opferstatus' (z.B. aus rechtlichen Gründen) abhängig sind. Dies gelingt ihnen wie zuvor bereits dargelegt über die Positionierungsstrategie der Annäherung. Gleichzeitig distanzieren sie sich von den normativen Opferbildern (Positionierung: Abgrenzung), um das Selbstbild zu erhalten.

Die Diskrepanz zwischen ‚Opfer-Werden' und ‚Opfer-Sein' manifestiert sich auch noch in einem anderen Spannungsfeld. Dieses konstituiert sich durch die verschiedenen Positionierungsmöglichkeiten gegenüber dem normativen Opferbild: Während sich einige der Befragten als Opfer qua Betroffenheit von häuslicher Gewalt (Opfer-Sein) positionieren, positionieren sich andere Befragte so, dass sie erst durch die soziale resp. rechtliche Anerkennung ihres Opfer-Status (Opfer-Werden) Opfer werden (und nicht qua Deliktbetroffenheit). Innerhalb der Kategorie Opfer-Werden kämpfen einige dafür, sozial anerkannt und damit Opfer zu werden. Andere hingegen halten fest, dass sie z.B. keine rechtlichen Schritte einleiten möchten, um den Opferstatus zu verhindern und sich nicht zum ‚Opfer des Systems machen zu lassen'. Während also diejenigen, die für soziale Anerkennung kämpfen und die Notwendigkeit dieses Kampfes so deuten, dass sie eben nicht sozial und rechtlich anerkannte Opfer seien und damit von Institutionen viktimisiert würden (Viktimisierung wird als die nicht

Anerkennung gedeutet und nicht als die Betroffenheit qua Gewalt), sehen diejenigen, die sich davon abgrenzen, in der Anerkennung des Opferstatus die eigentliche Viktimisierung. Denn so deuten sie, dass sie dadurch als schwache Opfer hingestellt werden würden, die nicht für sich selbst einstehen könnten.

Als Viktimisierung können von den Betroffenen demnach sowohl die Nicht-Anerkennung als auch die Anerkennung des Opferstatus erlebt werden. Damit wird ihre Gewaltbetroffenheit unter Rückgriff auf das normative Opferbild sozial konstruiert. Die Erfahrung der Nicht-Anerkennung wird in der Erzählung der betreffenden Befragten zum zentralen Verletzungsverhältnis und damit zum Hauptgegenstand der Problematisierung. Für das Phänomen, dass die Deutung der Gewalt und die soziale An- oder Aberkennung des Opferstatus durch Dritte wiederum zu Verletzungsverhältnissen führen können, steht das Konzept *Deutung der Gewalt und Gewalt der Deutung.* Dieses Konzept mithilfe dessen u. a. auch erfasst wird, wer z. B. durch Deutungen Dritter ausgeschlossen wird oder was Deutungen Dritter bei Gewaltbetroffenen auslösen können und das somit die Machtverhältnisse bei der Deutung von Gewalt fasst, wird in Kapitel 8 eingehender dargelegt.

7.4 Rekapitulation: Brüche in der Deutung als Nicht-Gewalt und zunehmende Delegitimierung des Erlebten

Die handlungspraktische Anpassung erfolgt bei den Betroffenen mit der Intention, dass eine ungleiche Rollenverteilung bewältigt resp. angepasst werden müsse, um (wieder) Normalität herzustellen. Diese Anpassung geschieht anhand von Beziehungsbildern der Befragten, während die handlungspraktischen Anpassungen zumeist aus Adaptionen an die Beziehungsideale und -bilder des Partners resp. der Partnerin bestehen. Die Problematisierung der Rollenverteilung verläuft in der Regel parallel zu einer Änderung in den Bedingungen, d.h. durch eine handlungspraktische Handlung, die meist der Intensivierung der Beziehung dient, wie z. B. Hauskauf, Heirat, Schwangerschaft, Geburt eines Kindes, erste gemeinsame Wohnung. Im Gegenzug zu den eigenen handlungspraktischen Anpassungsleistungen wird auch ein Erfüllen und eine Anpassungsleistung des Partners/der Partnerin an die eigenen Beziehungsbilder erwartet bzw. unterstellt. Werden diese Bestandteile der *impliziten Paarverträge* in der Deutung vom jeweiligen Gegenüber in der Beziehung nicht (mehr) erfüllt, dann werden auch die Rollen, die nicht oder nicht adäquat eingenommen werden, problematisiert.

Der Beziehungsraum wirkt dabei als Erfahrungsraum, denn die Beziehung verläuft parallel zu den gewaltförmigen Erfahrungen. Wie die Gewalt den Alltag transformiert, wird von den Betroffenen als *Gewaltentwicklung* gedeutet. Mit diesem Verständnis tritt Gewalt nicht plötzlich auf, sondern stellt einen Entwicklungsprozess mit einem *'natürlichen' Verlauf* dar, sodass diese *Gewaltentwicklung* 'einfach so geschieht'.

Den gewaltausübenden Partnern resp. Partnerinnen wird dabei keine Handlungsmächtigkeit zugesprochen, diesen Verlauf als aktiv Agierende beeinflussen zu können, was in Zusammenhang mit der Schuldfrage steht. Wenn Gewalt in Streitmomenten vorkommt, dann wird diese als Affekt oder als Unfall dargestellt, sodass die Schuldfrage entfällt, wie Frau Novak z. B. ausführt:

> „Was ich dann nicht als seine Schuld, nur, weil ich jetzt umgefallen bin sozusagen. Also ich bin dann irgendwie gegen die Wand gefallen und habe dann irgendwie da einen blauen Fleck gehabt und gesagt, ja. Also für mich war das wirklich nicht so, als wäre das seine Schuld. Ich habe gedacht, ich bin jetzt halt dumm gefallen." (Frau Novak, Absatz 90)

'Es' geschieht einfach und basiert auf idealisierten Beziehungsbildern. Das soziale Deutungsmuster der romantischen Liebe prägt das individuelle Liebes- und Beziehungskonzept. So werden z. B. räumliche und zeitliche Vereinnahmung durch den Partner resp. die Partnerin oder auch Besitzansprüche und Eifersucht als Zeichen von grosser Liebe und tiefer Verbundenheit ausgelegt. Den Anforderungen, in der Beziehung jeweils an die eigene Person gestellt, will man gerecht werden. Der Abwertungsprozess setzt dann im Kontext des romantischen Deutungsmusters als ein Nicht-Erreichen ein, was als eigenes Versagen und Minderwertigkeitskomplexen verstanden wird. Ein reziprokes Leiden wird dadurch konstruiert: Der Partner resp. die Partnerin, der/die darunter zu leiden hat, dass die Beziehungsideale nicht erfüllt werden – er/sie zu wenig geliebt werde – und das eigene Gefühl des Scheiterns.

Wenn das Erfahrene zusehends entnormalisiert wird, wird die Aushandlung über die (Be-)Deutung des Erlebten allmählich Teil der Konfliktdynamik. Durch den Wahrnehmungsabgleich verändert sich gleichsam die Konfliktdynamik. Die Konfliktmuster wandeln sich dahingehend, dass das Konfliktpotenzial nicht mehr – wie zuvor – aus Alltagssituationen entsteht, sondern aus Situationen, in denen das Paar über Regelungen des Zusammenlebens redet. Während die Verletzungsverhältnisse zuvor zumeist mit alltäglichen Körperpraktiken verbunden waren (man ist zu Hause und macht sich fertig fürs Training, fürs Bett etc.) und sich damit direkt auf den Alltag bezogen, konnten diese auch sukzessive den Alltag transformieren, sodass auch die Leistungen der Herstellung auf den Alltag ausgerichtet waren, um die gewaltförmigen Handlungen – in der Deutung der Betroffenen – nicht mehr 'zu provozieren'. Die Praktiken erfordern jedoch einen Wahrnehmungsabgleich, weil sich auf dieser neuen Konfliktebene mit den Regelungen des Zusammenlebens auseinandergesetzt wird. In diesem Wahrnehmungsabgleich findet ein Abwägen und Gegenüberstellen der gegenseitigen 'Verletzungen' statt, wie z. B. sexuelle Druckausübung als Moment der Aushandlung vs. das Recht auf sexuelle Verfügbarkeit haben. Durch das Nicht-Erfüllen dieses ‚Rechts' wird eine damit einhergehende Verletzung der Beziehungsnormen und damit ein sozusagen konkurrierendes Verletzungsverhältnis konstruiert. In diesem Schritt findet eine Agentivierung von Artefakten statt. Es wird z. B. auf Gesetze oder auf Wissen Dritter Bezug genommen im Ringen um (Be-)Deutung, ob das Erfahrene legitim sei oder nicht.

Zentral an dieser sich formierenden Delegitimierung des Erlebten ist, das dem Erfahrenen nach dem Erreichen dieser Grenze eine neue Bedeutung eingeschrieben wird, womit die Gewaltförmigkeit als solche nicht (mehr) infrage gestellt wird. Die Gewaltförmigkeit wird indes ihrer Fraglosigkeit enthoben. Über die Aushandlung und die Deutung der Befragten, dass der Partner resp. die Partnerin das nicht darf resp. kein Recht dazu hat, muss das Erfahrene neu bewertet werden, damit es für die Betroffenen zugänglich und damit deutbar wird. In diesem Aushandlungsprozess, der mit der neuen Bedeutungsgenerierung einhergeht, arbeiten sich die Befragten an normativen Bildern ab, wobei sie sich um eine Einordnung des Erlebten bemühen. Die Deutungen zu Vergewaltigungen bedürfen einer neuen Einordnung, wobei Frau Gerber dies beispielsweise noch mit der Beziehung als Rahmen kontextualisiert. Durch diese Rahmung gibt sie dem Ganzen erst einen Kontext, womit sie es gleichsam legitimiert:

> „Also gerade Vergewaltigung in der Ehe, aber das (…) […], und irgendwie, es ist (…) es ist immer einfach legitim, und eben. Wie ein Teil einer Beziehung, Definition einer Beziehung sozusagen." (Frau Gerber, Absatz 90)

Diese Klassifikation impliziert eine Qualifizierung, indem sie sich auf ein soziales Deutungsmuster bezieht. Vergewaltigung in der Ehe wird von ihr durch den Beziehungskontext nachträglich noch legitimiert, weil dies von ihr als legitimer Ort für sexualisierte Gewalt konstruiert wird. Ausschlaggebend ist demnach nicht, ob das Erlebte Gewalt sei, sondern ob dies noch eine Form der Erfahrung ist, die über den Raum der Beziehung legitimiert werden kann. Dies geschieht entlang von Wertebeziehungen, die zu einem Deutungsmuster werden.

Die Ausführungen verdeutlichen den Prozess, wie (Be-)Deutungen von Gewalt sozial hergestellt werden. Nach Jacques Derrida (2009) dringen Bedeutungen nie direkt und unvermittelt an die Oberfläche, vielmehr müssen die unterschiedlichen Bedeutungen gegeneinander antreten, beispielsweise ob das Erlebte als Vergewaltigung oder als Vergewaltigung in der Ehe eingeordnet wird. In ihrer Abgrenzung zueinander erlangen sie dann Bedeutung, denn dadurch weisen sie auf ihre Bedeutung hin (Feustel 2015, S. 27).

Wird nun diese Bedeutungsgenerierung näher in den Blick genommen, so zeigt die Analyse des empirischen Materials, dass es für die Betroffenen selbst nicht evident ist, was Gewalt ist und dass die (Be-)Deutungen von Gewalt in der Paarbeziehung ausgehandelt werden, obwohl von dort die Gewalt ausgeht. Ab einem gewissen ‚Bruch' mit (Beziehungs-)Idealen ist eine Grenze der handlungspraktischen Anpassungen und damit der Reorganisation des Alltags erreicht. Ab diesem Punkt entsteht ein Deutungsvakuum und die Deutung des Erfahrenen wird selbst Teil der Konfliktdynamik, indem die gewaltbetroffene Person in der Paarsituation mit dem Partner resp. der Partnerin die verschiedenen (Be-)Deutungen abgleicht und aushandelt. Somit wird die Deutung der Gewalt selbst zum Gegenstand von Konfliktdynamiken. Die Frage, ob das Handeln oder die erlebte Situation legitim oder illegitim ist, wird dabei indes in der Dyade der Paarbeziehung zum zentralen Gegenstand der Aushandlung.

Die fallübergreifende Rekonstruktion zeigt Ähnlichkeiten auf der Ebene der Erzählstruktur auf, die hinsichtlich der Brüche Aussagekraft besitzt. So wird in allen Erzählungen eine Art von Ausgangssituation narrativ konstruiert, die als *der Alltag* oder auch *die Beziehung* konzeptualisiert wurde und folglich für *die Normalität* steht. Dann kommt es jeweils zu einer Handlung, die einen Prozess anstösst. Parallel dazu läuft sozusagen die Normalität und damit die Beziehung und der Alltag weiter. In der Narration wird dies als sogenannter ‚Augenöffner' bezeichnet: Im Rahmen dieses Prozesses führen immer wieder neue Wissensbestände dazu, dass nun erkannt wird, wie es ‚wirklich' war oder ist.

Charakteristisch ist, dass parallel zu diesem ‚Prozess des Erkennens' ebendiese Herstellungs- und Anpassungsleistungen stattfinden, welche zwar beschrieben werden, jedoch als keine Handlungen von den Betroffenen gedeutet resp. konzeptualisiert werden. Vielmehr werden ebendiese Wendepunkte resp. Brüche dargelegt, welche wiederum Momente der Handlungsohnmacht darstellen und ‚geschehen'. In der Rekonstruktion waren es neben den Brüchen diese handlungspraktischen Anpassungen, die eine grosse Varianz von Handlungsmächtigkeit in der Herstellung sozialer Normalität zeigen. Anhand dieser Umgangs- und Bewältigungsstrategien gelingt es den Betroffenen, in der Situation zu überleben. Dazu muss Normalität hergestellt werden, was nur über die Relativierung von Beziehungsidealen möglich ist (Ottemeier-Glücks 1996, S. 79).

Zu diesem Zweck werden die Beziehungsideale des Gegenübers in der Paarbeziehung normalisiert und damit zu Beziehungsnormierungen. Nach Franz-Gerd Ottemeier-Glücks (1996, S. 79) unterscheiden sich Idealbilder per Definition als Norm von der sozialen Wirklichkeit der jeweiligen Personen, wobei diese Idealbilder als „Zielmassstab" (Ottemeier-Glücks 1996, S. 79) gelten, der durch Erfahrungen gebrochen werden kann. Wenn es zu einem solchen Bruch kommt, kann der Zielmassstab – die Idealbilder – jedoch relativiert werden (Ottemeier-Glücks 1996, S. 79). Diese Relativierung, durch die dann der (Beziehungs-)Alltag reproduziert wird, lässt sich mit dem Konzept *Reorganisation von Alltag* beschreiben (s. Kapitel 6). Ab einer gewissen *Grenze* gelingt ebendiese *Reorganisation von Alltag* nicht mehr, weil nach einem Bruch mit den Beziehungsidealen keine Relativierung und Reproduktion des Beziehungsalltags mehr stattfinden kann.

Diese Relativierung betrifft die eigenen Beziehungsideale und -normen, über die die Befragten ihr Handeln den Idealbildern des Gegenübers anpassen. Ihr Handeln adaptiert sich in der Beziehung und dem Partner resp. der Partnerin gegenüber als idealisierte Darstellung (Goffman 2010, S. 40–41), wie beispielsweise in der Rolle der Frau oder des Mannes, der Rolle der Partnerin resp. des Partners wie auch der Rolle der Mutter resp. des Vaters etc. Diese idealisierten Darstellungen vollziehen sich in der Regel als handlungspraktische Anpassungen an die Idealbilder des Partners/der Partnerin, die sich zudem vor dem Hintergrund der Beziehung als Ort vollziehen. Für die Befragten sind diese als Anpassungsleistungen nicht mehr erkennbar, weil dadurch die Idealbilder des Partners/der Partnerin reifiziert und so zur Beziehungsnorm erhoben werden.

Das Rollenwissen bestimmt zudem die idealisierten Darstellungen, denn zentral für diese ist das ortsbestimmte Verhalten (Goffman 2010, S. 115): So gilt die Paarbeziehung als Ort, an dem bestimmte Rollen und gewisse Normen und Verhaltensmuster einzuhalten sind. Die idealisierte Darstellung und damit das *doing relation* ist Teil eines impliziten Paarvertrages. Es entsteht dadurch ein Gefühl von Handlungsfähigkeit, wenn über das Rollenwissen gemeinsam verbindliche Muster wechselseitiger Verhaltenserwartungen generiert werden (Abels/Stenger Horst 1986, S. 113). Der Bruch mit den impliziten Spielregeln führt folglich einerseits dazu, dass die eigenen Erwartungen nicht mehr erfüllt werden und damit die Bereitschaft abnimmt, den eigenen implizit vereinbarten Teil ‚auf sich zu nehmen'. Doch vor allem führt dieser Bruch zu einem Deutungsvakuum, da nicht mehr auf das Rollenwissen und den bekannten Orientierungsrahmen Bezug genommen wird. Dann stellt sich ein Gefühl von Handlungsohnmacht ein und aufgrund dieser Implizität und Diffusität der Rollen und Normen *verlieren* die Betroffenen zunehmend Vertrauen *in die eigene Wahrnehmung,* was Gewalterfahrungen grundsätzlich kennzeichnet.

Dieser Verlust des Vertrauens in die eigene Wahrnehmung ist einerseits auf die handlungspraktischen Anpassungen zurückzuführen, im Rahmen derer Anpassungsleistungen an die Beziehungsideale des Partners resp. der Partnerin geschehen. Dadurch werden diese reifiziert und so zu Beziehungsnormierungen. Gleichzeitig manifestieren sich dadurch Machtasymmetrien in den Beziehungen und die normativen Beziehungsbilder des Partners resp. der Partnerin werden zur hegemonialen Norm, d.h. die Hegemoniedarstellungen des Partners/der Partnerin werden übernommen (Habermann 2012, S. 99–101). Dieser *Verlust des Vertrauens in die eigene Wahrnehmung* ist auf die ‚Dauergefährdung der Normalitätsannahmen als das Normale' (Hettlage 1991, S. 143) zurückzuführen. Im Kontext der *Paarbeziehung als Rahmen der Erfahrung und Erfahrungsraum* muss dann der Deutungsrahmen fortlaufend neu-dimensionalisiert werden, um Normalität herzustellen und aufrechtzuerhalten. In den Rekonstruktionen wird deutlich, dass dieser Herstellungsprozess von Alltag und Normalität an einem bestimmten Punkt unterbrochen wird, sodass die Anpassung nicht mehr geleistet werden kann. Dadurch entstehen Deutungsleerstellen, um die Erfahrungen neu einzuordnen.

Da die Befragten keinen Zugang mehr zu ihren eigenen Handlungen haben, bleibt ihnen auch aus der Retrospektive ihr Handeln in der Situation und der Beziehung verwehrt, was sie zur Bewältigung der Situation und der Erfahrungen benötigen würden. Neben dieser zentralen Erkenntnis der Studie wird hier noch davon ausgegangen, dass ihnen dieser Zugang aufgrund der neuen generierten (Be-)Deutungen nicht mehr möglich ist, weil dadurch der Orientierungsrahmen angepasst wurde. Durch das Erreichen einer Grenze in der Reorganisation des Beziehungsalltages und damit der Herstellung von Normalität erfährt die (Be-)Deutung der Nicht-Gewalt einen Bruch. Dass die Grenze mit einer Veränderung in der Gewaltdynamik kookkurriert, wie z. B. der verkürzten Abstände von Gewalterfahrungen, wie dies die Befragten selbst deuten und die Literatur nahelegt, wodurch sich dann die Handlungsspielräume verkleinern und die Handlungsunfähigkeit zunimmt (z. B. Walker 1994), lässt sich nicht am Material belegen. Vielmehr ist es so, dass den Befragten die Handlungen nachträglich nicht mehr zugänglich sind, weil sie ihren Orientierungsrahmen an die normativen Bilder angepasst haben (s. hierzu die Diskussion in Kapitel 9).

Kapitel 8
Verschiebung der (Be-)Deutung von Gewalt via Delegitimierung

In diesem Teilgegenstandsbereich wird nun, wie in Abbildung 7 veranschaulicht, dargelegt, wie die Verschiebung der (Be-)Deutung von Gewalt via Delegitimierung konkret stattfindet. Die einzelnen Deutungsfiguren innerhalb dieser (Be-)Deutung „häusliche Gewalt" lassen sich mit dem Konzept der Illegitimität zusammenfassen, d.h. das Erfahrene erlangt die Bedeutung von ‚Gewalt', wenn die Handlungen des Partners resp. der Partnerin als illegitim gedeutet werden, sodass sie delegitimiert werden. Dann erfolgt jedoch mit der Ausformung der (Be-)Deutung der Gewalt die *Gewalt der Deutung.* Denn so zeigt sich, wie in Abbildung 7 dargestellt, dass die Deutung der Gewalt selbst eine gewaltförmige Produktivität entfaltet: die Gewalt der Deutung.

Aufgrund dieser Gewalt der Deutung eröffnet sich für die Befragten ein Spannungsfeld. Denn während die Befragten nun das Erlebte als nicht legitim deuten und damit die Legitimität der Handlung („Darfst du mir das antun?") hinterfragen, vollzieht sich dieser Prozess der Delegitimierung im Innen der Beziehung. Nach Aussen halten die Befragten das Bild einer ‚normalen Beziehung' aufrecht, sodass sie das gewaltförmige und illegitime Beziehungsgeschehen im Aussen der Beziehung weiterhin normalisieren. Parallel zur Aushandlung über das Erlebte und dem Aufrechterhalten des Bildes einer ‚normalen Beziehung' konsultieren die Betroffenen Bücher, Gesetzestexte etc., um nachzulesen, ob der Partner resp. die Partnerin ‚das darf' – ob das wirklich legitim sei. Im Abgleich mit diesen Artefakten erlangt das Erlebte für die Betroffenen zusehends die Bedeutung der Gewalt. Mit dieser Deutung der Gewalt öffnet sich jedoch ein neues Verletzungsverhältnis für die Betroffenen: die Gewalt der Deutung. Denn über die Bedeutung der Gewalt sehen die Betroffenen einerseits ihr Selbstbild und andererseits ihr Fremdbild gefährdet. Diese Gefährdung und damit die gewaltförmige Produktivität die *Gewalt der Deutung,* die sich über die Deutung der Gewalt entfaltet, vollzieht sich vor dem Hintergrund der normativen Bilder (Opfer-, Gewalt- und Beziehungsbildern sowie als Querschnittsbilder zu diesen den Geschlechterbildern).

Im Folgenden wird eingehender dargelegt, wie die Deutung der Gewalt selbst eine gewaltförmige Produktivität entfaltet. Im Anschluss daran werden der Spagat zwischen Illegitimität und normalisiertem Beziehungsgeschehen, der sich vor dem Hintergrund der Gewalt der Deutung vollzieht, beleuchtet. Sodann werden im Rahmen der Darlegungen, wie die Deutungen relational verflochten

Abbildung 7: Übersicht ‚Verschiebung der (Be-)Deutung von Gewalt via Delegitimierung‘ (Quelle: eigene Darstellung)

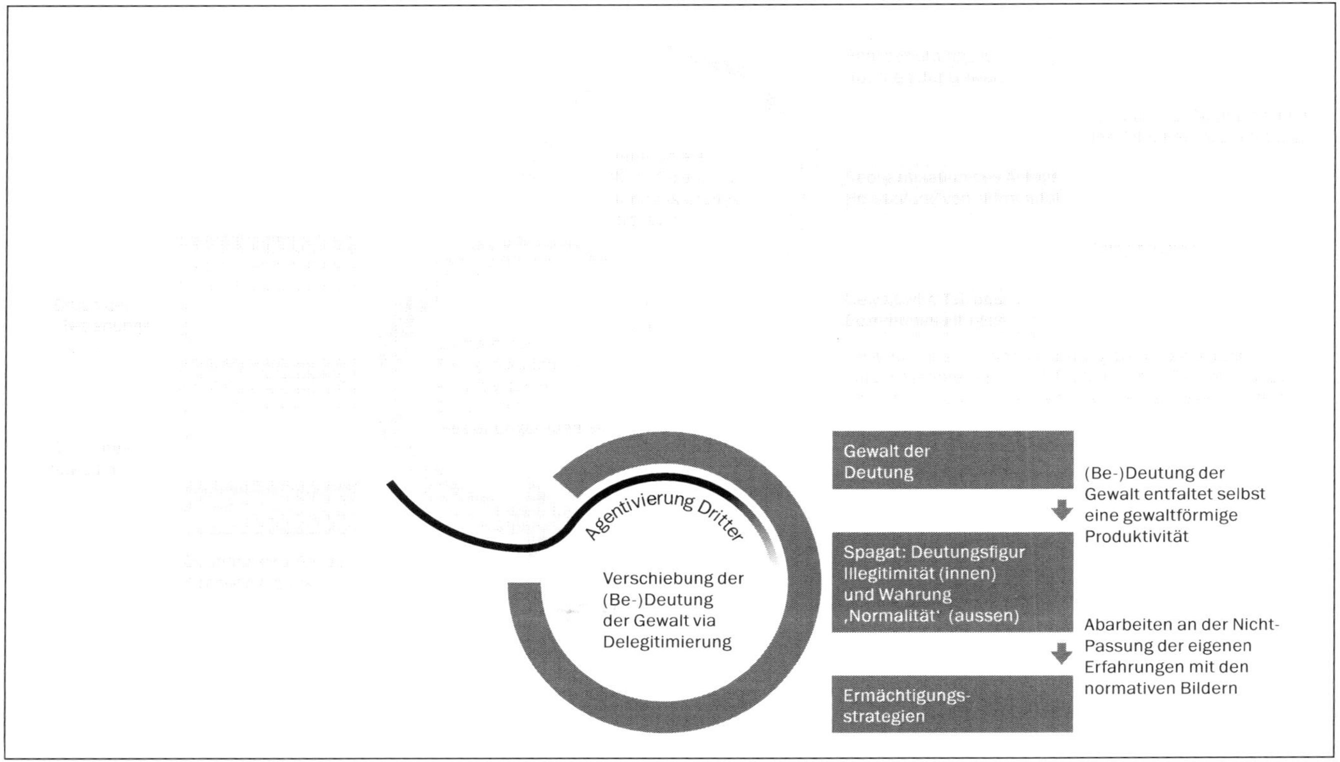

sind, verschiedene Bedeutungsmöglichkeiten erörtert. Im Anschluss werden zentrale Aspekte der (Be-)Deutungen, wie z. B. die Hierarchisierung von Verletzungsarten und deren Funktionalität für die Befragten betrachtet und als Ermächtigungsstrategien diskutiert. Abschliessend erfolgt in Form einer Rekapitulation die Skizzierung der Bedeutungen der Gewalt für das Innen und das Aussen der Beziehung.

8.1 (Be-)Deutung der Gewalt entfaltet gewaltförmige Produktivität: Gewalt der Deutung

Die *Gewalt der Deutung* tritt in der Regel dann auf, wenn die (Be-)Deutung der Gewalt sich ausgeformt hat. Charakteristisch für die *Gewalt der Deutung* ist einerseits, dass sich die Befragten erneut (vergleichbar mit der Paarbeziehung) mit dem Verlust ihrer Deutungshoheit auseinandersetzen müssen, wodurch sich das Gefühl der Handlungsohnmacht reaktualisiert. Andererseits sehen die Befragten ihr Selbstbild aufgrund der normativen Opferbilder, die durch Dritte an sie herangetragen werden, latent gefährdet. Denn einerseits können sich die Befragten mit einem Verlust der Deutungshoheit über die eigene Situation und Rolle aufgrund der staatlichen resp. institutionellen Stellen, die nun involviert sind, konfrontiert sehen und andererseits sehen sich die Befragten nun aufgrund der Bedeutung der Gewalt, die ihre Erfahrungen erlangt haben, mit normativen Opfer- und Gewaltbildern und damit einhergehend gesellschaftlichen Erwartungshaltungen konfrontiert, die das Selbst- und Fremdbild der Befragten latent gefährden können.

Gewalt der Deutung qua Deutung der Gewalt

Ein generelles fallübergreifendes Muster, das herausgearbeitet werden konnte, verdeutlicht, wie von den Betroffenen die alleinige Beteiligung an der Aufrechterhaltung der Beziehung und vor allem an der Mitschuld am Geschehenen konstruiert wird. Zentral für diese Konstruktion der Schuld ist für die Befragten der Vorwurf, den sie an sich selbst richten: die Beziehung ihrerseits nicht beendet zu haben.

Werden diese Konstruktionen vor dem Hintergrund der Aufrechterhaltung der Beziehung resp. der Beziehungsarbeit im Sinne von Herstellung von Beziehung und Normalität aus der Perspektive des aktiven resp. passiven Handelns – also konstruieren die Befragten ihre eigenen Handlungen z. B. als aktive Handlungen – zeigt sich, dass sich die Befragten durchaus als aktiv Handelnde darstellen in den Erzählungen. Sie deuten dieses Handeln selbst jedoch nicht als aktiv. Vielmehr ist ein zentraler Teil dieser Konstruktion die eigene empfundene Handlungsohnmacht: In den Interviews werden viele Handlungen in Form von Umgangs- und Überlebensstrategien deutlich, doch diese sind den Befragten nicht als Handlungen zugänglich. So ist die Suchbewegung nach (Be-)Deutung im Kontext der sozialen Deutungen zu häuslicher Gewalt ein zentrales Verletzungsverhältnis, das seine gewaltförmige Produktivität erst nach der Trennung entfaltet:

> „Aber ich habe natürlich für meine Kinder, ich habe eigentlich nur für meine Kinder einen Partner gewollt. Also einen Mann, einen Vater gewollt, weil ich einfach das Gefühl hatte, sie haben das verdient, und nachher gerate ich an so einen Psycho. Und das hat mich so zerfleischt, und ich bin ein Mensch, der immer muss alles, (...) also intellektuell verstehen eigentlich, [...] Und auch was nachher jetzt abgegangen ist mit meiner Familie, also das finde ich, ist unter aller Sau (weint)." (Frau Müller, Absatz 20)

Wie obiges Zitat verdeutlicht, sind die Selbstvorwürfe zentral. Zusätzlich sehen sich die Befragten oftmals auch mit impliziten oder expliziten Vorwürfen des sozialen Umfelds konfrontiert. Frau Müller z. B. beschreibt, wie sie nach dem Verlassen des Partners vom sozialen Umfeld gemieden und nicht mehr gegrüsst wurde und wie sie sich deshalb – auch wegen der Kinder – Selbstvorwürfe macht, weil sie in ihren Augen und nach ihrer Deutung in den Augen des sozialen Umfelds dem Bild als ‚gute' Mutter nicht gerecht wurde, weil es ihr nicht gelang, eine intakte Familie aufrechtzuerhalten.

Generell lässt sich in den Fällen die Übernahme der sozialen Deutung von (legitimem) Handeln ablesen. So wird an dieser Stelle die Lesart entwickelt, dass für die Befragten ihre vielfältigen Handlungen in der Situation aus der Retrospektive nicht mehr zugänglich sind. Diese Handlungen können den Befragten einerseits aufgrund der Anpassung des Orientierungsrahmens und andererseits durch eben diese Übernahme sozialer Deutungsangebote, die sich vor dem Hintergrund normativer Bilder vollzieht, nicht mehr zugänglich sein. So sind nur noch ein-Beziehung-beenden und damit zusammenhängende Handlungen als solche für die Befragten ‚aktive' Handlungen. Ihre eigenen Handlungen, die massgeblich zu ihrem Überleben in der Situation beigetragen haben, sind für die Befragten in der Folge nicht mehr zugänglich als Handlungen.

Ein Kontrastfall ist Frau Berchtold, denn ihr Umfeld empfiehlt ihr, sich zu trennen, sich scheiden zu lassen und auszuziehen oder die Polizei anzurufen. Doch sie wertet dies als Hilflosigkeit dieser Personen: sie erachtet eine Trennung oder eine Anzeige als inakzeptabel, da sie ‚nicht dem eigenen Stil' entsprächen. Für Frau Berchtold steht als akzeptierte Handlung, in der Situation ‚Probleme zu lösen'. Dadurch kehrt sie das soziale Deutungsmuster des akzeptierten Handelns – den Partner resp. die Partnerin im Falle von häuslicher Gewalt zu verlassen – um, weil sie diese Handlungsstrategien als Hilflosigkeit umdeutet.

Die *Gewalt der Deutung* wird an dieser Stelle anhand der fokussierten Einzelfall(re)konstruktion von Herrn Bruns veranschaulicht. Herrn Bruns Fall steht exemplarisch für die Gewalt der Deutung durch einen Verlust der Deutungshoheit durch institutionelle Dritte. Sein Umgang damit ist charakteristisch dafür, wie die eigene Handlungsfähigkeit dadurch beibehalten werden kann.

Fokussierte Einzelfall(re)konstruktion Herr Bruns: Verlust der Deutungshoheit

Herr Bruns ist zum Zeitpunkt des Interviews 35 Jahre alt und lebt in der Schweiz. Ursprünglich stammt er aus dem deutschsprachigen Ausland. Er hat eine Berufsausbildung als Handwerker und mehrere Weiterbildungen im Bürobereich absolviert. Zum Zeitpunkt des Interviews lebt er von seiner ehemaligen Partnerin, mit der er ein gemeinsames Kind hat, getrennt. Die Beziehung hielt zwei Jahre.

Herr Bruns hat über die Opferberatungsstelle und das Männerhaus, in dem er zum Zeitpunkt des Interviews lebt, von der Studie erfahren und eigenständig Kontakt aufgenommen. Am Interview nimmt er nach eigenen Angaben teil, weil er Gewalt aus der ‚Opfersicht' schildern möchte, die er als diametral zur behördlichen und institutionellen Perspektive sieht. Damit möchte er Zugang zur wirklichen Situation von Opfern schaffen, die seiner Meinung nach durch Behörden eher verzerrt wird:

> „Für mich [sind] die Beweggründe ganz klar, dass man nicht nur die Sicht von, von, von den (…) Behörden und Ärzten und und und (…) Anwälten sieht, sondern auch mal wirklich die Sicht von, von, von einem, der das wirklich eins zu eins live erlebt hat. Also wirklich Sicht aus dem Opfer (…) darzustellen und auch mal wirklich klarzustellen und (…) Sie werden feststellen, wenn Sie beide Sachen nebeneinander hinlegen, das widerspricht sich mit dem. Ja? Was einmal a) die Behörden sagen, und einmal mit dem, was die Opfer sagen. Also das ist (…) ach, ich könnte schon fast sagen, Surrealismus (lacht)." (Herr Bruns, Absatz 314)

Seine Betroffenheit von körperlicher und psychischer Gewalt durch seine Partnerin beschreibt er teilweise als reziproke Gewaltinteraktion, weil er sich jeweils wehrte, wenn er „attackiert" (Herr Bruns, Absatz 24) wurde. Gewalt erlebte Herr Bruns vor allem auch, wenn er sich schützend vor sein Kind gestellt hatte, um es zu verteidigen.

Diese Beschreibung des stellvertretenden Betroffenen ist eine Erzählresp. Deutungsfigur, die so in dieser Form in keinem weiteren Interview vorkommt. In der kontrastiven Analyse zeigte sich, dass dieses familiäre ‚Rollengefüge' in diesen beschriebenen Interaktionen sich auch in seiner Erzählung der Partnerin aus der Retrospektive widerspiegelt. Herr Bruns spricht durchgehend von ‚der Mutter‘[40], deren Gewalthandeln er mit einer psychischen Erkrankung erklärt.

In Herrn Bruns' Erzählung wird die behördliche Willkür problematisiert, der er sich ausgeliefert fühlt und die ihn belastet. In seiner Wortwahl zeigt sich, dass er diese Erlebnisse als bedrohlich erlebt, sodass er nach Gründen und Auswegen für sich und seine Situation sucht:

> „[…] wie, wie man sich als Opfer fühlt in der Schweiz. […] Nirgendswo findet man irgendwo hier einen Lichtblick am Tunnel, oder ja, kann man irgendwo eine Insel finden, also das heisst, ich bin in einem Ozean und schwimme die ganze Zeit. So, das Gefühl habe ich. Und immer wieder kurz vor dem Ertrinken. […] Wenn ich so metaphernhaft rede, das ausdrücken darf (…). Und auch wirklich, so, als wäre, als würde, also von dem Ertrinken auch wirklich so, als würde versuchen irgendeiner von oben immer wieder herunterzudrücken. Also mich unter Wasser zu drücken (längere Pause)." (Herr Bruns, Absatz 305–309)

Mit diesem Kampf ums Überleben, den er mit dem Bild des Ertrinkens und des „Unter-Wasser-Gedrückt-Werdens" beschreibt, fasst er seine empfundene Hilfslosigkeit in Worte. Die Behörden, von denen er sich als Spielball behandelt fühlt, werden nun selbst zum Gegenstand der Problematisierung. Für Herrn Bruns ist dann nicht mehr die gewaltförmige Erfahrung in seiner Partnerschaft problembehaftet, sondern vielmehr das Gefühl des Ausgeliefertseins, da die Deutungsmacht nicht mehr bei ihm liegt, sondern bei den Behörden. Ihre Deutung kann er nicht nachvollziehen, aber dennoch hängt davon das Besuchsrecht seines Kindes ab. Aufgrund dieser Abhängigkeit von behördlichen Deutungen seiner Situation empfindet er die Entscheidungen als behördliche Willkür, weil er diese nicht nachvollziehen kann.

Er kann auf keine bestehenden Wissens- oder Deutungsstrukturen zurückgreifen und wertet dabei potenzielle rechtliche Konsequenzen als „Dro-

40 In der fallübergreifenden Analyse findet sich diese Form der Positionierung der Partnerin innerhalb des familiären Rollengefüges auch noch bei Herrn Reim. Allerdings wollte er sein Kind nicht vor körperlicher Gewalt, sondern vor Vernachlässigung schützen. Er konstruiert sich jedoch nicht als stellvertretenden Betroffenen. Herr Reim und Herr Bruns sehen sich jedoch beide der Gewalt der Deutung (durch Behörden) ausgesetzt. Sie sind zudem abhängig von deren Beurteilung, da die Sorgerechtsregelungen davon abhängen. Dies kann auch die Erzählfigur der ‚Mutter‘ erklären. Dadurch wird ihre Person narrativ-distanzierend auf familiäre Rollen reduziert.

hungen“ (Herr Bruns, Absatz 30) gegen seine Person, sodass er schlussfolgert: „[...] dass hier gewisse Dinge einfach nicht mit rechten Dingen [zugehen]“ (Herr Bruns, Absatz 30). Herr Bruns greift in seinem Deutungsvakuum auf Analogien zurück, indem er sich als Opfer einer Verschwörung sieht:

> „Und sehr viel mit Korruption, kriminelle Machenschaften, und das sind, meine Meinung, es ist schlimmer als Stasi und NSDAP zusammen, was hier alles abgeht in der Schweiz (lange Pause) Das ist meine persönliche Meinung.“ (Herr Bruns, Absatz 32)

An Herrn Bruns Fallbeispiel sollte dargelegt werden, wie seine Vergleiche mit der Stasi und der NSDAP Aufschluss über sein Gefühl des Ausgeliefertseins geben. An diesem Ausgeliefertsein lässt sich auch ein Machtgefälle ablesen. Diese Lesart des Machtgefälles wird nachfolgend noch weiter ausgeführt.

Strategien des Umgangs mit der Gewalt der Deutung

In mehreren Interviews werden Vergleiche mit historischen Momenten oder Institutionen gezogen, die systematisch Gewalt in einer Diktatur ausübten. Diese Analogiebildungen mit Terrorregimes finden sich entweder in Bezug auf Erfahrungen mit Behörden oder in der Paarbeziehung: Begriffe aus dem Wortfeld ‚Krieg‘ werden in den Erzählungen häufig verwendet: Die Befragten sprechen von ‚Schlacht‘, ‚Angriff‘, ‚Terror‘ und von ‚Kriegsjahren‘. Frau Schmid setzt ihre Beziehungsjahre überdies mit einer Internierung in einem Konzentrationslager gleich:

> „Ich denke, es ist eine ähnliche Situation wie in einem KZ *[Anmerkung SN: Konzentrationslager],* man kann nicht entrinnen. Man ist einfach drin und die Leute haben ja von aussen befreit werden müssen (...).“ (Frau Schmid, Absatz 154)

Aber auch für die eigenen Erfahrungen im Umgang mit den Behörden werden vergleichbare Assoziationen hergestellt: z. B. mit dem ‚Naziregime‘ sowie wie zuvor erläutert mit der ‚NSDAP‘ und der ‚Stasi‘. Bei ähnlichen Analogien, die auf die Paarbeziehung Bezug nehmen, ist entscheidend, dass damit nicht die Partnerin oder der Partner, Dritte und deren Rolle, sondern die Beziehung als Beziehungsraum und die darin erlebte Gewalt verglichen wird. So ist es die Beziehung, die nach dem Empfinden der Betroffenen einem Konzentrationslager gleicht. Bei all diesen Ausprägungen lassen sich Unterschiede in der Absicht feststellen: Diejenigen, die ihre Erfahrungen mit Behörden problematisieren, suchen mit ihrer „[...] ganzen Geschichte [...]“ (Herr Bruns, Absatz 183) gezielt die Öffentlichkeit, weil sie ein erklärtes Ziel verfolgen: „Und ich wehre mich jetzt dagegen. Das heisst, ich wehre mich dagegen [...]“ (Herr Bruns, Absatz 40).

Diejenigen Befragten hingegen, die die Beziehung problematisieren, haben Mühe, das Erlebte überhaupt zu verbalisieren, weil die Scham, über das Erlebte mit Dritten zu sprechen, entweder sehr gross sein kann oder zumindest aufgrund der Scham ein Sprechen darüber vermieden bzw. das Erlebte in der Erzählung neutralisiert bis beschönigend dargestellt wird, was auch noch Jahre bis Jahrzehnte nach erfolgter Trennung der Fall sein kann.

An Frau Schmids fokussierter Einzelfall(re)konstruktion soll aufgezeigt werden, wie Betroffene damit umgehen, eigene unaussprechliche Erfahrungen zu verbalisieren. Frau Schmid verwendet hierfür Kriegsanalogien und -metaphern. Zudem kann am Fall von Frau Schmid exemplarisch eine weitere Ausprägung der *Gewalt der Deutung* aufgezeigt werden: welche gewaltförmige Produktivität die Konfrontation mit der Deutung von Gewalt entfalten kann, indem die Angst und Scham vor der Reaktion Dritter in sozialer Isolation münden.

Fokussierte Einzelfall(re)konstruktion Frau Schmid: Kriegsanalogien als Verbalisierungsmittel

Frau Schmid ist Schweizerin und zum Zeitpunkt des Interviews 62 Jahre alt. Sie hat in ihrer Ehe, wie sie in eigenen Worten beschreibt, sowohl ‚körperliche', ‚psychische Gewalt', ‚sexuelle Gewalt' als auch ‚Terror und Stalking' erlebt. Sie war 22 Jahre lang mit ihrem heutigen Ex-Mann verheiratet. Das Paar hat zwei gemeinsame Kinder. Frau Schmid hat im Alter von 19 Jahren geheiratet und ist vom Elternhaus direkt in die Ehe gegangen. Frau Schmid ist zum Zeitpunkt des Interviews seit nahezu 21 Jahren von ihrem Partner geschieden, wovon sie seit rund elf Jahren in psychiatrischer Behandlung ist.

Von der Studie erfuhr sie über die Psychiatrie-Spitex. Zur Interviewteilnahme bewegte sie der Aufklärungswille, weil sie findet, dass andere Menschen erfahren sollten, was „Menschen anderen Menschen antun können durch ihr Verhalten" (Frau Schmid, Absatz 154).

Noch während der Beziehung hatte Frau Schmid ein Studium aufgenommen und dieses auch trotz der zweiten Schwangerschaft kurz danach erfolgreich abgeschlossen. Diese zweite Schwangerschaft war laut Frau Schmid durch „eine Vergewaltigung" (Frau Schmid, Absatz 38) entstanden, weil nach Frau Schmid ihr damaliger Mann ihr Studium durch die Schwangerschaft und durch das Kind resp. dessen Betreuung behindern wollte.

Dieses Studium war dann nach Auffassung von Frau Schmid auch der Ausgangspunkt ihrer Loslösung aus der Ehe gewesen, denn mit dem Studium und später dann mit der Arbeitsstelle hatte sie sich Raum für sich selbst geschaffen. Diese Arbeitsstelle gewährte Frau Schmid den Zutritt zu einer ‚anderen', einer ‚parallelen Welt', sodass sie punktuell aus der Beziehung in diese ‚andere Welt' flüchten konnte. Dieses Aufrechterhalten der beiden Welten und das Sich-Bewegen in der ‚Aussenwelt', wie Frau Schmid diese

,andere Welt' auch benennt, war und ist ihr nach wie vor nur möglich, indem sie „das ewige Lächeln" (Frau Schmid, Absatz 76) aufsetzt. Dieses ewige Lächeln steht in Frau Schmids Erzählung dafür, dass sie mit niemandem in der Aussenwelt über das Erlebte sprechen kann, da ihr selbst die Worte dafür fehlen. Diese für sie unfassbare Gewalt(-erfahrung) entzieht sich ihr, sodass diese nicht für die Aussenwelt übersetzt werden kann:

> „Und das zerreibt Sie. Und ich kann es Ihnen, es ist sehr schwer, verbal das auszudrücken. […] Ich weiss nicht, ob Sie verstehen, was ich meine. Eben so etwas, was man nicht verbalisieren kann […] (lange Pause)." (Frau Schmid, Absatz 62)

Omnipräsenz der Gewalterfahrung und soziale Isolation

Obwohl die Gewalterfahrungen und die Beziehung lange zurückliegen, präsentiert Frau Schmid in ihrer Erzählung die Folgen dieser und die Beziehung selbst nach wie vor als sehr präsent in ihrer Gegenwart:

> „All die 22 Jahre, die waren einfach immer da. Immer der Horror, die Angst, wie geht es weiter?" (Frau Schmid, Absatz 78)

Auch wenn sie nicht mehr in der Beziehung lebt, unterscheidet sie weiterhin zwischen diesen beiden Welten – mit dem Unterschied, dass sie heute in dieser ,Aussenwelt' lebt, aber sich in dieser fremd und nicht zugehörig fühlt. So beschreibt sie die Mitmenschen dissoziativ in der Aussenwelt, die sie wie auf einer Bühne beobachtet. Sie sieht sich als unbeteiligte Dritte, die nie Teil dieser Welt ist.

Typisch für die Darstellungsweise der Gewalt und der Gewaltbetroffenheit von Frau Schmid ist, dass die Gewalt nicht reziprok dargestellt wird. Leiden und Schmerz werden von Frau Schmid als zentrale Lebenserfahrung im gesamten biografischen Verlauf beschrieben. Charakteristisch für ihre Narrationsweise ist die distanzierende Form und die Verwendung von Kriegsanalogien. So bezeichnet Frau Schmid die Dauer der Beziehung als „Kriegsjahre" (Frau Schmid, Absatz 154).

Mit der Metapher eines Konzentrationslagers verdeutlicht sie, dass eine „[…] Rettung von aussen erfolgen müsse" (Frau Schmid, Absatz 154), womit sie sich als Überlebende und Schwertraumatisierte positioniert.

Frau Schmid beschreibt eine omnipräsente Sprachlosigkeit. Diese Sprachlosigkeit versteht sie selbst als Unvermögen über das Erlebte zu sprechen. Frau Schmid ringt seit der Trennung vor rund 21 Jahren damit, Antworten auf ihre Gewalterlebnisse zu finden, um diese für sich selbst deuten zu können.

Diese Sprach- und Deutungslosigkeit stehen im Zentrum des Gewalterlebens von Frau Schmid, da dieses Deutungsvakuum all ihre Kraft vereinnahmt. Gleichzeitig isoliert sie diese Sprachlosigkeit sozial, da sie mit niemandem ihre Erfahrungen teilen kann, was verhindert oder es ihr zumindest erschwert, neue Beziehungen oder Freundschaften einzugehen:

> „Ich bin immer noch isoliert. Und es ist auch schwierig, stellen Sie sich vor, ich würde jetzt jemanden kennenlernen, gesetzt den Fall. Was sage ich so jemandem, was in den letzten 40 Jahren war? Ich kann das nicht erzählen. Es geht nicht (…). Es ist so (…) eine schlimme Geschichte, und ja. Es ist ein verlorenes Leben irgendwo (…) Obwohl ich da bin, aber es ist verloren. […] Sind das die anderen auch? So isoliert?“ (Frau Schmid, Absatz 138)

Ihre Isolation erklärt sich Frau Schmid selbst mit ihrem Schamempfinden. Da sie aus Scham nicht über das Erlebte sprechen könne, sucht sie nach geeigneten Ansprechpartnern, wofür sie aber bei diesem Thema keine sieht:

> „Man schämt sich (…). Man schämt sich extrem (…). Und das ist auch etwas, was (…) warum schämt man sich? Warum? (Lange Pause). Nein. Weil die Leute, die mich gekannt haben, (…) die hätten da, ich weiss nicht, ich habe es, ja, mit wem will man denn reden über so was?“ (Frau Schmid, Absatz 82)

Als Strategie schreibt sie Briefe[41] an Verwandte und ihren Ex-Mann in der Hoffnung, Antworten auf die offenen Fragen und Anerkennung für ihre Leiden und Schmerzen von ihrem Ex-Mann und/oder den Verwandten des Ex-Mannes zu erhalten. Die Angeschriebenen antworten ihr jedoch nicht auf ihre Briefe.

Obwohl Frau Schmid von sich behauptet, dass es ihr schwerfällt, die Gewalterfahrung zu verbalisieren, ist es vielmehr die Diffusität der Erfahrung, für

41 Kopien dieser Briefe hat Frau Schmid zum Zweck der Analyse zur Verfügung gestellt.

die sie keine Worte findet. Denn in der Interviewsituation gelingt es ihr durchaus, das Erlebte zu verbalisieren, allerdings scheint sie sich selbst ausserstande zu sehen, das Erlebte einzuordnen, da ihr der Deutungsrahmen und damit die nötigen Wissensstrukturen fehlen: „Ich weiss nicht, was es zu bedeuten hat" (Frau Schmid, Absatz 76). Wenn sie es selbst nicht erklären kann, dann verzichtet Frau Schmid im Gespräch auf Kontextualisierungen und subjektive Deutungen von Situationen:

> „Ich stelle es einfach in den Raum. Ich weiss nicht, was es zu bedeuten hat." (Frau Schmid, Absatz 76)

Ihre Fähigkeit, Gewalt in der Selbstthematisierung zu verbalisieren, zeigt sich jedoch darin, dass Frau Schmid jeweils nach einigen Erzählanläufen beginnt, ihre Erfahrungen selbst zu thematisieren und dabei in eine reflexive Distanz gehen kann. Bevor sie mit dem Erzählen beginnt, fragt sie jeweils nach: „Wollen Sie es wirklich wissen?" (Frau Schmid, Absatz 74).

Für Frau Schmids Erzählung ihrer Gewalterfahrungen ist die Thematisierung über das gefühlte Unvermögen des Verbalisierens charakteristisch. Sie greift, wie dargelegt, oftmals auf Metaphern oder Analogien zurück, wobei sie sich selbst als Überlebende und als Veteranin sieht. Sie rechtfertigt ihre Handlungen des Überlebens, die sie als Nicht-Handlungen deutet, in der Reflexion damit, dass sich auch Menschen in einem Konzentrationslager nicht selbst hätten befreien können, sondern auf Hilfe von aussen angewiesen waren. Im Vergleich dazu wünscht sich Herr Bruns hingegen eine Anerkennung seines Opferstatus, was die *Gewalt der Deutung* durch Dritte seiner Meinung nach verhindert:

> „Oder dass man wirklich objektiv handelt und nicht das Opfer zum Täter macht und den Täter zum Opfer und und und und und." (Herr Bruns, Absatz 237).

In diesen beiden Einzelfall(re)konstruktionen von Frau Schmid und Herrn Bruns konnte ein unterschiedlicher Umgang mit der Gewalt der Deutung aufgezeigt werden. Wobei die Strategien auch jeweils andere Funktionen haben: Während Frau Schmid aus Angst vor der *Gewalt der Deutung* damit ringt, Antworten auf das Erlebte zu finden und sich die eigene Situation für sich und andere begreifbar zu machen *(Deutung der Gewalt)*, steht Herr Bruns exemplarisch für die gefühlte Hilflosigkeit und die Resignation, weil er sich der Deutungshoheit Dritter ausgeliefert fühlt.

Im Fall von Frau Schmid liefert sie auch gleichzeitig eine Erklärung dafür, weshalb sie ‚sich nicht *[Anmerkung SN: aus dieser Beziehung]* befreit' habe. Sie parallelisiert diese Erfahrung mit einer Internierung in einem Konzentrationslager, aus dem die Befreiung von aussen geschehen müsse. In dieser Erklärung lässt sich fallübergreifend ein Muster ablesen, weil auf die Gewalt der Deutung mit einer Positionierung gegenüber normativen Opferbildern (s. Kapitel 7.3.2) reagiert wird: Nach der Ausformung der (Be-)Deutung der Gewalt entfaltet diese selbst noch eine gewaltsame Produktivität, weil auch nach der Anerkennung von ‚häuslicher Gewalt' sich diese nicht in der Situation erschöpft, sondern noch weit darüber hinausgeht: die Befragten verstricken sich in Selbstversicherungen, in Erwartungen und Einstellungen, die sie ‚auf der anderen Seite' – bei nicht Gewaltbetroffenen – (qua normativer Gewalt- und Opferbilder) vermuten.

Bei der *Gewalt der Deutung* durch Behörden wird der Bruch grundsätzlich auch bei der Partnerin resp. dem Partner gedeutet: z. B. als Instrumentalisierung des Kindes und der *inszenierten Verletzungsoffenheit,* um sich nach der Trennung im Umgang mit den Behörden zu positionieren. Diese Instrumentalisierung sehen die Betroffenen zwar als Verletzung der früheren Beziehungsnormen und der Beziehung grundsätzlich, aber sie kritisieren in erster Linie die ‚behördliche Willkür', die fallübergreifend als ein Gefühl des Ausgeliefertseins empfunden wird, weil sie mit dem Verlust der Deutungshoheit einhergeht. Denn aufgrund der Offizialisierung der Gewalterfahrung(en) obliegt die Deutung nun den Behörden, sodass ein neues Verletzungsverhältnis entsteht, welches jegliche Erwartungssicherheit und damit die Herstellung eines Alltags verunmöglichen kann für die Betroffenen. Die gesamte verfügbare Zeit nimmt im Alltag nun das Ringen um Informationen in Anspruch, um die eigene Situation für sich wieder deutbar und damit zugänglich zu machen. Die Betroffenen können sich nun damit konfrontiert sehen, um die Anerkennung ihrer eigenen Deutung kämpfen zu müssen.

8.1.1 Spagat zwischen Illegitimität und normalisiertem Beziehungsgeschehen

Diese Gewalt der Deutung und der damit einhergehende (drohende) Verlust der Deutungshoheit und/oder die latente Gefährdung des Selbst- und Fremdbildes vollzieht sich aus der Konstruktion der Bedeutung von häuslicher Gewalt heraus. Diesbezüglich ist zentral, dass die Befragten sich in einem Spannungsfeld sehen: Sie haben das Erlebte bereits delegitimiert, können sich jedoch noch dazu gezwungen fühlen, die Normalität gegen aussen aufrechtzuerhalten. Dies dient dem Umgang mit der latenten Gefährdung des Selbst- und Fremdbildes. Entsprechend hängen *das Innen und das Aussen der Beziehung,*[42] das – wie das

42 Diese Aspekte zeigten sich bereits im Rahmen des Prozesses der (Be-)Deutungsgenerierung.

Material belegt – mit unterschiedlichen Ausprägungen der (Be-)Deutung von Gewalt zusammen: zum einen mit der Deutung, dass das Erfahrene illegitim sei, womit Gewalt für das Innen der Beziehung an Bedeutung gewinnt, und zum anderen mit der Bedeutung im Sinne von Konsequenzen, die diese (Be-)Deutung für das Aussen der Beziehung[43] nach sich ziehen kann.

Vor dem Hintergrund der Deutungsfigur der Illegitimität zeichnen sich auch die verschiedenen Wertbeziehungen für das Aussen vs. Innen der Beziehung ab. Während das ‚normalisierte' Beziehungsgeschehen für das Aussen unter Bezugnahme auf Werte und Normen wie beispielsweise das Aufrechterhalten der ‚intakten (Kern-)Familie' noch weitergeführt wird, wächst für die Befragten im Innen der Beziehung der Legitimationsdruck sich selbst gegenüber, weil das Erlebte dort bereits der Fraglosigkeit und damit der Legitimität enthoben wurde. Die Wahrung der Haltung nach aussen[44] bestimmt das Handeln der Befragten, wie diese selbst erkennen: „Und vor meinen Kindern musste ich ja immer die Haltung wahren" (Frau Müller, Absatz 20).

Aufgrund der Parallelität von Beziehung und Gewalterfahrung können die Beziehungen für die Befragten in einem ambivalenten Spannungsfeld stehen, wobei sich diese gegensätzlichen Welten im Innen und Aussen der Beziehung konkretisieren:

> „Ja, nur, also vor anderen war es, das ist eben auch das, sobald wir draussen waren, ist er der netteste Mann gewesen, den man sich vorstellen kann. Und draussen hat er mir auch Komplimente gemacht, also dass ich hübsch bin, dass ich gut aussehe, und er hat mich dann immer umarmt und geküsst. Also es ist schon, wir waren schon intim und zärtlich, sobald wir draussen waren, war es wieder eine schöne Beziehung." (Frau Novak, Absatz 120)

Die Betroffenen beschreiben diese Gegensatzweltwelten in den Interviews und können ihre Beziehung sowohl von aussen als auch von innen differenziert betrachten:

> „Das Autofahren war für mich schlimm. Aber sobald wir irgendwo angekommen sind, haben wir wieder, eben, wie alle anderen immer gesagt haben, haben wir wieder eine tolle Beziehung gehabt (…). Und dann war er auch wirklich nett und aufmerksam und eben, der Mann, den ich kennengelernt habe und in den ich mich eigentlich verliebt habe." (Frau Novak, Absatz 122)

43 Wobei auch Bezugnahmen auf das Selbst- und Fremdbild als Aussen der Beziehung betrachtet werden, da sich die Befragten über diese in ein Selbstverhältnis setzen (versus ins Verhältnis zum Partner resp. zur Partnerin).

44 Kinder werden in der Regel als Aussenstehende der gewaltförmigen Beziehung aufgefasst (s. Kapitel 7.1).

Dieses Aufrechterhalten der Beziehung und des Bildes gegen aussen, wodurch infolge der Bezugnahme auf damit verbundene Werte ein erheblicher Legitimationsdruck besteht, bündelt die Ressourcen der Betroffenen, da sie nun einen grossen Teil ihrer Kraft für die Umsetzung der Umgangsstrategien aufwenden. Solche Strategien kommen zum Einsatz, damit die Betroffenen sich gegenüber dem Erlebten entweder situativ verhalten oder Gefahrensituationen angemessen antizipieren können:

> „[...] das letzte halbe Jahr war es so, dass sie jedes Wochenende ausgetickt ist. Sie hat es immer schön terminiert, dass sie am Wochenende so richtig einen draufmachen konnte. Und dann habe ich gemerkt an dem Donnerstag, das kommt nicht gut. Irgendwie ist etwas Komisches. Sie hat wieder angefangen, Flaschen zu verstecken und Zeug und Sachen. Ich habe das schon gemerkt. (...) Und dann am Freitag ist sie, dann ist sie am Donnerstag dann nach einem, nach einem Wortwechsel ist sie sofort ausgetickt und ist dann ins Bett allerdings, und dann am Freitag ist es noch mal so gegangen. Am Samstag hat sie richtig einen draufgemacht und dann bin ich gegangen. Habe meine Sachen gepackt und bin einfach gegangen und habe den Hund mitgenommen und bin abgehauen, und habe dann im Auto geschlafen.“ (Herr Bischoff, Absatz 53)

Wenngleich sich diese Strategien immer auf eine unmittelbare Situation beziehen, so werden sie teilweise auch über Jahre hinweg eingesetzt:

> „Also das ist schon für mich eine lange Vorbereitungszeit gewesen von zwei Jahren, wo ich schon mit, jedes Mal, bei jedem Streit, wenn ich am Ende die Sachen gepackt habe, habe ich immer wieder etwas unten gelassen, und so hatte ich am Schluss eigentlich gar nichts mehr gross oben in der Wohnung. Nur meine Zahnbürste und meine Rasiersachen und weiss der Teufel, noch ein paar Unterho-, einfach das Nötigste. Was ich eigentlich auch dort lassen konnte. Also das war dann nicht so. Also der Rest war alles da unten. Ich habe mir eigentlich quasi neu schon ein Zimmer aufgebaut gehabt im Bastelraum unten, mit meinen Sachen, damit ich endlich mal (...) ja.“ (Herr Bischoff, Absatz 186)

Sodass sich die Befragten ihrem Ziel, sich der Gewaltsituation ganz zu entziehen, vermeintlich nähern:

> „Darum habe ich, ich habe mir immer, wenn wir Streit hatten, habe ich wieder ein paar Sachen gepackt und habe es wieder mitgenommen, wenn ich auswärts irgendwie im Auto oder irgendwo, ich bin einmal in ein Hotel oder so schlafen gegangen, und dann habe ich einfach die Sachen nachher, wenn sie wieder gesagt hat, ich soll zurückkommen, bin ich wieder zurück, habe aber die Sachen gleich unten gelassen bei mir, und so habe ich dann da mir, eigentlich schon lange habe ich mich mit dem

> Gedanken getragen gehabt. Der ist nicht einfach über Nacht gekommen. Sonst hätte ich alles in der Wohnung gehabt, und das wäre dann schwierig gewesen, an die Sachen heranzukommen. Sie hätte dann schon geschaut, dass sie immer dort gewesen wäre, wenn ich dann gekommen wäre [...].“ (Herr Bischoff, Absatz 188)

Nach der Delegitimierung des Erlebten und der Zuschreibung der Bedeutung von Gewalt sind die Betroffenen im Innen der Beziehung primär darum bemüht, mit dem latenten Bedrohungsgefühl umzugehen. Dies bedeutet in erster Linie, dass sie sich auf alle Eventualitäten im Umgang mit dem Partner resp. der Partnerin einstellen, um den nächsten gewaltförmigen Situationen entfliehen zu können:

> „Und ja, man zieht sich nachher so an, dass man sicher nicht aufreizend ist. Die Haare nicht wäscht oder irgendwie zusammenbindet oder sicher nicht schminkt, und, und dass ich mich eigentlich am wohlsten fühle in Turnschuhen, habe ich nachher gemerkt. Ich kann mich schneller bewegen, ich kann schneller agieren. Das kann man einfach in Turnschuhen, in bequemen Kleidern. Das ist unbewusst eigentlich passiert, und dann habe ich schon gemerkt, dass ich die Turnschuhe nicht mal mehr drinnen ausziehe. Ich habe sie die ganze Zeit anbehalten (...). Und ab da mit dem Messer erst recht. Weil ich hätte auch niemals so aus dem Fenster klettern können. Ich habe das Fenster gesehen, bin drauf los, ich habe gewusst, darunter ist ein Absatz, ich kann herunterspringen. [...] Ich habe angefangen, mich einzulesen, ich habe Gesetzesverordnungen gelesen, ich habe, man sucht irgendwie so schriftliche Bestätigungen für das, was passiert, oder wie man es benennen muss. Oder was ist erlaubt, was nicht? Und habe dann angefangen zu überlegen, ja, was mache ich? [...] Dann habe ich auch eben eine Tasche parat gehabt mit Ersatzkleidern, weil es war dann Winter und ich habe gedacht, was mache ich, wenn ich davonrenne? Dann friert es mich, wo gehe ich hin? Und man fängt dann an, Zeug zu deponieren für den Fall, wenn. Man denkt sich dann Situationen aus, sobald eben ein paar Situationen passiert sind, okay. Was kann ich machen? Weil in dem Moment kommt einem das überhaupt nicht in den Sinn. Also macht man im Nachhinein, okay, wenn das das nächste Mal wieder passiert, schaue ich, dass ich eine Tasche habe im Unterstand, dass ich, falls ich fortrenne die nächste Nacht, vielleicht zurückkommen kann, um die Tasche zu holen, wo ich Geld habe, wo ich die Linsen habe, wo ich Kleider habe.“ (Frau Bertrand, Absatz 119)

In der Erzählung von Frau Bertrand wird deutlich, welche verschiedenen Umgangsstrategien entwickelt und eingesetzt werden, nachdem das Erfahrene delegitimiert wurde. Gleichzeitig offenbart sich an diesem Materialauszug ein genereller Mechanismus, der dann einsetzt: Um in der Situation zu überleben, werden so viele Ressourcen gebündelt, dass das Beenden der Beziehung keine Handlungsoption mehr darstellt, weil die Betroffenen in einem permanenten

Notfallmodus operieren und agieren: „Ja gut, schwierig ist ja, man kann ja nicht mehr klar denken in diesen Momenten, da ist man völlig in einer Ausnahmesituation“ (Frau Bertrand, Absatz 146).

Umgangs- und Bewältigungsstrategien im Kontext der Delegitimierung

Im Folgenden wird anhand der fokussierten Einzelfall(re)konstruktion von Frau Bertrand aufgezeigt, wie die Delegitimierung des Erlebten mit den Umgangsstrategien zusammenhängen kann.

Fokussierte Einzelfall(re)konstruktion Frau Bertrand: Agentivierung von Artefakten im Deutungsprozess und parallele Handlungen der sukzessiven Loslösung unter Zuhilfenahme von Überlebensstrategien

Frau Bertrand ist Schweizerin, zum Zeitpunkt des Interviews 43 Jahre alt. Sie hat eine Berufslehre im handwerklichen Bereich sowie mehrere Weiterbildungen im Bürobereich absolviert und arbeitet als Fachmitarbeiterin. Sie war rund 18 Jahre mit ihrem Partner zusammen, den sie bereits in der Jugend kennengelernt hatte. Nach einem Wiedersehen mit Mitte zwanzig ging sie mit ihm eine Partnerschaft ein, woraufhin sie kurz danach heirateten. Das Paar hat ein gemeinsames Kind. Ihr damaliger Partner war vor dieser Ehe bereits verheiratet und brachte zwei Stiefkinder mit in die Ehe ein, welche alle zwei Wochen bei Frau Bertrand und ihrem Partner ein Wochenende verbrachten. Das Paar lebt seit rund einem Jahr getrennt und ist geschieden. Mit dem gemeinsamen Kind war Frau Bertrand dann aufgrund der psychischen und sexuellen Gewalt in der Ehe für einige Zeit in einem Frauenhaus. Das Strafverfahren läuft zum Zeitpunkt des Interviews noch.

Die Kontaktaufnahme erfolgte aufgrund einer Ausschreibung in einer Frauenzeitschrift. Als Gründe für die Interviewteilnahme gibt Frau Bertrand an, dass sie aufzeigen wolle, wie häufig häusliche Gewalt sich wirklich ereignet, da die Dunkelziffer ihrer Meinung nach viel höher sei, denn häufig werde keine Anzeige erstattet. In erster Linie will sie jedoch dazu beitragen, dass psychische Gewalt nachvollziehbarer wird. Sie präzisiert, dass bei physischer Gewalt kein Erklärungsbedarf bestehe, bei psychischer Gewalt hingegen schon, wenngleich diese ihrer Deutung nach „viel schlimmer“ (Frau Bertrand, Auszug Protokoll Erstkontaktaufnahme) als physische Gewalt sei und vor allem auch viel häufiger vorkomme. Durch ihre Teilnahme will sie auch dafür sensibilisieren, dass dies jedem passieren könne – auch Männern, wie sie hervorhebt – und dies unabhängig von Status, Alter und eben auch Geschlecht.

Frau Bertrand sieht in der Teilnahme am Interview auch eine Möglichkeit, ihre eigene Vergangenheit besser verarbeiten zu können, weil sie diese dann nochmals mündlich aufarbeitet:

„Ja. Eben, dass vielleicht, ich weiss nicht, ob es guttut, darüber zu reden, oder ist Verdrängung die bessere Taktik? Ja (lange Pause)." (Frau Bertrand, Absatz 227)

Frau Bertrand beschreibt, wie sie sich in der Situation bewegte. Sie begann vor allem, sich vom Partner sukzessive zurückzuziehen, nachdem sie mittels der Lektüre von Gesetzestexten für sich herausgefunden hatte, dass ihr Partner kein Recht habe, sie sexuell zu nötigen, nur weil sie verheiratet waren. Aufgrund dieser Rückversicherung mit Gesetzestexten deutete sie das Erlebte als nicht legitim. Indem sie sich abgrenzte, versuchte sie, sich aus der ehelichen Bindung zu lösen. Diese Bindung beschreibt sie zunächst als kaum auflösbar, weil von aussen in Form der Gesellschaft eine zu grosse Erwartungshaltung an sie herangetragen worden sei. Diese bestand für sie vor allem darin, dass mit der Ehe die Verpflichtung zur sexuellen Verfügbarkeit gerechtfertigt werde:

> „Also im Normalfall finde ich eigentlich, wenn man ein Paar ist, der eine will Sex, der andere nicht. Dann macht man es einfach nicht. Man muss nicht den anderen verführen, wenn man nicht will, will man nicht. Aber es so wie ein gesellschaftliches, so wie, er hat immer gefunden, das seien die herrlichen Pflichten. Und hat sich noch lustig darüber gemacht. Das ist so, ja, man ist zusammen, man liebt sich, man hat infolgedessen auch Sex. Wenn der eine vielleicht gerade nicht will, kann man ja dem anderen einen Gefallen tun. So (…). Man ist in so einem Spiel drin, man merkt, ja, wenn er endlich das bekommt, was er will, das dauert zehn Minuten, dann ist es endlich fertig, dann habe ich meine Ruhe. Und dann ist alles wieder gut, er ist dann nett, die Situation ist nachher nicht mehr angespannt und dann hat man endlich Ruhe und dann geht er." (Frau Bertrand, Absatz 60)

Darüber hinaus sah sie sich aufgrund der Ehe auch in der finanziellen Verantwortung gegenüber ihrem Mann. Sie erzählt, dass ihr Partner ihr verheimlicht habe, dass er hoch verschuldet war. Frau Bertrand schildert, wie sie ihm als rein formalen Akt die Scheidung als Ausweg anboten habe. Dieser formale Akt sollte gemäss ihrer Darstellung dem Partner gegenüber am eigentlichen Zusammenleben als solchem nichts ändern, sondern er sollte es dem Paar lediglich ermöglichen, Steuern zu sparen. Ihr damaliger Partner willigte zu ihrem Erstaunen in die Scheidung, welche jedoch eine reine Formsache sei und nicht mit einer Trennung einherging, ein, wobei sie jedoch betont, dass sie selbst nicht wisse, ob dies von ihr gezielt als Vorlaufaktivität zur Trennung geplant gewesen sei.

Dennoch erzählt sie, wie sie sukzessive Elemente der Bindung – und damit in erster Linie die Ehe – auflösen wollte, nicht zuletzt auch, um sich und ihr Kind davor zu schützen, für seine Schulden aufkommen zu müssen. Mit dem Argument des Sparens und der finanziellen Sicherheit verschaffte Frau Bertrand ihrem damaligen Partner zusätzlich noch eine feste Anstellung, welche jedoch vom Wohnort der beiden so weit entfernt lag, dass ein tägliches Pendeln und damit gemeinsame Wohnen nicht mehr möglich war. Sie erzählt, wie sie ihren Partner davon überzeugt habe, diese Stelle anzutreten und das gemeinsame Haus zu verkaufen. Mit der Festanstellung erreichte Frau Bertrand auch, dass seine Abhängigkeit von ihr verringert wurde, weil er zuvor als selbstständig Erwerbender kein regelmässiges Einkommen gehabt hatte. Auch der Hausverkauf diente der Klärung der Verhältnisse, was weitere Bedingungen schuf, die eine Trennung begünstigten, wenngleich die beiden noch gemeinsam eine neue Mietwohnung bezogen, welche jedoch nur Frau Bertrand mit ihrem Sohn unter der Woche bewohnte, da ihr damaliger Partner eine Wohnung in der Nähe seiner neuen Arbeitsstelle bezog.

Frau Bertrand erkennt in der Retrospektive, dass ihr Partner versucht habe, durch das gemeinsame Kind eine lebenslange Verbindung zu forcieren, von der sie sich tatsächlich nicht einfach lossagen könne:

> „Nachträglich muss ich sagen, dass er einfach auch ein Kind wollte, um eine Bindung darzustellen, die man dann quasi nicht wieder so schnell lösen kann. So sicher wie heiraten. Wenn man mal verheiratet ist, kann man sich auch nicht mehr so schnell trennen. Und ein Kind ist quasi nachher auch eine Bindung, die eigentlich noch viel schlimmer ist. Also man kann sich dann nicht einfach so schnell wieder herauswinden." (Frau Bertrand, Absatz 17)

Dass Frau Bertrand sich schrittweise abgrenzen und nicht sofort von ihrem Ehemann loslösen wollte, hängt ihrer Meinung nach vor allem damit zusammen, dass häusliche Gewalt im Rahmen der Ehe nach wie vor tabuisiert werde, weswegen sie einerseits das Erlebte nicht einzuordnen vermochte und andererseits mit niemandem darüber sprechen konnte:

> „Weil sonst habe ich das ja nicht gross erzählt, und die meisten Leute sind mehr so völlig vor den Kopf gestossen und erstaunt, und sie können damit überhaupt nicht umgehen. Sie können es gar nicht nachvoll-

ziehen oder können es gar nicht glauben. Ja. Wo man dann denkt, ja, eigentlich sind es, finde ich, ja, soll man das wissen? Soll ich das erzählen, dass man eigentlich auch den anderen hilft im Sinn von ‚Hey, das passiert jeden Tag, dort, wo du es nicht erwartest, in deinem eigenen Zuhause'. Und anders gesehen merkt man auch, dass die Gesellschaft damit gar nicht umgehen kann. Die wollen das gar nicht wissen." (Frau Bertrand, Absatz 150)

In Frau Bertrands Erzählung dominieren die Schilderungen darüber, was sie aktiv getan hat und wie ihr Handeln die Situation und die Beziehung transformiert hat, ohne dass sie diese selbst als Handlungen erkennt. Sie bezeichnet sich in der Interviewsituation sogar als jemanden, der nie gehandelt habe.

Noch deutlicher zeichnet sich dies in der Rekonstruktion der Bewältigungsstrategien ab, welche parallel zu den oben skizzierten Handlungen verlaufen waren. So kleidete sich Frau Bertrand derart, dass es ihrem Partner missfiel, um seinem Frauenbild nicht länger zu entsprechen. Sie zog z. B. nur noch dunkle Farben an, vernachlässigte die Körperhygiene, duschte sich in der Anwesenheit ihres Mannes nicht mehr, um sich ihm nicht nackt und dadurch noch verletzungsoffener zu zeigen. Sie schminkte sich nicht mehr und trug nur noch weite, bequeme Kleidung und vor allem Turnschuhe. Sie beabsichtigte damit, für ihren Ehemann weniger attraktiv zu sein, um von ihm nicht mehr sexuell genötigt zu werden. Durch ständiges Anfassen, das er für sich als sein Recht als Ehemann beanspruchte, fühlte sie sich in ihrer körperlichen Integrität verletzt.

Frau Bertrand traf sodann weitere Vorkehrungen in Form von konkreten Handlungen: Sie tauschte sich mit ihren Nachbarn aus und vereinbarte ein Kodewort mit ihrer Nachbarin, deren Tochter sich ebenfalls in einer gewalttätigen Beziehung befand, das sie, wenn sie Hilfe benötigte, aus dem Badezimmerfenster rufen konnte, welches Frau Bertrand zu diesem Zweck zu jeder Tages- und Nachtzeit offen stehen liess. Zusätzlich deponiert sie eine Tasche mit Kleidung, Toilettenartikeln und Geld im Garten. Als Präventivmassnahme trug sie die Turnschuhe auch im Haus, damit sie im Notfall mit den bequemen weiten Hosen jederzeit aus dem Fenster springen und mit der Tasche, die sie im Garten vor dem Haus versteckt hatte, flüchten konnte. Ihr damaliger Partner schien diese Fluchtszenarien zu erahnen und drohte ihr damit, dass er dafür sorgen würde, dass sie ihr Kind nie mehr wiedersehen werde. Frau Bertrand fühlte sich eingeschüchtert, wenngleich sie in der Retrospektive betont, dass sich seine Drohung aufgrund der Gesetzeslage unmöglich hätte umsetzen lassen, doch sie sei nicht mehr in der Lage gewesen, dies realistisch abzuschätzen.

Frau Bertrand kommt in ihrer Erzählung auf einen bestimmten Nachmittag zu sprechen, an dem seine beiden Kinder aus früherer Ehe und ihr gemeinsames Kind zu Hause waren und er ihr mit einem Baseballschläger entgegenkam. Angesichts dieser Bedrohungssituation floh sie aus dem Fenster und fand Schutz bei ihren Nachbarn, die sogleich mit dem Abschliessen der Tür und einem Anruf bei der Polizei reagierten. Frau Bertrand schildert, wie sie zusehen musste, wie ihr damaliger Partner überall nach ihr suchte. Als sie erzählt, dass er dann mit dem Auto wegfuhr, beginnt sie zu weinen.

Als Auslöser für das Weinen benennt sie die Kinder, die für sie der Grund waren, in der Situation bzw. in der Beziehung zu bleiben. Sie wollte nie aus dem Haus fliehen, die Kinder resp. ihr Kind nicht allein lassen und damit auch verhindern, dass die Familie durch die Trennung zerstört wird. In dem Moment, in dem sie sah, dass ihr Partner die Kinder allein in der Wohnung zurückliess, was gegen ihre Beziehungsnorm bzw. die impliziten Spielregeln verstiess, war für Frau Bertrand eine Grenze erreicht (s. Kapitel 7).

Selbst nach erfolgter Trennung (geraume Zeit nach der Scheidung), welche ihr Ex-Partner ablehnte, tauchte er immer wieder in der neuen Mitwohnung von Frau Bertrand auf und bedrängte sie sexuell. Er erpresste sie, indem er Geschlechtsverkehr für z.B. Geldzahlungen wie Unterhalt und Alimente einforderte. Ohne ‚Gegenleistung' verweigerte er diese und droht ihr damit, dass er sie beim Geschlechtsverkehr gefilmt habe und diesen Film ihrem Vorgesetzten und Arbeitskollegen via Mail zuschicken würde. Frau Bertrand nahm daraufhin mit ihrem Vorgesetzten Kontakt auf und klärte ihn über alles auf.

In Frau Bertrands Schilderungen spielt der Raum eine zentrale Rolle, denn im Beziehungsraum war sie derart davon vereinnahmt, sich selbst zu schützen und Normalität herzustellen, dass sie diese Schutzstrategien nicht erkannte und auch Drohungen nicht realistisch einschätzen konnte. Im Gegensatz dazu war ihre Arbeitsstelle ein sicherer Ort, an dem sie durchatmen und Abstand von der Beziehung gewinnen konnte. Als ihr damaliger Partner sie damit erpresste, ihr diesen Raum nehmen zu wollen bzw. in diesen einzudringen, entschied sie sich dafür, nach aussen zu treten und sich externe Hilfe zu suchen. Gemeinsam mit Beraterinnen eines Nothilfetelefons und des Frauenhauses setzte sie ein Schreiben auf, in welchem sie ihren Partner aufforderte, sie sexuell nicht mehr zu nötigen. Als ihr Ex-Partner erneut die Wohnung aufsuchte und sie se-

Umgangsstrategien als gedeutete Nicht-Handlungen

xuell bedrängte, brachte sie ihn dazu, dieses Schreiben zu unterzeichnen, indem sie seinem Drängen nachgab und Geschlechtsverkehr mit ihm hatte. In dem Schreiben war vereinbart, dass er sie von nun an in Ruhe liesse – also nicht mehr sexuelle Dienstleistungen einfordere – und nicht mehr unangemeldet auftauche.

Frau Bertrand kreist in ihrer Erzählung um die Aktivität des erzählten Selbst. So stellt sie die Entscheidungen als ihre aktiven Entscheidungen dar, wobei sie ein grosses Repertoire an Handlungsstrategien innerhalb der Beziehung anspricht, das sie im Umgang mit der erlebten Gewalt anwandte. In der Rekonstruktion der Handlungen zeigt sich, mit welcher Handlungsmächtigkeit diese parallelen Handlungen durchgeführt wurden, und vor allem auch, wie diese im Verdeckten stattfanden, damit sie sich selbst und das Kind zu schützen konnte. Parallel dazu wurde permanent durch weitere handlungspraktische Anpassungen soziale Normalität hergestellt. Strategisch bereitete sie sukzessive ihren Rückzug vor, indem sie mögliche Faktoren ‚identifizierte' und ‚abarbeitete', die einer Loslösung und Akzeptanz seinerseits im Weg standen.

Am Fall von Frau Bertrand zeigt sich in der Rekonstruktion exemplarisch eine ausgeprägte Agentivierung des erzählten Selbst: Sie wendet ihre subjektiven Strategien an, sodass der psychische Druck aufhört, was jedoch in ihrer Deutung zum Nicht-Handeln wird. Lediglich Umgangsstrategien, die das Ziel verfolgen, die Beziehung zu beenden, deutet Frau Bertrand als ‚Handeln'. Dadurch scheint sie das soziale Deutungsangebot von einer ‚mitkonstruierten Täterschaft durch etwas mit sich machen lassen' übernommen zu haben.

Am Fallbeispiel von Frau Bertrand sollte aufgezeigt werden, wie sie zahlreiche Problemfelder angeht, um die Trennung zu forcieren: die selbstständige Erwerbssituation und die damit einhergehende finanzielle Abhängigkeit des Partners, der Verkauf des gemeinsamen Hauses sowie die Auflösung der Ehe. Dennoch betont sie im Interview stets, dass sie nie wirklich gehandelt habe. Vielmehr sieht sich Frau Bertrand – wenn überhaupt – als situativ *Re*agierende. Angesichts dieser Diskrepanz zwischen Eigenwahrnehmung und tatsächlicher Handlung wurde in der vorliegenden Arbeit das Konzept der *konzeptualisierten Nicht-Handlungen* entwickelt. Exemplarisch für dieses Konzept ist auch die bereits kurz beleuchtete mitkonstruierte Täterschaft. Auch Beispiele anderer Befragter verdeutlichen diese Lesart der Mitschuld, beispielsweise in Aussagen wie „Ich habe ja meine Hand dafür geboten" (Frau Steiner, Absatz 28). Das konstruierte eigene Nicht-Handeln, das im Nicht-Beenden der Beziehung gesehen wird, wird somit zur konstruierten Mittäterschaft.

Wie Konstruktionen des Nicht-Handelns und der Mittäterschaft miteinander in Beziehung stehen, wird im Folgenden näher ausgeführt: Nimmt die Gewalt in Beziehungen resp. die Bedeutung der Gewalt in den Beziehungen immer mehr Raum ein, dann treten vermehrt sogenannte ‚parallele' Handlungen auf. Die Befragten zählen diese parallelen Handlungen, die für eine grosse Varianz an Handlungsmächtigkeit und Handlungsfähigkeit stehen, zwar auf, aber sie deuten diese Handlungen selbst nicht als Handlungen, weil es sich gemäss ihrem Verständnis um ‚Nicht-Handlungen' handelt. Deshalb ringen sie mit sich selbst und werfen sich vor, ‚nicht gehandelt' zu haben. Diese Konzeptualisierung von Handeln resp. Nicht-Handeln rekurriert (implizit) auf soziale Deutungsangebote, wobei hier eine Opposition aufgebaut wird: Beenden der Beziehung als Handeln versus Verbleib in der gewaltförmigen Beziehung als Nicht-Handeln. Ein Bruch in den Erzählungen vollzieht sich zumeist dann, wenn die Befragten sich jeweils gegenüber einem normativen Opferbild positionieren und sich daran abarbeiten. Gleichzeitig setzen sie sich in den Selbstthematisierungen implizit permanent mit ihrer selbst zugeschriebenen Passivität und der daraus konstruierten Mitschuld des Nicht-Handelns auseinander.

Einen Kontrastfall stellt im Vergleich dazu Frau Berchtold dar, die sich und ihre parallelen Handlungen mit grosser Handlungsfähigkeit konstruiert. Dadurch, dass diese Handlungskonzepte vor dem Hintergrund normativer Bilder entstehen, findet sich jedoch auch hier die fallübergreifende Regelhaftigkeit: Sie lehnt das soziale Deutungsangebot der Trennung als einzig mögliches Handlungskonzept und Umgangsstrategie ab und grenzt sich sogar explizit davon ab, indem sie betont, dass das Innen einer Beziehung niemanden etwas angehe und nur von innen „die Notbremse" gezogen werden könne. Obwohl sich die Handlungskonzepte unterscheiden, so stellen sie doch allesamt Positionierungsstrategien gegenüber den normativen Bildern dar. So fragt sich Frau Berchtold immer wieder, wieso sie nicht (früher) „die Notbremse" gezogen habe (z. B. Absatz 37).

Die fallübergreifende kontrastive Analyse legt einen Zusammenhang zwischen den Agency-Konstruktionen, den parallelen Handlungen und vor allem der retrospektiven Deutung dieser parallelen Handlungen nahe. Zwei verschiedene Muster lassen sich herausarbeiten, welche auch den Kontrastfall von Frau Berchtold miteinschliessen. Entscheidend ist, ob in der Deutung ein ‚Innen' oder ein ‚Aussen' agentiviert wird. Nach Frau Berchtolds Deutung, die exemplarisch für eine Agentivierung des Innen steht, wird die Handlungshoheit dem Innen und damit ihr selbst als Betroffener zugesprochen: Es muss von innen gehandelt werden, was sie nicht zuletzt mit der Metapher der ‚Notbremse' sprachlich zum Ausdruck bringt.

Dies steht im Kontrast zu jenen Fällen, die ein Aussen agentivieren und Handlungen im Innen als Nicht-Handlungen auffassen. Anhand der Analogie mit einem Konzentrationslager verdeutlicht z. B. Frau Schmid, dass eine ‚Rettung' von ‚aussen' erfolgen müsse. Das Innen des ‚Konzentrationslagers' steht für sie für das Innen der Beziehung. Einem nicht personalisierten ‚Aussen' wird die alleinige Handlungsmächtigkeit zugeschrieben, diese Mauern zu durchbrechen und die Menschen im Innern durch Befreiung zu ‚retten'. Angesichts der vermeintlichen Nicht-Handlungen handeln die Betroffenen Fragen der Verantwortung und der Schuld aus: „Ich hätte das eigentlich beenden müssen, und ich konnte es irgendwie nicht." (Herr Bischoff, Absatz 47)

Um für sich die Frage nach der Verantwortungsübernahme und die Schuldfrage (Schuldzuweisung an sich selbst) im Kontext ihres eigenen Handelns oder insbesondere Nicht-Handelns klären zu können, gilt es für die Betroffenen, sich auch mit den Gründen für das Aufrechterhalten der Beziehung auseinandersetzen. Dazu wird meist Bezug auf Werte genommen, beispielsweise darauf, dass ein Kind vom Ehepartner mehr abverlange und man mehr ertragen müsse, weil die Beziehung dann als besonders schützenswert gelte:

> „[...] aber ich sage mir immer, das ist wahrscheinlich, wenn man ein Kind hat, wird irgend-, es wird irgendwas ausgeschaltet. [...] man hält irgendwie, man hat das Gefühl, ich glaube, man muss viel mehr aushalten." (Frau Gerber, Absatz 62)

Diese Aushandlungen erfolgen allerdings nicht reziprok, d.h. die Befragten beziehen sich ausschliesslich auf ihre alleinige Beteiligung an der Aufrechterhaltung der Beziehung. Im Umkehrschluss beschreiben sie sich selbst auch als allein schuldtragend daran, ihre Beziehung nicht beendet zu haben. Die Befragten deuten ihre Umgangsstrategien als Nicht-Handeln, da diese Handlungen nicht den hegemonialen Handlungskonzepten und Umgangsstrategien mit häuslicher Gewalt entsprechen (wie z.B. Verlassen etc.). An diesem Ringen mit dem selbst zugeschriebenen Nicht-Handeln sollte die eingangs dieses Kapitels angesprochene Übernahme einer sozialen Deutung von (legitimem) Handeln verdeutlicht werden. Dies erlaubt es, davon auszugehen, dass die Umgangsstrategien in der Retrospektive vor dem Hintergrund dieser Deutungsstrukturen für die Befragten einerseits *un*fassbar werden und sie sich andererseits zusätzlich mit den Schuldzuweisungen Dritter konfrontiert sehen können.

8.1.2 (Be-)Deutungen verflochten in Beziehungen und relationalen Ordnungen

Die neuen (Be-)Deutungen von Gewalt für die Befragten sind in Beziehungen verflochten. Mit dem Ziel aufzuzeigen, wie diese (Be-)Deutungen von Gewalt einerseits verflochten sind in (vergangene) Beziehungen und andererseits wie diese von Ambivalenz, Ambiguität und Kontingenz geprägt sind, wird entlang von Herrn Reims fokussierter Einzelfall(re)konstruktion dargelegt, wie seine Deutungen im Zusammenhang mit biografischen Konflikterfahrungen stehen.

Damit können auch mögliche Lesarten bezogen auf die Umgangsstrategien und (Be-)Deutungen, die sich aufgrund der individual-biografischen, der familialen sowie der transgenerationalen Auseinandersetzung ergeben können, entwickelt werden.

Fokussierte Einzelfall(re)konstruktion Herr Reim: biografische Konflikterfahrungen

Herr Reim ist Schweizer und zum Zeitpunkt des Interviews 42 Jahre alt. Er hat eine Berufslehre absolviert und arbeitet als selbstständiger Handwerker. Herr Reim, der sich selbst als sehr religiös (christlich) bezeichnet, hat auch in seiner Kindheit schon Gewalt von einer weiblichen Bezugsperson (Grossmutter) erlebt. Er lebte drei Jahre lang in der Beziehung mit seiner Partnerin. Nach zwei Jahren Beziehung haben die beiden ein gemeinsames Kind bekommen. Herr Reim erzählt, wie die Beziehung von Trennungen und dem Wiederzusammenkommen geprägt war und wie er diese Trennungen und auch nur die Androhungen von diesen als emotionale Erpressungsversuche erlebte. Diese weiteten sich ab dem Zeitpunkt der Schwangerschaft seiner Partnerin auch auf das Kind aus, wie Herr Reim schildert. Wenn sie beispielsweise eine Meinungsverschiedenheit hatten, drohte sie ihm damit, dass sie das Kind abtreiben würde.

Neben dieser seelischen Gewalt nimmt auch die körperliche allmählich zu – und zwar vor allem nach der Trennung. Herr Reim erzählt, wie sie stellvertretend dann auch den Hund von Herrn Reim schlug. Nach der Trennung des Paares drohte seine Partnerin ihm, er würde das Sorge- und/oder das Besuchsrecht verlieren. Die Beziehung liegt zum Zeitpunkt des Interviews rund sechs Monate zurück. Herr Reim hat sich über die Opferhilfe zum Interview angemeldet, wobei er seine Erfahrungen als männliches Opfer als Grund für die Teilnahme beschreibt.

Aufgrund seiner Grösse von 1,90 Meter wird Herrn Reim das Opfer-sein abgesprochen oder zumindest angezweifelt. Dabei problematisiert er grundsätzlich, wie eine oberflächliche Wahrnehmung über die wahren Verhältnisse hinwegtäuschen kann, denn „sie ist Kick-Boxerin. Also sie macht mich, ja, ist 1,75 gross und hat auch ihre 80 Kilo oder so. Also wenn sie zuschlägt, siehst du alt aus“ (Absatz 119). Mit dieser Beschreibung verteidigt Herr Reim die Verletzungsmächtigkeit seiner Partnerin und seine Verletzungsoffenheit. Die körperliche Erscheinung trägt seiner Deutung nach dazu bei, dass sie beide mit ihren Beziehungsproblemen nicht wirklich ernst genommen werden würden. Belastend wirken sich für Herrn Reim in erster Linie die sozialen Zuschreibungen aus, nach denen er als Mann mit einer Grösse von 1,90 Meter nicht von häuslicher Gewalt betroffen sein *kann*. Damit wird sein Opferstatus negiert, dessen Nichtanerkennung sich auf das geteilte Sorgerecht der gemeinsamen Tochter auswirkt, sodass er sich verpflichtet fühlt, für die Anerkennung seines Opferstatus zu kämpfen.

Von einer Ablehnung ist Herr Reims Leben von Anfang an geprägt, wie er schildert: „Mein Vater wollte nicht, mein Vater wollte eine Abtreibung“ (Herr Reim, Absatz 15). Nach der Geburt wuchs Herr Reim dann die ersten Jahre seines Lebens bei seiner Grossmutter auf einem Bauernhof auf. Die Grossmutter wurde für ihn zur zentralen Bezugsperson, die allerdings ihm gegenüber im Alter von 12 Jahren plötzlich aggressiv und gewalttätig wurde. Er erklärt sich ihr Verhalten mit einer schweren Krankheit, die Aggressionen in ihr ausgelöst habe: „Mit zwölf ist die Grossmutter schwer krank geworden und aggressiv. Wahrscheinlich irgendwelche Hirntumore“ (Herr Reim, Absatz 15). Für Herrn Reim wurde dies in doppelter Hinsicht zum Wendepunkt: Er zog zu seiner Mutter und deren neuen Partner und kam dadurch vom Land in die Stadt. Er beschreibt seine damalige Situation als „klassisches Heidi-Problem“ (Absatz 15): vom Landleben mit vielen Freiheiten in die Enge der Stadt. Zusätzlich hatte er dann mit schulischen Problemen und Mobbing durch Mitschüler zu kämpfen. Der Hund der Mutter wurde in dieser kurzen Zeit zur zentralen Bezugsperson, durch den er wieder Freiheit und Unbeschwertheit erfuhr, die er zuvor nur mit seiner Kindheit und dem Landleben assoziierte.

Als Jugendlicher wollte er die Landwirtschaftsschule absolvieren. Als dies nicht klappte, jobbte er einige Jahre in unterschiedlichen Branchen. Er erzählt, dass er nicht sesshaft gewesen sei und nur ein bis zwei Beziehungen zu Frauen gehabt habe, die jedoch nichts Ernsthaftes gewesen seien, da es „auf der Basis der Seele einfach nicht gepasst“ (Absatz 15) habe. Als er seine damalige Partnerin kennenlernte, liessen sich beide viel Zeit, um möglichst viel über den anderen zu erfahren:

> „Als ich sie kennengelernt habe, hat es sofort gepasst (…). Ich habe alles gewusst über sie, dass sie ein ADHS-Problem hat, dass sie in der Kindheit misshandelt worden ist, dass sie (…) Prostituierte war, dass sie (…) einen starken Drogenkonsum hatte (…). Wir sind, wir haben eine lange Aufbauphase gehabt. Das ging etwa sechs oder sieben Monate, bis wir das erste Mal etwas miteinander hatten. Also sehr zurückhaltend von beiden Seiten.“ (Herr Reim, Absatz 15)

Den Beginn der erlebten Gewalt in der Partnerschaft kann Herr Reim klar mit einem Ereignis datieren:

„Sie, wir haben immer über Kinder gesprochen. Sie wollte einen Drogenentzug machen von Kiffen, sie hat für 200 Franken in der Woche gekifft. Dann ist es ihr schlecht gegangen an irgendeinem Abend. Sie wollte allein sein, ich bin dann trotzdem vorbeigefahren, habe draussen auf sie gewartet, und habe gesagt, schauen wir mal, wie es dir geht. Ich gehe nachher wieder. Das ist dann am Ende eskaliert. Keine Ahnung, warum. [...] Und dort ist es dann eskaliert. Sie hat drei-, viermal dreingeschlagen. Ich habe sie gehalten. Also ich habe ihr zuerst gesagt, sie soll nicht schlagen. Dann habe ich sie festgehalten, als sie wieder ausgeholt hat. Dann sind wir umgefallen. Dort hat sie mich gebissen, was dazu geführt hat, dass ich ins Spital musste. Dann ist die Polizei gekommen." (Herr Reim, Absatz 15)

Charakteristisch für die Erzählung von Herrn Reim ist, dass in der Beziehung nach seinen Angaben bereits psychische und physische Gewalt vorhanden war, doch aus seiner Perspektive nahm diese nach der Trennung noch zu bzw. wurde diese prekarisiert. Als Gewalterfahrungen betrachtet er infolgedessen vor allem den Informationsentzug zum gemeinsamen Kind seitens der Ex-Partnerin, die von ihm gedeutete Instrumentalisierung des gemeinsamen Kindes durch die Partnerin und die Willkür der Behörden, denen er sich ausgeliefert fühlt. Eine Verletzung aufgrund eines körperlichen Übergriffs erlebte er jedoch existenzbedrohlich, da er aufgrund dieser und den körperlichen Folgen nur noch (zeitlich) eingeschränkt arbeiten kann. Dadurch sieht er seine Existenzgrundlage als selbstständiger Werbender gefährdet.

Herr Reim ist im Interview durchweg bemüht, seine Erlebnisse einzuordnen, um es sich für sich verstehen zu können. Aufgrund der Rechtslage empfindet er seine Situation (z. B. bezogen auf das Sorgerecht) als prekär, weil er sich der Deutungsmacht seiner Partnerin und der Behörden unterlegen fühlt. Deshalb ist es für ihn entscheidend, wer Deutungshoheit hat – ein Gericht, ein Beistand oder er selbst – und damit ‚bestimmen' kann, was er erlebt (hat). Er bewegt sich in seiner Erzählung des Erlebten in einem Spannungsfeld zwischen dem eigenen Deutungsbedürfnis, der eigenen Deutung und vor allem den rechtlichen Konsequenzen dieser Deutung. In seiner Narration ist er stets bemüht, dass er vor allem Erklärungen für die erlebte Gewalt resp. Gründe für die Gewalttätigkeit der Grossmutter und seiner Ex-Partnerin sucht. Die Gewalttätigkeit der Grossmutter in seiner Kindheit beschreibt er als plötzlich eintretende Aggression, die er auf den möglichen Gehirntumor zurückführt. Im Zuge seiner Überlegungen hat er sich intensiv mit möglichen Erklärungsansätzen auseinandergesetzt, wobei er sich hier auf wissenschaftliche Befunde bezieht:

> „Es gibt sogar ein Gewaltgen, habe ich dort müssen (...) mitgehört. Wobei das keinen Einfluss hat, ob man damit umgeht oder nicht. Es ist etwa das Gleiche wie das Brustkrebsgen bei den Frauen. Also ist fifty-fifty. Wenn du es hast, heisst es nicht, dass du es bekommst." (Herr Reim, Absatz 32)

In Bezug auf dieses Gewaltgen charakterisiert er sich selbst als eher „ruhigen Typ" (Herr Reim, Absatz 32), der sich „[...] zurückzieht und aus Situationen hinausgeht [...]" (Herr Reim, Absatz 32). Zur Deutung der Gewalttätigkeit der Ex-Partnerin zieht er allerdings das Gewaltgen nicht als Begründung heran, sondern macht dafür ihre Biografie verantwortlich:

> „Von ihr weiss ich einfach, dass sie ein ADHS-Problem hat, was aus der Kindheit kommt. Dass sie als Kind weggestellt wurde, wenn sie geweint hat, als Baby. Wenn sie geschrien hat, hat man sie in den Keller gestellt und ausschreien lassen. Die Folgen davon sind eigentlich, das weiss man. Der ganze Rest vom Lebenslauf von ihr, das weiss man auch, was das auslöst mit einer Seele vom Menschen. Also Prostitution und Drogenmissbrauch ist eigentlich klar, dass es zu gewissen Verhaltensding führt." (Herr Reim, Absatz 36)

Herrn Reims Narration kennzeichnet vor allem die Suche nach plausiblen Antworten für die Gewaltbereitschaft seiner Grossmutter und seiner Ex-Partnerin. Zudem dominiert ein Gefühl des Ausgeliefertseins, wenn er von Gewalt spricht, weil er sich abhängig von Deutungen Dritter fühlt (wie z.B. den Behörden, der Polizei, Justiz), während er noch für sich selbst nach Antworten sucht. Herrn Reims Problematisierung kreist dann auch zunehmend um dieses Informations- und Deutungsvakuum, das für ihn aufgrund der Deutungshoheit der Behörden und der Ex-Partnerin besteht und für ihn kaum auszuhalten ist: „Die Widersprüchlichkeit ist für mich das Schlimmste an der ganzen Geschichte" (Herr Reim, Absatz 180). Deshalb abstrahiert er auch in seiner eigenen Deutung des Problems vom Individuellen zum Generellen, um geschlechtsspezifische Muster und Erklärungen für das gewaltförmige Verhalten der Ex-Partnerin zu finden:

„Frauen nutzen halt das Kind oft als Machtinstrument (…). Um die ehemaligen Partner weiterhin zu kränken […].“ (Herr Reim, Absatz 122)

Herr Reim benutzt die Begriffe ‚Gewalt‘, ‚verbale Gewalt‘, ‚Freiheitsberaubung‘, ‚Körperverletzung‘ und ‚häusliche Gewalt‘ nur im Zusammenhang mit seinen polizeilichen oder juristischen Interaktionen. Wenn er beispielsweise für das Obergericht spricht oder wenn er davon erzählt, was die Polizei vor Ort rapportierte. Als viktimisierend beschreibt er das juristische Verfahren, weil darüber entschieden wird, ob er als Mann – und zudem als 1,90 Meter grosser Mann – überhaupt Opfer sein könne oder doch nicht vielmehr der Täter sei.

Biografie als Erklärungsfolie

An Herrn Reims Erzählung lassen sich wiederkehrende Muster erkennen: Die Fremddeutungen der eigenen Existenz sowie die Auswirkungen der elterlichen Biografie auf die eigene Existenz werden so gedeutet, dass diese als Grundsteinlegung für die spätere Verletzungsoffenheit bzw. Gewaltbetroffenheit und auch der Umgangsstrategien dargelegt werden. Als Faktoren führt er den Wunsch seiner Abtreibung durch den Vater, die Umstände der eigenen Zeugung sowie das Kennenlernen der Eltern an, um sich zu erklären.

An Herrn Reims Biografie wird auch deutlich, wie solch biografischen Konflikterfahrungen zu Verletzungsverhältnissen in der Beziehung werden können, indem diese traumatisierenden Erlebnisse vom Partner/von der Partnerin instrumentalisiert werden. So wird Herrn Reim angedroht, das gemeinsame Kind abzutreiben, was ihn zwangsläufig an sein eigenes Schicksal re-traumatisierend erinnert (vom Vater nicht gewollt zu werden).

Wie am Fallbeispiel von Herrn Reim dargelegt werden sollte, verdeutlicht die Erzählung seiner Lebensgeschichte ein typisches Erklärungsmuster der erlebten Gewalt: die Pathologisierung der erfahrenen Gewalt. Dadurch, dass er medizinische oder wissenschaftliche Gründe für das gewaltförmige Verhalten der weiblichen Bezugsperson (seiner Grossmutter) anführt, die er später auch auf seine Partnerin anwendet, gelingt ihm möglicherweise der Umgang damit. Als Erklärungsfolie dient ihm des Weiteren nicht nur sein Mannsein, sondern auch noch sein körperliches Erscheinungsbild. Diese Aushandlung über die Anerkennung des Opferstatus vollzieht sich intersektional (Winker et al. 2009, S. 49–51), indem sowohl die Kategorie Geschlecht als auch die Kategorie Körper einbezogen werden.

Biografie als zentrales Erklärungsmuster

Die eigene Biografie – konkret die eigene Kindheit und die familiale Sozialisation – dienen auch fallübergreifend als zentrales Erklärungsmuster, sodass man sich für die spätere gewaltförmige Beziehung ‚prädestiniert' sieht, was häufig angeführt wird:

> „Ich bin im Moment, […], und […] bin […] so ein bisschen dabei zu merken, oh, okay, also gewisse Sachen haben mich wahrscheinlich so ein bisschen prädestiniert, in solche Sachen hineinzukommen, in die ich dann hineingekommen bin." (Frau Spindler, Absatz 24)

Die eigenen Umgangsstrategien werden mit vergangenen Beziehungen, zumeist den primären Sozialisationsinstanzen (meist Mutter/Vater), erklärt. Das Wissen, auf das im Umgang mit Gewalt Bezug genommen wird, sehen die Betroffenen relational verflochten mit der eigenen Biografie und den vergangenen Beziehungen:

> „[I]ch denke, das ist so ein bisschen / Im Moment bin ich ein bisschen so, dass ich denke, das *[Anmerkung SN: die Beziehung zur Mutter]* hat sehr viel dazu beigetragen, dass ich in so eine Beziehung hineingeraten bin, wie ich dann bin." (Frau Spindler, Absatz 29).

Auch diese Verflechtungen werden von den Betroffenen ambivalent gesehen, denn einerseits werden allfällige Gewalterfahrungen und Beziehungsmuster in der Kindheit dahingehend gedeutet, dass dadurch eine höhere Sensibilität, aber auch Stärke für gewaltförmige Situationen besteht. Andererseits erfahren die Betroffenen dadurch auch einen grösseren Bruch mit ihrem Selbstbild, weil sie niemals geglaubt hätten, dass sie aufgrund ihrer eigenen Biografie und Sensibilisierung in einer Beziehung bleiben würden mit jemandem, der „Hand an sie legen würde" (Frau Novak, Absatz 188). An Frau Novaks Narration zeigt sich exemplarisch, wie sich die Betroffenen mit ihren biografischen Konflikterfahrungen auseinandersetzen: Frau Novak erklärt ihren Verbleib in der Beziehung damit, weil sie es „nicht bemerkt habe" und es so „schleichend" (Frau Novak, Absatz 188) passiert sei. Aus der Retrospektive sieht sie auch einen Zusammenhang zwischen ihrem heutigen Verhalten und ihren Kindheitserfahrungen. So wisse sie „heute" (Frau Novak, Absatz 188) nicht, ob, sie sich vielleicht wegen ihrer Grossmutter hilfloser gefühlt habe, weil sie sich wieder in ihre Rolle als kleines Kind zurückversetzt gefühlt habe, dass sie sich nicht wehren konnte.

Wie sich das Zusammenspiel zwischen Relationalitäten und Verflechtungen und den Umgangsstrategien in den Paarbeziehungen gestaltet, soll im Weiteren entlang der rekonstruierten Deutungen der Befragten dargelegt werden. Anhand von zwei sozialen Normen werden diese Deutungen gebündelt: (1) Transgenerationale Dimension der Gewalt: elterliches Zuhause als Raum der Verletzungsoffenheit und -mächtigkeit und (2) Familie und Kinder als Verflechtungsmechanismus: Schutz der Kinder im Deutungsvakuum von ‚Bleiben' vs. ‚Gehen'.

(1) Transgenerationale Dimension der Gewalt: elterliches Zuhause als Raum der Verletzungsoffenheit und -mächtigkeit

In der Analyse zeigt sich ein zentraler Mechanismus, wie Betroffene ihre Gewalterfahrungen verflechten in ihrer Deutung: die *Transgenerationalität der Gewalt.* Transgenerationalität bedeutet hier, dass familial-verwandtschaftliche intergenerative Bezüge zu normativen Bildern hergestellt werden (Höpflinger 2002). Einerseits wird die Gewalt als eine generationenübergreifende Erfahrung beschrieben und andererseits wird damit verbunden, dass die eigenen Kinder diese Verhaltensmuster übernehmen (könnten). Diese Deutung kann für verschiedene Zusammenhänge stehen: (a) dass die elterliche Beziehung als gewaltförmig gedeutet wird, (b) ein Elternteil bereits mit gewaltförmigen Erfahrungen (ausserhalb von Beziehungen) konfrontiert war, was sich auf die Erziehung auswirken kann und/oder die Deutung, dass die elterliche Erziehung und deren Vorbildrolle Auswirkungen hatte oder auch (c) die Befürchtung, dass die eigene gewaltförmige Erfahrung die eigenen Kinder negativ beeinflussen könnte. Diese drei genannten Ausprägungen sind nur idealtypisch getrennt, denn in den Erzählungen können sie sich auch überlappen.

(a) Transgenerationalität der Gewalterfahrung: Elterliche Beziehung wird als gewaltförmig und prägend gedeutet

Für diese Deutungsfigur ist typisch, dass das Zuhause der Kindheit resp. das elterliche Zuhause als ein Raum der Verletzungsoffenheit und Verletzungsmächtigkeit erlebt wurde. Der Beziehungsraum steht (früh) für ein „Ertragen-Müssen" oder ein entsprechendes Bild pflegen zu müssen, was meist eine Selbstaufopferung nach sich zieht. Zumeist können die Befragten nicht konkret beschreiben, wie diese Deutung ‚zustande kam'. Es bleibt auch in der Retrospektive eine diffuse Deutung, die damit verbunden ist, dass die Kindheit und der familiäre Raum von Gefühlen der Anspannung und inneren Unruhe geprägt waren. Das „Nicht-Sprechen-Können" über diese Spannungen wird als zentrale Erfahrung der Kindheit benannt. Diese Sprachlosigkeit mündet in eine Handlungsohnmächtigkeit, sodass die Gefühle marginalisiert werden müssen, um in der Konfrontation mit den Eltern in keinen Wahrnehmungskonflikt zu geraten. Die Kinder entwickeln dann eine ausgeprägte Sensorik für Konflikte und Spannungen, wobei sich nicht gegen die Eltern gestellt wird, sondern sich diese Anspannung nach innen kehrt:

> „Das ist noch schwierig. Also als schlechte Stimmung, ab und zu mal haben wir gemerkt, dass sie gestritten haben, meine Mutter hat sich immer beklagt. […] Ja, und schlimm war eben auch noch, die Spannungen, die ich wahrgenommen habe, das ist alles Einbildung gewesen. Also sie haben, meine Mutter hat mir immer gesagt, ich bilde mir das nur ein. Es ist gar nicht so. Also die haben da schon, also sie hat schon, ich weiss auch nicht, irgendwie (…) alles unter dem Deckel gehalten. Alles Negative (…). Ja, und ich bin dann auch nervös gewo-, also ich habe dann so innerliche Unruhe gehabt." (Frau Berchtold, Absatz 51)

Diese diffuse Deutung zeigt sich an der Grundstimmung im elterlichen Zuhause, die als gewaltförmig, jedoch nicht fassbar vergeschlechtlicht bezeichnet wird, indem die Rolle der Mutter als passiv und diejenige des Vaters als autoritär, machtbesessen, dominant und derjenige mit der Kontrolle über die Familie und vor allem gegenüber der Mutter charakterisiert wird. Im Kontext dieser Rollenzuschreibungen der Eltern wird die eigene Beziehung und die eigene Gewaltbetroffenheit als „Wiederholungsgeschichte" (Frau Ruiz, Absatz 41) gedeutet, was nach ihrer Auffassung vor allem an den vergeschlechtlichten Rollen- und Beziehungsbildern liegt. Die eigene Rolle als Frau in der Beziehung wird als passiv und diejenige des Mannes als derjenige mit Kontrolle und Macht konzipiert, wobei dieser aber auch die Verantwortung gegenüber der Partnerin trägt.

Die Sexualität spielt eine zentrale Rolle in diesem verflochtenen Muster. So fasst z. B. Frau Ruiz Sexualität als ein Geschehen auf, das ‚der Mann will und es sich nimmt'. Dieses Verständnis von Sexualität stamme aus ihrer Kindheit resp. der elterlichen Beziehung. Sie beschreibt, wie sie als Kind in der Nacht den Geschlechtsverkehr ihrer Eltern mitgehört habe und dies in der Retrospektive als Vergewaltigungen deutet, weil sie gehört habe, dass ihre Mutter dies nicht wollte.

Ähnliche Verlaufsmuster und Deutungen finden sich auch bei Herrn Bischoff nach einem Vergleich der minimalen Varianz. Sein Fall steht exemplarisch für eine weitere Ausprägung dieser Deutungsfigur, nach der sich die eigenen Deutungen relational auf die Beziehungskonzepte als Erwachsener beziehen: Herr Bischoff beschreibt seinen Vater als Patriarchen, der über die Familie bestimmt hat. Dies zeigt sich in seiner Kindheit – oder was es mit der Kindheit seiner Auffassung nach ‚machte' – dadurch, dass er beschreibt, wie er und seine Mutter zu Hause darauf gewartet hätten, bis der Vater betrunken nach Hause kam und dann ‚seinen Frust an ihnen ausliess'. Diese frühe Konfrontation mit der eigenen und der mütterlichen Verletzungsoffenheit und vor allem der Handlungsohnmächtigkeit prägen sein heutiges Rollen- resp. Beziehungsbild, weshalb er bewusst den Entschluss gefasst hat, ein anderes Männer- und Rollenbild als sein Vater leben zu wollen. Er entwickelt ein alternatives – partnerschaftliches – Beziehungsbild, das dem Mann implizit die Rolle zuweist, Verantwortung für seine Partnerin zu übernehmen. Damit verbindet er in erster Linie, dass eine Beziehung nicht einfach beendet werde. Dieses alternative Beziehungskonzept sieht Herr Bischoff als Resultat dieser Verflechtung resp. deren Ablehnung. Dies kann so gelesen werden, dass er das ‚eigene – das bessere – Selbst' gezielt modifiziert. Eine andere Lesart ist, dass er sozusagen im Nachhinein eine Ersatzhandlung durchführt. Gerade weil sein Vater nicht für die Familie und die Frau (seine Mutter) da und zuverlässig war, versucht er nun als Erwachsener, dieses Fehlverhalten seines Vaters (an seiner Mutter) wiedergutzumachen, indem er es besser macht und für seine Partnerin Verantwortung übernimmt. Weil er als Junge das Fehlverhalten seines Vaters nicht kompensieren konnte, versucht er zumindest als Erwachsener, dies auszugleichen. Damit kann die Handlung nicht nur auf die Zukunft gerichtet (nicht so sein zu wollen) sein, sondern auch in die Vergangenheit (es besser machen wollen als der Vater).

Dieses alternative Beziehungskonzept und das Selbstbild von Herrn Bischoff verhindern dann auch das eigene Handeln in der Beziehung, was mit ihm als Verlassen oder Beenden der Beziehung konzeptualisiert wird. So generiert er neue (Be-)Deutungen, nachdem er seine Partnerin verlassen hat, um einen Bruch in seinem Selbstbild zu vermeiden. Er legitimiert sein Handeln damit, dass sein eigenes Leben zu 50 % in Gefahr sei, wenn er in der Beziehung bleibt (s. auch Kapitel 7.1.2).

Anders positioniert sich hingegen Herr Reim gegenüber den gewaltförmigen Erfahrungen in seiner Kindheit, weil er versucht, sein Selbstbild ohne vererbtes Gewaltgen zu konzeptualisieren. Um mögliche ‚Vererbungen zu umgehen', wendet er gezielt Strategien an, wie z. B. den Rückzug oder das Abblocken von Situationen, in denen bei ihm Wut aufkommt.

Innerhalb dieser Deutungsfigur findet sich ein weiteres Muster, das zwar ebenso für Gewaltförmigkeit und Transgenerationalität zentral ist, allerdings wird dort zur Erklärung des Erlebten nicht auf die eigene Biografie und Konflikterfahrungen zurückgegriffen. In dieser Darstellungsform wird Gewalt vielmehr als zentrale und strukturierende biografische Erfahrung dargestellt. Die Gewalt in der Beziehung wird als Erfahrungsmuster gedeutet, das sich in der Familie und dann in der späteren Partnerschaft wiederholt. Gewalt und die eigene Gewaltbetroffenheit werden als zentrale Kindheits- und Lebenserfahrung dargestellt, sodass Gewalt keinen Beginn in der Erzählung hat. Die körperliche, psychische und sexuelle Gewalt, die zur generalisierten Struktur der Biografie wird, macht aus dem Schildern der Lebensgeschichte eine Erzählung der eigenen Gewalt-, Schmerzens- und Leidensgeschichte. Eine zentrale Gemeinsamkeit der Befragten dieses Musters – Frau Hefti, Frau Behrens und Frau Schmid – ist, dass sie die Partnerschaft sehr jung eingegangen sind und gleichzeitig auch die erste Beziehung war, mit der sie dem Elternhaus entkommen wollten, wie beispielsweise Frau Schmid: „Ich habe einfach auch gleich sehr schnell ausbrechen wollen" (Frau Schmid, Absatz 60). Frau Hefti ging die Beziehung ein, wobei erst während der Beziehung diese als Flucht resp. Schutzraum vor dem gewalttätigen Elternhaus erkannt wurde.

Alle drei Interviewpartnerinnen haben in ihrer eigenen Deutung die Handlungsstrategie verfolgt, möglichst früh Beziehungen einzugehen, um sich aus dem gewalttätigen Elternhaus resp. den Gewalterfahrungen durch Geschwister zu befreien. Die maximale Varianz zeigt sich in der narrativen Konstruktion der Gewaltgeschichte: Bei Frau Behrens verschwimmen dort die Täterrollen – Vater, Ehemann und letztendlich die Gesellschaft, die nichts unternimmt, sondern die Täter deckt, während bei Frau Schmid mehr das Leiden – also die gefühlten Folgen – zur zentralen Lebenserfahrung wird. Dabei deutet sie die erlebte Gewalt in der Kindheit nur vage an und fokussiert sich in der narrativen Erzählung auf die körperlichen Symptome, unter denen sie in ihrer Kindheit litt und die sie sich bis heute nicht erklären kann.

Allen drei Erzählungen ist gemein, dass sie die Gewalt als ‚schon immer gewesen' schildern. Körperliche, psychische und sexualisierte Gewalt dominieren die Erinnerungen an die eigene Kindheit und beim Erzählen des eigenen Lebenswegs. In der Narration strukturiert Gewalt auch die Beziehungen zu anderen Bezugspersonen, sodass diese mit gesellschaftlichen Strukturen begründet wird, die Gewalt begünstigen, wie z. B., dass „[…] der Mann als das Oberhaupt der Familie […]" gelte (Frau Behrens, Absatz 15).

Deutungen, die auf soziale Strukturen Bezug nehmen, betonen den Möglichkeitsraum für die Gewalt und ihre Gewaltbetroffenheit, da aufgrund der strukturellen Bedingungen dieser erst geschaffen wurde. Ob dieser Möglichkeitsraum und die Strukturen so gedeutet werden, dass diese für die Gewalt konstitutiv sind oder ob diese die Gewalt gar legitimieren, lässt sich aus den Äusserungen der Befragten nicht eindeutig schliessen. Die erlebte Gewalt wird explizit anhand von spezifischen Gewaltsituationen und deren Modalitäten erzählt, wobei der Prä- und Postkontext der Situationen – also z. B. zum eigenen Verhalten vor oder nach Übergriffen –ausgelassen wird. Erst auf Nachfragen werden diese thematisiert. Zudem sind die Narrationen in einer sehr distanzierenden Sprache gehalten, in denen keine subjektiven Konstrukte für Gewalt verwendet werden. Vielmehr zeichnet sich die narrative Darstellung durch eine Übernahme abstrakter Begriffe und eine starke Differenzierung der erlebten Gewaltformen aus.

Im Vergleich zu den anderen Fällen zeigen sich Unterschiede in den Bedingungsstrukturen, denn die Befragten, die sich diesem Muster zuordnen lassen, haben selbst systematisch Gewalt in der Kindheit erfahren.

(b) Transgenerationalität der Gewalterfahrung: Elternteil hat ausserhalb von Beziehungen Gewalt erfahren oder Rolle eines Elternteils wird für sozialisatorisch angeeignete Umgangsstrategien zur Erklärung gezogen

Für diese Deutungsfigur, welche sich nur idealtypisch von der ersten abgrenzen lässt, ist charakteristisch, dass sich die Verflechtung weniger auf die elterliche Beziehung als solche und die Gewaltförmigkeit dieser Beziehung bezieht, sondern vielmehr dass die Deutungen mit der eigenen Sozialisation resp. Erziehung durch die Eltern oder einen Elternteil erklärt werden. Im Unterschied zur ersten Deutungsfigur wurden jedoch hier keine gewaltförmigen Erfahrungen durch die Eltern oder einem Elternteil erlebt bzw. davon berichtet, sondern die eigenen Handlungsmuster und damit Bewältigungsstrategien in der späteren eigenen Beziehung werden als angeeignet bezeichnet, die entweder durch ein Elternteil oder in Abgrenzung zu diesem erlernt wurden. Die sozialisatorische Aneignung wird einerseits auf die elterliche Erziehung oder allgemein Erfahrungen im Elternhaus zurückgeführt. So beschreibt z. B. Herr Keller keine gewaltförmigen Erfahrungen in der Kindheit, dennoch deutet er seine Handlungsmuster – Aggressivität gegen die eigenen Kinder – in Bezug auf den Vater. So wollte er ein Männerbild leben, das er in Abgrenzung zu dem seines Vaters konzeptualisierte. Er wollte kein „Kuscher-Typ" sein (Herr Keller, Absatz 80), der es allen recht macht. Dass er dies nun als Muster erkannt hat, wurde für ihn zum zentralen Moment in der Therapie, da er dort nun an seiner „Eigenständigkeitsbildung" arbeitet (Herr Keller, Absatz 334). Er wollte eine eigene Meinung haben, Probleme lösen und über diese Probleme vor allem auch sprechen können.

Exemplarisch an einer kurzen Sequenz aus dem Fall von Frau Spindler[45] soll fallübergreifend der Zusammenhang mit den Umgangsstrategien illustriert werden: Frau Spindler konzeptualisiert Gewalt als Erfahrung(en) des Ausschlusses, d. h. der Exklusion bzw. des Exkludiert-werdens, die sie schon früh ab ihrer Schulzeit nach einem Umzug macht: Durch das Mobbing in der Schule wird sie ausgeschlossen, herabgesetzt und geschlagen. Eingeprägt hat sich das Kriterium, über das diese Ausschlüsse verhandelt wurden: ihr Aussehen und vor allem auch die Erfahrung, dass ihre Handlungen keine Selbstwirksamkeit zeigten. So erzeugte ihr Reagieren auf die erlebte Gewalt noch mehr Gewalt, und führte zu noch mehr Ausschluss. Frau Spindler betont aber nicht die Ausschlusserfahrung in der Kindheit resp. in der Schulzeit als zentrale Kindheitserfahrung, sondern ihre Mutter und der familiäre Raum. So problematisiert Frau Spindler, dass ihre Mutter Druck auf sie ausgeübt habe, „perfekt ein Bild zu erfüllen" (Frau Spindler, Absatz 29), was Frau Spindler als „Druckerzeugung" wahrnimmt (Frau Spindler, Absatz 29), da ihre Mutter weinte und sie sanktionierte, wenn sie dem von ihr geforderten Bild der Mutter nicht entsprach.

Aufgrund dieser ‚Druckerzeugung' entwickelt Frau Spindler ihre eigenen Handlungsstrategien, mit dem Mobbing in der Schule und dem Druck der Mutter umzugehen. Um nicht mehr Zielscheibe von Mobbing und Gewalt zu

45 Die Interpretationen schliessen an die fokussierte Einzelfall(re)konstruktion und die Materialauszüge, die im Rahmen dessen von Frau Spindler dargelegt wurden (s. Kapitel 6.2) an. Diese Lesart wird anhand der Zusammenhänge zwischen den biografischen Konflikterfahrungen und den Umgangsstrategien entwickelt.

sein, wendet sie die Strategie des ‚Verschwindens' an. Sie wird so ruhig, dass niemand mehr merkt, dass sie überhaupt da ist. Diese Strategie deutet sie als direkte Reaktion auf den Druck der Mutter und damit als etwas sozialisatorisch Erlerntes, sodass sie sich den Bedürfnissen ihres Umfeldes anpasst. Als Nachteil dieser Strategie des Verschwindens sieht sie jedoch, dass sie sich dadurch selbst ‚verloren' hat, sich nicht mehr (er)kennt und vor allem nicht mehr weiss, was sie eigentlich will.

Die Vergeschlechtlichung der Kriterien zeigt sich erst in der fallübergreifenden Analyse. Frau Gerber verhandelt beispielsweise den emotionalen Druck der Mutter über Dimensionen der Schönheit. Um einen „Eklat" zu verhindern (Frau Gerber, Absatz 18), musste sie der Bewertung und damit dem Schönheitsideal ihrer Mutter entsprechen. Dabei zeichnet Frau Gerber ein pathologisches Bild von der Kindheit ihrer Mutter: die Mutter stellte sich jeweils als Opfer ihrer biografischen Umstände dar, da sie sehr früh die Betreuungspflichten ihrer Eltern für die Geschwister übernahm. Aufgrund dieses Opferbildes, das nach Frau Gerber die Mutter auch später in ihrer Familie mit den eigenen Kindern lebte, entstehen Machtstrukturen, die die Beziehung zur Mutter in der Retrospektive strukturierten, da Frau Gerber als Kind immer Rücksicht auf die Mutter nehmen musste. Aus dieser Unterlegenheitsposition wuchs eine gewisse Form von Macht – die in der Deutung von Frau Gerber als „manipulativ" einzustufen war (Frau Gerber, Absatz 20) – da sie mit Weinen als Sanktion reagierte. Vor dem Hintergrund des narrativ dargestellten Habitus der Mutter werden diese Erfahrungen resp. die Verhaltensmuster der Mutter als Erklärung angeführt, dass sich Frau Gerber als sozialisatorisch angeeignete Handlungsstrategie emotional distanziert und nicht mehr öffnet (Frau Gerber, Absatz 18). In ihrer Deutung ist das Aushandeln von Autonomie eine der zentralen Situationen, in welchen sie sich verletzungsoffen sieht und auf die sie in den Aushandlungssituationen mit Rückzug reagiert, um nicht (wieder) manipuliert zu werden.

Dieses Aushandeln von Autonomie vollzieht sich wie eingangs kurz angesprochen über vergeschlechtlichte Dimensionen, denn in Beziehungen werden diejenigen Momente zentral, in denen sie ‚sich schön machen' oder ‚sexy sein' muss. So forderten Partner von ihr ein, dass sie z. B. Kleidungsstücke, die ihnen nicht gefallen, nicht mehr trägt oder sich die Fingernägel abschneidet, um nicht „zu sexy" (Frau Gerber, Absatz 18) zu sein. Auch in der Erzählung von Frau Novak werden gewaltförmige Situationen in Beziehungen und vor allem deren Legitimität über vergeschlechtlichte Dimensionen geführt. Das ‚Sexy sein' wird zum Kriterium, sodass ein roter Lippenstift resp. rote Lippen bereits als ‚Flirt-Provokation' für andere Männer interpretiert wird von ihrem Partner (Frau Novak, Absatz 22). Dem emotionalen Druck beugt sich Frau Novak jeweils, sodass sie als ‚Zeichen der Liebe' keinen roten Lippenstift mehr aufträgt. Über ihr Erscheinungsbild wird eine Machtstruktur etabliert, sodass gewaltförmige Situationen dadurch legitimiert werden. In der Deutung von Frau Novak wird Eifersucht zu einem Indikator von Interesse und Liebe – und gleichzeitig auch als Strategie der Abwertung eingesetzt, denn ihre Attraktivität macht ihr Partner anhand ihres Körpergewichts fest (Frau Novak, Absatz 62).

Auch bei Frau Spindler sind die Handlungsstrategien nach ihrer Interpretation sozialisatorisch erlernt. Die Verflechtungen in den Selbstthematisierungen und die zentralen Charakteristika tragen dazu bei: In ihren Erzählungen begründet sie, weshalb die jeweilige Person in eine gewaltförmige Beziehung gelangen konnte und weshalb und wie gehandelt wurde. Hierfür werden subjektive Deutungen vor dem Hintergrund biografischer Hintergrundkonstruktionen angeführt, die auf divergierenden Problematisierungsweisen resp. -strategien beruhen. Bei Frau Spindler ist es der Druck als zentrale Kindheitserfahrung durch die Mutter im familiären Raum, der als Grund für die spätere Gewaltbeziehung herangezogen wird und sie für diese „prädestinierte". Die Ausschlusserfahrung war für sie der prägende Moment ihrer Kindheit in der Schule:

> „Und ich habe zunehmend das Gefühl, die Mutter, also meine Mutter hat ganz fest gewollt, dass ich genauso bin wie sie. Also, dass ich nur schön finde, was sie schön findet, und nur gut, was sie gut findet. Und dass ich (...) und sie hat sehr hohe Ansprüche gehabt, dass ich wirklich eigentlich perfekt das Bild erfülle, das sie gemacht hat, auch von mir. Also was sie, ja. Und wo sie dann wirklich, wenn ich das nicht gemacht habe, hat sie geweint [...] ich denke, es hat schon etwas, dass ich einfach, und von ganz früher Kindheit einfach gelernt habe, mich sehr anzupassen an Bedürfnisse von wirklich rundherum." (Frau Spindler, Absatz 29)

Diese Deutung der Beziehung ist mit der erlebten Gewalt in der Paarbeziehung verflochten, denn so wird auch die Druckerzeugung „perfekt, ein Bild zu erfüllen" (Frau Spindler, Absatz 29) zur emotionalen Gewalt, denn bei Nicht-Erfüllung reagiert die Mutter mit Sanktionen.

In den Erzählungen werden die Umgangsstrategien von den Betroffenen selbst als sozialisatorisch erlernt beschrieben: als ein ‚Sich-Anpassen-an-Bedürfnisse-des-Umfeldes'. Zudem werden Ausschlüsse meist über vergeschlechtlichte Dimensionen bzw. Kriterien verhandelt, die häufig Parallelen zur späteren Gewalterfahrung in der Beziehung aufweisen. So beschreibt Frau Spindler, dass sie in der Schule ausgeschlossen wurde, da sie „hässlich [gewesen] sei", wie ihr die Klassenkameraden und -kameradinnen sagten (Frau Spindler, Absatz 24). In der späteren Beziehung erfuhr sie dann Gewalt durch Herabsetzung vor Dritten, indem ihr damaliger Partner z. B. ihre Figur kritisierte und sie mit Sprüchen über ihr Aussehen in Anwesenheit Dritter herabsetzte (Frau Spindler, Absatz 30).

Die Handlungsstrategien sind eng mit biografischen Erfahrungen verwoben. Zentral ist hierbei, dass in der Retrospektive ähnliche oder die gleichen Handlungsstrategien in der späteren Partnerschaft als nicht-handlungsmächtig konstruiert, wohingegen sie in der Kindheit als handlungsmächtig erlebt werden. Dies führt zu den Konzepten des *doing victim* vs. *being victim:* Die Strategie des Distanzierens bei gleichzeitigem vordergründigem, vermeintlichen Nachgeben wird hierbei als *doing victim* gefasst (dem Gegenüber handlungsmächtig den Willen geben), wobei dies schlussendlich zu *being victim* führt. Die Ohnmachtssituation wird verstärkt, da Betroffene sich nur noch auf das Gegenüber fokussieren und auf die Befriedigung der jeweiligen Bedürfnisse des Anderen. Mit diesen Strategien setzt bei den Betroffenen eine Distanzierung und Desubjektivierung von sich selbst ein.

Fallübergreifend erweist sich der Druck, der in Verbindung mit den sozialen Beziehungen steht, als zentraler Faktor, weil die Bindungen davon geprägt sind, nahen Bezugspersonen gefallen zu müssen. Um mit diesem Druck umzugehen, wählen die Befragten dann den sozialisatorisch erlernten Mechanismus des Rückzugs, anstatt sich vom Partner zu trennen. Auch die soziale Investition als Umgangsstrategie (s. Kapitel 6.2.1 & 6.3) wird an dieser Stelle wieder deutlich, denn zum inneren Rückzug gehört auch, die eigenen Bedürfnisse zurückzustellen. Stattdessen werden soziale Investitionen in die Beziehung getätigt, um mit dem Druck umzugehen und dem Gegenüber zu gefallen. Über diesen Druck und die Umgangsstrategien wird die Frage nach der Verantwortung und Schuld ausgehandelt, denn die Strategien zielen darauf ab, die Beziehung zu ‚verbessern'. Indem versucht wird, den Erwartungen des Partners resp. der Partnerin gerecht zu werden, will man Probleme lösen. Die Verantwortung für die Beziehung und deren Gelingen wird nach dieser Deutung nur einseitig und damit nicht reziprok verhandelt.

(c) Transgenerationalität der Gewalterfahrung: Befürchtung der Prägung der eigenen Kinder

Dass aufgrund der Transgenerationalität der Gewalterfahrung auch mögliche Konsequenzen für die eigenen Kinder gesehen werden, ist zentral für diese Deutungsfigur, allerdings gibt es auch hier unterschiedliche Ausprägungen: Entweder die Betroffenen befürchten, dass die eigenen Gewalterfahrungen das eigene Kind negativ prägen, oder sie gehen davon aus, dass diese sozialen Strukturen oder Prägungen des Partners resp. der Partnerin das Kind negativ beeinflussen könnten, weshalb dem gezielt mit Erziehungsmassnahmen entgegenzusteuern versucht wird. So achtet z.B. Frau Gerber darauf, dass ihr Sohn ein anderes Frauenbild als dasjenige ihres ehemaligen Partners entwickelt.

Charakteristisch ist für jene Befragten, deren Partner resp. Partnerinnen in der Kindheit selbst Gewalt erfahren hatten, diese Betroffenheit durch Gewalt in der Kindheit zum zentralen Erklärungsmuster der eigenen Gewaltbetroffenheit durch den Partner resp. die Partnerin wird. Diese Befragten gehen dann auch davon aus, dass dieses Muster zwangsläufig an ihre eigenen Kinder weitergegeben werde. Diese Konsequenz wird dann auch – wie bei Frau Berchtold – als Weitergabe der Gewalt(-muster) an die eigenen Kinder problematisiert:

> „Ja, und ich finde es halt auch verrückt, dass eben so Gewalt, dass die ja weitergeht. Also jemand, der Gewalt, sei es jetzt psychisch oder körperliche Gewalt, dass ja das nachher Generationen, unter Umständen Generationen weitergeht (...). Und das für, und das dann ganz viele Leute darunter leiden müssen. [...] Und die Kinder. Und dass dann die Kinder halt auch, dass das, ja, vielleicht weitergeht nachher. Also wie bei meinem Ex-Mann, der eben durch seinen Vater auch so viel erlebt hat, dass er das einfach weitergibt nachher." (Frau Berchtold, Absatz 275)

So berichtet Frau Berchtold von konkreten Situationen, in denen ihr jüngstes Kind das Verhaltensmuster seines Vaters übernimmt, indem er im Streit mit seiner Mutter zum Messer greift:

> „Und (...) ja, das Problem war nachher vor allem, dass der jüngere Sohn [...], der hat irgendwo einen völligen, der ist dann, etwa zwei Jahre lang ist der ganz, ganz schlimm drauf gewesen. Und der hat dann auch angefangen, mich mit dem Messer zu bedrohen. Der Papa. Und (...) und, ja, jedes, also immer, wenn wir mal ein bisschen eine kleine, ja, (...) Auseinan-, also Auseinandersetzung, wenn ich irgendwas von ihm verlangt habe oder wir waren nicht gleicher Meinung, hat er das Messer herausgenommen. Und das war ganz, ganz, ganz schlimm für mich." (Frau Berchtold, Absatz 37)

Frau Berchtold macht sich Sorgen um die Weitergabe eines Traumas oder der Gewalt an ihre Kinder, doch für sich selbst hat sie keine Therapie gesucht, da sie nicht darüber sprechen könne und dies in ihrer Deutung mit sich alleine ausmachen müsse. Für ihren Sohn hat sie hingegen Hilfe bei einer Kinderpsychologin ersucht, da dieser die Muster wiederholte. So bedrohte er sie bei Streitigkeiten mit dem Messer nach der Trennung. Sie geht mit ihren Kindern daraufhin in Therapie und schliesst ihre Erzählung damit, dass ihr Sohn sich das nun ‚völlig abgewöhnt habe'.

Aber nicht nur die Täterrolle kann nach dieser Deutungsfigur vererbt werden, sondern auch die Opferrolle, was Frau Ruiz' Beispiel zeigt. Aufgrund der biografischen Konfliktsituationen zwischen ihren Eltern, jedoch vor allem diesem diffusen und für sie omnipräsenten Gefühl der Unterlegenheit, glaubt sie, die Passivität als Verhaltensmuster der Mutter verinnerlicht zu haben. Deshalb erhofft sie sich, keine Tochter zu bekommen, um nicht „ihre Art" an sie zu tradieren (Frau Ruiz, Absatz 43):

> „Ich wollte keine Tochter haben. Kein Mädchen, weil ich wollte nicht etwas (...) so (...) [...]. Ich wollte nicht meine (...) Art geben zu einer Tochter." (Frau Ruiz, Absatz 43)

Sie wünschte sich einen Jungen, weil sie davon ausging, dass sie einem Mädchen ihr eigenes passives Verhalten weitergeben würde. Doch aus der Retrospektive deutet sie, dass ihr Sohn nun wie die anderen Männer in ihrem Leben (Vater, Brüder und Ex-Mann) geworden sei: Männer wollen in ihrer Deutung nur das Leben geniessen und Spass haben. Dieses Verhalten wollte sie verhindern, allerdings fühlte sie sich aufgrund ihrer sozialisatorischen Prägung geschwächt.

Generell zeigt sich in diesem Muster am empirischen Material, dass die Befragten weniger auf die gewaltförmigen Verhaltensmuster als vielmehr auf die (transgenerational vermittelten) Wissensbestände Bezug nehmen. Wissen also, dass nach den Befragten von einer Generation zur nächsten übertragen wird.

Im Hinblick auf diese transgenerationalen Wissensbestände werden nicht nur die eigenen Verhältnisse ‚normalisiert' (‚ich dachte, das wär halt so'), sondern die Befragten setzen sich gleichzeitig in ein kontrastives Verhältnis zu diesen, indem dies ein ‚Verhalten zu' bzw. ‚in Abgrenzung zu' den Eltern ist. Trotzdem werden genau diese Wissensbestände problematisiert, wobei die Befragten gezielt versuchen, diesen generationenübergreifenden Übertragungskreislauf von Wissensbeständen zu durchbrechen, indem sie z. B. ihren Kindern andere Bilder und über diese ein anderes Verhalten zu vermitteln versuchen:

> „Oder in der Kindererziehung. Also ich (…) denke jetzt schon auch, dass ich mir selber so ein bisschen für mich vorgenommen habe, (…) dass irgendwie für meinen Sohn, und versuche irgendwie, ihm ein anderes Bild zu geben. Also ich lade ganz bewusst jetzt auch männliche Kollegen zu mir nach Hause ein. Und er, weil er hat, mein Ex-Partner hat es wirklich auch geschafft, ihm gegenüber so ein bisschen das Bild von, oder, Mama, so ein bisschen schlampenmässig. Also jetzt, er hat nie ‚Schlampe', glaube ich, vor ihm gesagt. Aber es ist, wenn irgendwie auf meinem Handy mal irgendwie ein / Ich habe immer schon Panik gehabt, hoffentlich ruft mich niemand an, wenn er da ist. Als irgendwann mal ein ehemaliger Arbeitskollege angerufen hat, […] was auch eine riesen Diskussion ausgelöst hat, und das hat mein Sohn mitbekommen, so dass er irgendwann angefangen hat zu reagieren, wenn ein Männername auf dem Display gestanden ist vom Handy, hat er wirklich in so einem arroganten abschätzigen Ton gesagt, ‚Was ist das für einer?', wo ich irgendwie gefunden habe, das lasse ich mir von meinem Sohn nicht sagen, oder irgendwie, ich, dann fange ich das wirklich bewusst an, und erkläre, ‚Schau, das ist ein Freund. Freunde sind nicht nur wie (unv.), Frauen haben nicht nur weibliche Freunde, und Männer nicht nur männliche Freunde, sondern Freunde sind einfach Menschen und sind nicht an ein Geschlecht irgendwie gebunden.' Und dass ich versuche, das in der Erziehung ihm so ein bisschen Gegensteuer zu geben. Weil ich natürlich weiss, er ist ein Bub, sein Vater ist irgendwie sein grosses Vorbild, und er wird sicher einiges an dem Verhalten mitnehmen, und er wird das natürlich schon irgendwie (…) so ein bisschen das, die Selbstverständlichkeit, eine ähnliche Selbstverständlichkeit wie er an den Tag legen." (Frau Gerber, Absatz 110)

Die Umgangs- und Bewältigungsstrategien mit der Gewalt im Speziellen und mit der Beziehung im Allgemeinen beinhalten dann zumeist die Abgrenzung vom eigenen Vater oder der eigenen Mutter oder dass die Kinder nicht so werden sollen wie der Partner resp. die Partnerin. Auch der Wunsch der Betroffenen nach einem Familienverbund und die Einbettung in eine Grossfamilie oder die Argumentation, die Beziehung aufrechtzuerhalten, um Verantwortung zu übernehmen, steht im transgenerationalen Zusammenhang mit dem Beziehungs- und Familienmodell der Eltern oder eines Elternteils, da sich diese Strategien mit der Gewalt und mit der Beziehung in Abgrenzung zum Beziehungs- und Familienmodell der Eltern resp. eines Elternteils vollziehen kann.

(2) Familie und Kinder als Verflechtungsmechanismus: Schutz der Kinder im Deutungsvakuum von ‚Bleiben' vs. ‚Gehen'

Familie und Kinder werden jedoch auch noch in anderer Form als Faktor zu den (Be-)Deutungen herangezogen. Dabei ist weniger ausschlaggebend, ob die jeweiligen Befragten Kinder haben, sondern vielmehr ist die Rolle der Familie und der Kinder im Hinblick auf Handlungsstrategien und -möglichkeiten bedeutsam, sodass Konsequenzen immer für ein erweitertes Umfeld als sich selbst gedeutet werden. Wie die Familie konstruiert wird, ist entscheidend für die Deutung, wobei dies unterschiedlich ausfallen kann: Kinder können als Teil des ‚Innens' der Beziehung und Teil der ‚Gewaltgemeinschaft' verstanden werden oder aber als ‚Aussenstehende' der Beziehung und damit als kaum bis gar nicht beteiligt. In einigen Interviews wird diese Konstruktion im Laufe der Erzählung modifiziert: So werden Kinder zunehmend zum Teil des ‚Innens' und damit auch zu Beteiligten der gewaltförmigen Beziehung – sei dies als Dritte in der Funktion eines Zeugen und damit in der Deutung der Befragten als indirekt Betroffene oder als direkt Betroffene der Gewalt.[46]

So führt z. B. Frau Spindler aus, dass sie in der Beziehung geblieben sei, um die Kinder zu schützen, was für sie bedeutet, dass sie damit nicht ‚die Familie zerstören wolle' und dass die Kinder dem Vater nicht aufgrund einer Besuchs- oder geteilten Sorgerechtsregelung allein (‚ungeschützt') ausgesetzt sind. Diese Deutung ist geprägt von Ambivalenzen, da Frau Spindler ihren eigenen Leidensdruck und denjenigen der Kinder sieht. Sie schwankt deshalb zwischen zwei Deutungen: das Aufrechterhalten der Beziehung vs. das Beenden der Beziehung zum Schutz der Kinder. Zwar ist den Betroffenen das Handlungsziel (Kinder schützen) klar, allerdings ist der Weg dorthin für sie diffus.

46 Die Deutung der indirekten wie auch der direkten Betroffenheit der Kinder ruft im Rahmen der Interviewsituation starke Emotionen hervor, sodass auch noch 40 Jahre nach dem Erlebten eine Reaktualisierung der Verletzungen ausgelöst wird.

Frau Spindlers Beispiel steht exemplarisch dafür, dass sie nicht mit sich ringt, ob sie handeln soll oder nicht, sondern vielmehr damit, welche Konsequenzen die einzelnen Handlungen oder Entscheidungen haben können, wie z. B. das Aufrechterhalten der Familie, der Beziehungserhalt als Statuserhalt und der Schutz der Kinder. Sie setzt sich damit auseinander, wie die jeweiligen Handlungen relational zu spezifischen sozialen Normen und damit Wissensstrukturen ausgerichtet waren bzw. sind.

Das Ausrichten des eigenen Handelns an sozialen Normen und die Suchbewegungen innerhalb dieser sozialen Normen im Sinne von Deutungsangeboten sind charakteristisch für das Ringen um (Be-)Deutung innerhalb einer gewaltförmigen Beziehung, wie sich an Frau Spindler darlegen lässt. Zudem zeigt dieses Fallbeispiel, wie die Betroffenen innerhalb der einzelnen sozialen Deutungsangebote zu ambivalenten Deutungen gelangen, sodass die Suchbewegungen keineswegs zu (unhinterfragbaren) einfachen Antworten führen:

> „Ja, weil es halt dann wieder viel mehr so war, also viel mehr gelitten habe halt wieder. Dass ich es einfach nicht wegschieben konnte. Dass das (…) schlimm ist für mich und für die Kinder. Also die Kinder sind immer auch fest, also wo ich dann gedacht habe, hey, aber ich kann das meinen Kindern eigentlich nicht zumuten. In so einem Umfeld aufzuwachsen. Das ist dann immer wieder, das ist auch eine sehr treibende Kraft gewesen dann, schlussendlich eigentlich. Meine Kinder zu schützen. Aber das ist ja wie in beide Richtungen gewesen. Eigentlich, ja. Das hat mich zum Bleiben und zum Gehen quasi gebracht.“ (Frau Spindler, Absatz 260)

Dieses Zitat verdeutlicht, ein fallübergreifendes Muster: Wie dieses Ringen im Spannungsfeld der sozialen Norm der ‚intakten Familie‘ und der sozialen Norm, den Kindern eine solche weiterhin bieten zu können, zur Handlungsohnmächtigkeit führen kann, sodass die Betroffenen zwischen ‚Bleiben‘ und ‚Gehen‘ festzustecken scheinen. Am konkreten Fall von Frau Spindler kann aufgezeigt werden, wie dies aufgrund der latenten Bedrohung der Kinder zu einer Erweiterung des Verletzungsverhältnisses führen kann:

> „Ja, ich habe schon lang, eigentlich seit das erste Kind auf der Welt war, habe ich gedacht, nein, ich muss gehen. Ich kann nicht mit diesem Mann zusammenleben, geht nicht. Und gleichzeitig war, ja, aber wenn ich gehe, dann muss ich ihm alle zwei Wochenenden die Kinder geben oder das Kind damals noch, (…) und was macht er mit dem Baby? (längere Pause) Ich hatte so Angst, dass er (…) dann einfach dauernd das Baby oder dann Kleinkind beschimpft und herumschubst und ich hatte das Gefühl, das kann ich nicht, ich muss meine Kinder beschützen, ich kann nicht gehen. Ich kann die nicht allein lassen mit dem Vater.“ (Frau Spindler, Absatz 34)

Es wird deutlich, wie Frau Spindler hin- und hergerissen ist. Sie möchte ihre Kinder schützen:

> „Und dann (…) ja, ich habe wirklich, also das war der Grund (…). Warum ich nicht gegangen bin (…). Und ich habe ein paar Mal die Beratungsstelle, also das Frauentelefon angerufen, und die haben gesagt, ‚Ja, Sie müssen sich einfach trennen', und ich habe gesagt, ‚Ja, aber wie soll ich mich einfach trennen? Was mache ich denn mit meinen, also ich kann meine Kinder nicht einfach quasi mit ihm/', ich habe das Gefühl gehabt, das geht nicht. Ich kann doch meine Kinder nicht ihm ausliefern. Weil ich habe selber so Angst gehabt, ich habe das Gefühl gehabt, so (…) wehrlose Kinder, (…) ja." (Frau Spindler, Absatz 34)

Doch die Entscheidung, ob sie diese schützt, indem sie die Beziehung aufrechterhält, weil sie so einerseits nach ihrer Deutung die Familie nicht zerstört und andererseits sie die Kinder so nicht an den Wochenenden alleine dem Vater aussetzen muss oder ob sie die Kinder schützt, indem sie den Partner und Vater der Kinder verlässt, hinterlässt ein Deutungsvakuum für Frau Spindler. Dieses Deutungsvakuum zieht ein Handlungsvakuum nach sich, weil die Orientierungsinstanz für das eigene Handeln fehlt. Wie dieses Handlungsvakuum mit den jeweiligen zentralen Normen verflochten sein kann, soll am Einzelfall von Herrn Maihöfer weiter beleuchtet werden.

Fokussierte Einzelfall(re)konstruktion Herr Maihöfer: religiöse und soziale Normen und ihr Einfluss auf Umgangsstrategien

Herr Maihöfer ist Schweizer und zum Zeitpunkt des Interviews 47 Jahre alt. Er ist seit rund 17 Jahren mit seiner Partnerin verheiratet. Das Paar hat zwei gemeinsame Kinder und führt zum Zeitpunkt des Interviews nach wie vor eine Beziehung.

Herr Maihöfer beschreibt die Erfahrungen in der Beziehung als ‚Attacken'. Für Herrn Maihöfers Darstellung der Gewalt ist charakteristisch, dass er die Beziehungsprobleme und die Konflikte als reziprokes Geschehen darstellt, die dann zu Attacken eskalieren. Diese Streitigkeiten mündeten seiner Erzählung nach irgendwann in eine Attacke.

Herr Maihöfer hat über die Opferberatungsstelle von der Studie erfahren und den Kontakt aufgenommen. Als Motivation für die Interviewteilnahme gibt Herr Maihöfer an, dass er sich als Mann rechtlich entmündigt betrachtet:

> „Ja, de facto wirst du entrechtet an deinem eigenen Material. Du wirst entrechtet, eben, hast ein Haus gekauft, wirst du an deinem Haus entrechtet, du wirst an deinen Kindern entrechtet. Also es sind so unlange Spiesse. […] Da muss ich sagen,

> jetzt, also da hat jetzt Nehmen und Geben oder eben das gegenseitige Rechte und Pflichten stimmt jetzt da gar nicht mehr. Dass dann, die Männer ticken anders. Das ist mir bewusst. Dass du aus dem Rechtsempfinden oder dem Unrechtsempfinden dann irgendwann austickst, finde ich nicht richtig, aber kann ich nachvollziehen. Ich glaube, wenn man da den Mann auch konkreter schützen würde gegen so ein Unrecht, dann würde es zu einem gewissen Typus von Beziehungskonflikten auch nicht führen. Es ist mir klar, es ist nie richtig, wenn der Mann die Axt hervornimmt. Nie (lacht). Das würde ich nie legitimieren. Ich sage, ich verstehe jeden Mann, der an dem Punkt steht (lange Pause)." (Herr Maihöfer, Absatz 174)

Sein Mitwirken an der Studie begründet er auch damit, dass er eine neue Sicht auf häusliche Gewalt aufzeigen wolle, weil häusliche Gewalt seiner Auffassung nach vielmehr aus „komplexe[n] Täter-Opfer-Opfer-Täter-Spiralen" bestehe (Herr Maihöfer, Absatz 174).

Demnach müsse man verstehen, was im Vorfeld einer Beziehung bereits alles geschehen sei, bevor dann jemand „am Schluss als Täter gebrandmarkt" werde (Herr Maihöfer, Absatz 174):

> „Dass man überhaupt mal sagt, ‚Aha, ganz am Schluss steht dann eine Reaktion von einem, der dann als Täter gebrandmarkt ist, und der andere ist dann das Opfer, aber dass es da vorne eine Gewaltspirale gegeben hat, wo dann gar nicht mehr so klar ist, wer wo?' Wie die Sicht noch einmal. Wenn es da hinten knallt, wer da unten angefangen hat? Also es haben beide angefangen. Aber wie das dann hin- und hergegangen ist. Wer, dass das eben eine komplexe Täter-Opfer-Opfer-Täter-Spirale ist, die Sichtweise, die fehlt mir zum Teil heute in der Bewertung von solchen Konflikt (unv.)" (Herr Maihöfer, Absatz 174)

Herr Maihöfer sieht in der Retrospektive die derzeitige Form der Gesellschaft als Grund dafür, dass Männer – und damit auch er – anders wahrgenommen werden würden. Er problematisiert, dass die Emanzipation noch nicht weit genug fortgeschritten sei, sodass sich auch die gesellschaftliche Deutung des männlichen Gewaltpotenzials ändere und der Mann nicht immer gleich als Täter festgelegt werde.

Hinsichtlich des Gewaltpotenzials ist ein Bruch in seiner Deutung rekonstruierbar, denn das Gewaltpotenzial spricht er dem Mann zu, indem dieser Gewalt als ordnendes Element in der Gesellschaft und auch in der Familie legitim auszuführen habe. Nach seinen Überlegungen hängt dieser Bruch mit der Emanzipation und der Rolle der Frau zusammen. So kritisiert er, dass Frauen gesellschaftlich als legitimes Opfer gedeutet werden würden. Herr Maihöfer schreibt Gewaltbereitschaft beiden Geschlechtern zu. Bei „gewalttätigen Frauen" (Herr Maihöfer, Absatz 170) sieht er jedoch einen anderen „Auslöser [...] der Gewalttätigkeit" (Herr Maihöfer, Absatz 170). Gewalttätigkeit von Frauen ist nach seinem Konzept ein Ausdruck von Gefühlen, insbesondere ein Zeichen von Hilflosigkeit. Diese emotionalisierende Deutung von Gewalt steht diametral zur männlich konzipierten Gewalt, die für ihn eine ordnende Funktion hat.

In seiner Erzählung betont Herr Maihöfer seine ausgeprägte Religiosität und seine enge Verbundenheit zum christlichen Glauben und zu Jesus. Zum Zeitpunkt des Interviews äussert er, dass eine Scheidung für ihn aufgrund seines Glaubens nicht infrage komme:

> „Dann komme ich wieder an den Punkt, und also, ja, ich sage halt, ich versuche es trotzdem. Also es hat dann auch wieder mit meinem Christsein zu tun, dass ich einfach der Meinung bin, es ist nicht richtig, dass wir uns scheiden lassen. Ich bin wirklich überzeugt, dass ich Gott um die Frau gebeten habe und dass er sie mir zugewiesen hat. Das gibt es auch, es gibt auch Konstellationen, die das bestätigen. Also er hat, er macht keine Fehler, er hat sich irgendwas dabei überlegt. Er hat einen Masterplan, den ich nicht verstehe. Und in dem werde ich Gott gegenüber nicht untreu sein." (Herr Maihöfer, Absatz 68)

Herr Maihöfer interpretiert die Erfahrungen in der Beziehung als Gottes Masterplan, sodass alles nach Gott einen Sinn habe. Um Gott treu zu sein, müsse er die Beziehung weiterführen: „Jetzt leiden wir auf beiden Seiten" (Herr Maihöfer, Absatz 32). Dieses beiderseitige Leid bedeutet für ihn auch, dass er dies auf sich nehme, um Gott treu zu sein und auch wegen der gemeinsamen Kinder, die für ihn auch die „Klammern [sind], die das Ganze zusammenhalten" (Herr Maihöfer, Absatz 68).

Der Kontakt mit der Polizei und dann später mit der Opferberatungsstelle sind für Herrn Maihöfer bedeutsam, denn er agentiviert vor allem die Opferberatungsstelle als Instanz mit Deutungshoheit. Im Kampf um die Deutungsmacht mit seiner Frau empfindet er es als Erleichterung, dass ihn diese Stelle als Mann und als Opfer anspricht. D.h. hier fühlt er sich nicht zurückgesetzt:

> „Ja, und dem Sinn eben das Gespräch auch mit der Opferhilfe hat mir in dem Sinn auch geholfen (...). Dass ich gesehen habe, dass bei ihr das auch nicht so angekommen ist, dass ich einfach der böse, böse Täter bin (...). Und (...) also was ich finde, was die Patrouille sehr gut gemacht hat, ist, auch meiner Frau klar zu sagen, das ist jetzt das letzte Mal, dass sie das so aufnehmen, und akzeptiere, dass es keine Anzeige gibt. Das nächste Mal gibt es auf jeden Fall ein Prozedere, dann wird untersucht,

> wer hat welchen Anteil. Und das ist, denke ich, so ein bisschen (...) so eine Ecke gewesen, die meine Frau nicht erwartet hat. Also sie hat dort einfach wirklich erwartet, dass man ihr Recht gibt, und musste dann merken, ah nein, das könnte auf die andere Seite schiessen (...)." (Herr Maihöfer, Absatz 108)

Problematische Erfahrungen auf der Suche nach Unterstützung machte Herr Maihöfer nach eigener Ausführung allerdings mit der kirchlichen Seelsorge und den Männergruppen seiner Kirche. Er erlebte in ‚solchen Gruppen' eine grosse Hilf- und Ratlosigkeit gegenüber seiner Situation. Da er dort auch mit zuschreibenden Sprüchen konfrontiert wurde wie: „Also wenn deine Frau dich respektlos behandelt, dann hast du es verdient" (Herr Maihöfer, Absatz 154), bevorzugte er den Rückzug und sprach ab dann mit seinem Umfeld nicht mehr über seine Erfahrungen.

Wie am Fallbeispiel von Herrn Maihöfer dargelegt werden sollte, haben die jeweiligen Normen einen starken Einfluss. Dies wird auch daran deutlich, dass Herr Maihöfers Erzählung sich nicht primär auf gewaltförmige Erfahrungen, sondern auf seine Bemühungen, die Beziehung aufrechtzuerhalten fokussiert. Diese Bemühungen verbindet er mit seiner religiösen Einstellung, wonach er seine Partnerin nicht verlassen könne. Nach Herrn Maihöfer verbietet es ihm der Glaube als unrechtmässiges Handeln. Er deutet eine Trennung als ein Verstoss gegen den Willen Gottes. Wie bei Herrn Maihöfer am Einzelfall verdeutlicht, sind die sozialen Normen fallübergreifend wesentliche Bestandteile der rekonstruierten Verflechtungen. Für die Deutungen der eigenen Biografie resp. des Verlaufs der Biografie werden die sozialen Normen des jeweiligen spezifischen sozialen Milieus herangezogen.

Diese Verflechtung mit gesellschaftlichen Normen kann denn auch mit dem jeweiligen sozialen Herkunftsmilieu zusammenhängen, wie die Betroffenen vor allem anhand der Reaktionen ihres nahen Umfelds beschreiben, wie z. B. als Frau Spindlers Mutter und ihre Schwester ihr dazu raten, „[...] halt netter zu deinem Mann, [zu sein]", anstatt ihn zu verlassen (Frau Spindler, Absatz 232). So sind es weniger die eigenen Handlungen, die als Erklärungsfolie für soziale Normerwartungen dienen, als vielmehr die spezifischen Bilder von Familie, die durch ihr Herkunftsmilieu entfaltet werden können, sodass eine Trennung ausgeschlossen wird: „[...] du hast jetzt Kinder, das ist jetzt so" (Frau Spindler, Absatz 232).

Aufgrund der zumeist unterschiedlich strukturierten sozialen Herkunftsmilieus distanzieren sich Befragte bezogen auf ihre Werte von denjenigen des Partners. Zumeist werden die Werte des Partners resp. der Partnerin divergierend – in der Regel als konservativer als die eigenen – gedeutet, wobei die Betroffenen auch gespalten zu dieser Abgrenzung stehen, wie Frau Spindler in ihren Schilderungen verdeutlicht:

> „Ich denke, das ist auch in der Familie dort, ja, es ist klar, Männer sind die, die etwas können, auch etwas Wertvolles arbeiten. Frauen sind schön, wenn sie da sind und den Haushalt recht machen. Ja. Also (…) Ja, das ist schon so ein bisschen, und das ist eben auch bei meinen Eltern daheim auf eine ganz andere Art, aber also meine Mutter hat auch so ein bisschen, ich weiss auch nicht, ich finde es auch schon noch irgendwie so, die Frau muss sich dem Mann anpassen, und die Mutter gehört nach Hause (lange Pause). Ja." (Frau Spindler, Absatz 262)

Diese unterschiedlich strukturierten sozialen Herkunftsbiografien sind dann Bestandteil der Problematisierungen: Da der Partner resp. die Partnerin für das Verhalten nichts könne, da dies der jeweiligen Erziehung geschuldet sei, wird geschlossen, dass in divergierenden sozialen Herkunftsmilieus auch verschiedene Gewaltdeutungen existieren können.

Frau Spindlers Beispiel soll an dieser Stelle kurz dazu dienen, die Deutung der Verflechtung mit den beiden Herkunftsfamilien in der eigenen Familie und damit auch in der Partnerschaft zu betrachten: Die Ziele und die Werte der divergierenden Milieus und damit ihre bürgerliche Prägung führten nach ihrer Deutung dann auch dazu, dass sie die „Fassade nach aussen" aufrechterhalten wollte (Frau Spindler, Absatz 29).

Dies verdeutlicht, dass die Partnerschaften in ein familiäres Netz eingebettet sind, sodass Beziehungsideale und -normen im Wechselverhältnis dazu stehen. Dabei werden die Beziehungsnormen vom Partner resp. der Partnerin mit dessen resp. deren Herkunftsmilieu hegemonial gesetzt und normalisierend dargestellt. Im Fall von Frau Gerber ist es das Beziehungsideal ihrer Schwiegereltern, die das Aufgeben der Individualität normalisierend darstellen, wobei davon abweichende Konzepte marginalisiert – oder wie bei Frau Novak – sogar pathologisiert werden. Fallübergreifend zeigt sich, dass die Befragten jeweils andere Beziehungskonzepte haben, doch ihnen ist grundsätzlich gemein, dass sie das eigene Konzept abwerten und das des Partners resp. der Partnerin über ihr eigenes stellen (s. Kapitel 7.3.1).

Das Zusammenspiel von Deutungen und Bedeutungen mit Erziehungsnarrativen und sozialen Normen wird anhand des Fallbeispiels von Frau Steiner aufgezeigt.

Fokussierte Einzelfall(re)konstruktion Frau Steiner: Klima der Angst und Erziehungsnarrative

Frau Steiner ist Schweizerin, zum Zeitpunkt des Interviews 46 Jahre alt und hat einen wirtschaftswissenschaftlichen Hochschulabschluss. Sie ist seit rund zwölf Jahren von ihrem Ex-Partner, mit dem sie zwei gemeinsame Kinder hat, geschieden. In ihrer ersten Ehe hat sie über vier Jahre hinweg „Ergüsse von Wut und verbaler Gewalt" (Frau Steiner, Absatz 70) erlebt. Gleich nach der Trennung entschied sie sich für eine psychiatrische Behandlung.

Sie nahm den Kontakt aufgrund der Ausschreibung in einer Frauenzeitschrift auf. Frau Steiner hat sich zu einer Interviewteilnahme entschieden, da sie nie gedacht hätte, dass sie selbst jemals in solch eine Situation resp. Beziehung geraten könnte und sich bis heute noch frage und selbst vorwerfe, wie sie sich das habe gefallen lassen können. Zudem spreche sie kaum bis nie über ihre Gewalterfahrungen, da ihr jeweils das Gefühl vermittelt werde, dass sie als Frau selbst an allem schuld sei, da „[…] Frauen [so] fies seien im Verhan-, also im Diskutieren und im Streiten und so" (Frau Steiner, Absatz 28).

Kommt sie dennoch auf ihre ehemalige Beziehung zu sprechen, dann formuliert sie ihre Erfahrungen ‚neutraler', vor allem auch deshalb, weil sie sich selbst Vorwürfe macht, eine solche Beziehung eingegangen zu sein:

> „Ich meine, ich habe es ja zuerst mit mir machen lassen müssen. Das ist das, was ich mir vorwerfe, was ich bei mir feststellen muss. Wo ich sagen muss, ja, ich habe ja mitgemacht. Ich habe ja meine Hand dafür geboten (…). Und dann darf man nachher auch nicht zu sehr in eine Opferrolle, ich (lange Pause) ich denke, (…) ich sage manchmal, gut, das ist die neutrale Variante, wenn mich mal jemand fragt, sage ich manchmal, ‚Weisst du, wenn sich Feuer und Wasser zusammentun, kommt es einfach nicht gut'. Das sind so unterschiedliche Elemente." (Frau Steiner, Absatz 28)

Als Grund für die Studienteilnahme benennt sie das persönliche Bedürfnis, mit jemandem offen und vorurteilsfrei über das Erlebte sprechen zu können.

Verflechtung von einem Klima der Angst und Erziehungsnarrativen

Für Frau Steiners Narration ist die biografische Selbsterklärung charakteristisch, denn sie beginnt zunächst mit der elterlichen Biografie, die sie dann kausal und linear mit der eigenen Biografie verknüpft: Frau Steiner bezieht sich auf Erziehungsnarrative ihrer Kindheit und Jugend, die ihr von der Mutter vermittelt wurden, wenn sie ihre eigene Gewaltbetroffenheit erklärt und ihre Handlungsstrategien deutet. Die biografische Hintergrundkonstruktion liefert eine Erklärung dafür, wie ihre Mutter in ihrer Kindheit und Jugend ein Angstklima schuf, was vor allem durch den restriktiven Wertekanon der damaligen Zeit entstand und aufgrund der eigenen Gewaltvergangenheit der Mutter, sodass für Frau Steiner ein „Angstklima" ihre Erinnerungen massgeblich prägt:

„Ich bin ja in einem Angstklima eigentlich aufgewachsen. Also es war alles gefährlich." (Frau Steiner, Absatz 26) und ergänzt: „[...] weiblich sein war fast gefährlich irgendwo. Und Selbstbewusstsein war auch gefährlich irgendwo." (Absatz 26)

Frau Steiner beschreibt, wie hinter jedem Baum ein Angreifer hätte lauern können und wie dieses Angstklima ihren Tag und vor allem die Abende und Nächte (auf den Nachhausewegen) strukturierte, denn so galt es Verabredungen immer dahingehend zu planen, um der latenten Gefahr von Angriffen vorzubeugen.

Dieses Angstklima deutet sie als Grund, dass sie lernte, ihre persönliche Stärke in der Kindheit und Jugend zu unterdrücken resp. passiv zu sein. Die Angst wurde demnach als Lernmechanismus über die Generationen hinweg vermittelt, sodass auch hier von einer transgenerationalen Weitergabe gesprochen werden kann.

Die Gewalt in der Beziehung thematisiert sie im Kontext der eigenen Biografie, weil sie dieses Klima der Angst und die Erziehungsnarrative verletzungsoffen gegenüber ihrem Mann werden liessen: „[...] ein Punkt, wo auch mein Ex-Mann einhaken konnte" (Absatz 26).

Dennoch benennt sie einen zentralen Glaubenssatz, den sie in ihrer Selbstpositionierung als starke und emanzipierte Frau darlegt: sich von einem Mann niemals schlagen zu lassen. Zum Wendepunkt wurde dann auch der Bruch mit diesem Glaubenssatz und ihrer Angst, dass sich das Verhalten und das Frauenbild ihres Partners auf die Kinder übertragen könnte. Dieser innere Glaubenssatz erschwerte es ihr, über ihre Erlebnisse zu sprechen, weil sie ihn sozusagen selbst nicht eingehalten hatte, da sie ‚ihre Hand dafür geboten habe' (Absatz 28).

Frau Steiner rekurriert auf unterschiedliche Problematisierungsweisen: sie identifiziert als prägend für die Werteentwicklung ihrer Eltern den Wertekanon und die restriktive Sexualmoral der Zeit und die Region, in der ihre Eltern aufgewachsen sind. Die Sexualmoral und die vergeschlechtlichten Verhaltensnormen des sozialen Herkunftsmilieus ihrer Mutter gehören zu dieser Problematisierung. Sie konstruiert ihre eigene Persönlichkeit im Zusammenhang mit diesem Wertekanon. So zeichnet sie ein (Selbst-)Bild einer starken und unabhängigen Frau im Kontrast zur mütterlichen Erziehung, die für diesen obsoleten und ihrer Meinung nach konservativen Wertekanon steht. Denn in der Erziehung von Frau Steiner wurde ihr vermittelt, dass der (Ehe-)Mann immer recht habe und sie „im Notfall" (Frau Steiner, Absatz 26) schweigen müsse. Zum Ratgeber ihrer Jugend wird der Satz:

„Wenn du willst, dass deine Ehe später mal funktioniert, musst du lernen zu schweigen, und dann hat im Endeffekt dein Mann recht“ (Absatz 26)

Wenngleich sie diesen Satz aus der Retrospektive als „idiotischen Satz“ (Absatz 26) und „[…] aus der heutigen Sicht eine relativ massive Aussage […]“ (Absatz 26) wertet, ist er gleichzeitig ein „ganz wichtiger Satz“ (Absatz 26) für ihr Heranwachsen. Damit wurden Werte und Normen vermittelt, wie sie sich in einem „Notfall“ (Absatz 26) zu verhalten habe, wobei dies die Normen der Mutter und nicht die eigenen (gewesen) seien.

Zentral an Frau Steiners Fallbeispiel ist dabei, dass sie im Interview nicht sagt, inwiefern sie z. B. einen ambivalenten Umgang mit diesen Normen pflegte oder ihr Verhalten daran orientierte, sondern sie distanziert sich von diesen – im Hinblick aktueller Normen wie der sozialen Norm der emanzipierten Frau. Diese Distanzierung von Geschlechternormen, die in der Erziehung vermittelt wurden, zeigt sich als fallübergreifendes Muster. Diese Normen, die explizit auf die Geschlechter-Kategorie Bezug nehmen, werden nun anhand von Frau Rossis Beispiel noch weiter ausgeführt, indem diese auch im Zusammenspiel mit den Umgangsstrategien und entsprechenden Erklärungsfolien gedeutet werden, was zuvor bereits an Frau Steiners Äusserungen deutlich wurde.

Fokussierte Einzelfall(re)konstruktion Frau Rossi: Gewöhnung an Gewalt

Frau Rossi ist Schweizerin mit südeuropäischen Wurzeln und zum Zeitpunkt des Interviews 72 Jahre alt. Im Alter von 18 Jahren hatte sie ihren Ex-Mann kennengelernt. Das Paar heiratete kurz nach dem Kennenlernen und bekam ein gemeinsames Kind. Frau Rossi lebte rund 16 Jahre lang in einer Beziehung mit ihm. Sie hatte in ihrer Beziehung sowohl sexualisierte als auch körperliche Gewalt erlebt. Zum Zeitpunkt des Interviews ist Frau Rossi seit rund 38 Jahren von ihrem damaligen Partner geschieden. Frau Rossi hat nach der Beziehung ein geisteswissenschaftliches Studium absolviert und war nach ihrer Promotion bis zur Pensionierung abschlussadäquat beruflich tätig.

Frau Rossi wurde auf die Studie aufgrund einer Anzeige in einer Frauenzeitschrift aufmerksam. Mit ihrer Interviewteilnahme beabsichtigt sie, vor allem junge Frauen für ihre Entscheidungs- und Handlungsmöglichkeiten zu sensibilisieren:

„[…] dass eine junge Frau weiss, was sie darf. Weil umso älter man wird, umso mehr, je mehr reflektiert man vielleicht. Aber dass auch eine junge Frau, eben vielleicht so wie ich da, mit 26, sagt, gleich sagt, ‚Will ich das?‘ und wenn sie ‚Nein‘ antworten muss, was legitim ist, also das Nein ist legitim.“ (Frau Rossi, Absatz 132)

Frau Rossi ergänzt, dass sie sich selbst auch schon nach den wahren Beweggründen für ihre Mitwirkung am Interview gefragt habe, weil für sie ihr Privatleben eigentlich privat bleiben müsse:

> „Sie haben ein Projekt, wo ich denke, das ist etwas Wichtiges. Also das, was ich Ihnen helfen kann, habe ich wirklich von Herzen gern gemacht. Ich habe auch nicht beichten müssen oder etwas abladen müssen. Ich habe mir das schon noch mal überlegt, auch jetzt noch mal. Nachdem wir schon die erste E-Mail geschickt haben, habe ich wirklich gefragt, ‚Warum mache ich?', ich habe mich das schon gefragt, ‚Warum?', und ich habe gewusst, ich finde das interessant. Ich denke, Sie machen das wirklich aus Interesse, um etwas damit zu erreichen. Und da will ich Ihnen gern weiterhelfen." (Frau Rossi, Absatz 132)

Verflechtung der Gewöhnung an Gewalt als Träger von Erziehung

Frau Rossi beschreibt, wie sie auch schon in ihrer Kindheit Gewalt erlebt hatte, diese jedoch nie als Gewalt gedeutet habe, da sie dies damals als normal empfunden hatte. Hierbei beschreibt sie vor allem Situationen, in denen Autoritätspersonen, wie ihr Vater oder eine Lehrerin, sie geschlagen hatten.

In ihrer Deutung stellte Gewalt als Kind keine Sonderrolle, sondern Normalität dar. Sie differenziert jedoch bei der erlebten Gewalt hinsichtlich der Gründe; so führt sie aus, dass solange es nur eine Ohrfeige gewesen sei, hätte sie dies als keine Gewalt eingestuft, denn nach ihrer Interpretation seien ‚begründete Bestrafungen keine Gewalt' gewesen, wohingegen unbegründete im Sinne von unverschuldeter Bestrafung illegitim und damit als Gewalt zu klassifizieren seien. Sie legitimiert erlebte Gewalt als Medium resp. Träger von Erziehung. Sie erzählt, wie ihre Mutter Gewalt vor allem als ‚erzieherisches Reservemittel' eingesetzt habe: „Wenn der Vater heimkommt, dann passiert etwas" (Frau Rossi, Absatz 16).

Die Mutter kündigte folglich etwas an, sie drohte und ‚arbeitete' mit der Angst. Ungeachtet der Legitimation des Erlebten verwendet Frau Rossi den Begriff ‚Gewalt' für die Beschreibung ihrer Erfahrungen: Sie unterscheidet einerseits zwischen empfundener und nicht-empfundener Gewalt und zwischen gerechtfertigter und ungerechtfertigter Gewalt. Andererseits differenziert sie auch zwischen schmerzhafter und nicht-schmerzhafter Gewalt. Demnach konzeptualisiert sie Gewalt nicht aufgrund der Folgen oder Konsequenzen, sondern anhand der Gründe und Ursachen.

Charakteristisch für die retrospektive Deutung der biografischen Konfliktsituationen von Frau Rossi ist ihr Normalitätsverständnis, da sie gewaltförmige Situationen rationalisierend begründet. So ist das Verhalten ihres Vaters ihrer Auffassung nach kulturell bedingt.

Diametral dazu positioniert sie sich mit ihrem Charakter – neugierig, willensstark und offen, der sich nicht in diese ‚patriarchalen Verhältnisse' fügen konnte. Frau Rossi sieht in dieser „Machohaltung" (Frau Rossi, z. B. Absatz 16) den Grund für die Gewalt, denn weil sie sich nicht angepasst habe, wurde sie diszipliniert, sodass sie sich unterzuordnen „lernte".

Frau Rossi erklärt sich diese Konflikte mit ihrer angeborenen Neugier, die sie dafür verantwortlich macht. Neugier setzt sie mit ‚absichtlich Grenzen austesten' gleich. Frau Rossi sieht dies im Kontext der damaligen Zeit, in der Mädchen angepasst zu sein hatten. Sie beschreibt ihre Neugierde als „natürliche" Neugier, da sie so auf die Welt gekommen sei. Dieses Erklärungsmuster dient ihr gleichsam als Bewältigungsmuster, das ihr erlaubt, mit ihrer Handlungsohnmächtigkeit umzugehen: Demnach spricht sie sich auch eine Teilverantwortung zu, weil ihr diese Neugier bzw. Aufmüpfigkeit ‚angeboren' war.

So werden ihre Kindheitserfahrungen zum zentralen Verflechtungsmoment für die später erfahrene Gewalt, die für sie zum Normalzustand aufgrund der Gewöhnung geworden sind:

> „Und das heisst natürlich, ich bin mit, ich war gewohnt, geschlagen zu werden. Vielleicht ist das eben dann nachher in einer Ehe dumm (…)." (Frau Rossi, Absatz 16)

Einerseits lässt sich daraus ableiten, dass Frau Rossi es gewohnt war, bei „unangebrachtem Verhalten" geschlagen zu werden. Andererseits war mit der ‚Gewohnheit' auch eine Abstumpfung hinsichtlich der Schmerzen oder Folgen verbunden. Allerdings setzt das Geschlagenwerden in ihrer Darstellung jeweils bestimmte Situationen resp. Handlungen voraus. In ihrer Erzählung betont sie, dass ihr Vater sowie ihr späterer Ehemann Machos gewesen seien, sodass sie dieses Machogehabe als Grund für die Gewalt an ihr deutet. Nach ihrer Lesart wurde sie von den beiden Männern aufgrund ihrer angeborenen Neugierde diszipliniert, die sie dazu verleite, Grenzen zu überschreiten. Durch Gewalt werde sie dann in ihre Schranken gewiesen.

Am Fallbeispiel von Frau Rossi sollte verdeutlicht werden, wie eine Habitualisierung an Gewalt in Zusammenhang mit den Umgangsstrategien stehen könnte. Frau Rossi war es gewohnt, dass sie mit einem ihr gegenüber entwertenden Verhalten gedemütigt wurde. Sie war es sich gewohnt, sich in diesen Situationen machtlos zu fühlen. Obwohl sie die Gewalt in der Ehe zwar als ungerecht resp. ungerechtfertigt empfand, nahm sie diese nach eigener Aussage dennoch in Kauf, weil sie es aus ihrer Herkunftsfamilie nicht anders kannte.

Verflechtung zwischen unterschiedlich strukturierten Geschlechter- und Generationenbiografien

Zu den zentralen Aspekten bei der Verflechtung gehören denn auch wie am Beispiel von Frau Rossi dargelegt, die unterschiedlich strukturierten Geschlechts- und Generationenbiografien und deren Verflechtung in Partnerschaft und Familie. Diese Verflechtungen werden in der Deutung dann z. B. im Sinne von Prägungen aufgrund der familialen Sozialisation zu Aspekten, die in der subjektiven Deutung in einem Zusammenhang mit der eigenen Rolle in der Beziehung, dem eigenen Involviertsein und -werden einer gewaltförmigen Beziehung und den Handlungsstrategien stehen. Diese werden im Weiteren als Verflechtungsmechanismen gefasst. Diese Verflechtungsmechanismen, die sich anhand der normativen Bilder der Befragten, offenbaren, wurden in den vorangegangen Ausführen bereits implizit angesprochen. Im Weiteren werden diese Verflechtungsmechanismen, mit denen Bezugnahmen zu Normativen, wie z. B. normierte Vorstellungen von Ehe und Beziehungen etc. gemeint sind (Born/Krüger 2001), eingehender beleuchtet. Denn wie die Analyse zeigt, wird anhand dieser auch die Rekonstruktion der Wissensstrukturen ermöglicht. Zudem zeigt sich anhand der Materialanalyse, wie sich geschlechtsdifferenzierende Beziehungs- und Rollenmuster im Verbundsystem Partnerschaft und Familie reproduzieren, d. h. diese können unmittelbar in einem Zusammenhang mit dem Deutungsprozess und den Handlungsstrategien stehen.

Im Folgenden wird nochmals Bezug genommen auf die fokussierte Einzelfall(re)konstruktion von Frau Steiner aus der Perspektive der Verflechtungen: Für Frau Steiners Narration ist die biografische Selbsterklärung charakteristisch. Sie beginnt ihre Erzählung mit der elterlichen Biografie, die für die biografische Hintergrundkonstruktion in einen Kausalzusammenhang mit der eigenen Situation gesetzt wird (Eltern sind geworden, haben mich gemacht etc.). In ihren Äusserungen nimmt Frau Steiner dann auch Bezug auf Erziehungsnarrative, welche ihr durch die Mutter vermittelt wurden und die ihre spätere Gewaltbetroffenheit erklärbar und ihre Handlungsstrategien deutbar machen: Sie wächst in einem Angstklima auf, das ihre Kindheit und Jugend massgeblich prägt. Die biografische Hintergrundkonstruktion dient dazu, narrativ darzulegen, wie ihre Mutter ein Angstklima in ihrer Kindheit und Jugend etablierte, das sie plastisch und konkret beschreibt wie begründet. Es wird als eingebettet in die damalige Zeit und mit den eigenen gewaltförmigen Erfahrungen in der Kindheit der Mutter erklärt:

> „Ich bin so aufgewachsen, dass hinter jedem Baum einer stehen kann, der einem etwas antut.“ (Frau Steiner, Absatz 26)

In der Erzählung bleibt offen, ob sie diese Angst noch immer verspürt, allerdings wird deutlich, dass dieses ‚Angstklima' vergeschlechtlicht war. So beschreibt sie, dass „Weiblichsein [fast gefährlich] war" (Frau Steiner, Absatz 26).

Dieses allgegenwärtige Angstklima strukturierte ihren Tag und vor allem die Abende und Nächte (auf den Nachhausewegen). Verabredungen wurden immer so geplant, dass potenzielle Gefahren und Angriffe möglichst gemieden wurden. Dieses Angstklima macht Frau Steiner auch dafür verantwortlich, dass sie „unter Härte" (Frau Steiner, Absatz 26) habe lernen müssen, ihre persönliche Stärke zu unterdrücken resp. passiv zu sein. Für ihre Deutung spielt die ‚Angst als Lernmechanismus' über die Generationen hinweg eine Rolle, denn ihre Mutter war als Kind einmal beinahe Opfer eines Überfalls geworden, was Frau Steiner als latentes und omnipräsentes Bedrohungsgefühl – ein vererbtes Trauma – in ihrer Kindheit wahrnimmt. Eine weitere Erziehungsmassnahme neben dieser Angst als Lernmechanismus sieht Frau Steiner in dem Umstand, dass sie in ihrer Kindheit und Jugend oftmals mit ihrer „aufmüpfigen" Tante verglichen wurde, wenn sie sich geschlechts-nonkonform verhielt, wie z.B. bei Dominanz. Diese Vergleiche ihres Verhaltens mit jenem der Tante führen in ihrer retrospektiven Deutung dazu, dass sie sich in die sozial akzeptierte und auferlegte Passivität fügte resp. ihr eigenes Verhalten aufgab. In ihrer Deutung ist dies denn „[…] ein Punkt, wo auch mein Ex-Mann einhaken konnte" (Frau Steiner, Absatz 26).

Dieses Beispiel steht exemplarisch für einen solchen Verflechtungsmechanismus zwischen vergangenen und gegenwärtigen Beziehungen. Gleichzeitig illustriert dies, wie unterschiedlich strukturierte Generationen- und Geschlechterbiografien miteinander verwoben sein können.

Auch Frau Rossi bezieht sich für die Deutung von Gewalt und der eigenen Handlungsstrategien auf ihre Biografie und Kindheitserfahrungen. Allerdings ist es bei ihr die Vaterfigur, die als Erklärungsfolie dient, wohingegen ihre Mutter kaum bis gar nicht thematisiert wird, denn sie wird lediglich als Mitglied der Gruppe mitkonstruiert, die unter der vergeschlechtlichten restriktiven Sexualmoral und des männlichen Machoverhaltens zu leiden hatten. Die narrative Darstellung des männlichen Machoverhaltens gegenüber ihr, ihren Geschwistern und ihrer Mutter wird einerseits durch den (südeuropäischen) Migrationshintergrund kulturalisiert und gleichzeitig als eine hegemoniale männliche Verhaltensform kollektiviert: „Machoverhalten" bzw. „Machogehabe" (Frau Rossi, Absatz 16). Die Erzählung zur Entwicklung ihres Bruders zum Mann ist davon geprägt, dass er nach ihrer Erzählung zusehends auch beginnt, ihr geschlechtnonkomformes Verhalten zu sanktionieren. Dies kann so gelesen werden, dass ihr Bruder sein Verhalten nach den Normen hegemonialer Männlichkeit ausrichtete (Connell 2015, S. 130) und ihr Verhalten sowie ihre weibliche Sexualität als Objekt der Aushandlung der familialen Ehre wertete. Obwohl sie dies problematisiert, sich dagegen auflehnt und sich gegen diese ihr zugewiesene

Rolle abgrenzt, wird denn genau diese Abgrenzung zur zentralen Lebenserfahrung für Frau Rossi: Den Verlauf ihrer Beziehungen bestimmt nach ihrer Deutung dann auch diese fortlaufende Abgrenzung und das Aufbegehren gegen diese Rolle und die damit verbundenen Sanktionierungen.

Anhand dieser beiden Fallbeispiele lässt sich exemplarisch nachvollziehen, wie eng Gefühle von Macht und Ohnmacht mit den Umgangsstrategien und Deutungen verzahnt sind. Demnach schildern die Betroffenen selbst eine Verflechtung zwischen unterschiedlichen Geschlechter- und Generationenbiografien in Familien und Partnerschaften.

Eine Sonderform der Verflechtung findet sich in der narrativen Darstellung von Herrn Maihöfer. Sein Fallbeispiel stellt mit der Deutung, dass die Norm des Beziehungserhalts aufgrund der partnerschaftlichen Beziehung und vor allem der gemeinsamen Kinder besteht, eine minimale Varianz zu Frau Spindler dar. Bei näherer Betrachtung unterscheiden sich diese jedoch in der Art der Problematisierung: Für Herrn Maihöfer wie auch Frau Spindler ist es zwar die Familie, die es zu schützen und wahren gilt, um den Kindern einen „Rahmen des Aufwachsens“ (Herr Maihöfer, Absatz 68) zu bieten, doch Herr Maihöfer bezieht sich dabei, wie bereits dargelegt, auf die Religion als Werterahmen. So ist in seiner Deutung die Ehe eine Institution, die vor Gott geschlossen und von ihm gewollt ist. Ein Auflösen derselben bedeutet in seinem Deutungsrahmen dann, Gottes Entscheidungen und damit seinen „Masterplan“ (Herr Maihöfer, Absatz 68) infrage zu stellen und Gott „untreu“ (Herr Maihöfer, Absatz 68) zu sein. Gott hat ihm seine Partnerin quasi „zugewiesen“ (Herr Maihöfer, Absatz 68), wie er ausführt:

> „Pff, ja, das sind immer so Spiralbewegungen. Dann komme ich wieder an den Punkt, und also, ja, ich sage halt, ich versuche es trotzdem. Also es hat dann auch wieder mit meinem Christsein zu tun, dass ich einfach der Meinung bin, es ist nicht richtig, dass wir uns scheiden lassen. Ich bin wirklich überzeugt, dass ich Gott um die Frau gebeten habe und dass er sie mir zugewiesen hat. Das gibt es auch, es gibt auch Konstellationen, die das bestätigen. Also er hat, er macht keine Fehler, er hat sich irgendwas dabei überlegt. Er hat einen Masterplan, den ich nicht verstehe. Und in dem werde ich Gott gegenüber nicht untreu sein (…). Und dann will ich auch nicht untreu sein meinen Kindern gegenüber. Das sind für mich so die zwei (lange Pause) Klammern, sage ich mal, die das Ganze zusammenhalten. Dann versuche ich es halt trotzdem. Und dann komme ich doch wieder an einen Punkt, wo ich dann auch merke, ach, verzweifelt versuche, das zusammenzuhalten, dann komme ich in eine Not, die dann nicht gut ist, für meine Kinder nicht, für meine Frau nicht, für mich nicht. […] Und da denke ich einfach, (…) würden meine Kinder in einen Rahmen kommen, der nicht gut ist für meine Kinder. Wenn es dann noch ein Rahmen wäre, der gut wäre für die Kinder, aber ich bin da halt ausgeschlossen, dann muss ich sagen, ja, Pech für mich. Aber ich denke, das hat keinen Rahmen, der gut

wäre für die Kinder (lange Pause). Das ist dann die zweite Handlungsoption, wenn ich sage, wenn ich jetzt den Rahmen will, wo die Kinder geschützt sind und das bekommen, was sie brauchen als Kinder, dann muss ich das aushalten (lange Pause)." (Herr Maihöfer, Absatz 68)

Die maximale Varianz zeigt sich bei den Fallbeispielen, wie die Verflechtung gedeutet wird. Während Herr Maihöfer in seiner Deutungspraxis sein Festhalten an der Beziehung mit der Religion begründet, weshalb er die Ehe als Bund vor Gott nicht auflösen kann (und darf), bezieht sich Frau Spindler vielmehr auf gesellschaftliche Normen, die sie ihrem Herkunftsmilieu zuordnet und von denen sie sich mit zunehmendem Leidensdruck distanziert. Herr Maihöfer gelingt dies nicht so einfach, weil er auch die von ihm beschriebene Not und den Leidensdruck als eine ihm von Gott auferlegte Prüfung reinterpretiert.

In beiden Fällen zeichnen sich die Betroffenen durch ihre sensorische Ausrichtung auf Machtmechanismen aus, die durch Strategien und Sanktionen aufrechterhalten werden.[47] Die Umgangsstrategien mit gewaltförmigen Situationen und Sanktionen haben die Betroffenen bereits in vergangenen Beziehungen angewandt. Fallübergreifend werden die Beziehungen für die Befragten zu Orten, an denen sie sich den Bedürfnissen Dritter anpassen. In allen Narrationen schildern die Betroffenen das Gefühl, den Bedürfnissen einer Person entsprechen zu müssen, die sie zwar vordergründig erfüllen, sich aber innerlich zurückziehen. Dieses Handlungsmuster wenden sie wie auch in den späteren Partnerschaften strategisch an. Diese Parallelen finden sich fallübergreifend in den Erzählungen, dass Beziehung als Orte der handlungspraktischen Anpassung dargestellt werden. Zumeist konstruieren sich die Befragten in der Retrospektive, wie bereits zu Beginn dieses Kapitels dargelegt, als handlungsmächtig in der Kindheit:

„Ich glaube, ich hatte einen sehr starken Willen und darum habe ich trotzdem immer meine Sachen gemacht." (Frau Gerber, Absatz 18)

In dieser ohnmächtigen Situation, in der vermeintlich nachgegeben wird, erhält die Mutter als Drittperson ihren Willen, wobei Frau Gerber als Kind handlungsmächtig ist, da sie trotzdem ihren Sachen nachgeht und sich sukzessive

47 Zur handlungspraktischen Anpassung der Betroffenen gehört, diese Sanktionen zu umgehen und selbst Strategien anzuwenden, sodass Dritte das Gefühl erhalten, dass ihren Bedürfnissen entsprochen wird, aber innerlich der Rückzug angetreten wird. In Kapitel 5 und 6 wird dies als soziale Produktion von ‚Normalität' und ‚Beziehung' beleuchtet, da die Befragten angaben, dass sie die gleiche Strategie auch in späteren Partnerschaften einsetzten. Diese Parallelen finden sich fallübergreifend: Beziehungen werden zu Orten der handlungspraktischen Anpassung.

der Mutter entzieht, „damit sie zufrieden ist“ (Frau Gerber, Absatz 18). Hingegen werden die handlungspraktischen Anpassungsleistungen in den späteren Beziehungen als Nicht-Handlungen und vor allem die eigene Rolle als handlungsohnmächtig gedeutet.

Hinsichtlich der Relationalitäten und Verflechtungen war das subjektive Erleben und die individuelle Deutung der Situation resp. der Gewalt ausschlaggebend, die sich vor dem Hintergrund der eigenen Biografie als Erklärungsfolie vollzieht. Über diese Erklärungsfolien werden damit auch gleichzeitig Bedeutung und Deutung von Gewalt und das jeweilige Beziehungsgeflecht (neu) ausgehandelt (Staudigl 2012). Dieses Wissen wurde anhand der zugrunde liegenden Deutungsfiguren und -strukturen herausgearbeitet. Daran offenbarten sich die Relationalitäten und damit die Verflechtung der (Be-)Deutungen von Gewalt. Die Befragten nehmen in der retrospektiven Erzählung eine bestimmte selbstreflexive Ebene ein, anhand derer sich ein Muster ablesen lässt: Die (Be-)Deutungen von Gewalt werden vor dem Hintergrund der eigenen Biografie ausgeformt, wobei auf relationale Ordnungen Bezug genommen wird. Zusätzlich werden die (Be-)Deutungen in weitere (z. B. vergangene) Beziehungen verflochten. Die Rekonstruktionen dieser Relationalitäten oder auch der Verflechtungsmechanismen zeigen, wie Deutungen bereits die Lesart der eigenen Biografie umfassen, wie diese sich an den eigenen Normalitätsvorstellungen orientieren und wie diese im Kontext relevanter Personen stehen. Damit sind diese (Be-)Deutungen immer auch mit aktuellen und/oder vergangenen Beziehungen verknüpft. Die Deutungen stehen im Wechselspiel zur eigenen Biografie. Vor diesem biografischen Hintergrund werden (Be-)Deutungen generiert und es entstehen Umgangsstrategien in Form von (ergänzenden) Handlungen.

8.2 Ermächtigungsstrategien: Umgang mit der Gewalt der Deutung

Diese im vorherigen Kapitel beschriebenen Strategien werden im Folgenden aufgrund der herausgearbeiteten Charakteristika der Gewalt der Deutung (Verlust der Deutungshoheit und latente Gefährdung des Selbst- und Fremdbildes) als Ermächtigungsstrategien gelesen. Diese Ermächtigungsstrategien unterscheiden sich von Umgangsstrategien und Bewältigungsstrategien dahingehend, dass Umgangsstrategien den Befragten ermöglichen können, gezielt und in der Regel situativ zu reagieren. Die Bewältigungsstrategien ermöglichen den Befragten einen mittel- bis langfristigen Umgang mit dem Erlebten. Die Ermächtigungsstrategien hingegen wenden die Befragten in der Regel an, um ihr Selbst- und Weltbild und darüber ihre Handlungsmächtigkeit wieder zu erlangen und zu erhalten. Die Ermächtigungsstrategien dienen folglich den Befragten im Umgang mit der Gewalt der Deutung und stehen damit ganz konkret für ein Abarbeiten an normativen Bildern und gesellschaftlichen Zuschreibungen und Erwartungshaltungen.

Die Zusammenhänge zwischen den Deutungen sowie Umgangsstrategien und den Verflechtungen werden anhand von zwei Deutungsfiguren aufgezeigt: 1) Ermächtigungsstrategien: Pathologisierung und Vergeschlechtlichung des Erlebten sowie 2) Ermächtigungsstrategien: Hierarchisierung von Verletzungsarten.

(1) Ermächtigungsstrategien: Pathologisierung und Vergeschlechtlichung des Erlebten

Mit der Pathologisierung des Partners resp. der Partnerin oder auch der Ursachen für die gewaltförmigen Erfahrungen und der Vergeschlechtlichung von Erfahrungen versuchen die Betroffenen, die nach wie vor diffusen Erlebnisse zu fassen. Am empirischen Material zeigte sich, wie Pathologisierung und Vergeschlechtlichung als Strategien der Ermächtigung genutzt werden: Wenn den Befragten Antworten und damit (Be-)Deutungen fehlen, reagieren sie unter anderem mit einer Pathologisierung des Partners, der Partnerin oder des Erlebten. Aufgrund der Pathologisierung und Vergeschlechtlichung kann etwas ‚zugänglich' oder auch ‚erklärbar' gemacht werden. Die Rekonstruktion legt dabei nahe, dass die Geschlechtlichkeit einen Unterschied in der Form der Pathologisierung zu machen scheint: während alle Befragten dazu neigen, ihre gewalttätigen Partner resp. Partnerinnen zu pathologisieren, so zeigt sich ein Unterschied in der Deutung: die männlichen Befragten sprechen zumeist von einem Borderline-Syndrom der Partnerin, wohingegen weibliche Befragte eher von narzisstischen Zügen oder einer narzistischen Persönlichkeitsstörung des Partners sprechen.

Die grundsätzliche Vergeschlechtlichung des Erlebten kann zum einen als Ermächtigungsstrategie sowie auch als Bedeutungsmöglichkeit gelesen werden. Hierbei werden Geschlechtlichkeitsnormen aufgegriffen, die sich in den generierten Bedeutungsmöglichkeiten manifestieren. Für Frauen werden Geschlechtlichkeitsnormen, wie Attraktivität, Schlankheit etc., aufgegriffen. Indem sich auf hegemoniale Geschlechtlichkeitsnormen bezogen wird, dienen diese als sozial akzeptiertes resp. legitimiertes Kontrollinstrument. So werden beispielsweise das Essen und Gewicht durch den Partner oder durch Betroffene selbst kontrolliert, um dem Idealbild des Partners zu entsprechen. Über vergeschlechtlichte Dimensionen resp. Kriterien werden Ausschlüsse verhandelt, wodurch Verletzungsverhältnisse dann manifest werden: z.B. Hässlichsein vs. ‚sich für den Partner oder für Dritte schön machen'. Während das Frauenbild resp. das Männerbild des jeweiligen Partners oder der jeweiligen Partnerin problematisiert und dadurch als Mitursache der gewaltförmigen Beziehung gedeutet wird, werden diese Vergeschlechtlichungen auch als Ausgangslage für die Bewältigung gedeutet. So erzählt z.B. Frau Steiner, dass sie sich nach der Beziehung dazu entschieden habe, sich psychiatrisch therapieren zu lassen, um die Deutungen zu *degendern:*

> „Ich bin nachher übrigens auch zum Psychiater, nach dieser ganzen Geschichte. Weil ich hatte den Eindruck, ich will einfach auch nicht einen Hass haben auf 50 Prozent der Weltbevölkerung. Sprich alle Männer (…). Das ist mir wichtig gewesen." (Frau Steiner, Absatz 28)

Herr Maihöfer generiert eine eigene Bedeutungsmöglichkeit, die er in grössere gesamtgesellschaftliche Zusammenhänge zeitdiagnostisch einbettet und die Funktion des Mannes für die Familie und die Gesellschaft als Ordnungselement betont. Herr Maihöfer legitimiert Gewalt oder Gewaltpotenzial mit einer ordnenden Funktion von (männlicher) Gewalt sowohl für die Familie als auch für die Gesamtgesellschaft. Es spricht über das Spannungsverhältnis zwischen einer sozial akzeptierten (männlich-konnotierten) Funktionalität einer ordnenden Gewalt und dem schmalen Grat, wenn diese überschritten wird, sodass sich Gewalt dekonstruktiv auswirkt. Interessant ist der Bruch, den er aufgrund seiner eigenen Erfahrungen erlebt hat:

> „Auch da haben wir eine klare Rolle. Die Frau als Opfer. Die Frau als die Sanfte, die Musische, und das erlebe ich häufig nicht so. Sondern bin, ja, (lacht) natürlich eben, so ein bisschen aus dieser Besetzung heraus immer wieder überrascht, wie gewalttätig Frauen sehr wohl sein können. Ich glaube, bei den Frauen hat es einen anderen Auslöser. Das ist wirklich so die Verzweiflung, die Bitterkeit, die Hoffnungslosigkeit. Wo ich dann schon denke, dass Frauen gewalttätig werden können, und ich erlebe, dass meine Frau jetzt auch gewalttätig wird, weil sie sich nicht mehr anders artikulieren kann (lange Pause)." (Herr Maihöfer, Absatz 170)

Während Gewalttätigkeit bei Männern eher als Ordnungsprinzip fungiert in der Deutung von ihm, vollzieht sich diese bei Frauen nach der vorherrschenden Deutungspraxis eher irrational und resultiert aus deren Hilflosigkeit. Diese Deutung von Herrn Maihöfer zeigt sich im fallübergreifenden Kontrast in der Regelhaftigkeit der Pathologisierung. So fehlen Herrn Maihöfer Antworten auf seine Erlebnisse und er kann auf kein bestehendes Wissen zurückgreifen, um für die eigenen Erfahrungen Bedeutung zu generieren. So kann eine Lesart sein, dass er seine Partnerin und ihre Gewalttätigkeit pathologisiert, um sein Selbst- und Weltbild aufrechterhalten zu können. An diesem Materialausschnitt verdeutlicht sich die fallübergreifende Verschränkung zwischen Vergeschlechtlichung und Pathologisierung von Gewalt.

(2) Ermächtigungsstrategien: Hierarchisierung von Verletzungsarten

Wie Verletzungsarten hierarchisiert werden, zeigt sich am Umgang und in der Art und Weise der Problematisierung. Dies geschieht anhand von Verflechtungen, indem sich auf Normative und relationale Deutungsstrukturen bezogen wird. Zentral hierbei ist, dass die eigenen Gewalterfahrungen durch diese Kontextualisierung relativiert werden.

Eine Ermächtigungsstrategie durch die Differenzierung der verschiedenen Gewaltformen, die mit der Hierarchisierung derselben einhergeht, erlaubt es den Betroffenen, ihre Erfahrungen zu rationalisieren. Dies offenbart sich auch in den unterschiedlichen Perspektiven, aus denen die Differenzierung erfolgt: einerseits aus der Perspektive der möglichen und erlebten Konsequenzen sowie andererseits aus der Perspektive der Umgangsstrategien, die eine Bewältigung der Situation und der Bewältigungsstrategien, die eine Bewältigung der Erfahrung ermöglichen:

> „Für mich war das Psychische, die psychische Gewalt schlimmer. Das war für mich eigentlich schlimmer, (...) weil mich das tiefer getroffen hat. Weil beim anderen konnte ich irgendwie abschalten. Mich an einen anderen Ort denken, das einfach über mich ergehen lassen. [...] Das war auch schlimmer wie die sexuelle, (...) weil die körperliche Gewalt, in dem Moment habe ich mich manchmal gefragt, bringt er mich jetzt um? (...) Während eben beim (...) Sex, dort, ja. Das war irgendwie (...) irgendwie konnte ich das einfach besser." (Frau Huber, Absatz 119–121)

Charakteristisch für diese Ermächtigungsstrategie ist die Art der Problematisierung des Erlebten, da zwischen den Gewaltformen differenziert wird: die psychische, die körperliche und die sexuelle Gewalt. Letztere verwendet Frau Huber nicht als Phänomenbegriff. Dieser hohe Differenzierungsgrad verhilft ihr, Distanz im Sprechen über die eigenen Erfahrungen zu gewinnen. Es kann auch von einem Zusammenhang der Ermächtigungsstrategien mit den Bewältigungs- und Umgangsstrategien ausgegangen werden: So wird angenommen, dass dieser Differenzierungsgrad und die Hierarchisierung von Verletzungsarten dazu verhelfen, die Umgangs- und Bewältigungsstrategien auszugestalten und diese somit auch als handlungsleitend gelten können: So zeigt sich im Fall von Frau Huber z. B., dass der hohe Grad der Differenzierung und Hierarchisierung der Verletzungsarten (Ermächtigungsstrategie) dazu führt, dass sie in der Situation einschätzen lernt, wie stark gefährdet sie ist und sich je nach Gefährdungsgrad verhalten kann (Umgangsstrategie). Wohingegen ihr die Hierarchisierung von Verletzungsarten auch als Grundlage dient, das Erlebte einzuordnen und damit eben mögliche Gefährdungsgrade zu erkennen und damit den mittel- bis langfristigen Umgang mit der Gewalt besser zu bewältigen (Bewältigungsstrategie).

Interessant ist, dass nur in einer Gewaltform keine Hierarchisierung notwendig erscheint: Dieser Unterschied zeigt sich beim Sprechen über Stalking, welches sich vom Sprechen über andere Gewaltformen unterscheidet. Stalking-Betroffene schildern, dass sie nicht um (Be-)Deutung ringen müssen, denn diese Gewaltform können sie eindeutig benennen und es erfordert weder eine Bedeutungsgenerierung noch scheinen die Bedeutungsmöglichkeiten unklar zu sein.

In der fallübergreifenden Analyse zeigt sich eine Regelhaftigkeit darin, dass verschiedene Verletzungsarten (Gewaltformen) zu unterschiedlichen Hierarchisierungen und damit zur Konstruktion verschiedener und vor allem divergierender Verletzungsverhältnisse führen. Die Gemeinsamkeit der Fälle liegt darin, dass zwischen physischen und psychischen Verletzungsarten differenziert wird. ‚Körperliche Gewalt' und damit verbunden auch körperliche Verletzungen werden demnach als ‚richtige Gewalt' gedeutet, wobei dann die eigenen erlebten Verletzungsarten im Kontrast dazu als die ‚falsche' oder nicht richtige Gewalt konstruiert werden. Dadurch werden gleichsam körperliche Verletzungen marginalisiert, weil im Hierarchisierungsprozess körperliche Verletzungsarten und ‚körperliches Wehtun' als geringfügigere Verletzungsarten gedeutet werden. Die psychischen und emotionalen Verletzungsarten werden vor allem, bezogen auf die Folgen und deren Reichweite von den Betroffenen stärker gewichtet. Interessant hierbei ist, dass der Einsatz von Waffen, wie z.B. Messer, weniger als physische, sondern vielmehr als psychische Verletzungsart aufgefasst wird, da dies als grundsätzlicher Vertrauensmissbrauch gilt, der eine latente Bedrohungssituation zur Folge hat. Im Beziehungsraum kommt dies einem psychischen Verletzungsverhältnis gleich:

> „Und das ist dann immer, es war immer bedrohlich, also für mich immer bedrohlicher geworden. Also es hat zwar, das war einfach das Gefühl, das ich so hatte (…). Und ich habe dann wirklich auch total Angst bekommen. Ich habe dann auch in der Nacht zum Teil mir extrem Sorgen gemacht. Wenn ich dann nicht gewusst habe, tja, was macht er. Wenn es ihm nicht gut geht. Wenn wir wieder eine kleine Diskussion hatten, ja, man hört, wer hat da, ich habe eben eine Zeit lang dummerweise noch irgend so ein Dok-Film von dem Hammermörder geschaut, der seine Familie erschlagen hat. Und dann nachher habe ich, ja, die Parallele wieder gezogen und gefunden, und so in Gedanken gedacht, ja, könnte mir eigentlich auch passieren. Und das ist schon sehr, sehr bedrohlich. Also so (…) so ein bisschen unterschwellig, so. Ja. Man weiss nicht genau, (…) wie weit könnte es gehen oder was könnte passieren." (Frau Berchtold, Absatz 151)

Dieses Verletzungsverhältnis verfestigt sich im Kontext neuen Wissens im Orientierungsrahmen. Mit den Mechanismen der Pathologisierung, Vergeschlechtlichung und der starken Differenzierung der Verletzungsarten bleibt die eigene Handlungsfähigkeit aufrechterhalten. Durch klar und eindeutig abgrenzbare Verletzungsarten mit unterschiedlichen Konsequenzen und durch die Pathologisierung und Vergeschlechtlichung bleiben diese fassbarer. Nach Jan-Philipp Reemtsma (2008, S. 267) ist Pathologisierung für die Betroffenen die letzte verbleibende Deutungsstrategie, um das Unerklärbare erklärbar zu machen. Es wird dadurch zum Krankhaften, weil es nicht denkbar ist (Reemtsma 2008).

Zu den Ermächtigungsstrategien zählen demnach die Differenzierung und Hierarchisierung sowie die Pathologisierung und Vergeschlechtlichung. Ermächtigungsstrategien sind Verfahren, die Menschen entwickeln, weil ihr Selbstbild und damit ihre Handlungsfähigkeit bedroht ist und sie den Verlust von Deutungsmächtigkeit befürchten. Mit diesen Ermächtigungsstrategien gelingt es den Betroffenen, sich und ihr Selbstbild zu behaupten, anstatt neue Verletzungsverhältnisse zu eröffnen bzw. diese auszuweiten und mit normativen Bildern konfrontiert zu werden, welche die eigenen Erfahrungen aufgrund des Erfahrungsraumes Beziehung und damit einhergehenden Schuldzuschreibungen marginalisieren.

8.3 Rekapitulation: Häusliche Gewalt und deren Bedeutung für das Innen vs. Aussen einer Beziehung

Charakteristisch für die rekonstruierten (Be-)Deutungsmöglichkeiten ist, dass die (Be-)Deutungen einerseits relational und verflochten sind und andererseits verdeutlichen die Ermächtigungsstrategien, wie Gewalt, Gewalterfahrung und deren Bedeutungszuschreibungen von den Befragten einfordern, dass sie sich sowohl dadurch in ein Selbstverhältnis als auch in ein Verhältnis zu hegemonialen sozialen Praxen setzen.

Differenzieren lassen sich (Be-)Deutungen immer für das Innen vs. das Aussen einer Beziehung. Das Innen und das Aussen stehen dabei in einem Zusammenhang zur Bedeutungsgenerierung von Gewalt als normalisiertem Beziehungsgeschehen. Zugleich markiert dies die Bedeutung von Nicht-Gewalt: Gewalt als normalisiertes Beziehungsgeschehen ist eine Deutungsfigur für ‚das Aussen' (nach der erfolgten Entnormalisierung und Delegitimierung). Im ‚Innen' der Beziehung sind die Betroffen zur Interpretation der Illegitimität und damit zur Bedeutung der Gewaltförmigkeit der Erfahrungen gelangt, indem die Gewaltbedeutungen als Teil der Konfliktdynamik zwischen den Partnern ausgehandelt werden. Diese Aussenperspektive wurde bereits während der Bedeutungsgenerierung deutlich. Charakteristisch für diese zwei Aspekte des Innen und Aussen ist, dass die Befragten das Erfahrene als Gewalt gegen Aussen deuten, die Normalisierungsstrategie jedoch aufrechterhalten, wodurch sie die Bedeutung Gewalt als normalisiertes Beziehungsgeschehen etablieren. Diese Normalisierungsstrategie, die sich anhand der Ermächtigungsstrategien offenbaren, bündelt die Kräfte der Befragten und stellt hohe Anforderungen an die Befragten, um diese Bedeutung und damit das Bild gegen Aussen aufrechtzuerhalten.

Die erfahrene Gewalt hat diese Bedeutung im Innen der Beziehung erlangt, nachdem sie der Legitimität enthoben wurde. Gegen Aussen jedoch wird die Bedeutung der Nicht-Gewalt und damit die Strategie der Veranderung *(Otherings)* von Gewaltbetroffenheit und der Vergeschlechtlichung von Gewalt(-betroffenheit) als Prozess des Negierens und damit des Stabilisierens des Narrativs angewendet. Gegen innen wird deutlich, wie Gewalt nicht einfach durch das gewaltsame Agieren von Partnern und Partnerinnen entsteht, denen die Betroffenen passiv ausgeliefert sind. Vielmehr erzwingt erfahrene Gewalt Anpassungsleistungen seitens der Opfer, wodurch eine relativ stabile Gewaltordnung aufgrund des Wechselspiels von Gewalt und Adaption etabliert werden kann. Brüche in dieser Ordnung können zum Verlust der Handlungsfähigkeit und der Bedrohung des Selbstbildes führen.

Die gewaltförmige Produktivität, die die (Be-)Deutung der Gewalt entfaltet, weitet indes im Innen der Beziehung das Verletzungsverhältnis aus. Denn einerseits wird mit der Bündelung der Ermächtigungsstrategien der Befragten nach Aussen die Normalität aufrechterhalten und andererseits wird durch das Aussen und deren Blick auf die Gewalterfahrung und die Gewalt ein neues Verletzungsverhältnis eröffnet: die *Gewalt der Deutung:* Mit den Ermächtigungsstrategien positionieren sich die Befragten gegenüber der Gewalt der Deutung und gleichzeitig trägt diese zur Aufrechterhaltung der Beziehung und zur normalisierenden Darstellung der erlebten Gewalt und der Beziehung gegen Aussen bei. Im Innen der Beziehung kann dies zusehends zur Individuierung im Sinne von Ablösung und Entfremdung führen. Diese Ermächtigungsstrategien wenden die Befragten zum Erhalt des Selbstbildes sich selbst und auch gegenüber Dritten (Fremdbild) an.

Für die Gewalt der Deutung ist zentral, dass nach der Deutung der Betroffenen Aussenstehende die Handlungs- bzw. die Deutungshoheit innehaben. D.h. die Deutungsmächtigkeit liegt im ‚Aussen' z.B. bei einer Institution. Dies äussert sich bei den Befragten auch in ihrer Abhängigkeit gegenüber den Institutionen, was die Anerkennung ihres Opferstatus betrifft. Neben der Gewalt der Deutung, die von Institutionen mit Deutungshoheit ausgehen kann, kann die Gewalt der Deutung vom sozialen Umfeld ab, wie z.B. das Umfeld reagiert, abhängen.

Wenn das Anzeigen des gewalttätigen Partners zur Debatte steht, lassen sich äusserst ambivalente Agentivierungen von aussen herausarbeiten, denn die Deutungen der Betroffenen sind relational zu den Aussagen des sozialen Umfelds zu sehen. So werden die Befragten zwar teils für ihren Mut bewundert, es wird ihnen jedoch in der Regel empfohlen, keine juristischen Schritte gegen den Partner oder die Partnerin einzuleiten. Ratschläge wie diese rechtfertigen z.B. Nachbarinnen, Mütter oder Schwestern dann unterschiedlich: einem Unbehagen, da es ja der Ehemann oder die Ehefrau sei, bis hin zur Angst vor möglichen Konsequenzen (z.B. Tötungsversuche oder Suizid des Partners oder der Partnerin) und bei Anzeige vor dem drohenden sozialen Ausschluss, da die „Idylle zerstört" (Frau Müller, Absatz 74) würde durch die anzeigende Person und Aussenstehende in eine ‚Privatangelegenheit' miteinbezogen würden.

Die Befragten schildern verschiedene Ausprägungen solcher sozialen Ausschlusserfahrungen oder die Konfrontation mit Aussagen, die das Erlebte marginalisieren oder gar rechtfertigen können. Zumeist werden die Befragten als Opfer über solche Aussagen in die Verantwortung genommen oder es wird ihnen Schuld zugewiesen, was sie auch als zentrale Verletzungsverhältnisse erleben. Im Gegensatz zu den gewaltförmigen Erfahrungen werden nach den Erzählungen der Befragten durch Dritte eine Mitverantwortung an der Gewalt kaum infrage gestellt. Dieses Spannungsfeld, das sich zwischen der Generierung von Deutung und den unterschiedlichen (Be-)Deutungsmöglichkeiten ergibt, ist für die Befragten das zentrale Verletzungsverhältnis. Dies äussert sich konkret in der Suchbewegung nach (Be-)Deutung in Auseinandersetzung mit den sozialen Deutungen zu häuslicher Gewalt. So beschreibt z. B. Frau Müller, wie sie nach dem Verlassen des Partners vom sozialen Umfeld gemieden, nicht mehr gegrüsst wurde, und sich deshalb selbst Vorwürfe macht.

Anhand der Ausprägungen zeigt sich, wie die (Be-)Deutung der Gewalt selbst eine gewaltförmige Produktivität entfaltet: Nach dem Erreichen der Grenzen und mit den Brüchen in der (Be-)Deutung von Nicht-Gewalt verschiebt sich die Bedeutung von Nicht-Gewalt und erlangt zusehends die Bedeutung von Gewalt. Die Betroffenen bewegen sich infolgedessen in einem Spannungsfeld: der Deutung der Gewalt und der Gewalt der Deutung. Es gilt das Erlebte zu deuten, um es für sich selbst fassbar und erklärbar zu machen. Gleichzeitig stösst die (Be-)Deutung von Gewalt einen eigenen Prozess an. Wenn den Erfahrungen erst die Bedeutung der Gewalt eingeschrieben wird, sehen sich die Befragten einerseits mit dem sozialen Aushandlungsprozess und der Wirkmächtigkeit von Statusaushandlungen und andererseits mit normativen Opfer-, Gewalt- und Beziehungsbilder konfrontiert. Welche Ausprägungen die Bedeutungen der Gewalt für das Innen vs. das Aussen der Beziehung annehmen können, wird als Positionierungen gegenüber dieser Gewalt der Deutung bezeichnet.

In Auseinandersetzung mit diesen Normen werden die Grenzen zur Herstellung von Alltag und Beziehung konstruiert, sodass sich daran auch die Brüche mit der sozialen Produktion von Normalität ablesen lassen. Nach diesen Brüchen gilt es, neue (Be-)Deutungen im Kontext des Selbstbildes zu generieren, wie z. B. die Umdeutung normativer Opfer- oder Gewaltbilder. Wie sich in den Erzählungen der Betroffenen zeigt, bewegt sich diese (Be-)Deutungsgenerierung über die Gewalterfahrung im Spannungsfeld von Kontingenz und Notwendigkeit der Gewaltdeutung. Einerseits muss die eigene Erfahrung gedeutet werden, um einen Bruch mit dem Selbstbild zu verhindern und andererseits ist die (Be-)Deutung dahingehend kontingent, weil sie prinzipiell offen ist und einer individuellen Interpretation unterliegt. Im Material wird dies an der selbstreflexiven Funktion des Erzählens deutlich, denn die Selbstvergewisserung steht für die von Kontingenz- und Überwältigungserfahrungen aufgeworfenen Fragen nach Sinnhaftigkeit – nach *Bedeutung*. Allerdings vollzieht sich die Bedeutungsgenerierung nicht beliebig, denn hier zeigen sich Bewältigungs- und Selbstschutzstrategien, die sich die Betroffenen in persönlichen Lebenslernmomenten resp. Momenten der Erkenntnis angeeignet haben. Dies steht für den Prozess der Re- oder Selbst-Agentivierung, um das Selbstbild aufrechterhalten zu können. Diese (Be-)Deutung ist aufgrund der Situiertheit bzw. Strukturierung in den jeweiligen individuellen Erfahrungen verankert, weil auch die Wissens- resp. Deutungsstrukturen – der Orientierungsrahmen – zur Generierung von (Be-)Deutung nicht beliebig sind. In den (Be-)Deutungsmöglichkeiten offenbart sich bei den Befragten die soziale Ordnung resp. die Situiertheit der Erfahrung, sodass aus den Wissens- und Sinnstrukturen Deutungen gezogen werden.

Diese Situiertheit der Erfahrung und (Be-)Deutungen zeigt sich auch in den Selbstpositionierungen der Befragten: Die Befragten folgen den kategorialen Zuschreibungen stark/schwach, Opfer/Täter, Frau/Mann etc. und reartikulieren die damit verbundenen resp. verflochtenen sozialen Deutungsangebote und -muster in ihren Erzählungen – teils auch in Abgrenzung zu diesen. So betonen insbesondere die weiblichen Befragten in ihren Erzählungen die eigene Stärke, Emanzipation und Selbstständigkeit, wohingegen sich die männlichen Befragten *auch* als verletzungsoffen bis hin zur verstärkten Verletzungsoffenheit beschreiben. Dies geschieht immer in Abgrenzung zur als weiblich gedeuteten Verletzungsoffenheit, da die männliche Verletzungsoffenheit gesellschaftlich nicht anerkannt wird. Einige der weiblichen Befragten heben jedoch explizit hervor, dass *auch* Männer Opfer werden könnten. Das kann so gelesen werden, dass damit betont werden soll, dass es *jedem* passieren könne. Auch dies lässt sich als Positionierung lesen: Wenn es *sogar* Männern passieren kann, dann ist man als Frau nicht schwach, wenn einem selbst so etwas zustösst.

Gewaltbetroffen zu sein, bedeutet für die Befragten, sich in den dichotomen Kategorien zwischen ‚stark' und ‚schwach' zu positionieren. Die Befragten geraten dadurch in eine Selbstbeschäftigung mit ihrem Stigma, was als solches aufgrund der sozialen Deutung von Gewaltbetroffenheit wahrgenommen wird. Es entspricht dem sozialen Deutungsmuster der schwachen, bildungsfernen Frau und dem gewaltbetroffenen Mann etc.

Die diskursive Rückbindung von Gewaltbetroffenheit resp. -erfahrung an dichotome Kategorien (‚stark'/‚schwach') und die Deutung der eigenen Handlungsfähigkeit wird von Befragten bezogen auf soziale Deutungsangebote (nach-)vollzogen. Die Befragten, die diesen Diskurs so aufnehmen, positionieren sich hierzu und reformulieren ihre eigene Betroffenheit resp. die Möglichkeitsbedingung dieser in eine ‚Geschichte der Stärke': Gewaltbetroffenheit wird dann auf die eigene persönliche Stärke bezogen:

> „Aber ich glaube eben, man kann nur Opfer werden, wenn man (…) ja, (…) ich finde eben, es stimmt nicht unbedingt, dass es eben nur schwache Frauen sind, sondern im Gegenteil. Ich musste auch lernen, dass die Leute, das sind ja so emotionale Vampire, die sich an Starke dranhängen und sie aussaugen […].“ (Frau Müller, Absatz 76)

Das ‚Muttersein‘ ist eine weitere spezifische Kontextdimension, wodurch sich divergierende Bedeutungsmöglichkeiten ergeben. Mütter verhandeln vor der Hintergrundkonstruktion der eigenen Biografie und der Differenzierung der Gewaltformen vor allem die Fragen nach der Verantwortungsübernahme sowie der Schuld bzw. Unschuld aus, was sie in Bezug zu ihrem eigenen Handeln oder eben Nicht-Handeln setzen, indem sie sich oftmals selbst die Schuld zuweisen. Narrativ konstruieren sie hierbei ihr Nicht-Handeln, indem sie um Deutung danach ringen, ob sie nun wirklich von Gewalt betroffen waren oder ob sie sich dies alles nur ‚einbilden‘ würden. Damit stellen sie sich auch die Frage, warum sie die Beziehung aufrechterhalten und suchen nach Gründen[48]. So erzählen sie in der Retrospektive, dass sie geglaubt hätten, das sei ‚normal so‘ oder ‚Beziehungen seien so‘ und dass man mit einem Kind aufgrund der elterlichen Verantwortung ‚viel mehr aushalten‘ müsse. Mit dieser Bedeutungsmöglichkeit hängt auch die Abwehr des Opferseins zusammen, wie z. B. die damit einhergehende Entscheidung, keine rechtlichen Schritte einzuleiten (s. Kapitel 6).

Im Vergleich zum ‚Muttersein‘ als Status bzw. Kontextbedingung, die in der Deutung der Betroffenen dazu führt, für ihr Kind ‚mehr aushalten zu müssen‘, da es nicht nur um sie ginge, zeigt sich eine vergleichbare Deutungsfigur: ‚Mannsein‘. Diese Deutungsfigur wird als Grund angeführt, sich nicht wehren oder nicht zurückschlagen zu können, da ‚man genau wisse, was dann geschehe‘ und wie dann von ‚aussen‘ die Rollen gedeutet werden würden: der Mann als Täter und die Frau als Opfer.

Diese Deutungsfigur ist in den Strukturen vergleichbar mit derjenigen des ‚Mutterseins‘. Die Betroffenen argumentieren aus dieser Perspektive, dass sie sich aufgrund der Deutungsangebote, die an sie qua Geschlecht herangetragen würden, und den sozialen Zuschreibungen, wie körperliche Grösse im Allgemeinen und körperliche Überlegenheit gegenüber der Frau im Speziellen, nicht wehren könnten. Ihre Glaubwürdigkeit wird angezweifelt. So beschreiben Befragte, wie Dritte ihnen gegenüber äussern, dass sie doch so gross seien und sich damit doch einfach verteidigen oder gehen könnten.

Während indes die Zuschreibungen von aussen beim ‚Muttersein‘ so übernommen oder dahingehend modifiziert werden, dass sie für ihre Kinder ‚mehr aushalten müssen‘, modifizieren die Befragten in der Deutungsfigur des ‚Mann-

48 Eine vergleichbare Deutungsstruktur zeigt sich bei Herrn Maihöfer mit dem ‚Christsein‘.

seins', dass sie qua Geschlecht keine soziale Anerkennung für ihre Gewaltbetroffenheit finden würden. Sie versuchen deshalb, ihre Glaubwürdigkeit, die in ihren Augen infrage gestellt wird, herzustellen, indem sie z. B. bei Opferberatungsstellen über Jahre hinweg vorstellig werden, um dann, wenn die Gewalt einmal eskalieren sollte, die Opferberatungsstellen bereits ein Hintergrundwissen haben und dies die Anerkennung des Opfer-seins erleichtere.

Die Zuschreibung der ,Mitschuld' wird von den Befragten auf unterschiedliche Art und Weise reproduziert, was verschiedene Handlungsstrategien in der Integrationsleistung der Gewalterfahrung nach sich ziehen kann. Gewaltbetroffene artikulieren im Wesentlichen eine gemeinsame Zuschreibung: Ihre Erfahrungen entsprechen nicht den normativen Opfer- und Gewaltbildern, weshalb sie die Strategien der Bewältigung in der Beziehung als Nicht-Handeln konzeptualisieren. Dabei arbeiten sie sich in einem sozialen Aushandlungsprozess über ihren Opferstatus an den normativen Opfer- und Gewaltbildern ab. Die Positionierung gegenüber bis hin zur Identifikation mit diesem Opferstatus und -bild variiert von Charakterisierungen ,Stärke und Opferwerdung aufgrund dieser Stärke' oder ,Opfer qua Anzeige' bis hin zur Selbstbeschreibung, einer ,nicht anerkannten und daher diskriminierten' Gruppe anzugehören. Die sozialen Deutungsangebote fungieren dabei für die Handlungsstrategien unterschiedlich: Sie können die Handlungsstrategien dominieren und determinieren, andererseits aber auch abgewiesen oder umgedeutet werden. Mit der Verinnerlichung von Zuschreibungen werden die (Möglichkeiten der) Deutung bei den Befragten eingeschränkt.

In den Lesarten werden jedoch die vergeschlechtlichten Erfahrungszusammenhänge bedeutsam, innerhalb derer sich Unterschiede zeigen. Während weibliche Befragte insbesondere aus einer transgenerationalen Perspektive ein diffuses und omnipräsentes Klima der Angst beschreiben, mit dem eine ständige Auseinandersetzung mit der eigenen Verletzungsoffenheit (qua Weiblichsein) einhergehen kann, berichten männliche Befragte weniger von einer Diffusität. Vielmehr wird die Gewalt aus einer transgenerationalen Perspektive konkreter einer spezifischen Person zugeschrieben, was sich weniger auf ein Klima oder ein omnipräsentes Gefühl bezieht, wie dies die weiblichen Befragten schildern.

Zentrale Gemeinsamkeit ist hierbei, dass mit der Diffusität wie auch mit der konkreten Gewaltförmigkeit in der Kindheit und in der zwischenmenschlichen Interaktion vor der Paarbeziehung ein gewisses Mass der Gewöhnung an Gewalt von den Betroffenen geschildert wird. Eine Normalisierung der eigenen Verletzungsoffenheit und von gewaltförmigen Erfahrungen tritt dann ein. Männliche Befragte berichten in der Regel eher beiläufig und erst nach mehrmaligem Nachfragen von Gewalterfahrungen ausserhalb der Paarbeziehung und stellen diese normalisierend dar, wenn von Gewalt in homosozialen Settings gesprochen wird, wie z. B. einer Schlägerei unter Männern an einem Wochenende oder einem körperlichen Angriff (auch mit Waffen wie z. B. Messern) durch einen anderen Mann abends in einer Bar. Bei weiblichen Befragten setzt die Normalisierung des später Erlebten in der Paarbeziehung bereits durch diese Diffusität und der vergeschlechtlicht gedeuteten Verletzungsoffenheit ein, was sich auch als retrospektive Rationalisierungen interpretieren lassen kann.

Im Hinblick auf die These, dass die Deutung der Gewalt selbst eine gewaltförmige Produktivität entfaltet – nämlich die Gewalt der Deutung, wird ein gemeinsames Muster deutlich: das Abarbeiten an der Nicht-Passung der eigenen Erfahrungen mit den normativen Bildern. Diese normativen Bilder werden von den Befragten als vergeschlechtlichte Strukturen beschrieben. So sehen sich die männlichen Befragten damit konfrontiert, dass sie sich vor dem Hintergrund der Normalisierung gewaltförmiger Erfahrungen qua Männlichsein auch als verletzungsoffen positionieren dürfen. Die weiblichen Befragten, die von der Normalisierung der eigenen Verletzungsoffenheit qua Weiblichsein ausgehen können, bewegen sich hingegen in einem Spannungsfeld von vermeintlicher Passung mit diesen vergeschlechtlichten Deutungen und Strukturen vs. der aktuellen hegemonialen Norm der emanzipierten Frau, die nicht Opfer sein *darf*. Dieses *Kein-Opfer-sein-Dürfen* ist das zentrale fall- und geschlechterübergreifende Muster aller Befragten. Dieses Muster kann dafür stehen, wie die Veralltäglichungen von Gewalt und damit die Normalisierung mit den Gewalt(be)deutungen zusammenhängen.

Diese Gewalt der Deutung und deren gewaltförmige Produktivität verdeutlicht, dass die (Be-)Deutungen der erlebten häuslichen Gewalt zentral sind, denn diese vollziehen sich nicht nur in der Paarbeziehung, sondern die Gewalt der Deutung kann ihre gewaltförmige Produktivität auch noch nach Beendigung der Beziehung entfalten: Die befragten Betroffenen sehen sich auch noch danach vor die Herausforderung gestellt, vergleichbar mit der Reorganisation des Alltags innerhalb der Beziehung entlang der gewaltförmigen Erfahrungen, dass sie den Alltag um die gewaltförmigen Erfahrungen und den damit verbundenen Deutungen – reorganisieren müssen.

IV Diskussion

Kapitel 9
Gewalt-Modalitäten – Ergebnisdiskussion

Anhand der in den vorhergehenden Kapiteln dargelegten Analyseergebnisse lassen sich unterschiedliche spannungsreiche Dynamiken der (Be-)Deutung von Gewalt nachzeichnen. Diese Suchbewegungen offenbaren sich in der gegenstandsbezogenen theoretischen Modellierung der Gewalt-Modalitäten: im Ringen um (Be-)Deutung bei den Befragten und damit in ihrem individuellen Konstruktionsprozess in der Auseinandersetzung mit häuslicher Gewalt. Auf diese Weise versuchen die Befragten, ihre Erfahrungen im Allgemeinen und die erfahrene Gewalt im Speziellen einzuordnen.

Am Material zeigten sich die Relevanz des Sprechens über Gewalt sowie die verschiedenen Problematisierungsweisen, die zu einem theoretischen Modell der Gewalt-Modalitäten zusammengeführt wurden. Im Folgenden wird das Modell der Gewalt-Modalitäten dargelegt und vor dem Hintergrund des Forschungsstandes diskutiert (Kapitel 9.1). Des Weiteren werden ausgewählte zentrale Themenbereiche wie Mechanismen, die die Verletzungsverhältnisse reproduzieren, z. B. die Legitimierung qua Duldung, am Beispiel der Norm der sexuellen Verfügbarkeit exemplarisch vertieft diskutiert (Kapitel 9.2). Diesen Mechanismen wird eine zentrale Bedeutung beigemessen, weil sie im Rahmen des Prozesses der Normalisierung und damit zur Stabilisierung der Deutung der erlebten Gewalt als Nicht-Gewalt beitragen. Ein besonderes Augenmerk wird in der Diskussion auf die Übergänge zwischen den einzelnen Prozessen und Faktoren gelegt, d. h. beispielsweise darauf, wie der Prozess der Normalisierung unterbrochen und die Entnormalisierung angestossen wird. Ein Schwerpunkt in dieser Diskussion der Übergänge wird auf die Figur des Dritten und die Agentivierung dieses Dritten gesetzt, da sich diese Figur bei der Analyse als zentraler Faktor für den Prozess der Delegitimierung der erfahrenen Gewalt herausgestellt hat. Abschliessend wird Gewalt als soziales Phänomen beschrieben, wobei aufgezeigt werden soll, dass sich die Versprachlichungen mit den Normalitätskonstruktionen als zentrale Herausforderung sowohl für Forschende als auch für Fachkräfte, z. B. im Bereich der Sozialen Arbeit, erweisen (Kapitel 9.3).

9.1 Deutung von Gewalt als Modus Operandi

Die verschiedenen Dynamiken, die in einem Zusammenhang mit der (Be-)Deutung von Gewalt stehen, werden nachfolgend anhand des Modells der Gewalt-Modalitäten illustriert, mit dessen Hilfe versucht wird, die Suchbewegungen – das Ringen um (Be-)Deutung der Befragten – konkret abzubilden. Die Modalitäten stehen einerseits für die von den Betroffenen verspürte Notwendigkeit, die Gewalt und die Gewalterfahrungen zu deuten, und andererseits repräsentieren sie auch die Möglichkeiten der Deutung und damit deren Kontingenz. Im Modell wird theoretisch gefasst, wie nicht sprachliche Dinge ihre Bedeutung erlangen (Feustel 2015, S. 25). Es kann nachgezeichnet werden, wie Die der gedeuteten ‚Nicht-Gewalt' oder ‚nicht richtige Gewalt' die Bedeutung der ‚Gewalt' eingeschrieben wurde.

Zentral am Modell der Gewalt-Modalitäten ist, dass es über die Rekonstruktion des Prozesses, wie Gewalt ihre Bedeutung erlangt, erlaubt, aufzuzeigen, wie die Befragten ihre Grenzen bei der Interpretation von häuslicher Gewalt jeweils anders ziehen und wie sehr dies von eigenen Überzeugungen und der Sozialisation – dem jeweiligen Orientierungsrahmen – geleitet wird. Der Übergang von der Deutung des Erlebten als Nicht-Gewalt zur Deutung als Gewalt, der sich im Prozess der Delegitimierung vollzieht, bildet entsprechend einen Fokus des Modells, wie dies in Abbildung 8 (nächste Seite)[49] verdeutlicht wird.

Die Gewalt-Modalitäten beziehen sich somit auch auf das Wie, d.h. auf die Frage, *wie* häusliche Gewalt zu ihrer (Be-)Deutung gelangt. Innerhalb dieser prozessualen Perspektive werden drei miteinander verschränkte Gegenstandsbereiche wirksam: (1) die Deutung des Erlebten als Nicht-Gewalt als Normalisierungsstrategie, (2) die Grenzen der handlungspraktischen Anpassungen, die durch Brüche mit Idealbildern erreicht werden, sowie (3) die (Be-)Deutung des Erlebten als Gewalt, die sich über die zentrale Deutungsfigur der Illegitimität formiert.

In den drei Gegenstandsbereichen sollte anhand der verschiedenen Narrationen dargelegt werden, wie Gewalt zunehmend in den Alltag von Betroffenen ausgreift, wodurch sie sich mit einer ‚Dauergefährdung [ihrer] Normalitätsannahmen als das Normale' (Hettlage 1991, S. 143) konfrontiert sehen. Als Bewältigungsstrategie reorganisieren Gewaltbetroffene ihren (Beziehungs-)Alltag entlang dieser gewaltförmigen Erfahrungen, um Normalität herzustellen (Prozess der Normalisierung). Dies erfüllt den Zweck, sich im Alltag ein Gefühl von Handlungsfähigkeit zu bewahren (Koloma Beck 2014), wodurch sich auch das Selbstbild aufrechterhalten lässt (Mead 2015). Denn die Konfrontation mit der eigenen Gewaltdeutung und derjenigen Dritter entfaltet eine eigene gewaltförmige Produktivität *(Deutung der Gewalt* und *Gewalt der Deutung),* die z.B. zu einer latenten Gefährdung des Selbstbildes oder zum Verlust von Deutungsmächtigkeit führen kann. Vor diesem Hintergrund wurde mit Blick auf die Dynamiken und die Strategien die These entfaltet, dass das Othering der Gewalt

49 Diese Abbildung wurde bereits in Kapitel 5 aufgeführt, wird hier jedoch erneut abgebildet, um die zentralen Themen und das Modell selbst darzulegen zu können.

Abbildung 8: Modell der Gewalt-Modalitäten: Von der (Be-)Deutung der Nicht-Gewalt zur Gewalt – Wie das Erfahrene normalisiert, entnormalisiert und über den Prozess der Delegitimierung die (Be-)Deutung der Gewalt erhält (Quelle: eigene Darstellung)

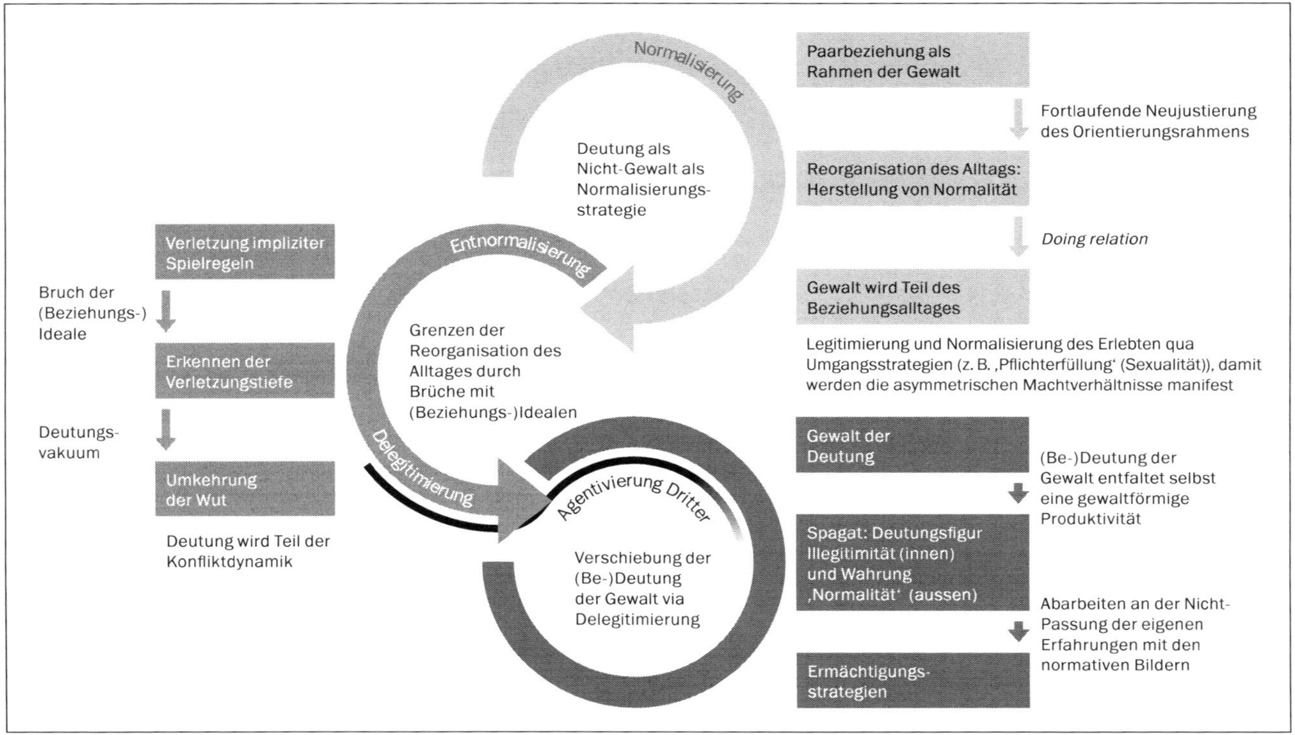

– die *Veranderung der Gewalt* – und damit die Bedeutung von Nicht-Gewalt als Teil einer Normalisierungsstrategie aufgefasst werden können.

Diese Bemühungen zur Normalisierung über handlungspraktische Anpassungsleistungen verdeutlichen, wie Gewalt den (Beziehungs-)Alltag formt und damit selbst zum (Beziehungs-)Alltag wird. Häusliche Gewalt wird dadurch zu einer ‚gewöhnlichen' resp. ‚alltäglichen' Erfahrung, d.h. sie wird veralltäglicht. Änderungen in den kontextuellen Bedingungen, beispielsweise eine Veränderung der Gewalt(-routinen), erfordern eine handlungspraktische Anpassung, und zwar unabhängig davon, wie diese neuen Bedingungen von den Betroffenen normativ bewertet werden. Wenn es hingegen zu einem Bruch mit den bestehenden Normen kommt, dann löst dies bei den Betroffenen ein Ringen um (Be-)Deutung aus, da eine erneute normative Bewertung erforderlich wird. Denn die Veränderung der Gewaltsituation hat zu einer Grenzüberschreitung geführt, wodurch dann eben der genannte Bruch entstanden ist. Die Befunde der vorliegenden Arbeit legen die Vermutung nahe, dass diese Grenze jedoch weniger an spezifischen Gewaltformen oder Verletzungsverhältnissen festzumachen ist, sondern vielmehr an dem Punkt, an dem die Reorganisation des Alltags unmöglich wird, resp. erscheint. Ein Bruch mit den Beziehungsidealen verunmöglicht dann die bisherigen handlungspraktischen Anpassungsleistungen, d.h. die Reorganisation des Alltags angesichts der Erfahrung von Gewalt (Prozess der Entnormalisierung), weshalb die soziale Produktion von Normalität unterbrochen wird.

Auf der Grundlage dieser Erkenntnisse lässt sich im Zusammenhang mit dem zweiten Gegenstandsbereich somit die These formulieren, dass Normalisierungsstrategien auch bei Veränderungen der Situation noch funktionieren, solange die Normen und Beziehungsideale nicht davon tangiert werden. Erst wenn eine Grenze überschritten wird, indem diese Normen und Ideale einen Bruch erfahren, dann greifen die Normalisierungsstrategien nicht mehr. Dies führt gleichzeitig zu Veränderungen des Orientierungsrahmens und damit zu einer Sinnverschiebung (Prozess der Delegitimierung): Durch einen erneuten Prozess der Bedeutungsgenerierung und durch neue Deutungsmöglichkeiten wird die Konstruktion von ‚Gewalt' in Gang gesetzt. Da sich die Verletzungsverhältnisse für die Befragten durch die sich formende neue Deutung der Gewalt verschärfen und sie sich nun auch mit einer latenten Bedrohung des Fremd- und Selbstbildes konfrontiert sehen, lässt sich für den dritten Gegenstandsbereich die These aufstellen, dass die (Be-)Deutung der Gewalt selbst eine gewaltförmige Produktivität entfaltet: Nach dem Erreichen der Grenzen und infolge der Brüche in der (Be-)Deutung von Nicht-Gewalt verschiebt sich die Bedeutung der Gewalt und erlangt allmählich die Bedeutung von Gewalt. Die Betroffenen bewegen sich infolgedessen in einem Spannungsfeld, das sich zwischen *der Deutung der Gewalt* und *der Gewalt der Deutung* ergibt. Es gilt, das Erlebte zu deuten, um es für sich selbst fassbar und erklärbar zu machen.

Gleichzeitig entfaltet jedoch die (Be-)Deutung der Gewalt selbst eine gewaltförmige Produktivität. Denn einerseits müssen sich die Befragten nun in institutionellen Zusammenhängen oder im Kontakt mit dem Umfeld erneut mit dem Verlust ihrer Deutungshoheit auseinandersetzen. Dadurch reaktualisiert sich das Gefühl der Handlungsohnmacht. Andererseits sehen die Befragten ihr Selbstbild aufgrund der normativen Opferbilder, die durch Dritte an sie herangetragen werden, latent gefährdet.

Zusammengefasst verdeutlicht das Modell der Gewalt-Modalitäten, wie das Erfahrene zunächst normalisiert wird, dann aber durch die Verletzung impliziter Spielregeln, die sich aus Brüchen mit (Beziehungs-)Idealen ergeben, die Verletzungstiefe erkannt wird. Diese Verletzungstiefe bezieht sich einerseits für das Erkennen der Tragweite der eigenen Verletzungen und andererseits auf das Erkennen der Verletzungstiefe des Partners oder der Partnerin. Letzteres verweist zugleich auf die Ausprägung der Verletzungsmächtigkeit, weshalb das Erfahrene nicht länger mehr als ‚Widerfahrnis' und damit als nicht intentional gedeutet und normalisiert werden kann. Dadurch wird der Prozess der Entnormalisierung in Gang gesetzt. Entscheidend ist an diesem Punkt, dass sich die Betroffenen in einem Deutungsvakuum befinden und das Erlebte neu einordnen müssen. In ihrem Ringen um (Be-)Deutung richten sie die Wut in einer ersten Phase zuerst gegen sich selbst, danach aber verstärkt auch gegen den Partner oder die Partnerin. Die Betroffenen ringen darum, das Erlebte einordnen zu können, wobei die daraus folgende Deutung Teil der Konfliktdynamik in der Dyade der Paarbeziehung wird. Es wird ausgehandelt, ob das Erlebte, das zunehmend problematisiert wird, legitim sei. Zentral ist hierbei, dass nicht die Gewaltförmigkeit der problematisierten Handlung(en) an sich infrage gestellt wird, sondern vielmehr deren Legitimität. Charakteristisch für diesen Prozess der Delegitimierung ist, dass die Befragten Artefakte agentivieren, weil sie mit ihren Deutungen isoliert dastehen und das Erlebte anhand des bestehenden Orientierungsrahmens nicht einordnen können. Sie lesen z. B. Gesetzestexte, um herauszufinden, ob der Partner oder die Partnerin das Recht dazu hat, sie so zu behandeln. Mit diesem Schritt kommt eine neue Qualität hinzu: Über die Agentivierung von Artefakten zeigen sich die Suchbewegungen im Ringen um (Be-)Deutung. Wenn das Erlebte delegitimiert wurde und sich die neue Deutung der Gewalt auszuformen beginnt, verschärft sich das Verletzungsverhältnis, da die (Be-)Deutung der Gewalt selbst eine gewaltförmige Produktivität entfaltet.

Werden diese Erkenntnisse vor dem Hintergrund der Literatur diskutiert, zeigt sich, dass das Modell der Gewalt-Modalitäten bezogen auf die drei Gegenstandsbereiche zu einem früheren Zeitpunkt ansetzt als andere Modelle. Während z. B. das Modell der Gewaltspirale (Walker 1994) an dem Punkt ansetzt, an dem die Betroffenen das Erlebte bereits – in den Begrifflichkeiten der Gewalt-Modalitäten ausgedrückt – entnormalisieren und sich die eskalierende Gewaltspirale somit in diesem Prozess und entsprechend im Bereich der Verletzung der impliziten Spielregeln und des Erkennens der Verletzungstiefe verorten liesse, nimmt das Modell der Gewalt-Modalitäten mit der Perspektive auf die (Be-)Deutung des Erfahrenen auch frühere Phasen in den Blick. Ein weiterer zentraler Unterschied besteht zudem darin, dass die Ergebnisse der vorliegenden Studie darauf hinweisen, dass der Prozess der Entnormalisierung nicht mit einer Veränderung der Gewaltdynamik einhergeht, wie dies das Modell der eskalierenden Gewaltspirale nahelegen könnte, sondern vielmehr mit der Verletzung impliziter Spielregeln, die zu einem Bruch mit den Beziehungsidealen führen. Infolge dieses Bruchs und des damit einhergehenden Erreichens der Grenze der handlungspraktischen Anpassungen beginnen die Betroffenen aufgrund des Deutungsvakuums und der Anpassung ihres Orientierungsrahmens, die sich über die Agentivierung von Artefakten vollzieht, das Erlebte zu thematisieren und ihren Partner resp. ihre Partnerin mit ihren Deutungen zu konfrontieren. Wenn also diese Deutungen, wie im Modell der Gewalt-Modalitäten dargelegt, zunehmend Teil der Konfliktdynamik werden, wird die Gewalt-Spirale durch den Bruch mit den Beziehungsidealen durchbrochen. Damit ermöglicht das Modell der Gewalt-Modalitäten differenzierte Einblicke in die Faktoren, die auf den Übergang vom Prozess der Normalisierung zum Prozess der Entnormalisierung und schliesslich zum Prozess der Delegitimierung einwirken.

Das Modell der Gewalt-Modalitäten ermöglicht es folglich auch, Veränderungen z. B. in der Situation und der Deutung der Betroffenen in den Blick zu nehmen. Einen vergleichbaren Ansatz haben Cornelia Helfferich und Barbara Kavemann (2004) mit ihrem Modell der Übergänge verfolgt. Doch auch dieses setzt voraus, dass die Betroffenen das Erlebte bereits entnormalisieren und zuweilen gar delegitimieren, die Beziehung jedoch aufgrund von Angst und Scham nicht beenden. Das Modell der Übergänge verfolgt einen stark handlungszentrierten Ansatz, der insbesondere der Praxis Rückschlüsse auf neuralgische Momente der Entscheidung ermöglichen möchte. Die Autorinnen folgern aus ihren Erkenntnissen, dass die Entscheidung, den Partner oder die Partnerin zu verlassen, vermutlich auch durch äussere Umstände wie z. B. Platzverweise angestossen werden könne (Helfferich et al. 2004, S. 146–147). Im Unterschied dazu lassen die Erkenntnisse der vorliegenden Studie darauf schliessen, dass die Anstösse, die eine Veränderung initiieren (können), nicht von äusseren Umständen, sondern von inneren Vorgängen wie beispielsweise Brüchen mit den (Beziehungs-)Idealen ausgehen. Äussere Umstände, die im Prozess der Entnormalisierung hinzukommen, können jedoch den Prozess der Delegitimierung anstossen. Wenn sich der Bruch mit den (Beziehungs-)Idealen hingegen noch nicht vollzogen hat und damit die Grenze der Reorganisation des Alltags noch nicht erreicht wurde, haben äussere Umstände entweder keinen Einfluss auf die Dynamik oder sie verfestigen die Paarbeziehung als (Gewalt-)Gemeinschaft gar.

Das Modell der Gewalt-Modalitäten nimmt allerdings nicht die Muster von Gewalt oder Gewaltverhältnissen in den Blick, die z. B. von Michael Johnson

(2006) herausgearbeitet wurden, der (1) Gewalt als systematisches Kontrollverhalten und (2) Gewalt als situatives Konfliktverhalten unterschied. Im Sprechen über Gewalt werden zwar auch unterschiedliche Verläufe und Rahmenbedingungen häuslicher Gewalt sichtbar, die Narrationen der erlebten Gewalt sind jedoch nicht trennscharf einem der beiden Muster zuzuordnen. Denn werden diese Muster den Erzählungen und damit den subjektiven Deutungen der Befragten gegenübergestellt, so zeigt sich, dass die Befragten die erlebte Gewalt in der Regel situativ erzählen, obwohl ihre Beschreibungen durchaus auch Rückschlüsse auf ein systematisches Kontrollverhalten zulassen würden. Michael Johnson selbst ordnet die eskalierende Gewaltspirale der ersten Kategorie, d.h. ‚Gewalt als systematisches Kontrollverhalten' (‚Intimate Terrorism') (Johnson 2006), zu. In diesem Zusammenhang ist aufschlussreich, dass dieses Gewaltmuster gemäss Barbara Kavemanns (2012, S. 45) empirischen Erkenntnissen geschlechtsspezifischer Gewalt entspricht, weil es ihr zufolge mit einer frauenfeindlichen Einstellung gegenüber der Partnerin wie auch gegenüber Frauen im Allgemeinen einhergeht (Kavemann 2012, S. 45). Die betroffenen Frauen würden sich in diesen lang andauernden Gewaltverhältnissen selbst als Opfer sehen (Kavemann 2012, S. 45–46). Dies zeigte sich in der vorliegenden Studie jedoch in mindestens zweierlei Hinsicht nicht: zum einen sehen sich die Befragten, deren Erfahrungen einem solchen Muster zugeordnet werden könnten, so z.B. Frau Müller, nicht als Opfer und zum anderen können auch männliche Befragte mit diesem Muster in Verbindung gebracht werden, wie dies z.B. bei Herrn Bischoff der Fall ist.

Im Vergleich zum ersten Muster ist das zweite Muster, ‚Gewalt als spontanes Konfliktverhalten' nach Michael Johnson (2006) nicht in ein Muster von Beherrschung und Kontrolle eingebettet. Vielmehr handelt es sich dabei um Gewalthandlungen in einzelnen – eskalierenden – Konflikten oder Serien von Konflikten, die keine Eskalation nach dem Modell der Gewaltspirale durchlaufen. Diese Gewalt gilt auch nicht als geschlechtsspezifisch, da laut Kavemann sowohl Frauen als auch Männer in Befragungen angeben, diese Form der Gewalt in Eskalationen einzusetzen, um Konflikte zu beenden (Kavemann 2012, S. 45–46). Der zentrale Unterschied zwischen den Erkenntnissen von Michael Johnson resp. Barbara Kavemann und der vorliegenden Studie besteht somit darin, dass die rekonstruierten Verläufe diesen beiden Mustern nicht trennscharf zuzuordnen sind und alle Befragten von Kontrollmustern und Gewaltroutinen berichteten, die jedoch auch mit situativen Eskalationen einhergehen konnten. Zudem hat sich in den vorliegenden Analysen – wie bereits festgehalten – gezeigt, dass sich auch männliche Befragte unter das erste Muster subsumieren lassen, was verdeutlicht, dass nicht von einer genuin geschlechtsspezifischen Gewalt – wie dies in der Literatur verstanden wird – gesprochen werden kann. Des Weiteren stellte sich heraus, dass sich auch jene Befragten, die diesem Muster zuzuordnen wären, nicht als Opfer sehen (können).

Das Modell der Gewalt-Modalitäten lässt sich auch noch an ein weiteres Modell anschliessen; an die von Vicki Moss, Carol Pitula, Jacquelyn Campbell und Lois Halstead (1997) beschriebenen Phasen, die Gewaltbetroffene vor dem Aufsuchen professioneller Unterstützung durchlaufen. Wie im Forschungsstand dargelegt, handelt es sich dabei um insgesamt fünf Phasen (Moss et al. 1997): In der ersten Phase konstatieren die Betroffenen, dass die Partnerschaft ihnen schade. In der zweiten Phase realisieren die Betroffenen, dass sich die Situation nicht bessert. In der dritten Phase erleben die Betroffenen ein katalysatorisches Ereignis, beispielsweise besonders schwere Verletzungen. In der vierten Phase geben die Betroffenen ihre idealisierten Beiziehungsvorstellungen auf und in der fünften Phase akzeptieren sie schliesslich, dass die Belastung nicht enden wird. Die in den Interviews der vorliegenden Studie geschilderten Gewalterfahrungen haben es ermöglicht, zu rekonstruieren, wie Gewalt erfahren und von den Betroffenen als solche gedeutet wird.

Diese Rekonstruktionen sind durchaus anschlussfähig an die Phasen von Vicki Moss, Carol Pitula, Jacquelyn Campbell und Lois Halstead (1997). Allerdings sind die Phasen eins, zwei und drei und teilweise auch Phase vier erst im Gegenstandsbereich der Grenzen und Brüche zu verorten. Zudem deuten die vorliegenden Erkenntnisse darauf hin, dass die dritte Phase nicht durch eine Veränderung der Gewalt oder durch besonders schwere Verletzungen gekennzeichnet ist, sondern dass ein solches katalysatorisches Ereignis erst in Phase vier auftritt, was wie im Modell von Vicki Moss, Carol Pitula, Jacquelyn Campbell und Lois Halstead zu einem Bruch mit den Beziehungsidealen führt. Das Modell der Gewalt-Modalitäten bezieht somit einen Prozess mit ein, der bereits zu einem früheren Zeitpunkt stattfindet, nämlich den Prozess der Normalisierung, während die Autorinnen erst beim Prozess der Entnormalisierung (in der Terminologie des Modells der Gewalt-Modalitäten) ansetzen. Damit werden auch in diesem Modell eine Deutung der Gewalt und somit die *Be*deutung derselben vorausgesetzt.

Wie in der Aufarbeitung des Forschungsstands ausgeführt wurde, ist im Zusammenhang mit Modellen, die Gewaltdynamiken abbilden, auch zentral, wie sich die Handlungsohnmacht von Betroffenen mit zunehmender Gewalt vergrössert (Kavemann 2012). Gemäss den Rekonstruktionen scheinen die Befragten aus der Retrospektive keinen Zugang mehr zu ihren Handlungen und handlungspraktischen Anpassungsleistungen zu haben. So beschreiben sie zwar eine Fülle von Handlungen, die sich darauf beziehen, wie sie in einer bestimmten Situation gehandelt haben, wie sie mit den Erfahrungen umgegangen sind und vor allem wie sie in der Situation überlebt haben. Zugleich attestieren sich die Betroffenen in ihrer Wahrnehmung jedoch selbst, in der Situation nicht gehandelt zu haben. Während in der Literatur davon ausgegangen wird, dass die Handlungsfähigkeit von Betroffenen parallel zur eskalierenden Gewaltspirale sukzessive abnimmt (Kavemann 2012, S. 44), legen die Rekonstruktionen der vorliegenden Studie eher den Schluss nahe, dass Handlungskonzepte von normativen Vorstellungen überformt werden. ‚Handlungsfähigkeit' bedeutet immer auch, ein Ziel zu haben, welches es umzusetzen gilt, und die Fähigkeit zu entwickeln, dies tatsächlich zu tun. In den Interviews zeigte sich, dass die Betroffenen bis zum Bruch mit ihren Beziehungsidealen mittels ihrer handlungspraktischen Anpassungen nicht beabsichtigt hatten, die Beziehung zu beenden. Vielmehr wollten sie sich einerseits selbst schützen und andererseits sollten dadurch auch die Beziehung und damit die Normalität aufrechterhalten werden. Dieses Bewahren der Normalität verlieh den Befragten ein Gefühl von Handlungsfähigkeit. Die Konstruktion von Nicht-Gewalt fungierte in diesem Zusammenhang als Normalisierungstechnik, die es ihnen ermöglichte, handlungsfähig zu bleiben.

Dass diese Handlungen den Befragten aus der Retrospektive nicht mehr zugänglich zu sein scheinen, verweist vor allem auch auf das deterministische Verständnis von Handlungsfähigkeit. Die Betroffenen setzen Handlungsfähigkeit und Handeln ausschliesslich mit ‚Gehen' resp. mit dem Beenden der Beziehung gleich. Sandra Glammeier (2011, S. 408) sieht die Deutung, nicht gehandelt zu haben, in ihrer Studie zu gewaltbetroffenen Frauen als Konsequenz eines vergeschlechtlichten Handlungskonzepts. Da ihnen die Definitionsmacht aberkannt werde, wirke ihr Handeln aus der Perspektive der männlichen Definition von Handeln und Handlungsfähigkeit wie ein Nicht-Handeln oder gar wie eine Kapitulation (Glammeier 2011, S. 408). Im Vergleich der Erkenntnisse der vorliegenden Studie und den Befunden aus Glammeiers Studie zeigt sich einerseits, dass die weiblichen Befragten ihr Handeln selbst als Nicht-Handeln interpretieren, was als eine Form der Internalisierung und Übernahme der vergeschlechtlichten Perspektive auf Handlungsfähigkeit interpretiert werden könnte. Werden jedoch die Handlungskonzepte der männlichen Befragten ebenfalls miteinbezogen, dann ergibt sich ein weniger eindeutiges – und somit weniger polarisierendes – Bild. Auch die männlichen Befragten ringen mit sich und fragen sich, weshalb sie dies mit sich hätten machen lassen. Ein Unterschied besteht allerdings darin, mit welchen Aussagen von Dritten sich die männlichen resp. die weiblichen Betroffenen konfrontiert sehen. Die weiblichen Befragten beschreiben, wie sie von anderen als Teil der gewaltförmigen Dynamik adressiert werden, was sie dann auch als Narrativ übernehmen, indem sie davon sprechen, dass sie ‚es' ja ‚mit sich hätten machen lassen'. Die männlichen Befragten berichten demgegenüber, wie ihr sozial gedeutetes Nicht-Handeln, d.h. der Umstand, dass sie die Beziehung nicht beendet haben, in der Deutung durch Dritte zu einer Stärke wird. Der Verzicht darauf, zurückzuschlagen, und somit die Stärke der Gewaltlosigkeit werden folglich als handlungsmächtige Entscheidung aufgefasst.

Die beiden Aspekte der Handlungsfähigkeit und des gedeuteten Nicht-Handelns lassen sich auch vor dem Hintergrund der Studienerkenntnisse von Yvette

Völschow und Wiebke Janßen (2016) diskutieren. Die Autorinnen zeigen auf der Grundlage von Tiefeninterviews mit Gewaltbetroffenen in ländlichen Gebieten, dass das Ausbrechen aus der Beziehung im Fall von ‚Frau G.', deren Deutungen in Form von Subjektiven Theorien rekonstruiert wurden, verhindert wurde, weil sie fürchtete, ihre persönlichen Netzwerke zu belasten oder gar ausgeschlossen zu werden, und weil sie Angst davor hatte, ihr Ansehen in ihrem Umfeld zu verlieren (Völschow et al. 2016, S. 397). Yvette Völschow und Wiebke Janßen schliessen aus den subjektiven Deutungen von Frau G., dass auch der ländliche Sozialraum mit Attributen wie einer engen Vernetzung verwandtschaftlicher und nachbarschaftlicher Art einen destruktiven Einfluss auf die Bereitschaft, die Beziehung zu beenden, habe (Völschow et al. 2016, S. 403). Dies ist aus zweierlei Gründen aufschlussreich. Erstens lässt sich diese Erkenntnis auf diejenigen Befragten der vorliegenden Studie übertragen, die in ländlichen Regionen wohnhaft sind. So beschreibt z. B. auch Frau Müller, dass sie von Nachbarinnen nicht mehr gegrüsst worden sei, nachdem sie damit begonnen habe, über die erfahrene Gewalt zu sprechen. Yvette Völschow und Wiebke Janßen hatten bereits in einer früheren Studie unter Verweis auf Experteninterviews dargelegt, wie Opfer (und nicht unbedingt Tatpersonen) häuslicher Gewalt, die in ländlichen Gebieten leben, aus der örtlichen Gemeinschaft hinausgedrängt wurden (Völschow/Janßen 2015). Anders als dies von den Autorinnen konstatiert wurde (Völschow et al. 2016, S. 391), deuten die Erkenntnisse der vorliegenden Studie allerdings darauf hin, dass nicht davon ausgegangen werden kann, dass Gewaltbetroffene in urbanen Regionen weniger destruktiven Einflüssen ausgesetzt sind und damit geringere Hürden zu überwinden haben als Gewaltbetroffene in ländlichen Regionen. Vielmehr zeigte sich, wie die normativen Opfer- und Gewaltbilder grundsätzlich einen destruktiven Einfluss auf die Befragten und ihre Handlungsfähigkeit ausüben. Aufschlussreich ist dieser Punkt vor dem Hintergrund der Konzeption des Nicht-Handelns der Befragten zweitens im Hinblick darauf, wie das Konzept der Handlungsfähigkeit auch in wissenschaftlichen Studien als Folge ihres Erkenntnisinteresses und ihrer Fragestellungen normativ geformt wird. So übernehmen Yvette Völschow und Wiebke Janßen in ihrer Fragestellung beispielsweise die gesellschaftliche Erwartungshaltung, indem sie die Subjektiven Theorien von Frau G. mit dem Ziel rekonstruieren, Aussenstehenden das „unverständliche Verbleiben in solch einer Gewaltbeziehung nachvollziehbar(er)" (Völschow et al. 2016, S. 393) zu machen.

Handlungsfähigkeit resp. das, was darunter verstanden und in diesem Sinne gedeutet wird, ist relational zu betrachten: So werden gewisse Praktiken je nach Geschlecht von der Gesellschaft und vom Umfeld der Betroffenen anders wahrgenommen und gedeutet. So wird z. B. Handlungsfähigkeit zum einen als Norm, zum anderen aber auch in der Ausprägung, d. h. in der Form, in der sie als solche anerkannt wird, zumeist an eine bürgerliche, mittelständische und vergeschlechtlichte (männlich orientierte) Form gebunden. Dies verweist auf die Macht- und Herrschaftsverhältnisse (wie z.B. Heteronormativismen und Sexismen), in die Individuen und damit ihre Selbstbestimmung und ihre Handlungsfähigkeit eingebettet sind (Winker/Degele 2009, S. 97). Diese hegemonialen Herrschaftsverhältnisse manifestieren sich gemäss Astride Velho und Oscar Thomas-Olalde (2011, S. 27) darin, dass Subjekte durch Othering-Prozesse innerhalb der gegebenen Strukturen positioniert werden. In Entsprechung dazu lässt sich den Interviewäusserungen der Betroffen entnehmen, dass Männer und Frauen über die *Veranderung* von Opfern (Männer als die *anderen* Opfer in Abgrenzung zu den *eigentlichen,* den *richtigen* Opfern, d.h. den Frauen) wie auch über die *Veranderung* von Gewalt auf diese vergeschlechtlichten Konzepte von Handlungsfähigkeit festgelegt und auf diese Weise positioniert werden.

Zusammenfassend lässt sich festhalten, dass das Modell der Gewalt-Modalitäten – und somit die Ausrichtung der vorliegenden Studie – die Einnahme einer erweiterten Perspektive ermöglicht, in deren Fokus die Frage steht, welche Bedeutung Gewalt eingeschrieben wird. Diese Perspektive eröffnet ein Spannungsfeld, innerhalb dessen sich bestimmte Konnotationszusammenhänge offenlegen lassen. Diese Konnotationszusammenhänge, z.B. wenn die eigene Biografie hinzugezogen wird, um die persönliche Gewaltbetroffenheit mit einem Wechselspiel aus Biografie und subjektiven Deutungen von Gewalt erklärbar zu machen, ermöglichen eine Feinanalyse der Situation Gewaltbetroffener.

9.2 Dynamiken, Strategien und Mechanismen in den Prozessverläufen

Da, wie die vorliegende Studie aufzeigt, Zusammenhänge zwischen dem Sprechen über Gewalt und den (Be-)Deutungen von Gewalt bestehen, werden nachfolgend die Dynamiken der (Be-)Deutung von Gewalt und die Strukturen des Narrativen noch einmal gesondert dargelegt. Des Weiteren werden ausgewählte Mechanismen und Strategien diskutiert, die als zentrale Faktoren auf die Verfestigung der Deutung der erfahrenen Gewalt als Nicht-Gewalt und damit auf eine Verlängerung des Prozesses der Entnormalisierung einwirken. Denn weil die Deutung als Nicht-Gewalt verfestigt wird, kann der Prozess der Entnormalisierung nicht einsetzen und verlängert sich entsprechend. Ebenfalls thematisiert werden Mechanismen und Strategien, die den Übergang vom Prozess der Normalisierung zum Prozess der Entnormalisierung und danach den Übergang vom Prozess dieser zum Prozess der Delegitimierung beeinflussen können.

Die Auswahl dieser Mechanismen und Strategien erfolgt dahingehend, dass jene ins Zentrum gestellt werden, die massgeblich zur Herstellung und Stabilisierung der (eigenen) normativen Ordnung der Befragten beitragen und die Verletzungsverhältnisse reproduzieren können: Im Zusammenhang mit den Mechanismen wird die Duldung am Beispiel der Bezugnahme auf Normen wie diejenige der sexuellen Verfügbarkeit diskutiert. Auch bei den Strategien werden jene illustriert, die zur Negierung resp. zur Stabilisierung des Narrativs beitragen. Das Hauptaugenmerk wird dabei auf die Strategien der Veranderung von Gewalt und Gewaltbetroffenen, die Vergeschlechtlichung und die Pathologisierung durch die Betroffenen gerichtet. Diese Strategien werden in ihrer Funktion als Ermächtigungsstrategien, die gegenüber sozialen Praxen entwickelt werden, eingehender diskutiert.

9.2.1 Normalisierung – Entnormalisierung

In den Rekonstruktionen zeigt sich, wie Normen und das Aufrechterhalten gewaltförmiger Beziehungen zusammenhängen. Einerseits zeigt sich dies in der Norm, eine Beziehung haben zu ‚müssen', weshalb die Befragten bis zu einem gewissen Punkt bereit sind, sehr viel zu investieren und auch aufzugeben, um eine bestehende Beziehung aufrechtzuerhalten. Gewalt scheint kein Grund dafür zu sein, eine Beziehung aufzulösen, weil die Norm, eine Beziehung zu führen, für die Betroffenen zentral ist. Andererseits wird das Erlebte auch direkt über spezifische Normen legitimiert, sodass das Erlebte entweder nicht als gewaltförmig eingeordnet oder zumindest geduldet wird. Durch dieses Nicht-Erkennen resp. Dulden kann sich Gewalt reproduzieren, weil sich deswegen zum einen die Veränderung des Alltags vollzieht und zum anderen auch die Gewaltförmigkeit unsichtbar gemacht wird resp. gemacht werden kann. Über die Unsichtbarmachung legitimieren die Betroffenen Eingriffe in ihre Rechte auf körperliche und vor allem sexuelle Selbstbestimmung, was dem Erhalt des Selbst- und Fremdbildes und damit dem Stigma-Management dient (Goffman 2016).

Diese Verschränkung zwischen Normen und häuslicher Gewalt wird in der vorliegenden Studie besonders am Beispiel der Norm der sexuellen Verfügbarkeit deutlich. In den Rekonstruktionen zeigt sich, dass Sexualität in den Beziehungen resp. die Forderung und das Recht auf Sexualität in der Paarbeziehung von den weiblichen Befragten als omnipräsenter Druck dargestellt werden. Dabei problematisieren die Betroffenen jedoch nicht diesen Druck, der in der Schilderung allmählich als ‚permanente Vergewaltigung' gedeutet wird, sondern sie erklären den auf sie ausgeübten Druck vielmehr qua Geschlecht. Über diese vergeschlechtlichte Deutung wird dem Druck nicht nur nachgegeben, sondern er wird auch legitimiert, weil dies ‚in einer Beziehung so sei' und der Mann in einer Beziehung ein Recht auf Geschlechtsverkehr habe. In der Folge verwehren die Befragten ihrem Partner den Geschlechtsverkehr nicht und geben dem Druck nach. Sie erstellen z. B. innere Listen, mittels deren sie festhalten, wie oft in der Woche ‚es' ‚normal' sei, um sicherzustellen, dass nicht von Verweigerung ausgegangen werden könne und der Partner sein ‚Recht' erhalte (z. B. im Sinne des Nachkommens der ‚ehelichen Pflichten').

Auf diese Weise tragen diese Normen und Auslegungen wesentlich zur Reifizierung und Normalisierung von (Macht-)Asymmetrien bei. Sexualisierte Gewalt wird über die Bezugnahme auf soziale Normen wie z. B. die Norm der sexuellen Verfügbarkeit auch weniger als Normverletzung aufgefasst, sondern führt aufgrund der gesellschaftlich verankerten Frauen- und Männerbilder vielmehr zur Ausdehnung der Norm (begehren vs. begehrt werden) (Glammeier 2015, S. 67). Den Partner sexuell nicht abzuweisen, erweist sich als ein zentraler Aspekt (und als den Betroffenen vertraute Praxis) von Geschlechterkonstruktion (Glammeier 2015, S. 67). Die Befragten entwerfen die Paarbeziehung als wirkmächtigsten Erfahrungsraum: Paarbeziehungen werden als ‚natürliche' und ‚legitime' Räume für Sexualität konzeptualisiert, weswegen sie in Kontrastierung zu normativen Gewalt- oder Täterbildern zum ‚Nicht-Raum' für sexualisierte Gewalt deklariert werden (z. B. über das Bild des Vergewaltigers als eines unbekannten Täters im öffentlichen Raum).

Normalisierung durch Vergeschlechtlichung und Veranderung

Die vorliegenden Datenanalysen zeigen auf, wie Geschlecht als durchdringende Dimension in den Erfahrungszusammenhängen, jedoch nicht als distinktes Merkmal von Gewalt wirkt. Bei den weiblichen wie auch bei den männlichen Befragten setzt eine Habitualisierung von Gewalt ein, weshalb Gewalt normalisiert wird. Zum Bestandteil der männlichen Sozialisation gehört gemäss der üblichen Vorstellungen der heutigen Gesellschaft mit Gewalt konfrontiert zu sein und damit umzugehen, und sei dies auch nur z. B. in der Freizeitgestaltung durch die Ausübung eines Kampfsports. Zur weiblichen Sozialisation gehört hingegen, Gewalt als latente Bedrohung wahrzunehmen. Während die männlichen Befragten sich daran abarbeiten, dass ihre Gewalterfahrungen und damit ihre Verletzungsoffenheit nicht mit den vergeschlechtlichten Normen ‚zusammenpassen', finden sich die weiblichen Befragten in einem Spannungsfeld von vermeintlicher Passung mit der Opferidentität qua Geschlecht und der gleichzeitigen Nicht-Passung qua Geschlecht vor dem Hintergrund aktueller hegemonialer Normen, z. B. der Emanzipation, wieder. Dies erschwert ihnen eine Positionierung.

Obwohl sich sowohl weibliche als auch männliche Befragte mit der Skepsis Dritter konfrontiert sehen, zeichnen sich diesbezüglich ebenfalls Unterschiede ab. Männliche Befragte müssen sich rechtfertigen, warum sie sich als Mann von einer Frau schlagen lassen, und weibliche Befragte stehen unter dem Zwang, begründen zu müssen, weshalb sie nicht gegangen seien und sich so hätten behandeln lassen. Die Befragten befinden sich somit in einer konflikthaften Auseinandersetzung mit dem gesellschaftlich-hegemonialen Opferbild. Während alle Befragten grundsätzlich darauf angewiesen sind, als Opfer anerkannt zu werden (da mit dieser Anerkennung auch Rechte einhergehen), gilt es für die weiblichen Befragten, sich vom Bild des legitimen Opfers – dem Opfer*sein* –

qua Geschlecht abzugrenzen, um ihr Selbst- und Fremdbild aufrechterhalten zu können. Die männlichen Befragten müssen aufgrund ihres Geschlechts hingegen auf ihr Opfersein insistieren, weil ihnen dies grundsätzlich abgesprochen wird.

In Anschluss an die Konzepte der Studie von Anne Kersten (2015) kann argumentiert werden, dass die männlichen Befragten um ein *Opfersein* (dürfen) ringen, während die weiblichen Befragten darum kämpfen, dass ihnen dieses *Opfersein* nicht als Teil ihrer Identität qua Geschlecht eingeschrieben wird, sondern ihr *Opferwerden* anerkannt wird. In allen Fällen erweist sich die soziale Kategorie *Opfer* als eine, die nicht qua Delikt- oder Gewaltbetroffenheit, sondern qua sozialen Aushandlungsprozessen zugeschrieben wird. Der Opferstatus unterliegt damit einem Aushandlungsprozess (mit unterschiedlichen Beteiligten), der sich zwischen Stigmatisierung und Identitätskonstruktion vollzieht. Weibliche Befragte eignen sich einen Subjektstatus zumeist über die Ablehnung des Opferstatus an. So betont z.B. Frau Gerber, dass sie keine Anzeige machen werde, weil sie sich nicht ‚zum Opfer machen' oder als solches ‚hinstellen lasse'. Auch Frau Müller hält fest, dass sie nicht zu dieser ‚Gattung' gehöre, da sie eine starke Frau sei, wobei sie dann ihre Überlegungen damit abschliesst, dass sie Opfer geworden sei, weil sie zu stark sei. Durch die Abwendung des Objektstatus (als passives Opfer) ermächtigen sich die Betroffenen, um ihr Selbstbild und vor allem ihre Handlungsmächtigkeit zu erhalten. Der Opferstatus geht – zumindest aus der Perspektive der weiblichen Befragten – erst mit der sozialen Anerkennung und nicht bereits mit der Gewaltbetroffenheit an sich einher. Aus der männlichen Perspektive wird demgegenüber das Ringen um eine Anerkennung der Verletzungsoffenheit und des Opferstatus bedeutsam, wie dies alle männlichen Befragten schildern. So halten beispielsweise Herr Bischoff und Herr Reim fest, dass sie sich als Mann nicht wehren dürften, weil dann für die Polizei und die Gesellschaft die ‚Fronten' vorab feststünden.

Im Vergleich zwischen dieser Aushandlung auf der einen Seite und Erkenntnissen zu Gewalterfahrungen und deren subjektiven Bedeutungen aus anderen Kontexten als der Paarbeziehung auf der anderen Seite lassen sich Unterschiede feststellen. Männliche Jugendliche in Gefängnissen – also mit Gewalterfahrungen im homosozialen Raum – behaupten von sich, keine Opfer zu sein, wie Anke Neuber (2008) in ihrer Studie feststellte. Denn Hierarchien unter inhaftierten jungen Männern werden deren Schilderungen zufolge über die polarisierende Einteilung in Opfer und Täter ausgehandelt (Neuber 2008, S. 189). Die jungen Männer müssen sich nach eigenen Angaben gegen diese Einteilungen wehren, weshalb sich Täter- und Opferpositionen in ihren Erzählungen immer stärker überschneiden (Neuber 2008, S. 189). Eine Kontrastierung der subjektiven Bedeutungen und der zugrunde liegenden Narrative sowie vor allem der direkte Vergleich zwischen homosozialen und heterosozialen Gewalterfahrungen erlauben es, Diskrepanzen in der Positionierung männlicher Gewaltbetroffener zu beschreiben. Dies ermöglicht Rückschlüsse auf die unterschiedlichen

Konnotationen von Gewalt im Geschlechterverhältnis. Gewalt im homosozialen Raum kann demnach als Distinktionsmittel in Bezug auf die Etablierung einer Rangordnung verstanden werden (Neuber 2008, S. 189). Die jungen Männer nehmen die für sie legitime Sprecherposition des Täters und des starken Mannes ein, der sich wehren muss. Demgegenüber beanspruchen die männlichen Befragten der vorliegenden Studie für sich als legitime Sprecherposition diejenige des Opfers, das sich nicht wehren kann oder darf. Aufgrund der unterschiedlichen Räume – geschlossene Räume vs. Paarbeziehungen – müssten allerdings noch weitere Untersuchungen zu dieser Positionierung folgen. Eine mögliche Fragestellung, die hierbei weiterzuverfolgen wäre, könnte sein, ob das Problem der häuslichen Gewalt auch darin besteht, dass die Paarbeziehung zu einem geschlossenen Raum und somit quasi zum ‚Gefängnis' wird?

Solche Positionierungen können als Strategien der Subjektivierung theoretisiert werden, die auch in den beschriebenen Motiven der Interviewteilnahme sichtbar werden: Die Beweggründe für die Interviewteilnahme lassen sich als Strategien der Subjektivierung beschreiben, weil sich die Betroffenen dadurch erhoffen, als Opfer anerkannt zu werden oder etwas für sich selbst zu tun, indem sie das Erlebte verarbeiten. Zugleich kann die Teilnahme aber auch durch die Abwehr des normativen Opferbildes begründet sein, also durch die Ablehnung, die Opferidentität qua Geschlecht zugeschrieben zu erhalten. Bei allen Motiven versuchen die Betroffenen, eine Positionierung gegenüber normativen Opferbildern zu erreichen, um dadurch einen Umgang mit der latenten Gefährdung des Selbst- und Fremdbildes finden zu können. So wollen weibliche Befragte nicht nur als verletzungsoffen und männliche Befragte gerade auch als verletzungsoffen (immer in Abgrenzung zur vergeschlechtlichten – konkreter: *vermännlichten* – Verletzungsmächtigkeit) anerkannt werden. ‚Anerkennung' stellt ein für die Subjektivität und die Sozialität konstituierendes Moment dar, weil die Befragten dadurch zu Subjekten werden (Schäfer/Thompson 2011, S. 15).

In Rückbindung an die Erkenntnisse von Anne Kersten (2015) veranschaulicht diese Perspektive auf die Anerkennung mit der damit verbundenen Ausformung von Machtverhältnissen, dass die Gewaltbetroffenheit als solche noch keine Opfer schafft, sondern dass der Opferstatus in sozialen Aushandlungsprozessen vielmehr erst geschaffen wird. Dieser Status gründet im Wesentlichen auf bestimmen Charakteristika gewaltbetroffener Menschen, welche geschlechterkulturell und damit vergeschlechtlicht sind (Kersten 2015, S. 13–22).

Werden diese vergeschlechtlichten Charakteristika Gewaltbetroffener mit den in der Literatur beschriebenen Selbstbildern betrachtet, so zeigt sich, dass in früheren Studien von Forschenden teils davon ausgegangen wurde, dass die Gewaltbetroffenheit Frauen ermöglichte, ‚eine richtige Frau' zu sein, d.h. eine Frau, die sich für die Familie und den Partner aufopfere, indem sie die Gewalt ‚ertrage' (z.B. Van Stolk et al. 1987). Autorinnen wie Ulrike Gräßel (2003, S. 172) schliessen basierend auf solchen Studienerkenntnissen, dass das Selbstbild der Mütterlichkeit konstitutiv zum hegemonialen Weiblichkeitsbild, zu dem auch Selbstlosigkeit und das Aufopfern für andere zählen würden, gehöre. Auch nach Margrit Brückner (1991) teilen misshandelte Ehefrauen die Vorstellung ihrer Rolle darin, dass sie grenzenlos verstehen und ‚bemuttern' (Brückner 1991, S. 59), durch den Verbleib in einer gewaltförmigen Beziehung. Elisabeth Beck-Gernsheim (2008) fasst dies unter dem Begriff ‚Dasein für Andere' zusammen. Nach Margrit Brückner (1991) entspricht eine Frau dem Konzept von Weiblichkeit, wenn sie sich selbst aufgibt und für andere lebt. Diese Ansprüche werden an alle Frauen (als potenzielle Mütter) gestellt (Brückner 1991, S. 62; Gräßel 2003, S. 173).

Ein gewalttätiger Mann erscheint nach Margrit Brückner (1991) als verletzlich, hilflos und weckt mütterliche Gefühle. Frauen mit dem beschriebenen Frauen(selbst)bild übertrügen die überhöhte und oft grenzenlose Verantwortlichkeit einer Mutter auf den misshandelnden Mann resp. auf den kleinen Jungen in ihm (Brückner 1991, S. 60). Durch dieses Verständnis und die damit einhergehende Entschuldigung seien misshandelte Frauen emotional häufig besonders stark an ihre Männer gebunden, weil sie sich von ihnen gebraucht fühlten (Brückner 1991, S. 60). Viele Frauen, die sich diesem Typus zuordnen lassen – sich also mit einem traditionellen Weiblichkeitsideal identifizieren – sehnen sich Peter Döge (2000) zufolge nach einem ‚richtigen Mann', einem ‚Machtmann'. In der vorliegenden Studie, lassen sich im Gegensatz zu den referierten früheren Studien keine Hinweise darauf finden, dass die Gewaltbeziehung einer Frau die Möglichkeit bieten könne, sich als ‚richtige Frau' zu erweisen.

Zu Männer(selbst)bildern in Gewaltbeziehungen besteht nach wie vor ein Forschungsdesiderat. Während Hans-Joachim Lenz und Olaf Kapella (2012) festhalten „Entweder du bist ein Mann – oder ein Opfer", macht Ulrike Gräßel (2003, S. 167) die Geschlechternormen für die Tabuisierung von Gewalt im Geschlechterverhältnis verantwortlich. So erscheint nach der Autorin bei Männern die Wahrnehmung als Opfer – im Fremd- wie auch im Selbstbild – unvereinbar mit den herkömmlichen und hegemonialen Bildern von Männlichkeit (Gräßel 2003, S. 167). Während sich dies für das Selbstbild der männlichen Befragten in der vorliegenden Studie nicht bestätigt hat, zeigen sich analoge Befunde zum Fremdbild wie in den Studien von Ulrike Gräßel (2003) sowie Hans-Joachim Lenz und Olaf Kapella (2012). So verdeutlichen die Rekonstruktionen aus der Perspektive der Strategien der Subjektivation, wie sich diese der männlichen Befragten zwischen Opfernormativität und ihrem Anderen vollzieht. Denn der Opferstatus ist gemeinhin vergeschlechtlicht und Kriterien zur Bewertung der Opferfrage (legitimes Opfer etc.) gelten in der Regel für weibliche Opfer. Die Ergebnisse des EBG (2012b, S. 13; EBG 2012a, S. 3), die davon ausgehen, dass sich männliche Betroffene aufgrund gesellschaftlicher Männlichkeitsvorstellungen nicht mit dem Opferbegriff identifizieren und sich infolgedessen auch nicht als Opfer wahrnehmen könnten, lassen sich in der vorliegenden Studie gerade nicht bestätigen, denn die männlichen Betroffenen ringen, wie bereits ausgeführt, vielmehr um ihre gesellschaftliche Anerkennung als Opfer.

Während sich die weiblichen Befragten von einer ‚Opferidentität' narrativ lossagen, bemühen sich die männlichen Befragten um die Loslösung von einer ‚Täteridentität'. In Anlehnung an Margrit Brückner (2002a, S. 24) ist davon auszugehen, dass sich in diesen Abgrenzungen auch Geschlechterkonstruktionen zeigen. Diese Geschlechterkonstruktionen wirken sich auch auf die Liebesvorstellungen aus, wie Brückner an den Paarbeziehungen aufzeigt (Brückner 2002a, S. 24). Bilder, wie z. B. die Konzeption des Mannes, der die Frau beschützt und umsorgt, sowie die fürsorgliche Frau, welche sich für die Beziehungsgestaltung verantwortlich zeichnet, tragen massgeblich zu diesen Normalisierungen bei, sodass das Handeln und die Deutungen der Befragten in diesen Kontext einzuordnen sind.

Strukturen des Narrativen: Sprechen über Gewalt

Die unterschiedlichen sprachlichen Konstrukte zu Gewalt prägen die Narrationen der Befragten. Insbesondere die Verwendung und der Verzicht auf den Gewaltbegriff oder ‚häusliche Gewalt' als Phänomenbegriff verweisen in den Erzählungen auf unterschiedliche Strategien und verschiedene Gegenstände der Problematisierung, wie die kontrastierenden Einzelfallanalysen sowie die fallübergreifenden Untersuchungen belegen. Auch Ute Zillig (2016) sieht im Sprechen über Gewalt und vor allem in der Dethematisierung der Gewalt und der Gewalterfahrungen einen Mangel an Thematisierungsmöglichkeiten. In ihrer Studie untersuchte sie die biografischen Verläufe von Müttern, die in ihrer Kindheit sexuelle Gewalt erfahren hatten. Der Grund für den Mangel an Thematisierungsmöglichkeiten liegt ihrer Auffassung nach in den fehlenden Begrifflichkeiten zur Benennung des Erlebten, weil Gewalterfahrungen in der Gesellschaft sozial tabuisiert sind. Laut Ute Zillig (2016, S. 308) fehlt es dann an sozial geteilten Begrifflichkeiten, um die eigenen gewaltförmigen Erfahrungen benennen zu können.

Das Erlebte wird von den Befragten stets als Widerfahrnis empfunden, das erst eingeordnet, qualifiziert und damit gedeutet werden muss. Die Deutungen von gewaltförmigen Erfahrungen im Sinne von Widerfahrnissen sind nicht evident. In der retrospektiven Erzählung werden diese zumeist de-personalisierend narrativ konstruiert, z. B. als ‚Unfall' oder als etwas, das ‚einfach so geschehen' ist. Blaue Flecken werden zwar als Konsequenzen beschrieben, aber als nicht intendiert dargestellt. So wird beispielsweise ein Hinfallen oder das Gegen-eine-Wand-‚Knallen' narrativ nicht kausal mit einem Schlag verknüpft, sondern als etwas präsentiert, was aufgrund eines ‚dummen Zufalls' geschehen ist. Zudem werden die Konsequenzen, z. B. blaue Flecken oder andere Verletzungen, zumeist so dargestellt, dass beide Parteien – im Sinne der Paarkonstellation – in irgendeiner Form davon betroffen waren. Auf der Grundlage der

Reziprozitätsdeutung gilt es sodann, blaue Flecken ‚gemeinsam' zu verstecken, damit sie von Dritten nicht ‚falsch gedeutet' werden und das Paar nicht ‚fälschlicherweise' ver- oder beurteilt werden kann. Während ‚das Paar' nicht in allen Fällen als Erzählfigur vorkommt, scheint es für die Befragten relevant, das Erlebte (retrospektiv) zu qualifizieren und zu deuten. Das Sprechen über Gewalt ist zumeist ein Sprechen über eine Gewaltsituation und kein Sprechen über eine gewaltförmige Handlung: was in den folgenden Zitaten zum Ausdruck kommt: „die Situation ist eskaliert" (Frau Steiner, Absatz 26) oder „es hat einen Zwischenfall gegeben" (Herr Reim, Absatz 18). Das Handeln der Akteurinnen und Akteure tritt im Sprechen über Gewaltsituationen in den Hintergrund und so ist es in der narrativen Konstruktion die Situation, die eskaliert. In der Narration finden eine Depersonifizierung und eine Verdinglichung von Gewalt statt. So werden die Akteurinnen und Akteure lediglich zu Subjekten oder gar Objekten innerhalb einer Situation, deren Verlauf sie mit ihrem Handeln nicht verändern können. Narrativ treten deshalb häufig situative Beschreibungen und damit einhergehend Konstrukte für Situationen anstatt Gewalt(-formen) als Handlungen auf: ‚Eskalation' ist ein Beispiel hierfür. Im Sprechen über das Erlebte werden vor allem Dichotomien verwendet, um es im Aushandlungsprozess zu qualifizieren. Situationen können demnach viel differenzierter benannt werden (wie z. B. ‚Eskalation' etc.), weil sie sich detaillierter beschreiben lassen als das Abstraktum ‚Gewalt'.

Scham und Mechanismen zum Schutz des Gegenübers

Es wurde bereits angesprochen, wie Betroffene sich schämen, Gewaltbetroffene zu sein:

> „Man schämt sich (...). Man schämt sich extrem (...). Und das ist auch etwas, was (...) warum schämt man sich? Warum? (Lange Pause). Nein. Weil die Leute, die mich gekannt haben, (...) die hätten da, ich weiss nicht, ich habe es, ja, mit wem will man denn reden über so was?" (Frau Schmid, Absatz 82)

Oftmals so konnte aufgezeigt werden, fühlen sich die Betroffenen jedoch auch *beschämt* durch ihr Umfeld.

Eine Definition von Scham hat Giorgio Agamben (2013) vorgelegt, die er auf der Grundlage der Erfahrungen von Opfern nationalsozialistischer Konzentrationslager entwickelt hat. Im Kontext der vorliegenden Studie bietet seine Definition treffende Erklärungsperspektiven:

> „[Scham] ist nicht weniger als das fundamentale Gefühl Subjekt zu sein, und zwar in den beiden – zumindest scheinbar – entgegengesetzten Bedeutungen dieses Wortes: Souverän und sub-iectum: Unterworfenes. Sie ist das, was entsteht in der vollkommenen Gleichzeitigkeit einer Subjektivierung und einer Entsubjektivierung, einem

> Sich-Verlieren und einem Sich-Besitzen, einer Knechtschaft und einer Herrschaft.“ (Agamben 2013, S. 262)

Die Befragten erlebten sich selbst in einem Zustand der Unterwerfung. Sie wohnten dem Geschehen selbst bei und waren dadurch Subjekt (als Zeuginnen und Zeugen) und ‚sub-iectum‘ (als Opfer) zugleich. Der Prozess, aus dem die Scham hervorgeht, wird über die eigene Deutung des Erlebten und die Deutung Dritter vollzogen, wobei eine Selbstentfremdung stattfindet. Diese *Gewalt der Deutung* bringt den destruktiven Mechanismus der Gewalt hervor, der zur Zerstörung der Subjektivität des Opfers führen kann (Pröbstl 2015, S. 113): Durch die Erzeugung von Scham können die Verletzungsverhältnisse wiederholt, erweitert und auch noch lange nach der Trennung perpetuiert werden. Entsprechend ziehen es die Befragten vor, das Erlebte in der Erzählung zu normalisieren. Dies geschieht selbst dann noch, wenn sie das Erlebte selbst als Gewalt deuten, und zwar indem sie das Erlebte in ihrer Erzählung marginalisieren. So spricht Frau Steiner von ihrem früheren „Glaubenssatz“ (Frau Steiner, Absatz 28), sie würde sich nie von einem Mann schlagen lassen. In ihrer Selbstthematisierung erschwert ihr genau dieser Glaubenssatz das Sprechen über ihre Gewalterfahrung:

> „Ich meine, ich habe es ja zuerst mit mir machen lassen müssen. Das ist das, was ich mir vorwerfe, was ich bei mir feststellen muss. Wo ich sagen muss, ja, ich habe ja mitgemacht. Ich habe ja meine Hand dafür geboten (…). Und dann darf man nachher auch nicht zu sehr in eine Opferrolle, ich (lange Pause), ich denke, (…) ich sage manchmal, gut, das ist die neutrale Variante, wenn mich mal jemand fragt, sage ich manchmal, ‚Weisst du, wenn sich Feuer und Wasser zusammentun, kommt es einfach nicht gut‘. Das sind so unterschiedliche Elemente. Und das ist zum Beispiel auch etwas, wo ich auch sage, […], wir hätten uns gar nie zusammentun dürfen. Der Fehler ist einfach ganz am Anfang passiert. Denke ich. Der Fehler ist dort ganz am Anfang passiert, weil eben, Feuer und Wasser passen einfach nicht zusammen. Und nachher hat es halt auch einfach so Faktoren gegeben für mich oder für ihn, oder für mich, wo ich nicht ausgestiegen bin. Im Nachhinein, (…) im Nachhinein (…) denke, fragt man sich, warum habe ich mir das gefallen lassen? Warum, das habe ich nachher am Telefon dort gesagt gehabt, ich frage mich bis heute, wie ich in diese Situation hineingeraten konnte.“ (Frau Steiner, Absatz 28).

Zumeist reagieren die Betroffenen jedoch mit Verstummen. Darauf sind Barbara Kavemann und Sibylle Rothkegel (2014b) in ihren Studien ebenfalls gestossen, als sie Interviews mit Betroffenen führten, die in ihrer Kindheit sexualisierte Gewalt erlebt hatten (Kavemann et al. 2014b, S. 204). Dieses Verstummen erwies sich in der vorliegenden Studie in der fallübergreifenden Analyse als Schutzmechanismus der Befragten. Dieser Schutzmechanismus lässt sich exemplarisch am Beispiel von Frau Schmid aufzeigen: Während Frau Schmid in der Interviewsituation zunächst zögert, über ihre Erfahrungen zu sprechen, weil sie ihr Gegenüber schützen möchte, und daher wiederholt nachfragt „Wollen Sie es wirklich wissen?“ (Absatz 74), zeigt sich im späteren Interviewverlauf, dass sie sich durchaus in der Lage fühlte alles zu erzählen, aber nicht sicher war, ob der Interviewerin alle ‚Fakten‘ zuzumuten seien. Ähnliche Schutzmechanismen zeigen sich auch in anderen Interviews. So entschuldigt sich z. B. Frau Steiner, wenn sie über konkrete Erfahrungen oder Einzelheiten berichtet: „[...] also Sie müssen entschuldigen, dass ich das erzähle, aber das gehört halt dazu [...]“ (Frau Steiner, Absatz 26).

Dieses Verstummen zu Beginn der Interviews wird demnach als Schutzmechanismus der Befragten (mit dem Ziel, die Interviewerin zu schützen) gefasst. Denn selbst nach mehrfachem Nachfragen wollten sich die Befragten beim Gegenüber jeweils rückversichern, ob sie wirklich alles erzählen sollen. Auch in der Gewaltforschung ist dieser Schutz von Dritten belegt. So haben Betroffene in der Regel keine Mühe, über ihre Erlebnisse zu sprechen, weil es um ihr Leben geht, aber tendenziell möchten sie ihrem Gegenüber nicht zu viel aufbürden und verzichten daher auf Einzelheiten oder auf das Erzählen insgesamt (Kavemann 2016, S. 52).

Verlust des Vertrauens in die eigene Wahrnehmung

Als zentrales Charakteristikum von Gewalterfahrungen in Beziehungen stellte sich in der vorliegenden Studie der Verlust des Vertrauens in die eigene Wahrnehmung heraus. Das Infragestellen des Erlebten zeigte sich in den Interviews als rekurrentes Muster. So zweifelt Frau Berchtold nach wie vor: „Wenn ich das so erzähle, weiss ich gar nicht, habe ich das wirklich alles erlebt? Das ist ja haarsträubend“ (Frau Berchtold, Absatz 41), oder es wird die eigene Rolle als legitime Sprecherin infrage gestellt:

> „[A]lso ich bin heute noch (...), jetzt heute Morgen habe ich auch gedacht, eben, (...) habe ich wirklich das Recht, irgendwie da irgendwas auszusagen, ist das wirklich so? Also ich zweifle heute noch teilweise wirklich an meiner Wahrnehmung.“ (Frau Gerber, Absatz 18)

Auch bei Frau Müller zeigen sich diese (Selbst-)Zweifel. Ihre Narration ist eine Erzählung des „Sichausgeliefertfühlens“, die auf einer Kontrastierung beruht: ‚Vernunft‘ vs. die ‚wirkliche‘ Handlung ‚damals‘. Mit ‚Vernunft‘ bezieht sie sich dabei auf ‚die richtige Handlung‘, d. h. das Beenden der Beziehung. Diese Kontrastierung findet sich als zentrales Erzählprinzip über die einzelnen Fälle hinweg. Dabei wird narrativ ein anderes Selbst konstruiert, das nun weiss, was eine vernünftige Handlung gewesen wäre, doch in der Rückschau hat das erzählte Selbst nicht ‚vernünftig‘ gehandelt. Dies führt argumentativ zu einer Selbstzuweisung von Mitschuld und Mitverantwortung. Zumeist wird infolgedessen auch ein Wahrnehmungsabgleich notwendig, wie sich dies am Fallbeispiel von Frau Müller illustrieren lässt, die im Frauenhaus zur Einschätzung ihrer Deutung die Meinungen von Sozialarbeiterinnen, der Polizei und der Justiz einholte, da sie ihr ‚Hirn' seit den Erfahrungen als „zerfleddert" (Frau Müller, Absatz 76) betrachtet.

Dieser Prozess des Wahrnehmungsabgleichs hängt mit dem Ringen um (Be-) Deutung zusammen. Mit diesen Barrieren muss ein Umgang gefunden werden. Zwar werden soziale Deutungsangebote ‚von aussen' (von Dritten oder durch eigene Recherchen) beigezogen, die allerdings nicht einfach übernommen werden können, weil sie z. B. das Selbstbild gefährden würden. Mangels Deutungsstrukturen entstehen Deutungsleerstellen, weshalb Kontrastfolien konstruiert werden, die als Negativfolien eine Bewältigungsstrategie im Umgang mit diesen Deutungsleerstellen darstellen. Mit der Konstruktion von Negativfolien – d. h. von Bildern, die der Abgrenzung dienen – bleibt das Selbstbild erhalten, indem neue Deutungsstrukturen geschaffen werden. Beim Wahrnehmungsabgleich, bei dem die bisherigen sozialen Deutungsangebote modifiziert werden, werden neue (Be-)Deutungen generiert. Vor dem Hintergrund des Konzeptes ‚Deutung der Gewalt und Gewalt der Deutung', welches mitunter dafür steht, wie Dritte, Deutungen Dritter oder auch Artefakte agentiviert werden, sowie des Wahrnehmungsabgleichs und der Konstruktion von Negativ(kontrast)folien kann geschlossen werden, dass dieser Verlust des Vertrauens in die eigene Wahrnehmung keine Vermeidungsstrategie darstellt (Vermeidung der Konfrontation und damit des Bruchs mit dem Selbstbild), sondern vielmehr als Kennzeichen von Gewaltbetroffenheit aufgefasst werden kann. Dieser These zufolge verunmöglicht Gewaltbetroffenheit der eigenen Wahrnehmung zu vertrauen.

In der Studie von Liz Kelly (1988) bezogen sich die befragten Frauen im Prozess der Redefinition auf ihre eigenen Gefühle und blendeten Reaktionen, Stereotype oder eingeschränkte Definitionen und Wahrnehmungen Dritter aus. Dies steht im Gegensatz zu den vorliegenden Befunden, aus denen klar hervorgeht, wie die Befragten um (Be-)Deutung, Qualifizierung und Einordnung des Erlebten ringen, was sie über einen Abgleich mit der Wahrnehmung Dritter zu erreichen erhoffen, denen sie die Deutungshoheit über das Erlebte zusprechen. Eine mögliche Erklärung für diese Diskrepanz liegt womöglich im unterschiedlichen Fokus: Liz Kelly analysierte die Langzeitfolgen von Vergewaltigung und Inzest, in ihrer Studie standen nicht die Prozesse der Herstellung von (Be-)Deutungen im Fokus (Kelly, 1988). Zudem erlebten die Befragten von Kelly die Gewalterfahrungen nicht durch ihre Beziehungspartner, sondern durch nahe Verwandte oder durch Fremde, sodass sich die Bedingungsstrukturen aufgrund des anderen Erfahrungsraums – in der vorliegenden Studie die Paarbeziehung – unterscheiden. Neben den verschiedenen Bedingungsstrukturen und dem Erfahrungsraum der Paarbeziehung stellt die internalisierte asymmetrische Deutungsmächtigkeit eine Erweiterung des Verletzungsverhältnisses dar. Einzelne Befragte zweifeln auch noch 20 Jahre, nachdem sie die Beziehung beendet haben, an ihrer Wahrnehmung und ringen um (Be-)Deutung und damit mit ihrer Handlungsohnmacht. Handlungsohnmächtigkeit empfinden die Betroffenen aufgrund der internalisierten asymmetrischen Deutungsmächtigkeit, die dann in einen Verlust des Vertrauens in die eigene Wahrnehmung mündet.

Veranderung der Gewalt

Wie bereits ausgeführt, vermitteln Routinen und Alltag ein Gefühl von Handlungsfähigkeit. Da mit der Bedeutung der Gewalt auch die *Gewalt der Deutung* – die eigene und durch Dritte – neue Verletzungsverhältnisse öffnet oder bestehende erweitert werden, braucht es Strategien des Umgangs mit diesen Herausforderungen. Zu diesen Strategien gehören die *Veranderung* der Gewalt und der Gewaltbetroffenheit sowie die Vergeschlechtlichung.

Mit der *Veranderung der Gewalt* wird die eigene normative Ordnung hergestellt: Über Gewalt und die eigene Gewalterfahrung wird im Spiegel des Deutungsmusters ‚Gewalt als Thema der Anderen' gesprochen. In den Interviews wird im Sprechen über Gewalt deutlich, dass ‚Gewalt' ein Thema der Anderen ist. So ist z. B. ‚der Gewalttäter' ein Stereotyp. Daraus folgt im Umkehrschluss, dass Gewalt und damit assoziierte Begriffe zur Beschreibung eigener Erfahrungen unbrauchbar werden. Stattdessen werden in der Erzählung abstrakte Phänomenbegriffe verwendet. Wenn diese mit den eigenen Erfahrungen direkt narrativ verbunden werden, kann jedoch keine Passung hergestellt werden und Begriffe wie ‚Gewalt', ‚häusliche Gewalt' oder ‚Vergewaltigung' werden in den Nachfragen im Interview abgewehrt und abgewendet. Dieser Mechanismus zeigt sich auch deutlich in den Konstruktionen von Betroffenengruppen sowie in den Abgrenzungen, die damit einhergehen.

Solche Konstruktionen sind ein Verweis auf die soziale Ordnung resp. Vorstellungen von sozialer Ordnung, denn über diese Konstruktionen von Gegenbildern und der eigenen Abgrenzung davon wird eine Zuordnung zu einer bestimmten sozialen Ordnung erzeugt (Reuter 2002, S. 13). Mit dieser sozialen Ordnung wird der Bereich des Selbstverständlichen, Vertrauten und Gewohnten abgesteckt (Scherr 1999, S. 51). Damit gehen subjektive Gewalt- und Opfer- (wie auch Beziehungs-)Normierungen einher, was sich an den Subjektivierungsfiguren der Befragten zeigt, für die Abgrenzungen wie ‚nicht ‚migrantisch, ‚nicht bildungsfern', ‚nicht Frau', ‚nicht Mann', ‚nicht schwach' etc. charakteristisch sind. In dieser Abgrenzung spiegelt sich die Abgrenzung zur konstruierten Betroffenengruppe wider, wodurch auch die Relationalität des Selbst zu diesem resp. diesen Anderen zum Ausdruck kommt, denn über die Abgrenzung ist auch die Relation zum Eigenen mitbedacht (Reuter 2002, S. 13).

In diesen Rekonstruktionen wird jedoch auch noch ein anderer Aspekt dieser Abgrenzung und der Relationalität des Selbst deutlich, denn in den diskursiven Zuschreibungen, die die Befragten aufgreifen, wird entweder eine Übernahme oder eine Abgrenzung von kategorialen Zuschreibungen evident, z. B. von ‚stark/schwach'. Gewaltbetroffen zu sein, bedeutet für die meisten Betroffenen, sich mithilfe der dichotomen Kategorien ‚stark' und ‚schwach' positionieren zu müssen. Dadurch wird eine Selbstbeschäftigung mit ihrem Stigma ausgelöst. Gewaltbetroffenheit und Gewalterfahrungen werden diskursiv an sozioökonomische Positionen rückgebunden, dichotome Kategorien wie ‚stark/schwach' und die Deutung der eigenen Handlungsfähigkeit werden unter Bezugnahme auf normative Opferbilder artikuliert. Die Befragten positionieren sich zu diesen normativen Bildern und reformulieren ihre eigene Betroffenheit resp. deren Möglichkeitsbedingungen in einer ‚Geschichte der Stärke', weshalb der Grund für die eigene Gewaltbetroffenheit nicht mehr in einer persönlichen Schwäche, sondern in einer persönlichen Stärke gesehen wird.

Auf diese Weise wird Gewaltbetroffenheit einer spezifischen Gruppe zugeschrieben und für diese Gruppe (z. B. die schwachen Frauen mit Migrationshintergrund) als Problem kollektiviert. Auch die ausgeprägten Vergeschlechtlichungen (Männer vs. Frauen) spielen hierbei eine Rolle, was in Aussagen wie ‚Männer sind halt so' deutlich wird oder gar als sozial-strukturelles Problem präsentiert wird, indem das Geschlechterverhältnis generell problematisiert wird. Wird über die eigene Gewaltbetroffenheit gesprochen, wird Gewalt jedoch weitestgehend individualisiert.

Aus einer biografischen Perspektive wird deutlich, wie weibliche Befragte Gewalt resp. die Angst vor Gewalt als Teil ihrer ‚natürlichen' Umgebung schildern. Die Angst vor Übergriffen durch *fremde* Männer *im öffentlichen Raum* resp. ein latentes Bedrohungsszenario war prägend: Die weiblichen Befragten wurden früh mit einem Gefühl von Schwäche konfrontiert, weshalb sich das Gefühl einer Bedrohung durch Gewalt normalisierte.

Auch bei den männlichen Befragten kann aus dieser biografischen Perspektive eine Gewöhnung an Gewalt festgestellt werden, die über die Erziehung und körperliche Gewalt, die als Disziplinierung normalisiert wurde, oder über gewaltförmige Auseinandersetzungen unter Männern erfolgte. Charakteristisch für diese Schilderungen ist, wie normalisierend und beiläufig sie erzählt werden, und dies selbst dann, wenn es um Übergriffe mit Messern geht. Männliche Befragte stellen gewaltförmige Erfahrungen im homosozialen Kontext somit stark normalisierend dar. Gewalt wird im homosozialen Kontext zur Norm und prägt das Aufwachsen und männliche Erfahrungszusammenhänge massgeblich (Meuser 2002).

Mit Blick auf die weiblichen Befragten ist diesbezüglich aufschlussreich, auf welches Wissen über das zu erwartende Bedrohungspotenzial sich die Befragten beziehen. Wird die Literatur konsultiert, so zeigt sich, dass im ‚Normalfall' sich dieses auf einen fremden Mann im öffentlichen Raum bezieht (Wobbe 1994, S. 190). Dass Bedrohungen mit fremden Männern im öffentlichen Raum assoziiert werden, wird auch im Material der vorliegenden Studie deutlich. Mit diesem Wissen sind die erwähnte Opposition ‚männlich/weiblich' wie auch Unterscheidungen zwischen fremd und vertraut sowie öffentlichem und privatem Raum verbunden. Während die männlichen Befragten Gewalterfahrungen im öffentlichen Raum (durch andere Männer) banalisieren und normalisieren, dominiert die (potenzielle) Gefahr von Gewalt im öffentlichen Raum, die durch einen fremden männlichen Täter ausgeübt wird, in der Wahrnehmung der weiblichen Befragten. Beide Perspektiven weisen jedoch eine Strukturähnlichkeit auf: Die Möglichkeit der Verletzung (und damit die Verletzungsmächtigkeit) wird einem (männlichen) Fremden im öffentlichen Raum zugeschrieben. Die Wahrnehmung der weiblichen Befragten steht allerdings im Widerspruch zu den Befunden vieler Studien, die besagen, dass gerade der soziale Nahraum für Frauen die höchsten Risiken birgt, Opfer von Gewalt zu werden. Insbesondere sexualisierte Gewalt wird nach Monika Schröttle und Ursula Müller (2004) am häufigsten durch den Partner ausgeübt resp. in Beziehungen erfahren. Männer hingegen sind laut EBG (2012a) im Unterschied zu Frauen insbesondere im öffentlichen Raum von Gewalt betroffen, und dies insbesondere von körperlicher Gewalt (EBG 2012a, S. 2).

Damit setzen eine frühe Habitualisierung und eine latente Bedrohung durch Gewalt ein. Deutlich wird, *wem* eine potenziell verletzungsoffene Position zugesprochen wird. Diese Zuschreibungen von Verletzungsoffenheit und Aktionsmacht bestimmen den Möglichkeitsraum und damit die Vorstellungskraft in Bezug auf das ‚Tat-Sächlichen'. Daraus ergeben sich für Männer und Frauen alltagsweltlich unterschiedliche Bedeutungen von Bedrohungspotenzialen, wobei diese mit unterschiedlichen Machtchancen (Wobbe 1994, S. 193) und vor allem Möglichkeiten der Vorstellung des ‚Tat-Sächlichen' verbunden sind.

Nach Heinrich Popitz (1992) stehen die zuvor dargelegte Gewöhnung an die Furcht, die Gewöhnung an die potenzielle Bedrohungslage, die Furcht vor dieser Bedrohung und die Bedrohung durch Gewalt exemplarisch für den Möglichkeitshorizont. Dieser bildet nach dem Autor, der sich mit Macht auseinandersetzte, eine anthropologische Grundlage, mit deren Hilfe er die menschliche Vorstellungsfähigkeit fasst. Konkret sieht er in diesem Möglichkeitshorizont die Erweiterung „des Tat-Sächlichen durch die Vorstellung" (Popitz 1992, S. 51). Die Wahrnehmung von Situationen sowie die Wahrnehmung einer Gruppe als verletzungsoffen oder als verletzungsmächtig sind deshalb variabel und basieren auf gesellschaftlichen Konstruktionen sozialer Ordnung (Wobbe 1994, S. 186). Dadurch lässt sich körperliche Gewalt auch in ihrer sozialen Dimension beschreiben (Wobbe 1994, S. 186). Die Bedrohung und vor allem die Furcht vor Bedrohung, das Bedrohungspotenzial sowie Macht sind nach den alltagsweltlichen Erfahrungen der Befragten in den unterschiedlichen Kodes von ‚männlich/weiblich' festgelegt (Wobbe 1994, S. 190), vor allem jedoch wird der Möglichkeitsraum und damit die Vorstellungskraft über diese Opposition von ‚männlich‘ und ‚weiblich‘ fixiert. Obwohl Gewalt im homosozialen Kontext normalisiert wird, führt die erlebte Gewalt durch die Partnerin bei den männlichen Befragten zu einem Bruch mit dem Möglichkeitshorizont der Gesellschaft, weil sich diese Form der Gewalt nicht mit normativen Bildern vereinbaren lässt.

Paarbeziehungen als wirkmächtigster Erfahrungsraum

Die im vorhergehenden Abschnitt dargelegten Vorstellungen des ‚Tat-Sächlichen‘ sind nicht vereinbar mit der Paarbeziehung als Raum und Rahmen von Gewalt. Des Weiteren entfaltet die Paarbeziehung als Erfahrungsraum ihre Wirkmächtigkeit, weil sich die Betroffenen durch die Mechanismen der Gewalt-Modalitäten an Gewalt in den Beziehungen gewöhnen, indem sie wie bereits ausgeführt fortwährend handlungspraktische Anpassungen leisten, die sich z. B. in der Duldung über die Deutungsfigur der Legitimität zeigen. Daher werden auch sogenannte ‚Wendepunkte‘ (‚da hätte ich es aus der heutigen Sicht eigentlich erkennen müssen‘) nur aus der Retrospektive zu einem Erfahrungsbruch. Denn an diese Diskontinuitätserfahrungen (Erfahrungsbrüche wie erste Anzeichen von Gewalt) in der Paarbeziehung, welche dennoch weiterbestand, knüpften Prozesse an, die Erfahrungen und Vertrauen reproduzieren (z. B. Entschuldigungen, gemeinsames Weinen, körperliche Nähe etc.). Die vertraute Beziehung wird fortgesetzt und an die Gegebenheiten der Gewalt angepasst. Auch der Umstand, dass die Zeichen der Gewalt vor Dritten versteckt werden, dient der Reproduktion einer vertrauten Beziehung und schafft eine (Gewalt-)Gemeinschaft, da beide Partner ein Geheimnis und eine Gemeinsamkeit teilen, womit sie sich nach aussen auch wieder abgrenzen. Als krisenhaft werden Situationen beschrieben, die mit den Brüchen der handlungspraktischen Anpassungsleistungen einhergehen, und als Selbst-Entfremdung wahrgenommen werden: ‚sich selbst nicht wiederzuerkennen‘, ‚sich selbst verloren zu haben‘. Dies führt in der Retrospektive schliesslich zu den Wendepunkten.

Für die Befragten sind die Grenzen der Alltäglichkeit und die Intensität von Ausnahmeerfahrungen nicht primär durch die Formen und die Intensität der Gewalt bestimmt. Ob etwas als alltäglich oder *ausser*alltäglich erlebt wird, hängt vielmehr davon ab, ob und inwiefern Gewohnheitsstrukturen in der gegebenen Situation reproduziert werden können (also z. B. weiter zur Arbeit gehen können, die Kinder versorgen und erziehen). Normalitätsbrüche entstehen deshalb immer vor dem Hintergrund spezifischer Vorstellungen und Praktiken von Alltäglichkeit, die von Kontext zu Kontext variieren. So lässt sich auch nachvollziehen, wieso eine Befragte z. B. heute noch bedauert, dass ihr Partner nicht häufiger zu Hause war und nicht mehr Zeit für sie und die Kinder hatte und dass sie nicht gemeinsam in die Ferien gehen konnten. Aufschluss gibt hierzu auch ein Blick auf Beziehungskonzepte und Deutungsmuster, die zumeist von der grossen romantischen und intensiven Liebe ausgehen, in der beide alles für den jeweils anderen aufgeben und sich aufopfern.

Die soziale Ordnung ‚Gewalt' entsteht nicht einfach durch das gewaltsame Agieren eines Partners, dem die Betroffenen passiv ausgeliefert sind. Vielmehr zwingt Gewalt den Anderen zu Anpassungsleistungen, denn er oder sie kann sich der Gewalt gegenüber nicht *nicht* verhalten. Dieses Wechselspiel von Gewalt und Anpassung kann eine relativ stabile Gewaltordnung – eine Gewaltgemeinschaft – hervorbringen. Über diese Reproduktionsmechanismen werden die Paarbeziehungen von den Befragten als wirkmächtigster Erfahrungsraum entworfen, wobei die Unterscheidungen zwischen Opfer und Täter, gewaltausübendem und liebendem Partner oder gewaltausübender und liebender Partnerin innerhalb der Beziehungen verschwimmen. Solche gewaltförmigen Beziehungen der Befragten erstreckten sich über Monate, Jahre und bisweilen auch Jahrzehnte.

Laut soziologischen Studien ist gerade unter ‚widrigen' Bedingungen eine Tendenz zur sozialen Produktion von ‚Normalität' zu beobachten (Dollinger/Schmidt 2015; Goffman 2006). Auch häusliche Gewalt verdrängt den Alltag in der Beziehung nicht, sondern verändert ihn vor allem, wie die Schilderungen der Betroffenen belegen. In der Konsequenz greift die Gewalt in den Alltag aus, indem sie zur Routine mit festen Spielregeln wird. Dies zeigt sich auch daran, dass Befragte in der Beziehung verbleiben und dies als ‚das kleinere Übel' bezeichnen. Der Wunsch nach Bedeutung und Deutung der eigenen Situation ist derart ausgeprägt, dass das Verweilen in der Beziehung hingenommen wird, weil diese Situation bekannt ist. Zudem können die Befragten aufgrund dieses Verschwimmens der Rollen ihre eigenen Erfahrungen nicht in Passung mit (hegemonialen) Gewaltkonzepten (normativen Gewalt- und Opferbildern) bringen.

9.2.2 Entnormalisierung – Delegitimierung

Im Folgenden wird die Figur des Dritten – die Artefakte – in den Blick genommen und theoretisch untermauert mit dem Ziel, diese Überlegungen anschlussfähig an andere Modelle zu machen und mögliche Ansatzpunkte für Interventionen aufzuzeigen. Die in der vorliegenden Arbeit verwendete Bezeichnung ‚Figur des Dritten' lässt sich darauf zurückführen, dass die Aushandlung zunächst in der Dyade der Paarbeziehung stattfindet und erst danach, zur Anpassung des Orientierungsrahmens, Artefakte hinzugezogen werden. Denn aufgrund der internalisierten asymmetrischen Deutungsmächtigkeit in der Paarbeziehung als zentrales Charakteristikum von Gewaltbeziehungen kann bei der Qualifizierung des Erlebten aufgrund der Normalisierung des Erlebten nicht mehr auf einen bestehenden Orientierungsrahmen zurückgegriffen werden.

In der Analyse zeigte sich nicht nur, wie mehrdeutig (Be-)Deutungen von Gewalt ausfallen, sondern es wurden auch deren Brüche sichtbar. Es liessen sich subjektive Grenzen ausmachen, an denen Bedeutungen kippen. So lässt sich anhand der Interviews rekonstruieren, ab wann das Geschilderte jeweils retrospektiv als Gewalt gedeutet wird. Dieser Wendepunkt ist nicht an der Form der Benennung, sondern vielmehr an der (re)agierenden Handlung und der (Be-) Deutungszuweisung festzumachen. Dies geschieht vor allem dann, wenn sich der eigene Alltag mit der Erfahrung der im Gegensatz zu früher nun so gedeuteten Gewalt nicht mehr (re)organisieren lässt.

Im dyadisch strukturierten Gewaltakt, d.h. wenn ein Beziehungspartner resp. eine Beziehungspartnerin das Gegenüber verletzt, ist es zwar ein Verletzungsverhältnis, doch die Gewalt ist noch nicht symbolisch (Lindemann 2014, S. 260). Konkret bedeutet dies, dass sie noch nicht als ‚Gewalt' eingestuft sein muss. Gemäss den Ergebnissen von Barbara Kavemanns Studie (2016, S. 67) stufen Gewaltbetroffene ein Verhalten dann als ‚Gewalt' ein, wenn sie es als illegal oder illegitim kategorisieren. Ein Akt der Gewalt wird somit erst zur Gewalt, wenn er über die Einordnung und die Kategorisierung einen neuen Orientierungsrahmen erhält.

Erst durch die Figur des Dritten in Form von Gesetzen oder Ähnlichem, die das Erfahrene als Gewalt und damit als illegitim deklarieren und den Betroffenen entsprechend Anerkennung als legitime Opfer zusprechen, erlangt demnach der Akt der Gewalt seine Bedeutung. Dies vollzieht sich darüber, dass die Erfahrungen Informationen aus Büchern, Gesetzen oder Filmen oder auch mit Informationen aus Gesprächen mit Dritten, die immer Expertenrollen bekleiden: Ärztinnen und Ärzte, Psychologinnen und Psychologen etc., gegenübergestellt werden. Die Betroffenen definieren Gewalt ähnlich wie in einem kriminologischen Bestimmungsprozess. In der Kriminologie werden Gewalthandlungen ebenfalls mit Normativen abgeglichen, wie z.B. der bestehenden Gesetzeslage (Franke et al. 2004, S. 194). Im Unterschied zur kriminologischen Bestimmung sind relevante Kriterien des Orientierungsrahmens für die Befragten jedoch nicht die Konsequenzen, d.h. die Folgen, von Gewalt wie z.B. Verletzungen, sondern die Legitimität resp. Illegitimität.

Charakteristisch für die Gewaltkonzepte der Befragten ist diesbezüglich die Enge des Gewaltbegriffs. Die Paarbeziehung und damit die soziale Organisationsform und die soziale Nähe bilden den zentralen Bezugspunkt, über den die (Il-)Legitimität ausgehandelt wird. Die Einordnung und Kategorisierung von Gewalthandeln erfolgt jedoch nicht nach Ralf Ottermanns (2003, S. 164) Zweiteilung in Gewalt als negative Sanktion, die legitimiert wird, und Gewalt als soziale Aggression, die delegitimiert wird (Ottermann 2003, S. 164). Die Rekonstruktionen belegen vielmehr, dass die Befragten auch Verhalten legitimieren, das sie durchaus als soziale Aggression deuten, wobei sich diese Legitimierung dann nicht über die Deutung des Erlebten als negative Sanktion vollzieht, sondern über soziale Normen, die in erster Linie Bezug auf die soziale Organisationsform der Paarbeziehung nehmen. Die Legitimierung wird über besondere Rechte abgeleitet, die eine Zweierbeziehung aufgrund der sozialen Normen gewährt. Diese besonderen Rechte umfassen z. B. das Überschreiten des persönlichen Raums und körperliche Berührungen (Lautmann 2002; Sammet 2003), worüber z. B. die Verletzung der Selbstbestimmung legitimiert wird. Diese Rechte werden für die Befragten zu Rechten des Partners oder der Partnerin, die dann z. B. bezogen auf Sexualität vor dem Hintergrund sozialer Normen zu Pflichten wie der Norm der sexuellen Verfügbarkeit und des legitimen Rechts des Mannes auf Geschlechtsverkehr in einer heterosexuellen Beziehung ausgelegt werden. Die Wirkmächtigkeit der Paarbeziehung zeigt sich darin, wie über diesen Erfahrungsraum ein Möglichkeitsraum entworfen wird. Innerhalb dessen wird es als ‚normal' gedeutet, dass der Partner z. B. bestimmt, ob roter Lippenstift getragen werden darf oder nicht getragen werden darf oder gar getragen werden muss, ob das Gewicht kontrolliert werden soll, wie die Finanzen geregelt werden und ob der Zugang zu diesen ermöglicht wird, ob die Partnerin die Verfügungsmacht über das gemeinsame Kind hat oder ob der geliebte Hund noch nach Hause kommen darf oder nicht.

Die hegemonialen Gewaltkonzepte bieten den Befragten für ihre Erfahrungen keine Deutungsangebote, da sie sich darin nicht wiederfinden (können). Denn (häusliche) Gewalt wird gemeinhin als Abweichung dargestellt. Doch für die Befragten verschwimmen die Rollen aufgrund der (teils jahrzehntelangen) Parallelität von Beziehung und den gewaltförmigen Erfahrungen. Vor dem Hintergrund der Anpassungsleistungen, verändert die häusliche Gewalt aufgrund der schleichenden Veralltäglichung der Gewalt zudem den Alltag, wodurch die Gewalt unsichtbar gemacht wird. Des Weiteren zieht der Vergleich der eigenen Erfahrungen mit den hegemonialen Gewalt- und Opferkonzepten auch eine Konfrontation mit den Klischees Dritter nach sich, die sich in Beschuldigungen, Zweifeln an der Glaubwürdigkeit und teils auch Abwertungen ihrer Person äussern. Für dieses Spannungsfeld prägte Jan-Philipp Reemtsma den Begriff der ‚dilemmatischen Opferinteressen' (2005, S. 91).

Daraus kann geschlossen werden, dass die Befragten, wenn sie ihre Erfahrungen mit Wissen aus Artefakten abgleichen und die gewaltförmigen Erfahrungen auf diese Weise in Bezug zu einem Dritten setzen, um dem Erfahrenen einerseits Bedeutung zu verleihen und andererseits Anerkennung zu erhalten, sich im Paradoxon der dilemmatischen Opferinteressen bewegen. In der vorliegenden Studie wurde dies mit der *Gewalt der Deutung,* der sie sich ausgesetzt sehen, herausgearbeitet. Über die eigene Deutung von Gewalt, die diese Bedeutung unter Verweis auf Dritte erst erlangt, entfaltet, wie dargelegt, die Gewalt der Deutung durch die Deutung von Gewalt eine gewaltförmige Produktivität, denn die Befragten verlieren dadurch die Deutungsmächtigkeit und -hoheit über ihre eigenen Erfahrungen.

Die Normalisierung im Sprechen über Gewalt und die damit verbundene Unsichtbarmachung häuslicher Gewalt und Gewaltbetroffenheit, z. B. wenn von ‚Beziehungsproblemen' anstelle von ‚häuslicher Gewalt' oder von ‚Erwartung der sexuellen Verfügbarkeit' resp. ‚Pflicht im Rahmen einer (ehelichen/eheähnlichen) Beziehung' anstelle von ‚sexueller Nötigung' oder ‚Vergewaltigung' gesprochen wird, verdeutlichen die Konsequenzen für die Betroffenen, die sich aus der *Gewalt der Deutung* ergeben können. Die erstgenannten Bezeichnungen haben im Vergleich zu den letztgenannten jeweils einen normalisierenden Charakter. So verwischen diese Unsichtbarmachungen die Gewaltförmigkeit durch eine damit einhergehende (implizite und teils auch explizite) Betonung der Legitimität des Erfahrenen, indem sie in den Beziehungskontext eingebettet werden. Denn die Frage, was überhaupt als Gewalt gilt, wird aufgrund des Illegitimitätsrisikos (die Person, deren Verhalten als illegitim gedeutet wird, wird dem Risiko ausgesetzt, sich z. B. rechtfertigen zu müssen) selbst zu einem wichtigen Motiv von Konfliktdynamiken. Ein und dasselbe Geschehen kann z. B. als häusliche Gewalt, als Beziehungsstreitigkeit oder als Beziehungsproblem beschrieben werden, weshalb ‚Gewalt' in einem Prozess des Ringens um (Be-)Deutung als Modus Operandi erst gedeutet und dem Erfahrenen die Bedeutung der Gewalt erst eingeschrieben werden muss.

Die Theoretisierung der Figur des Dritten und deren Rolle wird im Folgenden am konkreten empirischen Beispiel exemplarisch entfaltet, d. h. es wird aufgezeigt, wie die (Be-)Deutung von Gewalt Teil der Konfliktdynamik in der Dyade der Paarbeziehung wird.

Nach dem Bruch mit den handlungspraktischen Anpassungen setzt der Prozess der (Be-)Deutungsgenerierung ein, indem die gewaltförmigen Handlungen des Partners oder der Partnerin über die Deutungsfigur der Fraglosigkeit der Illegitimität enthoben werden. Dieser Prozess der Aushandlung der Legitimität resp. der Illegitimität vollzieht sich in der Dyade der Paarbeziehung und wird zum zentralen Teil der Konfliktdynamik in der Paarbeziehung. Das Paar verständigt sich in einem Aushandlungsprozess. Diese dyadisch angelegte Konstellation ist in den massgeblichen soziologischen Theorien der Gegenwart der systematische Ausgangspunkt der Konzeption von Sozialität (Lindemann 2006, S. 125). Durch die (Alltags-)Routinen und die Gewalt-Gemeinschaft wird eine Erwartungssicherheit zwischen zwei Individuen geschaffen.

Unter Verweis auf den Erwartungsbegriff lassen sich verschiedene Formen des wechselseitigen Aufeinanderbezogenseins präziser bestimmen, denn Erwartungen sind in Routinen, Praktiken, Wahrnehmungen und Deutungen integriert (Lindemann 2009, S. 228). So ist z. B. eine gewisse Erwartungssicherheit konstitutiv für Routinen. In der vorliegenden Studie wollten die Befragten einerseits die Beziehungen aufrechterhalten, weil dies für sie das ‚kleinere Übel' sei. Die Grenzen werden erreicht, wenn ein Bruch mit den Routinen dazu führt, dass diese Erwartungssicherheit nicht mehr gegeben ist. Brüche führen dazu, dass Idealbilder nicht mehr aufrechterhalten werden können, was exemplarisch für die Sozialität steht, denn Sozialität ist nicht mit dem Vorhandensein einfacher Erwartungen, sondern mit wechselseitigen Erwartungserwartungen verknüpft. Eine solche dyadische Konzeption des Sozialen besteht aus einer Beziehung zwischen zwei sozialen Akteuren, wobei diese als vermittelndes Drittes ein gültiges Geflecht von Erwartungserwartungen bilden (Lindemann 2009, S. 228).

Zu diesen Erwartungserwartungen gehören nicht zwangsläufig allgemeine Normen, denn insbesondere in Liebesbeziehungen sei in einigen Situationen der Rückgriff auf allgemeine Normen oft nicht nötig, wie Lothar Krappmann betont (2010, S. 97). In Paarbeziehungen kann auf die Vermittlung von Erwartungen verzichtet werden (Krappmann 2010, S. 97). In der dyadischen Konstellation werden Idealbilder fortlaufend relativiert, wie sich in den Narrationen nachweisen lässt. Wird jedoch eine Grenze erreicht, hinterlässt das nicht mehr bestehende vermittelnde Dritte – das bis zu jenem Zeitpunkt gültige Geflecht von Erwartungserwartungen – im Ringen um (Be-)Deutung eine Leerstelle. Diese gilt es durch eine andere Figur des Dritten zu füllen.

Wenn diese Figur des Dritten präzisiert wird, wird es möglich, der Frage nachzugehen, ob etwas als Gewalt gedeutet wird. Diese Deutung hängt nicht von der Schwere der Konsequenzen ab, da Gewaltdeutungen grundsätzlich kontingent sind und nicht jeder Vorgang, nicht jede Handlung und nicht jede Erfahrung, in dessen resp. deren Rahmen eine Partei durch eine andere Partei Schaden oder Leid erfährt, als ‚Gewalt' beschrieben wird. Gewalt ist ein sozial konstruiertes Phänomen (Koloma Beck 2011), dessen Konstruktion sich über den Prozess der (Be-)Deutungsgenerierung in einer triangulären Struktur vollzieht (Koloma Beck/Werron 2014, S. 8). Die Akteurinnen und Akteure sind die beiden Parteien der Beziehung und die Figur des Dritten, über welche die (Il-)Legitimität ausgehandelt wird (Lindemann 2006, S. 126). Die Figur des Dritten wird dabei aufgelöst und ist folglich nicht als Akteur im Sinne eines Subjekts zu verstehen. Vielmehr stellt die Figur des Dritten „eine formal soziologische Bereicherung" (Simmel 1908, S. 68) dar, die die Beziehung in der dyadischen Konstellation verändert. Wenn also z. B. eine Gewaltbetroffene in die Aushandlung mit ihrem Partner tritt und ihm darlegt, dass sein Verhalten resp. sein Handeln nicht legitim sei, dann beruft sie sich in dieser dyadischen Konstellation auf die Figur des Dritten in Form von Artefakten. Dies sind soziale Wissensbestände wie Normen, die sich in Artefakten wie z. B. Gesetzen manifestieren. Wenn z. B. über die Institution der Ehe die sexuelle Verfügungsmacht des Mannes und damit die Eingrenzung der Selbstbestimmung der Frau legitimiert wird oder über Gesetze delegitimiert wird, da dies nicht erlaubt ist, dann entsteht ein Dreieck zwischen den beiden Partnern und den Artefakten. Während die beiden Partner direkt aufeinander bezogen sind, stehen sie auch in einer indirekten Verbindung durch das Rekurrieren auf die Artefakte.

Besonderheit des Modells der Gewalt-Modalitäten – Gewaltbegriff und Triade

Die Besonderheit der Gewalt-Modalitäten und des Gewaltbegriffs, der dem Modell der Gewalt-Modalitäten zugrunde liegt, besteht zusammenfassend in der Auflösung der Figur des Dritten. Weil sich der Konstruktionsprozess der Befragten als Konsequenz der internalisierten asymmetrischen Deutungsmächtigkeit nicht in der Dyade der Paarbeziehung vollzieht, wird er in der vorliegenden Arbeit als Triade konzipiert. Dabei handelt es sich jedoch nicht um eine Triade mit einer Drittperson aus dem nahen sozialen Umfeld oder einer Fachperson, sondern die Aushandlung erfolgt in der Gewalt-Gemeinschaft, was für die Betroffenen ein grosses Risiko darstellt, weshalb gleichzeitig Artefakte agentiviert werden. Auch die Expertinnen und Experten, die die Befragten agentivieren, stehen symbolisch für Artefakte, da sie diese Funktion aufgrund ihres Expertenwissens einnehmen, das ebenfalls entpersonalisiert betrachtet werden kann und über Artefakte erworben wird. Das Modell der Gewalt-Modalitäten ermöglicht es, die ‚Rolle' dieses Dritten genauer zu bestimmen, weil durch eine solche Perspektive auf Gewalt betont wird, dass sich die Beobachtungs-, Vergleichs- und Deutungsleistungen nicht auf eine Handlung oder ein Geschehen mit evidentem sozialem Inhalt – ‚Gewalt' – beziehen (Koloma Beck et al. 2014, S. 8), sondern die (Be-)Deutung erst sozial hergestellt werden muss. Weil über die Artefakte, die agentiviert werden, neue (Be-)Deutungen entstehen, kommt der Figur des Dritten eine wichtige Emergenzfunktion zu. Die Deutung des Geschehenen vollzieht sich triangulär über die Agentivierung von Artefakten, was es ermöglicht, die Handlung entweder zu legitimieren oder zu delegitimieren.

Die (Be-)Deutung von Gewalt birgt ein Legitimitätsrisiko für jene Person, deren Handeln als solche etikettiert wird (Koloma Beck et al. 2014, S. 10). Die (Be-)Deutung der Gewalt birgt jedoch auch Risiken für jene Person, die von der Gewalt direkt betroffen ist. Denn vom Zeitpunkt der (Be-)Deutung der Gewalt an besteht das Risiko der Reaktualisierung des Verlusts der Deutungsmächtigkeit über die eigenen Erfahrungen, womit auch die latente Gefährdung des Selbst- und Fremdbildes infolge der Konfrontation mit normativen Opfer- und Gewaltbildern einhergeht. Die (Be-)Deutung der Gewalt entfaltet damit selbst eine gewaltförmige Produktivität, teilweise noch Jahrzehnte nach Beendigung der jeweiligen Beziehung.

9.3 Normalitätskonstruktionen als zentrale Herausforderungen für die Forschenden und Fachkräfte

In diesem Kapitel werden die Problematisierungsweisen der Befragten in den Mittelpunkt gerückt, weil die Versprachlichungen, in denen Normalitätskonstruktionen zum Ausdruck kommen, eine Herausforderung in Bezug auf den

Zugang zu Gewaltbetroffenen sowohl für Forschende als auch für Fachkräfte z. B. im Bereich der Sozialen Arbeit darstellen können und deshalb zentrale Anknüpfungspunkte bieten, an denen weitergearbeitet werden kann resp. sollte.

In erster Linie liess sich an den Versprachlichungen von Gewalt aufzeigen, wie Gewalt thematisiert wird, inwiefern etwas zum Problem gemacht wird (Problematisierungsweisen) und wie dieses Sprechen über Gewalt aufgrund der damit zusammenhängenden normativen Bilder die Situation verschärfen kann. Wird die Perspektive der Befragten eingenommen und vor dem Hintergrund der Versprachlichung die Frage von Barbara Kavemann und Sibylle Rothkegel (2014a) danach aufgegriffen, was Gewaltbetroffene aufrechterhalten wollen, indem sie schweigen, dann kann das dargelegte Verstummen, jedoch auch als Versuch der Bewältigung der Gewalterfahrung betrachtet werden, die zur Herstellung und Stabilisierung der normativen Ordnung beiträgt. Denn wie sich gezeigt hat, hatten sich zwar alle Befragten von der Studien-Ausschreibung und somit davon, von ‚Gewalt betroffen zu sein', angesprochen gefühlt, weshalb sie sich zur Interviewteilnahme entschlossen. Gleichzeitig relativierten sie die Zugehörigkeit zum gesuchten Personenkreis jedoch, indem sie bereits bei der Erstkontaktaufnahme betonten, ‚nicht von der richtigen Gewalt' betroffen gewesen zu sein. Ergänzt wurde dies allerdings wiederum durch die Anmerkung, dass sie sich doch ‚irgendwie' zu den Gewaltbetroffenen zählen würden oder aber keine rechtlichen Schritte einleiten oder psychosoziale Unterstützung in Anspruch nehmen wollten, um sich nicht ‚als Opfer hinstellen zu lassen'. Ebenfalls hervorgehoben wurde, dass das, was sie erlebt hätten, in ihren Augen das ‚Schlimmere' (als ‚die richtige Gewalt') sei. Darin offenbart sich bereits das Ringen um unterschiedliche Deutungen.

Anhand der prozesshaften Rekonstruktion dieser Deutungen lässt sich verdeutlichen, wie diese Selbstthematisierungen vom Ringen, von Verstummen und von einer sowohl negierenden (‚es war für mich gar nie Gewalt') als auch normalisierenden (‚ich dachte, Beziehungen seien so') Form des Sprechens über Gewalt bestimmt werden. Erzählbar werden die Erfahrungen aus der Retrospektive nur mithilfe neuer Deutungsstrukturen, denn nach der Trennung gilt es, ‚Normalität' herzustellen und den Alltag zu reorganisieren. Durch die Trennung werden die Betroffenen vor neue Situationen gestellt (z. B. alleinerziehend sein, Verlust des Statussymbols Beziehung etc.), die eine erneute Bedeutungsgenerierung erfordern. Aufgrund dieser neuen Bedeutungsmöglichkeiten sehen sich die Betroffenen vor die Aufgabe gestellt, Integrationsarbeit zu leisten. Sie versuchen deshalb, ihre Erfahrungen und vor allem das, was sich daraus an Bedeutung ergeben hat, in ihren Alltag einzubetten resp. den Alltag auf dieser Grundlage zu reorganisieren. Wie dies in Abbildung 9 dargestellt wird, scheint es für die Befragten somit notwendig zu sein, die Gewalterfahrungen, nachdem diese die (Be-)Deutung der Gewalt erlangt haben, wiederum zu normalisieren (Normalisierungsschleife).

Abbildung 9: Reorganisation des Alltages um die Gewalterfahrung und den Status ‚Opfer‘ herum: Erhalt der Handlungsfähigkeit durch erneute Normalisierung des Erfahrenen (Normalisierungsschleife) (Quelle: eigene Darstellung)

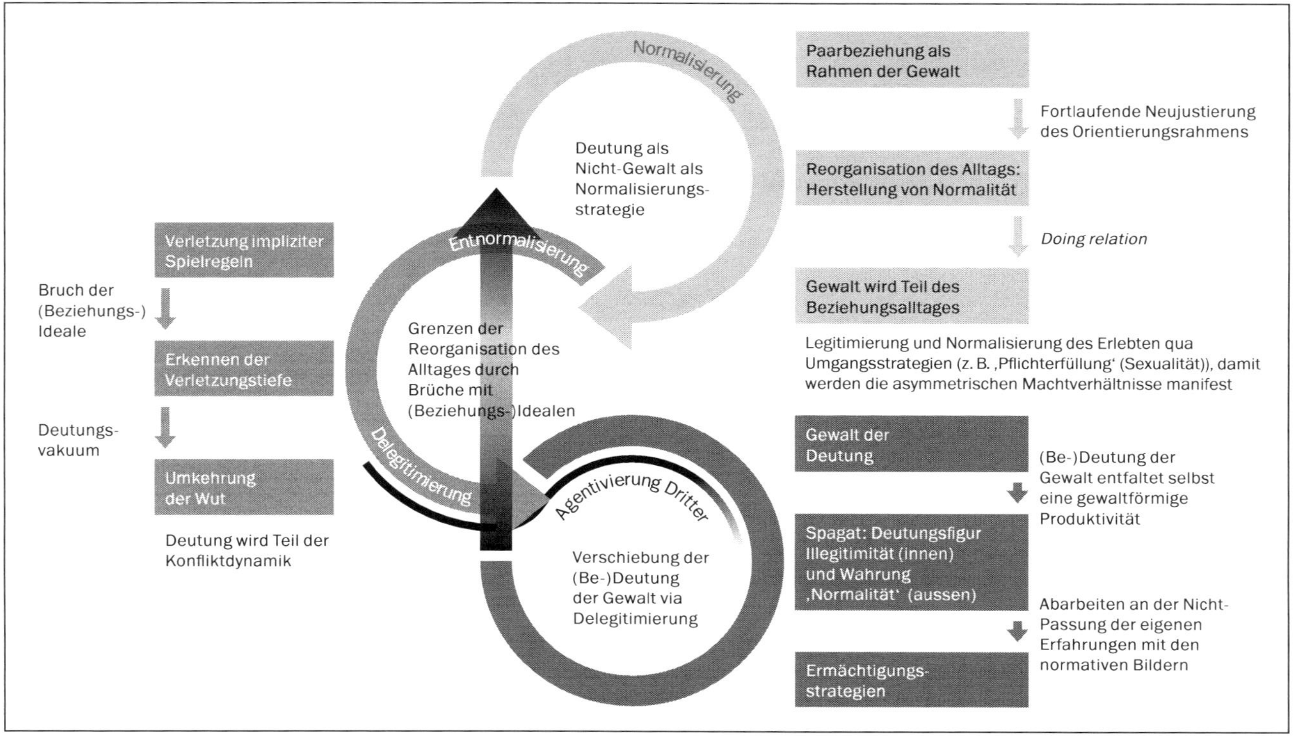

Diese Normalisierung wird sodann zu einer Normalisierungsschleife vor dem Hintergrund normativer Bilder. Da es für die Befragten gilt, das Selbst- und Fremdbild wie auch das Weltbild aufrechtzuerhalten, um z. B. wieder einem anderen Menschen vertrauen oder sich selbst wieder als handlungsmächtig betrachten zu können. Dies ist vor dem Hintergrund der neuen Deutungs- und Wissensstrukturen gefährdet, weil die eigene Handlungsfähigkeit und -mächtigkeit vor diesem neuen Hintergrund nicht mehr zugänglich ist. Parallel zu diesem Ringen wird in der Auseinandersetzung mit Selbstpositionierungen, beispielsweise mit derjenigen der ‚starken Frau', die erzählte Geschichte zum Erhalt des Selbstbildes reformuliert. Aus der erlebten Diskrepanz zwischen dem starken Selbstbild und dem normativen Bild eines schwachen Opfers werden andere Glaubenssätze entwickelt. Die Befragten wurden Opfer, weil sie nach ihren Deutungen eine ‚so starke Frau sind', sie es ‚nur ertragen konnten, weil sie eben so stark' waren, weil ihre ‚Stärke gebrochen werden sollte' oder weil sie ‚ein Mann sind und sich nicht wehren dürfen' etc.

Normalitätskonstruktionen von Gewalt können folglich als Herstellung und Stabilisierung der eigenen normativen Ordnung gelesen werden. Mit Blick auf weiterführende Forschungsarbeiten und das Handlungsfeld der Sozialen Arbeit dürfte es deshalb relevant sein, diese Normalitätskonstruktionen miteinzubeziehen. Hierzu zählt auch, die normativen Bilder in den Fokus zu stellen, da diese als Orientierungsrahmen dienen.

Aus diesem Grund muss auch ebendieser Orientierungsrahmen, der für die ‚Normalität steht, näher betrachtet werden. Wenn z. B. Frau Müller – wie in Kapitel 9.2.1 dargelegt – ihre Handlungen einer vermeintlich objektiven Vernunft gegenüberstellt und sich fragt, warum sie nicht ‚vernünftig' gehandelt habe, dann verweist dies auf einen zentralen Aspekt: In der Literatur wird Normalität als selten hinterfragtes Deutungsmuster aufgefasst (Stehr 2006, S. 130), das im Alltagsverständnis als allgemein bekannt gilt. Auf den Fall von Frau Müller übertragen, kann damit gesagt werden, dass Frau Müller ‚Vernunft' mit rationalem Handeln gleichsetzt und dies zum ‚Normalzustand' erklärt. Gemäss Johannes Stehr (2006, S. 130) wird im Allgemeinen von der Gesellschaft von einer (vermeintlich) eindeutigen Unterscheidung zwischen Normalität und Abweichung als Repertoire des sogenannten „gesunden Menschenverstandes" (Stehr 2006, S. 130) ausgegangen. Wesentlich ist hierbei, dass Normalität aus soziologischer Perspektive das ‚Selbstverständliche' einer Gesellschaft darstellt, das nicht mehr erklärt werden muss und zugleich kaum greifbar – u. a. auch für die Wissenschaft – ist (Wildfeuer 2007, S. 325). Es wird damit unabdingbar, das ‚Selbstverständliche' nicht mehr als selbstverständlich vorauszusetzen, sondern es bewusst und gezielt infrage zu stellen und zu ergründen. Es gilt folglich diese Normalitätsvorstellungen in den Blick zu nehmen, die die (Be-)Deutung von Gewalt, Gewaltbetroffenheit und damit auch den Umgang mit Gewaltbetroffenen prägen.

Mit diesem Fokus und mittels der Erfassung subjektiven Sinnzuschreibungen der Betroffenen leistet die Studie einen Beitrag zur umfassenden Beschreibung von Gewalt im Sinne eines sozialen Konstrukts innerhalb der Gesellschaft. Im Zentrum stand die Frage danach, wie Gewaltbetroffene selbst Gewalt und ihre eigene Gewaltbetroffenheit deuten und dadurch wiederum Bedeutung generieren. Das Phänomen der Gewalt erfordert demnach ein komplexes Verständnis, welches es erlaubt, auch Unschärfen und Normative zu erfassen. Hierfür gilt es, die bestehenden Gewaltkonzepte kritisch zu hinterfragen.

Im Zusammenhang mit der Definitionsmacht und Handlungsfähigkeit wird nachfolgend kurz auf die Debatte über einen engen vs. einen weiten Gewaltbegriff eingegangen. Das bedeutet, dass für die Befragten mit der Deutung der Gewalt einerseits ein Verlust der Definitionsmacht über das Erlebte einhergeht, was andererseits mit diskursiven Verzerrungen verbunden ist. ‚Gewalt' als Konzept kann nicht verwendet werden, um die eigenen Verhältnisse zu verstehen. Dies hat sich in der vorliegenden Studie darin geäussert, dass nicht alle Befragten ihre eigenen Erfahrungen unter Verwendung des Gewaltbegriffs artikulierten. Allerdings diente ein sehr enger Gewaltbegriff den Betroffenen von psychischer Gewalt dazu, das Erlebte zu verbalisieren. So wurde psychische Gewalt nur in Verbindung mit einer physischen Verletzung oder einem körperlichen Gewaltakt beschrieben (z. B. „er hat […] immer verbal dreingeschlagen" (Frau Gerber, Absatz 62)). Auch die Aussage von Befragten, dass sie sich teilweise ‚gewünscht' hätten, von ihrem Partner geschlagen worden zu sein, um im Vergleich zur tatsächlich erlebten psychischen Gewalt blaue Flecken und damit sichtbare und eindeutige Zeichen der Gewalt zu haben, stehen exemplarisch für die engen Gewaltkonzepte der Befragten.

Ein soziales Phänomen lässt sich folglich nicht (allein) über die Konsequenzen definieren. Es gilt deshalb, einen Gewaltbegriff zu entwickeln, der nicht nur die physische Gewalt umfasst, sondern definitorisch auch die psychische Gewalt miteinzubeziehen hat. Zusätzlich muss dieser Begriff auch für die Praxis anschlussfähig sein, da die Fachkräfte mit Definitionsmacht mit einem anderen Gewaltkonzept als die Betroffenen agieren. Margrit Brückner (2002a, S. 19) beispielsweise schlägt einen subjektiven Gewaltbegriff mit einer individuellen Perspektivierung vor, um den Betroffenen die Definitionsmacht zuzusprechen und sie dadurch vor einer Etikettierung zu bewahren (Brückner 2002b). Ein subjektiver Gewaltbegriff kann eine solche Etikettierung jedoch gerade auch verstärken, weil diese Perspektive auch den Blick auf Differenz schärfen kann (Mecheril 2003, S. 55), z. B. das Narrativ, dass Gewalt ‚ein Problem der Anderen' sei. Auch ein subjektiver Gewaltbegriff beinhaltet stets die Sicht der Anderen, wenngleich durch die Brille der Gewaltbetroffenen (Mecheril 2003, S. 55).

Aus konstruktivistischer Perspektive wurde in der vorliegenden Studie danach gefragt, inwiefern die von den Befragten hervorgebrachten (Be-)Deutungen für die soziale Ordnung stehen. Trotz der Subjektivität der individuellen

Erfahrungen ist eine strukturelle Ähnlichkeit und damit eine Gemeinsamkeit in den Erfahrungsräumen der Befragten gegeben. Mit einer dekonstruktivistischen Perspektive wird dafür sensibilisiert, Gewalt weniger definitorisch resp. systematisch als vielmehr mit all ihren Widersprüchlichkeiten und Aporien zu erschliessen. Dazu gehört auch die Reflexion über die eigenen bestehenden Konzepte (Feustel 2015, S. 55; Zima 2016, S. 5). Dabei ist darauf zu achten, inwiefern Gewaltkonzepte zur Reproduktion von Vergeschlechtlichungen und damit zur Erweiterung von Verletzungsverhältnissen beitragen und ob resp. inwiefern Vergeschlechtlichungen durch soziale Institutionen (re)produziert werden (Sauer 2013, S. 79).

Bei der Konzeption von Studien und Interventionen sowie ihrer Durchführung gilt es folglich, einerseits die Reproduktion von Vergeschlechtlichungen zu vermeiden und andererseits vorab keinen normativen Rahmen für Gewalt zu setzen. Weder sollte beispielsweise von distinkten Opfergruppen ausgegangen werden, noch sollten Situationen resp. Deutungen von Gewalt oder verschiedene Gewaltformen einander Apriori normativ-analytisch gegenübergestellt werden. Für die Forschung ist es des Weiteren wenig zielführend, wenn z.B. nach männlicher oder weiblicher Gewaltbetroffenheit gefragt wird, denn Gewalt(-betroffenheit) als solche wie auch der Umgang damit hängen nicht unmittelbar mit dem Geschlecht zusammen. Als sinnvoller dürfte es sich demgegenüber erweisen, nach den tradierten Mustern einer kulturellen Symbolik der Zweigeschlechtlichkeit zu forschen, welche sich in Handlungsmustern der einzelnen Subjekte wie auch in der Ordnung der Institutionen niederschlagen. Dies impliziert keineswegs, dass Frauen und Männer das Gleiche erleben oder sich in gleichrangigen Lebenslagen und -zusammenhängen befinden.

Auch die Unterschiede in den Narrationen, die hinsichtlich der Geschlechtlichkeit diskutiert wurden, deuten darauf hin, dass die Erfahrungen der Befragten von den Betroffenen, vom sozialen Umfeld wie auch von involvierten Institutionen gleichermassen über das Geschlecht sozial unterschiedlich eingebettet werden, weshalb sie sich vor dem Hintergrund dieser Ordnung der Institutionen z.B. im Hinblick auf den Opferstatus auch verschieden positionieren (müssen).

Das Modell der Gewalt-Modalitäten ermöglicht es durch seine konstruktivistische Perspektive auf Gewalt, die Rolle der Forschenden und ihre normativen Setzungen zu reflektieren. So ist von Forschenden stets zu hinterfragen, was es bedeutet, wenn von ‚häuslicher Gewalt', von ‚Beziehungsproblemen' oder von ‚Vergewaltigung' vs. ‚Erwartung der sexuellen Verfügbarkeit im Rahmen einer (ehelichen/eheähnlichen) Beziehung' etc. gesprochen wird. Im Analyseprozess gilt es sodann, die sogenannten Gegenkonstrukte zu Gewalt aufzudecken, damit beleuchtet werden kann, woran sich die Betroffenen bei den Konstruktionen von Gewalt orientieren. Auch Forschende selbst werden bei der Erhebung der Daten für die Befragten zu einer Figur des Dritten, wenn sie im

Rahmen der Interviews von den Befragten angesprochen werden, das Erfahrene zu deuten.

Zusammenfassend lässt sich abschliessend festhalten, dass das Modell der Gewalt-Modalitäten detaillierte empirische Einsichten in die sozialen Herstellungsprozesse von Gewaltdeutungen ermöglicht und eine Grundlage für die Bearbeitung der Frage, wofür diese Deutungen in der sozialen Ordnung stehen, bereitstellt. Für die weitere Forschung gilt es, u. a. auch mit Blick auf (sozial-) pädagogische Interventionen und sozialpolitische Konzeptionen, die Normalitätskonstruktionen von Gewalt zu analysieren. Die Befunde der vorliegenden Studie deuten darauf hin, dass durch normative Bilder in den Aushandlungsprozessen unterschiedliche Zuschreibungen zu Eigenschaften und Positionen vorgenommen werden, und sie zeigen auf, wie diese Bilder mitunter durch die sozialpädagogische und die rechtliche Praxis beeinflusst sein können, wie dies auch Angelika Grubner (2014, S. 64) festhält. In der Auseinandersetzung mit diesen Normalitätskonstruktionen lässt sich kritisch beleuchten, wie normative Bilder, die den Forschungsarbeiten und Interventionen zugrunde liegen, die Vergeschlechtlichung von Gewalt reifizieren. Gleichzeitig geben die Normalitätskonstruktionen der Befragten Aufschluss darüber, welche Herausforderungen sich bei der Prävention und bei der Konzeption von Schutzkonzepten für Gewaltbetroffene nach wie vor stellen.

Literaturverzeichnis

Abels, Heinz (2010): Herbert Blumer: Symbolischer Interaktionismus. In: Abels, Heinz (Hrsg.): Interaktion, Identität, Präsentation. Wiesbaden: Springer VS, S. 43–57.

Abels, Heinz/Stenger Horst (1986): Gesellschaft lernen. Einführung in die Soziologie. Opladen: Leske u. Budrich.

Adkins, Lisa/Lury, Celia (1995): Das „Soziale“ in feministischen Theorien: Eine nützliche Analysekategorie? In: Armbruster, L. Christof/Müller, Ursula/Stein-Hilbers, Marlene (Hrsg.): Neue Horizonte? Sozialwissenschaftliche Forschung über Geschlechter und Geschlechterverhältnisse. Wiesbaden: Springer VS, S. 41–60.

Agamben, Giorgio (2013): Was von Auschwitz bleibt. Das Archiv und der Zeuge. 5. Aufl. Frankfurt am Main: Suhrkamp.

Alheit, Peter (1996): „Biographizität“ als Lernpotential: Konzeptionelle Überlegungen zum biographischen Ansatz in der Erwachsenenbildung. In: Krüger, Heinz-Hermann/Marotzki, Winfried (Hrsg.): Erziehungswissenschaftliche Biographieforschung. Wiesbaden: Springer VS, S. 276–307.

Archer, John (2000): Sex differences in aggression between heterosexual partners. A meta-analytic review. In: Psychological Bulletin, 126. Jg., H. 5, S. 651–680.

Arendt, Hannah (1975): Macht und Gewalt. 3. Aufl. München: Piper.

Aulenbacher, Brigitte (2008): Geschlecht als Strukturkategorie. Über den inneren Zusammenhang von moderner Gesellschaft und Geschlechterverhältnis. In: Wilz, Sylvia Marlene (Hrsg.): Geschlechterdifferenzen – Geschlechterdifferenzierungen. Ein Überblick über gesellschaftliche Entwicklungen und theoretische Positionen. Wiesbaden: Springer VS u. GWV, S. 139–166.

Baecker, Dirk (1996): Gewalt im System. In: Soziale Welt, 47. Jg., H. 1, S. 92–109.

Bänziger, Vreni/Bass, Barbara/Fleischli, Marlene/Trionfini, Anatinna/Weingartner, Martha (2010): Ein Spital wird aktiv. Das Projekt „häusliche Gewalt – wahrnehmen – intervenieren“ in der Frauenklinik Maternité, Stadtspital Triemli Zürich. In: Fachstelle für Gleichstellung Stadt Zürich/Frauenklinik Maternité, Stadtspital Triemli Zürich/Verein Inselhof Triemli Zürich (Hrsg.): Häusliche Gewalt erkennen und richtig reagieren. Handbuch für Medizin, Pflege und Beratung. 2., überarb. und erw. Aufl. Bern: Huber, S. 243–281.

Beck-Gernsheim, Elisabeth (2008): Vom „Dasein für andere“ zum Anspruch auf ein Stück „eigenes Leben“: Individualisierungsprozesse im weiblichen Lebenszusammenhang. In: Wilz, Sylvia Marlene (Hrsg.): Geschlechterdifferenzen – Geschlechterdifferenzierungen. Ein Überblick über gesellschaftliche Entwicklungen und theoretische Positionen. Wiesbaden: Springer VS u. GWV, S. 19–61.

Beer, Ursula/Chalupsky, Jutta (1993): Vom Realsozialismus zum Privatkapitalismus. Formierungstendenzen im Geschlechterverhältnis. In: Aulenbacher, Brigitte/Goldmann, Monika (Hrsg.): Transformationen im Geschlechterverhältnis. Beiträge zur industriellen und gesellschaftlichen Entwicklung. Frankfurt am Main: Campus, S. 184–230.

Belser, Katharina (2005): Häusliche Gewalt kommt in allen Kreisen vor – nur in manchen vielleicht etwas häufiger. Was wir aus Polizeistatistiken und Prävalenzstudien lernen können. In: Frauenfragen: Häusliche Gewalt und Migration, H. 1, S. 9–12.

Bereswill, Mechthild (o. J.): Adoleszenz, Devianz und Geschlecht. Sozialwissenschaftliche Befunde und präventionspolitische Perspektiven. Expertise zu Jugend: Pro- und Dissozialität. Welche Rolle spielt die Geschlechteridentität für das Gelingen von Präventionspolitik. https://www.landtag.nrw.de/portal/WWW/GB_I/I.1/EK/EKALT/14_EK_III/Expertisen/Bereswill_Expertise. pdf (22. 09. 2017).

Bereswill, Mechthild (2003a): Gewalthandeln, Männlichkeitsentwürfe und biographische Subjektivität am Beispiel inhaftierter junger Männer. In: Koher, Frauke/Pühl, Katharina (Hrsg.): Gewalt und Geschlecht. Konstruktionen, Positionen, Praxen. Wiesbaden: Springer VS, S. 189–212.

Bereswill, Mechthild (2003b): Gewalt als männliche Ressource? Theoretische und empirische Differenzierungen am Beispiel junger Männer mit Hafterfahrungen. In: Lamnek, Siegfried/Boatcă, Manuela (Hrsg.): Geschlecht – Gewalt – Gesellschaft. Wiesbaden: Springer VS, S. 123–137.

Bereswill, Mechthild (2006): „Weiblichkeit und Gewalt" – grundsätzliche Überlegungen zu einer undurchsichtigen Beziehung. In: Zander, Margherita/Hartwig, Luise/Jansen, Irma (Hrsg.): Geschlecht Nebensache? Zur Aktualität einer Gender Perspektive in der Sozialen Arbeit. Wiesbaden: Springer VS, S. 245–257.

Bereswill, Mechthild (2007): Abweichendes Verhalten und Geschlecht. Eine vielschichtige Beziehung. In: Kawamura-Reindl, Gabriele (Hrsg.): Gender Mainstreaming – ein Konzept für die Straffälligenhilfe? Freiburg im Breisgau: Lambertus, S. 35–51.

Bereswill, Mechthild (2011): Zum Verhältnis von Gewalt und Geschlecht: Entwicklungen und Perspektiven der soziologischen Geschlechterforschung. In: Rendtorff, Barbara/Mahs, Claudia/Wecker, Verena (Hrsg.): Geschlechterforschung. Theorien, Thesen, Themen zur Einführung. Stuttgart: Kohlhammer, S. 201–216.

Bereswill, Mechthild (2014): Geschlecht als Konfliktkategorie. In: Behnke, Cornelia/Lengersdorf, Diana/Scholz, Sylka (Hrsg.): Wissen – Methode – Geschlecht: Erfassen des fraglos Gegebenen. Wiesbaden: Springer VS, S. 189–199.

Bereswill, Mechthild (2018): Biographie und Gewalt. In: Lutz, Helma/Schiebel, Martina/Tuider, Elisabeth (Hrsg.): Handbuch Biographieforschung. Wiesbaden: Springer VS, S. 269–280.

Bereswill, Mechthild/Braukmann, Stephanie (2014): Fürsorge und Geschlecht. Neue und alte Geschlechterkonstellationen im freiwilligen Engagement Älterer. Weinheim/Basel: Beltz Juventa.

Bereswill, Mechthild/Rieker, Peter (2015): Irritation, Reflexion und soziologische Theoriebildung. In: Kalthoff, Herbert/Hirschauer, Stefan/Lindemann, Gesa (Hrsg.): Theoretische Empirie. Zur Relevanz qualitativer Forschung. 2. Aufl. Frankfurt am Main: Suhrkamp, S. 401–433.

Bersani, Carl A./Chen, Huey-Tsyh (1988): Sociological Perspectives in Family Violence. In: van Hasselt, Vincent B./Morrison, Randall L./Bellack, Alan S./Hersen, Michel (Hrsg.): Handbook of family violence. New York: Plenum, S. 57–86.

BfS (2018): Polizeiliche Kriminalstatistik. Geschädigte häuslicher Gewalt nach Staatszugehörigkeit und Aufenthaltsstatus, 2017. https://www.bfs.admin.ch/bfs/de/home/statistiken/kriminalitaet-strafrecht/polizei/haeusliche-gewalt.assetdetail.6186226.html (08. 02. 2019).

Bloch, Natalie (2014): Legitimierte Gewalt. Zum Verhältnis von Sprache und Gewalt in Theatertexten von Elfriede Jelinek und Neil La Bute. Bielefeld: transcript.

Blumer, Herbert (1981): Der Methodologische Standort des Symbolischen Interaktionismus. In: Matthes, Joachim (Hrsg.): Alltagswissen, Interaktion und gesellschaftliche Wirklichkeit. 5. Aufl. Opladen: Westdt. Verl., S. 80–146.

Blumer, Herbert (2013): Symbolischer Interaktionismus. Aufsätze zu einer Wissenschaft der Interpretation. Berlin: Suhrkamp.

Boatcă, Manuela/Lamnek, Siegfried (2003): Gegenwartsdiagnosen zu Gewalt im Geschlechterverhältnis. In: Lamnek, Siegfried/Boatcă, Manuela (Hrsg.): Geschlecht – Gewalt – Gesellschaft. Wiesbaden: Springer VS, S. 13–33.

Bock, Michael (2003): „Natürlich nehmen wir den Mann mit". Über Faktenresistenz und Immunisierungsstrategien bei häuslicher Gewalt. In: Lamnek, Siegfried/Boatcă, Manuela (Hrsg.): Geschlecht – Gewalt – Gesellschaft. Wiesbaden: Springer VS, S. 179–194.

Born, Claudia/Krüger, Helga (2001): Das Lebenslaufregime der Verflechtung: Orte, Ebenen und Thematisierungen. In: Born, Claudia/Krüger, Helga (Hrsg.): Individualisierung und Verflechtung. Geschlecht und Generation im deutschen Lebenslaufregime. Weinheim: Juventa, S. 11–26.

Böttger, Andreas/Strobl, Rainer (2002): Möglichkeiten und Grenzen qualitativer Erhebungs- und Auswertungsverfahren in der Gewaltforschung. In: Hagan, John/Heitmeyer, Wilhelm (Hrsg.): Internationales Handbuch der Gewaltforschung. Wiesbaden: Westdt. Verl., S. 1483–1502.

Bourdieu, Pierre (2015): Die verborgenen Mechanismen der Macht. Durchgeseh. Neuaufl. der Erstaufl. 1992. Hamburg: VSA.

Brandenstein, Martin (2012): Auswirkungen von Hafterfahrungen auf Selbstbild und Identität rechtsextremer jugendlicher Gewalttäter. Berlin: Duncker u. Humblot.

Bröckling, Ulrich/Krasmann, Susanne/Lemke, Thomas (Hrsg.) (2015): Gouvernementalität der Gegenwart. Studien zur Ökonomisierung des Sozialen. 7. Aufl. Frankfurt am Main: Suhrkamp.

Brückner, Margrit (1991): Die Liebe der Frauen. Über Weiblichkeit und Misshandlung. 4. Aufl. Frankfurt am Main: Fischer.

Brückner, Margrit (2002a): Gewalt im Geschlechterverhältnis – Möglichkeiten und Grenzen eines geschlechtertheoretischen Ansatzes zur Analyse „häuslicher Gewalt". In: Göttert, Margit/Walser, Karin (Hrsg.): Gender und soziale Praxis. Königstein/Taunus: Helmer, S. 15–37.

Brückner, Margrit (2002b): Wege aus der Gewalt gegen Frauen und Mädchen. 2., aktual. Neuaufl. Frankfurt am Main: Fachhochschulverlag.

Brückner, Margrit (2009): Gewalt in Paarbeziehungen. In: Lenz, Karl/Nestmann, Frank (Hrsg.): Handbuch persönliche Beziehungen. Weinheim: Juventa, S. 791–811.

Bruner, Edward M. (1986): Experience and its Expressions. In: Turner, Victor Witter/Bruner, Edward M. (Hrsg.): The anthopology of experience. Urbana/Chicago: University of Illinois, S. 3–32.

Bryant, Antony/Charmaz, Kathy (2011): Grounded Theory in Historical Perspective. An Epistemological Account. In: Bryant, Antony/Charmaz, Kathy (Hrsg.): The SAGE handbook of grounded theory. Paperback ed., reprint. Los Angeles: Sage, S. 31–57.

Brzank, Petra (2012): Hilfesuchverhalten im Kontext von Partnergewalt gegen Frauen. Sekundärdatenanalyse der Repräsentativbefragung „Lebenssituation, Sicherheit und Gesundheit von Frauen in Deutschland". Dissertation, TU Berlin, Fakultät VII – Wirtschaft und Management. Berlin. https://depositonce.tu-berlin.de/handle/11303/2947 (20. 12. 2018).

Burkart, Günter/Koppetsch, Cornelia (1999): Die Illusion der Emanzipation. Zur Wirksamkeit latenter Geschlechtsnormen im Milieuvergleich. Konstanz: UVK.

Burkart, Günter/Koppetsch, Cornelia (2001): Geschlecht und Liebe. Überlegungen zur einer Soziologie des Paares. In: Heintz, Bettina (Hrsg.): Geschlechtersoziologie. Wiesbaden: Westdt. Verl., S. 431–453.

Buskotte, Andrea (1999): Gewalt – (k)eine reine Männersache. Geschlechtstypische Aspekte von Gewalt und Perspektiven für die Prävention. In: Böttger, Andreas (Hrsg.): Jugend-

gewalt – und kein Ende? Hintergründe, Perspektiven, Gegenstrategien. Hannover: Landesstelle Jugendschutz Niedersachsen, S. 87–96.
Butler, Judith (2017): Die Macht der Geschlechternormen und die Grenzen des Menschlichen. 4. Aufl. Berlin: Suhrkamp.
Büttner, Monika (1997): Weibliche Biographie und Gewalterfahrung in Paarbeziehungen. Integrationschancen subjektiver Bewältigungs- und Präventationsstrategien. Zugl.: Siegen, Univ., Diss., 1997. Frankfurt am Main: dipa.
Caspari, Daniela (2003): Fremdsprachenlehrerinnen und Fremdsprachenlehrer. Studien zu ihrem beruflichen Selbstverständnis. Habilitation, Universität Giessen. Tübingen: Narr.
Charmaz, Kathy (2000): Grounded Theory: Objectivist and Constructivist Methods. In: Denzin, Norman K./Lincoln, Yvonna, S. (Hrsg.): Handbook of Qualitative Research. Thousand Oaks: Sage, S. 509–535.
Charmaz, Kathy (2006): Constructing grounded theory. A practical guide through qualitative analysis. London: Sage.
Charmaz, Kathy (2011): Den Standpunkt verändern: Methoden der konstruktivistischen Grounded Theory. In: Mey, Günter/Mruck, Katja (Hrsg.): Grounded Theory Reader. Wiesbaden: Springer VS, S. 181–205.
Charmaz, Kathy (2014): Constructing grounded theory. 2nd ed. London: Sage.
Cizek, Brigitte/Kapella, Olaf/Pflegerl, Johannes/Steck, Maria (2002): Gewalt gegen Männer. Teil 3. Wien: Styrian.
Clarke, Adele E. (2012): Situationsanalyse. Grounded Theory nach dem Postmodern Turn. In: Keller, Reiner (Hrsg.): Situationsanalyse. Grounded Theory nach dem postmodern turn. Herausgegeben und mit einem Vorwort von Reiner Keller. Wiesbaden: Springer VS, S. 23–304.
Connell, Raewyn (2015): Der gemachte Mann. Konstruktion und Krise von Männlichkeiten. 4., durchges. und erw. Aufl. Wiesbaden: Springer VS.
Council of Europe (2006): Combating Violence Against Women. Stocktaking Study on the Measures and Actions Taken in Council of Europe Member States. Human Rights. Strasbourg.
Dackweiler, Regina-Maria (2002): Staatliche Rechtspolitik als geschlechterpolitische Handlungs- und Diskursarena. Zum Verrechtlichungsprozess von Vergewaltigung in der Ehe. In: Dackweiler, Regina-Maria/Schäfer, Reinhild (Hrsg.): Gewalt-Verhältnisse. Feministische Perspektiven auf Geschlecht und Gewalt. Frankfurt am Main/New York: Campus, S. 107–131.
Dausien, Bettina (2000): „Biographie“ als rekonstruktiver Zugang zu „Geschlecht“ – Perspektiven der Biographieforschung. In: Lemmermöhle, Doris/Fischer, Dietlind/Klika, Dorle/Schlüter, Anne (Hrsg.): Lesarten des Geschlechts. Zur De-Konstruktionsdebatte in der erziehungswissenschaftlichen Geschlechterforschung. Opladen: Leske u. Budrich, S. 96–115.
Dausien, Bettina (2012): Differenz und Selbst-Verortung – Die soziale Konstruktion von Geschlecht in Biographien als Forschungskonzept. In: Aulenbacher, Brigitte/Riegraf, Birgit (Hrsg.): Erkenntnis und Methode. Wiesbaden: Springer VS, S. 157–177.
Dausien, Bettina (2018): Biographie und Sozialisation. In: Lutz, Helma/Schiebel, Martina/Tuider, Elisabeth (Hrsg.): Handbuch Biographieforschung. Wiesbaden: Springer VS, S. 197–207.
Dellwing, Michael (2014): Zur Aktualität von Erving Goffman. Wiesbaden: Springer VS.
Denzin, Norman K. (2012): Symbolischer Interaktionismus. In: Kardorff, Ernst von/Steinke, Ines/Flick, Uwe (Hrsg.): Qualitative Forschung. Ein Handbuch. 6., durchges. und aktual. Aufl., Orig.-Ausg. Reinbek bei Hamburg: Rowohlt Taschenbuch, S. 136–150.

Derrida, Jacques (2009): Positionen. Gespräche mit Henri Ronse, Julia Kristeva, Jean-Louis Houdebine, Guy Scarpetta. 2., überarb. Aufl. Wien: Passagen.
Dietrich, Cornelie (2013): Inkorporierte Normen in der Sprache und Erziehung. In: Fuchs, Thorsten/Jehle, May/Krause, Sabine (Hrsg.): Normativität und Normative (in) der Pädagogik. Würzburg: Königshausen u. Neumann, S. 223–231.
Dobash, Russell P./Dobash, Emerson R. (2002): Gewalt in heterosexuellen Partnerschaften. In: Hagan, John/Heitmeyer, Wilhelm (Hrsg.): Internationales Handbuch der Gewaltforschung. Wiesbaden: Westdt. Verl., S. 921–941.
Döge, Peter (2000): Geschlechterdemokratie als Männlichkeitskritik. Männerforschung, Männerpolitik und der „neue Mann". In: Aus Politik und Zeitgeschichte, H. B 31-32, S. 18–23.
Dollinger, Bernd (2018): Kriminalität und Kriminalitätskontrolle als Erzählungen. Positionen narrativer Kriminologien. In: Dollinger, Bernd/Schmidt-Semisch, Henning (Hrsg.): Handbuch Jugendkriminalität. Interdisziplinäre Perspektiven. 3., vollst. überarb. und aktual. Aufl. Wiesbaden: Springer VS, S. 241–258.
Dollinger, Bernd/Schmidt, Holger (2015): Zur Aktualität von Goffmans Konzept „totaler Institutionen" Empirische Befunde zur gegenwärtigen Situation des „Unterlebens" in Ge fängnissen. In: Schweder, Marcel/Borchert, Jens (Hrsg.): Handbuch Jugendstrafvollzug. Weinheim: Beltz Juventa, S. 245–259.
Dresing, Thorsten/Pehl, Thorsten (2015): Praxisbuch Interview, Transkription & Analyse. Anleitungen und Regelsysteme für qualitativ Forschende. 6. Aufl. Marburg: Eigenverlag.
Dubacher, Claudia/Reusser, Lena (2011): Häusliche Gewalt und Migrantinnen. Bern: Schweizerische Beobachtungsstelle für Asyl- und Ausländerrecht.
EBG (2011): Gewalt in Paarbeziehungen – Bericht zum Forschungsbedarf. Umsetzung einer Massnahme aus dem Bericht des Bundesrates „Gewalt in Paarbeziehungen – Ursachen und in der Schweiz getroffene Massnahmen" vom 13. Mai 2009. Bern: EBG Fachbereich häusliche Gewalt.
EBG (2012a): Häusliche Gewalt gegen Frauen und Männer. Informationen und Unterstützungsangebote. Bern. https://www.ebg.admin.ch/ebg/de/home/dokumentation/publikationen-allgemein/publikationen-gewalt.html (02.11.2014).
EBG (2012b): Aktueller Forschungsstand zu Opfern und Tatpersonen häuslicher Gewalt. Bern. www.ebg.admin.ch/dokumentation/00012/00442/?lang=de… (03.11.2014).
EBG (2012c): Informationsblatt 2. Ursachen und Risikofaktoren von Gewalt in Paarbeziehungen. Bern. https://www.ebg.admin.ch/ebg/de/home/dokumentation/publikationen-allgemein/publikationen-gewalt.html (08.09.2018).
EBG (2012d): Häusliche Gewalt im Migrationskontext. Bern. https://www.ebg.admin.ch/ebg/de/home/dokumentation/publikationen-allgemein/publikationen-gewalt.html (03.11.2014).
EBG (2014): Informationsblatt 16: Vorkommen und Schwere häuslicher Gewalt im Geschlechtervergleich – aktueller Forschungsstand. Bern. https://www.ebg.admin.ch/ebg/de/home/dokumentation/publikationen-allgemein/publikationen-gewalt.html (09.07.2018).
EBG (2015): Häusliche Gewalt im Migrationskontext. Bern. https://www.ebg.admin.ch/ebg/de/home/dokumentation/publikationen-allgemein/publikationen-gewalt.html (21.06.2018).
EBG (2016): Informationsblatt 12: Rechtliche Beratung und Vertretung bei häuslicher Gewalt gemäss der Schweizerischen Strafprozessordnung (StPO). Bern. https://www.ebg.admin.ch/ebg/de/home/dokumentation/publikationen-allgemein/publikationen-gewalt.html (23.12.2018).
EBG (2017a): Informationsblatt 13: Rechte von betroffenen Personen häuslicher Gewalt in Zivilverfahren. Bern. https://www.ebg.admin.ch/ebg/de/home/dokumentation/publikationen-allgemein/publikationen-gewalt.html (23.12.2018).

EBG (2017b): Informationsblatt 11: Häusliche Gewalt in der Schweizer Gesetzgebung. https://www.ebg.admin.ch/ebg/de/home/dokumentation/publikationen-allgemein/publikationen-gewalt.html (15. 12. 2018).

EBG (2018): Informationsblatt 9: Zahlen zu häuslicher Gewalt in der Schweiz. https://www.ebg.admin.ch/ebg/de/home/dokumentation/publikationen-allgemein/publikationen-gewalt.html (09. 07. 2018).

Eggenberger, Marlene/Haeberli, Karin (2005): Migrantinnen sind bei häuslicher Gewalt besonders zu schützen! Eine Herausforderung für alle beteiligten Institutionen. In: Frauenfragen: Häusliche Gewalt und Migration, H. 1, S. 38–40.

EJPD (2018): Angemessene Strafrahmen: Bundesrat will Strafgesetzbuch revidieren. https://www.bj.admin.ch/bj/de/home/aktuell/news/2018/ref_2018-04-250.html (15. 12. 2018).

Engelfried, Constance (1997): Männlichkeiten. Die Öffnung des feministischen Blicks auf den Mann. Weinheim: Juventa.

Equit, Claudia/Hohage, Christoph (2016): Ausgewählte Entwicklungen und Konfliktlinien der Grounded Theory Methodologie. In: Equit, Claudia/Hohage, Christoph (Hrsg.): Handbuch Grounded Theory. Von der Methodologie zur Forschungspraxis. Weinheim/Basel: Beltz Juventa, S. 9–46.

Esser, Hartmut (1999): Soziologie. Situationslogik und Handeln. Frankfurt am Main: Campus.

Felten, Mirjam von (2000): „… aber das ist noch lange nicht Gewalt". Empirische Studie zur Wahrnehmung von Gewalt bei Jugendlichen. Wiesbaden: Springer VS.

Feustel, Robert (2015): Die Kunst des Verschiebens. Dekonstruktion für Einsteiger. Paderborn: Wilhelm Fink.

Firle, Michael/Hoeltje, Bettina/Nini, Maria (1996): Gewalt in Ehe und Partnerschaft. Anregungen und Vorschläge zur Beratungsarbeit mit misshandelten Frauen. Bonn: Bundesministerium für Familie, Senioren, Frauen und Jugend.

Fischer-Rosenthal, Wolfram/Rosenthal, Gabriele (1997): Warum Biographieanalyse und wie man sie macht. In: Zeitschrift für Sozialisationsforschung und Erziehungssoziologie, 405–427, H. 4

Flatley, John (2018): Domestic abuse: findings from the Crime Survey for England and Wales: year ending March 2017. Domestic abuse findings from the year ending March 2017 Crime Survey for England and Wales, using statistics to tell us about victims and long-term trends. In: Cartographic Perspectives, H. 89, S. 1.

Flick, Uwe (2000): Qualitative Forschung. Theorie, Methoden, Anwendung in Psychologie und Sozialwissenschaften. 5. Aufl., Orig.-Ausg. Reinbek bei Hamburg: Rowohlt.

Fliedner, Juliane/Schwab, Stephanie/Stern, Susanne/Iten, Rolf (2013): Kosten von Gewalt in Paarbeziehungen. Forschungsbericht. Bern. https://www.ebg.admin.ch/dam/ebg/de/dokumente/haeusliche_gewalt/kosten_gewalt_schweiz.pdf.download.pdf/04-Kostenstudie-Langfassung-dt.pdf (25. 10. 2014).

Flury, Regula (2010): Grundsätze der Beratung gewaltbetroffener Frauen. In: Fachstelle für Gleichstellung Stadt Zürich/Frauenklinik Maternité, Stadtspital Triemli Zürich/Verein Inselhof Triemli Zürich (Hrsg.): Häusliche Gewalt erkennen und richtig reagieren. Handbuch für Medizin, Pflege und Beratung. 2., überarb. und erw. Aufl. Bern: Huber, S. 123–130.

Forschungsverbund Gewalt gegen Männer (Hrsg.) (2004): Gewalt gegen Männer in Deutschland. Personale Gewaltwiderfahrnisse von Männern in Deutschland. Im Auftrag des Bundesministeriums für Familie, Senioren, Frauen und Jugend. Berlin. https://www.bmfsfj.de/blob/84590/a3184b9f324b6ccc05bdfc83ac03951e/studie-gewalt-maenner-langfassung-data.pdf (09. 04. 2016).

Forst, Rainer/Günther, Klaus (2011): Die Herausbildung normativer Ordnungen. Interdisziplinäre Perspektiven. Beiträge zur ersten Jahreskonferenz des Exzellenzclusters EXC 243 Die Herausbildung normativer Ordnungen an der Goethe-Universität Frankfurt am Main, die am 14. und 15. November 2008 stattfand. Frankfurt am Main: Campus.

Foucault, Michel (1980): Power/knowledge. Selected interviews and other writings 1972–1977. New York: Vintage Books.

Franke, Barbara./Seifert, D./Anders, Sven/Schrer, J./Heinemann, A. (2004): Gewaltforschung zum Thema „häusliche Gewalt" aus kriminologischer Sicht. In: Klinische Rechtsmedizin, 14. Jg., H. 3.

Gelles, Richard J. (1983): An Exchange/Social Control Theory. In: Finkelhor, David/Gelles, Richard, J./Hotaling, Gerald, T./Straus, Murray, A. (Hrsg.): The Dark side of families. Current family violence research. Beverly Hills: Sage, S. 151–165.

Gelles, Richard J. (2002): Gewalt in der Familie. In: Hagan, John/Heitmeyer, Wilhelm (Hrsg.): Internationales Handbuch der Gewaltforschung. Wiesbaden: Westdt. Verl., S. 1043–1077.

Gemünden, Jürgen (1996): Gewalt gegen Männer in heterosexuellen Intimpartnerschaften. Ein Vergleich mit dem Thema Gewalt gegen Frauen auf der Basis einer kritischen Auswertung empirischer Untersuchungen. Marburg: Tectum.

Gergen, Kenneth J./Gergen, Mary M. (2009): Einführung in den sozialen Konstruktionismus. Heidelberg: Carl-Auer.

Gill, Rosalind C. (2007): Critical Respect. The Difficulties and Dilemmas of Agency and ‚Choice' for Feminism. In: European Journal of Women's Studies, 14. Jg., H. 1, S. 69–80.

Gillioz, Lucienne/Puy, Jacqueline de/Ducret, Véronique (1997): Domination et violence envers la femme dans le couple. Lausanne: Payot.

Glammeier, Sandra (2011): Zwischen verleiblichter Herrschaft und Widerstand. Realitätskonstruktionen und Subjektpositionen gewaltbetroffener Frauen im Kampf um Anerkennung. Wiesbaden: Springer VS.

Glammeier, Sandra (2015): (De-)Thematisierung von Geschlecht im erziehungswissenschaftlichen Diskurs zu sexueller Gewalt gegen Kinder und Jugendliche. In: Rendtorff, Barbara/ Riegraf, Birgit/Mahs, Claudia/Schröttle, Monika (Hrsg.): Erkenntnis, Wissen, Intervention. Geschlechterwissenschaftliche Perspektiven. Weinheim/Basel: Beltz Juventa, S. 63–76.

Glaser, Barney G. (2001): The grounded theory perspective. Mill Valley: Sociology.

Glinka, Hans-Jürgen (2009): Das narrative Interview. Eine Einführung für Sozialpädagogen. 3. Aufl. Weinheim: Juventa.

Gloor, Daniela/Meier, Hanna (2003a): Häusliche Gewalt als Thema des Gesundheitswesens. Aktuelle Situation und Bedarf des Personals der Klinik Maternité Inselhof Triemli, Klinik für Geburtshilfe und Gynäkologie. Untersuchung im Rahmen des Projekts „häusliche Gewalt - wahrnehmen - intervenieren". Zürich: Büro für die Gleichstellung von Frau und Mann der Stadt Zürich und Klinik Maternité Inselhof Triemli, Zürich.

Gloor, Daniela/Meier, Hanna (2003b): Gewaltbetroffene Männer - wissenschaftliche und gesellschaftlich-politische Einblicke in eine Debatte. In: Die Praxis des Familienrechts, H. 3, S. 526–547.

Gloor, Daniela/Meier, Hanna (2004): Frauen, Gesundheit und Gewalt im sozialen Nahraum. Repräsentativbefragung bei Patientinnen der Maternité Inselhof Triemli, Klinik für Geburtshilfe und Gynäkologie. Bern: Soziothek.

Gloor, Daniela/Meier, Hanna (2014a): Betroffenensicht zu Recht und Interventionen bei Partnergewalt - auf dem Weg zur Gleichstellung der Geschlechter? Schinznach-Dorf: Gleichstellung der Geschlechter. Nationales Forschungsprogramm NFP 60.

Gloor, Daniela/Meier, Hanna (2014b): „Der Polizist ist mein Engel gewesen“. Sicht gewaltbetroffener Frauen auf institutionelle Interventionen bei Gewalt in Ehe und Partnerschaft. Schweizerischer Nationalfonds NFP 60, Schlussbericht. Social Insight – Forschung Evaluation Beratung. Schinznach-Dorf: Gleichstellung der Geschlechter. Nationales Forschungsprogramm NFP 60.

Gloor, Daniela/Meier, Hanna/Baeriswyl, Pascale/Büchler, Andrea (2000): Interventionsprojekte gegen Gewalt in Ehe und Partnerschaft. Grundlagen und Evaluation zum Pilotprojekt Halt-Gewalt. Bern: Haupt.

Godenzi, Alberto (1989): Bieder, brutal. Frauen und Männer sprechen über sexuelle Gewalt. Zürich: Unions.

Godenzi, Alberto (1996): Gewalt im sozialen Nahraum. 3., erw. Aufl. Basel/Frankfurt am Main: Helbing u. Lichtenhahn.

Goffman, Erving (2006): Asyle. Über die soziale Situation psychiatrischer Patienten und anderer Insassen. 15. Aufl. Stuttgart: Suhrkamp.

Goffman, Erving (2009): Das Individuum im öffentlichen Austausch. Mikrostudien zur öffentlichen Ordnung. Frankfurt am Main: Suhrkamp.

Goffman, Erving (2010): Wir alle spielen Theater. Die Selbstdarstellung im Alltag. 8. Aufl., ungekürz. Taschenbuchausg. München: Piper.

Goffman, Erving (2016): Stigma. Über Techniken der Bewältigung beschädigter Identität. 23. Aufl. Frankfurt am Main: Suhrkamp.

Goldner, Virginia/Penn, Peggy/Sheinberg, Marcia/Walker, Gillian (1992): Liebe und Gewalt – geschlechtsspezifische Paradoxe in instabilen Beziehungen. In: Familiendynamik, 17. Jg., H. 2, S. 109–140.

Gottschalch, Wilfried (1997): Männlichkeit und Gewalt. Eine psychoanalytisch und historisch soziologische Reise in die Abgründe der Männlichkeit. Weinheim: Juventa.

Gottschall, Karin (2000): Soziale Ungleichheit und Geschlecht. Kontinuitäten und Brüche, Sackgassen und Erkenntnispotentiale im deutschen soziologischen Diskurs. Opladen: Leske u. Budrich.

Gräßel, Ulrike (2003): Ein „richtiger“ Mann – eine „richtige“ Frau. Die Konstruktion von Geschlechteridentität in häuslichen Gewaltbeziehungen. In: Lenz, Karl (Hrsg.): Frauen und Männer. Zur Geschlechtstypik persönlicher Beziehungen. Weinheim: Juventa, S. 161–180.

Gregor, Joris Anja/Ruby, Sophie (2018): Biographie und Geschlecht. In: Lutz, Helma/Schiebel, Martina/Tuider, Elisabeth (Hrsg.): Handbuch Biographieforschung. Wiesbaden: Springer VS, S. 233–244.

Groenemeyer, Axel (2012): Soziologie sozialer Probleme – Fragestellungen, Konzepte und theoretische Perspektiven. In: Albrecht, Günter/Groenemeyer, Axel (Hrsg.): Handbuch soziale Probleme. Wiesbaden: Springer VS, S. 17–116.

Grubner, Angelika (2014): Geschlecht therapieren. Andere Erzählungen im Kontext narrativer systemischer Therapie. Heidelberg: Carl-Auer.

Habermann, Friederike (2012): „Alle Verhältnisse umwerfen!“ Und dafür eine subjektfundierte Hegemonietheorie. In: Dzudzek, Iris/Kunze, Caren/Wullweber, Joscha (Hrsg.): Diskurs und Hegemonie. Bielefeld: transcript, S. 85–104.

Haeberli Leugger, Karin (2010): Interinstitutionelle und interdisziplinäre Kooperation. In: Fachstelle für Gleichstellung Stadt Zürich/Frauenklinik Maternité, Stadtspital Triemli Zürich/Verein Inselhof Triemli Zürich (Hrsg.): Häusliche Gewalt erkennen und richtig reagieren. Handbuch für Medizin, Pflege und Beratung. 2., überarb. und erw. Aufl. Bern: Huber, S. 159–163.

Hagemann-White, Carol (1984): Sozialisation: weiblich – männlich? Opladen: Leske u. Budrich.

Hagemann-White, Carol (1997): Strategien gegen Gewalt im Geschlechterverhältnis. In: Hagemann-White, Carol/Kavemann, Barbara/Ohl, Dagmar (Hrsg.): Parteilichkeit und Solidarität. Praxiserfahrungen und Streitfragen zur Gewalt im Geschlechterverhältnis. Bielefeld: Kleine, S. 15–116.
Hagemann-White, Carol (2001): Die Konstrukteure des Geschlechts auf frischer Tat ertappen? Methodische Konsequenzen aus einer theoretischen Einsicht. In: Pasero, Ursula/Braun, Friederike (Hrsg.): Konstruktion von Geschlecht. 2. Aufl. Herbolzheim: Centaurus, S. 182–198.
Hagemann-White, Carol (2002): Gender-Perspektiven auf Gewalt in vergleichender Sicht. In: Hagan, John/Heitmeyer, Wilhelm (Hrsg.): Internationales Handbuch der Gewaltforschung. Wiesbaden: Westdt. Verl., S. 124–149.
Hagemann-White, Carol (2005): Brückenschläge zwischen den Geschlechtern und den Generationen in einer gespaltenen Gewaltdiskussion. In: Zeitschrift für Frauenforschung und Geschlechterstudien, H. 23, S. 3–8.
Hagemann-White, Carol (2016): Grundbegriffe und Fragen der Ethik bei der Forschung über Gewalt im Geschlechterverhältnis. In: Helfferich, Cornelia/Kavemann, Barbara/Kindler, Heinz (Hrsg.): Forschungsmanual Gewalt. Grundlagen der empirischen Erhebung von Gewalt in Paarbeziehungen und sexualisierter Gewalt. Wiesbaden: Springer VS, S. 13–31.
Hagemann-White, Carol/Kavemann, Barbara (1981): Hilfen für misshandelte Frauen. Abschlussbericht der wissenschaftlichen Begleitung des Modellprojekts Frauenhaus Berlin. Stuttgart: Kohlhammer.
Hagemann-White, Carol/Bohne, Sabine (2008): Gewalt- und Interventionsforschung: Neue Wege durch europäische Vernetzung. In: Becker, Ruth/Kortendiek, Beate (Hrsg.): Handbuch Frauen- und Geschlechterforschung. Wiesbaden: Springer VS, S. 669–677.
Hague, Gill/Mullender, Audrey/Aris, Rosemary (2003): Is Anyone Listenting? Accountability and women survivors of domestic violence. London: Routledge.
Hall, Stuart (2000): Chapter 6. The West and the rest: discourse and power. In: Hall, Stuart/Held, David/Hubert, Don/Thompson, Kenneth (Hrsg.): Modernity. An introduction to modern societies. Reprint. Malden Mass: Blackwell, S. 184–227.
Haller, Max (2006): Soziologische Theorie im systematisch-kritischen Vergleich. 2., überarb. Aufl., Nachdr. Wiesbaden: Springer VS.
Hanisch, Detlef Arthur (2009): Darstellung und Kritik des Konstruktivismus aus kritisch-rationaler Perspektive. Zur Frage nach der Existenz der Realität und ihrer objektiven Erkennbarkeit. Frankfurt am Main: Lang.
Harvey, Penelope (1997): Die geschlechtliche Konstitution von Gewalt. Eine vergleichende Studie über Geschlecht und Gewalt. In: Trotha, Trutz von (Hrsg.): Soziologie der Gewalt. Opladen: Westdt. Verl., S. 122–138.
Heinz, Walter R. (2001): Vorwort des Herausgebers. In: Sackmann, Reinhold/Wingens, Matthias (Hrsg.): Strukturen des Lebenslaufs. Übergang – Sequenz – Verlauf. Weinheim: Juventa, S. 5–8.
Heitmeyer, Wilhelm/Hagan, John (2002): Gewalt. Zu den Schwierigkeiten einer systematischen internationalen Bestandsaufnahme. In: Hagan, John/Heitmeyer, Wilhelm (Hrsg.): Internationales Handbuch der Gewaltforschung. Wiesbaden: Westdt. Verl., S. 15–25.
Helfferich, Cornelia (2016): Qualitative Einzelinterviews zu Gewalt: Die Gestaltung der Erhebungssituation und Auswertungsmöglichkeiten. In: Helfferich, Cornelia/Kavemann, Barbara/Kindler, Heinz (Hrsg.): Forschungsmanual Gewalt. Grundlagen der empirischen Erhebung von Gewalt in Paarbeziehungen und sexualisierter Gewalt. Wiesbaden: Springer VS, S. 121–142.

Helfferich, Cornelia/Kavemann, Barbara (2004): Forschungsprojekt Wissenschaftliche Untersuchung zur Situation von Frauen und zum Beratungsangebot nach einem Platzverweis bei häuslicher Gewalt „Platzverweis --> Beratung und Hilfen". ABSCHLUSSBERICHT zum 30.10.2004. Freiburg im Breisgau. http://www.soffi-f.de/files/u2/PV-Abschlussbericht_2004.pdf22.12.2018).

Helfferich, Cornelia/Kavemann, Barbara/Kindler, Heinz (2016): Einleitung. In: Helfferich, Cornelia/Kavemann, Barbara/Kindler, Heinz (Hrsg.): Forschungsmanual Gewalt. Grundlagen der empirischen Erhebung von Gewalt in Paarbeziehungen und sexualisierter Gewalt. Wiesbaden: Springer VS, S. 1–12.

Helle, Horst Jürgen (2001): Theorie der Symbolischen Interaktion. Ein Beitrag zum Verstehenden Ansatz in Soziologie und Sozialpsychologie. 3., überarb. Aufl. Wiesbaden: Springer VS.

Herma, Holger (2009): Liebe und Authentizität. Generationswandel in Paarbeziehungen. Wiesbaden: Springer VS u. GWV.

Hermanns, Harry (1992): Die Auswertung narrativer Interviews. Ein Beispiel für qualitative Verfahren. In: Hoffmeyer-Zlotnik, Jürgen H. P. (Hrsg.): Analyse verbaler Daten. Über den Umgang mit qualitativen Daten. Wiesbaden: Springer VS, S. 111–142.

Hettlage, Robert (1991): Rahmenanalyse – oder die innere Organisation unseres Wissens um die Ordnung der sozialen Wirklichkeit. In: Hettlage, Robert/Lenz, Karl (Hrsg.): Erving Goffman. Ein soziologischer Klassiker der zweiten Generation. Stuttgart: Paul Haupt, S. 95–154.

Hirschauer, Stefan (1993): Dekonstruktion und Rekonstruktion. Plädoyer für die Erforschung des Bekannten. In: Feministische Studien, 11. Jg., H. 2.

Hirschauer, Stefan (2013): Geschlechts(in)differenz in gleschlechts(un)gleichen Paaren. Zur Geschlechterunterscheidung in intimen Beziehungen. In: Rusconi, Alessandra/Wimbauer, Christine/Motakef, Mona/Kortendiek, Beate/Berger, Peter A. (Hrsg.): Paare und Ungleichheit(en). Eine Verhältnisbestimmung. Opladen: Barbara Budrich, S. 37–56.

Hitzler, Ronald (2003): Gewalt als Intention und Widerfahrnis. Zur Differenz zwischen einer handlungs- und einer definitionstheoretischen Perspektive. In: Menzel, Birgit/Ratzke, Kerstin (Hrsg.): Grenzenlose Konstruktivität? Standortbestimmung und Zukunftsperspektiven konstruktivistischer Theorien abweichenden Verhaltens. Opladen: Leske u. Budrich, S. 99–108.

Hitzler, Ronald/Honer, Anne (Hrsg.) (1997): Sozialwissenschaftliche Hermeneutik. Eine Einführung. Opladen: Leske u. Budrich.

Hohage, Christoph (2013): Moschee-Konflikte. Wie überzeugungsbasierte Koalitionen lokale Integrationspolitik bestimmen. Wiesbaden: Springer VS.

Hohage, Christoph (2016): Kathy Charmaz' konstruktivistische Erneuerung der Grounded Theory. In: Equit, Claudia/Hohage, Christoph (Hrsg.): Handbuch Grounded Theory. Von der Methodologie zur Forschungspraxis. Weinheim/Basel: Beltz Juventa, S. 108–125.

Holstein, James A./Gubrium, Jaber F. (2000): The self we live by. Narrative identity in a postmodern world. New York: Oxford University.

Holzkamp, Klaus (2006): Sinnliche Erkenntnis. Historischer Ursprung und gesellschaftliche Funktion der Wahrnehmung. Hamburg: Argument.

Höpflinger, François (2002): Generativität im höheren Lebensalter Generationensoziologische Überlegungen zu einem alten Thema. In: Zeitschrift für Gerontologie und Geriatrie, 35. Jg., H. 4, S. 328–334.

Imbusch, Peter (2002): Der Gewaltbegriff. In: Hagan, John/Heitmeyer, Wilhelm (Hrsg.): Internationales Handbuch der Gewaltforschung. Wiesbaden: Westdt. Verl., S. 26–57.

Inhetveen, Katharina (2005): Gewalt in ihren Deutungen. In: Österreichische Zeitschrift für Soziologie, 30. Jg., H. 3, S. 28–50.
Johnson, Michael P. (2006): Conflict and control. Gender symmetry and asymmetry in domestic violence. In: Violence Against Women, 12. Jg., H. 11, S. 1003–1018.
Kahlert, Heike (1995): Zweierlei Soziologien? In: Soziologie, 3. Jg., S. 23–31.
Kassner, Karsten (2008): Soziale Deutungsmuster – Über aktuelle Ansätze zur Erforschung kollektiver Sinnzusammenhänge. In: Geideck, Susan/Liebert, Wolf-Andreas (Hrsg.): Sinnformeln. Linguistische und soziologische Analysen von Leitbildern, Metaphern und anderen kollektiven Orientierungsmustern, S. 37–57.
Kaufmann, Jean-Claude (1999): Mit Leib und Seele. Theorie der Haushaltstätigkeit. Konstanz: UVK.
Kaufmann, Michael (2001): Die Konstruktion von Männlichkeit und die Triade männlicher Gewalt. In: Beier, Stefan/Fröhler, Norbert/Kahmann, Marcus/Rüter, Christian/Süssenbach, Jürgen/Walter, Willi (Hrsg.): Kritische Männerforschung. Neue Ansätze in der Geschlechtertheorie. 3. Aufl. Hamburg: Argument, S. 138–171.
Kavemann, Barbara (2009): Täterinnen – die Gewaltausübung von Frauen im privaten Raum im Kontext der feministischen Diskussion über Gewalt im Geschlechterverhältnis. In: Neue Kriminalpolitik (NK), 21. Jg., H. 2, S. 46–50.
Kavemann, Barbara (2012): Gewalt im Geschlechterverhältnis. Reflexion aktueller Forschungsergebnisse und Entwicklungen zum Thema häusliche Gewalt. In: Budowski, Monica (Hrsg.): Delinquenz und Bestrafung: Diskurse, Institutionen und Strukturen. Zürich: Seismo, S. 41–61.
Kavemann, Barbara (2016): Erinnerbarkeit, Angst, Scham und Schuld als Grenzen der Forschung zu Gewalt. In: Helfferich, Cornelia/Kavemann, Barbara/Kindler, Heinz (Hrsg.): Forschungsmanual Gewalt. Grundlagen der empirischen Erhebung von Gewalt in Paarbeziehungen und sexualisierter Gewalt. Wiesbaden: Springer VS, S. 51–68.
Kavemann, Barbara/Rothkegel, Sibylle (2014a): Trauma Sexualisierte Gewalt in Kindheit und Jugend: Vergessen und Erinnern – Sprechen und Schweigen. In: Trauma und Gewalt, 8. Jg., H. 3, S. 202–213.
Kavemann, Barbara/Rothkegel, Sibylle (2014b): Trauma Sexualisierte Gewalt in Kindheit und Jugend. In: Trauma & Gewalt, 8. Jg., H. 3, S. 202–213.
Kavemann, Barbara/van Graf-Kesteren, Annemarie/Rothkegel, Sibylle/Nagel, Bianca (2016): Erinnern, Schweigen und Sprechen nach sexueller Gewalt in der Kindheit. Ergebnisse einer Interviewstudie mit Frauen und Männern, die als Kind sexuelle Gewalt erlebt haben. Wiesbaden: Springer VS.
Kelle, Helga (2013): Normierung und Normalisierung der Kindheit. Zur (Un-)Unterscheidbarkeit und Bestimmung der Begriff. In: Kelle, Helga/Mierendorff, Johanna (Hrsg.): Normierung und Normalisierung der Kindheit. Weinheim: Beltz Juventa, S. 15–37.
Kelle, Udo/Kluge, Susann (2010): Vom Einzelfall zum Typus. Fallvergleich und Fallkontrastierung in der qualitativen Sozialforschung. 2., überarb. Aufl. Wiesbaden: Springer VS u. GWV.
Keller, Reiner (2012): Symbolischer Interaktionismus. In: Keller, Reiner (Hrsg.): Das Interpretative Paradigma. Eine Einführung. Wiesbaden: Springer VS, S. 83–174.
Kelly, Liz (1987): The Continuum of Sexual Violence. In: Hanmer, Jalna/Maynard, Mary (Hrsg.): Women, Violence and Social Control. London: Palgrave Macmillan UK, S. 46–60.
Kelly, Liz (1988): How Women Define Their Experiences of Violence. In: Yllö, Kersti/Bograd, Michele (Hrsg.): Feminist perspectives on wife abuse. Newbury Park: Sage, S. 114–132.
Kersten, Anne (2015): Opferstatus und Geschlecht. Entwicklung und Umsetzung der Opferhilfe in der Schweiz. Zürich: Seismo.

Kersten, Joachim (1999): Risiken und Nebenwirkungen. Zur gesellschaftlichen Konstruktion von Männlichkeiten. In: Scarbath, Horst/Schlottau, Heike/Straub, Veronika/Waldmann, Klaus (Hrsg.): Geschlechter. Zur Kritik und Neubestimmung geschlechterbezogener Sozialisation und Bildung. Opladen: Leske u. Budrich, S. 77–86.

Killias, Martin/Simonin, Mathieu/Puy, Jacqueline de (2005): Violence experienced by women in Switzerland over their lifespan. Results of the International Violence against Women Survey (IVAWS). Bern: Stämpfli.

Kim, Yeon-Soo (2005): Modalität als Kategorie des modernen Erzählens. Uwe Johnsons „Jahrestage“ im Diskursfeld zwischen Fiktion und Historie. Berlin: LIT.

Kimmel, Michael S. (2002): „Gender Symmetry“ in Domestic Violence. A Substantive and Methodological Research Review. In: Violence Against Women, 8. Jg., H. 11, S. 1332–1363.

Klein, Renate (Hrsg.) (2013a): Framing sexual and domestic violence through language. New York: Palgrave Macmillan.

Klein, Renate (2013b): Just Words? Purpose, Translation, and Metaphor in Framing Sexual and Domestic Violence through Language. In: Klein, Renate (Hrsg.): Framing sexual and domestic violence through language. New York: Palgrave Macmillan, S. 1–19.

Klewin, Gabriele (2006): Alltagstheorien über Schülergewalt. Perspektiven von LehrerInnen und SchülerInnen. Wiesbaden: Springer VS.

Knapp, Gudrun-Axeli (2012): Traditionen – Brüche. Kritische Theorie in der feministischen Rezeption. In: Knapp, Gudrun-Axeli (Hrsg.): Im Widerstreit. Feministische Theorie in Bewegung. Wiesbaden: Springer VS, S. 129–164.

Knapp, Gudrun-Axeli (2013): Über Kreuzungen: Zu Produktivität und Grenzen von „Intersektionalität“ als „Sensitizing Concept“. In: Bereswill, Mechthild/Liebsch, Katharina (Hrsg.): Geschlecht (re)konstruieren. Zur methodologischen und methodischen Produktivität der Frauen- und Geschlechterforschung. Münster: Westfälisches Dampfboot, S. 242–262.

Knorr-Cetina, Karin (1981): The Manufacture of Knowledge. An Essay on the Constructivist and Contextual Nature of Science. Burlington: Elsevier Science.

Knorr-Cetina, Karin (1989): Spielarten des Konstruktivismus. In: Soziale Welt, H. 40, S. 86–96.

Koloma Beck, Teresa (2011): The Eye of the Beholder: Violence as a Social Process. In: International Journal of Conflict and Violence, 5. Jg., H. 2, S. 345–356.

Koloma Beck, Teresa (2014): Jenseits des Ausnahmezustands: Alltag und Veralltäglichung von Bürgerkriegen. http://gewalt.hypotheses.org/573 (23.02.2018).

Koloma Beck, Teresa (2015): Sozialwissenschaftliche Gewalttheorie heute. https://soziopolis.de/beobachten/gesellschaft/artikel/sozialwissenschaftliche-gewalttheorie-heute/ (18.08.2018).

Koloma Beck, Teresa/Werron, Tobias (2014): Zum Begriff des Gewaltwettbewerbs. Typen und Konstellationen globaler Konkurrenzen um Aufmerksamkeit und Legitimität. In: Löw, Martina (Hrsg.): Vielfalt und Zusammenhalt. Verhandlungen des 36. Kongresses der Deutschen Gesellschaft für Soziologie in Bochum und Dortmund 2012. Frankfurt am Main: Campus, S. 1–18.

Koppetsch, Cornelia (2000): Die Verkörperung des schönen Selbst: zur Statusrelevanz von Attraktivität. In: Koppetsch, Cornelia (Hrsg.): Körper und Status. Zur Soziologie der Attraktivität. Konstanz: UVK, S. 99–124.

Krappmann, Lothar (2010): Soziologische Dimensionen der Identität. Strukturelle Bedingungen für die Teilnahme an Interaktionsprozessen. 11. Aufl. Stuttgart: Klett-Cotta.

Krause, Antje Katharina (2016): Gewalt gegen Frauen in Paarbeziehungen aus der Retrospektive betroffener Frauen. Eine biographieanalytische Untersuchung. Göttingen: Cuvillier.

Krotz, Friedrich (2008): Handlungstheorien und Symbolischer Interaktionismus als Grundlage kommunikationswissenschaftlicher Forschung. In: Winter, Carsten/Hepp, Andreas/Krotz, Friedrich (Hrsg.): Theorien der Kommunikations- und Medienwissenschaft. Grundlegende Diskussionen, Forschungsfelder und Theorieentwicklungen. Wiesbaden: Springer VS, S. 29–47.

Kruse, Jan (2015): Qualitative Interviewforschung. Ein integrativer Ansatz. 2., überarb. und erg. Aufl. Weinheim: Beltz Juventa.

Küsters, Ivonne (2009): Narrative Interviews. Grundlagen und Anwendungen. 2. Aufl. Wiesbaden: Springer VS u. GWV.

Lamnek, Siegfried (2003): „Das Wort, mit dem wir das Handeln anderer benennen". Zur (Nicht-)Konstruktion von weiblicher Gewalt. In: Menzel, Birgit/Ratzke, Kerstin (Hrsg.): Grenzenlose Konstruktivität? Standortbestimmung und Zukunftsperspektiven konstruktivistischer Theorien abweichenden Verhaltens. Opladen: Leske u. Budrich, S. 109–124.

Lamnek, Siegfried (2010): Qualitative Sozialforschung. Lehrbuch. 5., überarb. Aufl. Weinheim/Basel: Beltz.

Lamnek, Siegfried/Luedtke, Jens/Ottermann, Ralf (2012): Tatort Familie. Häusliche Gewalt im gesellschaftlichen Kontext. 3., erw. und überarb. Aufl. Wiesbaden: Springer VS.

Lautmann, Rüdiger (2002): Soziologie der Sexualität. Erotischer Körper, intimes Handeln und Sexualkultur. Weinheim: Juventa.

Lehmann, Nadja (2008): Migrantinnen im Frauenhaus. Biografische Perspektiven auf Gewalterfahrungen. Opladen: Barbara Budrich.

Lenz, Hans-Joachim (2006): Gewalt gegen Männer als neues Thema in Forschung und Gesellschaft. Fachwissenschaftliche Analyse. In: Heitmeyer, Wilhelm/Schröttle, Monika (Hrsg.): Gewalt. Beschreibungen, Analysen, Prävention. Bonn: Bundeszentrale für Politische Bildung, S. 98–116.

Lenz, Hans-Joachim/Meier, Christoph (2002): Männliche Opfererfahrungen. Dokumentation einer Tagung der Evangelischen Akademie Tutzing vom 1. bis 3. März 2002 in Heilsbronn. Tutzing. http://web.ev-akademie-tutzing.de/cms/uploads/tx_ttproducts/datasheet/Opfererfahrungen.pdf (22. 09. 2017).

Lenz, Hans-Joachim/Kapella, Olaf (2012): Männer, Gewalt, Verletzlichkeit. In: Theunert, Markus (Hrsg.): Männerpolitik. Was Jungen, Männer und Väter stark macht. Wiesbaden: Springer VS, S. 309–332.

Lenz, Karl (2001): Im ehernen Gehäuse der Kultur: Geschlechterkonstruktion in heterosexuellen Zweierbeziehungen. In: Brückner, Margrit/Böhnisch, Lothar (Hrsg.): Geschlechterverhältnisse. Gesellschaftliche Konstruktionen und Perspektiven ihrer Veränderung. Weinheim: Juventa, S. 179–207.

Lenz, Karl (2003): Zur Geschlechtstypik persönlicher Beziehungen. Eine Einführung. In: Lenz, Karl (Hrsg.): Frauen und Männer. Zur Geschlechtstypik persönlicher Beziehungen. Weinheim: Juventa, S. 7–51.

Lind, Georg (1993): Zur Psychologie gewalttätigen Verhaltens und seiner Prävention. https://www.uni-konstanz.de/ag-moral/pdf/Lind-1993_Gewalt-Theorien.pdf (01. 07. 2018).

Lindemann, Gesa (2006): Die dritte Person – das konstitutive Minimum der Sozialtheorie. In: Krüger, Hans-Peter/Lindemann, Gesa (Hrsg.): Philosophische Anthropologie im 21. Jahrhundert. Berlin: Akademie, S. 125–145.

Lindemann, Gesa (2009): Das Soziale von seinen Grenzen her denken. Weilerswist: Velbrück.

Lindemann, Gesa (2014): Weltzugänge. Die mehrdimensionale Ordnung des Sozialen. Weilerswist: Velbrück.

Lorber, Judith (2003a): Warum gender? Vorwort zur deutschen Ausgabe. In: Lorber, Judith (Hrsg.): Gender-Paradoxien. 2. Aufl. Opladen: Leske u. Budrich, S. 31–35.
Lorber, Judith (Hrsg.) (2003b): Gender-Paradoxien. 2. Aufl. Opladen: Leske u. Budrich.
Lucius-Hoene, Gabriele/Deppermann, Arnulf (2004): Rekonstruktion narrativer Identität. Ein Arbeitsbuch zur Analyse narrativer Interviews. 2. Aufl. Wiesbaden: Springer VS.
Lutz, Helma (2008): Migrations- und Geschlechterforschung: Zur Genese einer komplizierten Beziehung. In: Becker, Ruth/Kortendiek, Beate (Hrsg.): Handbuch Frauen- und Geschlechterforschung. Wiesbaden: Springer VS, S. 565–573.
MACH (2015): MACH Consumer. Zürich: wemf.
MACH (2016): Leserentwicklung Schweizer Presse MACH 2006 – 2016-1. Zürich. http://www.swa-asa.ch/de-wAssets/docs/aktuelles/MACH-Leserentwicklung-2000-2016-1_FINAL.pdf (04. 09. 2016).
Mannheim, Karl (2015): Ideologie und Utopie. 9th ed. Frankfurt am Main: Vittorio Klostermann.
Markowitz, Jürgen (1979): Die soziale Situation. Entwurf eines Modells zur Analyse des Verhältnisses zwischen personalen Systemen und ihrer Umwelt. Frankfurt am Main: Suhrkamp.
Martinez, Manuela/Schröttle, Monika (2005): State of European research on the prevalence of interpersonal violence and its impact on health and human rights. CAHRV-Report Coordination Action on Human Rights Violations funded through the European Commission, 6th Framework Programme, Project No. 506348.
Mead, George Herbert (2015): Mind, self, and society. The definitive edition. Chicago u. a.: University of Chicago.
Mead, George Herbert (2017): Geist, Identität und Gesellschaft. Aus der Sicht des Sozialbehaviorismus. 18. Aufl. Frankfurt am Main: Suhrkamp.
Mecheril, Paul (2003): Prekäre Verhältnisse. Über natio-ethno-kulturelle (Mehrfach-)Zugehörigkeit. Münster: Waxmann.
Meixner, Uwe (2008): Modalität. Möglichkeit, Notwendigkeit, Essenzialismus. Frankfurt am Main: Klostermann.
Meuser, Michael (1999): Gewalt, hegemoniale Männlichkeit und „doing masculinity“. In: Kriminologisches Journal, 31. Jg., H. Beiheft Nr. 7, S. 49–65.
Meuser, Michael (2002): „Doing Masculinity“ – Zur Geschlechtslogik männlichen Gewalthandelns. In: Dackweiler, Regina-Maria/Schäfer, Reinhild (Hrsg.): Gewalt-Verhältnisse. Feministische Perspektiven auf Geschlecht und Gewalt. Frankfurt am Main/New York: Campus, S. 53–78.
Meuser, Michael (2011a): Rekonstruktive Sozialforschung. In: Bohnsack, Ralf/Marotzki, Winfried/Meuser, Michael (Hrsg.): Hauptbegriffe qualitativer Sozialforschung. 3., durchges. Aufl. Opladen: Budrich, S. 140–142.
Meuser, Michael (2011b): Männerkörper. Diskursive Aneignung und habitualisierte Praxis. In: Bereswill, Mechthild/Meuser, Michael/Scholz, Sylka (Hrsg.): Dimensionen der Kategorie Geschlecht. Der Fall Männlichkeit. 3. Aufl. Münster: Westfälisches Dampfboot, S. 152–168.
Meuser, Michael/Sackmann, Reinhold (1992a): Zur Einführung: Deutungsmusteransatz und empirische Wissenssoziologie. In: Meuser, Michael/Sackmann, Reinhold (Hrsg.): Analyse sozialer Deutungsmuster: Beiträge zur empirischen Wissenssoziologie. Pfaffenweiler: Centaurus, S. 9–37.
Meuser, Michael/Sackmann, Reinhold (Hrsg.) (1992b): Analyse sozialer Deutungsmuster: Beiträge zur empirischen Wissenssoziologie. Pfaffenweiler: Centaurus.

Mey, Günter/Mruck, Katja (2011): Grounded-Theory-Methodologie: Entwicklung, Stand, Perspektiven. In: Mey, Günter/Mruck, Katja (Hrsg.): Grounded Theory Reader. Wiesbaden: Springer VS, S. 11–48.
Mikl-Horke, Gertraude (2011): Soziologie. Historischer Kontext und soziologische Theorie-Entwürfe. 6., überarb. und erw. Aufl. München: Oldenbourg.
Milling, Hanna (2017): Storytelling – Konflikte lösen mit Herz und Verstand. Eine Anleitung zur Erzählkunst mit hundertundeiner Geschichte. Frankfurt am Main: Wolfgang Metzner.
Mills, Jane/Bonner, Ann/Francis, Karen (2006): The Development of Constructivist Grounded Theory. In: International Journal of Qualitative Methods, 5. Jg., H. 1, S. 1–10.
Minder, Maja (2005): Häusliche Gewalt im Migrationskontext professionell angehen – Kompetenz statt Kulturalisierung. In: Frauenfragen: Häusliche Gewalt und Migration, H. 1, S. 22–28.
Mischkowski, Gabriela (2006): Sexualisierte Gewalt im Krieg. Eine Chronik. In: Griese, Karin (Hrsg.): Sexualisierte Kriegsgewalt und ihre Folgen. Handbuch zur Unterstützung traumatisierter Frauen in verschiedenen Arbeitsfeldern. 2., aktual. Aufl. Frankfurt am Main: Mabuse, S. 15–55.
Morth, Ingo/Ziegler, Meinrad (1990): Die Kategorie des „Alltags". Pendelbewegung oder Brückenschlag zwischen Mikro- und Makro-Ufer der Soziologie. In: Österreichische Zeitschrift für Soziologie, 15. Jg., H. 3, S. 88–111.
Moss, Vicki A./Pitula, Carol R./Campbell, Jacquelyn C./Halstead, Lois (1997): The experience of terminating an abusive relationship from an Anglo and African American perspective: a qualitative descriptive study. In: Issues in mental health nursing, 18. Jg., H. 5, S. 433–454.
Müller, Ursula/Schröttle, Monika (2012): Gewalt gegen Frauen und Gewalt im Geschlechterverhältnis. In: Albrecht, Günter/Groenemeyer, Axel (Hrsg.): Handbuch soziale Probleme. Wiesbaden: Springer VS, S. 668–691.
Nägele, Barbara/Böhm, Urte/Görgen, Thomas/Kotlenga, Sandra/Petermann, Fanny (2011): Partnergewalt gegen ältere Frauen. Frankfurt am Main: Verl. für Polizeiwissenschaft.
Nedelmann, Britgitta (1997): Gewaltsoziologie am Scheideweg: die Auseinandersetzungen in der gegenwärtigen und Wege der künftigen Gewaltforschung. In: Trotha, Trutz von (Hrsg.): Soziologie der Gewalt. Opladen: Westdt. Verl., S. 59–85.
Neuber, Anke (2008): Die Demonstration kein Opfer zu sein. Biographische Fallstudien zu Gewalt und Männlichkeitskonflikten. Baden-Baden: Nomos.
Neuber, Anke (2011): „same, same but different?". Methodologische Überlegungen zum Verhältnis von Gewalt und Geschlecht. In: sozialer sinn, 12. Jg., H. 1, S. 3–27.
Nini, Maria (1995): Abbau von Beziehungsgewalt als Konfliktlösungsmuster. Abschlussbericht – 1994. Stuttgart: Kohlhammer.
Nolte, Karen (2003): Gelebte Hysterie. Erfahrung, Eigensinn und psychiatrische Diskurse im Anstaltsalltag um 1900. Frankfurt am Main: Campus.
Nordmann, Anja (2011): Alltäglicher Feminismus. Geschlecht als soziale Erfahrung und reflexive Kategorie. Sulzbach/Taunus: Helmer.
Nungesser, Frithjof (2017): Meaditations Bourdieusiennes. Pragmatische Überlegungen zur symbolischen Herrschat. In: Dietz, Hella/Nungesser, Frithjof/Pettenkofer, Andreas (Hrsg.): Pragmatismus und Theorien sozialer Praktiken. Vom Nutzen einer Theoriedifferenz. Frankfurt/New York: Campus, S. 77–117.
Oevermann, Ulrich (2001 [1973]): Zur Analyse der Struktur von sozialen Deutungsmustern. In: sozialer sinn, H. 1, S. 3–33.
Ohms, Constance (2008): Das Fremde in mir. Gewaltdynamiken in Liebesbeziehungen zwischen Frauen. Soziologische Perspektiven auf ein Tabuthema. Bielefeld: transcript.

Ottemeier-Glücks, Franz-Gerd (1996): Wie ein Mann gemacht wird – Grundzüge männlicher Sozialisation. In: Glücks, Elisabeth (Hrsg.): Geschlechtsbezogene Pädagogik. Ein Bildungskonzept zur Qualifizierung koedukativer Praxis durch parteiliche Mädchenarbeit und antisexistische Jungenarbeit. 2. Aufl. Münster: Votum, S. 77–91.

Ottermann, Ralf (2003): Geschlechterdividenden in Gewaltdiskursen. In: Lamnek, Siegfried/Boatcă, Manuela (Hrsg.): Geschlecht – Gewalt – Gesellschaft. Wiesbaden: Springer VS, S. 163–178.

Peters, Helge (1995): Da werden wir empfindlich. Zur Soziologie der Gewalt. In: Lamnek, Siegfried (Hrsg.): Jugend und Gewalt: Devianz und Kriminalität in Ost und West. Wiesbaden: Springer VS, S. 25–36.

Plaß, Christine/Schetsche, Michael (2001): Grundzüge einer wissenssoziologischen Theorie sozialer Deutungsmuster. In: sozialer sinn, 2. Jg., H. 3, S. 511–536.

Popitz, Heinrich (1992): Phänomene der Macht. 2., stark erw. Aufl. Tübingen: J.C.B. Mohr (P. Siebeck).

Popp, Ulrike (2007): Zur sozialen Wahrnehmung von Mädchen und Frauen als „Täterinnen". In: Kawamura-Reindl, Gabriele (Hrsg.): Gender Mainstreaming – ein Konzept für die Straffälligenhilfe? Freiburg im Breisgau: Lambertus, S. 52–68.

Presser, Lois (2009): The narratives of offenders. In: Theoretical Criminology, 13. Jg., H. 2, S. 177–200.

Presser, Lois (2016): Criminology and the narrative turn. In: Crime, Media, Culture: An International Journal, 12. Jg., H. 2, S. 137–151.

Pröbstl, Tanja (2015): Zerstörte Sprache – gebrochenes Schweigen. Über die (Un-)Möglichkeit, von Folter zu erzählen. Bielefeld: transcript.

Rauchfleisch, Udo (1992): Allgegenwart von Gewalt. Göttingen: Vandenhoeck u. Ruprecht.

Reckwitz, Andreas (2008): Subjekt. Bielefeld: transcript.

Reemtsma, Jan-Philipp (2005): Was sind eigentlich Opferinteressen? In: Rechtsmedizin, 15. Jg., H. 2, S. 86–91.

Reemtsma, Jan-Philipp (2008): Vertrauen und Gewalt. Versuch über eine besondere Konstellation der Moderne. Hamburg: Hamburger.

Reetz, Carola (2005): Wer schlägt, bleibt. Zur rechtlichen Situation gewaltbetroffener Migrantinnen. In: Frauenfragen: Häusliche Gewalt und Migration, H. 1, S. 29–32.

Reich, Kersten (2009): Die Ordnung der Blicke : Perspektiven des interaktionistischen Konstruktivismus. 2. völlig veränd. Aufl. Neuwied: Luchterhand.

Reicher, Maria E. (2013): Wie aus Gedanken Dinge werden. Eine Philosophie der Artefakte. In: Deutsche Zeitschrift für Philosophie, 61. Jg., H. 2, S. 219–232.

Reichertz, Jo/Wilz, Sylvia Marlene (2016): Welche Erkenntnistheorie liegt der GT zugrunde? In: Equit, Claudia/Hohage, Christoph (Hrsg.): Handbuch Grounded Theory. Von der Methodologie zur Forschungspraxis. Weinheim/Basel: Beltz Juventa, S. 48–66.

Rendtorff, Barbara/Moser, Vera (1999): Geschlecht als Kategorie – soziale, strukturelle und historische Aspekte. In: Rendtorff, Barbara/Moser, Vera (Hrsg.): Geschlecht und Geschlechterverhältnisse in der Erziehungswissenschaft. Eine Einführung. Wiesbaden: Springer VS, S. 11–68.

Reuter, Julia (2002): Ordnungen des Anderen. Zum Problem des Eigenen in der Soziologie des Fremden. Bielefeld: transcript.

Ribeaud, Denis (2015): Entwicklung von Gewalterfahrungen Jugendlicher im Kanton Zürich, 1999–2014. Forschungsbericht. Zürich: ETH, D-GESS.

Riemann, Gerhard (2011): Narratives Interview. In: Bohnsack, Ralf/Marotzki, Winfried/Meuser, Michael (Hrsg.): Hauptbegriffe qualitativer Sozialforschung. 3., durchges. Aufl. Opladen: Budrich, S. 120–122.

Rodríguez, Encarnación Gutiérrez (1996): Frau ist nicht gleich Frau, nicht gleich Frau, nicht gleich Frau … Über die Notwendigkeit einer kritischen Dekonstruktion in der feministischen Forschung. In: Fischer, Ute Luise/Kampshoff, Marita/Keil, Susanne/Schmitt, Mathilde (Hrsg.): Kategorie: Geschlecht? Empirische Analysen und feministische Theorien. Wiesbaden: Springer VS, S. 163–190.

Rösemann, Ute (2002): Nicht ohne uns – Die Rolle der Fraueneinrichtungen in Interventionssystemen. In: Logar, Rosa/Rösemann, Ute/Zürcher, Urs (Hrsg.): Gewalttätige Männer ändern (sich). Rahmenbedingungen und Handbuch für ein soziales Trainingsprogramm. Bern/Stuttgart/Wien: Haupt, S. 37–53.

Rosenthal, Gabriele (1995): Erlebte und erzählte Lebensgeschichte. Gestalt und Struktur biographischer Selbstbeschreibungen. Habilitation. Kassel, 1993. Frankfurt am Main: Campus.

Rusconi, Alessandra/Wimbauer, Christine (2013): Paare und Ungleichheit(en) – eine Einleitung. In: Rusconi, Alessandra/Wimbauer, Christine/Motakef, Mona/Kortendiek, Beate/Berger, Peter A. (Hrsg.): Paare und Ungleichheit(en). Eine Verhältnisbestimmung. Opladen: Barbara Budrich, S. 10–36.

Sammet, Kornelia (2003): Sexualität im Beziehungsaufbau. Zum Wandel geschlechtsspezifischer Muster in der zweiten Hälfte des 20. Jahrhunderts. In: Lenz, Karl (Hrsg.): Frauen und Männer. Zur Geschlechtstypik persönlicher Beziehungen. Weinheim: Juventa, S. 93–116.

Sauer, Birgit (2013): Gender und Sex. In: Scherr, Albert (Hrsg.): Soziologische Basics. Eine Einführung für pädagogische und soziale Berufe. 2., erw. und aktual. Aufl. Wiesbaden: Springer VS, S. 75–81.

Schäfer, Alfred/Thompson, Christiane (2011): Gewalt – eine Einleitung. In: Schäfer, Alfred/Thompson, Christiane (Hrsg.): Gewalt. Paderborn/München/Wien/Zürich: Ferdinand Schöningh, S. 7–29.

Scheidegger, Nora (2018): Das Sexualstrafrecht der Schweiz. Grundlagen und Reformbedarf. Bern: Stämpfli.

Scherr, Albert (1999): Die Konstruktion von Fremdheit in sozialen Prozessen. Überlegungen zur Kritik und Weiterentwicklungen interkultureller Pädagogik. In: Kiesel, Doron/Boos-Nünning, Ursula (Hrsg.): Die Erfindung der Fremdheit. Zur Kontroverse um Gleichheit und Differenz im Sozialstaat. Frankfurt am Main: Brandes u. Apsel, S. 49–67.

Scherr, Albert (2012): Soziale Bedingungen von Agency. Soziologische Eingrenzungen einer sozialtheoretisch nicht auflösbaren Paradoxie. In: Bethmann, Stephanie/Helfferich, Cornelia/Hoffmann, Heiko/Niermann, Debora (Hrsg.): Agency. Qualitative Rekonstruktionen und gesellschaftstheoretische Bezüge von Handlungsmächtigkeit. Weinheim: Beltz Juventa, S. 99–121.

Scherr, Albert (2013): Familien und Paarbeziehungen. In: Scherr, Albert (Hrsg.): Soziologische Basics. Eine Einführung für pädagogische und soziale Berufe. 2., erw. und aktual. Aufl. Wiesbaden: Springer VS, S. 57–66.

Schmid, Gabriella (2010): Die Situation von Frauen, die Gewalt in der Paarbeziehung erleben. In: Fachstelle für Gleichstellung Stadt Zürich/Frauenklinik Maternité, Stadtspital Triemli Zürich/Verein Inselhof Triemli Zürich (Hrsg.): Häusliche Gewalt erkennen und richtig reagieren. Handbuch für Medizin, Pflege und Beratung. 2., überarb. und erw. Aufl. Bern: Huber, S. 37–50.

Schneikart, Monika (2001): Selbstentwurf und Geschlecht in Brigitte Reimanns Tagebuchtexten. Ein Beitrag zum Genderaspekt in der Diaristik von Frauen. In: Jekutsch, Ulrike (Hrsg.): Selbstentwurf und Geschlecht. Kolloquium des Interdisziplinären Zentrums für

Frauen- und Geschlechterstudien an der Ernst-Moritz-Arndt-Universität Greifswald. Würzburg: Königshausen u. Neumann, S. 139–158.
Schramm, Edward (2011): Ehe und Familie im Strafrecht. Eine strafrechtsdogmatische Untersuchung. Habilitation. Tübingen, 2009/2010. Tübingen: Mohr Siebeck.
Schröttle, Monika (2010): Kritische Anmerkungen zur These der Gendersymmetrie bei Gewalt in Paarbeziehungen. In: Gender: Zeitschrift für Geschlecht, Kultur und Gesellschaft, H. 1, S. 133–151.
Schröttle, Monika (2011): Perspektiven der Anti-Gewalt-Politik. Votrag, Frauenhausfachforum, Berlin. http://www.frauenhauskoordinierung.de/fileadmin/redakteure/pdfs/Fachforen/8.Fachforum_2011/Referate/Schroettle_Referat_AntiGewaltPolitik.pdf (31.03.2016).
Schröttle, Monika (2016): Methodische Anforderungen an Gewaltprävalenzstudien im Bereich Gewalt gegen Frauen (und Männer). In: Helfferich, Cornelia/Kavemann, Barbara/Kindler, Heinz (Hrsg.): Forschungsmanual Gewalt. Grundlagen der empirischen Erhebung von Gewalt in Paarbeziehungen und sexualisierter Gewalt. Wiesbaden: Springer VS, S. 101–120.
Schröttle, Monika/Müller, Ursula (2004): Lebenssituation, Sicherheit und Gesundheit von Frauen in Deutschland. https://www.bmfsfj.de/blob/84328/0c83aab6e685eeddc01712109bcb02b0/langfassung-studie-frauen-teil-eins-data.pdf (10.04.2016).
Schülein, Johann August (2016): Soziologie und Psychoanalyse. Perspektiven einer sozialwissenschaftlichen Subjekttheorie. Wiesbaden: Springer VS.
Schütze, Fritz (1977): Die Technik des narrativen Interviews in Interaktionsfeldstudien. Dargestellt an einem Projekt zur Erforschung von kommunalen Machtstrukturen. Arbeitsberichte und Forschungsmaterialien, Nr. 1, Universität Bielefeld, Fakultät für Soziologie. Bielefeld: Univ. Bielefeld.
Schütze, Fritz (1983): Biographieforschung und narratives Interview. In: Neue Praxis, 13. Jg., H. 3, S. 283–293.
Schützeichel, Rainer (2015): Soziologische Kommunikationstheorien. 2., überarb. Aufl. Konstanz/München: UVK u. Lucius.
Schweizerische Eidgenossenschaft (2018a): Ausbildungen auf der Tertiärstufe A. https://www.ch.ch/de/ausbildung-einer-hochschule-tertiarstufe/ (14.12.2018).
Schweizerische Eidgenossenschaft (2018b): Ausbildung in der Höheren Berufsbildung (Tertiärstufe B). https://www.ch.ch/de/ausbildung-in-der-hoheren-berufsbildung (14.12.2018).
Seith, Corinna (2003): Öffentliche Interventionen gegen häusliche Gewalt. Zur Rolle von Polizei, Sozialdienst und Frauenhäusern. Frankfurt am Main: Campus.
Simmel, Georg (1908): Soziologie: Untersuchungen über die Formen der Vergesellschaftung. Leipzig: Duncker u. Humblot.
Skidmore, William L. (1975): Sociology's models of man. The relationships of models of man to sociological explanation in three sociological theories. New York: Gordon a. Breach.
Smith, Sharon G./Chen, Jieru/Basile, Kathleen C./Gilbert, Leah K./Merrick, Melissa T./Patel, Nimesh/Walling, Margie/Jain, Anurag (2017): The National Intimate Partner and Sexual Violence Survey: 2010–2012 State Report. Atlanta. https://www.cdc.gov/violenceprevention/nisvs/summaryreports.html (09.07.2018).
Smuts, Barbara (1992): Male Aggression Against Women: An Evolutionary Perspective. In: Human Nature, H. 3, S. 1–44.
Sofsky, Wolfgang (1997): Gewaltzeit. In: Trotha, Trutz von (Hrsg.): Soziologie der Gewalt. Opladen: Westdt. Verl., S. 102–121.
Soine, Stefanie (2002): Das heterosexistische Geschlechterdispositiv als Produktionsrahmen für die Gewalt gegen lesbische Frauen. In: Dackweiler, Regina-Maria/Schäfer, Reinhild

(Hrsg.): Gewalt-Verhältnisse. Feministische Perspektiven auf Geschlecht und Gewalt. Frankfurt am Main/New York: Campus, S. 135–159.
Staudigl, Michael (2012): Zur Phänomenologie zwischenmenschlicher Gewalt. Methode – Problematik – Perspektiven. In: van der Heiden, Gerrit Jan (Hrsg.): Investigating subjectivity. Classical and new perspectives. Leiden/Boston: Brill, S. 55–77.
Staudigl, Michael (2014): Leitideen, Probleme und Potenziale einer phänomenologischen Gewaltanalyse. In: Staudigl, Michael (Hrsg.): Gesichter der Gewalt. Paderborn: Wilhelm Fink, S. 9–47.
Stearns, Peter N./Stearns, Carol Z. (1985): Emotionology. Clarifying the History of Emotions and Emotional Standards. In: The American Historical Review, 90. Jg., H. 4, S. 813–836.
Stehr, Johannes (2006): Normalität und Abweichung. In: Scherr, Albert (Hrsg.): Soziologische Basics. Eine Einführung für Pädagogen und Pädagoginnen. Wiesbaden: Springer VS, S. 130–134.
Stets, Jan E./Straus, Murray A. (1989): Gender differences in reporting marital violence and its medical and psychological consequences. In: Straus, M. A./Gelles, R. J. (Hrsg.): Physical Violence in American Families: Risk Factors and Adaptations to Violence in 8,145 Families. New Brunswick: Transaction, S. 227–244.
Straub, Jürgen/Weidemann, Doris (2015): Handelnde Subjekte. „Subjektive Theorien" als Gegenstand der verstehend-erklärenden Psychologie. Orig.-Ausg. Giessen: Psychosozial.
Straus, Murray A. (1979): Measuring Intrafamily Conflict and Violence: The Conflict Tactics (CT) Scales. In: Journal of Marriage and the Family, 41. Jg., H. 1, S. 75–88.
Strauss, Anselm/Corbin, Juliet (2010): Grounded theory. Grundlagen qualitativer Sozialforschung. Unveränd. Nachdr. der letzten Aufl. Weinheim: Beltz.
Strittmatter, Regine (1995): Alltagswissen über Gesundheit und gesundheitliche Protektivfaktoren. Frankfurt am Main: Lang.
Strübing, Jörg (2007): Glaser vs. Strauss? Zur methodologischen und methodischen Substanz einer Unterscheidung zweier Varianten von Grounded Theory. In: Historical Social Research, Supplement, H. 19, S. 157–173.
Strübing, Jörg (2013): Qualitative Sozialforschung. Eine komprimierte Einführung für Studierende. München: Oldenbourg.
Strübing, Jörg (2014): Grounded Theory. Zur sozialtheoretischen und epistemologischen Fundierung eines pragmatistischen Forschungsstils. 3., überarb. und erw. Aufl. Wiesbaden: Springer VS.
Strübing, Jörg/Hirschauer, Stefan/Ayaß, Ruth/Krähnke, Uwe/Scheffer, Thomas (2018): Gütekriterien qualitativer Sozialforschung. Ein Diskussionsanstoß. In: Zeitschrift für Soziologie, 47. Jg., H. 2, S. 83–100.
Swan, Suzanne C./Snow, David L. (2002): A Typology of Women's Use of Violence in Intimate Relationships. In: Violence Against Women, 8. Jg., H. 3, S. 286–319.
Teubner, Ulrike/Wetterer, Angelika (2003): Gender-Paradoxien: Soziale Konstruktion transparent gemacht. In: Lorber, Judith (Hrsg.): Gender-Paradoxien. 2. Aufl. Opladen: Leske u. Budrich, S. 9–29.
Thürmer-Rohr, Christina (2008): Mittäterschaft von Frauen. Die Komplizenschaft mit der Unterdrückung. In: Becker, Ruth/Kortendiek, Beate (Hrsg.): Handbuch Frauen- und Geschlechterforschung. Wiesbaden: Springer VS, S. 88–93.
Tjaden, Patricia/Thoennes, Nancy (2000): Full Report of the Prevalence, Incidence, and Consequences of Violence Against Women. Findings From the National Violence Against Women Survey. https://www.ncjrs.gov/pdffiles1/nij/183781.pdf (22.06.2018).
Töngi, Claudia (2000): Ehekonflikte in Uri im 19. Jahrhundert: Überlegungen zum Verhältnis von Männlichkeit und Gewalt. In: Traverse, 7. Jg., H. 1, S. 95–108.

Töngi, Claudia (2002): Geschlechterbeziehungen und Gewalt. Eine empirische Untersuchung zum Problem von Wandel und Kontinuität alltäglicher Gewalt anhand von Urner Gerichtsakten des 19. Jahrhunderts. Bern: Haupt.

Traue, Boris (2005): Das Subjekt in der Arbeitsforschung. Subjekttheoretische Arbeitsforschung und Perspektiven ihrer wissenssoziologischen/diskursanalytischen Erweiterung. https://www.uni-marburg.de/fb03/genda/publikationen/dispaps/dispap_14-2005.pdf (30.12.2016).

Trotha, Trutz von (1997a): Zur Soziologie der Gewalt. In: Trotha, Trutz von (Hrsg.): Soziologie der Gewalt. Opladen: Westdt. Verl., S. 9–56.

Trotha, Trutz von (Hrsg.) (1997b): Soziologie der Gewalt. Opladen: Westdt. Verl.

Ullrich, Carsten G. (1999): Deutungsmusteranalyse und diskursives Interview. Leitfadenkonstruktion, Interviewführung und Typenbildung. Arbeitspapiere. In: Mannheimer Zentrum für Europäische Sozialforschung, H. 3. Mannheim. http://www.mzes.uni-mannheim.de/publications/wp/wp-3.pdf (15.12.2015).

Van Riel, Raphael (2005): Gedanken zum Gewaltbegriff. Drei Perspektiven. Arbeitspapier. https://www.wiso.uni-hamburg.de/fachbereich-sowi/professuren/jakobeit/forschung/akuf/archiv/arbeitspapiere/gewalt-riel-2005.pdf (31.03.2018).

Van Stolk, Bram/Wouters, Cas (1987): Frauen im Zwiespalt. Beziehungsprobleme im Wohlfahrtsstaat. Eine Modellstudie. Frankfurt am Main: Suhrkamp.

Velho, Astride/Thomas-Olalde, Oscar (2011): Othering and its effects: exploring the concept. In: Niedrig, Heike/Ydesen, Christian (Hrsg.): Writing postcolonial histories of intercultural education. Frankfurt am Main: Lang, S. 27–51.

Villa, Paula-Irene (1996): Spürbare Zugehörigkeiten. Klasse und Geschlecht als zweifache Positionierung des Leibes. In: Fischer, Ute Luise/Kampshoff, Marita/Keil, Susanne/Schmitt, Mathilde (Hrsg.): Kategorie: Geschlecht? Empirische Analysen und feministische Theorien. Wiesbaden: Springer VS, S. 141–162.

Villa, Paula-Irene (2011): Sexy Bodies. Eine soziologische Reise durch den Geschlechtskörper. 4. Aufl. Wiesbaden: Springer VS.

Völschow, Yvette/Janßen, Wiebke (2015): „Wenn das ganze Dorf in Aufruhr gebracht wird". In: Sozialmagazin, H. 04, S. 30–38.

Völschow, Yvette/Janßen, Wiebke (2016): „Das kann man gar nicht erklären." Partnergewalt im ländlichen Raum. Eine Analyse subjektiver Theorien über Gewalt. In: Equit, Claudia/Groenemeyer, Axel/Schmidt, Holger (Hrsg.): Situationen der Gewalt. Weinheim: Beltz Juventa, S. 390–406.

Walby, Sylvia/Allen, Jonathan (2004): Domestic violence, sexual assault and stalking. Findings from the British Crime Survey. London: Home Office Research Studies. http://citeseerx.ist.psu.edu/viewdoc/download?doi=10.1.1.477.2558&rep=rep1&type=pdf (23.12.2018).

Walker, Lenore E. (1994): Warum schlägst du mich? Frauen werden misshandelt und wehren sich; eine Psychologin berichtet. München/Zürich: Piper.

Watzlawick, Paul/Bavelas, Janet Beavin/Jackson, Don D. (1993): Menschliche Kommunikation. Formen, Störungen, Paradoxien. Nachdr. der 8., unveränd. Aufl. Bern: Huber.

Weedon, Chris (1990): Wissen und Erfahrung. Feministische Praxis und poststrukturalistische Theorie. Zürich: efef.

Wenzel, Harald (2010): 2. The Chicago School of Philosophy – George Herbert Mead. In: Schubert, Hans-Joachim (Hrsg.): Pragmatismus zur Einführung. Hamburg: Junius, S. 48–73.

Wenzl, Thomas/Wernet, Andreas (2015): Fallkonstruktion statt Fallrekonstruktion. In: sozialer sinn, 16. Jg., H. 1.

Wetterer, Angelika (1995): Dekonstruktion und Alltagshandeln. Die (möglichen) Grenzen der Vergeschlechtlichung von Berufsarbeit. In: Wetterer, Angelika (Hrsg.): Die soziale

Konstruktion von Geschlecht in Professionalisierungsprozessen. Frankfurt/Main: Campus, S. 223–246.
White, Michael/Epston, David (2013): Die Zähmung der Monster. Der narrative Ansatz in der Familientherapie. 7., unveränd. Aufl. Heidelberg: Carl-Auer.
Wildfeuer, Armin G. (2007): „Normalität" und „Menschenbild". Überlegungen im Kontext der Bestimmung des Begriffs „Behinderung". In: Eller, Friedhelm/Wildfeuer, Armin G. (Hrsg.): Problemfelder kindlicher Entwicklung. Beiträge aus der Sicht unterschiedlicher Disziplinen. Opladen: Barbara Budrich, S. 319–340.
Wimbauer, Christine (2003): Geld und Liebe. Zur symbolischen Bedeutung von Geld in Paarbeziehungen. Frankfurt am Main: Campus.
Wimbauer, Christine (2012): Wenn Arbeit Liebe ersetzt. Doppelkarriere-Paare zwischen Anerkennung und Ungleichheit. Teilw. zugl.: Berlin, Habilitation, 2010. Frankfurt am Main: Campus.
Winker, Gabriele/Degele, Nina (2009): Intersektionalität. Zur Analyse sozialer Ungleichheiten. Bielefeld: transcript.
Wobbe, Theresa (1994): Die Grenzen der Gemeinschaft und die Grenzen des Geschlechts. In: Wobbe, Theresa/Lindemann, Gesa (Hrsg.): Denkachsen. Zur theoretischen und institutionellen Rede vom Geschlecht. Frankfurt am Main: Suhrkamp, S. 177–207.
Zielke, Barbara (2007): Sozialer Konstruktionismus. Göttingen: Vandenhoeck u. Ruprecht.
Zillig, Ute (2016): Komplex traumatisierte Mütter. Biografische Verläufe im Spannungsfeld von Traumatherapie, Psychiatrie und Jugendhilfe. Opladen: Barbara Budrich.
Zima, Peter V. (2016): Die Dekonstruktion. Einführung und Kritik. 2., überarb. und erweit. Aufl. Tübingen: A. Francke.
Zinn, Jens O. (2006): Biographische (Un-)Sicherheit in der Moderne. Zum Wandel von Selbstbindung und Widerständigkeit in Alltagstheorien und biographischer Forschung. In: sozialer sinn, Jg. 7, H. 2, S. 301–326.